# ŒUVRES
# DE POTHIER.

TRAITÉ DES PERSONNES ET DES CHOSES. — DE LA PROPRIÉTÉ. — DE LA POSSESSION. — DE LA PRESCRIPTION. — DE L'HYPOTHÈQUE. — DU CONTRAT DE NANTISSEMENT. — DES CENS. — DES CHAMPARTS.

IMPRIMERIE DE J. TASTU,
RUE DE VAUGIRARD, N° 36.

# ŒUVRES
# DE POTHIER,

CONTENANT

## LES TRAITÉS DU DROIT FRANÇAIS.

NOUVELLE ÉDITION

MISE EN MEILLEUR ORDRE ET PUBLIÉE PAR LES SOINS


## DE M. DUPIN,

AVOCAT A LA COUR ROYALE DE PARIS;


AUGMENTÉE D'UNE DISSERTATION SUR LA VIE ET LES OUVRAGES DE CE CÉLÈBRE JURISCONSULTE, PAR LE MÊME.

Ornée d'un beau portrait et d'un fac-simile.

TOME HUITIÈME.

PARIS.

BÉCHET AINÉ, LIBRAIRE,

QUAI DES AUGUSTINS, N° 57.

F.-M. MAURICE, LIBRAIRE,

RUE DES MATHURINS-SAINT-JACQUES, N. 1.

1825

# TRAITÉ

DES

# PERSONNES ET DES CHOSES.

## PREMIÈRE PARTIE.

*Des Personnes.*

### TITRE PREMIER.

*Division des personnes en ecclésiastiques, en nobles, gens du tiers-état, et serfs.*

### SECTION PREMIÈRE.

Des ecclésiastiques, et de leurs priviléges.

Les ecclésiastiques composent le premier ordre du royaume ; ils sont distingués des autres sujets par plusieurs priviléges que nos rois leur ont accordés.

Les avantages dont ils jouissent sont, ou des honneurs, ou des droits utiles.

Nous ne parlerons pas ici des droits utiles qui leur ont été accordés, parce que nous n'avons maintenant pour objet que de traiter des personnes.

Nous nous bornerons donc aux droits personnels qui concernent les ecclésiastiques.

Lorsque nous disons que les ecclésiastiques composent le premier ordre du royaume, c'est-à-dire qu'ils ont le pas et la préséance sur les laïques dans les églises et dans les cérémonies de religion : dans les assemblées politiques, le corps du clergé précède aussi les autres corps, comme il paraît par les séances des états-généraux ou particuliers ; de même, dans les parlemens, on prend les voix des conseillers-clercs avant celle des laïques ; dans les provinces, l'archevêque précède les gouverneurs ; les corps des chapitres des églises cathédrales ont la préséance sur les corps des bailliages, sénéchaussées ou présidiaux.

A l'égard du rang, que les corps du clergé doivent garder entre eux, il se règle suivant les anciens usages. (Voyez M. Fleury, partie 1re, chap 29.)

Les exemptions accordées aux ecclésiastiques sont de deux sortes : les unes sont purement personnelles, et tendent à leur conserver le repos nécessaire pour vaquer à leurs fonctions ; les autres sont réelles-personnelles, et regardent plus la conservation de leurs biens ; car puisque le public les entretient et les récompense de leur travail, il est juste de leur conserver leur revenu, et de ne pas prendre d'une main ce qu'on leur donne de l'autre. (M. Fleury, Instit. au droit ecclésiast.)

Les exemptions réelles-personnelles sont, 1° que les ecclésiastiques ne sont compris dans aucunes des impositions pour la subsistance des troupes et fortifications des villes, réparations de murs, ponts et chaussées, ni généralement pour aucuns octrois, subventions ou autres emprunts de communautés (Mém., part. 4, chap. 23) ; ce qui est fondé sur les Ordonnances de 1568, 1571, 1572 et 1574. Néanmoins cette exemption ne doit pas s'étendre aux cas de nécessités publiques, suivant l'arrêt solennel de la cour des aides de 1596, rendu en avril, qui déclare les ecclésiastiques contribuables aux nécessités publiques, telles que la fortification et la clôture des villes, comme aussi aux frais qui se font pour honorer les premières entrées des rois et reines de ce royaume. Ils doivent aussi, dans les temps de misère et de disette, contribuer aux aumônes publiques pour la nourriture des pauvres.

L'assemblée, pour faire la taxe, doit même se faire en présence de l'évêque, qui doit y présider, ou son grand-vicaire en son absence. S'il n'y a pas d'évêque, ce doit être l'ecclésiastique le plus qualifié ; ce qui doit même s'observer dans les villes où il y a parlement, et où il n'y a pas d'évêché.

2°. Les ecclésiastiques sont exempts des tailles personnelles pour leurs biens ecclésiastiques, pour leur titre clérical, et pour ce qui leur écheoit par succession, en ligne directe seulement, pour leur part héréditaire, aussi bien que pour les revenus des bénéfices et des dîmes qu'ils font valoir par leurs mains ou qu'ils tiennent à ferme : mais ces priviléges, dit

M. Fleury, ont reçu de grandes atteintes dans les derniers temps. En la plupart des lieux, les ecclésiastiques sont compris à la taille pour les biens qu'ils font valoir, les intendans les taxent pour les dîmes qu'ils tiennent à ferme, et les habitans les imposent sous le nom de faisant valoir leurs dîmes. Les ecclésiastiques ne sont plus exempts que pour une des fermes de leur bénéfice ; du reste, ils peuvent faire valoir leurs terres par leurs mains jusqu'à concurrence de quatre charrues, pourvu qu'elles soient situées dans la même paroisse. S'ils en font valoir davantage, ou s'ils en prennent à ferme, ils sont sujets à la taille. Cependant les curés peuvent prendre à ferme les dîmes de leur paroisse, sans qu'on puisse les imposer à la taille.

3°. Les biens appartenant à l'Église sont francs comme les biens nobles. Les ecclésiastiques peuvent posséder des biens nobles sans être sujets aux droits de franc-fief : la plupart des Coutumes les exemptent même des corvées réelles ; et dans celles où ils n'en sont pas exempts, ils ne sont pas obligés de les remplir par eux-mêmes; il suffit qu'ils les fassent faire par d'autres. Ils ne sont pas non plus assujettis aux bannalités de moulin, de four et de pressoir.

4°. Dans les pays où l'impôt du sel a lieu, les ecclésiastiques en sont exempts, comme de la visite de leur maison pour recherche de faux sel : ils sont encore exempts du droit d'aides pour les vins de leur crû, soit bénéfice ou patrimoine, ou provenant de leur titre clérical. Ils ne sont pas sujets au droit de vingtième, s'ils le vendent en gros, ni au huitième ni au quatrième, s'ils le vendent en détail (arrêt de la cour des aides, du 4 août 1632, Ordonnance de 1616). Il en est de même du vin qui provient de leur dîme, ou des pressoirs banaux dont la banalité est établie avant 1650. Le vin, donné aux curés ou aux vicaires pour leur portion, est réputé vin de leur crû.

5°. Par un privilége particulier, on a accordé aux ecclésiastiques, à cause des troubles qui ont agité le royaume, la dispense de représenter leurs titres pour constater les droits qu'ils prétendent; il suffit qu'ils aient des actes de possession qui puissent y suppléer.

Pour ce qui est des exemptions personnelles des ecclésiastiques, elles consistent :

1°. En celle de la juridiction. Les ecclésiastiques ont obtenu de nos rois le privilége de pouvoir demander leur renvoi dans leurs causes pures personnelles, où ils sont défendeurs, devant les juges d'Église; et les juges d'Eglise peuvent aussi les revendiquer lorsqu'ils n'ont pas demandé le renvoi.

Il faut néanmoins observer que le juge ecclésiastique serait incompétent, s'il était question d'une cause pure personnelle qui emportât dérogation au privilége ecclésiastique, par exemple, si un ecclésiastique avait accepté une tutelle, dont il serait comptable au juge laïque, ou s'il avait fait quelques actes de commerce; auquel cas, il serait justiciable des consuls ou autres juges laïques.

Mais cette permission de demander son renvoi devant le juge ecclésiastique n'est accordée qu'à ceux qui sont dans les ordres sacrés, c'est-à-dire au moins sous-diacres, et aux religieux profès.

Ils ont aussi le même privilége dans les matières criminelles; et s'il s'agit du délit commun, le juge ecclésiastique en connaît seul : si, au contraire, il s'agit d'un cas privilégié, la procédure doit être instruite conjointement avec le juge d'Église et par le juge laïque.

Les ecclésiastiques peuvent aussi, en tout état de cause, demander à être jugés toute la grand'chambre du parlement, où la procédure est pendante, assemblée. (Ordon. de 1670, tit. 1, art. 21.)

2°. Les ecclésiastiques sont exempts des charges municipales, et des charges de tutelles et curatelles, à moins qu'ils ne les acceptent volontairement.

3°. Ils sont exempts de la contrainte par corps portée par l'Ordonnance de Moulins pour dettes civiles, même pour les dépens auxquels ils seraient condamnés. Il faut cependant excepter le cas, auquel ils auraient contracté des obligations qui les auraient fait déroger à leurs priviléges.

L'Ordonnance de 1667 porte que les meubles des ecclésiastiques destinés au service divin ou à leur usage, même leurs livres, jusqu'à concurrence de 150 liv., ne peuvent être saisis ni exécutés par leurs créanciers, et ceux-ci doivent leur laisser une certaine portion des fruits de leur bénéfice pour leur subsistance. Le titre clérical ne peut pas non plus être saisi ni décrété : c'est pour cela qu'il doit être publié au prône des paroisses, afin que ceux qui y ont intérêt puissent former opposition à l'établissement de ce titre.

4°. Ils sont dispensés du service militaire, qui se devait autrefois à cause des fiefs, et n'a plus lieu qu'à la convocation de l'arrière-ban. Ils ne sont pas même obligés à fournir d'autres personnes pour servir à leur place, ni à payer aucunes taxes pour cet effet. Ils sont aussi exempts de guet et de garde. (Blois, *art.* 55 et 56.) Ils sont encore exempts des logemens de gens de guerre. Il est défendu aux gens de guerre, sous peine de la vie, de loger dans les maisons presbytérales ou autres affectées aux bénéfices, ou dans les maisons d'habitation des ecclésiastiques; et aux maires et échevins de ville, et aux fourriers des logis, de donner des billets pour y faire loger, ou d'imposer sur les ecclésiastiques aucunes taxes pour raison de logement, ustensiles, ou fournitures, telles qu'elles soient.

Tous les clercs, comme nous l'avons dit, ne jouissent pas des priviléges accordés aux ecclésiastiques. Il faut qu'ils soient constitués dans les ordres sacrés, ou au moins clercs tonsurés et pourvus de quelques bénéfices. Ceux même, qui ne sont pas connus comme ecclésiastiques, quoiqu'ils le soient en effet, soit qu'ils soient travestis, vagabonds ou autrement, ne jouissent pas de ces priviléges.

## SECTION II.

De la noblesse et de ses priviléges; comment elle se perd; de quelle manière elle se recouvre, et des usurpateurs de noblesse.

La noblesse, considérée comme le second ordre de l'État, comprend tous les nobles du royaume; mais si on la considère comme une qualité distinctive de plusieurs personnes, elle peut se définir un titre d'honneur qui donne à ceux qui en sont revêtus plusieurs priviléges et exemptions.

On distingue deux sortes de noblesse; celle de race et celle de concession.

### ARTICLE PREMIER.

*De la noblesse de race.*

La noblesse de race est celle, dont on ne connaît par l'origine, ou, comme le dit Loiseau, dont on ne peut coter le commencement. Les actes de possession suffisent pour la prouver. Suivant le réglement des tailles de 1500, la possession du père et de l'aïeul est regardée comme suffisante. La déclaration de 1664 exigeait que l'on rapportât des preuves de cette possession depuis 1550. Cependant aujourd'hui il suffit de rapporter des extraits baptistaires, des contrats de mariage, des partages et autres actes de familles, dont les dates remontent au-delà de cent ans, et qui justifient que, depuis ce temps, les ancêtres ont vécu noblement et ont été qualifiés comme tels. Si néanmoins il y avait preuve contre celui qui avance cette possession de cent ans, qu'il a eu, avant ce temps, des ancêtres roturiers, il ne serait pas noble. La noblesse est imprescriptible, et ce qui est imprescriptible ne peut s'acquérir que par les voies de droit. La raison de ce que la noblesse n'est pas sujette à la prescription, est que ses effets sont de donner à ceux qui en sont décorés l'exemption de plusieurs charges; et, en cela, elle est contraire à l'intérêt primitif de l'État, qui demande que tous les membres en supportent également les charges. Si donc quelques personnes sont exemptes de ces charges, ce ne peut être que par privilége : or tout privilége demande une concession expresse, et ne peut jamais s'acquérir par prescription.

La preuve de la possession immémoriale de la noblesse doit renfermer, de la part de celui qui annonce cette possession, deux choses, savoir, sa filiation et la possession de ses ancêtres.

1°. Sa filiation : en effet ce serait en vain qu'il prétendrait que ses ancêtres ont été nobles, s'il ne prouvait pas qu'il descend d'eux en ligne directe; et il soutiendrait inutilement qu'il a reçu d'eux la noblesse, s'il ne fait voir que c'est d'eux qu'il a reçu la naissance. Si, lorsqu'on dispute à un fils de famille la succession de son père, à laquelle il est appelé par la voie unanime de la nature et de la loi, la première chose, qu'il doive faire, est de prouver sa filiation, c'est-à-dire qu'il est véritablement fils de celui dont on lui conteste la succession; à combien plus forte raison celui, qui se prétend noble de naissance, doit-il montrer sa descendance de race en race de ceux qu'il prétend lui avoir transmis sa noblesse, qui n'est pas une qualité introduite par le droit civil en faveur des citoyens, mais un privilége, dont il ne décore qu'un certain nombre de personnes.

2°. La preuve de la noblesse de race doit démontrer la possession des ancêtres, qui ont toujours pris la qualité de chevalier, d'écuyer, même de noble, qui est la qualification ordinaire des gentilshommes en Normandie, et dans les pays de droit écrit.

Dans quelques-unes des provinces du droit écrit, comme le Lyonnais, le Forez et le Beaujolais, les officiers de justice, les avocats et médecins, prennent la qualité de nobles; mais cette qualité ne leur donne, ni à eux, ni à leurs enfans, aucun titre de noblesse, s'ils ne l'ont de race et d'ancienneté.

Nous avons dit ci-dessus que la noblesse de race était suffisamment prouvée par une possession de cent ans. En Normandie, on suit une autre règle; il faut prouver quatre degrés ou générations de noblesse, et ces quatre degrés seraient suffisans, quand même ils ne remonteraient pas au-delà de cent ans; mais aussi, s'il fallait remonter plus loin, la preuve de ces quatre degrés est absolument nécessaire.

Plusieurs de nos anciens auteurs ont cherché l'origine de cette ancienne noblesse. Quelques-uns d'eux croient la voir établie chez les anciens Gaulois; mais il est bien plus raisonnable de ne pas donner à cet établissement une origine plus ancienne que la monarchie. Pasquier, Loiseau et quelques autres nous apprennent que les Francs, après avoir conquis les Gaules sur les Romains, conservèrent sur eux la supériorité que la victoire peut donner aux vainqueurs sur les vaincus. Les avantages, qui furent une suite de cette supériorité, étaient en grand nombre; les

Francs pouvaient seuls porter les armes, ils étaient seuls admis aux dignités de l'État. Les bénéfices connus depuis sous le nom de fiefs leur étaient affectés : ils avaient leur entrée dans les assemblées générales de la nation, qui se tenaient annuellement.

Il faut cependant observer que les Francs, soit au moment de leur conquête, soit depuis, admirent quelques Romains à leurs franchises. Tous les Romains, que le roi admettait à sa table, étaient, eux et leurs enfans, incorporés à la nation des Francs. C'était une espèce d'anoblissement. Il y a lieu de présumer qu'à cette distinction des Francs et des Romains succéda celle des nobles et des roturiers; que les nobles furent ceux qui descendaient des Francs, et se trouvaient en possession de leurs priviléges, et que les roturiers, au contraire, furent ceux qui descendaient des Romains, ou qui avaient été réduits à leur condition. On se convaincra de plus en plus de la vérité de cette origine, si on considère que les priviléges, dont jouit la noblesse, sont presque tous ceux dont les Francs étaient en possession.

## ARTICLE II.

### *De la noblesse de concession.*

La noblesse de concession est celle qui est accordée par le roi. Lui seul peut la donner. Les concessions, qu'il en fait, sont ou générales ou particulières.

Les concessions générales sont celles, qui ont lieu en faveur de tous les descendans mâles de tous ceux qui ont été pourvus de certains offices, auxquels elle est attachée. La noblesse est attachée à quelques-uns de ces offices au premier degré : il suffit que le père les ait possédés pour que le fils soit noble. Tels sont les offices de la couronne, ceux des cours souveraines, ceux des secrétaires du roi, soit du grand, soit du petit collége, et quelques autres. Il y a au contraire des offices, tels que ceux des trésoriers de France, auxquels la noblesse n'est attachée qu'au second degré : il faut que le père et l'aïeul aient été pourvus de ces offices pour que le fils soit noble.

Mais pour que celui, qui est pourvu d'un office auquel la noblesse est attachée, puisse l'acquérir et la transmettre à ses descendans, il faut qu'il ait possédé l'office pendant vingt ans, ou qu'il en soit mort revêtu; ce qui a lieu, soit pour les offices, auxquels la noblesse a été attachée au premier degré, soit pour ceux, auxquels elle n'est acquise qu'au second; et dans ce second, il faut que le père ou l'aïeul aient chacun possédé l'office pendant vingt ans, ou en soient morts revêtus.

On demande de quel temps ces vingt ans commencent à courir, si c'est du jour des provisions, ou du jour de l'installati on On ne peut faire courir les vingt ans du jour des provisions, si l'on considère que la noblesse n'est pas tant attachée à la propriété de l'office, qu'à l'exercice ; car les provisions ne font que donner un droit à l'office, et elles ne confèrent pas la qualité d'officier. Ce n'est donc pas évidemment du jour des provisions que doivent courir les vingt ans. Mais peut-on même les faire courir du jour de la réception, ou ne doivent-ils pas plutôt commencer à n'être comptés que du jour de l'installation ? A la vérité, on acquiert le caractère d'officier par la réception, mais on n'entre dans l'exercice de l'office que par l'installation, et si la noblesse est attachée à l'exercice de l'office, si elle en est la récompense, il s'ensuit que les vingt ans d'exercice ne doivent commencer que du jour de l'installation. Il en résulterait donc que celui, qui décéderait après avoir obtenu les provisions d'un office qui anoblit, après même avoir été reçu dans cet office, mais avant son installation, n'aurait pas la noblesse, et ne la transmettrait pas à ses descendans. Mais, malgré ces raisons, qui sont très-fortes, l'opinion contraire a prévalu. Il paraît qu'on tient pour constant, que les vingt ans, requis pour acquérir la noblesse, commencent à courir du jour de la réception. On se fonde sur ce que les édits de la création n'exigent rien autre chose, sinon que le titulaire ait possédé l'office, et ait été officier pendant vingt ans.

On a aussi proposé la question de savoir, si le titulaire de l'office, auquel la noblesse est attachée, qui viendrait à résigner avant vingt ans d'exercice, mais après avoir obtenu des lettres de vétérance, acquerrait la noblesse. L'affirmative paraît former le sentiment le plus unanime et le mieux fondé. Celui, qui a obtenu des lettres de vétérance, demeure toujours officier, il doit acquérir tous les droits qui sont attachés à son office. Or la noblesse en est un des premiers et des plus considérables ; on ne peut donc le lui contester.

Outre les différens offices de justice et de finance, auxquels nos rois ont attaché la noblesse, il y a aussi plusieurs offices municipaux, qui, dans certaines villes, confèrent la noblesse à ceux qui les obtiennent. On peut voir dans le Dictionnaire des arrêts, sur le mot *Noblesse*, les différentes villes où les maires et échevins acquièrent la noblesse par une concession particulière de nos rois. Nous observerons cependant que, dans plusieurs de ces villes, il n'y a que la mairie qui confère la noblesse.

Comme l'exercice de ces offices est limité à un certain temps, il en résulte que, pour acquérir la noblesse qui y est attachée, il n'est pas nécessaire de les avoir possédés pendant vingt ans, comme cela est requis pour les autres offices ; mais il faut observer, par rapport à ces offices, la seconde règle dont nous avons parlé, qui est que ceux, qui meurent avant la fin de leur exercice, n'en acquièrent pas moins la noblesse pour la transmettre à leurs descendans; mais ceux, qui ont été nommés à ces offices doivent prendre un certificat dans la forme ordinaire, qui prouve qu'ils ont été effectivement pourvus; et ce certificat leur sert de preuve de noblesse.

Par une concession générale du prince, la noblesse s'acquiert encore par le service militaire.

Ce n'est que depuis très-peu d'années que le service militaire confère la noblesse. Louis XV, voulant récompenser ceux de nos militaires, qui avaient défendu l'État, avec tant de zèle et de courage pendant la guerre, ne s'est pas contenté, ainsi que les rois ses prédécesseurs, de leur donner des marques de sa reconnaissance par des honneurs et par des pensions, il a porté sa générosité plus loin. Considérant que ces honneurs et ces bienfaits leur étaient personnels et s'éteignaient avec eux, il a voulu les honorer par des distinctions plus durables, et qu'ils pussent transmettre à leur postérité. Il a donné un édit au mois de novembre 1750, portant création d'une noblesse, qui peut s'acquérir par les armes, sans qu'il soit besoin de lettres d'anoblissement. Cet édit ne confère pas la noblesse à tous ceux qui font la profession des armes; il distingue les officiers d'avec les simples soldats. La nombreuse multitude de ces derniers ne permet pas, en effet, qu'on leur accorde un privilége dont l'effet serait de surcharger les sujets qui portent le poids des tailles et des impositions. C'est aussi par cette raison que l'édit ne veut pas que tous les officiers indistinctement acquièrent la noblesse. L'édit distingue les officiers-généraux d'avec ceux d'un grade inférieur. L'art. 2 porte que tous officiers-généraux non nobles, qui étaient au service au moment de la publication, seront et demeureront anoblis avec leur postérité née et à naître en légitime mariage.

Par l'art. 3, il est dit qu'à l'avenir le grade d'officier-général conférera la noblesse de droit à ceux qui y parviendront, et qu'ils jouiront de tous les droits de la noblesse, à compter du jour et date de leurs brevets. Les officiers-généraux sont les maréchaux de France, les lieutenans-généraux des armées du roi, et tous les autres officiers, jusqu'aux maréchaux de camp inclusivement.

Quant aux officiers d'un grade inférieur à celui de maréchal de camp, ils ne deviendront nobles de droit, que lorsque leur père et leur aïeul auront chacun servi l'espace de trente ans non interrompus, dont ils auront passé vingt ans avec la commission de capitaine, ou dix-huit avec celle de lieutenant-colonel, ou seize avec celle de colonel, ou quatorze avec le rang de brigadier des armées du roi, et qu'ils auront été créés chevaliers de l'ordre de Saint-Louis; et ils n'acquerront eux-mêmes la noblesse, dans ces cas, qu'après avoir été eux-mêmes créés chevaliers de Saint-

Louis, et qu'après avoir servi eux-mêmes pendant le temps et avec le rang ou commission requis (*art.* 4 et 6).

Cet article reçoit quelques exceptions. 1°. Les officiers devenus capitaines et chevaliers de l'ordre de Saint-Louis, que leurs blessures mettent hors d'état de continuer leur service, demeureront dispensés du temps qui restera encore à courir (*art.* 7).

2°. Ceux, qui mourront au service après être parvenus au grade de capitaine, mais sans avoir rempli les autres conditions dont nous venons de parler, seront censés les avoir accomplies.

Il faut encore observer que ce qui est renfermé dans les *art.* 6, 8 et 9, regarde tous les officiers indistinctement, soit ceux, qui sont dans le premier ou second degré, soit ceux, qui remplissent le troisième, et qui acquièrent de plein droit la noblesse.

La même loi fixe ensuite la manière, dont les officiers pourront, dans les différens cas, justifier le temps de service et les autres circonstances dont nous avons parlé : elle veut qu'on prenne, dans tous ces cas, un certificat du secrétaire d'Etat chargé du département de la guerre.

S'il ne s'agit que de justifier le temps de service, le certificat doit porter que l'officier a servi pendant le temps prescrit, dans tel corps ou dans tel grade.

Dans le cas, où l'officier est hors d'état de continuer son service à cause de ses blessures, le certificat doit en outre contenir et spécifier la qualité des blessures de cet officier, les occasions de guerre dans lesquelles il les a reçues, et la nécessité dans laquelle il se trouve de se retirer (*art.* 8).

Si, au contraire, l'officier est mort au service, le certificat, qui sera délivré à ses enfans, portera que leur père, au jour de sa mort, servait dans tel corps et dans tel grade. Celui, qui acquiert la noblesse, doit aussi prendre un certificat dans la même forme pour justifier de ses services personnels. Ce n'est même que du jour de la date de ce certificat qu'il commence à jouir des droits de la noblesse. Si même l'officier, qui remplit le troisième degré, était mort au service après être parvenu au grade de capitaine, il sera censé avoir acquis la noblesse; et, pour en assurer la preuve, il doit être délivré à ses enfans légitimes un certificat, dans la forme que nous avons dite (*art.* 10 et 11).

Nous observerons que la déclaration du 22 janvier 1752 veut qu'au lieu du certificat du secrétaire d'Etat, que les officiers devaient obtenir pour justifier le temps de leurs services, ou les autres cas dont nous avons parlé, il leur soit délivré des lettres scellées du grand sceau, sous le titre de lettres d'approbation de services. Ces lettres doivent exactement contenir la même attestation, que devait porter le certificat du secrétaire d'Etat chargé du département de la guerre. Il ne faut pas omettre que ces lettres ne sont sujettes à aucun enregistrement.

Pour conserver plus facilement la preuve du service militaire, l'édit de 1750 avait permis aux officiers de déposer pour minutes, chez tels notaires royaux qu'ils jugeraient à propos, les lettres, brevets et commissions de leurs grades, ainsi que les certificats des secrétaires d'Etat chargés du département de la guerre, et d'en retirer des expéditions; mais la déclaration de 1752 a révoqué la faculté de faire ces dépôts; elle permet seulement aux officiers de déposer pour minutes leurs lettres d'approbation de services, et les autres lettres de leurs grades aux greffes des cours de parlemens, dont il doit être délivré des expéditions sans frais; ils peuvent aussi faire ces dépôts aux chambres des comptes, aux cours des aides (*art.* 5.)

Il faut encore observer que les officiers non nobles, qui étaient au service au jour de la publication de l'édit, doivent jouir du bénéfice de cet édit, à mesure que le temps de leur service sera accompli, quand même ce temps aurait commencé à courir avant qu'il eût été publié (*art.* 16); mais cet article n'accorde aux officiers d'autre avantage rétroactif, que le droit de remplir le premier degré. Les cours souveraines, et autres juridictions, qui ont droit d'en connaître, ne doivent pas les admettre à la preuve des services de leurs pères ou aïeux retirés du service, ou décédés avant la publication de l'édit.

Les concessions particulières de la noblesse sont celles, qui sont faites à ceux que le roi veut en gratifier par des lettres qu'il leur accorde. Ces lettres sont connues sous le nom de lettres d'anoblissement; il n'y a que le roi qui puisse les accorder. En effet, la concession de la noblesse est un acte de la souveraineté, qui est essentiellement réservé à la royauté. Les rois en ont même été seuls en possession dans le temps où l'autorité royale était presque éclipsée. M. Pichon rapporte un arrêt du Parlement de Paris de 1250, qui porte que le comte de Flandre, nonobstant tout usage contraire, ne pouvait ni ne devait faire d'un roturier un chevalier, c'est-à-dire l'anoblir. Loisel propose aussi, comme une des lois fondamentales de l'Etat, que nul ne peut anoblir que le roi.

Les lettres d'anoblissement doivent être scellées du grand sceau, et enregistrées au Parlement, à la chambre des comptes et à la cour des aides; aussi voyons-nous que ces lettres sont adressées à ces différentes cours : le défaut d'enregistrement les rendrait nulles. On trouve, dans le Dictionnaire des arrêts, un arrêt qui a jugé que la succession d'un homme, qui n'aurait pas fait enregistrer au Parlement ses lettres de noblesse, serait partagée comme la succession d'un roturier, quoique ces lettres, suivant qu'il paraît, eussent été enregistrées en la chambre des comptes.

Bacquet rapporte le formulaire de ces lettres d'anoblissement;

on y voit que celui, qui les a obtenues, doit payer une finance suivant la taxe de messieurs de la chambre des comptes. Aujourd'hui le roi remet presque toujours cette finance, qui est pour l'indemniser de la diminution de ses droits. L'impétrant de ces lettres, outre la finance d'indemnité, en doit encore une autre qu'on nomme *aumône*, parce qu'on l'emploie en œuvres pieuses. Elle est pareillement fixée par messieurs de la chambre des comptes; mais la remise s'en fait beaucoup plus rarement. (Loiseau, des Ordres, ch. 5, n. 55, 56.)

Pour que la noblesse, qui est conférée par ces lettres d'anoblissement, soit irrévocable, il faut que la grâce soit fondée sur des services rendus à l'Etat, et dont la preuve se trouve sous le contre-scel des lettres. Il n'importe de quelle nature soient les services; il suffit que le roi les ait regardés comme suffisans pour mériter la noblesse. La mention des services dans les lettres est si nécessaire, qu'on ne serait pas admis à en alléguer dans le cas d'omission.

Les lettres de noblesse, qui ne sont fondées sur aucun service, sont toujours révocables. Si elles avaient été acquises à prix d'argent, il faudrait que le roi remboursât la finance qu'il aurait reçue pour les accorder. C'est dans ce cas une espèce d'engagement du domaine, qu'il peut faire cesser par le remboursement.

Nous ne connaissons pas d'autres manières d'acquérir la noblesse dans ce royaume, que la réception en un office, auquel la noblesse est attachée, le service militaire et les lettres d'anoblissement.

On a long-temps douté si les fiefs de dignité anoblissaient ceux qui en avaient reçu l'investiture. Quelques auteurs avaient embrassé l'affirmative indistinctement. (Loisel, règ. II, tit. I, l. I.) Dumoulin, en sa note sur l'*art.* 9 de l'ancienne Coutume de Paris, distingue si le roturier a été investi par le roi, ou non, et il prétend que les fiefs de dignité n'anoblissent que dans le premier cas. Loiseau, ch. 8, des Seigneurs, n. 21, admet cette distinction. Par l'Ordonnance de Blois de l'année 1579, *art.* 258, les fiefs, de quelque dignité qu'ils soient, n'anoblissent plus leurs possesseurs; et quant à nous, nous croirions que, si le roi donnait à un roturier l'investiture d'un fief de dignité, celui-ci serait censé anobli; il en serait de même si le roi érigeait en faveur d'un roturier une terre en titre de baronnie, marquisat, comté ou duché; en effet, une pareille érection serait une concession tacite de la noblesse, parce qu'on ne peut être baron, marquis, comte ou duc, sans être noble; mais, dans ce cas, ce n'est pas tant, comme le remarque Loiseau, le fief qui anoblit, que l'investiture que le roi en donne.

De même que les fiefs de dignité, qui originairement ne pouvaient être possédés que par des nobles, n'anoblissent pas leurs possesseurs, si ce n'est dans les deux cas que nous avons proposés; de même les offices affectés aux nobles par leur édit de création, ne confèrent pas la noblesse à ceux qui en sont pourvus. (Loiseau, ch. 5, n. 49 des Ordres.)

Quelquefois, au lieu de lettres de noblesse, nos rois accordent des lettres de chevalerie, qui produisent le même effet; elles ont même cet avantage sur celles de noblesse, qu'elles confèrent la noblesse sans aveu de roture.

Au reste, il faut suivre, à l'égard de ces lettres, tout ce que nous avons dit des lettres de noblesse.

La noblesse, soit de race, soit de concession, est, par sa nature, transmissible, mais elle ne se transmet que par mâles, et en légitime mariage. 1°. Elle ne se transmet que par mâles. C'est en effet une règle certaine en droit, que les enfans suivent la famille du père. Les filles nobles jouissent, à la vérité, de la noblesse de leur père, mais elles sont incapables de la transmettre à leurs enfans. Les filles nobles perdaient même autrefois leur noblesse en épousant un roturier. (Loiseau, chap. 5, n. 65); mais aujourd'hui leur noblesse n'est qu'en suspens pendant leur mariage; elles rentrent, après la mort de leur mari, dans tous les droits que leur donnait leur naissance. Il faut cependant qu'elles déclarent qu'elles veulent vivre noblement.

De même qu'une fille noble, qui a épousé un roturier, perd sa noblesse, ou du moins n'en peut tirer avantage durant son mariage, de même la femme roturière, qui a épousé un noble, jouit de tous les avanges de la noblesse, non-seulement pendant son mariage, mais encore pendant son veuvage, et jusqu'à ce qu'elle passe à de secondes noces. Cette règle souffre néanmoins exception à l'égard de la femme serve, qui n'est pas anoblie par son mariage avec un noble. (Loisel, règle 81, tit. 1, l. 1.)

Il y avait quelques Coutumes, où la noblesse se transmettait tant par mâles que par femmes; de sorte que, pour être noble, il suffisait d'être né d'un père ou d'une mère noble. Telles sont les Coutumes de Troyes, Sens, Meaux, Chaumont et Vitry; mais il a été jugé, par plusieurs arrêts, que cette noblesse n'étant établie que par la Coutume, elle ne pouvait avoir que des effets coutumiers, sans qu'on pût s'en servir pour l'exemption des tailles ou de tous autres droits semblables. (Arrêt de la cour des aides de 1566.) Il paraît même difficile à comprendre comment cette noblesse, ne produisant aucuns des effets ordinaires, peut encore être distinguée lorsqu'il s'agit du partage des successions, ou autres cas semblables où cette noblesse peut être de quelque utilité.

Charles VII, pour récompense des services de Jeanne d'Arc, connue sous le nom de Pucelle d'Orléans, l'avait anoblie, elle et ses deux frères et leurs descendans, tant par mâles que par femmes; mais ce privilége a été restreint dans le dernier siècle, sur les conclusions du procureur-général, et la noblesse ne se transmet plus dans cette famille que par les mâles; suivant le droit commun. (Édit. de 1614.)

Quoique la noblesse ne se transmette que par mâles, et qu'il ne puisse y avoir de noblesse du côté de la mère, il faut cependant avouer que la noblesse de celui, qui est né de père et de mère nobles, est plus pure; aussi y a-t-il certains cas où l'on requiert la noblesse, tant du côté du père que du côté de la mère.

2°. La noblesse ne se transmet qu'en légitime mariage. Il est vrai que, selon nos anciens usages, le bâtard avoué retenait le nom et les armes de son père; mais Henri IV a aboli cet usage; il a défendu, par l'*art.* 26 du réglement de 1600, aux bâtards, encore qu'ils fussent issus de pères nobles, de s'attribuer le titre et la qualité de gentilshommes, s'ils n'obtiennent des lettres d'anoblissement, fondées sur leur propre mérite ou sur les services de leurs pères; et même le bâtard d'un gentilhomme, qui obtiendrait du prince des lettres de légitimation, n'acquerrait pas pour cela la noblesse, à moins qu'il n'y eût fait insérer la clause d'anoblissement; cela est fondé sur ce que la légitimation par lettres du prince n'a d'autre effet que de purger le vice de la naissance, sans donner les droits de famille, dont la noblesse est un des plus considérables.

Cette règle souffre cependant deux exceptions : la première est que les bâtards des rois sont princes; la deuxième, que les bâtards des princes sont gentilshommes; mais, sous le nom de prince, il ne faut entendre que les princes du sang ou les princes légitimés: nous n'en connaissons pas d'autres dans le royaume : mais pour que les enfans des rois soient princes, et ceux des princes gentilshommes, il faut qu'ils aient été reconnus.

Les bâtards ne peuvent pas même s'aider de la noblesse de leur mère; et on ne peut objecter que les enfans, qui ne sont pas nés en mariage légitime, suivent la condition de leur mère; cela ne peut avoir lieu que quand il s'agit de fixer l'état des enfans, et décider s'ils sont libres ou esclaves, citoyens ou étrangers : mais la noblesse ne peut jamais venir que du père. Cette distinction, que nous faisons, est énergiquement exprimée dans cette règle du droit français : *Le ventre affranchit et la verge anoblit.*

Jusqu'ici nous n'avons parlé que de la véritable noblesse, de la noblesse transmissible. Il ne sera pas étranger à la matière que nous traitons, de remarquer qu'il y a encore parmi nous une autre noblesse qu'on nomme *personnelle*, parce qu'elle est comme inhérente à la personne. Ceux, qui ont cette noblesse, ne peuvent pas se dire de l'ordre de la noblesse, mais ils jouissent de tous ses priviléges. Tels sont les commensaux de la maison du roi; tels étaient les bourgeois de quelques villes du royaume, comme on peut le voir à l'égard des bourgeois de Paris, dans l'édit de Charles V, du 9 août 1371.

Il faut encore distinguer les privilégiés de ceux qui ont la noblesse personnelle. Ces derniers sont en possession de presque tous les priviléges dont jouissent les véritables nobles; ils en ont même dont ceux-ci ne jouissent pas; mais dont les droits des privilégiés consistent uniquement dans l'exemption des tailles, et quelques autres droits semblables.

### ARTICLE III.

### *Des priviléges de la noblesse.*

Après avoir vu quelles personnes sont nobles, il faut examiner quels sont les priviléges attachés à la noblesse, et les droits dont elle est en possession; mais comme ils sont en très-grand nombre, nous ne parlerons que des principaux.

1°. Ils ont la préséance sur le tiers-état, mais ce droit souffre restriction; car les officiers de justice précèdent, dans leur ressort, les simples gentilshommes de race, parce qu'ils sont dépositaires d'une partie de l'autorité royale, et ont une fonction que n'ont pas les simples gentilshommes.

2°. Les nobles peuvent se qualifier d'écuyers, et porter les armoiries timbrées.

3°. Ils sont exempts de tailles, et de plusieurs autres cotisations connues sous le nom de *taillons, de crues d'aides, et de subsides*, auxquels les roturiers sont sujets; ils ont même le droit de faire valoir quatre charrues, sans pouvoir y être imposés.

4°. Ils ne doivent pas le droit de franc-fief pour les fiefs qu'ils possèdent; ce droit consiste dans une finance, que les roturiers paient au roi, pour les relever de l'incapacité où ils sont de posséder des fiefs.

5°. Ils ne sont pas sujets aux corvées personnelles, ils sont aussi exempts de faire les corvées réelles en personne, aussi bien que de la banalité de four, moulin ou pressoir.

6°. Il y a plusieurs offices qui leur sont affectés; il est vrai que cela n'est pas observé à la rigueur, et qu'on admet les roturiers à plusieurs offices, qui, par leur édit de création, ne pouvaient être possédés que par des nobles.

7°. Il y a plusieurs églises cathédrales et plusieurs abbayes, dans lesquelles les canonicats et les places monacales sont affectés à des gentilshommes. Si ces bénéfices étaient possédés par des roturiers, les nobles, qui auraient d'ailleurs toutes les qualités requises, pourraient les obtenir à titre de dévolu. Il y a même quelques-unes de ces cathédrales, où il ne suffit pas d'être noble;

dans quelques-unes, on requiert un certain degré de noblesse; dans d'autres, on exige la noblesse, tant du côté paternel que du côté maternel.

8°. Les nobles de l'un et de l'autre côté sont dispensés, par le concordat, d'une partie du temps des études requis dans les gradués. Ce temps, qui est fixé à cinq ans pour les bacheliers roturiers en droit civil et canonique, est réduit à trois ans pour les nobles de l'un et de l'autre côté. *In quibus baccalariis juris canonici aut civilis, si ex utroque parente nobiles fuerint, triennum esse decernimus.* (Paragraphe 4, titre 6.)

La manière, dont la noblesse doit être prouvée dans ce cas, consiste à rapporter un certificat délivré par le juge ordinaire de la naissance, fait sur la déposition de quatre témoins en jugement.

9°. Les baillis et sénéchaux doivent connaître des causes des nobles, à l'exclusion des prévôts, aux termes de l'édit de Crémieu. Il faut cependant remarquer que cet édit n'a été rendu que pour fixer la compétence des juges royaux, sans préjudicier aux juges des seigneurs, qui doivent connaître des causes des gentilshommes qui sont leurs justiciables, si ce n'est qu'ils n'en eussent pas été en possession lors de la publication de cet édit.

10°. Les nobles peuvent, en tout état de cause, demander à être jugés en matière criminelle, toute la grand'chambre du Parlement, où leur procès est pendant, assemblée.

11°. Les peines des roturiers et des gentilshommes sont différentes dans certains cas: dans les crimes, qui méritent la mort, le roturier doit être pendu, et le noble décapité. (Loisel, règ. 18, tit. 2, liv. 4.) Mais le même auteur a observé que cette différence cesse, lorsque le gentilhomme est coupable d'un crime dérogeant à la noblesse, comme trahison, larcin, parjure ou faux.

Tels sont les principaux priviléges, dont jouissent les nobles généralement dans tout le royaume; mais plusieurs Coutumes leur en donnent encore de particuliers: quelques-unes admettent la garde-noble au profit des ascendans; d'autres le bail au profit des collatéraux: dans les autres, il y a un ordre particulier de succession pour les nobles. Nous aurons lieu d'examiner plus en détail ces différentes pérogatives; il suffit ici de les avoir rapportées.

Si les nobles jouissent de tant de priviléges, ils sont aussi tenus de quelques charges particulières, comme de se rendre à la convocation du ban, à moins qu'ils ne possèdent un office de judicature: ils semblent aussi destinés par leur état au service militaire.

On demande si les étrangers nobles doivent jouir en France des priviléges de la noblesse, soit dans le cas où ils n'ont pas été naturalisés, soit dans le cas où ils l'ont été. On pourrait dire, pour la négative, que la noblesse étant une distinction que la loi a établie entre les citoyens d'un même état, les étrangers ne doivent pas jouir des priviléges qui y sont attachés. Mais les raisons de décider pour l'affirmative sont que, dans le cas où l'étranger n'a pas été naturalisé, il est censé demeurer dans le royaume avec la qualité qu'il a dans son pays. Suivant ce principe, *la qualité est inhérente aux personnes;* et dans le cas où il a été naturalisé, il est présumé avoir été reçu en sa qualité primitive. (Loiseau, chap. 5, n. 114, des Ordres.) Mais cet auteur exige, pour cela, une condition qui ne nous paraît pas nécessaire, qui est que l'étranger soit noble *à la mode de France,* pour nous servir de ses termes. Nous croyons qu'il suffit qu'un étranger soit noble suivant les lois de son pays : cela résulte même des principes que nous avons établis plus haut.

### ARTICLE IV.

### *Comment se perd la noblesse.*

La noblesse se perd de différentes manières : 1° par la dégradation; et d'abord il semble que le crime seul devrait la faire perdre : aussi voyons-nous que la plupart des anciens auteurs pensaient que toute condamnation infamante emportait nécessairement la perte de la noblesse. On regarde cependant aujourd'hui comme une jurisprudence universellement reçue, que la condamnation à quelque peine que ce soit, même au dernier supplice, n'emporte pas dérogeance; et pour qu'elle ait lieu, il faut qu'elle soit prononcée expressément. Il y a certains crimes qui la méritent, comme le crime de trahison et de lèse-majesté. (Loiseau, chap. 5, n. 90.)

Mais on demande si celui, qui a acquis la noblesse par sa réception en un office auquel elle était attachée, la perd par sa destitution, dans le cas où il l'a possédée pendant vingt ans. Loiseau soutient l'affirmative. On peut cependant dire, pour l'opinion contraire, que, la noblesse étant une fois acquise, on ne la peut perdre que par un jugement exprès qui en prive. Or l'officier, après avoir possédé l'office ennoblissant pendant vingt ans, devient noble de plein droit : la destitution seule ne peut donc pas suffire pour lui faire perdre sa noblesse.

Il y aurait plus de difficulté encore, si l'officier, n'ayant pas exercé son office pendant vingt ans, était condamné à mort. Il est vrai que ceux, qui meurent revêtus de leur office, acquièrent la noblesse, quoiqu'ils ne l'aient pas possédée pendant vingt ans : mais étendra-t-on en faveur d'un crime un privilége qui n'est accordé qu'à la vertu?

La noblesse se perd, 2° par les actes qui y dérogent : telle est,

1°. la profession des arts mécaniques. Il en est autrement des arts libéraux; et, par un usage dont nous ignorons la cause, on a fait une exception en faveur de ceux qui travaillent à la verrerie. Quelques-uns même avaient avancé que la profession des arts libéraux était affectée aux nobles; mais M. Lebret a réfuté ce sentiment dans son trente-huitième plaidoyer. 2°. Certains offices, tels, suivant Loiseau, que ceux de procureur, de greffier, de sergent, etc. Le Dictionnaire des arrêts excepte les notaires au châtelet de Paris : il faut aussi en excepter les procureurs de la chambre des comptes. 3°. Le commerce. Il faut cependant excepter la Bretagne, où le commerce ne déroge pas à la noblesse; c'est-à-dire que, dans cette province, moyennant certaines formalités que les nobles sont obligés d'observer, quand ils veulent commercer, ils peuvent le faire sans perdre la noblesse, qui demeure seulement suspendue tant qu'ils commercent.

Autrefois tout commerce dérogeait à la noblesse; mais aujourd'hui le commerce maritime ne déroge plus, suivant l'édit du mois d'août 1668. Il en faut dire de même du commerce de terre, que les nobles peuvent faire en gros, suivant l'édit de 1701.

4°. L'exploitation de la ferme d'autrui; mais il n'en est pas de même de l'exploitation de sa propre ferme. Tout noble a même le droit de faire valoir par lui-même un certain nombre de charrues sans être tenu des tailles.

Si nous en croyons Loiseau, la noblesse de race n'est pas tant éteinte, par les actes de dérogeance, qu'elle est suspendue. Le noble de race, pour rentrer dans sa noblesse, n'a qu'à s'abstenir d'y déroger. Cet auteur va même jusqu'à avancer qu'on peut soutenir que le gentilhomme de race, et ses descendans, n'ont pas besoin de lettres de réhabilitation; mais aujourd'hui on ne fait pas cette distinction entre les nobles de race, et les nobles de concession. Les uns et les autres perdent également la noblesse par les actes dérogeans.

Mais que dire des enfans de ceux qui ont été dégradés de noblesse, ou qui l'ont perdue par quelque acte dérogeant? Perdent-ils la noblesse avec leur père? Pour décider cette question il faut suivre la distinction des lois romaines.

Si les enfans sont nés avant la dégradation ou la dérogeance de leur père, ils ne perdent pas la noblesse; car, la noblesse leur ayant été acquise en naissant, ils ne peuvent pas en être dépouillés par la faute de leur père. Il n'est pas juste que des enfans innocens participent à la peine de leur père coupable. *Nemo alieno facto prægravari debet.* On doit dire la même chose des enfans, qui n'auraient pas encore été nés, mais qui auraient été conçus avant que leur père eût perdu la noblesse, suivant la décision de la loi 7 *de Senat.*, qui dérive du principe, *qui in utero est*, etc. Cela ne pourrait souffrir d'exception, que dans le cas où le crime serait si atroce, que, pour en inspirer de l'horreur, on aurait cru devoir étendre la peine jusque sur les enfans, en les privant eux-mêmes de la noblesse. A l'égard des enfans, qui ne sont ni nés ni conçus avant la dégradation ou dérogeance de leur père, ils naissent roturiers.

Mais cela a-t-il lieu, lors même que la noblesse, que leur père a perdue, est d'ancienne extraction? On pourrait alléguer en faveur des enfans la loi 7, § 2, ff. *de Senat.*, qui dit : *Si quis patrem et avum habuerit senatorem.... et pater amiserit dignitatem antè conceptionem ejus.... magis est ut avi potiùs dignitas ei prosit, quàm obsit casus patris.*

Il faut cependant dire que les enfans naissent roturiers; car la noblesse de leurs ancêtres ne leur a pu être transmise que par leur père, qui n'a pu lui-même la leur transmettre, l'ayant perdue. La loi citée ne peut s'appliquer au cas d'une noblesse transmissive : il y est question uniquement de certains honneurs ou priviléges, accordés aux enfans des sénateurs jusqu'à un certain degré, et par conséquent elle ne peut recevoir ici d'application. D'ailleurs il y a une autre loi, qui décide expressément le contraire à l'égard des descendans, qu'elle appelle *eminentissimi :* elle ne leur accorde les honneurs dus à cette origine que sous cette condition, *si nulla liberos, per quos privilegium ad ipsum transgreditur, macula aspergat.*

### ARTICLE V.

*Comment se peut recouvrer la noblesse.*

Celui, qui a perdu la noblesse, ou ses descendans, ne peuvent la recouvrer que par un bienfait du prince. En effet, puisqu'il n'y a que le roi qui puisse donner la noblesse à ceux qui ne l'ont pas, il s'ensuit que lui seul peut la rendre à ceux qui l'ont perdue.

Cette grâce du prince est contenue dans les lettres de réhabilitation. Ces lettres s'obtiennent en grande chancellerie : elles sont du nombre de celles que l'on nomme *lettres de grâce.* Loiseau cependant les met au nombre des lettres de justice : elles ne s'accordent qu'en connaissance de cause. Enfin elles doivent être enregistrées dans les différentes cours souveraines, où nous avons vu que l'on devait faire enregistrer les lettres d'anoblissement.

Ces lettres s'accordent avec plus ou moins de difficulté, suivant les différentes circonstances : on ne les refuse presque point, lorsqu'il ne s'agit que d'une simple dérogeance, et lorsque d'ailleurs la noblesse est bien établie.

Elles sont plus difficiles à obtenir, lorsque la privation de la noblesse est une suite de la condamnation qui a prononcé cette peine; mais, dans ce dernier cas, on reçoit toujours favorablement la prière de ceux qui demandent à être réhabilités, lorsque ce sont les enfans du coupable qui se présentent. Cela a surtout lieu, lorsque la noblesse est ancienne. M. Lebret, dans son trente-septième plaidoyer, prétend que les lettres de réhabilitation ne sont pas suffisantes, lorsque la dérogation a continué jusqu'au septième degré, et que, dans ce cas, il faut obtenir des lettres de noblesse.

### ARTICLE VI.

*Des usurpateurs de la noblesse.*

La noblesse est un droit si considérable, qu'il est défendu sous des peines très-graves d'en usurper les titres et les priviléges. Ces usurpations, en effet, sont si contraires aux droits du roi, qu'elles diminuent, et à l'autorité des citoyens, dont elles augmentent les charges, que nos rois ont cru devoir ordonner différentes recherches contre ces usurpateurs.

## SECTION III.

Des gens du tiers-état.

Nous n'avons rien de particulier à remarquer ici sur cet ordre de personnes: nous les considérerons seulement dans la suite comme régnicoles ou aubains, légitimes ou bâtards, jouissant de la vie civile ou n'en jouissant pas, et par rapport à l'âge, au sexe et aux différentes puissances qu'ils exercent ou qu'on exerce sur eux.

## SECTION IV.

Des serfs.

Les serfs, qui sont restés dans quelques provinces, et qu'on appelle gens de main-morte et mortaillables, sont entièrement différens des serfs qui étaient chez les Romains. Ces esclaves, chez les Romains, n'étaient pas citoyens; ils n'avaient aucun état civil, *pro nullis habebantur;* ils étaient regardés comme des choses plutôt que comme des personnes, *ut res, non ut personæ erant in dominio heri;* c'est-à-dire qu'ils appartenaient à leurs maîtres, de la même manière qu'un cheval ou tout autre meuble : et par conséquent ils ne pouvaient rien avoir en propre, et tout ce qu'ils acquéraient était dès l'instant acquis à leur maître, à qui ils appartenaient eux-mêmes.

Nous avons, dans nos colonies, de ces sortes d'esclaves, qui sont les nègres, dont il se fait un commerce considérable. Mais, dans le royaume de France, on n'en souffre aucun; et si quelque habitant de nos colonies amène en France avec lui quelqu'un de ses esclaves, il doit faire déclaration à l'amirauté qu'il ne l'amène point pour rester en France, et qu'il entend le renvoyer dans un certain temps à la colonie; faute de quoi, l'esclave acquerrait de plein droit la liberté par son séjour en France (1).

Les serfs, tels qu'il y en a dans quelques provinces du royaume, comme en Nivernois, en Bourgogne, sont bien différens de ces esclaves. Ces serfs ont un état civil, sont citoyens; ils ne sont pas *in dominio* du seigneur auquel ils appartiennent, et ne sont appelés serfs, qu'à cause de certains devoirs très-onéreux dont ils sont tenus envers lui.

Il y en a de trois espèces : les serfs de corps ou de poursuite, les serfs d'héritages, et les serfs de meubles. Les serfs de corps ou de poursuite, tels que ceux du Nivernois, sont ceux qui sont tellement serfs par leur naissance, qu'ils ne peuvent, en quelque endroit qu'ils aillent s'établir, se soustraire aux droits dont ils sont tenus, tels que la taille, que leur seigneur a droit d'exiger, le droit qu'a leur seigneur de recueillir après leur décès tous les biens qu'ils délaisseront.

Les serfs d'héritages sont ceux, qui ne le sont qu'à raison de quelque héritage qu'ils possèdent dans le territoire de leur seigneur, et qui, en conséquence, peuvent s'affranchir de toute servitude en abandonnant l'héritage.

Les serfs de meubles tiennent le milieu entre les deux espèces précédentes : ils peuvent s'affranchir de leur servitude, en quoi leur condition est meilleure que celle des serfs de corps ou de poursuite : mais ils ne le peuvent qu'en abandonnant, non-seulement tous les héritages qu'ils ont dans la seigneurie, mais même tous leurs meubles; en quoi elle est plus dure que celle des serfs d'héritages.

Cette servitude consiste dans l'obligation, où ils sont, de payer à leur seigneur une certaine taille par an, à certains termes; de faire un certain nombre de corvées; de ne pouvoir se marier à

(1) Voir la déclaration du roi du 9 août 1777, registrée le 27, qui défend le transport des noirs et mulâtres en France.

personne d'une autre condition sans une certaine peine, qu'on appelle la peine du formariage; et enfin de laisser à leur décès tous leurs biens à leurs seigneurs, s'ils décèdent sans hoirs qui soient en communauté avec eux, et de ne pouvoir en disposer par testament au préjudice de leur seigneur.

Les Coutumes, qui parlent de ces serfs, sont celles de Nivernois, de Vitry, de Châlons, de Bourgogne et d'Auvergne. Il n'y en a plus dans les Coutumes de Paris et d'Orléans; mais il y a encore, dans les archives des chapitres de Sainte-Croix et de Saint-Aignan d'Orléans, des actes d'affranchissement des serfs des terres qu'ils possèdent en Beauce.

---

# TITRE II.

*Seconde division des personnes, en régnicoles et aubains.*

## SECTION PREMIÈRE.

### Quelles personnes sont citoyens ou régnicoles ; quelles personnes sont étrangers ou aubains.

Les citoyens, les vrais et naturels Français, suivant la définition de Bacquet, sont ceux qui sont nés dans l'étendue de la domination française, et ceux qui sont nés dans nos colonies, ou même dans les pays étrangers, comme en Turquie et en Afrique, où nous avons des établissemens pour la commodité de notre commerce.

Des enfans nés dans un pays étranger, d'un père français qui n'a pas établi son domicile dans ce pays, ni perdu l'esprit de retour, sont aussi français : à plus forte raison, celui, qui serait né en pleine mer de parens français, doit-il être français.

*Quid* de ceux qui sont nés dans les provinces qui ont été réunies à la couronne, ou qui en ont été démembrées, ou qui, ayant été conquises, ont été rendues par un traité de paix? Il est certain que, lorsqu'une province est réunie à la couronne, ses habitans doivent être regardés comme Français naturels, soit qu'ils y soient nés avant ou après la réunion. Il y a même lieu de penser que les étrangers, qui seraient établis dans ces provinces, et y auraient obtenu, suivant les lois qui y sont établies, les droits de citoyen, devraient, après la réunion, être considérés comme citoyens, ainsi que les habitans originaires de ces provinces, ou du moins comme des étrangers naturalisés en France.

Lorsqu'au contraire une province est démembrée de la couronne, lorsqu'un pays conquis est rendu par le traité de paix, les habitans changent de domination. De citoyens qu'ils étaient devenus au moment de la conquête ou depuis la conquête, s'ils sont nés avant la réunion, de citoyens qu'ils étaient par leur naissance, jusqu'au temps du démembrement de la province, ils deviennent étrangers.

Ils peuvent cependant conserver la qualité et les droits de citoyens, en venant s'établir dans une autre province de la domination française; car, comme ils ne perdraient la qualité de citoyens, qui leur était acquise, en continuant de demeurer dans la province démembrée ou rendue par les traités de paix, que parce qu'ils seraient passés sous une domination étrangère, et qu'ils reconnaîtraient un autre souverain, il s'ensuit que, s'ils restent toujours sous la même domination, s'ils reconnaissent le même souverain, ils continuent d'être citoyens, et demeurent dans la possession de tous les droits attachés à cette qualité.

On demande si l'on ne devrait pas considérer comme citoyens, ceux qui sont nés dans un pays, sur lequel nos rois ont des droits et des prétentions, lorsqu'ils viennent s'établir dans le royaume. Quelques anciens auteurs l'avaient ainsi pensé; mais il est constant aujourd'hui qu'on les regarde comme étrangers.

Il y a cependant cette seule différence entre eux et les autres aubains, que les aubains ont besoin de lettres de naturalité pour acquérir les droits de citoyens, et qu'il suffit à ceux-là d'obtenir des lettres de déclaration.

Au reste, pour que ceux, qui sont nés dans les pays de la domination française, soient réputés Français, on ne considère pas s'ils sont nés de parens français ou de parens étrangers, si les étrangers étaient domiciliés dans le royaume, ou s'ils n'y étaient que passagers. Toutes ces circonstances sont indifférentes dans nos usages : la seule naissance dans ce royaume donne les droits de naturalité, indépendamment de l'origine des père et mère, et de leur demeure.

Il n'en était pas de même chez les Romains; car on ne regardait comme citoyens, que ceux qui étaient nés de citoyens : mais ils regardaient comme citoyens, ainsi que dans notre droit français, tous ceux qui étaient nés de citoyens, quoiqu'ils ne fussent pas nés à Rome, ni même dans l'étendue de l'empire romain : c'est ce que remarque Cujas, observ. 33. *Rectè Romanum interpretamur Româ oriundum : quâ appellatione, et in jure nostro, semper notatur origo paterna, non origo propria et natale solum.*

Pour qu'un enfant, né en pays étranger, soit Français, faut-il que le père et la mère soient Français, ou suffit-il que l'un des deux le soit indistinctement; ou, enfin, l'un des deux doit-il être Français plutôt que l'autre? On peut répondre à ces questions, qu'il n'est pas nécessaire que le père et la mère soient Français ou citoyens; mais pour savoir lequel des deux, ou du père ou de la mère, doit être Français ou citoyen, pour que l'enfant le soit, il faut distinguer si l'enfant est né en légitime mariage, ou non : s'il est né en légitime mariage, il faut que le père soit Français pour que le fils le soit aussi : un enfant né en pays étranger d'une Française et d'un étranger, serait réputé étranger. C'est dans cette espèce qu'il faut entendre toutes les lois qui disent que l'enfant suit l'origine du père : toutes parlent de l'enfant né en légitime mariage. Telle est la loi, au code *de municip. et origin. Filios apud originem patris, non in maternâ civitate, et si ibi nati sint* (*simodò domiciliis non retineantur*), *ad honores, seu munera posse compelli explorati juris est.* C'est ce que nous apprend aussi Ulpien : *Qui ex duobus campanis parentibus natus est, Campanus est; sed si ex patre campano, matre puteolanâ, æquè Campanus est.*

Si, au contraire, l'enfant n'est pas né en légitime mariage, il faut que la mère soit Française. Cette distinction est une suite de la règle générale, qui veut que l'enfant, qui est né en légitime mariage, suive la condition du père : *Cùm legitimæ nuptiæ sunt, patrem liberi sequuntur;* et que celui, qui n'est pas né en légitime mariage, suive la condition de la mère : *Vulgò quæsitus matrem sequitur.* L. 19, ff. *de statu hom.* Et on ne peut nous opposer le paragraphe 5 du titre 8 des Fragmens d'Ulpien, où il est dit que l'enfant né d'un Latin et d'une Romaine était Latin; car cela avait été établi par une loi particulière (la loi *Mencia*) contre la règle générale. Adrien, par un sénatusconsulte, abrogea même par la suite la loi Mencia : mais, d'ailleurs, nous n'avons aucune loi semblable parmi nous. Il faut donc recourir à la règle générale, qui veut que l'enfant, qui n'est pas né en légitime mariage, suive la condition de sa mère, et en conclure que l'enfant né d'une Française est Français.

Après avoir vu quelles sont les personnes, que nous devons regarder comme Français et comme citoyens, il faut voir quelles sont celles que nous devons appeler étrangers.

On appelle étrangers ceux qui sont nés de parens étrangers, et hors des pays de la domination française, soit qu'ils fassent résidence continuelle dans le royaume, soit qu'ils y demeurent pour un certain temps seulement, soit qu'ils n'y soient que simples voyageurs.

Nous réunissons ici deux conditions. La première, que l'aubain soit né en pays étranger; la seconde, qu'il soit né de parens étrangers; parce que, comme nous l'avons prouvé, la seule naissance hors du royaume ne suffit pas pour rendre étranger.

Nous devons regarder comme pays étrangers tous ceux où le roi de France n'est pas reconnu. Ainsi on doit regarder comme des aubains, tous ceux qui sont nés dans des pays, sur lesquels nos rois ont à la vérité des droits constans et légitimes, mais où néanmoins leur autorité est méconnue. Tels sont le royaume de Naples, la république de Gênes, le duché de Milan et le comté de Flandre, dont nos rois ont été en possession quelque temps, mais qui obéissent aujourd'hui à d'autres princes. Ceux, qui sont nés dans ces États, sont réputés aubains, jusqu'à ce qu'ils aient obtenu des lettres de déclaration. Il en faut dire autrement de ceux, qui sont nés dans une province qui appartient à un prince étranger, lorsque ce prince, pour raison de cette même province, reconnaît le roi pour son seigneur suzerain.

## SECTION II.

### En quoi l'état des aubains diffère-t-il de celui des citoyens?

Avant d'entrer dans l'examen des droits propres aux citoyens, dont ne jouissent pas les étrangers, on verra avec plaisir quelle était l'ancienne condition des aubains dans le royaume.

Il paraît qu'on distinguait alors deux sortes d'étrangers, les uns qu'on nommait *aubains :* c'était ceux qui étaient nés dans les Etats voisins, et dont on pouvait connaître l'origine; les autres qu'on appelait *épaves :* c'était ceux qui étaient nés dans les États éloignés de la France, et dont on ignorait la véritable patrie.

Les uns et les autres, aubains ou épaves, étaient en quelque sorte regardés comme serfs, ou du moins leur condition ne différait pas de celle des serfs. Ils étaient contraints de payer une redevance annuelle plus ou moins forte, suivant la coutume des lieux. Ils ne pouvaient se marier à d'autres qu'à des aubains, sans le consentement du seigneur : s'ils le faisaient sans son consentement, ils étaient sujets à l'amende. Lors même qu'ils l'avaient obtenu, ils ne devaient pas moins le formariage, qui était la moitié ou le tiers des biens. Ils ne pouvaient tester que jusqu'à cinq sous : ils ne pouvaient avoir d'autres héritiers légitimes, que les enfans nés dans le royaume. S'ils n'en avaient pas, le seigneur leur succédait. (Ext. des Reg. de la ch. des comptes.)

Si aujourd'hui la condition des aubains est moins dure, elle n'est cependant pas semblable à celle des citoyens; ils sont privés de plusieurs droits dont ceux-ci jouissent. Nous allons parcourir ces différences.

1°. Les étrangers ne peuvent ni posséder un bénéfice, ni tenir un office, ni faire aucune fonction publique dans ce royaume. L'Ordonnance de 1431 rend les étrangers, de quelque qualité qu'ils soient, incapables de tenir archevêchés, évêchés, abbayes, dignités, prieurés et autres bénéfices, de quelque nature qu'ils soient, en France : ils sont cependant relevés de cette incapacité s'ils obtiennent des lettres de naturalité; il n'est pas même nécessaire qu'ils se fassent naturaliser, il suffit qu'ils obtiennent des lettres de capacité.

Il y a cependant des bénéfices d'un ordre supérieur, que ceux même d'entre les étrangers, qui ont été naturalisés, sont encore incapables de posséder. L'Ordonnance de Blois, *art.* 4, dit que nul étranger, quelques lettres de naturalité qu'il ait obtenues, ne peut être pourvu d'archevêchés, d'abbayes de chef-d'ordre, d'évêchés, nonobstant toute clause dérogatoire qu'il peut obtenir, à laquelle le roi ne veut pas qu'on ait aucun égard. On a regardé ces places comme si importantes dans l'ordre de la religion, et dans celui du gouvernement, qu'on a cru ne devoir les confier qu'à des Français originaires. Il paraît cependant aujourd'hui que la disposition de l'Ordonnance n'est pas suivie dans toute son étendue. A la vérité, les lettres de naturalité, dans la forme ordinaire, ne suffisent pas pour habiliter un étranger à posséder ces dignités éminentes; mais le roi y insère souvent une clause particulière pour les relever de cette incapacité, et nous avons des exemples d'étrangers qui en ont été pourvus.

Les évêques ne peuvent aussi nommer pour leurs grands-vicaires des étrangers; il faut qu'ils soient Français, soit par origine, soit par naturalisation. Des lettres de capacité ne suffiraient pas pour les habiliter à remplir ces fonctions. Nos Ordonnances ne parlent pas des simples vicaires; c'est pourquoi, on demande si des évêques pourraient donner des lettres de vicariat à des étrangers. Il y a lieu de penser qu'ils ne le pourraient pas, parce qu'entre les fonctions de simples vicaires, il y en a plusieurs qu'on doit regarder comme des fonctions publiques et civiles, dont on sait que tous les étrangers sont incapables dans ce royaume. Les étrangers ne peuvent aussi exercer aucun office sans lettres de capacité. Cela a lieu pour toutes sortes d'offices, de justice, de finance et de guerre : cela doit même s'observer pour les offices des seigneurs.

Les évêques ne peuvent aussi nommer pour leurs officiaux des étrangers : il en faut dire de même des autres officiers des cours ecclésiastiques.

Enfin les étrangers ne peuvent exercer aucune fonction publique, de quelque nature qu'elle soit. Ils ne doivent pas être reçus au serment d'avocat : ils ne pourraient pas être principaux ni régens dans les universités. Il faut même observer qu'on ne confère des degrés à des étrangers, qu'à la charge de n'en pas faire usage dans le royaume. Par l'*art.* 17 de l'Ordonnance de Blois, il n'est pas permis aux prélats de donner à ferme le temporel de leurs bénéfices à des étrangers, qui ne seront pas naturalisés, habitués et mariés en ce royaume. Cette loi leur défend de le faire, sous peine de saisie de leur temporel, qui doit être distribué aux pauvres du lieu. Bacquet (Tr. du Dr. d'aub. 15, n. 8) dit que cela doit aussi avoir lieu pour les fermes du domaine du roi, des aides, des gabelles, et autres fermes publiques.

Les aubains ne peuvent faire la banque dans le royaume, sans une caution suffisante de 150,000 liv., reçue devant le juge des lieux et renouvelée tous les cinq ans. (Édit de 1563, *art.* 78. Ordonnance de Blois, *art.* 357.)

2°. L'étranger doit donner la caution *judicatum solvi*, c'est-à-dire d'acquitter les condamnations qui pourront intervenir contre lui, quoiqu'on n'exige pas une semblable caution de citoyens. L'étranger n'est cependant tenu de donner cette caution, que lorsqu'il ne possède pas d'immeubles situés dans le royaume, parce qu'on n'exige cette caution que pour servir de sûreté à celui qu'il appelle en jugement, qui ne pourrait poursuivre cet étranger, qui se retirerait hors le royaume s'il venait à être condamné. Au reste, cette caution n'est due par l'étranger, que lorsqu'il est demandeur, et non lorsqu'il est défendeur; parce que, s'il comparaît en jugement, ce n'est que parce qu'il y est forcé. (Arrêt du 13 février 1581.)

La caution *judicatum solvi* contracte l'obligation de payer non-seulement l'objet de la condamnation principale, mais encore tous les accessoires, c'est-à-dire les dépens faits tant en première instance qu'en cause d'appel, avec les dommages et intérêts, en cas qu'il y eût lieu d'en adjuger. Mais on demande si la caution peut être poursuivie pour le paiement de l'amende, en laquelle l'étranger, appelant de la sentence rendue contre lui par le premier juge, et confirmée par le juge d'appel, a été condamné pour son fol appel. Bacquet tient la négative, et son opinion est établie sur les principes, et suivie dans l'usage. La caution ne s'oblige qu'avec le défendeur; elle ne contracte qu'avec lui : elle ne peut donc être tenue que des condamnations qui interviennent à son profit; mais l'amende prononcée contre l'appelant n'est pas à son profit, elle appartient au fisc : la caution n'en peut donc pas être tenue.

Cette caution est due *in limine litis*. Le défendeur ne peut être contraint de fournir ses défenses, qu'après qu'elle a été présentée et reçue en la forme ordinaire, il peut la demander par forme d'exception; on prétend que, s'il avait défendu au fond sans exiger cette caution, il ne serait plus recevable à l'exiger dans le cours de l'instance, à moins qu'il ne fût en état de prouver qu'il ne connaissait pas la qualité d'étranger dans la personne du défendeur.

Cette caution peut être exigée de l'étranger, tant en cause principale que d'appel. (Bacquet, n. 5.) Mais si, en première instance, il était défendeur, et que, par appel, il se fût constitué appelant ou demandeur, on ne la pourra exiger de lui.

Lorsque deux étrangers plaident ensemble, si le défendeur l'exige du demandeur, il ne peut l'y faire condamner, qu'il ne l'offre respectivement de son côté.

3°. Il y a cette différence entre le régnicole et l'étranger, que l'un est admis au bénéfice de cession, et que l'autre ne l'est pas.

Suivant l'Ordonnance de 1673, le bénéfice de cession est la faculté, que la loi accorde au débiteur qui est poursuivi par ses créanciers, d'anéantir et de faire cesser leurs poursuites, en faisant une cession de tous ses biens à leur profit.

4°. L'Ordonnance de 1667, qui abroge la contrainte par corps en matière civile en faveur des citoyens, la laisse subsister à l'égard des étrangers, et avec raison, puisque cette contrainte rigoureuse est presque la seule voie, que les créanciers puissent avoir contre les débiteurs étrangers pour les forcer au paiement, si l'on considère qu'ils n'ont pas pour l'ordinaire des biens immeubles situés dans le royaume, et qu'ils peuvent facilement en retirer tout ce qu'ils ont en meubles ou en effets mobiliers.

5°. Il y a certains actes solennels, où l'on ne peut prendre pour témoins que des régnicoles, et dans lesquels les étrangers ne peuvent en servir; c'est ainsi que l'Ordonnance des testamens, entre les qualités qu'elle exige des témoins qui doivent assister à ces sortes d'actes, fait mention de celle de régnicoles. Il faut cependant en excepter les testamens militaires faits en pays étranger, où les étrangers peuvent être admis pour témoins, pourvu qu'ils jouissent d'une réputation sans atteinte.

6°. Quoique les étrangers puissent faire toutes sortes de contrats entre-vifs; quoiqu'ils puissent, par cette voie, disposer des biens qu'ils ont en France, soit à titre onéreux, soit à titre gratuit, ils ne peuvent cependant disposer des biens qu'ils ont en France, soit par testament, soit par tout autre acte à cause de mort, en faveur d'étrangers ou de régnicoles; les étrangers ne peuvent aussi rien recevoir, soit par testament, soit par quelque autre acte à cause de mort, quoiqu'ils soient capables de donations entre-vifs. Cette différence, que la loi établit entre les actes entre-vifs et les actes à cause de mort, en permettant les uns aux étrangers, et en leur interdisant les autres, est fondée sur la nature même de ces actes.

Les actes entre-vifs sont du droit des gens; les étrangers jouissent de tout ce qui est du droit des gens; ils peuvent donc faire toutes sortes d'actes entre-vifs. La faculté de tester active et passive est au contraire du droit civil, *testamenti factio est juris ci-*

*vilis*; les étrangers ne jouissent pas de ce qui est du droit civil; ils ne doivent donc pas avoir cette faculté ou ce droit.

Observez que quelques personnes prétendent que les aubains ne sont capables que des actes qui sont du droit des gens, et qu'ainsi ils ne sont pas capables des actes entre-vifs, qui sont du droit civil.

L'incapacité, où sont les étrangers de disposer, par un acte à cause de mort, de leurs biens, ou de recevoir par testament, a lieu, soit que l'étranger soit domicilié dans le royaume, soit qu'il n'y soit que passager; mais il faut observer que l'incapacité, où est l'étranger de tester, ne peut avoir lieu que pour les biens situés dans le royaume. Ainsi il faut plutôt dire que l'étranger ne peut pas tester des biens qu'il a en France, que d'assurer indéfiniment qu'il ne peut pas faire de testament; quoiqu'il soit établi en France, il peut avoir le droit de tester par la loi de son pays, et l'exercer pour les biens qui y sont situés.

Conformément à ces principes, on demande si un étranger, domicilié hors du royaume, qui a une créance à exercer contre un Français, pourrait léguer cette créance : il y a lieu de penser qu'il le pourrait, parce que cette créance, soit qu'elle soit mobilière ou immobilière, n'est pas censée avoir de situation; qu'on doit la regarder comme inhérente à la personne du créancier, et que l'on ne peut lui supposer d'autre situation que le domicile du créancier qui demeure hors du royaume.

Bacquet, en son traité du droit d'aubaine, propose quelques autres questions relatives à cet objet. La première consiste à savoir si deux conjoints peuvent faire un don mutuel dans les Coutumes qui le permettent, lorsqu'ils sont tous deux étrangers, ou même lorsqu'il n'y en a qu'un d'eux qui le soit.

Bacquet embrasse l'affirmative, parce que, dit-il, le don mutuel est un acte entre-vifs; les étrangers peuvent faire toutes sortes d'actes entre-vifs, ils peuvent donc faire un don mutuel. Il rapporte un arrêt du 26 novembre 1551, qui l'a ainsi jugé. Mais ne pourrait-on pas dire, au contraire, que le don mutuel est un acte à cause de mort, qui n'est pas permis entre étrangers? Cette question souffre beaucoup de difficulté. Le don mutuel diffère à quelques égards des donations à cause de mort, en ce que le don mutuel doit être fait par personnes en santé, qu'il est sujet à insinuation, et qu'il ne peut être révoqué que par un consentement mutuel; mais on peut opposer de l'autre côté qu'il se fait dans la vue de la mort, et ne peut avoir d'exécution qu'après le prédécès de l'un des deux conjoints : deux caractères essentiels aux donations à cause de mort.

Ceux, qui pensent que les aubains ne jouissent que du droit des gens, leur refusent aussi le droit de faire un don mutuel, uniquement parce qu'il est du droit civil, sans entrer dans la question de savoir, si c'est un acte entre-vifs, ou si c'est un acte à cause de mort.

La seconde question de Bacquet consiste à savoir, si un étranger pourrait faire, par un contrat de mariage, une institution d'héritier, ou une donation de tous biens présens ou à venir. Il soutient l'affirmative, et établit son sentiment sur la faveur qu'ont parmi nous les contrats de mariage; mais, nonobstant cela, nous regarderions l'institution d'héritier et la donation entre-vifs, dans la partie qui contient la donation des biens à venir, comme nulles, puisque l'un et l'autre de ces actes sont des actes à cause de mort, qui sont interdits aux étrangers par les lois du royaume. Ceux, qui refusent aux aubains la capacité nécessaire pour les actes entre-vifs, doivent nécessairement regarder cette institution d'héritier, et cette donation des biens présens et à venir, aussi comme nulles.

On nous propose, enfin, une troisième question beaucoup plus difficile que les deux premières; c'est de savoir si une femme étrangère peut prétendre au douaire coutumier, ou préfix, sur les biens de son mari qui sont situés dans le royaume. A l'égard du douaire coutumier, nous ne croyons pas qu'on puisse le lui refuser. Ce douaire a été établi par la Coutume pour pourvoir à la subsistance de la femme après le décès de son mari. Ce sont en quelque sorte des alimens que la loi lui assure. La femme étrangère ne les mérite pas moins que celle qui est Française. Quant à ce qui concerne le douaire préfix, il faut consulter les circonstances. S'il n'excède pas le douaire coutumier, ou s'il est moindre, on ne peut encore le contester à la femme étrangère; mais s'il était beaucoup plus considérable que le douaire coutumier, comme s'il tendait à faire passer à la femme la propriété des biens dont la loi ne lui accordait que l'usufruit, on pourrait le regarder alors comme une donation à cause de mort déguisée, dont la femme étrangère ne serait pas capable: mais si on ne lui permettait pas de profiter de la libéralité entière de son mari, peut-être serait-il de l'équité de substituer au douaire préfix le douaire coutumier.

On oppose à ce sentiment, dans le système de ceux qui n'accordent aux aubains que le droit des gens, qu'une femme aubaine ne peut prétendre que le douaire préfix, et non le douaire coutumier, parce que le douaire préfix est une loi de son contrat de mariage, qui doit être exécutée, et sans laquelle elle ne serait pas mariée: le douaire coutumier, au contraire, est une faveur de la loi civile, qui n'a eu en vue que les citoyens et non pas les étrangers.

7°. Les étrangers ne peuvent transmettre leurs successions à leurs parens étrangers ou régnicoles, ni recueillir les leurs. Cette règle souffre cependant quelques exceptions. 1°. Les aubains transmettent leurs successions à leurs enfans légitimes nés dans le royaume, et qui y font leur demeure. Ces enfans nés dans le royaume communiquent même ce bénéfice à leurs frères et sœurs nés hors du royaume, lorsqu'ils y ont leur domicile.

2°. Les aubains transmettent leurs successions à ceux de leurs enfans demeurant dans ce royaume, qui ont obtenu des lettres de naturalité, lorsqu'ils ont fait insérer dans leurs lettres qu'ils pourront succéder à leurs père et mère étrangers.

On pourrait demander si, dans ce cas, les enfans naturalisés communiqueraient le droit qu'ils ont de succéder à leurs frères et sœurs non naturalisés, qui ne sont pas nés Français.

Il semble qu'il y ait la même raison de le décider que dans l'espèce précédente; tous les enfans ont un droit égal aux successions de leurs père et mère. La loi de la nature les appelle tous à les recueillir. Le roi peut bien opposer aux enfans la loi du royaume, qui les exclut de la succession de leurs père et mère, mais les enfans ne peuvent se l'opposer entre eux. Cependant, pour que ces enfans, qui ne sont pas nés Français, qui ne sont pas naturalisés, puissent succéder concurremment avec leurs frères et sœurs, il faut qu'ils demeurent dans le royaume.

3°. Les aubains, qui sont propriétaires de rentes créées par le roi, à la charge qu'elles seraient exemptes du droit d'aubaine, peuvent transmettre à leurs parens la succession desdites rentes seulement.

4°. Les marchands étrangers fréquentant les foires de Lyon, et qui décèdent ou en venant auxdites foires, ou en s'en retournant, ou pendant le séjour qu'ils y font, transmettent leurs successions mobilières à leurs parens.

5°. Les ambassadeurs, envoyés, résidens et autres ministres étrangers, les gens de leur suite, peuvent transmettre la succession de leurs meubles seulement.

Si on excepte ces cas particuliers, les aubains ne peuvent pas avoir d'héritiers. Leurs propres enfans, soit qu'ils soient établis dans le royaume, ou non, ne peuvent même leur succéder. Les biens, que les étrangers ont en France, appartiennent au roi à titre d'aubaine. Nous ne traiterons pas ici de ce droit.

6°. On demande si les étrangers peuvent se servir de la prescription; de celle de trente ans, de celle de dix ans entre présens, et vingt ans entre absens, de celle de cinq ans pour les rentes constituées, et autres que la loi a établies.

On répond qu'ils peuvent s'en servir, parce que la prescription a été introduite pour empêcher que le domaine des choses fût incertain, *ne in incerto dominia rerum maneant;* et que cet objet ne serait pas rempli, si la prescription n'avait pas lieu en faveur des étrangers, comme en faveur des citoyens.

D'ailleurs, on peut dire que la prescription, pour acquérir ou pour libérer, est établie sur la présomption d'un titre ou d'un paiement : or cette présomption s'élève également en faveur de l'étranger que du citoyen. Enfin il y aurait une extrême injustice à permettre contre les étrangers la prescription, tandis qu'ils ne pourraient pas eux-mêmes s'en servir.

On oppose à cette décision que les aubains ne peuvent se servir de la prescription nommée *usucapion*, parce que le droit d'acquérir par cette prescription est un bénéfice de la loi civile : aussi, par les lois romaines, le droit d'usucapion était propre aux seuls citoyens romains, les étrangers n'en pouvaient jouir.

Il faut dire la même chose de la prescription de cinq ans pour les rentes constituées : c'est une faveur qu'elle a accordée aux débiteurs ; elle n'a eu en vue que les citoyens. Quant à la prescription de trente ans, il paraît qu'on peut l'accorder à l'aubain ; car cette prescription est fondée sur la présomption que celui, qui a possédé la chose pendant un temps si considérable, en est effectivement propriétaire, et que, s'il n'apporte pas le titre d'acquisition que lui et ses auteurs en ont pu faire de l'ancien propriétaire, c'est que, pendant un laps de temps aussi considérable, il a pu survenir plusieurs accidens qui aient donné lieu à l'égarement de ce titre. Or cette présomption n'étant fondée que sur le laps de temps, et étant indépendante de la qualité de la personne du possesseur, elle milite à l'égard du possesseur aubain comme de tout autre : d'où il suit que l'aubain peut, comme un autre, user de la prescription qui en résulte, cette prescription n'étant pas une grâce de la loi civile accordée aux citoyens.

Par la même raison, un aubain peut opposer la prescription de trente ans à ses créanciers contre ses obligations personnelles, et toutes les autres prescriptions, qui sont fondées sur une présomption de l'acquittement de l'obligation.

7°. On demande si l'étranger peut exercer le retrait lignager : il ne le peut. Les arrêts l'ont ainsi jugé, parce que, pour exercer le retrait lignager, il faut être parent du vendeur du côté et ligne dont l'héritage lui était propre, et que l'étranger ne peut avoir aucune parenté civile.

Il en faut dire autrement du retrait féodal : l'aubain, seigneur de fief, peut l'exercer, ainsi que tous les autres droits féodaux : la raison en est que ces droits sont réels plutôt que personnels, et que les Coutumes les accordant à raison de la chose, ils sont indépendans de la qualité des personnes, et il suffit à l'aubain d'être propriétaire du fief, auquel ces droits sont attachés, pour qu'il puisse en jouir et les exercer.

8°. Lorsque nous avons une guerre avec une puissance étrangère, tous les étrangers, qui sont soumis à cette puissance, sont obligés de sortir du royaume dans le temps qu'on a fixé ; ils doivent aussi mettre hors de leurs mains tous les biens qu'ils possèdent en France. S'ils ne font pas l'un et l'autre, dans le temps qui leur est indiqué, le roi s'empare de leurs biens; ils peuvent aussi eux-mêmes être arrêtés, et alors on les oblige de payer une rançon pour obtenir leur liberté.

Cette injonction faite aux étrangers de sortir du royaume ne comprend pas les naturalisés; ils ont reconnu le roi comme leur souverain : celui-ci les a avoués comme ses sujets. Cette soumission et cette reconnaissance de l'étranger ne permet plus de les regarder comme tels.

## SECTION III.

### Comment les étrangers peuvent acquérir les droits de citoyens.

Les étrangers ne peuvent acquérir le droit de citoyens français que par les lettres de naturalité. Un étranger, qui aurait demeuré pendant plusieurs années en France, qui s'y serait marié, qui y aurait eu des enfans, ne serait pas moins regardé comme étranger; il faut même observer que les aubains, qui auraient obtenu des lettres du roi pour posséder des offices ou des bénéfices, ne sont pas censés naturalisés; ces lettres n'ont d'autre effet, que de les relever d'une incapacité, qui les rend inhabiles à posséder un office, ou un bénéfice dans ce royaume : il n'y a que les lettres de naturalité qui naturalisent les étrangers, et qui leur attribuent sans réserve les droits de citoyens. Le roi seul peut naturaliser les étrangers : cet acte est un exercice de la puissance souveraine, dont il est le seul dépositaire.

Ces lettres de naturalité s'obtiennent en grande chancellerie, et elles doivent être enregistrées en la chambre des comptes : c'est le seul enregistrement essentiellement nécessaire, sans lequel les lettres ne peuvent avoir aucun effet; et l'enregistrement au Parlement, au domaine, quelquefois à la cour des aides, est plutôt pour faciliter l'exécution des lettres, que pour assurer leur validité.

Ces lettres s'accordent moyennant une somme proportionnée à la fortune de celui qui les obtient; quelquefois le roi en fait remise; c'est ce qui arrive, lorsque le roi les accorde en récompense des services qu'un étranger a rendus à la France. Le paiement de cette finance est comme une indemnité du droit d'aubaine, auquel le roi renonce par les lettres de naturalité qu'il accorde.

Les étrangers naturalisés jouissent de presque tous les droits des citoyens, si l'on excepte quelques dignités éminentes dans l'Eglise, qu'ils ne peuvent occuper sans une permission expresse du roi. Ils sont capables de posséder toutes sortes d'offices et bénéfices; ils ne sont pas tenus de donner la caution *judicatum solvi;* ils doivent être admis au bénéfice de cession; la contrainte par corps n'a pas lieu contre eux en matière civile; ils peuvent être témoins valables dans toutes sortes d'actes, même les plus solennels. On ne peut leur refuser l'exercice du retrait lignager; ils ont la faculté de tester et de recevoir par testament, et de transmettre leurs successions et de succéder.

Il faut cependant observer que les étrangers naturalisés ne peuvent tester, qu'en faveur de Français ou d'étrangers naturalisés, comme ils ne peuvent aussi transmettre leurs successions, qu'à ceux de leurs parens qui sont nés français, ou qui ont été naturalisés. La raison, pour laquelle ils ne peuvent tester au profit d'un étranger, ni lui transmettre leurs successions, vient moins d'un défaut de capacité en eux, qu'en la personne des étrangers, qui sont incapables de toutes dispositions testamentaires, de toutes successions légitimes.

L'étranger naturalisé doit avoir pour héritiers ses plus proches parens régnicoles, encore qu'il y en eût de plus proches en pays étranger. En effet, l'héritier n'est pas le plus proche parent seulement, mais le plus proche parent à se dire et porter l'héritier; l'étranger ne possède que la première de ces deux qualités, il n'y joint pas la seconde; il ne peut donc pas être regardé comme le véritable héritier; cette qualité appartient donc au plus proche parent régnicole.

On demande si la veuve de l'étranger naturalisé lui succède, lorsque cet étranger n'a pas de parens régnicoles, en vertu de l'édit *undè vir et uxor*. On peut dire que, lorsque le roi a accordé des lettres de naturalité à cet étranger, il n'a eu d'autre objet que de lui permettre de transmettre sa succession aux héritiers légitimes, à ceux que le vœu de la nature et de la loi du sang y appelaient pour la recueillir; mais dès qu'il ne s'en trouve pas, le droit du roi revit; il n'a prétendu favoriser que l'étranger naturalisé.

Il semble cependant que la femme a droit de succéder à cet étranger naturalisé : la femme est une héritière légitime. On ne peut tirer aucune induction de ce que le roi exclut le haut-justicier; le haut-justicier est un héritier irrégulier, il ne succède qu'aux biens *in bona vacantia;* en conséquence, il n'est tenu des dettes que jusqu'à concurrence des biens. La femme, au contraire, est une héritière régulière de son mari; elle est tenue indéfiniment des dettes.

Les lettres de naturalité ne sont cependant pas le seul moyen, par lequel les étrangers puissent obtenir les droits de régnicoles; quelques villes du royaume ont obtenu de nos rois que tous ceux, qui viendraient s'y établir, seraient naturalisés : ces villes sont Lyon, Toulouse et Bordeaux. (Voyez Coquille, sur la Coutume de Nivernois.)

La nécessité de peupler nos colonies a engagé nos rois à naturaliser tous les étrangers qui s'y transporteraient, dans la résolution d'y former un établissement fixe et durable.

Les esclaves nègres, qui sont affranchis dans nos colonies, y acquièrent tous les droits de citoyens. Nos Ordonnances portent que leur affranchissement leur tiendra lieu de naissance dans le pays où ils auront été affranchis.

On a aussi naturalisé les étrangers, qui auraient servi pendant un certain temps dans nos armées de terre. Tout récemment, on a accordé le même privilége à ceux qui serviraient cinq ans sur mer.

Il y a quelques peuples, qui jouissent des droits d'originaires français, les uns sous la condition de venir s'établir en France, les autres même en demeurant hors du royaume. Sur quoi, il faut observer que les lettres de naturalité sont censées renfermer la condition de demeurer dans le royaume, et que, pour que l'étranger puisse en profiter sans cette demeure, il faut qu'il y ait une clause qui l'en dispense. Enfin, il faut faire attention à ne pas confondre l'exemption du droit d'aubaine, avec la concession des droits des originaires français.

Les particuliers ou les peuples, exempts du droit d'aubaine, ne sont pas pour cela citoyens : cette concession ne leur en acquiert pas les droits. Seulement celui, qui l'a obtenue, est capable de disposer par testament des biens qu'il a dans le royaume, et de les transmettre à ses héritiers légitimes; mais ils ne pourraient recevoir une disposition à cause de mort, qui leur serait faite par un Français, ni la succession légitime d'un régnicole. (Arrêt de 1739 contre les Genevois.)

Lorsque nos rois, par quelque traité particulier, ont accordé à une nation les droits de naturels français, elle en doit jouir tant qu'il n'y a pas de guerre entre elle et nous ; car s'il survient quelque rupture, on n'y a plus égard.

Si la paix vient à être rétablie, il faut savoir si elle est rétablie sous les mêmes conditions que dans les traités précédens, car alors le droit de naturel français revit en faveur de cette nation. Que si le traité ne parlait pas du droit d'aubaine, et qu'il n'eût aucune relation avec les précédens traités, il faudrait avoir recours au droit commun.

## SECTION IV.

### Comment les Français perdent les droits de régnicoles.

Les Français, qui ont abandonné leur patrie sans aucun esprit de retour, perdent la qualité et les droits de citoyens. C'est pourquoi Loisel met au rang des aubains ceux qui, étant natifs du royaume, *s'en sont volontairement absentés*. (R. 48, tit. 1, l. 1.)

Mais on doit présumer toujours cet esprit de retour, à moins qu'il n'y ait quelque fait contraire qui détruise une présomption aussi bien fondée, et qui prouve une volonté certaine de s'expatrier. Tout autre fait ne peut que faire naître des soupçons qui s'évanouissent si le Français revient dans le royaume, quelque long temps qu'il ait demeuré en pays étranger : que s'il y était mort, le soupçon croîtrait.

Le mariage, qu'il y contracterait, ne pourrait non plus que faire naître des soupçons; mais il ne serait plus permis de douter de son dessein de s'expatrier, s'il avait établi le centre de sa fortune en pays étranger, s'il s'y était fait pourvoir de quelque office ou bénéfice, surtout s'il s'y était fait naturaliser; car on ne peut obtenir des lettres de naturalité, sans se reconnaître sujet du prince à qui on les demande.

Le Français, sorti du royaume sans conserver l'esprit de retour, devient presque de la même condition que les étrangers.

Il y a seulement une différence entre les étrangers et les Français expatriés, qui est que les Français recouvrent les droits de régnicoles, en revenant dans leur patrie avec dessein d'y fixer leur demeure; car nous ne pensons pas qu'ils doivent être assujettis, comme le prétendent quelques auteurs, à prendre des lettres de réhabilitation, si ce n'est peut-être dans le seul cas, où ils se seraient fait naturaliser en pays étranger, pour effacer cette reconnaissance d'un autre souverain que celui de France.

Ce Français, qui revient en France, ne recouvre les droits de régnicole que du moment de son retour : ainsi il ne peut recueillir les successions qui lui sont échues, ni les dispositions faites à son profit pendant son absence.

Quelques auteurs prétendent qu'il y a encore une différence entre les Français expatriés et l'étranger, qui est qu'ils peuvent transmettre leurs successions à leurs héritiers légitimes, sans que le roi puisse s'emparer de leurs biens à titre d'aubaine. (Bacquet, chap. 40, n. 4, du Droit d'aubaine.)

L'Ordonnance la plus récente contre ceux qui s'expatrient est l'Ordonnance de 1669. Elle s'explique en ces termes : « Défen-

» dons à tous nos sujets de s'établir sans notre permission dans » les pays étrangers par mariages, acquisition d'immeubles, » transport de leurs familles et biens, pour y prendre établissement stable et sans retour, à peine de confiscation de corps et » de biens, et d'être réputés étrangers. »

Il faut ajouter à tout ce que nous avons dit, que les peines prononcées par cet édit ne s'encourent pas *ipso facto*, et qu'il faut qu'on ait intenté contre le sujet une accusation de désertion, sur laquelle sera intervenu un jugement. Sans cela, il conserve toujours les droits de régnicole.

Les enfans, nés hors de France, de Français expatriés, ne sont privés des droits de régnicoles, qu'autant qu'ils demeurent en pays étranger. S'ils viennent en France, ils recouvrent tous les droits de citoyens. C'est l'avis de Boyer, décision 13 : *Filius in Hispaniâ conceptus et natus à patre et matre gallis qui in Hispaniam perpetuæ moræ causâ migrarunt, reversus in Galliam ad domicilium originis paternæ, animo perpetuò ibi manendi sine fraude, potest et succedere, et ad retractum venire.* Cela a été ainsi jugé par arrêt vulgairement appelé *l'arrêt de Langloise.* (Bacquet, chap. 39, du Droit d'aubaine.)

Il faut, néanmoins, observer que ces enfans, quoique nés en pays étranger, doivent succéder à leurs père et mère, qui seraient sortis du royaume sans aucun esprit de retour. En effet, puisqu'il est constant que les enfans, nés en France d'un étranger, lui succèdent, quoique l'étranger ne puisse pas transmettre sa succession, il en doit être de même de l'enfant établi en France, qui est né en pays étranger d'un Français expatrié ; car il n'est pas moins Français, que celui qui est né en France de parens étrangers : sa condition doit donc être la même.

Nos lois ont prononcé des peines particulières contre les religionnaires fugitifs; elles ont voulu que, lorsqu'ils reviendraient dans leur royaume, après qu'on leur aurait fait leur procès pour crime de désertion, ils fussent tenus de prêter un nouveau serment de fidélité entre les mains du gouverneur de la province, et de faire profession de la religion catholique. Mais ces lois ne sont pas exécutées, et il faut avouer que la jurisprudence sur l'état des Français expatriés est très-incertaine.

---

# TITRE III.

*Division des personnes par rapport à celles qui ont perdu la vie civile et celles qui l'ont recouvrée.*

Nous ne distinguons pas, ainsi que les Romains, deux sortes de morts civiles : l'une, qui emporte la privation de tous les avantages établis, soit par le droit civil en faveur des citoyens, soit par le droit des gens en faveur de tous les hommes libres; l'autre, qui ne privait que des premiers, sans donner atteinte aux seconds. Dans nos mœurs, nous ne connaissons que la première de ces morts civiles. Parmi nous, les morts civilement perdent tous les droits qui sont, soit du droit civil, soit du droit des gens.

Non-seulement, ils ne peuvent point tester ni recevoir par testament, succéder ni transmettre leur succession; ils ne peuvent encore ni contracter, ni acquérir, ni posséder. Ils peuvent cependant recevoir des alimens, parce que tous ceux, qui ont la vie naturelle, en sont capables. Tel est l'état dans lequel Argon et Domat semblent nous les représenter.

Quoiqu'il n'y ait parmi nous qu'une mort civile, qui produit les mêmes effets à l'égard de tous ceux qui l'ont encourue, on distingue cependant, si l'on considère la cause qui produit la mort civile, deux sortes de morts civilement. Les uns sont ceux, qui ont encouru la mort civile par l'abdication volontaire qu'ils ont faite d'eux-mêmes des droits de la vie civile, par leur profession dans un ordre religieux. Les autres sont ceux, qui ont encouru la mort civile par la condamnation à une peine, dont elle est la suite nécessaire.

L'Ordonnance des substitutions de 1747 distingue ces deux sortes de morts civiles : elle ne conserve ce nom, qui, dans nos mœurs, a quelque chose de flétrissant, qu'aux derniers, c'est-à-dire ceux qui ont encouru la mort civile par quelque crime grave; et elle nomme les religieux profès incapables d'effets civils.

## SECTION PREMIÈRE.

De ceux qui sont incapables d'effets civils par la profession dans un ordre religieux.

La profession religieuse consiste dans la séparation du siècle, et par conséquent renferme l'abdication volontaire de tous les droits que donne la vie civile. La profession religieuse, qui fait perdre la vie civile, se consomme par l'émission des vœux solennels.

Pour que les vœux soient solennels, il faut que cinq choses concourent.

1°. Que l'ordre, dans lequel ils sont faits, soit approuvé dans l'Eglise et dans l'Etat.

2°. Qu'ils soient reçus par un supérieur, qui en ait le pouvoir par les constitutions de l'ordre. Nous ne reconnaissons pas, dans nos mœurs, de professions tacites, quoique quelques-unes de nos Coutumes en fassent mention : et il en résulte que, lorsqu'il est certain qu'un religieux n'a pas fait de vœux solennels, le seul habillement ne peut les suppléer.

3°. Que celui, qui les prononce, ait l'âge requis. Celle de Blois avait réduit à seize ans accomplis le temps de la profession, qui, auparavant, suivant l'Ordonnance d'Orléans, ne pouvait être qu'à l'âge de vingt-cinq ans pour les mâles, et vingt ans pour les filles. Mais, par édit du mois de mars 1768, l'âge requis a été fixé, à compter du 1er janvier 1769, à vingt-un ans accomplis pour les hommes, et à dix-huit ans aussi accomplis pour les filles. Celui ou celle, qui, étant nés le soir, ferait profession le matin du dernier jour de sa vingt-unième ou dix-huitième année, ferait-il cette profession valablement? Non; car tant qu'il reste quelques momens, il est vrai de dire que l'année n'est pas accomplie. On peut tirer en argument la loi 3, § 3, ff. *de minor 25 annis*, qui décide qu'une personne est encore mineure de vingt-cinq ans le dernier jour de sa vingt-cinquième année, avant l'heure à laquelle elle est née, l'année devant se compter *à momento ad momentum*.

4°. Il faut qu'il y ait au moins un an d'intervalle, entre le jour auquel le religieux a pris l'habit de religion, et celui de sa profession, suivant qu'il est porté par l'Ordonnance de Blois. La même loi défend d'admettre aucune fille à profession, qu'elle n'ait été examinée par l'évêque, ou par un de ses grands vicaires, et que la cause leur en ait paru légitime et valable.

Nos rois ont voulu qu'il y ait des actes de vêture et de profession qui en assurent la vérité. Ils ont, à cet effet, ordonné qu'il y eût dans chaque monastère et maison religieuse un registre en bonne forme, relié, coté et paraphé en tous ses feuillets par le supérieur, et approuvé par un acte capitulaire inséré au commencement. (Ordonnance de 1667, tit. 20, art. 15.)

La déclaration de 1736 veut que chaque acte et registre soit double, l'un desquels doit demeurer à la communauté, et l'autre doit être porté au greffe du bailliage du lieu, pour y avoir recours.

Chaque acte de vêture, ainsi que de profession, doit être inscrit sur ce registre, signé de celui qui a pris l'habit ou fait profession, du supérieur et de deux témoins. (*Art.* 16, tit. 20, Ordonnance de 1667.)

5°. Il faut que la profession ait été volontaire. Tout ce qui peut lui ôter cette qualité la rend nulle : la violence, la crainte, l'erreur, le dol, peuvent donner lieu à une réclamation contre des vœux. Il faut cependant, pour que la crainte et la violence puissent annuler les vœux, qu'elles aient été capables de faire impression sur l'esprit d'un homme constant. Le dol et l'erreur doivent aussi être de nature à ne pouvoir faire regarder le consentement, qui a été donné en conséquence, comme valable.

Comme il est de l'intérêt public que l'état des hommes ne soit pas incertain, on a cru devoir fixer un temps, dans lequel celui, qui aurait fait des vœux solennels, serait obligé de réclamer contre. Ce temps est fixé à cinq ans depuis la profession ; et lorsqu'il est écoulé, le religieux n'est plus recevable à proposer ses moyens de nullité. Il en est à plus forte raison de même, lorsqu'il a approuvé de nouveau volontairement ses vœux; mais il faut observer que les cinq ans, que le religieux a pu réclamer, ne commencent à courir que du jour que la cause, qui donne lieu à la réclamation, a cessé. On doit aussi remarquer que, quoique le religieux soit obligé de réclamer dans les cinq ans, à compter du jour de sa profession, il n'est cependant pas obligé de former sa demande dans le même temps : mais il ne semble cependant pas qu'on dût lui donner plus de cinq ans pour agir après sa réclamation.

Le religieux, qui prétend que ses vœux sont nuls, doit s'adresser à l'official de l'évêque, pour en faire prononcer la nullité. Celui-ci doit l'admettre à la preuve testimoniale, et si les faits sont prouvés par les enquêtes, l'official doit prononcer la nullité des vœux; et le religieux est censé ne l'avoir jamais été. Lorsque la profession est solennelle, lorsqu'elle est faite avec toutes les formalités requises par les canons de l'Eglise et les lois de l'Etat, le religieux devient incapable de tous effets civils : l'ordre, dans lequel il entre, forme bien un corps dans l'état, qui peut acquérir des droits, posséder des biens, et exercer les actions qui en résultent; mais les particuliers qui le composent ne sont plus censés y exister. Si même le religieux profès devient titulaire d'un bénéfice; si, en cette qualité, il a des droits à exercer, c'est plutôt le bénéfice qui est censé agir, que le religieux, qui n'en est que l'administrateur.

Comme le religieux devient, au moment de l'émission de ses vœux solennels, incapable de tous effets civils, dès cet instant sa succession est déférée à ses parens qui se trouvent en degré de lui succéder.

Par la même raison, s'il a fait un testament, son testament est confirmé par sa profession religieuse, comme il l'aurait été par sa mort naturelle.

Il ne peut aussi rien posséder en propriété, contracter, succéder à ses parens, jouir des droits de famille, assister comme témoin à un acte où les témoins sont requis pour la solennité; en un mot, faire aucune fonction publique. Il peut néanmoins être entendu comme témoin dans une enquête ou dans une information; car, comme ces actes n'ont d'autre objet que de découvrir la vérité, tous ceux, de qui on la peut apprendre, doivent être entendus, et par conséquent les religieux plus que les autres, puisque la profession religieuse ne les rend que plus dignes de foi, par la sainteté de l'état qu'ils ont embrassé.

Quoique les religieux ne puissent rien posséder en propre, il y a cependant plusieurs ordres, dans lesquels on leur accorde différentes administrations à gérer. De-là s'est formé le pécule, qu'on peut comparer à plusieurs égards à celui des esclaves. Ils peuvent contracter pour raison de leur pécule, s'obliger et obliger les autres envers eux: ils ont aussi le droit d'en disposer par quelque acte entre-vifs que ce soit; mais ils ne peuvent en disposer par testament, ni par aucun acte à cause de mort.

Mais on demande à qui il doit appartenir après leur mort. Il faut, à cet égard, distinguer le pécule des religieux, qui devraient être dans la communauté, d'avec le pécule de ceux qui ont des cures, et qui sont obligés, pour en remplir les fonctions, de demeurer hors le cloître. Le pécule des religieux, qui demeurent dans les communautés, appartient aux communautés, puisqu'il est censé acquis de leurs fonds et du travail des religieux, dont elles doivent profiter. Il y a cependant quelques abbayes réformées, dans lesquelles le pécule des religieux appartient à l'abbé.

Le pécule des religieux-curés provenant des épargnes qu'ils ont faites sur les revenus de leurs cures, qui sont destinées aux pauvres après qu'ils ont pris leur nécessaire, devrait appartenir aux pauvres de la paroisse. La jurisprudence du Parlement de Paris est d'en accorder un tiers à la fabrique, un tiers aux pauvres, et l'autre tiers à l'abbaye: mais, au grand conseil, on adjuge le tout à l'abbaye. Il paraît qu'on n'adjuge pas le pécule des religieux apostats aux communautés qui les ont laissé vaquer sans les réclamer; il faut dire que c'est un bien vacant qui appartient au fisc.

Ceux, qui prennent le pécule d'un religieux, sont obligés d'acquitter les dettes qu'il a contractées; mais ils n'en sont jamais tenus que jusqu'à concurrence de l'émolument qu'ils font. Quoique les religieux, comme nous avons dit, ne puissent faire aucune fonction civile comme religieux, rien n'empêche que, s'ils possèdent une cure, ils ne puissent faire celles qui dépendent de la qualité de curé. C'est pourquoi, un religieux-curé, qui peut dresser les actes de baptême, mariages et sépultures de sa paroisse, et en délivrer des expéditions, peut, par la même raison, recevoir les testamens de ses paroissiens, dans les Coutumes qui donnent aux curés le pouvoir de les recevoir : mais il ne pourrait pas assister comme simple témoin à un testament, parce que cette fonction est indépendante de sa qualité.

Les religieux profès, qui sont élevés à l'épiscopat, sont sécularisés ; ils recouvrent, par leur promotion à cette dignité, la vie civile qu'ils avaient perdue par leurs professions ; ils deviennent capables de toutes les fonctions publiques ; ils peuvent acquérir des biens par toutes sortes d'actes ; ils ont le droit de disposer par testament de ceux qu'ils possèdent ; ils transmettent leur succession, *ab-intestat*, à leurs parens ; ils ne peuvent cependant pas leur succéder : enfin ils sont capables de posséder et d'acquérir des immeubles. Nous observerons que quelques personnes refusent aux religieux, qui ont été promus à l'épiscopat, le droit de tester.

Les religieux, qui ont obtenu du pape une dispense de leurs vœux, ne sont pas pour cela restitués à la vie civile. Toutes ces dispenses sont regardées en France comme abusives, et ceux, qui les ont obtenues, ne jouissent pas dans le royaume de l'état qu'ils auraient, s'ils n'avaient pas été religieux.

On n'encourt la mort civile que par l'émission des vœux solennels. Il en faut conclure que les novices la conservent jusqu'à leur profession : mais s'ils ne sont pas morts civilement, ils contractent néanmoins différentes incapacités, même pendant le temps de leur noviciat.

L'Ordonnance des testamens défend de les recevoir pour témoins dans ces sortes d'actes. Ils ne peuvent faire de donations entre-vifs ; mais ils peuvent tester, lorsqu'ils ont l'âge requis pour le faire. Il est vrai qu'ils ne peuvent faire aucune disposition au profit du monastère dans lequel ils entrent, ni d'aucun autre du même ordre.

Les vœux simples ne rendent pas incapables d'effets civils ceux qui les ont prononcés : ils ne lient point dans le for-extérieur, quoique dans le for-intérieur ils soient aussi obligatoires que les vœux solennels. On appelle vœux simples, ceux qui ne sont pas faits avec les formalités prescrites pour les rendre solennels.

Nous observerons qu'il s'est élevé, dans le dernier siècle, plusieurs congrégations régulières. La nature des engagemens qu'on y forme varie beaucoup. On peut les distinguer en quatre classes. La première est de ceux qui font des vœux solennels, comme les théatins et les barnabites. La seconde est de ceux qui ne font que des vœux simples, comme les pères de la mission, autrement dits lazaristes. La troisième classe comprend les ci-devant jésuites, qui commençaient par faire de premiers vœux, pour s'engager après un certain temps par des vœux solennels. La quatrième renferme ceux qui ne font aucuns vœux, soit simples, soit solennels, comme les oratoriens et les sulpiciens.

Il faut observer qu'il y a aussi plusieurs communautés de filles, dans lesquelles on ne fait pas de vœux ; ou bien ceux qu'on y fait ne sont que simples.

Les clercs réguliers, qui font des vœux solennels, sont incapables d'effets civils, comme tous les autres religieux profès. Ceux, au contraire, qui ne font que des vœux simples, conservent la vie civile et tous les droits qui en sont une suite : ils succèdent à leurs parens, et leurs parens leur succèdent : ils peuvent tester au profit des autres, comme on peut tester en leur faveur ; en un mot, ils sont dans le même état que s'ils n'avaient fait aucuns vœux, et cela a lieu, soit qu'ils demeurent dans la communauté où ils se sont engagés, soit qu'ils en soient sortis. Les clercs réguliers, qui ne font aucuns vœux, jouissent à plus forte raison de tous ces droits.

Mais on a long-temps douté de la nature des premiers vœux que prononçaient les jésuites. Il ne sera pas inutile de rapporter les variations de la jurisprudence sur cette matière.

Il est constant qu'on n'a pas regardé les jésuites, qui n'avaient fait que leurs premiers vœux, comme incapables d'effets civils.

Depuis leur établissement en France, jusqu'au temps de leur exil, c'est-à-dire jusqu'en 1594, leur état n'était pas même conditionnel ; il ne dépendait pas de leur sortie : ils conservaient tous leurs droits, même pendant le temps qu'ils étaient dans la société.

Enfin, s'ils faisaient leurs derniers vœux, ils n'encouraient la mort civile, que du moment qu'ils les avaient prononcés. Ricard parle de plusieurs arrêts, qui les ont déclarés capables de recueillir des successions, des donations entre-vifs ou à cause de mort, même pendant le temps qu'ils étaient dans la société.

Lorsqu'ils furent rétablis en France, en 1603, l'édit de leur rétablissement les déclara, après leur premier vœu, de la même condition que tous les autres religieux, sous cette modification néanmoins, que, s'ils venaient à être congédiés ou licenciés par leur supérieur, ils pourraient rentrer dans leurs droits comme auparavant. Cette dernière disposition de l'article 5 ne passa pas au Parlement, lors de la vérification de l'édit. La cour ordonna qu'il serait fait à ce sujet des remontrances au roi, par lesquelles il serait supplié de donner une déclaration.

En conséquence de cet arrêté, la modification de l'article 5 n'a pas eu d'exécution. Plusieurs arrêts ont déclaré les jésuites, qui se sont engagés par les premiers vœux, incapables de toutes successions échues ou à échoir, dans le cas même où ils avaient été licenciés par leur supérieur. Il y en a un de 1631, qui déclare le sieur Begat, qui avait été congédié de la société des jésuites, depuis l'émission de ses premiers vœux, incapable de succéder à son frère. Il y en a un autre de 1632, qui déboute le sieur Martin, ex-jésuite, de la demande qu'il avait formée en partage contre sa sœur.

Il paraît cependant qu'on ne les réputait pas incapables d'effets civils à tous égards. Lebrun, dans son Traité des successions, paraît le décider. Il faut observer que la jurisprudence du Parlement de Paris n'était pas généralement reçue. Dans quelques parlemens, on suivait la disposition de l'*art.* 5 de l'édit de 1603 dans toute son étendue. Dans celui de Bordeaux, on admettait ceux qui avaient été licenciés dans les cinq ans, à partager ou recueillir les successions auxquelles la loi les appelait. (Arrêt du 4 juillet 1697.)

On sentit l'inconvénient, que produisait la variété et l'incertitude de la jurisprudence sur un objet aussi important. Dès 1701 le Parlement de Paris fit un nouvel arrêté, par lequel il ordonna que le roi serait supplié d'interpréter l'*art.* 5 de l'édit de 1603. Louis XIV nomma des commissaires pour examiner la question; mais cet examen, ou ne fut pas fait, ou ne servit à rien. Ce ne fut que sur de nouvelles remontrances et un nouvel examen, que Louis XIV rendit, en 1715, une déclaration pour tout le royaume.

Suivant cette nouvelle loi, les jésuites, qui avaient fait leurs premiers vœux, étaient vrais religieux tant qu'ils demeureraient jésuites, et ils ne jouissaient pas plus de la vie civile que tous les autres religieux. Néanmoins, comme ils pouvaient être congédiés de la société, leur état civil était plutôt en suspens qu'il n'était perdu; car, s'ils étaient congédiés, et qu'ils retournassent au siècle, ils étaient censés, *quasi quodam jure postliminii*, n'avoir jamais perdu leur état civil; si, au contraire, ils restaient dans la société, ils étaient censés, par la fiction de la loi Cornélienne, l'avoir perdu dès l'instant de l'émission de leurs premiers vœux. Leur état était semblable, en cela, à l'état des captifs dans le droit romain.

De-là il s'ensuivait que le jésuite, qui était congédié, rentrait dans tous les droits qu'il avait au moment de l'émission de ses premiers vœux; que s'il lui était échu quelques successions, pendant qu'il était encore dans la société, à laquelle il eût eu droit, s'il n'eût pas été jésuite, cette succession était censée véritablement lui être échue, et par conséquent devait lui être restituée.

Il en faut conclure, à plus forte raison, qu'il devait être admis à recueillir les successions, qui lui échéaient après sa sortie. Il faut cependant observer, qu'aux termes de la déclaration de 1715, il ne pouvait exiger la restitution des fruits, soit des biens qu'il avait, soit de ceux qui lui étaient échus depuis. Il pouvait, néanmoins, répéter les fruits perçus pendant les deux années de son noviciat, parce qu'au moment de l'émission de ses vœux ces fruits avaient changé de nature, et faisaient partie de ses biens.

De-là il résultait aussi que, s'il n'était pas congédié, les biens, qu'il avait au moment de sa profession, étaient censés avoir passé aux héritiers qu'il eût eus pour lors, s'il fût décédé; que son testament devait être censé confirmé irrévocablement dès ce même instant, comme il l'eût été par la mort naturelle; et qu'enfin les successions, qui auraient dû lui appartenir, s'il eût été licencié, devaient être regardées comme échues à ceux que la loi appelait pour les recueillir, dans le cas où il n'eût pas existé.

Mais il faut observer que, pour que le jésuite pût rentrer dans les biens qu'il avait au moment de l'émission de ses vœux, et recueillir les successions qui lui étaient échues pendant le temps qu'il avait été jésuite, il était nécessaire qu'il fût sorti de la société avant trente-trois ans: s'il n'en était sorti qu'après sa trente-troisième année, il ne pouvait ni rentrer dans les biens, qu'il avait au moment de ses vœux, ni se faire restituer les successions qui lui étaient échues: il était même incapable de toutes successions, qui pouvaient lui échoir par la suite, soit directes ou collatérales.

Nous avons dit que le jésuite, congédié après l'âge de trente-trois ans, ne pouvait rentrer dans aucun des biens qu'il avait au moment de l'émission de ses vœux, quoique la déclaration de 1715 ne parlât que des successions qui leur étaient échues; parce que la même raison milite dans l'un et dans l'autre cas, et qu'on peut dire que ce terme de trente-trois ans est comme une espèce de prescription, que la loi avait établie contre les jésuites licenciés après cet âge, qui ne leur permettait plus de revendiquer leurs biens, ni d'exercer les droits qui leur étaient échus jusqu'au moment de leur sortie.

De ce que le jésuite, qui était congédié après les trente-trois ans, ne pouvait plus rentrer dans les biens qu'il avait avant l'émission de ses vœux, ou qui lui étaient échus depuis, ni même recueillir les successions directes ou collatérales, qui pouvaient lui échoir après sa sortie, il ne s'ensuivait pas qu'il fût privé de même de tous les autres droits qui dépendaient de l'état civil. Ce n'est pas, en effet, parce que cette loi les a regardés comme incapables d'effets civils, qu'elle a prononcé contre eux cette incapacité, mais, comme elle le déclare elle-même, pour rassurer l'état des familles, dans lesquelles on avait pu prendre les arrangemens relatifs au juste sujet qu'on avait de croire que le jésuite ne rentrerait pas au siècle, et qui se trouveraient dérangés, s'il recouvrait le droit de succéder. D'ailleurs il suffit de considérer la nature de leurs vœux : s'ils s'engageaient à demeurer pour toujours dans la société, les supérieurs avaient le droit de les licencier. Leur engagement n'étant donc que conditionnel, il s'anéantissait si les supérieurs les congédiaient. Mais comment peut-on dire qu'un homme, qui est sans engagement, sans vœux, puisse être incapable d'effets civils? On pouvait donc regarder comme le sentiment le plus unanimement reçu, que ceux qui sortaient des jésuites après les trente-trois ans, si l'on en excepte l'incapacité où ils étaient de pouvoir succéder, devaient être regardés comme les autres citoyens; qu'ils conservaient tous les droits de famille; que, comme aînés, ils pouvaient porter les armes pleines; qu'en cette même qualité, le droit de patronage leur appartenait; qu'ils étaient capables d'exercer le retrait lignager, si ce n'est dans quelques Coutumes, où cette faculté est comme une suite du droit de succéder; et qu'ils avaient le pouvoir de tester et de recevoir par testament.

Il y a un arrêt, qui a jugé que le sieur Colas, chanoine de Saint-Agnan d'Orléans, congédié de la société après l'âge de trente-trois ans, était capable d'un legs qui lui avait été fait par le testament de l'un de ses parens.

Enfin, dans le cas où ils n'étaient pas dans les ordres sacrés, ils pouvaient contracter un mariage qui aurait eu tous les effets civils.

Nous devons cependant observer qu'il y a des personnes, qui regardaient les jésuites licenciés après l'âge de trente-trois ans, comme incapables de tous effets civils.

*N. B.* « Le roi Louis XV, par son édit du mois de novembre » 1764, a ordonné que la société et compagnie des jésuites n'aurait plus lieu dans son royaume, et néanmoins a permis à ceux, » qui avaient été membres de cette société, de vivre en particuliers dans ses Etats, sous l'autorité spirituelle des ordinaires des » lieux, en se conformant aux lois du royaume. »

» Le roi, par son édit du mois de mai 1777, leur a permis pareillement de vivre dans ses Etats comme particuliers, et ainsi » que les autres ecclésiastiques séculiers, sous l'autorité des ordinaires. Par l'*art.* 4, sa majesté déclare qu'ils ne pourront » posséder aucuns bénéfices à charge d'ame dans les villes, ni y » exercer les fonctions de vicaire; mais leur permet seulement » de posséder dans lesdites villes ou ailleurs des bénéfices simples ou sujets à résidence; et leur permet par l'*art.* 5 de posséder des cures dans les campagnes, ou d'y exercer les fonctions de vicaire.

» L'*art.* 7 déclare qu'ils seront à l'avenir capables de recevoir » tous legs et donations, de tester, contracter et jouir de tous les » effets civils, ainsi que les autres sujets du roi, sans néanmoins » que ceux, qui auraient quitté la société après l'âge de trente- » trois ans, ou qui auraient atteint l'âge de trente-trois ans ac- » complis lors de l'édit du mois de novembre 1764, puissent re- » cueillir aucune succession.

» Enfin, par la déclaration du 7 juin 1777, sa majesté a dé- » claré que les ecclésiastiques, qui étaient ci-devant dans la so- » ciété, pourront résider hors du diocèse de leur naissance, lors- » qu'ils en auront obtenu la permission de leur évêque, et qu'ils » pourront posséder toutes dignités, canonicats et prébendes » dans les cathédrales et collégiales, autres que celles qui ont » charge d'ame, ou dont les fonctions sont relatives à l'éducation » publique, qui leur sont interdites par l'édit ci-dessus daté, à la » charge par eux de se conformer aux dispositions desdits édit » et déclaration. »

Les vœux, que les chevaliers de Malte prononcent, sont des vœux solennels de religion, qui les rendent incapables de tous effets civils. On leur permet cependant d'exiger de leurs père et mère, ou de ceux qui leur ont succédé, une pension, jusqu'à ce qu'ils soient pourvus d'une commanderie.

En ce qui concerne les ermites, on doit dire que ceux, qui n'ont fait aucuns vœux solennels dans un ordre approuvé, ne sont point religieux, et par conséquent ne sont point morts civilement; cependant ils sont quelquefois déclarés incapables de recueillir les successions qui leur sont échues, ou qui leur écherraient par la suite, lorsqu'ils ont vécu long-temps dans cet état. Arrêt du 17 février 1633, contre Jérôme Delanoüe, rapporté par Brodeau sur Louet, lettre C., som. 8.

## SECTION II.

### Des morts civilement par la condamnation à une peine qui emporte mort civile.

La mort civile n'est pas parmi nous une peine particulière prononcée contre ceux qui ont commis quelque crime grave; elle est, au contraire, une suite d'une condamnation à une autre peine qui y donne lieu.

1°. Celui qui a été condamné à la mort naturelle, encourt la mort civile, lorsque la condamnation ne peut être exécutée. L'on ne doit plus, en effet, regarder comme existans ceux qui ont été jugés mériter le dernier supplice.

2°. Celui, qui a été condamné aux galères à perpétuité, est réputé mort civilement; il devient même, en quelque sorte, esclave de la peine. Nous disons à perpétuité, car s'il n'y était condamné que pour un temps, quelque long qu'il fût, il ne pourrait y avoir lieu à la mort civile.

3°. Le bannissement à perpétuité et hors du royaume emporte mort civile; mais il faut que ces deux circonstances concourent.

Le bannissement à perpétuité d'un lieu, ou du royaume pour un temps, ne donne pas lieu à la mort civile; car, la mort civile étant une image de la mort naturelle, elle doit avoir un effet perpétuel. *Nec enim quis ad certum tempus intelligitur mori.*

L'usage n'est pas de bannir les femmes du royaume : en conséquence, Argon prétend que les femmes, qui auraient été bannies hors du ressort d'un Parlement, devaient être censées mortes civilement; mais nous ne voyons pas quelles peuvent être les raisons de ce sentiment.

Plusieurs avaient aussi pensé qu'il n'y avait que les cours souveraines qui pussent bannir hors du royaume; mais tous les juges royaux ont ce droit; il paraît cependant qu'on le conteste aux juges des seigneurs.

La condamnation aux galères à perpétuité, séquestrant pour toujours le condamné de la société, doit emporter mort civile.

Examinons dans quel temps la mort civile est censée encourue par les condamnés aux peines qui emportent mort civile.

Il faut distinguer si la condamnation a été rendue contradictoirement ou par contumace. Au premier cas, la mort civile est encourue irrévocablement du jour que la condamnation a été prononcée par un juge souverain, soit qu'il soit juge en première instance, soit qu'il soit juge d'appel.

Quelques auteurs prétendent que, dans le cas où le juge souverain est juge d'appel, l'arrêt confirmatif devait avoir un effet rétroactif au jour de la première sentence; mais il faut considérer qu'en matière criminelle la première sentence ne forme pas un jugement parfait; qu'on la regarde comme faisant partie de l'instruction; que cette instruction ne reçoit son complément, que par le dernier interrogatoire que l'accusé subit en la cour où l'appel est porté; et qu'enfin l'on est tellement persuadé que la première sentence n'est pas un véritable jugement jusqu'alors, qu'on ne la prononce au condamné qu'après l'arrêt rendu.

Si le jugement en dernier ressort est attaqué par la voie de la requête civile, de la révision ou de la cassation; si le jugement n'est pas annulé, la mort civile est encourue du jour de l'arrêt contre lequel on s'est pourvu.

Dans le deuxième cas, où la condamnation est prononcée sans avoir entendu l'accusé, et par contumace, alors la mort civile n'est pas encourue du jour du jugement, mais seulement du jour de l'exécution. Il faut même alors distinguer si l'accusé s'est représenté, ou a été constitué prisonnier, ou s'il est décédé dans les cinq ans; ou s'il ne s'est présenté, s'il n'a été constitué prisonnier, et s'il n'est décédé qu'après les cinq ans.

Dans le cas, où le condamné s'est présenté, ou est constitué prisonnier dans les cinq ans, la contumace est anéantie, de telle sorte que, si le condamné venait à mourir, même après les cinq ans, sans avoir subi une nouvelle condamnation, on ne pourrait pas le regarder comme mort civilement. Si même il était condamné par jugement contradictoire à la même peine, il ne serait toujours censé mort que du jour du dernier jugement.

Le jugement de contumace est aussi anéanti, si le condamné vient à décéder dans les cinq ans. Si cependant il était coupable d'un crime qui ne s'éteint pas par la mort, il faudrait faire le procès à sa mémoire, comme s'il n'y avait pas eu de jugement de contumace.

S'il décède après les cinq ans, sans s'être représenté et sans avoir été constitué prisonnier, alors il encourt la mort civile du jour de l'exécution du jugement par contumace : ainsi son état est en suspens pendant les cinq ans.

Il faut cependant observer que la veuve du condamné, ses enfans ou ses parens, peuvent obtenir des lettres à l'effet de purger la mémoire du défunt. S'ils réussissent à faire rétracter la condamnation, il est réputé mort *integri statûs* : s'ils succombent, la sentence de contumace a tout son effet.

Mais que dira-t-on, si le prisonnier ne se représente ou n'est constitué prisonnier qu'après les cinq ans? Il semble qu'il faut distinguer s'il a obtenu, ou non, des lettres d'ester à droit : s'il en a obtenu, l'effet de ces lettres est de le remettre au même état, où il était avant l'expiration des cinq ans; mais s'il n'en obtient pas, la contumace ne peut être anéantie que par un jugement contradictoire; de sorte que, s'il vient à décéder avant ce jugement, il est censé mort civilement, comme s'il ne se fût pas représenté.

Mais on demande si, lorsque le condamné, soit qu'il se soit représenté dans les cinq ans ou après, vient à être condamné, par le jugement contradictoire, à la même peine à laquelle il avait été condamné par le jugement de contumace; si, dis-je, il encourt la mort civile, ou du jour de l'exécution du jugement de contumace, ou du jour du jugement contradictoire. Il faut décider qu'elle n'a toujours lieu que du jour du jugement contradictoire, parce que ce jugement annulle toujours celui de contumace.

Lorsque celui, qui a été condamné par contumace à une peine qui emporte mort civile, ne s'est pas représenté, ou n'a pas été constitué prisonnier dans les trente ans, il encourt la mort civile irrévocablement, et il ne peut plus espérer de revenir à la vie civile, que par des lettres du prince qui la lui rendent. Comme, après ce temps, il ne peut plus subir la peine, dont il a obtenu la décharge par la prescription, il n'est plus recevable à se représenter; et par une conséquence naturelle, il n'a plus de moyen de purger la contumace, et d'anéantir les suites de la condamnation qui a été exécutée contre lui.

Cela ne peut avoir lieu, lorsqu'il s'agit du crime de duel; car comme, suivant l'*art.* 35 de l'édit du mois d'août 1679, on n'en peut prescrire la peine, même par trente ans, à compter du jour de l'exécution de la sentence de contumace, le condamné peut toujours se représenter; et, par une suite nécessaire, il peut obtenir un jugement d'absolution qui anéantisse la contumace: de sorte qu'on ne peut jamais dire qu'il ait encouru la mort civile irrévocablement jusqu'au jour de son décès.

Quelques-uns avaient pensé que cette prescription de trente ans avait non-seulement lieu pour la peine, mais encore pour toutes les autres suites de la condamnation. Le contraire a été jugé à la Tournelle, en 1737.

Lorsqu'une personne a encouru la mort civile par une condamnation à une peine dont elle est la suite, soit que cette condamnation soit prononcée par un jugement contradictoire, soit qu'elle le soit par contumace, elle a toujours une ressource, pour recouvrer la vie civile, dans la clémence du prince.

Si la condamnation prononce la peine de mort, il peut obtenir des lettres d'abolition et de rémission; si la condamnation n'emporte pas peine de mort, il peut obtenir des lettres de pardon. Ces lettres, lorsqu'elles sont entérinées, effacent jusqu'au moindre vestige de la condamnation. Non-seulement elles remettent la peine du crime, elles sont encore censées éteindre le crime.

Quelquefois il arrive que les lettres, que le prince accorde, ne contiennent qu'une commutation de peine: dans ce cas, le condamné ne recouvre la vie civile, qu'autant que la peine, en laquelle a été commuée la première, n'emporte pas mort civile.

Si ceux, qui ont été condamnés aux galères, ou au bannissement hors du royaume à perpétuité, obtiennent des lettres de rappel de ban ou de galères, alors ils recouvrent la vie civile; car, comme la mort civile n'est qu'une suite de la peine à laquelle ils sont sujets, dès que cette peine leur a été remise, on ne peut plus les présumer morts civilement.

Nous remarquerons que les lettres de commutation de peine, de rappel de ban et de galères, n'effacent pas la condamnation, comme les lettres d'abolition, de rémission ou de pardon, ni la réhabilitation du condamné en ses biens et bonne renommée.

Ces premières ne font que changer ou remettre la peine; les autres remettent le condamné au même état que s'il ne l'avait pas été.

Pour que les condamnations, dont la mort civile est une suite, puissent y donner lieu, il faut qu'elles aient été prononcées en justice réglée.

Une condamnation à mort, prononcée par un conseil de guerre contre un soldat pour délit militaire, n'emporte pas la mort civile du condamné, ni la confiscation de ses biens; il meurt *integri statûs*, et il transmet sa succession à ses parens. Par la même raison, un ordre du roi, qui enjoint à quelqu'un de sortir du royaume, n'emporte pas la mort civile de l'exilé.

## SECTION III.

### Des infâmes.

L'infamie forme un état mitoyen entre ceux qui jouissent de tout leur état civil, et ceux qui sont morts civilement; car l'infamie ne fait pas perdre l'état civil, mais elle y donne atteinte et le diminue; *non consumit, sed minuit*. Elle ne s'encourt, parmi nous, que par la condamnation à une peine dont elle est la suite. Examinons quelles sont ces peines.

1°. Tous ceux, qui ont été condamnés à la mort naturelle ou civile, sont censés morts infâmes. Quelques-uns tiennent que le contumace décédé dans les cinq ans meurt infâme; mais ce sentiment est contraire à l'opinion commune, fondée sur l'Ordonnance, que le contumace décédé dans les cinq ans meurt *integri statûs*. Le jugement de contumace est absolument anéanti, et l'accusé est réputé mort aussi innocent que s'il n'y avait eu aucun jugement rendu contre lui; on ne peut donc dire qu'il est mort infâme, l'infamie ne pouvant s'appliquer qu'à celui qui est reconnu coupable; mais on dit, pour l'opinion contraire, que la disposition de l'Ordonnance, qui permet aux héritiers du contumace décédé dans les cinq ans d'appeler du jugement de contumace, serait illusoire, s'il était vrai que la sentence de contumace fût anéantie relativement à tous les effets qu'elle peut produire; mais cette objection se détruit, si l'on fait attention que l'appel des parens n'a d'autre effet, que de faire cesser les condamnations pécuniaires, et non pas de faire déclarer le défunt innocent. Si l'on demande pourquoi les parens doivent interjeter appel pour se faire restituer contre les condamnations pécuniaires, c'est que, comme elles ont été adjugées et exécutées en vertu d'un jugement, il faut recourir à la même voie pour en obtenir la restitution; or cette voie est la voie de l'appel.

2°. Ceux, qui sont condamnés à une peine afflictive, sont réputés infâmes; les peines afflictives sont les galères pour un temps, le fouet et la fleur-de-lis, le pilori et le carcan.

3°. Les autres peines, qui emportent infamie, sont, le bannissement pour un temps, ou d'un lieu; l'amende honorable, le blâme, et l'amende en matière criminelle confirmée par arrêt.

L'amende honorable envers la justice est la seule qui produise l'infamie; ce n'est qu'improprement qu'on appelle de ce nom les satisfactions qu'on fait aux particuliers pour réparer l'injure qu'ils ont reçue; l'amende honorable envers la justice produit l'infamie, soit qu'elle se fasse en la chambre du conseil ou à l'audience, debout ou à genoux, nu-tête et en chemise, la corde au cou, en présence de l'exécuteur de la haute-justice.

Il ne faut pas aussi confondre l'injonction d'être plus circonspect, ou la défense de récidiver, avec le blâme; ces deux dernières prononciations n'emportent pas d'infamie; l'aumône, quoique prononcée par arrêt, n'emporte pas non plus d'infamie.

Argou, tit. des Peines, prétend que le jugement, qui prononce contre un officier la privation de son office, et qui le déclare incapable de le posséder, emporte infamie; mais on tient aujourd'hui le contraire pour constant: ce jugement rend seulement celui, contre lequel il a été rendu, incapable de posséder d'autres offices.

L'effet de l'infamie est de rendre celui, qui l'a encourue, incapable de posséder aucun office ni bénéfice, et de pouvoir remplir aucune fonction publique. Cette incapacité fait que non-seulement on ne peut obtenir, ni acquérir de nouveaux bénéfices ou offices, mais encore qu'on perd ceux dont on était pourvu: il y a cependant cette différence entre le bénéficier et l'officier que ce dernier n'est privé que de l'exercice de son office, et qu'il en conserve la propriété.

Ceux, qui sont infâmes, ne peuvent ainsi être entendus en déposition, ni être témoins, en matière civile, dans quelque acte que ce soit, testamens ou autres; enfin ceux, qui sont infâmes, ne peuvent tester.

Ceux, qui sont dans les liens d'un décret d'ajournement personnel, ou de prise de corps, quoiqu'ils ne soient pas regardés comme infâmes, ne jouissent cependant pas d'une réputation entière. Leur témoignage ne doit pas être reçu, ou du moins il doit être regardé comme suspect; aussi l'Ordonnance regarde-t-elle comme suspects, et comme des moyens de reproches légitimes, ceux, par lesquels les parties prouvent que les témoins ont été décrétés de prise de corps, ou d'ajournement personnel;

ils sont aussi interdits de toutes fonctions publiques pendant qu'ils sont *in reatu*.

On avait douté si le décret d'ajournement personnel, décerné contre les ecclésiastiques, les interdisait des fonctions de leur ministère; mais l'arrêt de réglement de 1752 ne laisse plus lieu d'en douter.

Il faut observer qu'il y a cette différence, entre les effets de l'infamie, et les suites des décrets de prise de corps et d'ajournement personnel, que les uns sont perpétuels, ainsi que l'infamie même qui les produit, au lieu que les autres ne durent qu'autant que les décrets; dès qu'il est intervenu un jugement, qui décharge l'accusé, ou qui ne prononce aucune des peines qui donnent lieu à l'infamie, il rentre absolument dans l'exercice de ses fonctions, et il y a lieu de penser qu'on ne pourrait reprocher son témoignage. La raison, qui a fait joindre une espèce de note aux décrets de prise de corps ou d'ajournement personnel, est que, comme ces décrets ne se doivent décerner que lorsque l'accusation est grave, et qu'elle est accompagnée de présomptions ou même de preuves considérables, ils rendent légitimement suspects ceux contre qui ils ont été lancés.

Au contraire, le décret d'assigné pour être ouï ne suppose qu'une légère accusation, de faibles indices; il n'emporte aucune interdiction contre ceux contre qui il a été décerné, et il ne peut diminuer la foi qui est due aux dépositions qu'ils font en justice. Ce décret n'est pas d'un usage fort ancien, et il n'a été introduit que pour conserver les officiers dans leurs fonctions, dont le décret d'ajournement personnel les rendait incapables; il paraissait, en effet, injuste de voir un officier interdit de toutes ses fonctions, sur la plus légère accusation qu'on formait contre lui, ou sur de simples soupçons qui semblaient l'établir.

Il faut encore observer cette différence, entre les décrets de prise de corps ou d'ajournement personnel, et les décrets d'assigné pour être ouï, que, lorsqu'un accusé, assigné pour être ouï, est, faute de se représenter, décrété d'ajournement personnel ou même de prise de corps, les décrets de conversion n'ayant de durée que jusqu'à ce que l'accusé ait subi interrogatoire, il s'ensuit qu'il n'emporte interdiction que jusqu'à ce temps. Au contraire, lorsque le décret de prise de corps ou d'ajournement personnel est originaire, l'interdiction, qu'il fait encourir, dure jusqu'à la fin du procès, à moins que, par un jugement interlocutoire, l'accusé ne soit renvoyé en état d'assigné pour être ouï.

De même que ceux, qui ont perdu la vie civile, peuvent la recouvrer en obtenant des lettres du prince qui la leur rendent, de même ceux, qui ont encouru l'infamie par une condamnation à une peine dont elle est la suite, peuvent obtenir des lettres de réhabilitation en leur bonne renommée; ces lettres remettent le condamné au même état où il était avant la condamnation; elles lui rendent tous les droits qu'elle lui avait fait perdre; il devient de nouveau capable d'être pourvu d'offices ou de bénéfices; il recouvre la faculté de tester; on ne peut plus suspecter son témoignage.

Les lettres de rappel de ban et de galères n'ont pas le même effet que les lettres de réhabilitation; celui, qui les a obtenues, demeure toujours infâme, à moins que, par un nouveau bienfait du prince, il ne soit rétabli en sa bonne renommée.

---

## TITRE IV.

### *Division des personnes en légitimes et bâtards.*

On appelle *bâtards*, tous ceux qui ne sont pas nés d'un mariage contracté suivant les lois du royaume.

L'enfant, né d'une conjonction illégitime, peut devenir légitime, si les père et mère contractent par la suite ensemble un légitime mariage, pourvu néanmoins qu'il ne soit pas adultérin, c'est-à-dire, que, lors de la conjonction de laquelle il est né, ni son père ni sa mère n'aient été engagés dans un mariage avec un autre.

La légitimation par lettres du prince ne donne à l'enfant légitimé que le droit de porter le nom de son père, et ne lui donne pas les droits de famille, et par conséquent les droits de succéder ni à son père, ni à sa mère, ni à aucun autre parent.

Les bâtards jouissent de l'état civil, commun à tous les citoyens, mais ils n'ont pas les droits de famille.

Par le droit romain, ils appartenaient à la famille de leur mère, mais, par le droit français, ils n'appartiennent à aucune famille, toute parenté naturelle, provenant d'une conjonction illégitime, n'étant pas considérée dans notre droit; de-là il suit qu'ils n'ont droit de succéder à personne, si ce n'est à leurs enfans nés d'un légitime mariage, et qu'il n'y a que leurs enfans nés en légitime mariage qui puissent leur succéder.

Les bâtards sont incapables de recevoir des donations universelles, soit entre-vifs, soit par testament de leurs père ou mère, mais ils sont capables de recevoir d'eux des donations et legs particuliers ; et, à l'égard des étrangers, ils sont capables de toutes sortes de donations et legs, soit universels, soit particuliers.

Les bâtards, quoique légitimés par lettres, ne succèdent pas à la noblesse de leurs père ou mère ; néanmoins les bâtards des princes, lorsqu'ils sont légitimés par lettres, sont nobles.

Les bâtards, nés d'une conjonction incestueuse ou adultérine, sont d'une condition pire que les autres bâtards, en ce que, 1° ils ne peuvent devenir légitimes que par le mariage subséquent de leurs père et mère ; 2° en ce qu'ils sont incapables de toutes donations de leurs père ou mère, même à titre particulier ; on peut néanmoins leur laisser des alimens.

---

# TITRE V.

## *Division des personnes tirée de l'âge et du sexe, et d'autres causes.*

Le sexe fait, dans l'état civil des personnes, une différence entre elles. Celui des hommes est plus étendu.

Les fonctions civiles et offices publics étant réservés aux seuls hommes, et interdits aux femmes, les femmes ne peuvent donc faire les fonctions d'avocats, de juges ; elles sont incapables de tutelle, curatelle, sauf que, par une exception au droit commun, quelques Coutumes leur déferent celles de leurs enfans ; elles ne peuvent être témoins dans les actes pour la solennité desquels les témoins sont requis, etc.

Le droit d'interdire aux femmes les offices publics nous est commun avec les autres peuples. Dans le droit romain, *feminæ ab omnibus officiis civilibus vel publicis remotæ sunt* ; l. 2, ff. *de reg. jur.* Ce droit n'est pas seulement fondé sur la faiblesse du sexe, car il y a plusieurs fonctions civiles qui ne demandent aucune capacité, telles que celles d'un témoin pour la solennité d'un acte, lesquelles ne laissent pas d'être interdites aux femmes. La principale raison doit se tirer de la pudeur du sexe, qui, obligeant les femmes à vivre retirées dans leurs maisons, pour s'y appliquer uniquement à leur ménage, et ne leur permettant pas de se produire au dehors, surtout *in cœtibus virorum*, leur interdit, par une conséquence naturelle, ces fonctions civiles, qu'elles ne pourraient remplir qu'en se produisant au dehors, et en se trouvant avec des hommes dans les assemblées.

L'âge établit encore une différence entre les personnes. Les mineurs de vingt-cinq ans sont sous la puissance paternelle, ou sous la puissance de leurs tuteurs; et en conséquence, ils n'ont ni la disposition, ni l'administration de leurs biens, à moins qu'ils ne soient sortis de cette puissance par l'émancipation.

Les mineurs, quoique émancipés, ne peuvent aliéner les immeubles sans décret du juge : ils ne peuvent ester en justice sans l'assistance d'un curateur, si ce n'est en quelques cas particuliers. Au contraire, les majeurs de vingt-cinq ans sont usans de tous leurs droits, et ont en conséquence la libre disposition et administration de leurs biens.

Il en faut excepter les interdits, soit pour cause de démence, de prodigalité ou de quelque défaut corporel, tels que sont les sourds et muets. Ils ne sont pas usans de leurs droits, et n'ont ni la disposition ni l'administration de leurs biens; ils sont soumis à des curateurs qu'on leur crée. Il faut aussi en excepter les femmes mariées : le mariage les fait passer sous la puissance de leur mari.

L'âge est aussi considéré pour les fonctions publiques et civiles; par exemple, il faut avoir vingt-cinq ans pour être juge, vingt ans accomplis pour être témoin dans les actes où les témoins sont nécessaires pour leur solennité.

Enfin, l'âge peut être considéré comme opérant, dans ceux qui l'ont atteint, une espèce de privilége; par exemple, les septuagénaires, par l'accomplissement de cet âge, sont exempts de la plupart des charges publiques, de la contrainte par corps en matière civile; ils peuvent même se faire élargir des prisons, où ils sont détenus pour dettes.

# TITRE VI.

*Division des personnes par rapport aux différentes puissances qu'elles ont droit d'exercer sur d'autres, ou qui s'exercent sur elles.*

## SECTION PREMIÈRE.

### De la puissance maritale.

Les femmes, par le mariage, passent dans la famille et sous la puissance de leur mari : c'est pour cela qu'elles portent son nom. Cette puissance du mari sur la femme s'étend sur sa personne et sur ses biens (1).

## SECTION II.

### De la puissance paternelle.

On a mis autrefois en question, si, dans le pays coutumier français, il y avait une puissance paternelle. Quelques auteurs ont avancé qu'il n'y en avait point : on ne peut néanmoins douter qu'il n'y en ait une. La Coutume d'Orléans en fait mention expresse dans la rubrique du tit. 9. Elle parle aussi, en l'article 158, d'émancipation, ce qui suppose une puissance paternelle : mais cette puissance, telle qu'elle a lieu dans le pays coutumier, est entièrement différente de celle que le droit romain accordait aux pères sur leurs enfans, dont le terme et la durée étaient sans bornes, et qui était, *quasi quoddam jus dominii*, semblable à celle que les maîtres avaient sur leurs esclaves.

Dans nos pays coutumiers, la puissance paternelle ne consiste que dans deux choses.

1°. Dans le droit, que les père et mère ont de gouverner avec autorité la personne et les biens de leurs enfans, jusqu'à ce qu'ils soient en âge de se gouverner eux-mêmes et leurs biens. De ce

(1) Pothier, ayant donné un Traité de la puissance du mari sur la personne et les biens de sa femme, qui précède celui de la communauté, et qui contient à peu près les mêmes principes et les mêmes décisions qui se trouvent dans cette première section, nous nous contenterons d'y renvoyer.

droit dérive la garde-noble et bourgeoise, dont nous parlerons dans la section suivante.

2°. Dans celui qu'ils ont d'exiger de leurs enfans certains devoirs de respect et de reconnaissance.

De la première partie de la puissance paternelle, naît le droit, qu'ont les père et mère, de retenir leurs enfans auprès d'eux, ou de les envoyer dans tel collége ou autre endroit, où ils jugent à propos de les envoyer pour leur éducation.

De-là il suit qu'un enfant soumis à la puissance paternelle ne peut entrer dans aucun état, se faire novice, faire profession religieuse, contre le consentement de ses père et mère, sous la puissance desquels il est. Cela a été jugé contre les jésuites au profit de M. Airault, lieutenant-général d'Angers, par arrêt de 1587; contre les feuillans, par arrêt du 10 août 1601; contre les capucins, au profit du président Ripault, par arrêt du 24 mars 1604. Ces arrêts sont fondés en grande raison. L'état religieux n'est que de conseil évangélique; or il est évident qu'on ne peut pratiquer un conseil évangélique par le violement d'un précepte, tel qu'est celui de l'obéissance à ses parens, qui nous est prescrite par le quatrième commandement de Dieu. D'ailleurs, la profession religieuse, quoique bonne et utile en soi, ne convient pas néanmoins à tout le monde : tous ne sont pas appelés à cet état. Or les père et mère sont présumés être plus en état de juger si leurs enfans sont appelés ou non à cet état, que leurs enfans, qui, n'étant point encore parvenus à la maturité de l'âge, ne sont pas encore capables de juger par eux-mêmes de l'état qui leur convient. (Voyez les Capit. de Charlemagne, liv. 1, chap. 5.)

Il faut excepter de notre règle le service du roi, auquel les enfans de famille peuvent valablement s'engager contre le consentement de leurs père et mère. L'intérêt public l'emporte sur l'intérêt particulier de la puissance paternelle.

De la première partie de notre principe naît aussi le droit d'une correction modérée, qu'ont les père et mère sur leurs enfans. Ce droit de correction, dans la personne du père, va jusqu'à pouvoir, de sa seule autorité, faire enfermer ses enfans dans des maisons de force, quand il n'est pas remarié. Lorsqu'il est remarié, il ne le peut sans ordonnance du juge, qui, pour en accorder la permission, doit s'enquérir de la justice des motifs que le père allègue pour faire enfermer ses enfans. La raison est que, quand un père est remarié, on n'a pas tant lieu de présumer de la justice de ses motifs, arrivant assez souvent, comme dit la loi 4, ff. *de inoff. testam.*, que des pères, *novercalibus delinimentis instigationibusque corrupti, malignè contra sanguinem suum judicium inferunt.*

Les femmes ont aussi besoin de l'autorité des juges pour faire enfermer leurs enfans dans des maisons de force. La faiblesse de leur jugement, et le caractère d'emportement assez ordinaire à ce sexe, empêchent qu'on ne puisse compter sur le jugement de la mère comme sur celui du père. Ce sont les distinctions qu'on trouve dans un arrêt de 1695. (Voyez le tome 5 du Journal des Audiences.)

La puissance paternelle, quant à la première partie, finit non-seulement par la mort naturelle ou civile du père ou de l'enfant, mais encore par la majorité de l'enfant, par son mariage, même avant vingt-cinq ans, et par l'émancipation.

Observez que, quoique parmi nous la puissance paternelle appartienne à la mère comme au père, en quoi notre droit diffère du droit romain, qui ne l'accordait qu'au père, néanmoins la mère ne peut exercer les droits dont nous venons de parler qu'au défaut du père, c'est-à-dire après sa mort, ou dans le cas auquel, pour sa démence ou son absence, il ne pourrait pas l'exercer. Hors ces cas, la puissance de la mère est exclue par celle du père, la mère étant elle-même sous la puissance de son mari, sans lequel elle ne peut rien faire; elle n'en peut exercer aucune sur ses enfans, si ce n'est du consentement et sous le bon plaisir de son mari.

La puissance paternelle, quant à la seconde partie, ne peut finir que par la mort naturelle du père ou de ses enfans; car des enfans ne peuvent jamais être dispensés des devoirs de reconnaissance et de respect, dans lesquels elle consiste.

C'est de la puissance paternelle, considérée quant à cette seconde partie, que dérive l'obligation, où sont les enfans, de requérir le consentement de leurs père et mère pour se marier. Tous les enfans, quelque âge qu'ils aient, sont obligés de requérir ce consentement de leurs père et mère; mais tous ne sont pas obligés de l'obtenir. Les garçons de trente ans, les filles de vingt-cinq, peuvent, sans être sujets à aucune peine, contracter mariage sans le consentement de leurs père et mère, après qu'ils ont requis leur consentement par des sommations, qu'on appelle respectueuses.

Comme il est de l'intérêt public que les enfans se marient pour donner des citoyens à l'État, et qu'il pourrait arriver qu'il se trouvât des père et mère assez déraisonnables pour ne consentir à aucun mariage de leurs enfans, il a été nécessaire de fixer l'âge, auquel les enfans pourraient se passer de ce consentement, après néanmoins qu'ils auraient satisfait au respect qu'ils doivent à leurs parens en le leur demandant.

La forme, dans laquelle les enfans peuvent requérir ce consentement, est que l'enfant doit se transporter en personne dans la maison de ses père et mère, et requérir leur consentement au mariage qu'il se propose de contracter avec une telle personne: de laquelle réquisition il doit se faire donner acte par deux notaires, ou un notaire et deux témoins, qu'il doit à cet effet mener avec lui. S'il n'obtient pas le consentement à la première réquisition, il doit en faire une seconde en la même forme (1).

Après ces deux réquisitions, il est à couvert de toutes peines. S'il manque à ce devoir, le mariage ne laisse pas d'être valable; mais il est sujet à la peine d'exhérédation, dont son père et sa mère peuvent le punir, si bon leur semble. (Décl. de 1639, article 27.)

Ce défaut est aussi une cause d'ingratitude, pour laquelle les père et mère peuvent révoquer les donations qu'ils auraient faites. (Édit de 1556.)

Suivant l'édit de mars de 1697, les filles majeures, quoique veuves, sont soumises à cette peine de l'exhérédation, lorsqu'elles n'ont pas requis par écrit le consentement de leurs père et mère à leur second mariage. La loi ne parlant que des filles, il semble que les hommes veufs n'y sont pas sujets.

A l'égard des garçons au-dessous de trente ans, et des filles au-dessous de vingt-cinq, il ne leur suffit pas, pour être à couvert des susdites peines, d'avoir requis le consentement de leurs père et mère, il faut qu'ils l'aient obtenu; que s'ils se sont mariés contre leur gré, au décès de leurs père et mère, ils sont sujets auxdites peines.

Si le garçon mineur de trente ans, mais majeur de vingt-cinq, se marie sans le gré de ses père et mère, il est à la vérité sujet à cette peine : mais il n'est sujet à aucune autre; et le mariage qu'il a contracté ne laisse pas d'être valable, et ne peut, pour raison de ce, être attaqué.

Que si les enfans, qui ont contracté mariage sans le consentement de leur père et de leur mère, sont mineurs de vingt-cinq ans, leur mariage, suivant la jurisprudence, est présumé entaché du vice de séduction, et sur l'appel comme d'abus, que les père et mère, dont on a méprisé le consentement, peuvent interjeter de la célébration de ce mariage, les cours souveraines ont coutume de le déclarer nul et abusif.

L'édit de 1639, *art.* 11, prononce aussi des peines contre les mineurs de vingt-cinq ans, qui se sont mariés sans le consentement de leurs père et mère. Ils sont par cet édit déclarés, eux et leurs enfans qui naîtront de ce mariage, indignes de toutes successions directes et collatérales, et de tous les avantages portés par les Coutumes, même du droit de légitime.

Lorsque les père et mère approuvent, dans la suite, le mariage de leurs enfans, contracté contre leur gré ou à leur insu, tout le

(1) L'usage est d'en faire trois.

vice résultant de ce défaut de consentement est dès-lors purgé : dès-lors les père et mère ne sont plus recevables à quereller ce mariage : dès-lors l'enfant cesse d'être sujet à la peine de l'exhérédation, et à toutes les autres dont il a été parlé.

Il n'est pas nécessaire que cette approbation soit expresse : l'approbation tacite produit cet effet; comme si, par exemple, le père et la mère ont reçu chez eux leur gendre ou leur bru, etc.

Les enfans sont obligés de fournir, autant qu'il est en leur pouvoir, les alimens nécessaires à leurs père et mère qui se trouvent réduits à l'indigence.

Les père et mère ont, pour cela, une action en justice contre leurs enfans, lesquels doivent être condamnés à faire à leur père une pension convenable à leur condition et à ses besoins, pourvu néanmoins que les enfans aient des facultés suffisantes pour cela. C'est pourquoi, le juge doit entrer en connaissance de cause.

Lorsque les enfans sont de pauvres gens, qui n'ont pas le moyen de faire une pension, on les condamne à recevoir tour à tour en leurs maisons leurs père et mère et à les nourrir à leur table.

Lorsqu'il y a plusieurs enfans riches, doivent-ils être condamnés solidairement à la pension que leur père demande pour ses alimens? Je le pense; car chaque enfant, indépendamment de ses frères et sœurs, est obligé de donner à son père ce qui lui est nécessaire pour la vie. Ce nécessaire est quelque chose d'indivisible; car on ne vit pas pour partie : *Alimentorum causa est individua.* Chaque enfant doit donc solidairement les alimens à son père; et par conséquent il doit solidairement la pension qui en tient lieu. Cette décision a lieu à l'égard des enfans qui ont des facultés suffisantes pour payer le total; car autrement ils ne devraient être condamnés que jusqu'à concurrence de leurs facultés.

Si quelques-uns des enfans avaient le moyen de payer le total, et que quelques autres n'eussent le moyen que d'y contribuer pour leur portion, on devrait condamner solidairement ceux qui ont le moyen, et les autres seulement pour leur portion. On doit en décharger ceux qui n'ont pas le moyen d'y contribuer en rien; et entre ceux qui ont le moyen d'y contribuer pour quelque chose, il n'est pas nécessaire que la contribution se fasse par portions égales.

Cette obligation, où sont les enfans, ne se borne pas à ceux du premier degré. Les petits enfans sont obligés à fournir des alimens à leur aïeul ou à leur aïeule indigens, lorsque leur père est prédécédé, ou qu'il n'est pas en état de les fournir lui-même.

## SECTION III.

De la garde noble et bourgeoise (1).

## SECTION IV.

De la tutèle.

La tutèle est le droit attribué à quelqu'un par une autorité publique pour gouverner la personne et les biens d'un mineur.

### ARTICLE PREMIER.

*Combien y a-t-il d'espèces de tutèles.*

Notre droit coutumier est en cela différent du droit romain. Celui-ci admettait trois espèces de tutèles: la testamentaire, la légitime et la dative.

La testamentaire est celle qui était déférée par le testament du père des pupilles. Ce droit, qu'avaient les pères de donner par leur testament un tuteur à leurs enfans impubères, était une suite de la puissance qu'ils avaient sur leur famille. Cette puissance était une espèce de domaine, qui faisait regarder les enfans, vis-à-vis de leur père, comme des choses à eux appartenantes et dont ils avaient le droit. Leurs enfans étaient *suæ res*, suivant les termes de leurs lois : ils exerçaient ce pouvoir, même après leur mort, sur leurs enfans, en disposant de leur tutèle et leur nommant un tuteur, de la même manière qu'ils disposaient de l'hérédité de leurs enfans, en cas qu'ils vinssent à mourir impubères, en leur nommant un héritier ; ce qui s'appelait substitution pupillaire. Ce droit était renfermé dans ces termes de la loi des douze tables : *Ut quisque paterfamilias super pecuniâ tutelâve suæ rei legassit, ita jus esto.* Les pères n'ayant pas parmi nous une pareille puissance, le droit de tutèle testamentaire n'a pas lieu en pays coutumier.

---

(1) Pothier a traité de la garde noble et bourgeoise dans un Traité particulier qui se trouve dans le septième volume de cette édition ; c'est pourquoi il suffit de renvoyer à ce Traité.

Dans la plupart de nos Coutumes il n'y a qu'une espèce de tutèle, qui est la dative, c'est-à-dire celle qui est donnée par le magistrat, sur l'avis des parens des mineurs; et de ce nombre est la Coutume de Paris. Quelques Coutumes ont aussi une tutèle légitime, mais différente de celle du droit romain; et de ce nombre est la Coutume d'Orléans.

## § I. De la tutèle légitime.

La tutèle légitime, dont il nous reste à parler, était, par le droit romain, déférée *proximis agnatis*. On appelait *agnati* ceux qui étaient parens *per virilem sexum*, ceux qui étaient du même nom, de la même famille. Par le droit des Novelles, la tutèle légitime était aussi déférée à la mère ou à l'aïeule des pupilles, même préférablement aux agnats.

Parmi nos Coutumes, qui ont admis une tutèle légitime, quelques-unes ne la donnent qu'au père survivant, ou à la mère survivante; d'autres, du nombre desquelles est celle d'Orléans, l'accordent aux autres ascendans, au défaut ou refus du survivant; elle appelle cette tutèle *garde*.

Les articles 28 et 178 de la Coutume d'Orléans, qui parlent de cette garde, disent qu'au défaut ou refus du survivant, elle est déférée à l'aïeul ou aïeule du côté du décédé. L'art. 26 dit en général: *Gardiens sont père et mère, aïeul ou aïeule, ou autres ascendans.* Sur quoi on demande si les ascendans du côté du survivant ne peuvent pas aussi avoir la garde ou tutèle légitime, à défaut ou refus du survivant. Il faut distinguer entre la garde prise pour la garde-noble, c'est-à-dire pour les droits qu'ont les nobles d'avoir les meubles et l'usufruit des immeubles venus à leurs mineurs de la succession du prédécédé, et la garde prise pour tutèle légitime. La garde-noble, qui dépouille les mineurs, étant contraire à leurs intérêts, doit être restreinte; d'où il s'ensuit qu'il faut, par rapport à cette garde, avoir égard aux termes de l'art. 23, qui ne parle que de l'aïeul ou aïeule du côté du prédécédé, et en conséquence ne la défère qu'à ceux-ci, et non point à ceux du côté du survivant.

A l'égard de la garde prise pour la tutèle légitime, elle doit être favorable autant que la garde-noble est défavorable, étant de l'intérêt des mineurs d'avoir un ascendant pour tuteur, qui, par les liens de la nature, doit avoir beaucoup plus d'affection pour eux que n'en aurait un collatéral. C'est pourquoi l'usage a donné cette interprétation aux articles 23 et 178, que la mention, qui y est faite d'aïeul et aïeule du côté du décédé, n'est faite que pour donner à ceux-ci la préférence sur ceux du côté du survivant, lesquels, au défaut ou refus de ceux du côté du prédécédé, doivent avoir la tutèle légitime de leurs petits-enfans. Telle est l'interprétation que l'usage et la pratique de cette province ont donnée à ces articles.

On peut apporter deux raisons de cette préférence accordée aux aïeuls du côté du prédécédé. La première est que chaque ligne doit avoir son tour pour cette garde; que la Coutume la déférant d'abord à celle du survivant, en la personne du survivant, c'est, après le survivant, le tour de la ligne du prédécédé. La seconde est, que les biens des mineurs leur venant ordinairement de la succession du prédécédé, les ascendans de cette famille ont encore plus d'intérêt de conserver et de bien administrer ces biens, qui sont de leur famille, que n'en ont les ascendans de l'autre ligne, auxquels ces biens sont étrangers.

Entre les ascendans d'une même ligne, les mâles doivent être préférés aux femmes. ( Argument de ce qui est dit *infrà* des collatéraux .)

La Coutume d'Orléans défère les tutèles légitimes, non-seulement aux ascendans, soit entre nobles, soit entre roturiers, mais même aux collatéraux nobles : elle la défère aussi aux femmes, en préférant néanmoins en pareil degré les mâles, et elle donne à cette tutèle légitime le nom de *bail*. Cette tutèle légitime n'est point une charge nécessaire, que la Coutume impose aux personnes auxquelles elle la défère, telle que l'était, dans le droit romain, la tutèle légitime des agnats : au contraire, elle leur permet de la répudier, si bon leur semble, en faisant, dans la quinzaine, leur déclaration au greffe de la justice, qu'elles n'entendent l'accepter, et en faisant pourvoir par le juge, à leurs dépens, leurs mineurs d'un tuteur, à peine de dommage et intérêts desdits mineurs, qui consiste en ce que, faute par les ascendans, à qui la garde était déférée, d'avoir fait nommer un tuteur, ils demeurent de droit tuteurs, et sont tenus de rendre indemnes les mineurs de tout ce qu'ils auraient souffert par le défaut d'administration de leurs biens.

### § II. De la tutèle dative.

La tutèle dative est celle, qui est donnée par le juge du domicile du mineur. Pour cet effet, la famille du mineur s'assemble devant le juge, qui, sur son avis, nomme un tuteur au mineur. C'est celui des ascendans, à qui la tutèle légitime du mineur est déferée, et qui ne veut point l'accepter, qui est chargé de faire cette convocation. S'il n'y a point d'ascendans, ce sont les autres parens du mineur les plus proches, et habiles à lui succéder, qui sont chargés de cette poursuite, à peine d'être tenus des dommages et intérêts du mineur ( *art.* 23 et 182, *in fine* ). On convoque les affins du mineur, aussi bien que ses parens. Les *affins* sont ceux qui ont épousé une parente du mineur qui est vivante, ou dont il y a quelques enfans. Le nombre des parens et affins convoqués doit être au moins de cinq (*art.* 183). A défaut de parens ou affins, on appelle des voisins (*art.* 180). On n'est point obligé d'appeler les parens demeurans hors le bailliage, à moins qu'ils ne soient les plus proches (*art.* 184).

Les parens convoqués doivent élire l'un d'entre eux : on ne peut élire un parent qui n'aurait pas été convoqué. L'élection doit se faire du plus prochain parent habile à succéder au mineur, idoine, capable et suffisant (*art.* 183); ce qui ne signifie pas qu'il soit absolument nécessaire d'élire pour tuteur un parent du mineur qui soit le plus proche, et habile à lui succéder; car, parmi les personnes habiles à succéder, il peut ne s'en trouver aucun capable de la tutelle. Le sens de la Coutume est seulement qu'on ne doit pas élire un parent d'un degré plus éloigné, si, parmi ceux du degré plus proche, et surtout parmi ceux habiles à succéder, il s'en trouve quelqu'un qui soit capable de la tutelle, qui soit idoine, suffisant, et n'ait aucune excuse. La raison en est qu'il est naturel que ceux, que l'émolument de la succession du mineur, en cas qu'il décède, regarde, doivent aussi supporter les charges de la tutelle, suivant cette maxime d'équité : *Quos spectat emolumentum, eos debet spectare onus.*

Un parent d'un degré plus éloigné, qui est élu tuteur, pendant qu'il y en a de plus proches idoines, capables, suffisans et sans excuse, est donc bien fondé à appeler sa nomination.

La tutelle dative étant une charge publique, en ce sens qu'elle est déférée par l'autorité publique, il s'ensuit qu'il n'y a que ceux, qui jouissent de l'état civil dans toute son étendue, qui en soient capables. C'est pourquoi les aubains, ceux qui sont morts civilement, les mineurs, les interdits, en sont incapables. Les femmes sont aussi incapables de la tutelle dative; car, comme il a été dit ailleurs, *ab omnibus officiis civilibus remotæ sunt,* même celles, à qui la loi accorde la tutelle légitime de leurs enfans, sont incapables de cette tutelle dative; car étant, de droit commun, incapables de toutes les fonctions civiles; et la tutelle légitime de leurs enfans ne leur étant accordée que par privilége, elles ne peuvent être capables que de celle-ci, et non d'aucune autre.

A l'égard des ascendans mâles, qui ont répudié la tutelle légitime qui leur a été déférée, il n'y a pas de doute qu'ils peuvent être élus et nommés à cette tutelle, et contraints de l'accepter, s'ils n'ont pas quelque excuse, comme celles dont il sera parlé ci-après.

Il ne suffit pas que le plus prochain parent soit capable, pour qu'on doive l'élire; la Coutume veut qu'il soit idoine. Celui, qui a la capacité civile pour être tuteur, n'est pas néanmoins toujours propre à gouverner la personne et les biens du mineur. Par exemple, la rusticité ou trop grande simplicité, les infirmités habituelles, le déréglement des mœurs, empêchent qu'une personne doive être jugée idoine. La Coutume veut encore que celui qu'on élira soit suffisant. Un homme sans biens, un homme qui a fait faillite, est suspect de dissiper les deniers de la tutelle, et n'est pas suffisant.

Lorsque les parens, convoqués devant le juge, ont élu un d'entre eux pour la tutelle, le juge le nomme tuteur; l'élection, que les parens en font, sert de motif au juge; et ce n'est pas de cette élection, mais du décret du juge, rendu en conséquence, que le tuteur tient sa qualité de tuteur.

Si les parens sont partagés d'avis entre deux personnes, le juge doit nommer celui qui a le plus grand nombre de suffrages, s'il est idoine et suffisant; et en parité de suffrages, il doit choisir celui qu'il jugera lui-même être le plus idoine; et s'il n'en a pas de connaissance, il doit préférer celui nommé par ceux, dont la probité, la dignité, les liens du sang avec le minenr, rendent les suffrages d'un plus grand poids.

Si celui, qui est élu par les parens, allègue quelque cause d'excuse qui soit trouvée juste par le juge, et qui ne soit point contestée par les parens, ils doivent incontinent en élire un autre : si les causes d'excuses sont contestées, le juge peut renvoyer sur cela à plaider.

Le tuteur, qui a été nommé par le juge, doit prêter serment de bien s'acquitter de sa charge de tuteur, ou appeler de sa nomination, s'il prétend y être bien fondé.

### ARTICLE II.

#### *Des causes d'excuses de tutelle.*

Une des principales causes en droit est *absentia rei publicæ causâ*. Cette cause excuse de tutelle et curatelle tous ceux qui sont dans les troupes du roi, ou dans la marine; tous ceux, qui sont envoyés dans les pays étrangers comme ambassadeurs, envoyés, résidens, et leurs secrétaires; tous ceux, qui sont employés dans le ministère, et les principaux commis. Les officiers des cours souveraines sont aussi censés *occupati circà rem publicam,* en conséquence exempts de tutelle ou curatelle, comme de toutes autres charges publiques. Il y a plusieurs autres offices, qui donnent cette exemption; mais ces officiers doivent rapporter les édits ou déclarations du roi qui la leur accordent.

Les professeurs des universités ont aussi joui de tout temps de l'exemption de tutelle ou curatelle, et de toutes autres charges publiques, y ayant été maintenus par quantité d'arrêts. La raison est que, leur temps étant entièrement consacré à l'étude, pour l'instruction des étudians, ils ne doivent pas en être détournés.

L'état de cléricature en exempte aussi, parce que leur temps doit être entièrement consacré à l'étude de la religion. Les infirmités habituelles, qui sont assez considérables pour empêcher de vaquer à une tutelle, sont une cause d'exemption. L'âge de soixante-dix ans accomplis exempte aussi des tutelles, curatelles et autres charges publiques.

Le nombre de trois tutelles, où il y a trois patrimoines, exempte aussi d'une quatrième. L'exemption de tutelle, et des autres charges publiques, est aussi accordée comme un privilége à ceux qui ont cinq enfans vivans.

Les enfans mâles, qui ont laissé des petits-enfans, par lesquels ils sont représentés, et ceux, qui sont morts dans les armées du roi en combattant, sont réputés vivans.

Toutes les causes, que nous venons de rapporter, excusent des tutelles que nous n'avons point encore acceptées : *Excusant à suscipiendâ tutelâ.* Mais lorsqu'elles surviennent depuis la tutelle acceptée, donnent-elles droit au tuteur de s'en faire décharger? *Excusant-ne à jam susceptâ?*

Je pense qu'il faut distinguer, lorsque la cause d'excuse, survenue depuis la tutelle, est telle qu'elle empêche absolument de vaquer à la tutelle, comme une infirmité habituelle très-grave; comme une paralysie, la perte de la vue, etc., ou lorsque le tuteur est envoyé pour le service du roi ou du peuple, pour un long temps, hors des lieux où est l'exercice de la tutelle; de telles causes, ou autres semblables, doivent faire décharger le tuteur de la tutelle qu'il a acceptée. *Excusant à jam susceptâ tutelâ.*

Il faut décider le contraire, à l'égard des causes qui excusent des tutelles et curatelles par forme de priviléges, telles que sont les exceptions accordées à certains officiers; le nombre des enfans; l'âge de soixante-dix ans, s'il n'est accompagné de quelque infirmité grave : ces causes excusent bien *à suscipiendâ tutelâ*, lorsqu'elles existaient au temps auquel elle a été déférée; mais lorsqu'elles surviennent depuis, elles ne donnent pas le droit au tuteur de se faire décharger de la tutelle.

Lorsque le tuteur, pour les causes ci-dessus, se fait décharger de la tutelle, a-t-il la répétition des frais qu'il fait pour obtenir cette décharge, et pour faire nommer un autre tuteur à sa place? On peut dire, pour la négative, que le tuteur, en se faisant décharger et faisant substituer un tuteur à sa place, semble en cela *magis negotium proprium gerere quàm pupilli;* et, par conséquent, il en doit porter les frais. Il paraît qu'on peut encore tirer en argument l'article 23 de la Coutume d'Orléans, qui veut que les ascendans, qui répudient la garde légitime qui leur est déférée, fassent pourvoir, à leurs frais et dépens, de tuteur à leurs enfans. Qu'on ne dise pas que c'est pour les punir en quelque façon de ce qu'ils répudient une charge, que la piété paternelle exige d'eux; car on doit présumer de la piété paternelle, que, lorsqu'ils la répudient, ce n'est pas par défaut de zèle et d'affection pour leurs enfans, mais parce qu'ils ne se sentent pas en état de l'administrer. D'ailleurs la Coutume, en les assujettissant à ces frais, ne fait aucune distinction entre ceux qui sont en état de s'en charger, et ceux qui ne le sont pas. Que si la Coutume a voulu que nous n'obtinssions qu'à nos dépens la décharge d'une tutelle, qui ne nous est que déférée, à plus forte raison doit-on conclure, selon son esprit, que c'est à nos dépens que nous devons obtenir la décharge de celle, dont nous nous trouvons déjà revêtus.

D'un autre côté, on peut dire, pour l'affirmative, que c'est un principe, qu'un tuteur doit avoir la répétition de toutes les dépenses, que la tutelle l'a obligé de faire pour l'intérêt de son mineur; que les frais, qu'il fait pour s'en faire décharger et substituer un autre tuteur à sa place, lorsqu'une cause survenue sans son fait l'empêche absolument de vaquer à la tutelle dont il était chargé, l'oblige à faire ce qu'il fait pour le bien de son mineur, qui a intérêt d'avoir un tuteur en état d'administrer la tutelle; que le tuteur, en s'en faisant substituer un qui soit en état de faire ce qu'il ne peut plus faire, *magis pupilli negotium gerit quàm suum;* et que, par conséquent, les frais en doivent être portés par le mineur.

Lorsqu'une personne, qui avait un privilége pour s'excuser d'une tutelle à laquelle elle avait été nommée, n'en a pas fait usage, elle n'est censée avoir renoncé à son privilége que pour cette tutelle, et elle peut en user pour d'autres qui lui seraient déférées, même après qu'elle serait quitte de la première. C'est le sens de cette maxime de droit : *Voluntariæ tutelæ privilegiis non derogant.*

## ARTICLE III.

### *Du pouvoir des tuteurs.*

La loi donne au tuteur un pouvoir sur la personne et sur les biens du mineur qui est sous sa tutelle.

#### § I. Du pouvoir sur la personne.

La puissance du tuteur sur la personne de son mineur est

semblable à la puissance paternelle, qui a lieu en pays coutumier; car un tuteur tient lieu de père à son mineur. Un tuteur a donc le droit de s'en faire obéir, et de l'obliger à lui être soumis comme un enfant doit l'être à son père. Il peut le retirer chez lui, ou l'envoyer dans des colléges ou tels autres lieux où il jugera à propos pour son éducation.

Il a droit d'exercer sur son mineur une correction modérée : il ne peut pourtant pas le faire de sa seule autorité enfermer dans une maison de force, comme le peut un père. Mais si son mineur mérite d'y être enfermé, il doit convoquer sa famille; et, sur l'avis des parens, le juge rendra son ordonnance, pour autoriser le tuteur à faire enfermer son mineur.

C'est aussi en conséquence du pouvoir, que le tuteur a sur la personne de son mineur, que le mineur ne peut rien aliéner, contracter, ni s'obliger, sans y être autorisé par son tuteur. Par cette même raison, les mineurs ne doivent point contracter mariage sans le consentement de leur tuteur. Les mariages, qu'ils contracteraient sans ce consentement, seraient présumés contractés dans des vues de séduction et de rapt, et seraient, comme tels, déclarés abusifs et nuls sur l'appel de la célébration qui en serait interjeté.

La loi n'a pas même laissé à la discrétion du tuteur seul l'établissement par mariage des mineurs. L'Ordonnance de Blois, *art.* 43, défend aux tuteurs de consentir au mariage de leurs mineurs, sans l'avis et consentement des plus proches parens, à peine de punition exemplaire.

### § II. Du pouvoir sur les biens.

Le pouvoir du tuteur sur les biens du mineur est tel, que tout ce qu'il fait, par rapport à leur administration, a la même efficacité que si tous ces biens lui appartenaient. De-là cette maxime de droit : *Tutor domini loco habetur.* De-là il suit que les débiteurs des mineurs paient valablement au tuteur, et que la quittance qu'il leur donne opère une parfaite libération. Il peut même recevoir le prix du rachat des rentes dues au mineur, lorsqu'elles sont rachetables; car, quoique ce rachat contienne l'aliénation d'un immeuble, comme il ne peut être empêché sous aucun prétexte, cet acte n'excède point l'administration confiée au tuteur; et par conséquent le rachat est valablement fait entre ses mains. Tout ceci a lieu quand même le tuteur ne serait pas solvable, et même quand il ne l'aurait pas été dans le temps qu'il a reçu, pourvu qu'il ne fût pas en faillite ouverte et connue. Car le paiement est valablement fait à celui qui avait caractère pour le recevoir, et le débiteur, qui paie entre ses mains, n'est pas obligé de savoir s'il est solvable ou non.

Il n'est pas nécessaire non plus, pour que le débiteur soit libéré, dans le cas de l'insolvabilité du tuteur, qu'il ait payé en vertu d'une ordonnance du juge, ainsi que l'exigeait la constitution de Justinien, qui n'est point suivie parmi nous. Le pouvoir du tuteur sur les biens de son mineur lui donne droit d'aliéner toutes les choses mobilières de son mineur, et d'en transmettre la propriété à ceux qui les reçoivent de lui, sans qu'il soit besoin, pour cela, que le consentement de son mineur intervienne, le consentement du tuteur tenant lieu, à cet égard, de celui du mineur, suivant cette maxime : *Le fait du tuteur est celui du mineur.* Il ne peut pourtant les aliéner qu'à titre de commerce. Par exemple, il peut bien aliéner les meubles de son mineur, en les vendant ; il peut aliéner les deniers de son mineur, par l'emploi qu'il en fait en acquisitions de rentes ou d'héritages : mais il ne peut aliéner à titre de donation les choses appartenantes à son mineur; car le fait du tuteur n'est le fait du mineur, que dans les actes qui se font pour l'administration de ses biens, et la donation n'est point un acte d'administration.

Il faut en excepter les donations de sommes modiques, ou de choses modiques, que la bienséance oblige quelquefois de faire à ceux qui ont rendu quelque service au mineur.

Un tuteur peut aussi faire toutes sortes de contraintes, en qualité de tuteur, pour l'administration de la tutelle; et de même qu'il oblige envers son mineur ceux avec qui il contracte en cette qualité, de même aussi il engage son mineur envers eux suivant la maxime citée : *Le fait du tuteur est le fait du mineur.*

Cette règle a lieu, pourvu que les contrats soient exempts de fraude et n'excèdent pas les bornes d'une simple administration. Par exemple, si un mineur pouvait prouver que celui, qui a pris une ferme à bail, l'a prise à vil prix, moyennant un pot-de-vin que le tuteur aurait reçu, sans en faire mention dans le contrat, le mineur ne serait point obligé d'entretenir ce bail : la fraude qu'il renferme empêche qu'il n'oblige le mineur.

Par une autre raison, le mineur ne serait point obligé d'entretenir un bail fait pour un temps plus long que celui prescrit par nos Coutumes, car de tels baux excèdent les bornes de l'administration.

Le tuteur peut plaider, tant en demandant qu'en défendant, pour son mineur; et les sentences de condamnation, qui interviennent contre lui en cette qualité, obligent le mineur : et pareillement les sentences, qui donnent congé de ses demandes, rendent le mineur non recevable à les intenter de nouveau, et sont censées rendues contre lui.

Si le tuteur a par quelque acte acquiescé à la sentence, le mineur, suivant la règle ci-dessus, est censé y avoir acquiescé lui-même; d'où il suit qu'il ne peut plus, étant devenu majeur, interjeter appel de cette sentence, sans se faire restituer par des lettres de rescision contre cet acquiescement. Si le jugement rendu contre le tuteur est en dernier ressort, le mineur, devenu majeur, pourra avoir recours à la requête civile contre le jugement, s'il n'a pas été suffisamment défendu ; et il est censé ne l'avoir pas été suffisamment, lorsque le jugement a été rendu contre son tuteur, sans les conclusions du ministère public. Ces conclusions ne sont nécessaires, que lorsqu'il s'agit de l'aliénation ou de l'engagement des immeubles du mineur.

Quoique régulièrement la condamnation prononcée contre le tuteur, en sa qualité de tuteur, soit censée l'être contre le mineur, néanmoins si le tuteur a soutenu un mauvais procès, sans y avoir été autorisé par la famille, il doit porter en son nom les dépens auxquels il a été condamné, et le mineur n'en doit pas être tenu.

C'est encore une suite du pouvoir du tuteur, qu'il peut accepter ou répudier pour son mineur les successions qui lui sont échues ; mais le mineur est restituable contre cette acceptation ou répudiation.

Le pouvoir du tuteur ne s'étend pas jusqu'à pouvoir aliéner les immeubles de son mineur. De-là suit que, si un tuteur avait vendu et livré un immeuble de son mineur, il n'en aurait point transmis la propriété à l'acheteur ; et le mineur, devenu majeur, pourrait, dans les trente ans depuis sa majorité, revendiquer cet immeuble, sans avoir besoin, pour cela, de lettres de rescision ; car on n'a besoin de ces lettres que pour revenir contre son propre fait. Un mineur a besoin de lettres contre le fait de son tuteur, parce que le fait de son tuteur est censé son propre fait : mais cette règle n'a lieu qu'à l'égard des choses renfermées dans le pouvoir d'un tuteur, c'est-à-dire, qui concernent l'administration du tuteur. Or cette vente, faite par le tuteur, étant une chose qui excède les bornes du pouvoir du tuteur, n'est pas plus, à cet égard, le fait du mineur, que ne le serait le fait d'un étranger, qui se serait avisé de vendre cet immeuble. Le mineur n'a donc pas plus besoin de lettres, pour revendiquer cet immeuble, que s'il avait été vendu par un étranger sans caractère ; et le tuteur lui-même, dans les choses qui excèdent son pouvoir, doit être regardé sans caractère.

Notre principe, que le pouvoir du tuteur ne s'étend pas à pouvoir aliéner les immeubles de son mineur, s'entend des aliénations volontaires ; car les nécessaires appartiennent à l'administration de la tutelle. C'est pour cela que nous avons dit ci-dessus que le tuteur pouvait recevoir le rachat des rentes rachetables de son mineur, quoique, par-là, il aliène la rente due à son mineur, qui est un immeuble ; car le rachat, étant forcé et contenant une aliénation nécessaire, appartient à l'administration de la tutelle.

De-là il suit que, lorsque le mineur est propriétaire par indivis avec des majeurs, de quelque immeuble, soit à titre de succession, soit à tout autre titre quelconque, le tuteur de ce mineur ne peut pas provoquer à un partage définitif, ni à une licitation, les cohéritiers où copropriétaires de son mineur ; car le partage ou licitation contient une aliénation volontaire de la part de celui qui a provoqué, puisqu'il ne tenait qu'à lui de ne le pas faire. Mais le tuteur du mineur peut être provoqué par quelqu'un des majeurs cohéritiers ou copropriétaires de son mineur, et ce partage ou licitation, fait sur la demande du majeur avec le tuteur du mineur, sera valable ; car l'aliénation, que contient ce partage ou licitation, est une aliénation nécessaire de la part du tuteur, qui y a été provoqué, et partant n'excède point les bornes de l'administration de la tutelle. Que si tous les cohéritiers ou les copropriétaires étaient mineurs, comme, en ce cas, aucun n'aurait droit de demander un partage définitif, il ne se pourrait faire entre eux qu'un partage provisionnel ou de jouissance.

Il suit aussi de notre principe, que les créanciers d'un mineur peuvent saisir réellement et faire adjuger sur le tuteur les héritages du mineur ; car c'est une aliénation nécessaire.

Le tuteur, menacé de cette saisie, ne peut pas, de sa seule autorité, vendre volontairement quelques héritages du mineur, pour satisfaire les créanciers et éviter les frais énormes d'une saisie.

Mais si on ne peut, sans cela, éviter la saisie, et qu'on ne puisse pas acquitter les dettes des épargnes du mineur, le tuteur doit, en ce cas, convoquer la famille du mineur devant le juge, de qui il obtiendra une ordonnance, qui lui permettra de vendre certains héritages du mineur pour satisfaire ses créanoires. L'aliénation, qui s'en fera en vertu de cette ordonnance, quoique volontaire, sera valable, et tirera sa force de l'autorité du juge, à qui la loi donne le droit de la permettre en connaissance de cause. Cette vente, pour être valable, doit se faire en justice, au plus offrant et dernier enchérisseur. Le décret, qui l'a permise, doit être rendu avec le mineur, car il pourrait un jour appeler de l'ordonnance du juge, et de tout ce qui a suivi.

### ARTICLE IV.

#### *Des obligations du tuteur.*

Le tuteur, aussitôt qu'il a été nommé, doit promettre devant le juge qui l'a nommé, qu'il s'acquittera fidèlement de la tutelle. Il peut être assigné, à la requête du ministère public, pour rendre ce serment, et y être contraint par saisies de ses biens.

Les tuteurs légitimes ne sont point obligés à ce serment. La caution fidéjussoire, *rem pupilli salvam fore*, telle que le droit romain l'exigeait des tuteurs, n'est point en usage dans nos Coutumes.

Un tuteur doit commencer son administration par faire un inventaire devant notaire de tous les effets mobiliers du mineur, de tous les titres et enseignemens de ces biens. Cet inventaire doit contenir estimation par détail de chacun des effets mobiliers, laquelle estimation se fait par un sergent-priseur, assisté de revendeurs ou revenderesses. Après cet inventaire, le tuteur doit faire vendre publiquement les meubles dudit mineur, à l'exception de ceux nécessaires pour l'usage dudit mineur. Faute par lui de faire cette vente, il est tenu, par forme de dommages et intérêts envers son mineur, de se charger, dans le compte qu'il rendra à son mineur après la tutelle finie, de la crue ou parisis de ladite prisée, qui est le quart en sus. Par exemple, si une tenture de tapisserie, ou d'autres effets mobiliers, ont été estimés 800 liv., le tuteur sera obligé d'ajouter à cette somme le quart en sus, ou la crue ou parisis, qui est de 200 l., et de porter 1000 liv. en compte pour cet article. Cela a été introduit pour dédommager le mineur de ce que les meubles auraient pu être vendus de plus qu'ils n'ont été estimés, si le tuteur les eût vendus publiquement, comme il aurait dû faire.

Tous les meubles ne sont pas sujets à cette crue ou parisis, faute d'avoir été vendus. Il faut en excepter ceux qui ont une valeur certaine et connue, comme l'argenterie, la vaisselle d'étain, de la toile, des étoffes en pièces, le blé, l'avoine, le vin, le foin, les bestiaux et tous autres semblables.

Les meubles sujets à cette crue ou parisis faute d'avoir été vendus, sont les meubles meublans, comme les chaises, tapisseries, tables, miroirs, bibliothèques, tableaux, estampes, linges, habits, etc.

Lorsque les mineurs sont pauvres, quelquefois, pour éviter les frais de contrôle d'un inventaire, le tuteur engage quelque créancier à faire une saisie générale de tous les meubles du mineur : cette saisie est employée par le tuteur pour inventaire. La vente, qui se fait à la requête du saisissant, tient aussi lieu de celle qui aurait dû se faire à la requête du mineur par le tuteur.

Le tuteur doit faire payer ce qui est dû au mineur, et faire, pour cela, toutes les poursuites et diligences convenables contre les débiteurs dans l'espace d'un temps modique. Faute de les avoir faites, il est responsable envers son mineur de l'insolvabilité des débiteurs qui est survenue depuis; et, en conséquence, il doit compte à son mineur des sommes qui lui étaient dues par les débiteurs, comme s'il les avait reçues.

Si le tuteur soutient que le débiteur était insolvable dès le commencement de la tutelle, ou quoique ce soit dès auparavant qu'il pût le poursuivre, c'est à lui à le justifier; et s'il le justifie, il doit être déchargé.

Le tuteur doit faire emploi des deniers de son mineur, tant de ceux, qui proviennent de la vente de ces meubles, que de ceux qu'il a reçus de ses débiteurs.

C'était autrefois l'usage au châtelet d'Orléans, de faire crier les deniers des mineurs devant le juge au siége des baux et adjudications, et de les adjuger à l'enchère, à celui qui en offrait l'intérêt le plus avantageux, à la charge de donner caution, de payer les intérêts par chacun an, et de rendre le capital lors de la majorité du mineur. Mais, par un arrêt de réglement du 7 septembre 1726, ces baux à intérêts, qui étaient manifestement usuraires, ont été proscrits; et il a été fait défenses au prévôt d'Orléans de donner les deniers des pupilles à intérêts sans aliénation du principal, et à un intérêt plus fort que l'Ordonnance, et sans laisser aux débiteurs la faculté de rembourser toutes fois et quand bon leur semblerait.

On a adjugé encore assez souvent les deniers pupillaires au châtelet d'Orléans, en observant ces trois conditions : mais cet usage est fort désavantageux aux pupilles, parce qu'il ne se présente ordinairement, pour s'en rendre adjudicataires, que des gens mal à leur aise, qui se font adjuger ces deniers sous le nom d'un va-nu-pieds, dont ils se rendent caution, et produisent pour justification de leur solvabilité les titres de quelques immeubles qu'ils possèdent, mais ne font pas connaître leurs dettes, qui souvent se trouvent égaler ou excéder leurs immeubles.

C'est pourquoi, il est plus avantageux pour les mineurs que leur tuteur se donne lui-même le soin de chercher un emploi, soit en acquisition d'immeubles, soit en constitution de rentes sur des communautés, ou sur des particuliers dont la solvabilité soit connue; et lorsqu'il aura trouvé cet emploi, il peut, sur l'avis des parens convoqués à cet effet devant le juge, se faire autoriser par une ordonnance à le faire.

Faute par le tuteur d'avoir fait cet emploi des deniers du mineur, tant de ceux qu'il a entre ses mains, que de ceux qu'il a dû avoir et qu'il a dû exiger, il est tenu envers son mineur des intérêts de ces deniers qui courent sur lui.

Lorsqu'un mineur a un revenu considérable, le tuteur doit mettre en réserve ce qui reste dudit revenu, après avoir pris ce qui est nécessaire pour les alimens, l'éducation et l'entretien des biens de son mineur; et lorsque cet excédant du revenu forme une somme assez considérable, il doit en faire un emploi; faute de quoi les intérêts de cette somme courent sur lui. On estime que cette somme doit être au moins de cent pistoles, pour qu'il soit tenu d'en faire emploi, et il n'est pas tenu d'en trouver pour une somme moindre.

Le tuteur doit avoir soin d'entretenir en bon état les héritages du mineur, et doit faire, à cet égard, tout ce que ferait un bon père de famille.

Si, lors de l'ouverture de la tutelle, il y a de grosses réparations à faire, ou qu'il en survienne depuis, pour lesquelles le revenu du mineur ne soit pas suffisant, le tuteur, qui n'a d'ailleurs aucuns deniers du mineur entre les mains, peut se faire autoriser par le juge, sur un avis de parens, à prendre de l'argent à constitution, au nom du mineur, pour les faire. A l'égard des réparations de simple entretien, elles doivent se prendre sur les revenus.

Le tuteur doit plutôt affermer les héritages du mineur, que de les exploiter par lui-même : le compte de l'exploitation, qu'il ferait par lui-même, serait d'une trop longue discussion. Régulièrement les baux doivent s'en faire en justice, après des proclamations au plus offrant et dernier enchérisseur. Néanmoins, comme ces baux entraînent des frais assez considérables, on approuve ceux faits par le tuteur de sa seule autorité, lorsqu'ils ne sont point suspects, c'est-à-dire, faits sur le même pied ou à une meilleure condition que les anciens.

Enfin, le tuteur doit faire tout ce qui est nécessaire pour la conservation des droits et intérêts de son mineur, à peine d'en répondre; comme d'interrompre les prescriptions pour la conservation des hypothèques et autres droits de son mineur.

Il doit aussi former en justice les demandes qu'il est de l'intérêt de son mineur de former, et défendre à celles qu'on donne mal à propos contre lui; mais il doit s'instruire au préalable du droit du mineur, en prenant des consultations d'avocats; et pour plus grande précaution, il peut encore se faire autoriser par un avis de parens, convoqués à cet effet devant le juge, à soutenir le procès. Il doit surtout avoir recours à cet avis de parens, pour appeler, lorsqu'il a succombé en première instance.

Les obligations du tuteur n'ont pas seulement pour objet l'administration des biens du mineur. Le tuteur est obligé de pourvoir à tout ce qui est nécessaire pour les alimens du mineur, et pour lui donner une éducation convenable à sa naissance, à ses facultés et à ses dispositions naturelles. Le tuteur ne peut employer, pour cela, que les revenus, quelque modiques qu'ils soient : il ne peut aliéner les fonds.

Il est d'usage, à l'égard des mineurs de la campagne, dont le revenu n'est pas suffisant pour les alimens, que le tuteur les loue pour un certain temps à quelques personnes qui s'obligent de leur donner tous les alimens nécessaires, tant en santé qu'en maladie, pendant le temps convenu, pour le revenu de leur bien, et de leur fournir des habillemens de la qualité convenue, à la charge que ces mineurs rendront, pendant ledit temps, tous les services dont ils seront capables. Par ce marché, celui, qui se charge du mineur, se trouve dédommagé des alimens qu'il lui fournit pendant qu'il n'est pas encore en état de lui rendre service, par ceux qu'il lui rend lorsqu'il est devenu en âge et en état de lui en rendre.

Quoique le tuteur ne puisse entamer les fonds du mineur pour ses alimens et son éducation, il peut néanmoins le faire pour former son établissement. Ainsi, dans les familles d'artisans, un tuteur peut être autorisé par le juge, sur un avis de parens, à prendre sur les fonds du mineur de quoi lui faire apprendre un métier ou le faire recevoir maître.

Dans une famille noble, ou de gens vivant noblement, le tuteur peut, lorsque les revenus du mineur ne sont pas suffisans, être autorisé à prendre sur les fonds de quoi le mettre en équipage et lui obtenir un emploi militaire. Les frais de degrés, et principalement de doctorat, peuvent aussi être considérés comme servant à l'établissement d'un mineur.

Lorsque les revenus d'un mineur sont plus considérables, le tuteur fait assez ordinairement régler par le juge, sur l'avis de la famille, la somme qu'il pourra employer par an pour les alimens et l'éducation du mineur. Cette somme se règle différemment à mesure que le mineur avance en âge. Quoique le tuteur n'ait pas pris cette précaution, on ne laisse pas de lui allouer les sommes qu'il a employées, lorsqu'elles ne sont pas exorbitantes.

Il est surtout du devoir d'un tuteur, lorsque le mineur est en âge, de lui conseiller de prendre un état, celui qui lui conviendra davantage, eu égard à sa naissance, à ses facultés, et plus encore à ses talens et à ses dispositions. Le tuteur doit, sur cela, consulter la famille du mineur : il lui est surtout enjoint de la consulter, lorsqu'il s'agit de marier ce mineur, comme nous l'avons déjà vu. Telles sont les obligations du tuteur durant la tutelle. Après la tutelle finie, il est obligé de rendre compte : nous en parlerons dans le dernier article.

### ARTICLE V.

*Des manières par lesquelles finit la tutelle.*

Il est évident que la tutelle finit par la mort naturelle ou civile, soit du tuteur, soit du mineur.

Elle finit aussi lorsque le tuteur, pour quelque juste cause, en a été destitué; par exemple, si le tuteur avait fait faillite, s'il était de mauvaises mœurs, ou s'il était à craindre qu'il ne dissipât les biens de son mineur, il pourrait, sur la poursuite de quelques proches parens, être, en connaissance de cause, destitué de la tutelle par le juge.

La tutelle finit aussi par la majorité du mineur, lorsqu'il a accompli l'âge de vingt-cinq ans. Elle finit même, avant cet âge, par le mariage du mineur légitimement contracté; car le mariage, émancipant de plein droit les mineurs, et les faisant sortir de la puissance des tuteurs, fait finir la tutelle.

Enfin la tutelle finit par une autre espèce d'émancipation, qui s'obtient par lettre du prince : le prince, par ces lettres, accorde au mineur le pouvoir de se gouverner lui-même, et d'administrer lui-même ses biens, au cas qu'il en soit trouvé capable. Suivant la constitution de Constantin, ce prince n'accordait ce bénéfice, qui s'appelait *venia ætatis*, qu'aux garçons qui avaient vingt ans accomplis, et aux filles qui en avaient dix-huit accomplis. Parmi nous, l'âge, auquel les mineurs pubères peuvent jouir de ce bénéfice, n'est point défini, et cela est laissé à la prudence du juge.

Ces lettres se prennent en la chancellerie du palais, et sont adressées au juge du domicile du mineur qui les a obtenues. Ce mineur doit faire assigner devant le juge son tuteur et ses proches parens; et, sur les témoignages que rend la famille, le juge, ou entérine ces lettres, si le mineur est jugé capable de gouverner et administrer son bien, ou il l'en déboute, s'il l'en juge incapable.

Le mineur, dont les lettres ont été entérinées, acquiert le droit de disposer de ses biens meubles, et d'administrer ses immeubles. La sentence d'entérinement, sur l'avis des parens, met ordinairement des modifications à ce droit de disposer des biens meubles : elle ordonne, en ce cas, que le mobilier provenant d'une telle succession, ainsi que celui des successions qui pourraient lui échoir par la suite, sera remis entre les mains du curateur du mineur, pour être, par ledit curateur, employé en acquisition d'héritages ou rentes. En ce cas, l'émancipation par lettres a moins d'étendue que celle par mariage : l'une et l'autre ont cela de commun, que le mineur ne peut aliéner ses immeubles, et n'a que le droit de les administrer. Le mineur émancipé ne peut non plus ester en jugement sans l'assistance d'un curateur, qui lui est à cet effet créé, et qu'on appelle *curateur aux causes*.

ARTICLE VI.

*Du compte de tutelle.*

La tutelle finie, le tuteur doit rendre compte à son mineur de son administration.

Toute transaction, tout contrat passé entre le tuteur et le mineur devenu majeur, avant que ce compte ait été rendu, n'oblige point le mineur, qui peut, quand bon lui semble, s'en faire relever et les faire déclarer nuls, quoiqu'il ait passé ces actes en majorité; car, en cette matière, le mineur devenu majeur est toujours réputé mineur vis-à-vis de son tuteur, jusqu'à ce qu'il ait rendu compte.

Le tuteur peut être assigné devant le juge qui l'a nommé pour rendre compte. Si, après y avoir été condamné, il ne le rend pas, il peut y être contraint par la saisie de ses biens, et même par emprisonnement.

Ce compte, que le tuteur est obligé de rendre, doit être composé de trois chapitres : de la recette, de la mise et de la reprise.

Il doit se charger en recette, 1° du prix de la vente des meubles du mineur, s'ils ont été vendus; sinon du montant de la prisée de l'inventaire, à laquelle il doit ajouter la crue ou parisis, à l'égard des meubles qui y sont sujets.

2°. Il doit se charger en recette de tout ce qu'il a reçu ou dû recevoir des débiteurs du mineur, encore qu'il ne l'ait pas reçu.

3°. Il doit se charger des revenus du mineur.

4°. Suivant un acte de notoriété du châtelet de Paris de 1698, lorsque le tuteur se trouve avoir eu entre les mains des deniers oisifs, provenans, soit des fonds, soit des revenus de son mineur, lesquels montent en recette à une somme de 1,500 liv., et qu'il n'a pas fait emploi de cette somme, il doit se charger en recette des intérêts que cette somme a pu produire, à compter depuis les six mois qui lui sont accordés pour faire emploi. Ces intérêts s'accumulent avec le capital, et produisent eux-mêmes des intérêts; lesquels intérêts des intérêts en produisent aussi eux-mêmes, toujours par accumulation, jusqu'au temps de la majorité, ou, en cas d'émancipation, jusqu'au temps du compte clos et rendu.

Si le tuteur, faute d'entretien et par sa faute, a laissé dégrader les biens de son mineur, il doit ajouter à sa recette le montant des dommages et intérêts qui en résultent.

Le chapitre de mise est composé de tout ce que le tuteur a

dépensé pour son mineur, et qu'il a payé pour l'acquittement de ses dettes; le prix des acquisitions qu'il a faites pour lui; ce qu'il a payé pour l'entretien de ses biens, pour les frais des procès qu'il a soutenus, pour les pensions du mineur, pour les appointemens des maîtres préposés à son éducation, et généralement pour toutes les autres nécessités du mineur.

Si le tuteur a fait des voyages pour les affaires du mineur, les frais de ces voyages doivent lui être alloués et estimés suivant sa qualité : mais on n'alloue point au tuteur aucun salaire pour la récompense des soins qu'il a pris dans l'administration de la tutelle. C'est une charge de famille, un office de parent, qui doit être rendu gratuitement. Il faut en excepter les tuteurs onéraires, dont il a été parlé ci-dessus.

Pour que les dépenses faites par le tuteur lui soient allouées, il suffit qu'il les ait d'abord faites utilement, quoique, par l'événement, cette utilité n'ait pas duré; car personne ne peut répondre des événemens. C'est pourquoi, si un tuteur a fait de grosses dépenses pour des réparations à faire aux bâtimens d'une métairie de son mineur, quoique, par la suite, ces bâtimens aient été incendiés par le feu du ciel, la dépense ne laissera pas de lui être allouée.

Les mises des tuteurs doivent être justifiées par des quittances, des devis et marchés, et autres pièces. Il faut excepter certains articles de mises que le tuteur ne peut justifier par quittances, parce que les personnes, à qui il a payé, ne savaient pas écrire, et que la modicité de la somme ne méritait pas les frais d'une quittance devant notaire. Le tuteur doit être cru à son serment sur ces sortes de mises, lorsqu'elles sont vraisemblables. La Coutume d'Orléans en a une disposition pour les articles qui ne passent pas dix sols. Cette restriction à la somme de dix sols n'est pas suivie, et on laisse à l'arbitrage du juge la quantité de la somme jusqu'à laquelle le tuteur doit être cru sur son serment.

Le troisième chapitre du compte, qui se nomme chapitre de reprises, est composé des sommes dont le tuteur s'est chargé en recette comme dues à son mineur, et qu'il n'a pas néanmoins reçues, lorsqu'il n'y a pas de sa faute, soit parce qu'il a fait les diligences convenables contre les débiteurs, soit parce que l'insolvabilité arrivée des débiteurs le dispensait d'en faire.

Il doit, pour établir ce chapitre de reprises, justifier par pièces, soit de ses diligences, soit de l'insolvabilité des débiteurs par lui alléguées. Le compte se rend, soit à l'amiable, soit par un acte sous seing-privé, soit par un acte devant notaire, soit devant le juge. Le juge, devant qui le compte doit être rendu en justice, est celui qui a nommé le tuteur, comme on l'a dit.

Lorsque le tuteur est un tuteur légitime, le juge, devant qui le compte doit être rendu, est le juge de celui qui est assigné, soit pour le rendre, soit pour l'entendre.

Le compte, de quelque nature qu'il soit rendu, est rendu aux frais du mineur devenu majeur ou émancipé, à qui il est rendu. C'est pourquoi le tuteur, au montant des deux chapitres de mises et reprises, peut ajouter les frais du compte.

L'Ordonnance de 1667, tit. 29, art. 18, règle quels sont les frais qui doivent être alloués au rendant compte pour la dépense du compte. Il ne peut y comprendre le coût du jugement qui l'y a condamné, à moins qu'il n'eût consenti à le rendre avant la condamnation.

Le montant, tant des deux chapitres de mises et de reprises que des frais, doit se déduire du chapitre de recette; et cette déduction faite, ce qui reste est le reliquat du compte. Lorsque le compte est rendu en justice il doit être présenté et affirmé par le tuteur ou une personne fondée de sa procuration spéciale.

Ce compte ayant été communiqué, avec les pièces justificatives, au mineur devenu majeur ou émancipé, le mineur, s'il ne juge pas à propos de le passer, doit proposer ses débats contre lesquels le tuteur opposera des soutènemens. Cela formera procès, sur lequel le juge statue et condamne aux dépens celui qui a tort.

Ce procès ne suspend point l'exigibilité de la somme, dont le tuteur s'est reconnu reliquataire pour son compte; le mineur peut, durant le procès, le contraindre au paiement.

La somme, qui forme le reliquat d'un compte de tutelle, produit de plein droit des intérêts jusqu'au paiement; mais il n'y a pas lieu aux intérêts d'intérêts comme durant la tutelle.

Le mineur, devenu majeur ou émancipé, a hypothèque pour le paiement de ce reliquat sur tous les biens de son tuteur, du jour de l'acte de nomination du tuteur, si c'est un tuteur datif, ou du jour qu'il a commencé à l'être, s'il est légitime.

Il y a aussi la contrainte par corps après les quatre mois, lorsqu'il y a un jugement rendu contre le tuteur, et que la somme est liquide.

Lorsque, par le compte de tutelle, c'est le mineur qui est reliquataire envers son tuteur, la créance du tuteur contre son mineur, qui concerne ce reliquat, n'est qu'une créance ordinaire, qui ne produit d'intérêts que du jour de la demande judiciaire qu'en forme le tuteur, et qui ne produit hypothèque que du jour de la clôture du compte, lorsqu'il est arrêté pardevant notaire, ou du jour de la sentence de condamnation.

## SECTION V.

### De la curatelle.

#### ARTICLE PREMIER.

*Des curateurs aux sourds, muets, fous, prodigues et autres semblables personnes.*

Lorsqu'une personne majeure ou émancipée perd l'usage de la raison, ou lorsqu'elle se porte à des excès de prodigalité, qui donnent lieu de craindre qu'elle ne dissipe bientôt tout son bien, le juge, sur la poursuite de quelqu'un de ses plus proches parens, après avoir constaté sa folie ou prodigalité par enquête, et pris l'avis de la famille, lui interdit l'administration de ses biens et lui nomme un curateur.

On nomme aussi un curateur à ceux que quelque défaut corporel empêche d'administrer leurs biens : tels sont les sourds et muets de naissance.

Il n'y a que les personnes majeures ou émancipées, qui soient sujettes à cette interdiction, et à qui on donne ces sortes de curateurs ; car les mineurs, qui sont sous la puissance paternelle ou sous celle d'un tuteur, étant gouvernés par leurs père et mère, ou par leur tuteur, n'ont pas besoin qu'on leur nomme une autre personne pour les gouverner ; n'ayant point l'administration de leurs biens, il est inutile qu'on la leur interdise.

Les curatelles de ces sortes de personnes sont datives dans tout le pays coutumier, même dans les Coutumes qui, comme celle d'Orléans, admettent une tutelle légitime. Elles ne décident rien de semblable à l'égard des curatelles. Il n'y a que les personnes capables de tutelle dative qui soient capables de curatelle. Les mêmes excuses ont lieu pour l'une et pour l'autre.

L'interdit pour cause de démence ne pouvant se gouverner, non plus que ses biens, le pouvoir et les obligations de son curateur s'étendent à sa personne aussi bien qu'à ses biens. Ce curateur peut le retenir auprès de lui, ou le mettre en pension dans telle maison honnête qu'il jugera à propos. Que si la démence va jusqu'à la fureur et ne permet pas qu'il soit laissé en liberté, il peut et même il doit se pourvoir devant le juge, qui, sur l'avis de la famille, après qu'il aura été informé de la fureur, ordonnera qu'il sera renfermé dans une maison de force.

L'interdit pour cause de prodigalité, n'étant interdit qu'à cause de la mauvaise administration qu'il faisait de ses biens, peut se gouverner lui-même; d'où il suit que le pouvoir et les obligations de son curateur se bornent à l'administration de ses biens, et ne s'étendent point à sa personne.

Le pouvoir et les obligations des curateurs aux interdits, par rapport à leurs biens, sont à peu près les mêmes que ceux des tuteurs. Ils doivent, après que la curatelle est finie, rendre compte de leur administration; et tout ce que nous avons dit, à cet égard, touchant les tuteurs, reçoit application à l'égard des curateurs.

Cette curatelle finit par les mêmes manières par lesquelles finit la tutelle, sauf qu'au lieu que la tutelle finit par la majorité et l'émancipation du mineur, cette curatelle finit lorsque l'interdit s'est fait relever de son interdiction.

L'interdit est relevé par le juge de son interdiction, lorsqu'il a recouvré l'usage de la raison, s'il a été interdit pour démence; ou lorsqu'il a donné des preuves de sa bonne conduite, s'il a été interdit pour prodigalité.

Il doit, pour se faire relever, donner sa requête au juge, qui doit s'assurer par l'interrogatoire de l'interdit, et par une enquête, si l'interdit pour démence a recouvré la raison, ou si l'interdit pour prodigalité a donné des preuves d'une meilleure conduite; et, après avoir pris l'avis de sa famille, il le relève de son interdiction.

## ARTICLE II.

### *Des curateurs des mineurs.*

On donne aux mineurs émancipés un curateur, qu'on appelle *curateur aux causes;* car les mineurs, quoique émancipés, ne peuvent ester en jugement sans l'assistance d'un curateur. La fonction de ce curateur consiste donc à les assister et autoriser dans les demandes qu'ils ont à former en justice contre quelqu'un, et dans celles qu'on a formées contre eux.

Comme les mineurs, quoique émancipés, ne peuvent aliéner leurs immeubles, il est d'usage de préposer aussi le curateur, par l'acte de curatelle, pour assister le mineur émancipé dans tous les actes où il s'agirait de quelque aliénation nécessaire de ses immeubles, tels que sont les actes de remboursement de ses rentes, les partages, licitations, etc., pour en recevoir les fonds et en faire l'emploi.

On donne aussi aux mineurs des curateurs, qu'on appelle *curateurs aux actions contraires*. Cela a lieu, toutes les fois qu'un tuteur a des actions à diriger contre le mineur, ou qu'il y a quelque partage ou autres actes à faire entre eux. Comme personne ne peut autoriser son mineur, ni stipuler pour lui dans les actes où il est lui-même partie contre lui, il est donc nécessaire que le mineur ait, pour ces actes, une personne qui l'autorise et le représente. C'est le curateur aux actions contraires qui est préposé pour cela. Ces curateurs ne sont quelquefois créés que dans une action; ce qui arrive lorsqu'on ne prévoit pas qu'il arrive durant la tutelle d'autres occasions, où le mineur ait besoin de curateur aux actions contraires.

Le cas le plus fréquent est lorsque le survivant de deux conjoints, tuteur de leurs enfans, veut empêcher la communauté entre lui et ses enfans, ou la dissoudre. Comme il faut, pour cela, qu'il fasse un inventaire entre lui et ses enfans, il leur fait nommer par le juge un curateur ou aucteur pour le fait de cet inventaire. Si le survivant ne se contente pas de dissoudre la communauté, mais qu'il veuille la liquider et partager avec ses enfans, il doit faire nommer un curateur, non-seulement pour le fait de l'inventaire, mais aussi pour le fait de la liquidation et partage; car les curateurs *ad unum actum* n'ont de caractère que pour les actes pour lesquels ils sont nommés.

### ARTICLE III.

#### *Des curateurs aux ventres.*

L'enfant, dont on espère la naissance, n'étant pas encore né, il ne peut avoir de tuteur; car ils sont donnés principalement pour gouverner la personne du mineur, d'où il suit qu'il ne peut y avoir de tuteur, lorsqu'il n'y a point encore de personne de mineur qui existe. Néanmoins, comme l'enfant, dont on espère la naissance, est déjà réputé né toutes les fois qu'il s'agit de ses intérêts: *Qui in utero est, prò jàm nato habetur, quoties de ejus commodis agitur*, et qu'il est de l'intérêt du posthume, s'il vient à naître, que les biens, qui doivent lui appartenir lorsqu'il naîtra, soient en attendant administrés, il doit être réputé né, non pas à l'effet qu'on lui nomme un tuteur, puisqu'il n'existe pas encore de personne qui puisse être gouvernée, mais à l'effet qu'on lui nomme un curateur pour l'administration des biens qui doivent lui appartenir un jour. Ce curateur, qu'on appelle en droit *curateur au ventre*, se nomme ainsi, parce que les jurisconsultes romains, *in doctrinâ stoïcorum*, regardaient l'enfant, qui était dans le sein de sa mère, comme *pars viscerum matris*.

Le curateur au ventre ou au posthume, pour l'administration générale des biens qui doivent lui appartenir, lorsqu'il sera né, doit rendre compte au tuteur de ce posthume né, ou à ceux à qui les biens appartiendront, s'il arrive qu'il ne naisse pas.

On nomme aussi quelquefois des curateurs aux ventres, *ad unum actum*, comme pour intenter une action de retrait lignager ; mais, comme l'événement de cette action dépend de la naissance du posthume, on attend qu'il soit né pour y statuer définitivement; et lorsqu'il est né, l'instance est reprise par le tuteur.

Il y a encore d'autres espèces de curateurs, tels que le curateur à une succession vacante, le curateur créé à l'héritage délaissé en justice, dont nous ne parlerons point ici, y traitant seulement des curateurs donnés aux personnes.

---

## TITRE VII.

### *Des Communautés.*

Les corps et communautés, établis suivant les lois du royaume, sont considérés dans l'Etat comme tenant lieu de personnes : *veluti personam sustinent;* car ces corps peuvent, à l'instar des personnes, aliéner, acquérir, posséder des biens, plaider, contracter, s'obliger, obliger les autres envers eux.

Ces corps sont des êtres intellectuels, différens et distincts de toutes les personnes qui les composent : *universitas distat à singulis.* C'est pourquoi les choses, qui appartiennent à un corps, n'appartiennent aucunement pour aucune part à chacun des particuliers dont le corps est composé; et en cela, la chose appartenante à un corps, *res universitatis*, est très-différente d'une chose qui serait commune entre plusieurs particuliers, pour la part que chacun a en la communauté qui est entre eux. Par la même raison, ce qui est dû à un corps n'est dû aucunement à aucun des particuliers dont le corps est composé : *Si quid universitati debetur, singulis non debetur.* Le créancier de ce corps ne peut donc point exiger de chacun des particuliers de ce corps ce qui lui est dû par le corps : il ne peut faire condamner au paiement que le corps; il ne peut faire commandement qu'au corps, en la personne de son syndic ou procureur; et il ne peut saisir que les effets qui appartiennent au corps.

Cela a lieu, lorsqu'il n'y a que le corps qui contracte seul la dette. Par exemple, lorsqu'une ville, par le ministère de ses maire et échevins, fait un emprunt; lorsqu'un hôpital, par le ministère de ses administrateurs, contracte quelque engagement.

Mais comme il y a des corps qui n'ont pas de biens, comme sont les compagnies d'offices de judicature ou de finance, comme sont les corps de métier, etc., lorsque ces corps font des emprunts, les créanciers ne se contentent pas de l'obligation du corps; ils font intervenir au contrat tous les membres, pour qu'ils déclarent qu'ils s'obligent tous, tant en corps que chacun d'eux en particulier; et au moyen de cette obligation de chacun des membres, chacun d'eux peut être contraint au paiement, ou pour sa portion virile, ou solidairement, lorsque la solidité a été expressément stipulée.

Les membres d'un corps, qui s'obligent chacun en leur particulier avec le corps, ou s'obligent seulement en tant que membres du corps, et dès là même cette obligation ne passe point à leurs héritiers; ou bien ils s'obligent en leur propre et privé nom, et, en ce cas, ils demeurent toujours obligés, quand même ils cesseraient d'être du corps, et ils transmettent à toujours leurs obligations à leurs héritiers.

De ce qu'un corps est une personne intellectuelle, il s'ensuit qu'il ne peut pas faire par lui-même tout ce que nous avons dit que les corps étaient capables de faire, comme de contracter, plaider, etc. Il est d'abord de la nature de chaque corps d'avoir un ou plusieurs procureurs, par l'organe desquels ils puissent faire ces choses. *Proprium est universitatis habere procuratorem seu syndicum.* Le procureur des corps et communautés est ordinairement le syndic, il est élu par les membres du corps assemblé, à la pluralité des suffrages. Ses pouvoirs sont plus ou moins étendus, suivant que le corps assemblé a jugé à propos de les étendre ou limiter, par l'acte par lequel il a été préposé pour syndic. Le syndic, en contractant, oblige le corps dans les choses qui n'excèdent point les bornes de l'administration qui lui a été confiée. Le fait de ce syndic est censé le fait du corps : c'est à ce syndic, ou à son domicile, que sont données les assignations sur les demandes que quelqu'un a à former contre le corps.

Outre les syndics, les corps ont ordinairement un receveur qui est préposé pour recevoir des débiteurs ce qui est dû au corps. Les paiemens, qui lui sont faits, sont censés faits au corps, et il libère les débiteurs par les quittances qu'il leur donne. Lorsque le corps n'a point de receveur, c'est le syndic qui en fait les fonctions.

Il est encore de la nature des corps et communautés, que chaque corps ou communauté puisse se faire des statuts pour sa police et sa discipline, auxquels tous les membres sont tenus d'obéir, pourvu que ces statuts ne contiennent rien de contraire aux lois, à la liberté publique et à l'intérêt d'autrui. *His potes-*

*tatem facit lex, pactionem, quam velint, sibi ferre, dùm nequid ex publicâ lege corrumpant;* l. 4, ff. *de colleg. et corp.* Mais, comme c'est aux magistrats à examiner s'il ne s'est rien glissé dans les statuts qu'un corps s'est prescrits, qui soit contraire aux lois et à la liberté publique, les corps doivent présenter leurs statuts, ou aux juridictions royales, auxquelles ils sont soumis immédiatement, ou au Parlement. Ils y sont homologués, s'il ne s'y trouve rien qui puisse empêcher l'homologation.

Si quelque autre corps, ou quelque particulier, se trouvait lésé par ces statuts, il pourrait appeler de l'homologation, si le juge, qui a homologué, est un juge inférieur, ou former son opposition à l'homologation, s'il aime mieux prendre cette voie; ou si les statuts ont été homologués dans une cour souveraine, il formera opposition, et sur cet appel ou opposition, il assignera le corps ou communauté.

Enfin, il est de la nature des corps qu'ils aient une espèce de juridiction correctionnelle sur les membres, dans ce qui concerne la police et l'administration du corps et sa discipline.

## ARTICLE PREMIER.

### *En quelles choses les corps ont-ils moins de droit que les particuliers?*

Nous avons établi au commencement de ce titre que les communautés pouvaient, à l'instar des particuliers, acquérir et aliéner; mais leur droit, en cela, n'est pas si étendu que celui des particuliers.

1°. En ce qui concerne le droit d'acquérir, ils ne peuvent acquérir à tous les titres auxquels peuvent acquérir les particuliers. Les contrats à fonds perdu, lorsqu'ils sont à titre de commerce, leur sont interdits par les déclarations du roi, à peine de confiscation des choses qu'ils auraient acquises à ce titre. Suivant ces déclarations, les communautés ne peuvent recevoir de deniers pour une rente viagère plus forte que le denier vingt, réglé par l'Ordonnance; ou acquérir des héritages pour une rente viagère, qui excède le revenu desdits héritages; car, lorsque la rente excède le revenu de l'héritage, ou l'intérêt de la somme de deniers reçue par la communauté, cette rente viagère est le prix du fonds de la chose acquise par la communauté; et par conséquent le titre d'acquisition est un contrat à fonds perdu, à titre de commerce, que la loi défend aux communautés.

Que si la rente viagère n'excède pas l'intérêt, au fur de l'Ordonnance, de la somme reçue par la communauté, ou n'excède pas le revenu des héritages acquis par la communauté, ce contrat est excepté en termes formels de la prohibition de cette loi : car, en ce cas, la rente ne peut être regardée comme le prix de la chose, mais plutôt comme le prix de la jouissance de la chose. Ce n'est donc pas un titre de commerce, mais plutôt une donation faite à la communauté, sous la réserve que le donateur fait de l'usufruit, dont la rente viagère, qui n'excède pas la valeur de l'usufruit, lui tient lieu. Or il n'est pas interdit aux communautés de recevoir des donations : il n'y a que les contrats à fonds perdu, qui sont à titre de commerce, qui leur sont interdits.

Les communautés n'ont pas non plus le droit d'acquérir toutes les choses que les particuliers ont droit d'acquérir. Dès avant l'édit de 1749 les communautés n'étaient pas à la vérité incapables d'acquérir des héritages; mais, si elles pouvaient les acquérir, elles n'étaient pas en droit de les retenir toujours. Elles pouvaient être obligées de vider leurs mains de ces héritages, soit par les seigneurs, de qui les héritages acquis par elles relevaient, soit par le procureur du roi, à moins qu'elles n'eussent obtenu du roi des lettres d'amortissement, qui les rendissent capables de posséder et retenir ces héritages, en indemnisant les seigneurs.

Le droit du procureur du roi d'obliger les communautés à vider leurs mains des héritages par elles acquis, est fondé sur l'intérêt public; car les communautés ne meurent point, et n'aliènent presque jamais les héritages par elles acquis. Les aliénations même leur sont défendues, ainsi que nous le verrons ci-après. Les héritages, qui sont entre leurs mains, sont hors du commerce, et par conséquent le commerce en est d'autant diminué.

Le droit, qu'ont pareillement les seigneurs d'obliger les communautés à vider leurs mains des héritages par elles acquis, est fondé sur l'intérêt particulier de ces seigneurs. L'émolument de la seigneurie directe, qu'ils ont sur les héritages, consiste dans les profits auxquels donnent ouverture les mutations qui arrivent, soit par la mort des propriétaires, soit par les aliénations Ces seigneurs se trouveraient privés en entier de l'émolument de leurs seigneuries directes, si les communautés, qui ne meurent point et qui n'aliènent point, pouvaient retenir les héritages. De-là est né le droit qu'ont les seigneurs de les obliger à vider leurs mains. La Coutume d'Orléans en a une disposition (*art.* 40 et 41) où elle veut que les communautés soient tenues d'en vider leurs mains, dans l'année du jour de la sommation qui leur en sera faite par le seigneur d'où ils relèvent; faute de quoi, ledit temps passé, elle permet au seigneur de fief, et même de censive, de saisir lesdits héritages, et percevoir à son profit tous les fruits en pure perte pour les communautés, jusqu'à ce qu'elles aient vidé leurs mains.

Il y a trois fins de non recevoir qui peuvent être opposées contre cette sommation des seigneurs.

La première est celle des lettres d'amortissement, que la communauté obtient du roi, qui lui donnent le droit de retenir et posséder l'héritage par elle acquis : mais comme le roi n'accorde point de grâce au préjudice d'autrui, la communauté doit, en ce cas, indemnité au seigneur, qui est ordinairement réglée au tiers du prix, pour les mouvances en fief, et au cinquième, pour les mouvances censuelles. Cette somme n'indemnise le seigneur que des profits qu'il pourrait recevoir par les aliénations de l'héritage, s'il restait dans le commerce. C'est pourquoi, outre cette indemnité, la communauté doit nommer pour son vicaire au seigneur une personne, par la mort de laquelle il soit dû au seigneur le même profit, qui serait dû par les mutations qui arriveraient par la mort du propriétaire, si l'héritage était resté dans le commerce.

Dans les censives, où il n'est point dû de profits par la mort du propriétaire, le seigneur ne peut prétendre de profits par la mort du vicaire, lorsqu'il a reçu une indemnité, ou que, par le laps de temps, il est présumé l'avoir reçue. Néanmoins, si le seigneur de censive était en possession de recevoir des profits par la mort des vicaires, il pourrait y être maintenu, parce que de cette possession il résulterait une présomption qu'il y a eu convention entre ses auteurs et la communauté, qu'il serait payé un profit par les mutations de vicaire, pour tenir lieu d'indemnité au seigneur, et qu'il n'en aurait point reçu d'autres.

Observez que le seigneur reçoit cette indemnité pour être indemnisé seulem nt du préjudice qu'il souffre de cette permission; mais il n'aliène par-là aucun droit de sa mouvance. C'est pourquoi, si, par quelque cas extraordinaire, la communauté aliénait l'héritage pour lequel elle a payé une indemnité, cela n'empêcherait pas le seigneur d'exercer tous ses droits sur cet héritage rentré dans le commerce.

*Quid?* si la communauté, qui a payé l'indemnité, aliénait à une autre communauté, le seigneur pourrait-il contraindre cette communauté à vider ses mains de cet héritage, ou lui demander une nouvelle indemnité? La raison de douter est que, lorsque le seigneur a reçu la première indemnité, il a compté que la communauté, de qui il la recevait, n'aliénerait jamais l'héritage. Il a reçu l'indemnité de tous les profits auxquels il pourrait y avoir ouverture à toujours; d'où il semble suivre qu'il ne peut prétendre une autre indemnité, et qu'il ne souffre aucun préjudice de ce que l'héritage passe à une autre communauté. La raison de décider, au contraire, se tire de ce que nous avons dit déjà, que l'indemnité n'est que le prix de la permission accordée à la communauté, de posséder l'héritage. Le droit, que la communauté a acquis, lui est personnel, et ne peut passer à l'autre communauté, qu'en recevant l'indemnité. Le seigneur n'a aliéné, comme nous l'avons dit, aucun droit de sa mouvance, et ne peut être empêché d'exercer tous ses droits envers cette autre communauté.

La seconde fin de non recevoir, qui peut être opposée contre les seigneurs, est celle qui résulterait du consentement qu'il aurait donné à l'acquisition faite par la communauté. Ce consentement peut résulter de plusieurs causes; il peut s'induire de ce que le seigneur aurait accepté une reconnaissance du vicaire à lui offerte par la communauté. Au reste, ce consentement, donné par le seigneur à la communauté, le rend bien non-recevable à contraindre la communauté de vider ses mains; mais il ne lui ôte pas le droit d'exiger l'indemnité, à laquelle il n'est point censé avoir renoncé par ce consentement.

La troisième fin de non recevoir est celle, qui résulte du laps de temps pendant lequel la communauté a joui de ces héritages, sans y être troublée par les seigneurs Le temps, qui opère cette fin de non recevoir dans les Coutumes qui n'ont sur cela aucunes dispositions, est le temps de trente ans, qui est le temps ordinaire des prescriptions, ou celui de quarante ans, si le seigneur est du nombre de ceux contre qui on ne prescrit que par ce temps. La Coutume d'Orléans a fixé le temps de cette prescription à soixante ans. Cette fin de non recevoir, qui résulte du laps de temps, a plus d'effet que les deux précédentes, en ce qu'elle ôte aux seigneurs, non-seulement le droit de contraindre les communautés à vider les mains, mais même celui de leur demander l'indemnité, qui est présumée payée. Le seigneur ne peut, en ce cas, demander qu'un vicaire, par la mutation duquel il soit dû le même profit qui serait dû par la mort des propriétaires, si l'héritage était resté dans le commerce.

L'édit du roi de 1749 a encore beaucoup diminué le droit qu'avaient les communautés d'acquérir.

Auparavant elles n'étaient point absolument incapables d'acquérir des héritages; elles acquéraient valablement, sauf à pouvoir être, comme nous l'avons vu, contraintes à vider leurs mains, dans un certain temps, de ce qu'elles avaient acquis. C'était plutôt la faculté de retenir, qui leur manquait, que la faculté d'acquérir.

L'édit de 1749 a rendu les communautés absolument incapables d'acquérir aucuns héritages, comme fonds de terre, maisons, rentes foncières, droits seigneuriaux et autres droits réels. Il leur est même pareillement défendu d'acquérir des rentes constituées sur les particuliers, même dans les Coutumes où elles sont réputées meubles; elles peuvent seulement acquérir des choses mobilières, et des rentes sur le roi et les communautés, comme sur le clergé, sur les états de provinces, sur les villes et sur quelques autres communautés que ce soit.

Les choses, qu'il est défendu par cette loi d'acquérir, ne peuvent être par elles acquises à quelque titre que ce soit, soit à titre gratuit, soit à titre de commerce : il ne leur est pas même permis de les acquérir en paiement de ce qui leur serait dû. Il est défendu à tous les notaires de passer ces actes à peine de nullité, d'interdiction et d'amende contre le notaire. Il est aussi défendu à toutes personnes de prêter leur nom aux communautés pour lesdites acquisitions, à peine de trois mille livres d'amende.

Les legs faits aux communautés des choses qu'il ne leur est pas permis d'acquérir, sont entièrement nuls : il ne leur en est pas même dû l'estimation ; ce qui est fondé, 1° sur le principe de droit : *Rei legatæ, cujus commercium legatarius non habet, nec æstimatio quidem debetur;* 2° sur ce que l'édit de 1749 ne se contente pas de défendre aux communautés d'acquérir ces sortes de choses ; elle a formellement défendu de les leur léguer (*art.* 17).

Pourrait-on léguer un héritage à un particulier, à la charge qu'il le revendrait et en remettrait le prix à une communauté? Il paraît que cela se peut faire ; car cette disposition ne contient qu'un fidéicommis du prix de cet héritage, qui est une somme mobilière qu'il est permis à la communauté d'acquérir. Néanmoins l'édit de 1749 déclare cette disposition entièrement nulle (*art.* 31). La raison est que la nullité du legs d'un héritage, ou autre chose semblable, fait aux communautés, n'est pas seulement fondée sur l'incapacité qu'elles ont d'en acquérir, mais sur une défense formelle portée par ladite loi (*art.* 17) de leur en léguer le prix. Cette loi a donc dû, comme elle l'a fait, déclarer cette disposition nulle, comme faite en fraude de sa défense.

De-là il suit pareillement que le legs d'un héritage, fait à une communauté pour une fondation, quelque utile qu'elle soit, à la charge par la communauté d'obtenir des lettres patentes, n'en est pas moins nulle, ainsi que cela est décidé formellement par l'*art.* 17. La raison de douter pourrait être que les communautés peuvent être rendues capables d'acquérir par des lettres patentes, ainsi que nous l'allons voir, et qu'un legs fait à un incapable, sous la condition qu'il deviendra capable, *cùm capere potuerit*, peut être valable. (L. 52, *de hered. inst.*) La raison, qu'a eue l'Ordonnance de décider au contraire que le legs était nul, se tire de la défense absolue qu'elle a faite de léguer ces sortes de choses aux communautés.

Le roi permet néanmoins aux communautés, en certains cas, pour causes justes et nécessaires, d'acquérir des immeubles, mais à la charge d'obtenir auparavant l'acquisition des lettres patentes de sa majesté, enregistrées au parlement, qui permettent d'acquérir; lesquelles lettres ne peuvent être accordées ni enregistrées, qu'il n'ait été préalablement rendu compte de la nature et de la valeur de l'immeuble, de la commodité ou incommodité de l'acquisition. Lesdites lettres doivent aussi être communiquées avant l'enregistrement aux seigneurs, soit de fief, soit de censive, soit de haute-justice.

Cet édit, qui défend aux communautés d'acquérir des héritages, n'empêche pas qu'elles ne puissent rentrer dans ceux qu'elles ont aliénés, lorsque c'est plutôt par la résolution de l'aliénation, qu'elles y rentrent, que par une nouvelle acquisition qu'elles font de ces héritages. Par exemple, une communauté peut rentrer dans un héritage après l'expiration du temps pour lequel elle l'avait aliéné à bail emphytéotique. Elle peut rentrer dans un héritage qu'elle avait donné à rente, par le déguerpissement volontaire qu'en fait le possesseur qui ne veut plus payer la rente; ou, lorsqu'à défaut de paiement de la rente, elle obtient sentence qui lui permet d'y rentrer; car, dans l'un et l'autre de ces cas, ce n'est pas une nouvelle acquisition que la communauté fasse de cet héritage, c'est plutôt une résolution d'aliénation, par le défaut d'accomplissement de la charge sous laquelle elle avait été faite, qui était la charge du paiement de la rente.

Par la même raison, si une communauté avait aliéné un héritage avec la clause de réméré, c'est-à-dire avec la clause qu'elle pourrait, dans l'espace d'un certain temps, y rentrer en rendant le prix, nonobstant la déclaration du roi, elle pourrait exercer cette faculté de réméré, et rentrer dans cet héritage; car l'exercice d'une faculté de réméré n'est point un nouveau titre d'acquisition, mais la résolution de l'aliénation qui avait été faite sous cette clause.

En est-il de même de ce qu'on appelle *droit de refus* ou *de prélation*, qui résulte de la clause, par laquelle je stipule, en aliénant mon héritage, que toutes les fois que l'acheteur ou ses successeurs voudront le vendre, ils ne le pourront faire que je n'en aie la préférence. La communauté, qui a aliéné un héritage avec cette clause, peut-elle, nonobstant l'édit de 1749, exercer le droit de préférence, lorsque l'héritage sujet à ce droit viendra à être vendu? Il faut dire qu'il ne le peut : ce droit est bien différent du droit de réméré. L'exercice du droit de réméré se fait sans qu'il intervienne une nouvelle vente de l'héritage, et ne contient que la résolution de celle qui avait été faite. Au contraire, le droit de préférence ne s'exerce qu'en conséquence d'une nouvelle vente, que le possesseur de l'héritage même fait volontairement de l'héritage sujet à ce droit. Ce droit n'est autre chose que le droit d'être préféré à tout autre acheteur; c'est un achat, un nouveau titre d'acquisition, que l'exercice de ce droit; d'où il suit que les communautés étant incapables d'acheter des immeubles, ne peuvent exercer ce droit (1).

Par la même raison, l'édit de 1749 décide que les communautés ne peuvent exercer le retrait féodal des fiefs qui sont vendus dans leur mouvance; car le retrait féodal, ainsi que celui dont nous venons de parler, étant le droit que nous avons d'être préférés à un autre acheteur, et d'acheter à sa place, l'exercice de ce droit est un véritable titre d'acquisition.

Les communautés peuvent-elles céder à des particuliers leur droit de refus, ou de retrait féodal?

La raison de douter est qu'on ne peut céder ce qu'on n'a pas; que l'édit de 1749, ayant privé les communautés de ce droit de refus ou de retrait féodal, dérogeant à cet effet aux clauses stipulées par les Coutumes, il semble qu'elles n'ont plus ce droit, et par conséquent qu'elles ne le peuvent céder. Je pense cependant qu'elles le peuvent. L'article 25 de l'édit de 1749, porte: « Les » gens de main-morte ne pourront exercer aucune action en re» trait féodal. » Par ces termes, les communautés ne sont pas privées de ce droit; il leur est seulement défendu de l'exercer par elles-mêmes, parce qu'en l'exerçant elles acquerraient un héritage contre la défense de la loi, l'objet de la loi ayant été uniquement d'empêcher les communautés d'acquérir des héritages, et non pas de les dépouiller d'aucuns des droits qui leur appartenaient. C'est pourquoi, si, sans contrevenir à la loi, si, sans acquérir des héritages, elles peuvent jouir de leur droit de refus ou de retrait féodal, et en retirer quelque utilité par la cession qu'elles en feront à un particulier, on ne peut pas les en empêcher (2).

De ce que l'édit de 1749, en rendant les communautés incapables d'acquérir des héritages, ne les a pas privées des droits attachés à leur seigneurie, il s'ensuit qu'elles ne doivent pas en être privées. Par exemple, si le propriétaire d'un héritage situé dans le territoire de la justice appartenant à la communauté, vient à mourir sans héritier, ou à être condamné à une peine capitale, cette communauté ne doit pas être privée du bénéfice du droit de déshérence ou de confiscation, qui sont des droits attachés à son droit de justice.

Si le vassal d'une communauté commet félonie ou désaveu, la communauté ne doit pas être privée de son droit de commise; mais, comme les héritages, qui adviennent à un seigneur, à ces

(1) Par arrêt du Parlement, du 10 mai 1766, il a été jugé au profit du chapitre de Saint-Pierre-Empont d'Orléans, qu'il pouvait exercer le droit de refus.

(2) La déclaration du 6 mai 1774, article 6, en a une disposition précise.

titres, sont de vraies acquisitions qu'il en fait, et que, par l'édit, les communautés sont incapables d'acquérir des héritages; pour concilier cette incapacité avec l'équité, qui ne permet pas que les communautés soient privées des droits attachés à leurs seigneuries, l'édit (*art.* 26) donne aux communautés le délai d'un an, pour vendre les héritages qui leur sont échus à ces titres: par ce moyen on a satisfait à la loi, qui ne veut point qu'elles acquièrent des héritages; et leurs droits leur sont conservés, puisqu'en vendant à leur profit ces héritages, elles profitent des droits de confiscation, commise, déshérence, et autres semblables attachés à leurs seigneuries.

Faute par la communauté de satisfaire à cette obligation dans le temps marqué, le roi veut que ces héritages soient réunis à son domaine, si les seigneuries des communautés sont dans ses mouvances immédiates; sinon à celui des seigneurs dont ils relèvent, pourvu qu'ils demandent cette réunion dans le délai d'une autre année; sinon, la réunion s'en fait au domaine du roi.

L'édit de 1749 ne devant avoir lieu que du jour de l'enregistrement qui en a été fait, suivant cette règle commune à toutes les lois positives: *Leges futuris dant formam negotiis, non ad prœterita revocantur*, il s'ensuit que toutes les acquisitions d'héritages, faites par les communautés avant ce temps, sont valables. C'est ce qui est porté par l'*art.* 28, dont voici les termes: « N'entendons rien innover en ce qui regarde les dispositions des actes ci-devant faits en faveur des gens de main-morte, légitimement établis, lorsque ces dispositions ou actes auront une date authentique *avant la publication des présentes*, ou auront été faits par des personnes décédées avant la publication. »

De-là est née la question, si le legs d'un héritage fait à une communauté est valable, lorsque le testament est fait par acte pardevant notaires, avant la publication de l'édit, quoique le testateur ne soit décédé que depuis.

Pour l'affirmative, on dit que l'édit déclare valables les dispositions qui ont une date certaine et authentique avant la publication; que le legs, dans cette espèce, a une date certaine et authentique avant la publication de l'édit, savoir la date du testament qui le contient. Au contraire, pour la négative, on dit que les dispositions, que l'édit déclare ainsi valables, sont les dispositions entre-vifs. A l'égard des testamentaires, il ne suffit pas que les testamens, qui les contiennent, aient une date avant la publication; il faut que le testateur soit mort auparavant. La raison en est que ces dispositions sont des ordonnances de dernière volonté: elles ne sont valables, qu'autant qu'elles sont la dernière volonté du testateur, qui est présumé avoir voulu lors de sa mort, ou du moins au dernier instant qu'il a été capable de volonté, ce qui est contenu dans son testament. Or, la loi ayant été publiée avant sa mort, on ne peut plus dire qu'il ait persévéré dans la volonté de léguer des héritages à des communautés, ni qu'il a voulu, lors de sa mort, les leur léguer ; car il ne pouvait plus vouloir alors ce que la loi lui défendait de vouloir ; ou s'il le voulait encore, sa volonté étant injuste et contraire à la loi, elle ne doit avoir aucun effet. Ces raisons, qui sont prises de la nature même des dernières volontés, pourraient paraître décisives pour la nullité du legs, si le contraire n'avait été déjà jugé par deux arrêts, l'un desquels a été rendu en faveur de l'Hôtel-Dieu d'Orléans, pour le testament du sieur Barré, chanoine de Sainte-Croix.

Nous avons vu que ce en quoi le droit, qu'ont les communautés d'acquérir, consistait, était moins étendu que celui des particuliers : le droit, qu'elles ont d'aliéner, est aussi moins étendu que celui des particuliers.

1°. Les communautés ne peuvent aliéner leurs immeubles qu'en vertu du décret du juge, qui ne doit leur en accorder la permission, qu'en grande connaissance de cause et pour des raisons très-puissantes, après une enquête *de commodo et incommodo*.

Le droit, qu'ont les communautés, à l'instar des particuliers, de former des demandes en justice, a été aussi limité à l'égard de certaines communautés ; car, par la déclaration du 2 octobre 1703, les communautés d'habitans des villes ne doivent point être reçues à intenter aucunes demandes en justice, que la délibération des habitans pour l'intenter n'ait été autorisée par une permission de l'intendant de la province.

## ARTICLE II.

### *Quels sont les avantages des communautés sur les particuliers.*

Si le droit des communautés est plus resserré en certaines choses, que celui des particuliers, elles ont aussi sur eux des avantages en d'autres choses.

Les communautés jouissent de plusieurs droits accordés aux mineurs, suivant cette règle : *reipsa minorum jura habent*. En conséquence, les communautés peuvent être restituées par lettres de rescision, pour cause de lésion considérable, contre des engagemens de conséquence qu'elles auraient contractés. Les procès, qu'elles ont à soutenir, soit en demandant, soit en défendant, dans lesquels il s'agit de la propriété des biens immeubles à elles appartenans, doivent, dans les juridictions où les procès se poursuivent, être communiqués aux officiers chargés du ministère public, qui doivent donner leurs conclusions avant le jugement;

faute de quoi les communautés sont censées n'avoir pas été suffisamment défendues, et ont la voie de la requête civile contre les condamnations prononcées contre elles par des arrêts ou jugemens en dernier ressort.

Les choses, appartenantes aux communautés, ne peuvent être acquises par un tiers-détenteur, quoiqu'avec titre et bonne foi, par la prescription de dix ans ou de vingt ans, ni même de trente : il n'y a que la prescription de quarante ans, qui puisse leur être opposée, soit pour acquérir les choses qui leur appartenaient, soit pour se libérer des droits et actions qu'elles avaient. Les communautés ont encore d'autres prérogatives, que nous remarquerons en traitant des différentes matières du droit français.

---

# SECONDE PARTIE.

## *Des Choses.*

Les choses sont corporelles ou incorporelles. Les choses corporelles sont celles qui s'aperçoivent par les sens et qui ont un être réel, comme une maison, une métairie, un cheval, une bibliothèque, et autres.

Les choses incorporelles sont celles *quæ in jure consistunt*, qui n'ont qu'un être intellectuel et ne s'aperçoivent que par l'entendement, comme une créance, un droit de succession.

On divise encore les choses en meubles et immeubles, en celles qui ont une situation, et celles qui n'en ont point. Ces divisions étant très-importantes dans notre droit, nous en traiterons séparément.

### § I. De la division des choses corporelles en meubles et immeubles.

Il est très-important, dans presque toutes les matières de notre droit français, de distinguer quelles choses sont meubles et quelles choses sont immeubles. La succession des meubles se règle différemment de celle des immeubles : les meubles, que les conjoints ont eus par mariage, et ceux, qui leur adviennent par succession, tombent dans la communauté conjugale; les immeubles n'y tombent pas. Les immeubles étant susceptibles de la qualité de propres, sont, en cette qualité, sujets au douaire, au retrait lignager, aux réserves coutumières; les meubles ne le sont point. Les immeubles sont susceptibles d'hypothèque, et ont suite par hypothèque; les meubles n'ont pas de suite par hypothèque, et ne sont pas même, dans la plus grande partie des pays coutumiers, susceptibles d'hypothèque, si ce n'est du nantissement. Les saisies des meubles se font différemment de celles des immeubles.

Les meubles sont les choses qui se transportent d'un lieu à un autre. La grandeur du volume, non plus que la grande valeur d'une chose, n'empêche pas qu'elle ne soit meuble : c'est pourquoi, on ne doute pas que les navires ne soient meubles.

Les immeubles sont les fonds de terre, les maisons, et tout ce qui en fait partie. Il faut bien distinguer ce qui sert à garnir une métairie ou une maison, et à son exploitation, et ce qui en fait partie. Les choses transportables de leur nature, qui sont mises dans une métairie ou maison, pour servir à son exploitation, n'en font pas partie et sont des meubles : *Instrumentum fundi non est pars fundi.* Ainsi, par exemple, les bestiaux, chevaux, les meubles aratoires, les ustensiles de pressoir, sont meubles. Au contraire, les choses, qui sont cohérentes à l'héritage, qui y sont pour perpétuelle demeure, qui servent à le compléter, font partie de l'héritage et suivent sa nature d'immeuble. C'est sur ce fondement que la Coutume de Paris, article 90, décide que les moulins à eau et à vent et les pressoirs sont immeubles, quand ils ne peuvent être ôtés sans être dépecés ni désassemblés; quand ces moulins, pressoirs, et autres, cohérens au sol ou à l'édifice et y étant édifiés, sont pour perpétuelle demeure, ils font partie du lieu où ils sont édifiés, et par conséquent suivent la nature d'immeuble.

Ce que dit la Coutume de Paris des moulins à eau doit s'entendre de ceux qui sont bâtis sur pilotis, et qui sont, par ce moyen, cohérens au sol. A l'égard de ceux, qui sont assis sur bateaux, il n'est pas douteux qu'ils ne soient meubles, suivant ce que décide la Coutume d'Orléans, qui sert à cet égard d'interprétation à celle de Paris ; car les bateaux, sur lesquels ils sont assis, étant eux-mêmes meubles, il s'ensuit qu'ils le doivent être aussi.

*Vice versâ*, l'article 353 de la Coutume d'Orléans, qui déclare expressément les pressoirs être immeubles, reçoit une limitation par ce qui est ajouté par celle de Paris, quand ils ne peuvent être ôtés sans être dépecés ni désassemblés, suivant laquelle on doit décider que notre Coutume ne doit être entendue que des grands pressoirs, tels que ceux à grand arbre ou à roue, et non pas de certains petits pressoirs à auge, qui, pouvant se transporter sans dépecer ni désassembler, doivent passer pour meubles. Les échalas auxquels les vignes sont attachées, font partie de l'héritage ; car, quoiqu'ils soient peu cohérens à l'héritage, n'étant que légèrement plantés en terre et en étant séparés tous les hivers, néanmoins, comme ils sont dans l'héritage pour perpétuelle demeure, ils semblent ne faire qu'un corps avec la vigne : lorsqu'elle y est attachée, ils servent à la compléter; car il manquerait quelque chose à une vigne, en tant que vigne, si elle n'était pas échalassée, c'est-à-dire garnie de ses échalas. C'est pourquoi, les échalas sont censés faire partie de l'héritage et en suivre la nature.

Ils conservent cette nature d'immeuble, même pendant l'hiver qu'ils en sont séparés; car cette séparation, qui n'est que momentanée, ne doit point changer leur nature, et leur destination la doit conserver.

Au reste, ces échalas n'acquièrent la qualité d'immeubles et de partie de l'héritage que par leur union à la vigne. C'est pourquoi, des échalas nouvellement amenés dans une maison de vigne, et qui n'ont point encore servi à la vigne, sont meubles. (L. 11, ff. *de act.*)

Les pailles et fumiers d'une métairie sont aussi censés en faire partie comme y étant pour perpétuelle demeure et ne pouvant être divertis par les fermiers. Par la même raison de la perpétuelle demeure, les arrêts ont décidé que l'artillerie d'un château faisait partie de l'héritage, ainsi que les ornemens d'une chapelle, vases sacrés, missels et autres choses servant au service divin. On a demandé si les poissons, pigeons, lapins, qui sont dans un héritage, sont meubles, ou s'ils font partie de l'héritage. La règle, sur cette question, est que, tant que les animaux sont laissés *in naturali laxitate*, ils sont censés faire partie de l'héritage; mais lorsqu'ils cessent d'être *in naturali laxitate*, et qu'ils sont *sub nostrâ custodiâ*, ils sont meubles.

Suivant ce principe, la Coutume de Paris, *art.* 91, et celle d'Orléans, *art.* 355, décident que le poisson étant en étang est immeuble, et que celui qui est en réservoir est meuble.

Suivant ce même principe, la Coutume d'Orléans, *art.* 74, décide que le poisson d'un étang devient meuble, lorsque la bonde est levée; car, se trouvant à sec, il n'est plus *in naturali laxitate*, mais il est *sub nostrâ custodiâ.*

Par la même règle, on doit décider que les pigeons d'un colombier, qui vont et reviennent, font partie de l'héritage : au contraire, ceux qui sont enfermés dans un clapier sont meubles; car ceux-ci sont *sub nostrâ custodiâ;* les autres sont *in naturali laxitate.*

Par la même raison, les lapins d'une garenne font partie de l'héritage; ceux, qui sont enfermés dans un clapier, sont meubles.

La raison, sur laquelle est fondé notre principe, est tirée de ce qui est établi aux Institutes, au titre *de rerum divisione*, que les animaux *feræ naturæ non possidentur per se*, ne sont *in bonis nostris* qu'autant qu'ils sont *sub nostrâ custodiâ*, et non pas lorsqu'ils sont *in naturali laxitate.* Si donc je ne possède point proprement; si je n'ai point proprement *in bonis* les poissons, les lapins, tant que je les laisse *in naturali laxitate*, et que, dans tous les cas, j'aie seulement *in bonis* un étang empoissonné, un colombier peuplé de pigeons, une garenne remplie de lapins, ces animaux ne peuvent point passer pour biens meubles, mais comme faisant partie de l'étang, du colombier, de la garenne où ils sont, puisque je n'en ai pas un domaine ni une possession distinguée du domaine ou de la possession de l'étang, du colombier, ou de la garenne.

Les fruits, qui ne sont point encore séparés de la terre, font partie de l'héritage; mais aussitôt qu'ils en sont séparés, ils deviennent des choses séparées de l'héritage, et sont meubles.

Cette décision est prise des lois romaines : *Fructus pendentes pars soli videntur.* L. 44, ff. *de rei vindicat.* Au contraire, *Fructus perceptos villæ non esse constat.* L. 17, § 1, ff. *de action. empt.*

La Coutume de Paris, *art.* 92, a une pareille disposition, et elle explique fort bien que les fruits sont censés perçus, et par conséquent meubles, aussitôt qu'ils sont coupés et séparés de la terre, quoiqu'ils ne soient pas encore transportés, et qu'ils soient sur le champ. La Coutume d'Orléans a suivi cette disposition : elle décide, *art.* 354, que tous les fruits pendans par les racines sont héritages.

Elle fait pourtant une exception de cette règle à l'égard des bois de la forêt d'Orléans, sujets au droit de gruerie, qu'elle répute meubles, aussitôt que la coupe en a été adjugée aux siéges des forêts, quoiqu'ils n'aient point encore été abattus (*art.* 75).

Plusieurs Coutumes se sont écartées de la disposition du droit sur les fruits; elles sont différentes entre elles. Quelques-unes réputent pour meubles les fruits, tant naturels qu'industriels, quoique encore pendans par les racines, aussitôt qu'ils sont parvenus à un certain point de maturité qu'elles règlent différemment. Par exemple, il y en a qui réputent meubles les foins à la mi-mai, les blés à la Saint-Jean, les raisins au mois de septembre. D'autres Coutumes distinguent entre les fruits naturels et industriels, c'est-à-dire ceux qui viennent à force de culture. Les fruits naturels sont ceux qui sont produits sans aucune culture, tels que sont les foins, les bois, les pommes : elles ne réputent meubles ceux-ci, que lorsqu'ils sont coupés, mais elles réputent meubles les industriels, aussitôt qu'ils sont parvenus à un certain temps de maturité.

Dans les Coutumes, qui n'ont aucune disposition à ce sujet, on doit suivre celle du droit romain comme la plus raisonnable.

A l'égard des maisons, la Coutume de Paris, *art.* 90, et Orléans, *art.* 356, donnent cette règle, pour distinguer ce qui en fait partie d'avec ce qui n'en fait pas partie et qui est meuble. Elles disent qu'*ustensiles d'hôtel, qui se peuvent transporter sans fraction et détérioration, sont meubles; mais s'ils tiennent à fer et à clou, ou sont scellés en plâtre ou en chaux, ou sont mis pour perpétuelle demeure, et ne peuvent être transportés sans fraction et détérioration, ils sont censés et réputés immeubles.*

Cette règle ne donne pas des idées assez claires : il faut plutôt dire que ce qui est dans une maison pour perpétuelle demeure, et qui sert à la compléter, *ad integrandam domum*, est censé faire partie de la maison. Au contraire, ce qui n'est pas mis pour perpétuelle demeure, et qui sert à meubler et garnir la maison, plutôt qu'à la compléter, est meuble.

Par exemple, s'il est question de savoir si une glace, qui est encadrée dans la cheminée, fait partie de maison ou non, il faut distinguer. Si la place, à laquelle elle est appliquée, est revêtue d'une menuiserie, ou d'un enduit de plâtre de la même parure que le reste de la cheminée, il faudra décider que la glace est meuble; car elle n'est mise que pour un plus grand ornement, *ad instruendam domum*, et non pas *ad integrandam*, puisqu'en ôtant cette glace la cheminée est complète en toutes ses parties, et n'exige rien davantage. Au contraire, si la place de la cheminée, à laquelle est appliquée la glace, est brute, ou que, pour la conservation de la glace, elle soit couverte de quelques planches de différente parure du reste de la cheminée, on doit, en ce cas, décider que la glace fait partie de la maison, car elle est mise *ad integrandam domum*; elle sert à compléter la cheminée, qui, sans cela, ne serait point *numeris omnibus absolutus*, et exigerait quelque chose.

On doit faire la même distinction à l'égard des tableaux qui sont encadrés dans des boiseries.

Tout ce qui tient à fer et à clou n'est donc pas réputé, pour cela, faire partie de la maison.

Au contraire, *vice versâ*, il y a des choses, qui, sans être attachées à la maison, en font néanmoins partie, parce qu'elles y sont pour perpétuelle demeure, et servent à compléter la maison, *ad integrandam domum*.

De ce nombre sont les clefs d'une maison : les clefs sont pour perpétuelle demeure; les clefs servent *ad integrandam domum*; car une maison n'est pas complète, s'il lui manque quelque chose, par conséquent s'il lui manque des clefs.

On doit donc dire la même chose des planches qui servent à la fermeture d'une boutique : quoiqu'elles ne soient point attachées à la maison, elles en font partie; car il est évident qu'il manquerait quelque chose à la maison, si elle n'avait pas cette fermeture. Ces planches servent donc *ad integrandam domum*; elles sont d'ailleurs destinées à une perpétuelle demeure dans la maison, et par conséquent elles en font partie.

On peut voir, dans un plus grand détail, dans mon titre *de actionibus empti*, ce qui fait ou ne fait pas partie d'un héritage ou d'une maison.

Il me reste seulement à observer que, n'y ayant que les choses qui sont pour perpétuelle demeure, qui soient réputées faire partie d'un héritage ou d'une maison, il s'ensuit que tout ce qui y a été placé par un locataire, ou par un usufruitier, n'en fait point partie : car, comme personne n'est présumé donner, l'usufruitier ou locataire n'est censé avoir placé ces choses, que pour en jouir pendant que le temps de son bail ou son usufruit durera, et non pas pour les y laisser à perpétuelle demeure. Elles ne peuvent donc pas être censées faire partie de l'héritage ou de la maison, quoique ce fût des choses qui seraient censées en faire partie, si elles y avaient été placées par le propriétaire. Par exemple, les parquets d'un appartement, les chambranles d'une cheminée, des grilles de fer, des statues posées sur des piédestaux dans des jardins, et mille autres choses semblables, qui seraient réputées faire partie de l'héritage ou de la maison, si elles avaient été placées par les propriétaires, seront réputées meubles, si elles ont été placées par un usufruitier, à plus forte raison si c'est un locataire.

Observez encore que toutes les choses, qui font partie d'une maison, d'un édifice, sont censées en faire partie et conservent leur nature d'immeubles, même pendant le temps qu'elles en sont séparées, lorsque cette séparation n'est que momentanée, et que ces choses n'en sont séparées que pour y être replacées. Par exemple, si, voulant élever mon bâtiment, je fais désassembler la couverture, les tuiles, les ardoises, qui auront été séparées de mon bâtiment pour y être replacées, ces choses ne laisseront pas, même pendant ce temps, de conserver leur nature d'immeuble.

Il en serait autrement de nouveaux matériaux, qui n'y auraient point encore été employés. Ces matériaux, quoique amenés sur le bien, quoique taillés, conservent leur nature de meubles, jusqu'à ce qu'ils aient été employés et posés dans les bâtimens.

Dans les bâtimens construits et destinés pour certaines manufactures, tels que sont les raffineries, les cuves et les chaudières, qui sont enfoncées en terre, scellées et encastrées, me paraissent devoir faire partie du bâtiment; car elles y sont mises pour perpétuelle demeure, et elles servent à le compléter, en tant que bâtiment de raffinerie. On peut tirer en argument la loi ff. *de act. empti*, qui décide que *dolia in terram defossa sunt pars fundi*.

Il faut dire le contraire des formes qui servent à mettre les pains de sucre; car ces choses, qui sont amovibles et transportables, servent *ad instruendam, non ad integrandam officinam; sunt instrumenti loco ;* par conséquent sont meubles.

Les métiers des passementiers ont été jugés meubles, aussi bien que les presses d'imprimerie. Cela a été jugé pour celles du célèbre Robert Etienne.

### § II. De la division des choses incorporelles en meubles et immeubles.

Les choses incorporelles n'étant point des êtres réels, mais des êtres intellectuels, *quæ in jure consistunt, quæ solo intellectu percipiuntur*, ne sont point proprement par elles-mêmes susceptibles de la qualité de meubles, ni de celle d'immeubles. Néanmoins, comme, selon notre droit français, toutes les choses que nous avons *in bonis*, sont distribuées en deux classes, de meubles ou d'immeubles, les choses incorporelles, ainsi que les autres, doivent être assignées à l'une ou à l'autre de ces classes.

Les choses incorporelles sont, ou des droits réels, *jus in jure*, ou des créances, *jura ad rem*. Les droits réels, que nous avons sur les héritages, tels que les droits de fief, de censive, de champart, de rente foncière, les droits de justice, les droits d'usufruit, d'usage, doivent sans doute appartenir à la classe des immeubles; car ces droits ne sont autre chose que l'héritage même sur lequel nous les avons à prendre, considéré comme nous appartenant à certains égards.

A l'égard des créances, *jus ad rem*, elles tirent leur nature d'immeubles ou de meubles, de la chose qui fait leur objet. Si la créance est d'une somme d'argent, ou de quelque autre chose mobilière, cette créance est mobilière. Au contraire, la créance de quelque héritage qui nous est dû, et que nous avons droit de demander, est une créance immobilière, c'est ce qui est exprimé par cette règle : *Actio ad mobile est mobilis, actio ad immobile est immobilis.*

Par exemple, lorsqu'une maison a été vendue 10,000 liv., la créance du vendeur, qui résulte de ce contrat, l'action qu'il a pour se faire payer du prix y porté, est une action mobilière, une créance mobilière, puisqu'elle a pour objet une somme de deniers. Au contraire, la créance de l'acheteur, l'action de l'acheteur, pour se faire livrer la maison qui lui a été vendue, est une action immobilière, puisqu'elle a pour objet une maison, qui est un immeuble.

Lorsque le vendeur, qui a vendu la chose d'autrui, déclare ne pouvoir accomplir son engagement, l'action immobilière, que l'acheteur avait pour se faire livrer, ou se faire conserver dans la possession de l'héritage vendu, se convertit en une action de dommages et intérêts résultans de l'inexécution de l'engagement du vendeur. Cette action en dommages et intérêts est mobilière, ces dommages et intérêts consistant en la somme d'argent, en laquelle ils seront estimés, laquelle somme est quelque chose de mobilier.

Lorsque quelqu'un a acheté des bois sur pied, pour les couper, ou des fruits pendans par les racines, la créance, qui résulte de ce contrat, est une créance mobilière; car elle tend à faire avoir à l'acheteur, à lui faire acquérir ces bois et ces fruits, après qu'il les aura coupés; lesquels ne peuvent lui être acquis plus tôt, puisqu'il n'a pas acheté les fonds dont ils font partie; et par conséquent sa créance tend à lui faire acquérir quelque chose de mobilier; car ces bois, ces fruits, deviennent meubles par la coupe qui en est faite. C'est donc une action *ad mobile*, par conséquent une action mobilière.

Par la même raison, le droit, qu'acquiert un fermier par le bail qui lui est fait d'une métairie, est un droit mobilier; car ce droit du fermier n'a pour objet que d'acquérir les fruits qui naîtront dans les terres de cette métairie, quand il les aura perçus, c'est-à-dire lorsqu'ils seront coupés, et par conséquent meubles. Ce droit est donc *actio ad mobile*, et par conséquent un droit mobilier. Ce droit d'un fermier ne doit pas être confondu avec celui d'un usufruitier. Le droit de celui-ci est un droit dans l'héritage, *jus in re;* c'est l'héritage même, comme appartenant, à certains égards, à l'usufruitier, non quant au droit d'en disposer, en quoi consiste le droit de propriété, mais quant au droit d'en jouir, d'en percevoir les fruits pendant sa vie. Au contraire, le droit d'un fermier n'est ni un droit dans l'héritage, ni même un droit à l'héritage; c'est une simple créance personnelle que le fermier a contre son bailleur, et cette créance n'a pas pour objet l'héritage même, mais les fruits de cet héritage, que le bailleur est obligé de laisser percevoir au fermier.

Toutes les créances d'un fait doivent être placées dans les classes des actions mobilières, soit qu'elles consistent dans l'obligation qu'a contractée envers nous le débiteur, de faire ou de ne pas faire quelque chose, *quá nostrá intersit fieri aut non fieri;* car ces créances n'ont pour objet aucun immeuble.

Les créances de fait ne consistent que dans le *quanti nostrâ interest fieri aut non fieri;* lequel *quanti interest* ne consiste que dans une somme de deniers, ce qui est quelque chose de mobilier. Ces créances ont donc un objet mobilier, et, par conséquent, doivent être rangées dans la classe des actions mobilières.

La créance d'un locataire, qui résulte du bail qui lui a été fait d'une maison, est une créance mobilière; car cette créance n'a pas pour objet la maison, qui est un immeuble. Ce locataire, bien différent d'un usufruitier, n'a, en vertu de son bail, aucun droit dans la maison, ni à la maison : il est créancier d'un fait, et non pas de la maison; en quoi il diffère de l'acheteur de la maison, *ut sibi in domo habitare liceat.* Il est créancier de ce *quanti interest in eâ domo habitare,* par conséquent son droit de créance est de la classe des droits et actions mobiliers.

La créance, qui résulte à mon profit du marché que j'ai fait avec un architecte pour me bâtir une maison, étant la créance d'un fait, en suivant nos principes, est une créance mobilière : d'où il suit que, quoique le terrain, sur lequel cet architecte s'est obligé de construire cette maison, fût un propre de ligne, auquel succède mon héritier aux propres de cette ligne, néanmoins le droit que j'ai, résultant de ce marché contre l'architecte, passera à mon héritier au mobilier. Il arrivera de-là que, ni mon héritier au mobilier ne pourra agir contre l'architecte, pour qu'il bâtisse la maison, parce qu'il n'y a aucun intérêt, n'ayant point succédé au terrain; ni mon héritier aux propres, puisqu'il ne succède pas à l'action qui résulte du marché, cette action étant mobilière : mais si l'architecte avait reçu de l'argent d'avance, comme il ne l'a reçu qu'à la charge de bâtir ce bâtiment, mon héritier mobilier a une action contre lui pour la répétition de cet argent; car j'avais deux actions à mon choix contre l'architecte, au cas qu'il n'exécutât pas son marché, toutes les deux mobilières, et de nature à passer à mon héritier au mobilier : l'une, qui est l'action *locati*, à ce qu'il fût tenu de construire l'édifice *quod ædificandum conduxerat*, laquelle ne peut être intentée par mon héritier au mobilier, comme n'ayant aucun intérêt à cette construction; l'autre, qu'on appelle *condictionem ob rem datam re non secutâ*, pour la répétition de l'argent par lui reçu, laquelle peut être exercée par mon héritier au mobilier; et l'architecte ne pourra éviter la condamnation qu'en construisant le bâtiment, suivant son obligation.

Pareillement, quoique ni mon héritier au mobilier, ni mon héritier aux propres ne puissent, pour les raisons ci-dessus dites, agir directement, *actione locati*, contre l'architecte pour l'exécution du marché, ils peuvent l'un et l'autre opposer cette inexécution par exception, si l'architecte, *actione conducti*, demandait à l'un ou à l'autre le paiement du prix porté par le marché; parce que ce prix ne lui est dû que pour la construction de la maison qu'il s'est obligé de construire. Que s'il était porté par le marché qu'il serait payé d'avance, les héritiers ne peuvent à la vérité refuser le paiement, quoique le marché ne soit pas encore exécuté de la part de l'architecte; mais on peut dire que l'architecte, en demandant et en recevant ce prix de l'héritier aux propres pour la part dont l'héritier aux propres en est tenu, renouvelle envers lui tacitement l'obligation qu'il avait contractée envers le défunt de construire la maison, et que dès-lors l'héritier aux propres peut directement agir contre lui pour qu'il soit obligé de la construire.

Lorsque, par un contrat de mariage, l'un des deux conjoints s'oblige d'apporter en communauté ses héritages, jusqu'à la concurrence d'une certaine somme, l'objet de cet engagement étant des héritages, le droit, qu'a l'autre conjoint, de demander l'exécution de cet engagement, *est actio ad immobile*, et par conséquent une action immobilière.

Que si le conjoint s'était obligé d'apporter une certaine somme à prendre sur ses héritages, l'engagement aurait pour objet principal une somme de deniers, et par conséquent quelque chose de mobilier. L'action, qui en résulte, est donc action mobilière : en effet, dans cette espèce, quoique la somme, dont l'apport est promis, soit à prendre en héritages, quoique le conjoint satisfasse à cet apport, en mettant des héritages en communauté; néanmoins c'est la somme de deniers qui est l'objet principal de l'engagement; ces héritages sont *magis in facultate solutionis, quàm in obligatione*. C'est la somme de deniers qui est due, et qui est par conséquent seule considérée pour régler la nature de l'engagement.

Les créances de sommes de deniers ou autres choses mobilières doivent-elles être rangées dans la classe des meubles, quoique elles soient hypothécaires? La raison de douter est que l'hypothèque, que le créancier a sur les héritages de son débiteur, est un droit réel, *jus in re*. Or il a été établi ci-dessus que les droits réels sur les héritages étaient des droits immobiliers : néanmoins, il faut décider au contraire que les créances de sommes de deniers, quoique hypothécaires, sont mobilières. L'hypothèque, il est vrai, est un droit réel sur des héritages; mais c'est un droit qui ne peut subsister par lui-même, et qui est, par sa nature, accessoire d'une créance. La créance est, par rapport à l'hypothèque, la chose principale; l'hypothèque en est l'accessoire. La créance ne doit donc pas recevoir, emprunter une nature de chose immobilière de la nature de l'hypothèque, qui n'est que son accessoire : car il est absurde que la chose principale suive la nature de l'accessoire; c'est au contraire l'accessoire, qui doit suivre la nature de la chose principale : *Accessorium sequitur naturam rei principalis*.

On a autrefois fort agité la question de savoir si les rentes constituées étaient meubles ou immeubles. Les Coutumes se sont partagées sur cette question : quelques Coutumes les réputent meubles; les Coutumes de Paris et d'Orléans les réputent immeubles : c'est le droit commun. Les raisons, pour les réputer meubles, sont que le droit du créancier d'une rente constituée se termine à recevoir par chaque année une somme d'argent, et par conséquent quelque chose de mobilier; d'où on conclut que la rente constituée est une chose mobilière, suivant notre principe : *Actio ad mobile est mobilis*. Les raisons, pour décider au contraire que la rente constituée est immeuble, sont que la rente est un être intellectuel, distinct et séparé des arrérages qu'elle produit. La vérité de ce principe se prouve de ce que cet être ne reçoit aucune diminution en sa substance, par la perception que fait le créancier des arrérages qui en sont produits : car un créancier, qui, pendant plusieurs siècles, a perçu les arrérages d'un principal de rente, possède après cette perception son principal de rente aussi entier qu'il l'était lors de la constitution de cette rente. Etant donc un être distinct et séparé des arrérages qu'elle produit, quoique ces arrérages, à mesure qu'ils échoient, soient une créance mobilière, on n'en doit pas conclure que la rente soit elle-même une chose mobilière. Elle a bien plus de ressemblance aux immeubles qu'aux meubles, puisque, de même que les vrais immeubles, c'est-à-dire les héritages, produisent tous les ans des fruits sans diminution de leur intégrité et de leur substance, de même la rente constituée en produit à toujours ; et les fruits sont les arrérages. Les raisons, tirées de cette ressemblance des rentes avec les immeubles, jointes à une autre tirée de ce que les rentes constituées composent aujourd'hui la plus grande partie du patrimoine, souvent tout le patrimoine d'un très-grand nombre de familles, ont déterminé à les réputer immeubles.

Les rentes viagères doivent-elles être aussi réputées immeubles? La question souffre grande difficulté, et n'est point encore décidée. Les raisons, sur lesquelles nous nous sommes fondés pour décider que les rentes perpétuelles étaient immeubles ne se rencontrent pas tout-à-fait ici : il semble que ces rentes ne sont que la créance d'une chose indéterminée à la vérité, mais qui se déterminera par le temps que durera la vie du créancier, ou de celui sur la tête de qui elle a été créée ; laquelle créance est payable par plusieurs portions, et ces portions sont les arrérages qui s'en paient tous les ans. Ces arrérages sont tellement la portion de la somme qui fait l'objet et la matière de la rente viagère, que la rente viagère diminue, et s'éteint en partie, à mesure que les arrérages s'en perçoivent, jusqu'à ce qu'elle se consomme et s'éteigne totalement par la perception de la dernière année. Il semble donc qu'on ne peut pas dire de ces rentes ce que nous disons des rentes perpétuelles, qu'elles ont un être distinctif et séparé des arrérages qu'elles produisent, auquel on puisse donner la nature d'immeubles. Nonobstant ces raisons, qui paraissent décisives, plusieurs réputent les rentes viagères immeubles; ils les regardent comme ayant un être distinct et séparé des arrérages qu'elles produisent ; être qui, à l'instar des immeubles, produit des fruits qui sont des arrérages, et lequel ne diffère de celui qui est considéré dans les rentes perpétuelles, que par la durée ; l'être des rentes perpétuelles étant un être dont la durée est perpétuelle, celui des rentes viagères étant un être dont la durée a été bornée à un certain temps.

Les Coutumes étant différentes sur la qualité de meuble ou

d'immeuble, que doivent avoir les rentes, quelle Coutume en doit décider?

C'est la Coutume du domicile du créancier : une rente constituée est un droit personnel, qui naît de l'engagement que le débiteur a contracté envers la personne du créancier. Or nous avons établi ailleurs que c'était la loi du domicile des personnes qui réglait les droits des personnes : c'est donc cette loi qui doit régler la nature de la rente constituée.

Mais pourquoi est-ce plutôt la loi du domicile du créancier, que celle du domicile du débiteur?

La raison en est que les choses, que nous avons *in bonis*, étant distribuées en deux classes, de meubles ou d'immeubles, lorsqu'on demande à laquelle de ces deux classes la rente constituée appartient, c'est de la rente, en tant qu'elle est *in bonis nostris*, dont il est question, et, partant, de la rente en tant qu'elle est considérée du côté du créancier. Or c'est la loi du domicile du créancier qui doit régler les droits résidans en la personne du créancier : c'est donc cette loi qui doit régler la nature des rentes constituées.

La créance d'une somme exigible, qui produit intérêt jusqu'au paiement, telle qu'est la créance du prix d'un héritage, est-elle mobilière ou immobilière? Elle est mobilière, car elle a pour objet une somme de deniers, qui est quelque chose de mobilier. Cette créance, en cela, est très-différente d'une rente constituée; car la rente constituée est la créance d'un revenu annuel et perpétuel, et non d'aucune somme principale; le créancier de la rente n'étant point créancier de la somme pour laquelle elle a été constituée, et pour laquelle elle peut être rachetée, puisqu'il n'a point de droit de l'exiger.

*Quid*, si une rente constituée était devenue exigible, *putà*, faute par le débiteur d'avoir fait l'emploi qu'il s'était obligé de faire du prix qu'il avait reçu pour la constitution de cette rente, la rente serait-elle, en ce cas, mobilière? Non, car ce n'est qu'*ex accidenti*, et non pas par la nature de cette rente, que le principal s'en trouve exigible. L'action, qu'a le créancier, pour se faire rembourser, ne naît pas de la nature de la rente, mais d'un engagement du débiteur, qui ne lui est qu'accessoire. La rente n'est donc pas pour cela, *in se*, la créance d'une somme exigible, mais seulement la créance d'une rente annuelle et perpétuelle; et par conséquent, la nature étant la même, le droit, qu'a le créancier *extrinsecùs*, d'en exiger le remboursement, ne doit point changer la qualité de la rente.

Pour qu'une rente constituée soit réputée immeuble, il est indifférent qu'elle soit constituée par un billet sous signature privée, ou par un acte pardevant notaire. Cet acte pardevant notaire ne sert qu'à donner au créancier de la rente une hypothèque sur les biens du débiteur de la rente ; mais la rente ne tire point la qualité d'immeuble de cette hypothèque, mais de sa nature propre, qui est indépendante de cette hypothèque.

Les offices forment une espèce de biens qui est dans le commerce : il a été autrefois incertain sous quelle classe on les rangerait, ou sous celle des meubles, ou sous celle des immeubles.

Un office est le droit d'exercer une fonction publique : il y en a de trois sortes : les domaniaux, les vénaux ou héréditaires, et les purs personnels.

Les domaniaux sont des droits du domaine, auxquels est attachée une fonction publique, comme le droit de greffe ; lesquels droits sont dans le commerce, ayant été engagés pour une finance payée au roi, à la charge par l'engagiste et ses successeurs de remplir ou faire remplir la fonction publique qui y est attachée, *putà,* fonction de greffier.

Les offices vénaux sont des offices de judicature et de finance. Ils sont censés dans le commerce ; ils sont aliénables, transmissibles aux héritiers de celui à qui ils appartiennent, pourvu que le propriétaire ait payé un droit de paulette, ainsi appelé du nom d'un partisan nommé *Paulet,* qui en a été l'inventeur.

Il y en a qui ont été exemptés de ce droit.

Il faut distinguer, dans ces offices, le droit d'exercer la fonction publique de l'office, d'avec la finance attachée à l'office. Ce n'est point ce droit d'exercer la fonction publique qui est dans le commerce, c'est la finance attachée à l'office. Cette finance donne à celui qui a payé, lors de la création de l'office, et à ses successeurs, jusqu'à ce qu'il plaise au roi de la rembourser, le droit de présenter au roi un sujet capable pour remplir l'office : il peut présenter soi-même, s'il est capable, ou un autre. Le roi n'est point obligé d'agréer le sujet, ni de rendre des raisons de son refus : mais, lorsqu'il n'a aucune raison de le refuser, il lui accorde des provisions, sous la condition qu'il sera jugé capable par la cour ou juridiction, à qui les provisions sont adressées. Ce pourvu est ensuite reçu dans son office, après qu'il a été informé de ses vie, mœurs et religion, et qu'il a été examiné et jugé capable ; et c'est de cette réception et de ces provisions qu'il acquiert le caractère d'officier et le droit d'exercer la fonction publique attachée à son office. Le droit d'exercer la fonction publique, avec tous les honneurs et les prérogatives qui en dépendent, réside toujours dans la personne : mais la finance attachée à l'office ne lui appartient pas toujours ; car celui, à qui elle appartient, ne se fait pas toujours recevoir dans l'office, et y fait quelquefois recevoir un autre, par exemple, lorsque le propriétaire, à qui on veut conserver l'office, n'est pas en âge d'être pourvu.

La troisième espèce d'office est celle des offices purs personnels, à laquelle il n'y a aucune finance attachée, et qui sont en la pleine disposition du roi. Tels sont les gouvernemens, les emplois militaires, les offices de la maison du roi, les chaires des professeurs royaux, les offices de chancelier, de premier président de Parlement.

Ces offices n'étant point dans le commerce, ce n'est point sur cette espèce d'office que peut tomber la question, si les offices sont meubles ou immeubles; car, n'étant point *in bonis*, ils ne peuvent appartenir ni à l'une ni à l'autre classe. La question ne tombe donc que sur les deux précédens. Il semblerait que les offices, surtout ceux de la seconde espèce, ne consistant que dans la finance qui y est attachée, qui est quelque chose de mobilier, ils devraient être réputés meubles. Néanmoins les offices ayant fait une partie considérable de la fortune des particuliers, la jurisprudence s'est introduite de les réputer immeubles : elle ne s'est introduite que par degrés, les offices n'ayant été réputés immeubles d'abord que quant à certains effets, ensuite quant à d'autres. Aujourd'hui ils ne diffèrent plus des autres immeubles.

### § III. Des choses qui ont une situation, et de celles qui n'en ont pas.

Il y a des choses qui ont une situation dans un certain lieu, et ces choses sont régies par la Coutume des lieux de cette situation.

Il y en a d'autres, qui n'ont aucune situation, et ces choses suivent les personnes à qui elles appartiennent, et sont par conséquent régies par la loi du domicile de cette personne.

La situation des immeubles corporels, tels que sont les fonds de terre et les maisons, ne peut avoir aucune ambiguité.

Les meubles, étant, par leur nature, transportables d'un lieu à un autre, n'ont de situation en aucun lieu, quand même ils y auraient toujours été, et par conséquent ne sont régis que par la loi du domicile de la personne à qui ils appartiennent.

A l'égard des choses incorporelles, les droits réels, que nous avons dans des héritages, *jura in re*, comme un droit de rente foncière, de champart, d'usufruit, ces droits n'étant autre chose que l'héritage même, considéré comme nous appartenant à certains égards, ainsi que nous l'avons déjà observé au paragraphe précédent, il s'ensuit que ces droits ont la même situation que l'héritage sur lequel ils sont à prendre; et ils doivent, par conséquent, être régis selon la Coutume du lieu où ces héritages sont situés.

A l'égard des droits *ad rem*, c'est-à-dire des créances, lorsque la créance a pour objet quelque héritage, elle doit être censée avoir la même situation que cet héritage, auquel elle se termine, et dans lequel elle se résout et se convertit, lorsque le débiteur exécute son engagement.

Cela est vrai, lorsque la créance est d'un héritage déterminé. La créance indéterminée d'héritages n'a aucune situation, ce qui est indéterminé n'en pouvant avoir.

Les rentes constituées et les rentes viagères n'ont aucune situation, et suivent, par conséquent, la personne du créancier.

Cela a lieu, quand même ces rentes seraient à prendre, par spécial assignat, sur un certain héritage; car cet assignat n'est qu'un accessoire de la rente, laquelle, en soi, ne consiste que dans le droit personnel du créancier, qui résulte de l'obligation que le débiteur a contractée envers lui. La jurisprudence a néanmoins apporté une exception à cette règle, à l'égard des rentes créées sur le roi, le clergé, les états des provinces, et les villes: elle a donné à ces rentes une situation au lieu où est établi le bureau public du paiement des arrérages desdites rentes.

Les offices sont censés avoir pour situation le lieu de leur exercice.

---

# TRAITÉ
# DU DROIT DE DOMAINE
# DE PROPRIÉTÉ.

## CHAPITRE PRÉLIMINAIRE.

1. On considère, à l'égard des choses qui sont dans le commerce, deux espèces de droits ; le droit que nous avons dans une chose, qu'on appelle *jus in re ;* et le droit que nous avons par rapport à une chose, qu'on appelle *jus ad rem.*

Le *jus in re* est le droit, que nous avons dans une chose, par lequel elle nous appartient, au moins à certains égards.

Le *jus ad rem* est le droit, que nous avons, non dans la chose, mais seulement par rapport à la chose, contre la personne qui a contracté envers nous l'obligation de nous la donner.

C'est celui qui naît des obligations, et qui ne consiste que dans l'action personnelle, que nous avons contre la personne qui a contracté l'obligation, ou qui y a succédé, aux fins qu'elle soit condamnée à nous donner la chose, si elle est en son pouvoir ; ou en nos dommages et intérêts résultans de l'inexécution de l'obligation.

C'est ce *jus ad rem* qui a fait la matière de notre Traité des Obligations, et de ceux qui ont suivi sur les différentes espèces de contrats. Nous allons traiter du *jus in re.*

2. Il y a plusieurs espèces de *jus in re,* qu'on appelle aussi *droits réels.*

La principale est le droit de domaine de propriété.

Les autres espèces de droits réels, qui émanent de celui-ci, et qui en sont comme des démembremens, sont les droits de domaine de supériorité, tels que les seigneuries féodale ou censuelle ; le droit de rente foncière ; les droits de servitudes, tant ceux des servitudes personnelles, que ceux des servitudes prédiales ; le droit d'hypothèque.

Nous avons déjà traité du droit de rente foncière dans notre Traité du Bail à Rente; nous ne traiterons, dans celui-ci, que du droit de domaine, qu'on appelle aussi *droit de propriété*. Nous le diviserons en deux parties. Nous verrons, dans la première, ce que c'est que le domaine de propriété; en quoi il consiste; quelles sont les différentes manières de l'acquérir et de le perdre. Dans la seconde, nous traiterons des actions qui naissent du droit de propriété. Nous ajouterons un Traité de la Possession.

# PREMIÈRE PARTIE.

## *Ce que c'est que le droit de domaine de propriété; des manières dont il s'acquiert, et dont il se perd.*

---

## CHAPITRE PREMIER.

### *Ce que c'est que le droit de domaine de propriété; et en quoi il consiste.*

3. Il n'y a aujourd'hui (1), à l'égard des meubles, qu'une seule espèce de domaine, qui est le domaine de propriété. Il en est de même des héritages qui sont en franc-aleu.

A l'égard des héritages tenus en fief ou en censive, on distingue deux espèces de domaines: le domaine direct, et le domaine utile.

Le domaine direct, qu'ont les seigneurs de fief ou de censive sur les héritages qui sont tenus d'eux en fief ou en censive, est le domaine ancien, originaire et primitif de l'héritage, dont on a détaché le domaine utile par l'aliénation qui en a été faite, lequel, en conséquence, n'est plus qu'un domaine de supériorité, et n'est autre chose que le droit, qu'ont les seigneurs, de se faire reconnaître comme seigneurs par les propriétaires et possesseurs des héritages tenus d'eux, et d'exiger certains devoirs et redevances recognitifs de leur seigneurie.

Cette espèce de domaine n'est point le domaine de propriété qui doit faire la matière du présent traité; on doit plutôt l'appeler *domaine de supériorité.*

---

(1) Par l'ancien droit romain, il y avait, tant à l'égard des meubles que des immeubles, deux espèces de domaine : le *dominium civile* ou *quiritarium*, et le *dominium naturale* ou *bonitarium*. Justinien, en la loi unique, *Cod. de nud. jur. quir.*, ayant aboli cette différence, nous n'en dirons rien. *Voy.* nos *Pandectes*, *t. de acq. rer. dom.*, *n.* 1.

Le domaine utile d'un héritage renferme tout ce qu'il y a d'utile ; comme d'en percevoir les fruits, d'en disposer à son gré, à la charge de reconnaître à seigneur celui qui en a le domaine direct.

C'est, à l'égard des héritages, le domaine utile qui s'appelle domaine de propriété. Celui, qui a ce domaine utile, se nomme propriétaire, ou seigneur utile ; celui, qui a le domaine direct, s'appelle simplement seigneur. Il est bien le propriétaire de son droit de seigneurie ; mais ce n'est pas lui, c'est le seigneur utile qui est proprement le propriétaire de l'héritage.

4. Le domaine de *propriété* est ainsi appelé, parce que c'est le droit par lequel une chose m'est *propre*, et m'appartient privativement à tous autres.

Ce droit de propriété, considéré par rapport à ses effets, doit se définir le droit de disposer à son gré d'une chose, sans donner néanmoins atteinte au droit d'autrui, ni aux lois : *Jus de re liberè disponendi*, ou *Jus utendi et abutendi.*

5. Ce droit a beaucoup d'étendue. Il comprend, 1° le droit d'avoir tous les fruits qui naissent de la chose, soit que ce soit le propriétaire qui les perçoive, soit qu'ils soient perçus par d'autres sans droit.

2°. Le droit de se servir de la chose, non-seulement pour les usages auxquels elle est naturellement destinée, mais pour quelque usage que ce soit qu'il en voudra faire : par exemple, quoique les chambres d'une maison ne soient destinées qu'à loger des hommes, le propriétaire a droit d'y loger des bestiaux, si bon lui semble.

3°. Ce droit de disposer renferme celui, qu'a le propriétaire, de changer la forme de sa chose, *putà*, en faisant d'une terre labourable un pré ou un étang, *aut vice versâ.*

Il a droit de convertir sa chose, non-seulement en une meilleure forme, mais, si bon lui semble, en une pire, en faisant, par exemple, d'une bonne terre labourable, une terre non labourable, une terre en friche, qui ne serve qu'au pâturage des bestiaux.

4°. Ce droit de disposer comprend aussi le droit, qu'a le propriétaire, de perdre entièrement sa chose, si bon lui semble. Par exemple, le propriétaire d'un beau tableau a droit de faire passer dessus une couleur pour l'effacer ; le propriétaire d'un livre a droit de le jeter au feu, si bon lui semble, ou de le déchirer.

5°. Le droit d'empêcher tous autres de s'en servir, sauf ceux qui auraient ce droit en vertu de quelque droit de servitude, ou auxquels il en aurait, par quelque convention, concédé un certain usage.

6°. Le droit de disposer comprend le droit, qu'a le propriétaire, d'aliéner sa chose, et pareillement d'accorder à d'autres dans sa chose tels droits qu'il voudra, ou d'en permettre seulement tel usage qu'il jugera à propos.

6. Quoique le droit de propriété renferme tous ces droits, le propriétaire ne peut pas néanmoins toujours les exercer; il peut en être empêché, ou par un défaut de sa personne, ou par quelque imperfection de son droit de propriété.

7. Les défauts, dans la personne du propriétaire, sont l'âge de minorité, la démence, l'interdiction, la sujétion d'une femme mariée à la puissance de son mari.

On distingue dans le droit de propriété, de même que dans tous les autres droits, le fond du droit et l'exercice du droit.

Un mineur propriétaire a bien le fond de tous les droits que son droit de propriété renferme, mais il n'en a pas l'exercice, jusqu'à ce qu'il soit devenu *usant de ses droits* par la majorité, ou d'une partie de ses droits par le mariage, ou par des lettres de bénéfice d'âge.

En attendant, c'est le tuteur de ce mineur qui a l'exercice des droits renfermés dans le droit de propriété des choses qui appartiennent au mineur; en conséquence, c'est lui qui a le droit de percevoir les fruits des héritages de ce mineur, pour les employer au profit de ce mineur. C'est lui qui a le droit de vendre les meubles du mineur, pour les employer au profit du mineur, soit au paiement de ses dettes, soit en achat d'héritages ou de rentes. C'est lui qui a le droit de donner à bail ou à loyer les héritages du mineur; mais il n'a pas le droit de les vendre, si ce n'est pour de justes causes, en vertu du décret du juge, et en observant les formalités requises pour l'aliénation des biens des mineurs. La raison est, que le tuteur n'a cet exercice des droits, que renferme la propriété des biens de son mineur, que pour l'avantage et l'intérêt de son mineur, et qu'il n'a pas l'exercice de ceux qui y seraient contraires.

Tout ce que nous venons de dire du propriétaire mineur s'applique pareillement au propriétaire en démence, ou interdit pour prodigalité. Il a bien dans sa personne le fond des droits que renferme la propriété de ses biens; mais sa démence ou son interdiction le prive de la faculté de les exercer : c'est au curateur de l'interdit qu'il appartient de les exercer pour l'avantage et l'intérêt de l'interdit.

Lorsqu'une femme, en se mariant, passe sous la puissance de son mari, elle conserve le droit de propriété de ses biens : elle a en conséquence le fond des droits que renferme ce droit de propriété; mais la puissance en laquelle elle est de son mari, la prive de la faculté de les exercer à son gré, ne pouvant aliéner ni disposer de rien de ce qui lui appartient, sans l'autorisation de son mari, comme nous l'avons vu en notre Traité de la Puissance du Mari.

8. L'imperfection du droit de propriété peut aussi priver le propriétaire d'une partie des droits que nous avons dit être renfermés dans le droit de propriété, lesquels n'y sont renfermés que lorsque la propriété est une propriété pleine et parfaite.

Une propriété est pleine et parfaite, lorsqu'elle est perpétuelle, et que la chose n'est pas chargée de droits réels envers d'autres personnes que le propriétaire.

Au contraire, elle est imparfaite, lorsqu'elle doit se résoudre au bout d'un certain temps, ou par l'événement d'une certaine condition.

La propriété d'un héritage est aussi imparfaite, lorsque l'héritage est chargé de droits réels envers d'autres que le propriétaire : car ces droits réels sont autant de droits qui ont été détachés de la propriété.

La propriété est surtout très-imparfaite, lorsqu'elle est chargée d'un droit d'usufruit : elle est appelée, en ce cas, propriété nue, *nuda proprietas*.

9. Celui, qui n'a qu'un droit de propriété résoluble d'un héritage, est privé d'une partie des droits que la propriété renferme lorsqu'elle est parfaite. Quoique la propriété, lorsqu'elle est parfaite, renferme le droit d'en mésuser et de la perdre, il n'est pas permis à celui, qui n'a qu'une propriété résoluble d'un héritage, de le dégrader au préjudice de celui à qui il doit retourner par droit de réversion, ou appartenir à titre de substitution. Il ne lui est pas permis d'en changer la forme ; et lorsque le temps de la réversion ou de la substitution est arrivé, lui ou ses héritiers sont tenus des dommages et intérêts résultans de toutes les dégradations qui s'y trouvent.

10. Celui, qui n'a qu'une propriété résoluble d'un héritage, ne peut non plus ni l'aliéner, ni y concéder des droits à d'autres, que pour le temps que doit durer son droit de propriété : aussitôt que le temps, auquel il doit se résoudre, est arrivé, la propriété, qu'il a aliénée, en quelques mains qu'elle ait passé et qu'elle se trouve, se résout de même que si elle était encore par-devers lui ; pareillement, tous les droits qu'il y a concédés à d'autres, se résolvent. C'est le cas de la règle : *Soluto jure dantis, solvitur jus accipientis*.

11. Observez que, si celui, qui a acquis de bonne foi un héritage, de celui qui n'en avait qu'une propriété résoluble, l'a possédé pendant tout le temps requis pour la prescription avec la même bonne foi, ignorant toujours que celui, de qui il a acquis l'héritage, n'en eût qu'une propriété résoluble, il acquiert par droit de prescription, ce qui manquait à la propriété qui lui a été transférée, laquelle, de résoluble qu'elle était, devient une

propriété perpétuelle. La prescription peut donner le droit de propriété à celui, qui a acquis de bonne foi un héritage, de celui qui n'en était pas le propriétaire, et qui n'a pu par conséquent lui transférer aucun droit de propriété : la prescription peut, par la même raison, donner ce qui manquait à la perfection de la propriété de celui qui a acquis de bonne foi un héritage, de celui qu'il croyait en avoir la propriété parfaite, et qui, n'ayant qu'une propriété résoluble, ne lui avait transféré qu'une propriété résoluble.

Pareillement, lorsque ceux, qui ont acquis quelque droit réel dans un héritage, de celui qui n'en avait qu'une propriété résoluble, ont possédé ce droit de bonne foi pendant le temps requis pour la prescription, dans l'opinion que celui, de qui ils l'ont acquis, avait la propriété perpétuelle de l'héritage, ils acquièrent, par la prescription, ce qui manquait à la perfection du droit qu'ils ont acquis, lequel, de droit résoluble qu'il était, devient un droit perpétuel. *Voyez*, sur le droit d'usucapion et de prescription, pour les cas auxquels ce droit a lieu, ce que nous en disons *infrà*, en notre *Traité des Prescriptions*, *part.* 2.

12. Celui, qui n'a qu'une propriété imparfaite d'un héritage, par rapport aux droits réels que d'autres personnes y ont, est aussi privé de plusieurs droits qui sont renfermés dans le droit de propriété, lorsqu'elle est parfaite.

Par exemple, le propriétaire d'un héritage chargé d'usufruit n'a aucun droit aux fruits qui naissent de son héritage pendant tout le temps que doit durer l'usufruit ; ils appartiennent pendant tout ce temps à l'usufruitier. Il ne peut, sans le consentement de l'usufruitier, ni changer la forme de l'héritage, ni y rien détruire, ni y rien construire, ni y imposer aucune servitude, ni généralement y faire aucune chose qui puisse donner atteinte à l'usufruit.

Pareillement, le propriétaire d'un héritage chargé de quelque droit réel que ce soit, ne peut rien faire dans son héritage qui puisse donner atteinte à ce droit. Par exemple, si l'héritage, dont j'ai la propriété, est chargé, envers le voisin, d'un droit de passage, il ne m'est pas permis de rien faire dans le lieu de mon héritage par où ce voisin a ce droit de passage, qui puisse nuire à ce droit de passage. Pareillement, si l'héritage, dont j'ai la propriété, est chargé d'un droit de rente foncière, je n'ai pas le droit d'en mésuser, et de le dégrader, que j'aurais si j'avais une propriété parfaite ; mais je suis obligé de le conserver en bon état, pour la sûreté de la rente qui y est à prendre, comme nous l'avons vu en notre *Traité du Bail à rente.*

13. Nous avons défini le droit de propriété, le droit de disposer à son gré d'une chose ; et nous avons ajouté, *sans donner néanmoins atteinte au droit d'autrui.* Cela doit s'entendre non-

seulement du droit actuel, que d'autres y ont, mais encore du droit de ceux auxquels la chose doit passer un jour. Cela doit s'entendre non-seulement des droits réels, que d'autres ont dans l'héritage, auxquels le propriétaire, qui n'a qu'une propriété résoluble ou imparfaite, ne peut donner atteinte, comme nous l'avons vu jusqu'à présent; cela s'entend aussi du droit des propriétaires et possesseurs des héritages voisins, auquel le propriétaire d'un héritage, quelque parfait que soit son droit de propriété, ne peut donner atteinte, ni par conséquent faire dans son héritage ce que les obligations, qui naissent du voisinage, ne lui permettent pas de faire dans son héritage au préjudice de ses voisins. *Voyez* ce que nous en avons dit au second Appendice que nous avons ajouté à la fin de notre *Traité du Contrat de Société*.

14. Enfin, dans notre définition, après ces termes, *sans donner atteinte au droit d'autrui*, nous avons ajouté *ni aux lois* : car, quelque étendu que soit le droit, qu'a un propriétaire, de faire de sa chose ce que bon lui semble, il ne peut pas néanmoins en faire ce que les lois ne lui permettent pas d'en faire. Par exemple, quoique le propriétaire d'un champ puisse y planter tout ce que bon lui semble, il ne lui est pas néanmoins permis d'y faire une plantation de tabac, y ayant des lois qui défendent ces plantations dans le royaume, comme contraires aux intérêts de la ferme du tabac.

Pareillement, quoique le droit de propriété d'une chose renferme le droit de la vendre et de la transporter où bon lui semble, il n'est pas néanmoins permis de transporter son blé hors du royaume, lorsqu'il y a une loi qui en défend l'exportation. Il n'est pas permis à un marchand de vendre une quantité considérable de blé dans ses greniers, surtout dans un temps de disette, au préjudice des lois de police, qui ordonnent de le mener et de le vendre au marché.

Pareillement, quoique la propriété d'une chose renferme le droit d'en mésuser et de la perdre, un marchand, propriétaire d'une quantité considérable de blé, qui, en différant trop longtemps de le vendre, dans l'espérance que le prix du blé enchérirait, l'aurait laissé perdre dans un temps de disette, serait coupable envers le public d'une injustice considérable, la loi naturelle ne lui permettant pas de laisser perdre une marchandise d'une première nécessité, au préjudice du besoin que le public en a.

15. Le domaine de propriété, de même que tous les autres droits, tant *in re* qu'*ad rem*, suppose nécessairement une personne dans laquelle ce droit subsiste, et à qui il appartienne.

Il n'est pas nécessaire que ce soit une personne naturelle, telles que sont les personnes des particuliers, à qui le droit appartienne : ce droit, de même que toutes les autres espèces de droits, peut appartenir à des corps et à des communautés, qui n'ont qu'une personne civile et intellectuelle.

Lorsqu'un propriétaire étant mort, personne ne veut accepter sa succession, cette succession jacente est considérée comme étant une personne civile, et comme la continuation de celle du défunt; et c'est dans cette personne fictive que subsiste le domaine de propriété de toutes les choses qui appartenaient au défunt, de même que tous les autres droits actifs et passifs du défunt : *Hereditas jacens personæ defuncti locum obtinet.*

16. Le droit de propriété étant, comme nous l'avons vu *suprà*, *n.* 4, le droit par lequel une chose nous appartient privativement à tous autres, il est de l'essence de ce droit, que deux personnes ne puissent avoir, chacune pour le total, le domaine de propriété d'une même chose : *Celsus ait : Duorum in solidum dominium vel possessionem esse non posse; l.* 5, § 15, ff. *commod.*

C'est pourquoi, lorsque j'ai le droit de propriété d'une chose, un autre ne peut, *per rerum naturam*, devenir propriétaire de cette chose, que je ne cesse entièrement de l'être; et il ne peut en avoir la propriété pour aucune part, qu'en cessant par moi d'avoir la propriété que j'avais pour la part qu'il en aurait. La raison est, que *propre* et *commun* sont les contradictoires. Si on suppose qu'un autre que moi soit propriétaire d'une chose dont je suis propriétaire, dès-lors cette chose est commune entre nous, et si elle est commune, on ne peut plus dire qu'elle me soit propre pour le total, et que j'en aie la propriété pour le total; car *propre* et *commun* sont deux choses contradictoires.

En cela, le *jus in re* est différent du *jus ad rem*, plusieurs personnes pouvant être, chacune pour le total, créanciers d'une même chose, soit par une même obligation, lorsqu'elle a été contractée envers plusieurs créanciers solidaires, comme nous l'avons vu en notre *Traité des Obligations, part.* 2, *chap.* 3, *art.* 7, soit par différentes obligations, d'un même débiteur, soit de différens débiteurs. La raison de différence est : qu'il n'est pas possible que ce qui m'appartient, appartienne en même temps à un autre; mais rien n'empêche que la même chose, qui m'est due, ne soit aussi due à un autre.

17. Plusieurs ne peuvent, à la vérité, avoir la propriété de la même chose pour le total, mais ils peuvent avoir cette propriété en commun, chacun pour une certaine part. Cela n'est pas contraire à ce que nous avons dit, que la propriété est le droit par lequel une chose nous appartient privativement à tous autres; car ce droit de propriété, qu'ils ont en commun, est le droit par lequel la chose leur appartient en commun, privativement à tous autres : et, entre eux, la part, que chacun y a, lui appartient à lui seul privativement, même à ses copropriétaires; car la part,

que l'un a dans la chose commune, n'est pas la part de l'autre, et chacun n'a le droit que de disposer de sa part.

Ces parts, que chacun de ceux qui ont le droit de propriété d'une chose en commun, ont dans la chose commune, ne sont pas des parts réelles, qui ne peuvent être formées que par la division de la chose; ce sont des parts intellectuelles. C'est en ce sens qu'il est dit, en la loi 66, § 2, ff. *de legat.* 2° : *Plures in uno fundo dominium juris intellectu, non divisione corporis, obtinent.*

Plusieurs peuvent même être propriétaires en commun d'une chose qui n'est pas susceptible de parties, même intellectuelles, tel qu'est un droit de servitude, qui appartient à plusieurs copropriétaires d'une maison à qui la servitude est due. Quoique, en ce cas, chacun des copropriétaires de ce droit de servitude le soit pour le total, ce droit n'étant pas susceptible de parties, cela ne donne néanmoins aucune atteinte à la maxime exposée au nombre précédent. *Duorum in solidum dominium esse non potest;* car cette maxime s'entend en ce sens, que plusieurs ne peuvent être chacun séparément propriétaires pour le total d'une même chose : mais plusieurs peuvent être propriétaires d'une même chose en commun. Or, dans notre espèce, chacun des copropriétaires n'est pas propriétaire séparément du droit de servitude; ils ne le sont qu'en commun; ils ne le sont *totaliter* que tous ensemble.

18. Le domaine de propriété, de même que le *jus ad rem*, suppose une cause qui le produit dans la personne qui a ce droit. Mais il y a cette différence, que le domaine de propriété d'une chose, que j'ai acquise à un titre, ne peut m'appartenir à un autre titre, si ce n'est pour ce qui manquait à ce que j'en ai acquis d'abord; au lieu qu'une même chose peut m'être due par différens titres : *Non ut ex pluribus causis idem nobis deberi potest, ità ex pluribus causis idem potest nostrum esse* : l. 159, ff. *de Reg. Jur. Dominium non potest nisi ex unâ causâ contingere;* l. 3, § 4, *de adq. possess.*

La raison de différence est, qu'il est impossible que j'acquière ce qui m'appartient déjà. C'est pourquoi, lorsque j'ai une fois acquis la propriété d'une chose en vertu d'un titre, ne pouvant plus l'acquérir, elle ne peut m'appartenir qu'en vertu du seul titre par lequel je l'ai acquise : au contraire, rien n'empêche qu'une chose, qui m'est déjà due par un titre, me soit encore due par un autre titre. Par exemple, je suppose que Pierre m'a vendu une certaine chose; il fait ensuite son testament, par lequel il me la lègue. Cette chose m'est due par les héritiers de Pierre, à deux titres, et en vertu de la vente que Pierre m'en a faite, et en vertu du legs. J'ai contre eux deux actions pour cette même chose, l'action *ex empto*, et l'action *ex testamento;* et si cette chose, qui m'a été vendue par Pierre, m'avait aussi été léguée par Paul, elle me serait due par les héritiers de Pierre et par les héritiers de Paul.

# CHAPITRE II.

*Comment s'acquiert le domaine de propriété, et comment il se perd.*

19. Les manières d'acquérir le domaine de propriété d'une chose par le droit naturel et des gens, se réduisent à trois : l'occupation, l'accession, et la tradition. L'occupation fera la matière des deux premières sections de ce chapitre. Nous traiterons, dans la première, de l'occupation des choses qui n'appartiennent à personne; dans la seconde, des prises faites sur l'ennemi. L'accession fera la matière de la troisième. La tradition fera la matière de la quatrième. Nous rapporterons, dans une cinquième section, les manières d'acquérir le domaine de propriété qui sont du droit civil. Nous traiterons, dans une sixième, des personnes par lesquelles nous pouvons acquérir le domaine de propriété. Nous verrons, dans une septième section, comment se perd le domaine de propriété.

## SECTION PREMIÈRE.

De l'occupation des choses qui n'appartiennent à personne.

20. L'occupation est le titre, par lequel on acquiert le domaine de propriété d'une chose qui n'appartient à personne, en s'en emparant dans le dessein de l'acquérir : *Quod enim nullius est*, dit Gaïus, *id ratione naturali occupanti conceditur*; l. 3, ff. *de adq. rer. dom.*

Nous verrons, dans un premier article, quelles sont les choses qui n'appartiennent à personne, dont le domaine de propriété peut être acquis par le premier occupant. Nous parcourrons ensuite les différentes espèces d'occupations, qui sont la chasse, la pêche, l'oiselerie, l'invention, et l'occupation simplement dite.

Comme la chasse mérite un article particulier, elle fera la matière du second article. Nous traiterons de la pêche et de l'oiselerie dans un troisième; dans un quatrième, de l'invention; dans un cinquième, de l'occupation simplement dite.

## ARTICLE PREMIER.

### *Quelles sont les choses qui n'appartiennent à personne, dont le domaine de propriété peut être acquis à titre d'occupation.*

21. Dieu a le souverain domaine de l'univers, et de toutes les choses qu'il renferme : *Domini est terra et plenitudo ejus, orbis terrarum, et universi qui habitant in eo.*

C'est pour le genre humain qu'il a créé la terre et toutes les créatures qu'elle renferme, et il lui en a accordé un domaine subordonné au sien : *Quid est homo*, s'écrie le Psalmiste, *quia reputas eum ?.... Constituisti eum super omnia opera manuum tuarum, omnia subjecisti sub pedibus ejus*, etc.

Dieu fit cette donation au genre humain, par ces paroles qu'il adressa à nos premiers parens, après leur création : *Multiplicamini et replete terram, et subjicite eam, et dominamini piscibus maris*, etc. Genes. 1, 28.

Les premiers hommes eurent d'abord en commun toutes les choses que Dieu avait données au genre humain. Cette communauté n'était pas une communauté positive, telle que celle qui est entre plusieurs personnes, qui ont en commun le domaine d'une chose dans laquelle elles ont chacune leur part; c'était une communauté que ceux, qui ont traité de ces matières, appellent *communauté négative*, laquelle consistait en ce que ces choses, qui étaient communes à tous, n'appartenaient pas plus à aucun d'eux qu'aux autres, et qu'aucun ne pouvait empêcher un autre de prendre, dans ces choses communes, ce qu'il jugeait à propos d'y prendre, pour s'en servir dans ses besoins. Pendant qu'il s'en servait, les autres devaient la lui laisser; mais après qu'il avait cessé de s'en servir, si la chose n'était pas de celles qui se consument par l'usage qu'on en fait, cette chose rentrait dans la communauté négative, et un autre pouvait s'en servir de même.

Le genre humain s'étant multiplié, les hommes partagèrent entre eux la terre, et la plupart des choses qui étaient sur sa surface : ce qui échut à chacun d'eux commença à lui appartenir privativement à tous autres : c'est l'origine du droit de propriété.

Tout n'entra pas dans ce partage ; plusieurs choses restèrent, et plusieurs sont encore aujourd'hui demeurées dans cet ancien état de communauté négative.

Ces choses sont celles que les jurisconsultes appellent *res communes*. Marcien en rapporte plusieurs espèces; l'air, l'eau qui coule dans les rivières, la mer et les rivages : *Naturali jure omnium communia sunt illa; aër, aqua profluens, et mare, et per hoc littora maris;* l. 2, § 1, ff. *de divis. rer.*

Entre les animaux, ceux qu'on appelle animaux domestiques, tels que sont les chevaux, les ânes, les moutons, les chèvres, les bœufs, les chiens, les poules, les oies, etc., sont entrés dans le partage des biens qui s'est fait entre les hommes, et sont des choses dont les particuliers ont le domaine de propriété, de même que de tous les autres biens; domaines qn'ils conservent, quand même ils en auraient perdu la possession.

A l'égard des animaux sauvages, *feræ naturæ,* ils sont restés dans l'ancien état de communauté négative.

Toutes ces choses, qui sont demeurées dans l'ancien état de communauté négative, sont appelées *res communes,* par rapport au droit que chacun a de s'en emparer. Elles sont aussi appelées *res nullius,* parce qu'aucun n'en a la propriété, tant qu'elles demeurent en cet état, et ne peut l'acquérir qu'en s'en emparant.

22. Ce sont ces choses, qui n'appartiennent à personne, en tant qu'elles sont restées dans la communauté négative, qui sont susceptibles de l'acquisition qui se fait à titre d'occupation.

Il y a d'autres choses qui n'appartiennent à personne, telles que sont celles qui sont *divini juris,* comme une église, un cimetière, etc. *Res sacræ, religiosæ et sanctæ in nullius bonis sunt;* l. 6, § 2, ff. *de divis. rer.* : mais personne n'a pour cela le droit de s'en emparer.

Les biens vacans d'une personne, qui n'a laissé aucuns héritiers, n'appartiennent non plus proprement à personne : mais les particuliers n'ont pas le droit de s'en emparer; c'est le fisc qui a ce droit privativement aux particuliers.

## ARTICLE II.

### *De la chasse.*

23. La chasse est une espèce de titre d'occupation, par lequel un chasseur acquiert le domaine de propriété du gibier dont il s'empare.

Nous verrons, dans un premier paragraphe, quels sont les principes du droit romain sur la chasse. Dans un second, nous exposerons quels sont ceux à qui appartient le droit de chasse, suivant notre jurisprudence française; dans un troisième, en quoi il consiste.

§ I. Quels étaient les principes du droit romain sur la chasse.

24. Chez les Romains, la chasse était permise à tout le monde. La raison était, que les animaux sauvages, soit quadrupèdes, soit volatiles, tant qu'ils sont *in laxitate naturali*, étant dans l'ancien état de communauté négative, et n'appartenant à personne, chacun a le droit de s'en emparer, et d'en acquérir la propriété en s'en emparant : *Omnia animalia quæ terrâ, mari capiuntur, id est feræ bestiæ, et volucres et pisces, capientium fiunt;* l. 1, § 1, ff. *de adquir. rer. dom.*

Il n'importe, à cet égard, que quelqu'un s'empare de ces animaux sauvages sur son héritage ou sur l'héritage d'autrui : *Nec interest utrùm in suo fundo quisque capiat, an in alieno;* l. 3, § 1.

Le propriétaire de l'héritage peut bien défendre à celui, qui vient sur son héritage pour y chasser, d'y entrer. *Planè,* ajoute le jurisconsulte, *qui in fundum alienum ingreditur, venandi aucupandive gratiâ, potest à domino, si is providerit, jure prohiberi ne ingrederetur, dict.* §. C'est une suite du droit de propriété de l'héritage ; *suprà*, *n.* 5.

Mais si ce chasseur, contre la défense du propriétaire de l'héritage, est entré sur l'héritage, en aura-t-il moins acquis le domaine du gibier dont il s'est emparé sur cet héritage? Cujas, *Observ.* IV, 2, dit qu'il n'en acquiert pas, en ce cas, le domaine. Vinnius rejette cette opinion : sa raison est, que le propriétaire a bien contre ce chasseur l'action *injuriarum*, parce qu'étant propriétaire de l'héritage, il a eu le droit de lui défendre d'y passer; mais n'étant pas propriétaire des animaux sauvages dont le chasseur s'est emparé sur son héritage, il n'a aucune raison pour empêcher que ce chasseur n'en ait acquis le domaine en s'en emparant.

25. Observez que, pour qu'un chasseur soit censé s'être emparé de l'animal, et en avoir acquis le domaine, il n'est pas précisément nécessaire qu'il ait mis la main dessus; il suffit que, de quelque façon que ce soit, l'animal ait été en son pouvoir, de manière à ne pouvoir s'échapper. C'est pourquoi, si, ayant tendu un piége dans un lieu où j'avais droit de le tendre, un sanglier s'est pris de manière à ne pouvoir s'échapper, j'en ai dès-lors acquis le domaine; et si quelqu'un l'avait débarrassé du piége et l'avait laissé aller, j'aurais contre lui la même action que j'aurais contre un homme qui aurait jeté ma tasse dans la rivière.

En serait-il de même, si j'avais tendu le piége dans un lieu où je n'avais pas le droit de le tendre? Proculus paraît décider qu'il n'importe en quel lieu je l'aie tendu : *In laqueum quem venandi causâ posueras, aper incidit; quùm in eo hæreret, exemptum eum abstuli : nùm tibi videor tuum aprùm abstulisse? Et si tuum putas fuisse, si solutum eum in silvam dimisissem, eo casu tuus esse desiisset, an maneret? Et quam actionem mecum haberes, si desiisset tuus esse, nùm in factum dari oporteret, quæro? Respondit : Laqueum videamus, ne intersit in publico an in privato posuerim; et si in privato posui, utrùm in meo, an in alieno posuerim? Et si in alieno, utrùm permissu ejus cujus fundus erat, an non permissu ejus posuerim? Præterea utrùm in eo hæserit aper et expedire se non possit ipse, an diutiùs luctando expediturus se fuerit?* Proculus ne s'arrête qu'à cette dernière distinction; et, sans s'arrêter à toutes les autres, il continue ainsi : *Summam tamen hanc puto esse, ut si in meam potestatem pervenit, meus factus sit; sin autem aprum meum factum in suam naturalem laxitatem dimisisses, eo facto meus esse desiisset; et actionem mihi in factum dari oportere, veluti responsum est, quùm quidam poculum alterius ex nave ejecisset;* l. 55, ff. *de adq. rer. dom.*

Dans notre jurisprudence, celui, qui aurait tendu un piége, ou des collets, dans un lieu où il n'a pas droit d'en tendre, ne serait pas écouté à prétendre que le gibier, qui s'y serait pris, lui appartenait, ni à intenter aucune action contre ceux qui s'en seraient emparés : on ne peut pas même dire que le gibier, en se prenant aux piéges ou aux collets qu'il a tendus, fût tombé en son pouvoir; car il n'était pas en son pouvoir de l'y aller prendre, le propriétaire du lieu, ou ses gens, ayant le droit de l'empêcher de s'y transporter.

26. Les jurisconsultes romains ont aussi agité la question, s'il suffisait que j'eusse blessé l'animal, pour que je fusse censé en avoir dès-lors acquis le domaine, que je ne perdais que lorsque j'en avais abandonné la poursuite; de manière que si, pendant que j'étais à la poursuite de cet animal que j'ai blessé, un autre s'en fût emparé, il fût censé me l'avoir volé. C'était l'avis du jurisconsulte Trebatius. Gaïus embrasse l'opinion contraire, par la raison qu'un animal, que nous avons blessé, n'est pas, pour cela, en notre pouvoir, pouvant arriver qu'il nous échappe, et que nous ne puissions l'atteindre; l. 5, § 1, ff. *dict. tit.*

Puffendorff, *liv.* 4, *chap.* 6, *n.* 10, sur cette question, distingue. Il dit que si la blessure était considérable, et qu'il fût vraisemblable que le chasseur eût atteint l'animal, il n'est pas permis à un autre de s'en emparer pendant que le chasseur, qui l'a blessé, le poursuit; mais que si la blessure est légère, l'animal demeure au premier occupant.

Barbeyrac est d'un sentiment tout opposé : il pense qu'il suffit que je sois à la poursuite d'un animal, quand même je ne l'aurais pas encore blessé, pour que je sois censé, tant que je suis à sa poursuite, être le premier occupant, à l'effet qu'il ne soit pas permis à un autre de s'en emparer pendant ce temps. Ce sentiment, plus civil, est suivi dans l'usage. Il est conforme à un article des anciennes lois des Saliens : c'est l'*art.* 5, *tit.* 35, où il est dit : *Si quis aprum lassum quem alieni canes moverunt, occiderit et furaverit, D. C. denarios culpabilis judicatur.*

§ II. De l'abrogation du droit qui permettait la chasse à tout le monde. Quelles sont les personnes à qui, par notre droit français, la chasse est permise, et celles à qui elle est défendue.

27. En France, de même que dans les autres États de l'Europe, les lois civiles ont restreint la liberté, que le pur droit naturel laissait à chaque particulier de s'emparer des animaux, qui, étant *in naturali laxitate*, sont dans l'ancien état de communauté négative, et n'appartiennent en propre à personne. Les souverains se sont réservé, pour eux et pour ceux auxquels ils ont jugé à propos de le communiquer, le droit de chasse de toute espèce de gibier, et en ont interdit la chasse à tous les autres particuliers.

28. Quelques anciens docteurs ont douté si les souverains avaient eu le droit de se réserver la chasse, et de l'interdire à leurs sujets. Ils opposent que, Dieu ayant donné aux hommes l'empire sur les bêtes, comme nous l'avons vu *suprà*, le prince n'était pas en droit de priver ses sujets d'un droit que Dieu leur avait donné. La loi naturelle, dit-on, permettant la chasse à chaque particulier, la loi civile, qui la défend, est contraire à la loi naturelle, et excède par conséquent le pouvoir du législateur, qui, étant lui-même soumis à la loi naturelle, ne peut rien ordonner de contraire à cette loi.

Il est facile de répondre à ces objections. De ce que Dieu a donné au genre humain l'empire sur les bêtes, il ne s'ensuit pas qu'il doit être permis à chaque particulier du genre humain d'exercer cet empire. La loi civile ne doit pas, dit-on, être contraire à la loi naturelle. Cela est vrai, à l'égard de ce que la loi naturelle commande ou de ce qu'elle défend; mais la loi civile peut restreindre la loi naturelle dans ce qu'elle ne fait que permettre. La plupart des lois civiles ne sont que des restrictions de ce que la loi naturelle permet. C'est pourquoi, quoique, aux termes du pur droit naturel, la chasse fût permise à chaque particulier, le prince a été en droit de se la réserver et à un certain genre de personnes, et de l'interdire aux autres. La chasse étant un exercice propre à détourner les paysans et les artisans de leur travail, et les marchands de leur commerce, il était utile, et pour leur propre intérêt, et pour l'intérêt public, de la leur défendre. La loi, qui défend la chasse, est donc une loi juste, à laquelle, dans le for de la conscience comme dans le for extérieur, il n'est pas permis à ceux, à qui elle est interdite, de contrevenir.

29. La plus ancienne loi que nous connaissions, qui ait défendu en France la chasse aux roturiers, est une Ordonnance de Charles VI, du mois de janvier 1366. On trouve, dans le Code des chasses, un article de cette Ordonnance, qui porte : « Aucune personne non noble de notre royaume, s'il n'est à ce » privilégié, ou s'il n'a aveu ou expresse commission à ce, de » par personne qui la lui puisse ou doive donner, ou s'il n'est » personne d'Église, ou s'il n'est bourgeois vivant de ses possessions et rentes, etc., se enhardie de chasser, ne tendre » grosses bêtes ne oiseaux, ne d'avoir pour ce faire, chiens, » furets, cordes, etc. »

Il paraît, par un fragment d'une ancienne instruction sur le fait des chasses, qu'on trouve dans ce même livre, qu'avant cette Ordonnance la chasse était permise à tous les particuliers, de quelque bas état qu'ils fussent, sauf dans certains lieux, et avec cette différence, qu'ils ne pouvaient se servir d'*engins*, ni chasser à la grosse bête, ce qui n'était permis qu'aux gentilshommes.

Voici ce que porte l'article premier : « Personnes non nobles » peuvent chasser partout, hors garennes à lièvres et connins, à » lévriers et chiens courans, ou à chiens, à oiseaux et à bâtons; » mais ils n'y peuvent tendre quelconques engins ne grosses » bêtes, s'ils n'ont titre. » Et en l'*art.* 3, il est dit : « Gentils- » hommes peuvent chasser à connins, et lièvres à tous engins, » hors garennes; et si garennes ont, ils en peuvent faire à leur » volonté. » Et en l'*art.* 4 : « Gentilshommes peuvent chasser aux » grosses bêtes, en leurs garennes et en celles de leurs voisins, » avec congé, et non ailleurs. »

Observez que, par l'Ordonnance de Charles VI, que nous avons ci-dessus rapportée, qui défend absolument la chasse aux non nobles, les bourgeois vivant de leurs possessions et rentes, c'est-à-dire, ceux qui n'exercent aucun art mécanique ni profession illibérale, en sont expressément exceptés.

François I^er^, par son Ordonnance de 1515, a renouvelé les défenses de la chasse, et y a ajouté des peines très-sévères. Le préambule porte : « Informés que plusieurs, n'ayant droit de » chasse ne privilége de chasser, prennent bêtes rousses et » noires, comme lièvres, faisans, perdrix,... en quoi faisant, » perdent leur temps qu'ils devraient employer au labourage, » arts mécaniques ou autres, selon l'état ou vacation dont ils » sont; lesquelles choses reviennent au grand détriment de » chose publique. » Et en l'*art.* 16, il est dit : « Défendons à

» tous nos sujets non nobles, et non ayant droit de chasse, » qu'ils aient chiens, collets, etc. » Claude Rousseau, et l'auteur des nouvelles Notes, observent que, par ces termes, *et n'ayant aucun droit de chasse,* les bourgeois vivant noblement, auxquels le droit de chasse a été expressément conservé par l'Ordonnance de 1366, sont exceptés de la défense faite par cet article. Ces auteurs font la même observation sur l'*art.* 8 de l'Ordonnance de Henri IV, du mois de juin 1601, qui porte : « Et quant aux marchands, artisans, laboureurs, paysans, et » autres telles sortes de gens roturiers, leur avons fait défenses » de tirer de l'arquebuse, etc. »

30. L'Ordonnance de 1669, qui règle aujourd'hui la jurisprudence sur le fait des chasses, a abrogé la distinction de ces auteurs par rapport à la défense de la chasse faite aux roturiers; elle la permet, par l'*art.* 14, seulement aux seigneurs, c'est-à-dire, aux propriétaires de fiefs et aux nobles : « Permettons, y » est-il dit, à tous seigneurs, gentilshommes et nobles de chasser noblement, à force de chiens et oiseaux, dans leurs forêts, » buissons, garennes et plaines, pourvu qu'ils soient éloignés » d'une lieue de nos plaisirs; même aux chevreuils et bêtes » noires, dans la distance de trois lieues. »

Et par l'*art.* 228, elle la défend indistinctement à tous les roturiers et non nobles, de quelque état et qualité qu'ils soient, sauf à ceux qui sont propriétaires de fiefs, lesquels, en cette qualité, ont droit de chasser dans toute l'étendue de leurs fiefs. Voici comment elle s'exprime audit article : « Faisons défenses » aux marchands, artisans, bourgeois et habitans des villes, » bourgs, paroisses, villages et hameaux, paysans et roturiers, » de quelque *état et qualité* qu'ils soient, non possédans fiefs, » seigneuries et hautes-justices, de chasser en quelque lieu, sorte » et manière, et sur quelque gibier de poil et de plume que ce » puisse être, à peine de cent livres d'amende pour la première fois, » du double pour la seconde, et, pour la troisième, d'être attachés pendant trois heures au carcan du lieu de leur résidence, » à jour de marché, et bannis pendant trois années du ressort » de la maîtrise, sans que, pour quelque cause que ce soit, les » juges puissent modérer la peine, à peine d'interdiction. »

31. Observez que la permission, que les Ordonnances donnent aux nobles de chasser, ne leur donne pas le droit de chasser sur les terres d'autrui sans le consentement du propriétaire, à qui le droit de chasse appartient sur lesdites terres; mais avec son consentement ils y peuvent chasser, sans pouvoir en être empêchés par les officiers des chasses, parce qu'étant nobles, ils sont d'une qualité à laquelle la chasse est permise par les Ordonnances. Au contraire, les roturiers étant, par leur qualité de roturiers, d'une condition à laquelle la chasse est défendue;

peuvent être empêchés de chasser, même sur les terres du seigneur de fief qui leur en aurait accordé la permission, le seigneur de fief ne pouvant pas l'accorder à ceux à qui, par leur qualité, la chasse est défendue.

### § III. A qui le droit de chasse appartient-il ?

32. C'est au roi que le droit de chasse appartient dans son royaume ; sa qualité de souverain lui donne le droit de s'emparer, privativement à tous autres, des choses qui n'appartiennent à personne, tels que sont les animaux sauvages : les seigneurs, et tous ceux qui ont droit de chasse, ne le tiennent que de sa permission, et il peut mettre à cette permission telles restrictions et modifications que bon lui semble. C'est pourquoi, dans les différentes Ordonnances sur le fait des chasses, le roi se sert toujours du terme de *permettons*. Dans celle de Henri IV, du mois de janvier 1600, *art.* 4, il est dit : « Permettons à tous » seigneurs et gentilshommes de chasser dans leurs forêts, » buissons et sur leurs terres, etc. » Et à l'*art.* 5 : « Leur per- » mettons aussi de pouvoir tirer de l'arquebuse, en l'étendue de » leurs fiefs, aux oiseaux de rivière, etc. » Le même roi, par sa déclaration du 14 août 1603, par laquelle il révoque la permission de chasser avec l'arquebuse, s'exprime ainsi : « En faisant » par nous un réglement général sur le fait des chasses, *pour* » *gratifier notre noblesse*, nous aurions, par les cinquième et » sixième articles, permis aux seigneurs gentilshommes et nobles » de tirer de l'arquebuse sur leurs terres, à quelque sorte de » gibier non défendu,... mais tant s'en faut que cette notre grati- » fication ait apporté quelque remède aux désordres, etc. »

Cette défense fut révoquée par une autre déclaration de l'année suivante. L'Ordonnance de 1669, en l'*art.* 14 ci-dessus cité, se sert aussi du terme *permettons*.

33. Le roi n'a pas permis en tous lieux le droit de chasse. Il y a certains lieux réservés pour les plaisirs de Sa Majesté, qu'on appelle *Capitaineries royales*, dans l'étendue desquelles la chasse est interdite à tout le monde. L'Ordonnance de 1669, *art.* 20, porte : « Défendons à toutes personnes, de quelque » qualité et condition qu'elles soient, de chasser à l'arquebuse » ou avec chiens dans l'étendue des capitaineries de nos maisons » royales de Saint-Germain, Fontainebleau, Chambor, Vin- » cennes, Livri, Compiègne, Bois-de-Boulogne, Varenne-du- » Louvre, même aux seigneurs hauts-justiciers, et à tous autres, » quoique fondés en titre ou permissions générales ou particu- » lières, déclarations, édits et arrêts, que nous révoquons, sauf » à nous d'accorder de nouvelles permissions. »

Cette défense a même lieu jusqu'à une certaine distance des

limites desdites capitaineries. C'est pourquoi il est dit, *art.* 14:
« Permettons à tous seigneurs, gentilshommes et nobles de chasser noblement, à force de chiens et oiseaux, dans leurs forêts, buissons, garennes et plaines, *pourvu* qu'ils soient éloignés d'une lieue de nos plaisirs, même aux chevreuils et bêtes noires, dans la distance de trois lieues. »

Il est aussi défendu à tous seigneurs gentilshommes, hauts-justiciers, et autres personnes, de quelque qualité et condition qu'ils soient, de chasser dans les forêts, buissons, garennes et plaines du roi, s'ils n'en ont titre ou permission: *Ordonnance de* 1669, *art.* 13. Ces lettres et permissions doivent être enregistrées au siége de la Table de marbre, suivant l'Ordonnance de 1601, *art.* 1, et de 1607, *art.* 2.

Rousseau, en sa note sur l'*art.* 1 de l'Ordonnance de François Ier, de 1515, qui contient la même disposition, dit que ces termes, *en nos forêts*, comprennent même celles où le roi a droit de gruerie ou tel autre droit, s'il n'y a titre contraire; et il cite des sentences de la Table de marbre.

34. A l'égard des terres des particuliers, qui ne sont pas dans les plaisirs du roi, dans celles qui sont tenues en fief, c'est le propriétaire, qui les tient en fief, qui a le droit de chasse sur lesdites terres, et non le seigneur de qui il les tient en fief. La tenue en fief étant une tenue noble, le seigneur, de qui il tient ces terres en fief, est censé en avoir accordé non-seulement les droits utiles, mais même les droits d'honneur qui y sont attachés, tel qu'est le droit de chasse.

Quoique le seigneur, de qui les terres relèvent en fief, n'ait pas le droit de chasse sur lesdites terres, la jurisprudence néanmoins lui a accordé le droit d'y venir quelquefois chasser, pourvu qu'il y vienne en personne, et qu'il en use modérément, c'est-à-dire, qu'il y vienne rarement, et seulement autant qu'il est nécessaire pour faire connaître le domaine de supériorité qu'il a sur le fief.

Par rapport au droit de chasse, qu'un propriétaire de fief a sur son fief, il nous reste à observer qu'il n'importe que le propriétaire soit noble ou roturier. C'est ce que suppose en termes exprès l'Ordonnance, en l'*art.* 28, ci-dessus rapporté, lorsqu'elle défend la chasse à tous roturiers *non possédans fiefs*.

35. Passons aux terres tenues en censive. Le propriétaire, qui les tient en censive, n'ayant que les droits utiles, ne peut avoir sur lesdites terres le droit de chasse, qui est un droit d'honneur; c'est le seigneur, de qui lesdites terres sont tenues en censive, qui a le droit de chasse sur lesdites terres: n'ayant concédé à son censitaire que les droits utiles, en les lui donnant à ce titre, il y a conservé le droit de chasse, qui est un droit d'honneur attaché au domaine direct qu'il a conservé sur lesdites terres.

36. On a fait la question de savoir si un gentilhomme propriétaire des terres qu'il tient en censive, quoique le droit de chasse sur lesdites terres appartienne au seigneur de qui il les tient en censive, ne doit pas au moins avoir, en sa qualité de gentilhomme, le droit d'y chasser lui-même. On dit, en faveur du gentilhomme, que l'Ordonnance de 1669, *art.* 14, permet aux gentilshommes de chasser *dans leurs forêts, buissons, garennes et plaines*, sans distinguer s'ils les tiennent en fief ou en censive; que s'ils n'avaient la permission de chasser que sur des terres qu'ils tiennent en fief, et dont ils peuvent se dire *seigneurs*, il aurait suffi, dans cet article, de dire *les seigneurs;* il aurait été inutile d'ajouter *gentilshommes et nobles.* Si le gentilhomme n'avait droit de chasser sur les terres, que lorsqu'il les tient en fief, il n'y aurait aucune différence entre le gentilhomme et le roturier, puisque le roturier a le droit, aussi bien que le gentilhomme, de chasser sur les terres qu'il tient en fief: néanmoins l'Ordonnance de 1669, et les Ordonnances précédentes, en supposent une très-grande, puisqu'elles permettent la chasse aux gentilshommes, et qu'elles la défendent aux roturiers. Enfin on ajoute que le seigneur, dans le fief duquel le gentilhomme a une terre en censive, ne tenant son droit de chasse que de la permission du roi, ne doit pas trouver mauvais que le roi ait accordé à ce gentilhomme cette récréation sur sa terre, dont ce seigneur même ne souffre pas de préjudice. Nonobstant ces raisons, je me souviens que, dans un procès entre le seigneur de Châteauneuf-sur-Loire, et un gentilhomme d'une très-ancienne extraction, qui était propriétaire d'une terre dans sa censive, il fut jugé que le gentilhomme n'avait pas droit de chasser sur sa terre. La raison est, que tenant sa terre en censive, il n'a que les droits utiles de cette terre: il n'a donc pas le droit d'y chasser, ce droit n'étant pas un droit utile, mais un droit d'honneur, que le seigneur, qui a donné sa terre à cens, est censé s'être réservé.

Quoique le roi donne aux gentilshommes la permission de chasser, ils ne peuvent en user que sur leurs fiefs, ou sur les fiefs des seigneurs qui veulent bien le leur permettre. On ne peut pas dire, pour cela, que la permission de chasser, que la loi donne à ce gentilhomme, lui serait inutile: car elle lui donne le pouvoir de chasser partout où le propriétaire du fief, à qui le droit de chasse appartient, veut bien le lui permettre; au lieu qu'il n'est pas permis au roturier de chasser sur le fief d'autrui, même avec la permission du propriétaire du fief. Quoiqu'il en soit ainsi, à la rigueur, il faut avouer qu'il y a de la dureté et de l'inhumanité à un seigneur, de priver un gentilhomme de cette récréation sur sa terre, qu'il tient de lui en censive, lorsqu'il n'en mésuse pas.

37. Il nous reste à parler des terres qui sont en franc-aleu, c'est-à-dire, qui ne relèvent d'aucun seigneur, sauf quant à la justice. Il y a deux espèces de francs-aleus, le noble et le roturier. Le franc-aleu noble est, suivant la définition qu'en donne la Coutume de Paris, *art.* 68, *celui auquel il y a justice, censive, ou fief mouvant de lui;* c'est-à-dire, celui auquel est attaché un droit de justice, ou qui, sans avoir droit de justice, a des vassaux, ou au moins des censitaires mouvans de lui. Une telle terre est une terre noble, qui, dans les successions, se partage noblement comme celles tenues en fief. Le franc-aleu, qu'on appelle *roturier*, parce qu'il se partage dans les successions comme les terres tenues en roture, est celui auquel il n'y a aucun droit de justice, et qui n'a aucun vassal ni censitaire mouvant de lui.

A l'égard des francs-aleus nobles, même de ceux auxquels il n'y a pas de droit de justice attaché, mais qui ont quelques vassaux ou censitaires qui en sont mouvans, il n'est pas douteux que ceux, qui en sont propriétaires, soit qu'ils soient nobles, soit qu'ils soient roturiers, ont le droit de chasse sur ces terres, et sur celles qui en relèvent en censive; car ces terres, au moyen des vassaux et des censitaires qui en relèvent, sont des seigneuries. Or, l'Ordonnance de 1669, *art.* 28, suppose que les roturiers ont le droit de chasse dans leurs seigneuries, par ces termes: *Faisons défenses aux...... roturiers non possédans fiefs, seigneuries, etc.*

A l'égard des francs-aleus roturiers, si le propriétaire est gentilhomme, il n'est pas douteux qu'il y a le droit de chasse. Le propriétaire, qui est roturier, peut-il le prétendre? On peut dire, pour l'affirmative, que si les propriétaires de terres tenues en fief ont le droit de chasse sur leurs terres, le propriétaire d'une terre en franc-aleu doit l'avoir à plus forte raison, puisqu'il a sur cette terre toute la plénitude du domaine, et par conséquent un domaine plus parfait que n'est celui du propriétaire d'une terre qui la tient en fief. On dit, au contraire, que les animaux sauvages, qui passent sur une terre, ou même qui s'y nourrissent, étant des choses qui n'appartiennent à personne, lesdits animaux, et le droit de les chasser, ne sont point une dépendance de la terre. Ce n'est donc point le domaine de la terre, quelque parfait qu'il soit, qui y donne le droit de chasse. Le roi s'étant réservé le droit de chasse pour lui et pour ceux auxquels il veut bien en faire part, personne n'a le droit de chasse sur ses propres terres, quelque parfait que soit son domaine, qu'autant que le roi le lui a accordé. Or le roi n'a accordé le droit de chasse aux roturiers, que sur leurs *fiefs, seigneuries et haute-justice*, suivant l'art. 28. Le franc-aleu roturier n'ayant aucune de ces qualités, n'étant ni fief ni seigneurie, le roturier, qui en est le propriétaire, n'y peut prétendre le droit de chasse. C'est l'avis de l'auteur des Notes sur l'*article* 14 de l'Ordonnance.

38. Les seigneurs hauts-justiciers ont aussi le droit de chasse dans toute l'étendue du territoire de leur justice ; ils ont ce droit non-seulement dans leur fief, mais même dans les fiefs des autres seigneurs, qui sont situés dans l'étendue de leur justice. C'est ce qui est porté par l'*art.* 26 de l'Ordonnance de 1669, qui s'exprime ainsi : « Déclarons tous seigneurs hauts-justiciers, soit qu'ils » aient censive ou non, en droit de pouvoir chasser dans l'éten- » due de leur haute-justice, quoique le fief de la paroisse appar- » tînt à un autre » (c'est-à-dire, quand même le fief ou les fiefs, qui se trouvent situés dans l'étendue de la paroisse dans laquelle ils ont droit de justice, ne leur appartiendraient pas, mais appartiendraient à d'autres), « sans néanmoins qu'ils puissent y » envoyer chasser aucuns de leurs domestiques, ni autres per- » sonnes de leur part, ni empêcher le propriétaire du fief de la » paroisse de chasser aussi dans l'étendue de son fief. »

Le seigneur haut-justicier a ce droit de chasse sur les fiefs des autres seigneurs, qui se trouvent situés dans l'étendue du territoire de sa justice, quand même ces fiefs des autres seigneurs ne relèveraient point du sien.

Suivant cet article, deux différens seigneurs, ou même trois, peuvent avoir droit de chasser sur les mêmes terres; savoir, le seigneur propriétaire du fief, le seigneur haut-justicier dans le territoire duquel elles sont situées, et le seigneur de qui le propriétaire du fief tient en fief lesdites terres, ou le droit de censive qu'il a sur lesdites terres, comme nous l'avons vu *suprà*, *n.* 34. Mais les droits de ces différens seigneurs sont différens. C'est le seigneur propriétaire du fief qui est le véritable propriétaire du droit de chasse sur lesdites terres : le droit du seigneur, de qui le propriétaire tient en fief, n'est qu'une faculté qui ne lui est accordée que par bienséance, et qui non-seulement lui est personnelle, mais dont il ne doit user que rarement : le droit du haut-justicier n'est aussi qu'un droit qui lui est personnel, qui lui est accordé par honneur, en considération de la puissance publique dont il est revêtu.

39. Le droit de chasse, qu'ont les seigneurs hauts-justiciers sur le fief d'autrui, étant un droit qui leur est personnel, ils ne peuvent y chasser qu'en personne, sans qu'ils puissent, est-il dit, y envoyer chasser aucuns de leurs domestiques, ou autres personnes de leur part.

Ils ne pourraient donc pas y faire chasser, même leurs enfans.

40. Lorsque la haute-justice appartient à plusieurs; pour que les propriétaires des fiefs, qui sont dans le territoire, auxquels appartient le droit de chasse, ne soient pas trop grevés, les propriétaires de la haute-justice ne peuvent pas y venir tous chasser ;

il n'y a que celui, qui a la principale part dans le droit de justice, qui y puisse venir. C'est ce qui est porté par l'*art.* 27 : « Si la » haute-justice (est-il dit) était démembrée, et divisée entre » plusieurs enfans ou particuliers, celui seul à qui appartiendra la » principale portion, aura droit de chasser dans l'étendue de sa » justice, à l'exclusion des autres cojusticiers qui n'auront part » au fief. »

Le sens de ces termes, *qui n'auront part au fief*, est que ce n'est qu'à l'égard des fiefs d'autrui, qui se trouvent dans l'étendue du territoire de la justice, que le droit de chasser est restreint à celui qui a la principale part dans la justice : mais à l'égard du fief, qui appartient en commun à tous les propriétaires de la justice, chacun d'eux a droit d'y chasser, en sa qualité de propriétaire de ce fief.

L'article continue : « Et si les portions étaient égales, celle » qui procéderait du partage de l'aîné, aurait cette prérogative » à cet égard seulement, et sans tirer à conséquence pour leurs » autres droits. »

Par exemple, en pays de droit écrit, dans le partage *ab intestat* des biens nobles d'une succession, la part du fils aîné est égale à celle de chacun de ses frères et sœurs. Si un droit de justice a été ainsi partagé entre des enfans par portions égales, ce sera le fils aîné seul, ou celui, qui lui aura succédé à la portion qui lui est échue dans la justice par ce partage, qui jouira seul du droit de chasser dans les fiefs appartenans à d'autres seigneurs, qui sont dans le territoire de la justice.

### § IV. Comment ceux qui ont droit de chasse en doivent-ils user ?

41. Le droit de chasse étant un droit honorifique, plutôt qu'un droit utile, ceux qui ont ce droit, ne doivent en user que pour leur plaisir, et non pour en retirer du profit.

C'est pourquoi, ils n'en doivent user que pour se procurer à eux-mêmes le plaisir de la chasse, aussi-bien qu'à leurs enfans et à leurs amis.

L'édit de Henri IV, du mois de juin 1601, *art.* 4, permettait à ceux, qui avaient le droit de chasse, de faire chasser à force de chiens et oiseaux, par leurs receveurs, garenniers et serviteurs domestiques, toute sorte de gibiers ; et par l'*art.* 5, il leur permettait pareillement de tirer de l'arquebuse par leursdits receveurs, garenniers et domestiques, aux oiseaux et gibier de passage. Mais depuis, par la déclaration du 3 mars 1604, qui permet aux seigneurs et gentilshommes de tirer de l'arquebuse à toute sorte de gibier, il est dit : « Sans toutefois que leurs fermiers, serviteurs ou domestiques en puissent user en quelque » sorte et manière que ce soit. » Il permet seulement à ceux, qui sont sexagénaires ou infirmes, de faire tirer au gibier non défendu l'un de leurs domestiques, duquel ils répondront, et en leur présence seulement.

On a étendu la disposition de cet article aux veuves et aux gens d'Eglise. Nous trouvons au Code des chasses un jugement du 11 juillet 1676, qui ordonne, à l'égard d'une veuve, dame de fief, qu'*elle ne pourra faire chasser sur ses terres, lorsqu'elle sera sur les lieux, que par un homme qu'elle sera tenue de nommer au greffe.*

Quoique cette loi n'ait point été expressément révoquée par aucune loi, néanmoins elle est tombée en désuétude; et on souffre aujourd'hui que tous les propriétaires de fiefs indistinctement fassent chasser leurs gardes ou autres domestiques sur leur fief.

42. Le droit de chasse étant un droit d'honneur, qui n'a pas été accordé pour en tirer du profit, c'est une conséquence qu'il n'est pas permis aux seigneurs de fief d'affermer ce droit, ni par le bail à ferme de la terre, ni séparément. Les baux, que le seigneur ferait de ce droit, sont absolument nuls, et ne produisent aucune obligation de part ni d'autre. Il y en a plusieurs réglemens dans le Code des chasses.

Cela ne doit pas être étendu aux garennes peuplées de lapins. On peut tirer du profit d'une garenne peuplée de lapins, et l'affermer de même qu'on afferme un colombier peuplé de pigeons. C'est ce qu'observe l'auteur du Code des chasses, sur l'*art.* 10 de l'Ordonnance de 1669.

43. Les propriétaires de fiefs doivent aussi observer plusieurs choses, à l'égard du droit de chasse qu'ils ont sur leurs fiefs. 1°. Ils ne doivent chasser que le gibier non défendu. L'*art.* 1 de l'Ordonnance de Henri IV, du mois de juin 1601, défend la chasse du cerf, biche et faon, à toutes personnes, sauf à ceux qui en ont une expresse permission, ou qui sont fondés en titres, octrois, ou concessions duement vérifiées

L'Ordonnance de 1669, *art.* 15, défend aussi la chasse du cerf et de la biche.

44. 2°. Ils ne doivent chasser que dans les lieux non défendus. Nous avons déjà vu *suprà, n.* 33, qu'il n'était pas permis de chasser quelque gibier que ce soit, ni de quelque manière que ce soit, dans les plaisirs du roi, ni à une lieue de ses plaisirs. Il n'est pas permis de chasser aux chevreuils et bêtes noires à trois lieues près de ses plaisirs: *Ordonnance de* 1669, *art.* 14; ni de tirer en volant, à trois lieues près de ses plaisirs.

45. 3°. Ils ne doivent point chasser dans les temps défendus. L'Ordonnance de 1669, *art.* 4, fait défenses de chasser de nuit dans les bois avec armes à feu.

L'*art.* 18 de la même Ordonnance défend de chasser à pied ou à cheval, avec des chiens ou oiseaux, sur les terres ensemencées, depuis que le blé est en tuyau; et dans les vignes, depuis le 1er mai jusqu'après la dépouille; à peine de privation du droit de chasse, de 500 livres d'amende, et des dommages et intérêts des particuliers.

46. 4°. Enfin ils ne doivent chasser que de la manière dont les Ordonnances le leur permettent; savoir, à force de chiens et oiseaux; *art.* 14; ou à l'arquebuse, c'est-à-dire au fusil; mais il ne leur est pas permis de chasser avec des engins défendus. L'Ordonnance du mois de janvier 1600, *art.* 9, et celle de 1601, *art.* 9, rapportent les engins défendus qu'il n'est pas permis de fabriquer ni d'exposer en vente, qui sont les tirasses, tonnelles, traîneaux, bricoles de corde et fil d'archal, pièces et pans de rets, et collets.

L'Ordonnance de 1669, *art.* 16, conformément aux anciennes Ordonnances, défend aussi la chasse au chien couchant; mais il paraît que cette disposition est tombée en désuétude, et n'est point observée.

### § V. Du droit qu'ont ceux qui ont droit de chasse, d'empêcher de chasser.

47. Le droit de chasse, qu'ont les seigneurs propriétaires de fiefs, consiste non-seulement dans celui d'y chasser eux-mêmes sur leurs fiefs, et d'y faire chasser leurs enfans et leurs amis, mais encore d'empêcher les autres d'y chasser.

Ils peuvent avoir, pour cela, un ou plusieurs gardes de chasse, qu'ils font recevoir, ou dans leurs justices, s'ils sont hauts-justiciers, ou au siége de la maîtrise des eaux et forêts; et sur les procès-verbaux de leurs gardes, lesdits seigneurs propriétaires de fiefs peuvent, ou à leur requête, ou, s'ils sont hauts-justiciers, à la requête de leurs procureurs fiscaux, assigner les particuliers, qui auront été trouvés chassant sur leurs fiefs sans en avoir leur permission, et les faire condamner aux peines portées par les réglemens.

Les seigneurs de fiefs et leurs gardes ne doivent avoir recours à aucunes voies de fait pour empêcher la chasse. Lorsque les gardes trouvent quelqu'un en contravention, ils ne doivent point le contraindre à rendre son fusil; ils doivent se contenter de dresser leur procès-verbal.

48. Le droit, qu'a le propriétaire de fief d'empêcher que d'autres ne chassent sur son fief, reçoit trois exceptions: 1° à l'égard du seigneur haut-justicier; *suprà, n.* 38; 2° à l'égard du seigneur de qui il relève en fief; *ibid.* 3°. L'usage a introduit une troisième exception, qui est que, si mon voisin a levé sur son fief un gibier, je ne puis, tant que ses chiens sont à la poursuite, l'empêcher de le suivre sur mon fief.

49. Ceux, à qui la chasse est interdite, peuvent être empêchés de chasser, non-seulement par le propriétaire du fief, sur lequel ils sont trouvés chassant; ils peuvent aussi l'être par l'officier chargé du ministère public pour cette partie.

ARTICLE III.

## *De la pêche et de l'oiselerie.*

### § I. De la pêche.

50. Les poissons, qui sont dans la mer, dans les rivières, les lacs, etc., étant *in laxitate naturali,* sont des choses qui n'appartiennent à personne : la pêche, qu'on en fait, est un genre d'occupation par lequel les pêcheurs acquièrent le domaine des poissons qu'ils pêchent, et dont ils s'emparent par la pêche qu'ils en font.

51. La mer étant du nombre des choses communes, dont la propriété n'appartient à personne, et dont l'usage est permis à tout le monde, il a toujours été et il est encore permis à tout le monde d'y pêcher.

52. Par le droit romain, quoique les fleuves, qui étaient dans l'étendue de l'empire romain, fussent mis au rang des choses publiques, dont la propriété appartenait au peuple romain, l'usage en était laissé à tout le monde; et il était permis à chacun d'y pêcher.

Il en est autrement par notre droit français. Le roi, à qui appartient la propriété de toutes les rivières navigables de son royaume, n'en a point permis la pêche aux particuliers. Le droit de pêche dans lesdites rivières est un droit domanial qui n'appartient qu'au roi, et à ceux qui tiennent ce droit de pêche par engagement du domaine, dans quelque partie limitée desdites rivières. Les fermiers du domaine et les engagistes afferment ce droit de pêche à des pêcheurs, et il n'est pas permis à d'autres qu'aux fermiers de la pêche, d'y pêcher.

53. A l'égard des rivières non navigables, elles appartiennent aux différens particuliers, qui sont fondés en titres ou en possession, pour s'en dire propriétaires dans l'étendue portée par leurs titres ou leur possession. Celles, qui n'appartiennent point à des particuliers propriétaires, appartiennent aux seigneurs hauts-justiciers dans le territoire desquels elles coulent; Loiseau, *Traité des seigneuries, chap.* 12, *n.* 120. Il n'est pas permis de pêcher dans lesdites rivières sans le consentement de celui à qui elles appartiennent.

54. Les Ordonnances veulent que ceux, qui pêchent sans

droit, soit dans les rivières du roi, soit dans les rivières ou dans les étangs des particuliers, soient punis comme larrons et voleurs. Ce n'est pas que celui, qui pêche sans droit, ait fait proprement un vol des poissons au propriétaire de la rivière ou de l'étang où il les a pêchés; car l'essence du vol est d'être *interversio possessionis. Scævola ait, possessionis furtum fieri: denique si nullus sit possessor, furtum negat fieri; l.* 1, § 15, ff. *Si is qui testam. liber., etc.* Or le propriétaire de la rivière ou de l'étang, où on a pêché les poissons, possédait, à la vérité, une rivière ou un étang peuplé de poissons; mais il ne possédait pas proprement les poissons qu'on y a pêchés. Ces poissons, qui étaient *in laxitate naturali*, n'étaient possédés par personne : on ne peut donc pas dire proprement qu'on les lui ait volés. Aussi l'Ordonnance ne dit pas que ceux, qui pêchent sans droit et sans permission dans les rivières et étangs d'autrui, soient voleurs et larrons : elle dit seulement qu'ils seront punis *comme voleurs et larrons*, c'est-à-dire, de la même peine que les voleurs et les larrons; parce que la malice, que renferme le délit de ceux qui pêchent ainsi dans les rivières et étangs d'autrui, est semblable à celle du vol, qui consiste à faire du tort à autrui dans son bien, pour en profiter, puisque celui, qui pêche sans droit, dans la rivière ou l'étang où j'ai droit de pêcher, me fait tort dans ce droit de pêcher, qui est mon bien, en diminuant, par la pêche qu'il a faite sans droit, pour son profit, l'émolument de celle que j'y dois faire.

55. A l'égard des poissons, qui sont dans un réservoir, ces poissons étant *sub manu*, et en la possession de celui qui les y garde, qui peut les aller prendre toutes fois et quantes que bon lui semble, il n'est pas douteux que celui, qui les y pêcherait sans droit, ferait un véritable vol à celui à qui ces poissons appartiennent.

§ II. De l'oiselerie.

56. L'oiselerie est un autre genre d'occupation, par lequel l'oiseleur acquiert le domaine des oiseaux qu'il prend.

Il est permis à toutes personnes de prendre à la pipée des oiseaux de toutes espèces, hors le gibier ou les pigeons : mais les oiseleurs ne peuvent faire leur pipée qu'en pleine campagne; il ne leur est pas, pour cela, permis d'entrer dans les enclos, sans permission de ceux à qui ils appartiennent.

Il est aussi permis de prendre des oiseaux avec des pots-à-passes.

57. Lorsqu'un oiseau apprivoisé, comme un perroquet, une pie, un serin, s'est envolé de la maison de son maître, le voisin, qui l'a pris, est obligé de le rendre à celui à qui il appartient, lequel n'en perd pas la propriété, tant qu'il conserve l'espérance

de les recouvrer. Les devoirs du bon voisinage obligent même celui qui l'a pris, de s'informer dans le quartier, qui est celui qui l'a perdu, afin de le lui rendre.

### ARTICLE IV.

### *De l'invention; des trésors; des épaves, et de la découverte des pays inhabités.*

#### § I. De l'invention.

58. L'invention est un autre genre d'occupation, par lequel celui, qui trouve une chose qui n'appartient à personne, en acquiert le domaine en s'en emparant.

On peut rapporter à ce genre d'occupation les cailloux propres à être taillés, qu'on trouve sur les rivages de la mer et des rivières, aussi bien que les différentes espèces de coquillages qu'on ramasse sur le bord de la mer. Ces choses étant du nombre de celles, qui sont restés dans l'état de la communauté négative, dont la propriété, tant qu'elles demeurent en cet état, n'appartient à personne, chacun a droit d'en acquérir la propriété en les ramassant : *Lapilli, gemmæ, cæteraque quæ in littore invenimus, jure naturali nostra statim fiunt;* l. 3, ff. *de divis. rer.*

59. On peut rapporter à ce genre d'occupation qu'on nomme invention, les boues et ordures des rues, que nos jardiniers d'Orléans font ramasser tous les jours par leurs âniers, pour s'en servir à fumer les terres où ils font venir leurs légumes. Ces boues et ordures sont choses qui n'appartiennent à personne : l'ânier, en les ramassant, et en les chargeant dans les corbeilles de son âne, acquiert à son maître, pour qui et au nom de qui il les ramasse, le domaine de ces boues et ordures, *jure inventionis et occupationis.*

60. On peut pareillemeut rapporter à ce genre d'occupation celle des choses, dont celui, à qui elles appartenaient, a abdiqué la propriété. Ces choses n'appartenant plus à personne, celui, qui s'en empare, peut en acquérir le domaine par ce genre d'occupation : *Pro derelicto rem à domino habitam si sciamus, possumus acquirere;* l. 2, ff. *pro derel.*

Par exemple, on ne peut douter que les gousses de pois, les trognons de salade, et autres choses semblables, qu'on trouve dans une rue, sont choses *pro derelictis habitæ:* un pauvre, qui les ramasse, pour s'en nourrir, faute de pain, dans des temps de famine, en acquiert le domaine, *jure inventionis et occupationis.*

Pareillement, il ne peut être douteux que la charogne d'un

cheval qu'on a jeté à la voirie, après l'avoir écorché, est une chose *pro derelicto habita*, dont celui, à qui appartenait le cheval, a abdiqué la propriété, et qui n'appartient à personne. Un ouvrier, qui travaille à des ouvrages qui se font avec des os de cheval, peut donc très-licitement couper dans la carcasse de cette charogne ce qu'il croit pouvoir lui servir, et il en acquiert le domaine, *jure inventionis et occupationis.*

61. Il ne faut pas confondre avec les choses qui sont *pro derelictis habitæ*, celles qui ne sont qu'égarées, et qui ont vraisemblablement un maître, quoique inconnu.

On appelle ces choses, *épaves.* Nous en traiterons en particulier *infrà*, au paragraphe 3.

62. On a fait aussi la question, si un trésor, qu'on a découvert, appartient à ce genre d'occupation. Nous en traiterons en particulier au paragraphe suivant.

63. Il nous reste à parler d'une question, qu'on a faite au sujet de l'invention, qui est de savoir, si, pour acquérir le domaine de la chose que nous trouvons, qui n'appartient à personne, il fallait mettre la main dessus, où s'il suffisait de l'avoir regardée avec le dessein de la ramasser et de se l'approprier; de manière que, si deux personnes avaient aperçu en même temps cette chose dans ce dessein, elle dût leur appartenir en commun. On peut alléguer, pour ce dernier sentiment, ce qui est dit en la loi 1, § 21, ff. *de acquir. posses. Non est necesse corpore et actu apprehendere possessionem, sed etiam oculis et affectu.* Cette prétention d'avoir sa part dans une chose qu'un autre a trouvée, lorsqu'on prétend l'avoir aperçue en même temps que lui, est ancienne. Nous en trouvons un vestige dans Plaute, *in Rudente, act.* 4, *sc.* 3. Trachalion demandait à Gripus à avoir sa part d'une valise que Gripus avait pêchée. A cela Gripus répond: *Quemne ego excepi è mari?* Trachalion réplique : *Et ego inspectavi è littore.*

Nous en trouvons un autre vestige dans Phèdre, *Fab.* v, 6.

> *Invenit calvus fortè in trivio pectinem;*
> *Accessit alter æquè defectus pilis :*
> *Eia, inquit,* in commune (1) *quodcumque est lucri.*

Nonobstant ces raisons, je pense que, pour acquérir la propriété de ces choses, il ne suffit pas de les avoir aperçues dans le dessein de se les approprier; il faut les avoir ramassées, ou par nous-mêmes, ou par quelqu'un qui les aurait ramassées pour

(1) J'en retiens ma part.

nous et en notre nom. La possession, qui s'acquiert *oculis et affectu*, dans le cas de la tradition, est plutôt une possession civile et feinte, qu'une possession réelle. Il faut, pour l'occupation et la possession réelle, se saisir de la chose; la tenir, soit avec vos mains, soit avec quelque chose qui vous serve pour cela d'instrument. C'est pourquoi je pense que, lorsque deux personnes ont l'une et l'autre aperçu une de ces choses qui n'appartiennent à personne, avec le dessein de l'acquérir, elle ne doit appartenir qu'à celui qui a été le plus diligent à s'en saisir et à s'en emparer. Ajoutez que, si l'on attribuait la chose à celui qui l'aurait aperçue le premier, cela donnerait lieu à des discussions, lorsque plusieurs prétendraient chacun l'avoir aperçue le premier, et avoir prévenu l'autre; au lieu qu'il n'y en a aucune, en l'attribuant à celui qui s'en est saisi le premier.

### § II. Des trésors.

64. On a élevé, à l'égard d'un trésor caché en terre, dans un champ ou dans une maison, la question de savoir s'il devait appartenir, *jure inventionis*, à celui qui l'y avait trouvé; ou s'il devait appartenir au propriétaire du champ ou de la maison où il avait été trouvé, *jure accessionis*, comme en étant une espèce de dépendance. Les jurisconsultes romains ont tranché cette question, en donnant la moitié du trésor à celui qui l'avait trouvé, et l'autre moitié au propriétaire du champ; *Instit. de rer. divis.*, § 39.

Par notre droit français, le trésor se partage entre le seigneur haut-justicier, dans le territoire duquel le trésor a été trouvé, le propriétaire du lieu où il a été trouvé, et celui qui l'a trouvé, lesquels en doivent avoir chacun un tiers.

65. Celui, qui a trouvé le trésor, n'a droit d'y prétendre part, que lorsqu'il l'a trouvé par un cas fortuit; comme lorsqu'un homme, en faisant une fosse dans un champ, de l'ordre du propriétaire, y trouve un trésor; ou lorsqu'un cureur de puits ou de latrines, en curant un puits ou des latrines, y trouve un trésor. Mais si quelqu'un avait fait, sans le consentement du propriétaire, des fouillemens dans un champ pour y chercher un trésor, et qu'il en eût effectivement trouvé un, la loi unique, au Code *Thesauris*, ordonne qu'il n'y aura, en ce cas, aucune part, parce qu'il ne doit pas retirer un profit d'un délit qu'il a commis, en faisant des fouillemens dans le champ d'autrui sans le consentement du propriétaire.

66. Observez que nous n'entendons par trésor, qu'une chose dont on n'a aucun indice à qui anciennement elle ait appartenu : *Thesaurus* (dit Paul) *est vetus quædam depositio pecuniæ cujus non extat memoria, ut jam dominum non habeat*; l. 31, § 1, ff.

*de adq. rer. dom.* Mais lorsqu'il y a quelque indice ou présomption, qui fasse connaître la personne qui a caché l'argent ou quelque autre chose que ce soit, dans le lieu où on l'a trouvé, la chose, en ce cas, ne doit pas passer pour un trésor, et elle appartient à celui qui l'y a cachée, ou à ses héritiers, auxquels celui, qui l'a trouvée, doit la rendre : *Alioquin* (ajoute Paul) *si quid aliquis, vel lucri causâ, vel metûs, vel custodiæ, condiderit sub terrâ, non est thesaurus; cujus etiam furtum fit.*

Scævola donne cet exemple : *A tutore pupilli domum mercatus ad ejus refectionem fabrum induxit, is pecuniam invenit; quæritur ad quem pertineat? Respondit : Si non thesauri fuerint, sed pecunia fortè perdita, vel per errorem ab eo, ad quem pertinebat, non ablatâ, nihilominùs ejus eam esse cujus fuerat*; l. 67, ff. *de rei vind.*

*Si non thesauri fuerint*, c'est-à-dire, s'il ne paraît pas que cet argent, qu'on a trouvé, soit un trésor, comme cela paraîtrait si c'étaient d'anciennes espèces qui parussent n'avoir été mises dans le lieu où on les a trouvées, que dans un temps très-éloigné, de manière qu'il ne fût plus possible de connaître celui qui les y a mises. Si, au contraire, il paraît qu'il n'y a pas longtemps que cet argent a été mis au lieu où on l'a trouvé, *putà*, parce que ce sont des espèces de fabrique moderne; on présume, en ce cas, que cet argent y a été mis par le père du mineur qui habitait cette maison; que cet argent n'était qu'égaré; que c'était par erreur que le tuteur, en vendant la maison, ne l'avait pas retiré du lieu où il était, faute d'avoir su qu'il y fût; et que cet argent, ayant toujours continué d'appartenir au père du mineur, devait être rendu au tuteur de ce mineur son héritier.

### § III. Des épaves.

67. On appelle *épaves* les choses égarées, dont on ne connaît pas le propriétaire, telles que sont un cheval, une vache ou quelque autre animal qu'on trouve errer sans conducteur; une bourse d'argent, une tasse d'argent, une bague, un mouchoir, une montre, une tabatière, ou quelque autre chose, qu'on trouve dans un chemin, où quelqu'un les a laissé tomber sans s'en apercevoir.

Quoique celui, à qui ces choses appartiennent, soit inconnu, il n'est pas vraisemblable qu'il en ait voulu abdiquer la propriété, mais plutôt qu'il les a égarées, et qu'il en conserve toujours la propriété.

Ces choses n'étant donc pas des choses qui n'appartiennent à personne, elles ont un maître, quoiqu'il soit inconnu : elles ne sont donc pas susceptibles du genre d'acquisition qui se fait à titre d'occupation. Celui, qui les a trouvées, non-seulement n'en acquiert pas le domaine, il n'a pas même le droit de les retenir jusqu'à ce que le propriétaire paraisse et les réclame, et ce n'est pas lui qui en doit profiter, lorsqu'elles ne sont réclamées par personne. Le droit de s'approprier, privativement à tous autres, les épaves qui n'ont point été réclamées, est, en France, un droit attaché à la haute-justice, qui a été attribué au seigneur haut-justicier, pour le récompenser des frais qu'il fait pour faire rendre la justice.

Il y a quelques Coutumes qui accordent ce droit d'épave au moyen-justicier, comme Tours, Lodunois, Amiens. Celle d'Orléans admet aussi le haut-justicier au droit d'épave, jusqu'à concurrence de la somme jusqu'à laquelle il a droit de justice.

Celle d'Anjou l'accorde même au bas-justicier. Dans celle de Blois, le bas-justicier a droit d'avoir, dans le prix de l'épave, sept sous six deniers; le moyen, soixante sous; et le surplus appartient au haut-justicier.

68. Celui, qui a trouvé l'épave, est obligé de la déférer à justice; c'est-à-dire qu'il est obligé d'en aller faire sa déclaration au greffe de la justice du lieu où l'épave a été trouvée. Sur cette déclaration, si l'épave est un animal, le juge ordonne qu'il sera mis en fourrière dans un cabaret désigné par son Ordonnance. Si c'est une chose inanimée, le juge, suivant qu'il le juge à propos, ordonne, ou qu'elle sera apportée au greffe pour y être déposée, ou qu'elle restera en dépôt, jusqu'à nouvel ordre, entre les mains de celui qui l'a trouvée.

69. Le temps, dans lequel celui, qui a trouvé l'épave, doit la déférer à justice, est différemment réglé par les Coutumes. La plupart veulent qu'elle soit déférée à justice dans les vingt-quatre heures. Notre Coutume d'Orléans, *art.* 166, et quelques autres Coutumes, accordent trois jours; d'autres en accordent huit.

Dans celles qui ne s'en sont pas expliquées, je pense qu'on doit suivre la disposition des Coutumes qui sont les plus indulgentes, et accorder huit jours.

70. Faute par celui, qui a trouvé l'épave, de l'avoir déférée dans le temps dans lequel il devait le faire, ou d'en avoir averti d'une autre manière équipollente, en la faisant crier, il doit être condamné en une amende que notre Coutume d'Orléans, *art.* 166, ainsi que plusieurs autres Coutumes, règlent à un écu sou, c'est-à-dire, à soixante sous. D'autres Coutumes laissent cette amende à l'arbitrage du juge.

71. Ce n'est pas seulement pour l'intérêt du seigneur de la justice, qui doit profiter de l'épave, au cas qu'elle ne soit pas réclamée, que celui, qui a trouvé l'épave, la doit déférer à justice ou la faire crier; c'est aussi pour celui du propriétaire de l'épave, afin qu'il soit averti du lieu où elle est, et qu'il la puisse venir réclamer. C'est pourquoi, après que notre Coutume d'Orléans, *art.* 166, a dit : *Celui qui recèle aucune épave plus de trois jours sans la*

*déclarer à justice, ou la faire crier, est amendable d'un écu sou envers la justice;* elle ajoute, *est tenu des dommages et intérêts* DU SEIGNEUR D'ICELLE, c'est-à-dire, du propriétaire de l'épave.

Ces dommages et intérêts consistent dans ce qu'il a souffert ou manqué de gagner par la privation de l'usage de sa chose, faute d'avoir été averti, et d'avoir pu la réclamer plus tôt.

72. Lorsque l'épave a été déférée à justice, elle doit être gardée pendant un certain temps, et il doit être fait plusieurs proclamations, avant que le seigneur puisse la faire vendre à son profit, afin que le propriétaire puisse être averti, et avoir le temps de la venir réclamer.

Les Coutumes sont différentes sur le nombre et la forme de ces proclamations, et sur le temps qui doit être accordé au propriétaire de l'épave pour venir réclamer l'épave, ou le prix pour lequel elle aura été vendue.

Les unes veulent qu'il soit fait trois proclamations, de quinzaine en quinzaine; d'autres demandent pareillement trois proclamations de huitaine en huitaine : les unes les demandent par trois dimanches, les autres par trois dimanches ou fêtes solennelles, les autres à trois jours de marché. Boulonnais, Nivernais, ne demandent qu'une seule publication, au prône de la paroisse de la seigneurie, un jour de dimanche, et une autre à jour de marché. Poitou ne demande que l'une des deux.

Pareillement, à l'égard des lieux où se doivent faire lesdites proclamations, plusieurs Coutumes se contentent de dire, *aux lieux accoutumés :* d'autres disent, *à l'issue des grand'messes du lieu de la seigneurie :* celle du Maine ajoute, *et ès deux autres paroisses voisines.* Celle d'Auvergne dit que les proclamations doivent se faire par quatre assises; celle de la Marche, par trois assises. Celle de Bretagne requiert les trois proclamations aux grand'messes, et se contente d'une autre au marché.

Les Coutumes sont aussi différentes sur le temps qu'elles accordent au propriétaire de l'épave pour la réclamer. Les plus indulgentes veulent que le seigneur accorde un an pour les vendre; à moins que ce ne fussent choses périssables, et dont la garde serait trop coûteuse, telles que sont les animaux; auquel cas, elles peuvent bien être vendues après les proclamations; mais le prix en doit rester consigné pendant l'année, et rendu au propriétaire de l'épave, s'il se fait connaître dans ledit temps.

La plupart des Coutumes n'obligent le seigneur à garder l'épave, que pendant le temps de quarante jours. Dans les unes, c'est un temps de quarante jours pendant lequel se font les proclamations; dans d'autres, c'est un temps de quarante jours, qui ne commence à courir qu'après les proclamations faites. Dans notre Coutume d'Orléans, il court après le premier cri.

73. Dans cette variété de dispositions de Coutumes sur cette

matière, dont celle de Paris n'a point traité, nous nous bornerons à rapporter celles de la Coutume d'Orléans.

Elle requiert deux choses, avant que le seigneur de justice fasse vendre l'épave à son profit; 1° des proclamations; 2° un temps de quarante jours, pendant lequel le propriétaire puisse la venir réclamer.

Voici comment elle s'exprime sur les proclamations, *art.* 63 : « Épaves se doivent proclamer, pendant trois divers dimanches, » aux prônes de la grand'messe paroissiale, et au siége du lieu » où elles auront été trouvées, à jour de plaids, à la diligence » des seigneurs de haute, moyenne et basse justice, ou de celui » qui aura trouvé lesdites épaves. »

L'édit de 1695 a dispensé les curés de faire ces sortes de proclamations aux prônes : au lieu d'être faites aux prônes, elles se font à la porte de l'église, à l'issue de la messe paroissiale, par un huissier qui en dresse procès-verbal.

Il y a néanmoins encore aujourd'hui des curés, qui veulent bien faire ces proclamations aux prônes. On doit, en ce cas, tirer d'eux un certificat qu'elles ont été faites.

L'église, où ces proclamations doivent être faites, est l'église paroissiale du lieu où l'épave a été trouvée.

La proclamation contient que l'on a trouvé tel jour, en tel lieu, telle chose, qu'on doit désigner, *putà*, un cheval, sous tel poil, ayant telle marque, d'une telle taille; une tabatière de telle manière, de telle figure, de tel poids.

74. Outre les trois proclamations, qu'on doit faire aux prônes, ou à l'issue de la messe paroissiale, la Coutume veut que l'épave soit proclamée au siége de la justice du lieu où elle a été trouvée, *à jour de plaids*.

C'est-à-dire, à un jour d'audience ordinaire, pendant que l'audience tient.

C'est le greffier qui fait cette proclamation, et qui en tient registre.

La publication à l'audience ne se fait qu'une fois. La Coutume a bien dit que la proclamation aux prônes se ferait *par trois divers dimanches*; mais elle n'a pas dit de même, que la publication au siége se ferait par trois divers jours de plaids, mais elle a dit seulement, à jour de plaids.

75. La seconde chose, que la Coutume requiert, est qu'on laisse un temps de quarante jours, pour que le propriétaire puisse la venir réclamer.

Voici comment elle s'en explique : « Épaves se doivent garder » pendant quarante jours; *art.* 163. Si celui, à qui appartient l'épave, s'apparaît dans lesdits quarante jours, à compter du jour » du premier cri fait solennellement, elle lui sera rendue, en » payant les nourritures et frais faits en la garde et proclamation,

» d'icelle; et où il ne se trouverait personne qui recherchât la- » dite épave pendant ledit temps, et icelui passé, sera adjugée » auxdits seigneurs hauts-justiciers, etc. »

La Coutume, par ces mots, *du jour du premier cri fait solennellement,* entend la première proclamation qui a été faite, soit au prône, ou à l'issue de la messe paroissiale, soit au siége de la justice. Si l'on a commencé par les publications au prône, avant de faire la publication au siége de la justice, c'est du jour de la première publication au prône, ou à l'issue de la messe, que court le temps de quarante jours. Si, au contraire, on a commencé par la publication au siége de la justice, avant de faire les publications au prône, c'est du jour de cette publication au siége, que doit courir ledit temps de quarante jours.

Observez qu'on ne doit point compter dans les quarante jours, *le jour du premier cri,* depuis lequel ledit temps de quarante jours doit courir suivant la maxime, *Dies à quo non computatur in termino.* C'est pourquoi, si, par exemple, la première publication a été faite le premier jour du mois d'avril, qui est un mois qui n'a que trente jours, le temps de quarante jours n'expirera que le 11 de mai, et l'adjudication ne pourra être valablement faite plus tôt que le 12 de mai.

76. Quoique toutes les proclamations aient été faites, et que le temps de quarante jours soit expiré; tant que l'épave n'est pas encore adjugée, le propriétaire est reçu à la réclamer, et elle doit lui être rendue, en faisant par lui apparoir qu'elle lui appartient, et en remboursant les frais; *art.* 165.

Mais après que l'épave a été adjugée, celui, à qui elle appartenait, n'est plus reçu à la réclamer, ni à en demander le prix. L'adjudication, qui en a été faite en justice, purge et éteint le droit de propriété qu'il avait de cette chose, faute par lui de l'avoir réclamée avant l'adjudication.

77. L'adjudication se fait par le juge, publiquement, au lieu, au jour, et à l'heure, auxquels on a coutume de faire les adjudications.

Les frais de garde, des proclamations et de l'adjudication se prélèvent sur le prix. Dans ce qui reste du prix, notre Coutume accorde le tiers à celui qui a trouvé l'épave, et qui l'a déclarée à justice; le surplus appartient au seigneur justicier.

Cette disposition de la Coutume d'Orléans, qui donne une part dans le prix à celui qui a trouvé l'épave, lui est particulière. Je ne connais que la Coutume de Bretagne qui ait une disposition semblable.

78. Le haut-justicier, dans la Coutume d'Orléans, n'est pas le seul qui ait droit d'épaves; les moyens et bas-justiciers participent à ce droit jusqu'à concurrence de la somme à laquelle ils ont droit de justice. C'est pourquoi, en l'*art.* 163, elle dit que

les proclamations se feront *à la diligence des seigneurs de haute, moyenne, et basse-justice;* et en l'*art.* 164, elle dit que l'épave *sera adjugée auxdits seigneurs justiciers, selon les droits de leur justice.*

Dans la Coutume d'Anjou, *art.* 40, et du Maine, *art.* 1, le droit d'épaves mobilières appartient aux moyens-justiciers.

79. Suivant les statuts des orfèvres et des joailliers, lorsqu'un inconnu leur apporte quelque pièce d'argenterie ou quelque pierre précieuse, ils doivent la retenir jusqu'à ce que l'inconnu se fasse connaître par quelque personne digne de foi de la ville. Lorsque l'inconnu ne revient pas, ce qui arrive fort souvent, lesdits orfèvres et joailliers déférent à justice ces pièces d'argenterie ou pierres précieuses, lesquelles sont réputées épaves, et à l'égard desquelles on observe tout ce qui a été dit ci-dessus, de même qu'à l'égard des autres épaves.

### § IV. Des essaims d'abeilles.

80. Plusieurs Coutumes regardent comme des espèces d'épaves, les abeilles qu'on trouve assises dans quelque arbre ou dans quelque buisson, et attribuent au seigneur de la justice du lieu le droit de s'en emparer privativement à tous autres, à la charge seulement d'en laisser la moitié à celui qui les a trouvées, et les a déférées à justice.

Il y a cette différence, entre cette espèce d'épaves, et les épaves ordinaires, que celles-ci appartiennent à quelqu'un, quoique celui, à qui elles appartiennent, soit inconnu ; et il ne cesse d'en être le propriétaire, jusqu'à ce que, faute par lui de s'être fait connaître, elles aient été adjugées au seigneur de justice; au lieu que les abeilles, qui sont *in naturali laxitate,* n'appartiennent à personne.

Quand même elles seraient envolées d'une ruche, elles n'appartiendraient plus au propriétaire de la ruche, qui, ne les ayant pas poursuivies, ou ayant cessé de les poursuivre, ne les a plus en sa possession. C'est pourquoi, par le droit romain, le premier occupant en acquérait le domaine : *Examen quod ex alveo nostro evolaverit, eò usque nostrum intelligitur, donec in conspectu nostro est, nec difficilis ejus persecutio est; alioquin occupantis fit; l.* 5, § 4, ff. *de adquir. rer. dom.* Ces Coutumes ont attribué au seigneur de justice, privativement à tous autres, ce droit, qu'aux termes du pur droit naturel chacun avait de s'en emparer.

81. Dans les Coutumes, qui ne s'en sont pas expliquées, les seigneurs hauts-justiciers ont-ils ce droit?

J'aurais de la peine à leur accorder ce droit. Ces essaims étant choses qui n'appartiennent à personne, lesquelles, aux termes du pur droit naturel, appartiennent au premier occupant, les seigneurs ne peuvent s'attribuer le droit de s'en emparer, privativement à toute autre personne, sans une loi positive qui le leur attribue, en restreignant en ce point le droit naturel. Les Coutumes, qui accordent ce droit aux seigneurs, n'ayant force de loi que dans leur territoire, les seigneurs, hors de ces Coutumes, ne sont fondés sur aucune loi pour se les attribuer.

### § V. Du droit de varech et choses gaives.

82. Le droit de *varech et choses gaives* est un droit que la Coutume de Normandie accorde aux seigneurs.

Sous ce droit de *varech et choses gaives* (dit-elle en l'*article* 583), sont comprises toutes choses que l'eau jette à la terre par tourmente ou fortune de mer, ou qui y arrive si près de terre, qu'un homme de cheval y puisse toucher avec sa lance.

Ces choses sont de véritables épaves. Elles appartiennent à un propriétaire qui est inconnu : car lorsqu'elles sont tombées dans la mer, celui, qui en était le propriétaire, n'en a pas perdu le domaine de propriété; il l'a toujours conservé, et l'a transmis en mourant à ses héritiers ; ce qui a lieu, quand même le propriétaire aurait jeté à la mer ces choses volontairement, pour alléger le vaisseau ; car il n'a pas entendu, en les jetant, en abdiquer la propriété : *Res jacta domini manet, nec fit apprehendentis, quià pro derelicto non habetur ; l.* 2, § 8, *ff. de leg. rhod.*

Le droit de varech, que la Coutume accorde sur les choses trouvées sur la partie du rivage de la mer où le seigneur a ce droit, consiste dans le droit de s'en emparer privativement à toutes autres personnes, et, au cas qu'elles ne soient pas réclamées pendant le temps d'un an et jour par les propriétaires, de se les approprier. Lorsque les choses sont de nature à ne pouvoir se garder, le seigneur peut les faire vendre en justice; mais il doit en garder un échantillon, pour servir à la reconnaissance, en cas qu'elles soient réclamées. Il doit pareillement laisser le prix en dépôt, pour être rendu au propriétaire, s'il vient dans l'année se faire connaître.

### § VI. De l'occupation des terres inhabitées.

83. Des navigateurs, qui, dans un voyage de long cours, ont découvert une terre qui n'est habitée par personne, peuvent, en s'y établissant, en acquérir le domaine de propriété, *jure occupationis*, comme d'une chose qui n'appartient à personne.

Si c'était au nom de leur prince que ces navigateurs en prissent possession, ce serait à leur prince qu'ils acquerraient cette terre.

Mais lorsqu'une terre est habitée, quelque sauvages que nous paraissent les hommes qui l'habitent, ces hommes en étant les véritables propriétaires, nous ne pouvons sans injustice nous y établir malgré eux.

### ARTICLE V.

### *De l'occupation simplement dite.*

84. Outre les différentes espèces d'occupations, qui ont été rapportées dans les articles précédens, il peut y en avoir beaucoup d'autres, qui, faute de nom particulier, s'appellent simplement *occupations.*

On peut donner pour exemple le cas, auquel je vais puiser de l'eau dans une rivière. J'acquiers le domaine de l'eau que j'y ai puisée, et dont j'ai rempli ma cruche, à titre d'occupation ; car cette eau étant une chose qui n'appartient à personne, à laquelle personne n'a aucun droit exclusif, j'ai pu, en m'en emparant, en acquérir le domaine, *jure occupationis*. C'est pourquoi, dans le cas auquel, en revenant de la rivière, j'aurais, pour quelque besoin, laissé ma cruche dans le chemin, dans le dessein de venir la reprendre au lieu où je l'avais laissée; si, pendant ce temps, un passant, ayant trouvé ma cruche, pour s'épargner le chemin d'aller jusqu'à la rivière, avait versé dans sa cruche l'eau qui était dans la mienne, il aurait commis envers moi un véritable vol de l'eau qui y était, cette eau étant une chose dont j'étais véritablement propriétaire, et dont je conservais la possession par la volonté que j'avais de la venir reprendre au lieu où je l'avais laissée.

Observez qu'il ne faut pas confondre le corps du fleuve avec l'eau qui y coule, qu'on appelle *aqua profluens*.

Le corps du fleuve est un grand corps, qui est le même qui a toujours subsisté par le passé, et qui subsistera par la suite, dont la propriété appartient au souverain dans les États duquel il est. L'eau, qui y coule, qu'on appelle *aqua profluens*, est cette eau qui, dans l'instant présent, est dans un tel lieu du fleuve, et qui dans l'instant suivant, n'y sera plus, et à laquelle une autre eau succédera. C'est cette eau, qui est restée dans la communauté négative du genre humain, qui appartient à tous les hommes en commun, sans qu'aucun puisse s'en dire le propriétaire, tant qu'elle reste dans cet état ; que chacun, par conséquent, l'étranger comme le citoyen, peut puiser dans la rivière, et dont il peut acquérir le domaine en s'en emparant.

C'est pourquoi Ovide, dans ses Métamorphoses, fait parler ainsi Latone aux paysans de Lycie, qui voulaient l'empêcher de puiser de l'eau pour boire.

*Quid prohibitis aquas? Usus communis aquarum est:*

*Nec solem proprium natura, nec aëra fecit,*
*Nec tenues undas : ad publica munera veni.*

85. Le jurisconsulte Pomponius nous apporte un autre exemple d'occupation. Lorsque quelqu'un bâtit un édifice dans la mer, la mer étant une chose qui n'appartient à personne, il acquiert, *jure occupationis*, le domaine de la partie de la mer qu'il a occupée par les bâtimens qu'il y a construits. *Si pilas in mare jactaverim, et suprà eas inædificaverim, continuò ædificium meum fit : item si insulam in mari ædificaverim, continuò mea fit; quoniam id, quod nullius sit, occupantis fit;* l. 30, § 4, ff. *de adq. rer. dom.*

Il en était de même, par le droit romain, du bâtiment que quelqu'un construisait sur le rivage de la mer. Ce rivage, suivant les principes du droit romain, étant censé être, de même que la mer, demeuré dans l'état de communauté négative, et n'appartenir à personne, chacun pouvait acquérir, *jure occupationis*, le domaine de la partie du rivage qu'il occupait par le bâtiment qu'il y avait construit : *Quod in littore quis ædificaverit, ejus erit : nam littora publica non ità sunt ut ea quæ in patrimonio sunt populi, sed ut ea quæ primùm à naturâ prodita sunt, et in nullius adhuc dominium pervenerunt; nec dissimilis conditio eorum est atque piscium et ferarum; l.* 14, ff. *dict. tit.*

La liberté, que chacun a de s'approprier une partie de la mer ou du rivage, en l'occupant par les bâtimens qu'il y construit, reçoit cette limitation, qu'on en doit obtenir la permission du magistrat, qui ne l'accorde qu'autant que cela ne préjudicie ni au public, pour l'usage de la navigation, ni à des particuliers qui auraient bâti auparavant. C'est ce qu'enseigne Pomponius : *Quamvis quod in littore publico vel in mari extruxerimus nostrum sit, tamen decretum prætoris adhibendum est, ut id facere liceat;* l. 50, ff. *dict. tit.*

Et Celsus dit : *Id concedendum non esse, si deterior littoris marisve usus eo modo futurus sit;* l. 3, § 1, ff. *ne quid in loc. publ.*, etc.

Un particulier, à qui cela causerait quelque préjudice, a aussi droit de s'y opposer : *Adversùs eum qui molem in mare projecit Interdictum utile competit ei, cui fortè hæc res nocitura sit : si autem nemo damnum sentit, tuendus est is qui in littore ædificat, vel molem in mare jacit;* l. 2, § 8, ff. *dict. tit.*

## SECTION II.

De ce qui est pris sur l'ennemi.

86. Outre le droit d'occupation, par lequel nous acquérons le domaine des choses qui n'appartiennent à personne, en nous en emparant, dont nous avons traité dans la section précédente, il y a une autre espèce de droit d'occupation, qui est du droit des gens, par lequel un souverain, et ceux auxquels il communique son droit, acquièrent le domaine des choses qu'ils prennent sur leurs ennemis dans une guerre juste.

On doit rapporter à cette espèce d'occupation les conquêtes et le butin, qui feront la matière du premier article ; et les prises sur mer, qui feront la matière du second. Nous ajouterons un troisième article, des prisonniers de guerre.

### ARTICLE PREMIER.

*Des conquêtes et du butin.*

§ I. Des conquêtes.

87. Le droit de conquête est le droit, qu'a un souverain, qui a le droit de faire la guerre, d'acquérir, lorsqu'il la fait justement, le domaine des villes, châteaux et terres de l'ennemi, en s'en emparant.

Quoique les conquêtes, *summo jure,* appartiennent au conquérant, néanmoins lorsque l'ennemi, sur qui elles ont été faites, se soumet et demande la paix, les règles de la modération demandent que le conquérant ne retienne sur les conquêtes que ce qui suffit pour se dédommager des frais de la guerre, et qu'il rende le surplus au vaincu qui s'est soumis.

§ II. Du butin.

88. On appelle butin, ou *præda bellica,* toutes les choses mobilières que les vainqueurs enlèvent aux vaincus.

Il y a deux espèces de butin. La première espèce est celui qui se fait dans une bataille, dans un combat, ou dans quelque autre expédition publique. Comme c'est au nom du roi, que se donne la bataille ou que se fait l'expédition, c'est aussi le roi qui est censé faire tout le butin qui s'y fait, et qui en acquiert le domaine par le ministère de ses troupes, qui ne font que lui prêter leurs bras, et qui acquièrent pour le roi, et au nom du roi, tout le butin qui est fait.

C'est pourquoi le jurisconsulte Modestinus décide qu'un soldat, qui soustrait quelque chose du butin, est coupable du crime de péculat : *Is, qui prædam ab hostibus captam subripuit, lege peculatûs tenetur;* l. 13, *ad. L. Jul. pecul.*

Quoique le domaine de tout le butin soit acquis au roi, quelquefois le général, avec le consentement présumé du roi, en distribue une partie aux troupes pour les encourager.

89. Une seconde espèce de butin est celui, que les troupes font dans le pillage qu'on leur a permis de faire d'une ville, tel que fut celui de Berg-op-Zoom. Dans ce cas, le général, au nom du roi, et comme étant censé avoir pouvoir de lui, cède à ses troupes le droit qu'il a, *jure belli*, de s'emparer, et d'acquérir, en s'en emparant, le domaine des choses, dont il leur permet le pillage : en conséquence, chaque soldat, comme étant, à cet égard, cessionnaire des droits du roi, acquiert, *jure belli*, le domaine des choses dont il s'est emparé dans le pillage. Je laisse aux théologiens à examiner si cette manière d'acquérir, qui est légale suivant le droit rigoureux de la guerre, peut se concilier avec les lois de la charité.

90. Une troisième espèce de butin est celui, que fait un partisan qui a commission du roi, dans les incursions qu'il fait dans le pays ennemi.

On appelle partisans, des particuliers qui se font autoriser du roi pour lever à leurs dépens une troupe de gens de guerre, qu'ils entretiennent et soudoient à leurs dépens, pour faire des incursions dans le pays ennemi. Le roi, en leur donnant commission pour faire ces incursions, leur abandonne tout le butin qu'ils y feront, pour les dédommager de la dépense qu'ils font.

### ARTICLE II.

### *Des prises qui se font sur mer.*

Nous verrons, dans un premier paragraphe, qui sont ceux qui ont droit de faire la course sur les vaisseaux ennemis : dans un second, quels sont les vaisseaux et les effets dont la prise est légitime : dans un troisième, ce qui doit être observé par les capitaines des vaisseaux armés en guerre, lorsqu'ils ont fait une prise; et comment se distribue le produit de la prise : dans un quatrième, nous traiterons des rançons.

## § I. Qui sont ceux qui ont droit de faire la course sur les vaisseaux ennemis.

91. Les prises, qui se font sur mer, se font, ou par des officiers de la marine du roi, commandant quelque vaisseau ou frégate du roi, ou par des particuliers qui arment en guerre, à leurs dépens, des vaisseaux, pour courir sur les vaisseaux ennemis, et qui y sont autorisés par le roi, par une commission qu'ils doivent avoir de son amiral.

Ces particuliers sont ceux qu'on appelle *corsaires*.

Les prises, qui sont faites par les officiers de la marine du roi, appartiennent au roi : néanmoins le roi, par gratification, accorde aux officiers et à l'équipage du vaisseau qui a fait la prise, une portion du produit de la prise, comme nous le verrons *infrà*.

A l'égard des prises, qui sont faites par nos corsaires qui ont commission de l'amiral; quoique ce soit au nom du roi qu'ils fassent la prise, le roi leur abandonne le produit sous certaines conditions, et à la charge d'observer certaines formalités, pour les dédommager tant des frais de l'armement, que des risques auxquels ils s'exposent.

92. Comme il n'y a que le souverain qui ait le droit de faire la guerre, aucun particulier n'a droit d'armer un vaisseau en guerre pour faire la course sur les vaisseaux ennemis, sans y être autorisé par le roi, suivant la forme prescrite par l'Ordonnance.

Cette forme est, que le particulier, qui veut armer un vaisseau en guerre, doit obtenir de l'amiral, qui représente, à cet égard, le roi, une commission qui le lui permette. *Ordonnance de la marine, art.* 1.

Il doit faire enregistrer cette commission au greffe de l'amirauté du lieu où se fait son armement; *art.* 2.

Il doit, outre cela, donner une caution suffisante, qui s'oblige, jusqu'à la somme de quinze mille livres, à la réparation des délits qui pourraient être commis envers quelques-uns pendant le temps de la course, soit par le préposé au commandement de son vaisseau, soit par les gens de l'équipage.

Quoique l'armateur ne soit tenu de donner caution que jusqu'à la somme de quinze mille livres, il n'en faut pas conclure qu'il ne soit lui-même tenu de la réparation desdits délits que jusqu'à concurrence de cette somme; il en est tenu pour le total, à quelque somme qu'elle puisse monter : il peut néanmoins s'en décharger en abandonnant en entier son vaisseau.

93. Il est tellement vrai qu'il n'y a que ceux, qui ont commission de l'amirauté, qui sont en droit de faire à leur profit des prises sur l'ennemi, que si le capitaine d'un vaisseau marchand a été attaqué en mer par un vaisseau ennemi, dont il s'est rendu

maître dans le combat, la prise, qu'il a faite du vaisseau ennemi, ne lui appartient pas, mais appartient à l'amiral, qui est, à cet égard, aux droits du roi : l'amiral a coutume d'en gratifier, pour le tout ou pour partie, celui qui a fait la prise, sans tirer à conséquence.

94. Un armateur, qui, sans la permission du roi, aurait obtenu une commission d'un prince étranger pour faire la course contre les vaisseaux ennemis, n'a pas plus le droit de la faire que s'il n'avait aucune commission. C'est ce qui est porté par l'*art.* 3 de l'Ordonnance : « Faisons défenses à tous nos sujets » de prendre commission d'aucuns rois, princes, ou États étran- » gers, pour armer des vaisseaux en guerre et courir la mer sur » leur bannière, si ce n'est par notre permission, à peine d'être » traités comme pirates. »

La disposition de cet article a lieu, quand même le Français, qui a obtenu cette commission d'un prince étranger, serait domicilié dans les États de ce prince; car le domicile ne lui fait pas perdre la qualité de sujet du roi, qu'il a acquise par sa naissance, et ne le dispense pas des lois du royaume, qui ne permettent pas aux sujets du roi de servir, en temps de guerre, aucune puissance étrangère, sans une expresse permission du roi. La disposition de cet *art.* 3 est prise dans l'*art.* 4 de la déclaration du 1er février 1653, qui portait : « Défendons à tous » nos sujets domiciliés ou non domiciliés dans notre royaume, » ou pays de notre obéissance. » Si ces termes n'ont pas été répétés dans cet article, ce n'a été que pour abréger, et parce qu'on a cru qu'ils étaient suffisamment sous-entendus, comme l'a fort bien observé Vaslin sur cet article.

L'Ordonnance défendant, par cet article, en termes généraux et indistinctement, de prendre commission d'*aucuns rois, princes ou États étrangers*, la défense renferme toutes les puissances étrangères, non-seulement celles qui seraient ennemies ou neutres, mais même celles qui seraient amies et alliées du roi. C'est l'avis de Vaslin sur cet article.

### § II. Quels sont les vaisseaux et les effets dont la prise est légitime.

95. Tous les vaisseaux appartenans à l'ennemi, soit qu'ils soient armés en guerre, soit qu'ils soient vaisseaux marchands, peuvent être pris légitimement, suivant les lois de la guerre, soit par les officiers de la marine du roi, soit par les armateurs corsaires qui ont commission du roi : *art.* 4.

Il faut excepter le cas, auquel le vaisseau ennemi aurait, pour quelque cause, obtenu un passeport du roi, dont le capitaine serait porteur : en ce cas, le vaisseau ennemi ne doit pas être arrêté, pourvu que le temps du passeport ne soit pas encore expiré, et que le capitaine se soit conformé aux conditions du passeport.

Il en est de même, s'il a un sauf-conduit d'un capitaine français qui l'a rencontré, pourvu que le temps du sauf-conduit ne soit pas expiré, et qu'il soit dans la route du lieu porté par le sauf-conduit, où il doit se rendre, comme nous le verrons *infrà*, § 6.

96. Non-seulement le navire ennemi, qui a été pris, est de bonne prise: toutes les marchandises et tous les effets, qui se sont trouvés sur le navire, sont pareillement de bonne prise.

Cela a lieu, quelles que soient les personnes auxquelles appartiennent les marchandises, qui se sont trouvées sur le vaisseau ennemi qui a été pris. C'est ce qui est expressément décidé par l'*art.* 7, qui porte: « Les marchandises de nos sujets et alliés, qui » se trouveront dans un navire ennemi, seront pareillement de » bonne prise. »

Cela ne pouvait guère souffrir de difficulté à l'égard des marchandises des sujets du roi: en chargeant des marchandises sur des vaisseaux ennemis, ils contreviennent à la loi qui leur interdit tout commerce avec l'ennemi, et ils méritent, par cette contravention, de perdre leurs marchandises.

Il aurait pu paraître y avoir plus de difficulté, à l'égard des marchandises des sujets des puissances alliées; néanmoins, elles sont aussi déclarées de bonne prise par cet article. La raison est, que ceux, qui chargent leurs marchandises sur des vaisseaux ennemis, favorisent le commerce de l'ennemi; et qu'en les y chargeant, ils sont censés s'être soumis à suivre le sort du vaisseau sur lequel ils les ont chargées.

97. Un vaisseau français, qui a été pris par l'ennemi, et a été plus de vingt-quatre heures en sa possession, est censé appartenir, avec toute sa cargaison, à l'ennemi, qui en a acquis le domaine par le droit des gens et les lois de la guerre. C'est pourquoi, lorsque ce vaisseau est repris par un armateur français, il est de bonne prise, aussi bien que ce qui est dedans; et tout le produit de cette prise appartient à l'armateur qui l'a repris, sans que les anciens propriétaires du vaisseau et des marchandises dont il est chargé, puissent rien prétendre, en ayant perdu le domaine. C'est la disposition de l'*art.* 8, qui porte: « Si aucun navire de » nos sujets est repris sur nos ennemis, après qu'il aura de» meuré entre leurs mains pendant vingt-quatre heures, la prise » en sera bonne. »

L'article ajoute: « Et si elle est faite avant les vingt-quatre » heures, il sera restitué au propriétaire, avec tout ce qui était » dedans, à la réserve du tiers, qui sera donné au navire qui » aura fait la recousse. »

La raison de cette seconde partie de l'article est que, lorsque l'ennemi n'a pas retenu en sa possession, au moins pendant vingt-quatre heures, le vaisseau français qu'il avait pris, on peut dire, suivant la maxime : *Non videtur factum quod non durat factum*, que l'ennemi est censé ne s'être point réellement et efficacement emparé de ce vaisseau; qu'il n'en a pas par conséquent acquis le domaine; que le propriétaire en est toujours demeuré et en est encore le propriétaire, et qu'il a droit de le revendiquer.

Observez que cet article dit indistinctement, *si aucun navire de nos sujets est repris, etc.*, sans distinguer par qui il est repris, si c'est par un armateur corsaire ou par un vaisseau de roi : et que l'Ordonnance de 1584, *art.* 61, d'où le présent article est tiré, attribuait aux vaisseaux de roi, de même qu'aux armateurs corsaires, le profit de la recousse, dans les deux cas de cet article, soit pour le total, soit pour le tiers. Mais Vaslin, sur ledit article, atteste que le roi est dans l'usage de rendre aux anciens propriétaires les navires de ses sujets, qui ont été repris sur l'ennemi par ses vaisseaux, avec tout ce qui s'y trouve, quelque temps qu'ils aient été en la possession de l'ennemi, sans en rien retenir pour la recousse.

98. On a fait une question en interprétation de cet *art.* 8, dans l'espèce suivante : Un armateur français, pendant la guerre que nous avions avec l'Angleterre, s'était emparé d'un vaisseau anglais, qu'il avait eu en sa possession pendant trois jours; au bout duquel temps le vaisseau de cet armateur français, et celui dont il s'était emparé, avaient été pris par l'ennemi, et repris, seize heures après, sur l'ennemi, par un autre armateur français. Il n'y avait pas de contestation pour le vaisseau français appartenant au premier armateur : le second armateur, qui l'avait repris sur l'ennemi, au bout de seize heures, consentait de le lui rendre, en retenant seulement le tiers pour la recousse, conformément à notre *art.* 8; la contestation n'était que pour le vaisseau anglais. Le premier armateur français prétendait qu'il lui devait être restitué, aussi bien que le sien : ses moyens étaient, qu'il avait acquis le domaine de propriété de ce vaisseau, l'ayant eu en sa possession pendant trois jours, depuis la prise qu'il en avait faite; domaine qu'il était censé avoir toujours conservé, quoique l'ennemi l'eût repris, ne l'ayant eu que seize heures en sa possession jusqu'à la recousse; qu'il devait donc lui être restitué, aussi bien que le sien.

Le second armateur soutenait, au contraire, que le vaisseau anglais, dont il s'était emparé, devait lui appartenir, et non au premier armateur; il est vrai que ce vaisseau a appartenu au premier armateur, pendant qu'il a été en sa possession; mais il ne lui appartenait plus, lorsque le second armateur l'a repris sur l'ennemi. De ce que le premier armateur est censé avoir toujours conservé le domaine de son propre vaisseau, parce qu'il n'a pas été vingt-quatre heures en la possession de l'ennemi, il ne s'ensuit pas qu'il en doive être de même du vaisseau anglais qu'il avait pris : car il est de la nature du domaine que nous avons des choses que nous avons prises sur l'ennemi, que nous ne le conservions que tant que ces choses sont en notre possession, et que nous le perdions aussitôt que nous en sommes dépouillés, et qu'elles sont retournées à l'ennemi; de même que nous ne conservons le domaine des animaux sauvages, que tant que nous les avons en notre possession, et que nous le perdons aussitôt qu'ils ont cessé d'être en notre possession, et qu'ils sont retournés dans l'état de liberté naturelle.

Sur ces contestations est intervenu un arrêt du conseil du 5 novembre 1748, rapporté en entier par Vaslin, qui a adjugé le vaisseau anglais au second armateur : l'arrêt ordonne qu'il fera loi à l'avenir, et qu'il sera, pour cet effet, enregistré dans tous les siéges d'amirauté.

99. De ce que l'ancien propriétaire d'un navire français, pris par l'ennemi, en la possession duquel il a été plus de vingt-quatre heures, n'en recouvre pas le domaine lorsqu'il a été recous sur l'ennemi par un armateur français, on n'en doit pas conclure qu'il en doive être de même, lorsque le navire, par quelque cas fortuit, et sans avoir été recous, est revenu de lui-même dans un port de France : l'*art.* 9 décide, au contraire, qu'en ce cas, l'ancien propriétaire en recouvre le domaine, quelque long temps qu'il ait été en la possession de l'ennemi. « Si le navire, dit cet » article, sans être recous, est abandonné par les ennemis; ou si, » par tempête ou autre cas fortuit, il revient en la possession de » nos sujets, avant qu'il ait été conduit dans aucun port ennemi, » il sera rendu au propriétaire qui le réclamera dans l'an et jour, » quoiqu'il ait été plus de vingt-quatre heures entre les mains » des ennemis. »

La raison de différence est que, dans le cas de l'*art.* 8, lorsqu'un armateur français prend sur l'ennemi un vaisseau français, qui était en la possession de l'ennemi depuis plus de vingt-quatre heures, il prend sur l'ennemi une chose qui appartient encore à l'ennemi, de laquelle il s'empare : il en doit par conséquent acquérir le domaine : les lois de la guerre nous donnent le domaine de toutes les choses appartenantes à l'ennemi, dont nous nous emparons. Au contraire, dans le cas de l'*art.* 9, lorsque le vaisseau français, qui avait été pris par les ennemis, sans avoir été recous, s'est échappé par quelque cas fortuit, quelque long temps qu'il ait été en la possession de l'ennemi, l'ennemi en a perdu le domaine aussitôt qu'il en a perdu la possession, suivant le principe établi au nombre précédent : ce vaisseau en conséquence n'appartient ni à l'ennemi, ni à personne, lorsqu'il est rentré dans nos ports; rien n'empêche que l'ancien propriétaire n'en recouvre le domaine, *quodam jure postliminii*.

Ces termes de l'*art.* 9, *si le navire.... revient..... avant qu'il ait été conduit dans aucun port ennemi*, donnent lieu à la question, si on devrait décider la même chose, dans le cas auquel le vaisseau serait rentré dans nos ports après avoir été conduit dans un port ennemi, d'où il aurait trouvé le moyen de s'échapper. Pour la négative, on dira que l'Ordonnance, par cet article, ayant exprimé le cas auquel le vaisseau est revenu *avant que d'avoir été conduit dans un port ennemi*, il s'ensuit que ce n'est que dans ce cas, qu'elle a accordé la restitution du vaisseau à l'ancien propriétaire, et non dans celui auquel il ne serait revenu qu'après avoir été conduit dans un port ennemi. On peut dire, au contraire, qu'il n'y a aucune différence entre les deux cas. Dans l'un et dans l'autre cas, l'ennemi a perdu le domaine du vaisseau, lorsqu'il en a perdu la possession ; dans l'un et dans l'autre cas, le vaisseau, lorsqu'il est rentré dans nos ports, n'appartenait plus à l'ennemi, ni à personne : il y a donc même raison de part et d'autre, pour l'adjuger à l'ancien propriétaire, *jure quodam postliminii* : c'est pourquoi, je suis porté à croire que ces termes, *avant qu'il soit entré dans aucun port ennemi*, ne doivent pas s'entendre *restrictivè*, mais *enuntiativè* ; parce que c'est le cas ordinaire auquel un vaisseau échappe à l'ennemi qui l'a pris, ne pouvant plus guère lui échapper, lorsqu'il a été conduit dans ses ports.

100. Il nous reste à observer, à l'égard de la disposition de l'*art.* 8, qui a adjugé à l'armateur le vaisseau français qu'il a recous sur l'ennemi, qui l'avait eu plus de vingt-quatre heures en sa possession, qu'elle ne doit pas être étendue au cas auquel il l'aurait recous sur un pirate : en ce cas, quelque long temps que le vaisseau recous ait été en la possession du pirate, il doit être rendu au propriétaire. C'est la disposition de l'*art.* 10 : « Les » navires et effets de nos sujets et alliés, repris sur les pirates, » et réclamés dans l'an et jour de la déclaration qui en aura été » faite en l'amirauté, seront rendus aux propriétaires, en payant » le tiers de la valeur du vaisseau et des marchandises, pour frais » de recousse. »

La raison de différence est évidente. Le navire, qui a été pris par l'ennemi, avec tous les effets qui y étaient, a été acquis à l'ennemi, *jure belli* ; mais le pirate, qui n'a aucun droit de faire la guerre, n'a pu acquérir le domaine du navire dont il s'est emparé, ni des effets qui y sont, quelque long que soit le temps qu'il les ait eus en sa possession : les propriétaires du navire et des effets qui y sont, n'en ont jamais perdu le domaine ; ils en sont toujours demeurés les propriétaires, et ils peuvent, en cette qualité, les revendiquer.

Quoique l'article porte, *les navires et effets* DE NOS SUJETS ET ALLIÉS, il n'est pas douteux néanmoins que sa disposition doit s'étendre pareillement aux navires et effets des puissances neutres; car ces étrangers jouissent parmi nous de tous les droits que donne la loi naturelle, et par conséquent le droit de revendiquer les choses qui leur appartiennent, quelque part qu'ils les trouvent.

Si le navire et les effets pris, par un armateur français sur un pirate, appartenaient à nos ennemis, il n'est pas douteux qu'ils n'auraient pas le droit de les revendiquer, et qu'ils seraient de bonne prise; car les lois de la guerre donnent le droit aux armateurs autorisés par une commission, de s'emparer de tout ce qui appartient à nos ennemis.

101. Les lois de Hollande accordent à leurs armateurs le domaine de toutes les choses qu'ils prennent sur les pirates, sans que les anciens propriétaires soient reçus à les réclamer.

Vaslin agite la question de savoir, si, un armateur hollandais ayant conduit dans un port de France un navire français pris par des pirates, sur lesquels il l'a repris, la récréance en doit être accordée au propriétaire, conformément à cet article. Cet auteur décide la question pour la négative, conformément aux lois de Hollande; et il cite un arrêt du Parlement de Bordeaux, du 8 mars 1635, pour son opinion. Cette opinion me paraît insoutenable. Les lois de Hollande n'ayant point d'empire sur les personnes des Français, ni sur les biens qu'elles ont en France, elles n'ont pu dépouiller le Français du domaine qu'il a de son navire, pour le faire passer à l'armateur qui l'a repris sur les pirates.

102. Non-seulement les vaisseaux, qui appartiennent à l'ennemi, mais ceux qui sont chargés de marchandises appartenantes à l'ennemi, sont pareillement de bonne prise. C'est la disposition de l'*art.* 7, qui dit: « Tous navires qui se trouveront » chargés d'effets appartenans à nos ennemis.... seront de bonne » prise. »

L'article dit, *tous navires;* ce qui comprend tous les navires, quels que soient ceux à qui ils appartiennent, soit qu'ils appartiennent à des Français, soit qu'ils appartiennent à des sujets des puissances neutres ou alliées..... La disposition de cet article est très-juste, à l'égard des navires qui appartiennent à des Français. Le Français, en chargeant, sur son vaisseau, des marchandises des ennemis, contrevient ouvertement à la loi par laquelle le roi interdit à ses sujets tout commerce avec l'ennemi; et il mérite, pour cette contravention, la peine portée par cet article, qui déclare de bonne prise le navire chargé d'effets appartenans à l'ennemi.

Mais lorsque le navire appartient au sujet d'une puissance neutre, il semblerait qu'il ne devrait y avoir que les marchandises de l'ennemi, qui s'y sont trouvées, qui devraient être de bonne prise ; il est bien dur que le navire, où elles se sont trouvées, soit aussi de bonne prise. Quelque dur que cela soit, il n'est pas douteux que, sous la généralité de ces termes de l'*art.* 7, *tous navires*, les navires des puissances neutres sont compris, et que, par cet article, ils sont de bonne prise, lorsqu'ils se trouvent chargés d'effets appartenans aux ennemis. Le réglement du 23 juillet 1704 le dit même en termes formels. Il y est dit, *art.* 5 : « S'il se trouve sur les vaisseaux *neutres* des effets appar» tenans aux ennemis de Sa Majesté, les vaisseaux et tout le » chargement seront de bonne prise. »

On rapporte pour raison de ce droit, que si les vaisseaux neutres, lorsqu'ils sont chargés des effets de l'ennemi, ne sont pas choses proprement appartenantes à l'ennemi, elles sont du moins choses *au service de l'ennemi*, et que c'est une espèce de contravention à la neutralité, que d'être à leur service.

Il a été enfin, dans les dernières guerres, dérogé à ce droit rigoureux, à l'égard des sujets des puissances neutres ; et il a été ordonné par l'*art.* 5, du réglement du 21 octoble 1744, que, lorsqu'on trouverait dans les navires des sujets des puissances neutres, des effets appartenans à l'ennemi, il n'y aurait que ces effets qui seraient de bonne prise, et que le navire neutre serait relâché.

Mais lorsque c'est sur un navire français qu'on trouve des effets des ennemis, la disposition de l'*art.* 7 a lieu dans toute sa rigueur, et le navire et tout le reste du chargement sont de bonne prise, par les raisons ci-dessus rapportées.

103. Y aurait-il lieu à cette peine, si le propriétaire du navire, dans lequel se sont trouvés des effets appartenans à l'ennemi, aussi bien que la personne par lui préposée pour recevoir les marchandises, avaient ignoré que ces marchandises appartenaient à l'ennemi, ceux qui les ont apportées les ayant fait passer pour choses appartenantes aux sujets de quelque puissance neutre ; ou lorsqu'ils ont même ignoré que ces effets fussent dans le navire, y ayant été introduits par des personnes qui n'étaient pas préposées pour cela ? Je pense que, dans l'un et dans l'autre cas, le propriétaire du navire ayant bien justifié sa bonne foi, et l'ignorance dans laquelle il a été, ne doit pas être sujet à la peine, et qu'il ne doit y avoir, en ce cas, que les effets de l'ennemi qui doivent être jugés de bonne prise.

Il y en a une décision pour le second cas, en la loi 11, § 2, ff. *de publican.* Il y est dit : *Dominus navis, si illicitè aliquid in nave vel ipse vel vectores imposuerint, navis quoque fisco vindicatur : quod si absente domino, id à magistro vel gubernatore aut proretâ* (1) *nautâve aliquo factum sit, ipsi quidem capite*

(1) *Proreta, qui nautis circà proram ministrantibus imperat, qui proram regit, ut gubernator puppim et alveum.*

*puniuntur commissis mercibus, navis autem domino restituitur.*

Il y a même raison de le soustraire à la peine dans le premier cas, lorsqu'il a reçu les effets de l'ennemi, qu'on a fait passer pour appartenir à d'autres : c'est l'avis de Grotius, que je crois fondé en équité, et être mal à propos contredit par Vaslin.

104. Il ne faut pas confondre avec les marchandises de l'ennemi, celles qui appartiennent à un particulier, sujet d'une puissance neutre, qui les porte à l'ennemi, pour trafiquer avec lui. Il n'a jamais été permis d'apporter aucun trouble aux sujets des puissances neutres, par rapport auxdites marchandises. Il faut néanmoins excepter certaines espèces de choses qu'on appelle effets de contrebande, qu'il n'est pas permis aux sujets des puissances neutres de porter à l'ennemi, et qui sont de bonne prise, quel que soit le vaisseau sur lequel elles sont chargées.

Ce sont celles mentionnées en l'article 11, où il est dit : « Les » armes, poudres, boulets, et autres munitions de guerre, » même les chevaux et équipages qui seront transportés pour le » service de nos ennemis, seront confisqués, en quelque vais- » seau qu'ils se soient trouvés, et à quelque personne qu'ils ap- » partiennent, soit de nos sujets ou alliés. »

A l'égard des munitions de bouche, que des sujets des puissances neutres avaient à nos ennemis, elles ne sont point censées de contrebande, ni par conséquent sujettes à confiscation, sauf dans un seul cas, qui est lorsqu'elles sont envoyées à une place assiégée ou bloquée.

Observez une différence, que l'Ordonnance met entre les marchandises de contrebande et les effets appartenans aux ennemis. Par cet article, il n'y a que les marchandises de contrebande qui sont sujettes à confiscation ; le navire, où elles se sont trouvées, n'y est point sujet; au lieu que le navire, où se sont trouvés les effets appartenans aux ennemis, est, par l'article 7, déclaré de bonne prise, avec son chargement.

105. Les vaisseaux des pirates sont de bonne prise, aussi bien que ceux des ennemis. On appelle pirates, *tous gens courant la mer sans commission* (congé ou passe-port) *d'aucun prince ou Etat souverain.*

106. Suivant l'article 5 de l'Ordonnance, « Tout vaisseau » combattant sous autre pavillon que celui de l'Etat dont il a » commission, ou ayant commission de deux différens princes » ou Etats, sera aussi de bonne prise : s'il est armé en guerre, » le capitaine et les officiers seront punis comme pirates. »

Suivant le premier cas de cet article, lorsqu'un vaisseau neutre, dans un combat qu'il a eu contre un armateur français, soit en attaquant, soit en défendant, a combattu sous un autre pavillon que celui de l'Etat dont il a commission, il est, pour cela seul, jugé de bonne prise, sans qu'il soit besoin d'examiner si le capitaine de ce vaisseau a eu quelque raison d'attaquer, ou si l'armateur français a eu de justes raisons pour l'attaquer.

La raison, pour laquelle cette espèce de faux est punie par le droit des gens, est pour empêcher les pirateries. Le capitaine d'un vaisseau, en combattant sous un autre pavillon que celui de l'Etat dont il est sujet, pourrait, par ce moyen, se procurer l'impunité des insultes faites aux vaisseaux amis de l'Etat dont il est sujet; les parties lésées ne pouvant, au moyen de ce faux pavillon, connaître l'Etat dont il est sujet, et en obtenir réparation.

107. Le roi, par une Ordonnance du 17 mars 1696, rapportée par Vaslin à la fin de cet article, a défendu aux armateurs français cette espèce de fraude, même envers ses ennemis. Il est exposé dans cette Ordonnance, que des armateurs français étaient dans l'usage, à la vue d'un vaisseau ennemi qui venait vers leur chemin, pour l'empêcher de s'en détourner, et l'engager au combat, de se faire passer pour vaisseaux neutres, en arborant le pavillon d'une puissance neutre, jusqu'à ce qu'ils fussent à la portée de le combattre et de le prendre. Sa Majesté, pour faire cesser cette fraude, contraire à la foi publique et au droit des gens, ordonne que les armateurs français, aussi bien que les commandans de ses vaisseaux, soient tenus d'arborer le pavillon français avant que de tirer le premier coup de canon, qu'on appelle coup de semonce ou d'assurance; et qu'en cas de contravention, l'armateur soit privé du produit de la prise, qui sera confisquée au profit de Sa Majesté (sauf la part qui en revient à l'équipage, lequel n'ayant point de part à la fraude, ne doit point avoir de part à la peine; (*Ordonnance du 8 juin 1704*).

L'Ordonnance de 1696 ajoute, que, si le vaisseau pris par un armateur français, qui a arboré un pavillon étranger, est jugé neutre, l'armateur sera condamné en tous les dépens, dommages et intérêts du propriétaire.

108. Le second cas de l'article 5 est le cas, auquel un vaisseau a des commissions de différens princes ou Etats. L'Ordonnance veut que, lorsque ce vaisseau est pris, sans examiner le sujet pour lequel il a été pris, il soit jugé de bonne prise, pour cela seul qu'il a des commissions de différens princes ou Etats; et cela seul pour obvier aux fraudes auxquelles donnent lieu ces différentes commissions.

109. L'article 6 de l'Ordonnance rapporte un autre cas, auquel un vaisseau est jugé de bonne prise. Il y est dit: « Seront » encore de bonne prise les vaisseaux avec les chargemens, dans » lesquels il ne sera trouvé chartes-parties, connaissemens ou » factures. »

*Chartes-parties* se prend ici pour l'acte, qui contient le marché fait entre le propriétaire du navire et le marchand, par lequel le propriétaire du navire loue son navire à ce marchand, pour y charger ses marchandises, et s'oblige envers ledit marchand de les faire conduire.

*Connaissement*, c'est la reconnaissance, que le capitaine, préposé à la conduite du navire, donne au marchand de ses marchandises dont le vaisseau est chargé, et qu'il s'oblige de conduire à leur destination. Il est d'usage d'en faire trois exemplaires ; un pour le marchand qui a chargé les marchandises, un pour celui à qui elles sont envoyées, et un qui reste au capitaine. Ces deux derniers se doivent trouver sur le navire.

Tout le monde sait ce que c'est que *factures*.

Lorsqu'on ne trouve aucun de ces papiers, par lesquels on pourrait connaître à qui appartiennent les marchandises dont le navire est chargé, la présomption est qu'elles appartiennent aux ennemis, et que ces papiers n'ont été supprimés que pour en dérober la connaissance ; elles sont en conséquence de bonne prise, aussi bien que le navire sur lequel elles sont chargées.

Il n'y a que les papiers trouvés sur le navire, qui fassent foi que les marchandises appartiennent à celui qui les réclame. Le connaissement, que représenterait le marchand qui prétend les avoir chargées sur le navire, ne fait pas foi, et est présumé fait après coup, lorsqu'il ne s'en est trouvé aucune copie sur le navire. Vaslin, sur cet article, cite, pour cette décision, un arrêt du 21 janvier 1693.

110. Observez que, s'il était justifié que ces papiers se sont trouvés sur le vaisseau qui a été pris, et que la soustraction en a été faite par le capitaine qui l'a pris, ou par quelques gens de son équipage, l'Ordonnance veut que ceux, qui ont commis ce crime, soient punis de peine corporelle.

111. L'article 12 de l'Ordonnance rapporte un dernier cas dans lequel un vaisseau est de bonne prise. Il y est dit : « Tout » vaisseau, qui refusera d'amener ses voiles après la semonce qui » lui en aura été faite par nos vaisseaux, ou ceux de nos sujets, » armés en guerre, pourra y être contraint par artillerie ou au- » trement; et en cas de résistance ou de combat, il sera de bonne » prise. »

Les commandans, soit des vaisseaux de roi, soit des vaisseaux corsaires français qui ont commission, ayant le droit, par les lois de la guerre, de courir sur les vaisseaux ennemis, et ne pouvant connaître si un vaisseau qu'ils rencontrent est ami ou ennemi, que par l'exhibition des papiers de ce vaisseau, c'est une conséquence qu'ils ont droit de requérir le commandant de ce vaisseau qu'ils rencontrent, de faire connaître, par l'exhibition de ses papiers, s'il est ami ou ennemi, et pour cet effet d'amener ses voiles, c'est-à-dire, de s'approcher, et de l'y contraindre, en cas de refus.

L'Ordonnance, par l'article 12 que nous venons de rapporter, veut, en outre, que le vaisseau, qui aura refusé d'amener, en cas de résistance ou de combat, soit pour cela seul jugé de bonne prise. L'article dit, *tout vaisseau :* cela comprend les vaisseaux, tant des sujets de puissances alliées ou neutres, que des Français.

L'article dit, *qui refusera d'amener ses voiles ;* c'est-à-dire, qui refusera de s'approcher du vaisseau qui lui a fait la semonce, et de souffrir la visite.

*Après la semonce.* Semonce se prend ici pour *réquisition.* Cette semonce se fait, ou à la voix, à l'aide d'un porte-voix, ou par un coup de canon tiré à poudre.

112. Par l'article suivant, il est pourvu à la sûreté du vaisseau, qui aura satisfait à la semonce en amenant ses voiles et exhibant ses papiers, par la défense qui est faite au capitaine du vaisseau armé en guerre qui a fait la semonce, d'*y prendre, ou souffrir qu'il y soit pris aucune chose, à peine de la vie.*

Cette peine de la vie, qui est très-rigoureuse, ne doit avoir lieu que lorsque ce qui a été pris sur le vaisseau qui a amené ses voiles, est quelque chose de considérable, et lorsque le capitaine a connivé au pillage qu'ont fait les gens de son équipage. La peine doit être diminuée, lorsque ce qui a été pris n'est pas considérable, ou lorsque le capitaine n'a pas connivé à ce qui a été pris par les gens de l'équipage, mais a seulement manqué à avoir tout le soin qu'il eût dû avoir pour les contenir.

Pareillement, s'il avait pris sur ce vaisseau des vivres dont il avait besoin, et dont il aurait payé la valeur ; quoique cela ne lui fût pas permis sans le consentement libre du capitaine et du plus grand nombre de l'équipage, et qu'il soit, en ce cas, répréhensible, il ne doit pas, pour cela, être puni suivant la rigueur de l'Ordonnance.

### § III. De ce qui doit être observé par les capitaines des vaisseaux armés en guerre, lorsqu'ils ont fait une prise ; et comment se distribue le produit de la vente de la prise.

113. Suivant l'article 16 de l'Ordonnance, « Aussitôt que les » capitaines des vaisseaux armés en guerre se seront rendus maî» tres de quelques navires, ils se saisiront des congés, passe» ports, lettres de mer, chartes-parties, connaissances, et de » tous autres papiers concernant la charge et destination du vais» seau, ensemble les clefs des coffres, armoires et chambres, et » feront fermer les écoutilles, et autres lieux où il y aura des » marchandises. »

114. Le réglement du 25 novembre 1696, *art.* 16, ajoute qu'un officier du vaisseau qui a fait la prise, avec l'écrivain, se transporteront sur le vaisseau pris, pour y faire inventaire de

tous lesdits papiers, en présence des officiers du vaisseau pris, qui seront interpellés de le signer; après quoi, tous les papiers seront mis dans un sac cacheté, pour être remis dans le même état aux officiers de l'amirauté.

115. Suivant l'article 17, le capitaine, qui a fait la prise, doit l'amener ou l'envoyer dans le port où s'est fait l'armement, à peine d'amende, et de perdre son droit, c'est-à-dire, la part qu'il doit avoir dans le produit de la prise.

Cela est ainsi ordonné pour l'intérêt de l'armateur qui y demeure. Comme c'est à son profit que la prise doit être vendue, et qu'il en doit recevoir le prix, sauf la part qu'il en doit faire au capitaine et à l'équipage, suivant le traité qu'il a avec eux, il a intérêt de prendre par lui-même connaissance de la prise; et elle doit, pour cet effet, être amenée au port du lieu où est sa demeure.

116. Lorsque le capitaine n'a pu amener la prise dans le lieu où s'est fait l'armement, ayant été contraint, soit par une tempête, soit par un vaisseau ennemi plus fort que lui, qui lui donnait la chasse, de relâcher avec sa prise dans un autre port, le capitaine doit, suivant le même article, *en donner incessamment avis aux intéressés à l'armement*, c'est-à-dire, à l'armateur, tant pour lui que pour ses associés.

Sur cet avis, c'est à l'armateur à voir s'il juge à propos de donner ordre au capitaine de partir du lieu où il a relâché, et d'amener la prise au lieu où s'est fait l'armement, ou de charger quelqu'un de poursuivre la vente de la prise au lieu où elle a relâché, pour éviter le danger du trajet.

117. L'Ordonnance, au même article, veut que le capitaine amène les prisonniers qu'il a faits sur le vaisseau pris. Il ne lui est pas permis de les relâcher, pour épargner les frais de leur nourriture: il est de l'intérêt de l'État de les avoir, pour les échanger contre ceux que l'ennemi a faits ou pourrait faire sur nous.

118. Il y a plusieurs cas où le capitaine est obligé de relâcher le vaisseau qu'il a pris. Par exemple, si le vaisseau qu'il a pris était si délabré qu'il ne pût faire le voyage, le capitaine ne peut faire autre chose que d'y prendre les meilleurs effets, et de le laisser aller ensuite.

Un autre cas, c'est lorsque le capitaine, à la vue d'un vaisseau ennemi plus fort que lui, qui lui donnait la chasse, a été obligé de relâcher ce vaisseau, qui aurait retardé sa fuite.

Il peut y avoir encore d'autres cas; comme lorsque le capitaine se trouve trop éloigné des ports de France, et que la prise n'est pas d'assez grande conséquence pour qu'il interrompe sa course.

119. Dans tous ces cas, si le capitaine est dispensé d'amener

le vaisseau qu'il a pris, il est au moins tenu, suivant l'article 19, de se saisir de tous les papiers du vaisseau qu'il a pris, et d'amener les deux principaux officiers de ce vaisseau, à peine de privation de son droit dans ce qu'il a pris sur ce vaisseau, et même, s'il y échet, de punition corporelle.

La raison, pour laquelle il est ordonné au capitaine de se saisir des papiers du vaisseau qu'il a pris, c'est afin qu'on puisse connaître, par ces papiers qu'il représentera, si la prise a été légitime ou non. La raison, pour laquelle il doit amener les deux principaux officiers, c'est afin qu'ils puissent être entendus, s'ils ont quelque chose à opposer contre la légitimité de la prise.

120. L'article 21 prescrit ce que doit faire le capitaine qui a fait la prise, lorsqu'il est arrivé. Il y est dit : « Aussitôt que la » prise aura été amenée en quelques rades ou ports de notre » royaume, le capitaine qui l'aura faite, s'il y est en personne, » sinon celui qu'il en aura chargé, sera tenu de faire son rapport » aux officiers de l'amirauté, de leur représenter et mettre entre » les mains les papiers et prisonniers, et leur déclarer le jour et » l'heure que le vaisseau aura été pris, en quel lieu ou à quelle » hauteur; si le capitaine a fait refus d'amener ses voiles, ou de » faire voir sa commission ou son congé; s'il a attaqué, ou s'il » s'est défendu; quel pavillon il portait, et les autres circons» tances de la prise. »

L'article dit, *le capitaine :* cela comprend non-seulement les capitaines des vaisseaux corsaires, mais même ceux des vaisseaux de roi, qui sont obligés à tout ce qui est prescrit par cet article, lorsqu'ils ont fait quelque prise.

*Qu'il en aura chargé.* Quelquefois le capitaine, qui a fait la prise, pour ne pas interrompre sa course, détache un officier et quelques gens de son équipage, pour conduire la prise dans les ports de France.

*Les papiers.* Il doit représenter généralement tous les papiers trouvés sur le navire qui a été pris, non-seulement ceux, qui servent à faire connaître à qui appartiennent, tant le navire qui a été pris, que les effets qui y étaient, et leur destination, mais aussi ceux, qui appartiennent aux particuliers qui étaient sur le navire, lesquels doivent leur être rendus après le jugement de la prise. Le juge dresse un état sommaire de tous les papiers qui ont été représentés, et en ordonne le dépôt au greffe, après les avoir paraphés et numérotés.

*Les prisonniers.* Ce n'est plus aux officiers de l'amirauté, c'est au commandant de la place ou au commissaire de marine que sont livrés les prisonniers.

*Les autres circonstances de la prise; putà,* s'il y a eu du pillage; si on a jeté des papiers à la mer; s'il a amené tous les prisonniers, ou ce qu'il a fait des autres: lorsque le port où il est arrivé n'est pas celui où a été fait l'armement, il doit déclarer les raisons qui l'ont empêché d'y retourner.

Après ce rapport fait, les officiers de l'amirauté se transportent sur le vaisseau qui a été pris. Le juge dresse, en présence tant du capitaine ou des principaux de l'équipage du vaisseau qui a été pris, que du capitaine ou autre officier du vaisseau qui a fait la prise, un procès-verbal de la quantité et qualité des marchandises qui y sont, et de l'état des chambres et armoires, et y met le scellé; il reçoit les dépositions des principaux de l'équipage du vaisseau qui a été pris, et de ceux du vaisseau qui a fait la prise; le tout est renvoyé au conseil des prises, pour juger de la légitimité de la prise. *Voyez les art.* 22, 23, *et* 24.

121. Ce qui aura été jugé n'avoir pas été de bonne prise, doit être rendu sans délai aux propriétaires qui le réclameront, ou aux porteurs de leurs procurations.

122. A l'égard de ce qui aura été jugé de bonne prise, il est d'usage constant et universel, suivant que l'atteste Vaslin sur l'article 31, de faire une vente judiciaire, tant du navire, que des marchandises et effets qui y étaient.

Sur le prix qui en provient, on prélève premièrement les frais du déchargement, et de la garde du vaisseau et des marchandises, *art.* 31.

Après ces frais prélevés, on prenait autrefois le dixième qui appartenait à l'amiral; et ce dixième se prenait avant les frais de justice : mais ce droit de l'amiral ayant été suspendu dans les dernières guerres, a été enfin aboli à perpétuité par édit du mois de septembre 1758.

On prélève ensuite les frais de justice.

Après tous ces prélèvemens faits, ce qui reste du produit de la vente se partage entre les intéressés à l'armement, suivant les conventions qu'ils ont eues ensemble lors de l'armement; *art.* 32.

123. Lorsque les parties n'ont eu, à cet égard, aucune convention, *les deux tiers appartiendront à ceux qui auront fourni le vaisseau avec les munitions et victuailles; et l'autre tiers aux officiers, matelots et soldats;* art. 33.

L'Ordonnance dit que *l'autre tiers appartient aux officiers, matelots et soldats :* ce qui comprend généralement toutes les personnes de l'équipage, depuis le capitaine jusqu'au plus petit mousse. Chacun y a plus ou moins de part, selon son grade. Le capitaine a seul douze parts; d'autres ont huit, six, quatre, deux ou une part; les mousses ont, les uns une demi-part, les autres un quart de part. *Voyez le Réglement du* 25 *novembre* 1693.

124. Il y a certains effets sur les vaisseaux pris, qui n'entrent point dans le partage qui est à faire entre les armateurs et l'équipage, et qui sont abandonnés hors part et en nature à l'équipage.

Le capitaine a la dépouille et le coffre du capitaine du vaisseau pris; le lieutenant celle du lieutenant; le pilote celle du pilote; le charpentier celle du charpentier, et ses outils; et ainsi des autres. *Voyez Vaslin, sur l'art.* 20.

125. Il y a une question par rapport à l'*art.* 33 que nous venons de rapporter, qui est de savoir si sa disposition doit avoir lieu, non-seulement lorsque la prise est faite par un corsaire qui n'est armé qu'en guerre, mais pareillement lorsqu'elle est faite par un vaisseau armé en marchandises et en guerre; ou si, dans ce dernier cas, l'équipage ne doit avoir qu'un dixième, suivant un arrêt du parlement de Bordeaux; parce que, dans ce dernier cas, l'équipage est gagé par l'armateur; au lieu que l'armateur d'un vaisseau qui n'est armé qu'en guerre, ne donne point de gages aux gens de son équipage, mais leur fait seulement des avances, dont il se rembourse sur les parts qui reviennent à chacun d'eux dans le produit des prises. On tirerait encore argument de ce que, dans le cas des prises qui se font par les vaisseaux de roi, le roi n'accordait aux officiers et à l'équipage que le dixième du produit de la prise. Cet argument ne peut plus avoir lieu, le roi accordant présentement le tiers.

126. Lorsque la prise a été faite par des vaisseaux de roi, le roi anciennement n'accordait qu'un dixième; mais par sa déclaration du 15 juin 1757, il accorde à l'équipage du vaisseau qui a fait la prise, le tiers de ce qui reste de net du produit de la prise, après le prélévement des frais de déchargement, de garde et de justice; dans lequel tiers le commandant a un quart; les officiers de l'état-major un quart, pour être partagé entre eux, suivant leurs différens grades; et les deux autres quarts doivent être partagés entre le reste des personnes qui composent l'équipage, tant officiers, soldats, que matelots, de la manière expliquée en ladite déclaration du roi, *art.* 9.

### § IV. Des rançons.

127. La convention de rançon est une convention qui intervient entre le commandant du vaisseau qui a attaqué, et celui du vaisseau qui a été attaqué, par laquelle le commandant du vaisseau attaquant consent de laisser aller le vaisseau attaqué, et lui donne un sauf-conduit, moyennant une somme convenue, que le commandant du vaisseau attaqué, tant en son nom qu'au nom des propriétaires, tant de son vaisseau que des marchandises qui y sont chargées, promet de payer, et pour sûreté duquel paiement il donne un otage.

Cette convention se fait par un acte qui est double : le commandant du vaisseau attaqué en a un, qui lui sert de sauf-conduit; et le commandant du vaisseau attaquant a l'autre, qu'on appelle *billet de rançon.*

Cette convention est légitime : le droit de la guerre donnan au souverain, lorsque la guerre est juste, le droit de s'emparer des biens et des vaisseaux de ses ennemis, c'est une conséquence qu'il a aussi le droit de les rançonner.

De même que le roi autorise aussi les corsaires qui ont commission de son amiral, et les met en ses droits pour courir sur les vaisseaux ennemis, et pour s'emparer desdits vaisseaux et de ce qui s'y trouve, il les autorise pareillement et les met en ses droits pour les rançonner, à la charge d'observer ce qui leur est, à cet égard, prescrit par les Ordonnances et réglemens.

128. Étant beaucoup plus avantageux pour l'État et pour l'armateur de prendre les vaisseaux ennemis, plutôt que d'en tirer seulement une rançon, les capitaines ne doivent admettre à rançon les vaisseaux ennemis qu'ils attaquent, que lorsqu'ils jugent ne pouvoir faire mieux, *putà*, lorsqu'ils se trouvent dans une position, et dans des circonstances, dans lesquelles ils ont un juste sujet de craindre qu'ils ne pourraient conserver la prise qu'ils auraient faite; ou lorsque la prise n'est pas assez de conséquence pour la conduire dans les ports de France, dont ils se trouvent éloignés; ce qui ne pourrait se faire qu'en interrompant la course, à la continuation de laquelle ils trouvent plus d'avantage dans ces cas, ou pour quelque autre juste cause. Le capitaine peut, après en avoir conféré avec les principaux officiers, et de l'aveu du plus grand nombre de son équipage, admettre à la rançon le vaisseau ennemi.

Dans la crainte que les capitaines des vaisseaux corsaires ne se portassent trop facilement, par lâcheté, et pour éviter le combat, à admettre à rançon, il était porté par l'article 14 de la déclaration du 15 mai 1756, qu'ils n'y seraient autorisés qu'après avoir envoyé dans les ports de France trois prises effectives depuis leur dernière sortie; mais Vaslin nous atteste que cette disposition n'a point eu d'exécution, et n'a point été suivie dans l'usage.

C'est en conséquence de ce principe, que les capitaines ne doivent admettre à rançon les vaisseaux ennemis, que lorsqu'ils ne peuvent faire mieux; qu'il leur est défendu d'admettre à rançon aucun vaisseau ennemi, aussitôt que ce vaisseau ennemi est entré dans les rades et ports du royaume.

129. Par l'Ordonnance du 1er octobre 1692, il est défendu à nos corsaires, lorsqu'ils rançonnent des vaisseaux pêcheurs ennemis, de leur permettre de continuer leur pêche. Ils peuvent seulement leur accorder un sauf-conduit de huit jours au plus, pour s'en retourner chez eux.

Par le réglement du 27 janvier 1716, *art.* 4, il peut être de quinzaine.

L'Ordonnance de 1692 ne fixait aucun temps pour le sauf conduit des autres vaisseaux rançonnés; elle se contentait de dire qu'il ne devait être donné *que pour le temps absolument nécessaire pour parvenir aux lieux de leur destination.*

Le réglement de 1706 veut qu'il ne puisse être pour un plus long temps que six semaines.

130. Le même réglement porte que ce sauf-conduit ne pourra être accordé au vaisseau rançonné, que pour retourner dans le port d'où il est parti, sauf dans le cas auquel le vaisseau rançonné se trouverait plus près du lieu de sa destination, que de celui de son départ; auquel cas ledit réglement, *art.* 5, permet de le lui donner, pour se rendre au lieu de sa destination. Il y a quelques autres cas mentionnés audit article, dans lesquels on peut donner au vaisseau rançonné un sauf-conduit pour continuer son voyage.

131. Suivant le même réglement, le traité de rançon doit faire une mention expresse du port où le vaisseau rançonné doit se rendre et du temps dans lequel il doit y arriver.

132. Le capitaine, qui rançonnait un vaisseau ennemi, était tenu, par l'*art.* 19 de l'Ordonnance, de se saisir des papiers du vaisseau rançonné. Le réglement de 1706, *art.* 6, a dérogé expressément à cette disposition, il ordonne seulement que le capitaine emmène pour otage un ou deux des principaux officiers du vaisseau rançonné. Dans l'usage, on n'en emmène qu'un.

133. Enfin le capitaine, qui a rançonné des vaisseaux ennemis, doit, aussitôt qu'il est de retour dans les ports de France, en faire son rapport aux officiers de l'amirauté, et représenter les otages, lesquels sont retenus prisonniers jusqu'au paiement des rançons.

Lorsque le capitaine a pris quelques effets ou marchandises du vaisseau rançonné, qu'il s'est fait donner outre la rançon qu'il a stipulée, il en doit faire mention dans son rapport, à peine de restitution du quadruple de ce qu'il en aurait supprimé, et de déchéance de sa part dans lesdits effets..... *Voyez* Vaslin, sur l'*art.* 19.

134. Il nous reste à parler des obligations qui naissent de la convention de rançon.

Le capitaine du vaisseau attaquant s'oblige, en conséquence de la rançon convenue, à laisser le vaisseau rançonné aller ou retourner librement au lieu porté par le traité de rançon, pourvu qu'il s'y rende dans le temps porté par ledit traité; et il lui donne, pour cet effet, un sauf-conduit, qui doit, pendant ledit temps, le mettre à l'abri d'insulte de la part des commandans de tous les vaisseaux français, et même de ceux des Etats alliés qu'il rencontrerait dans sa route pendant ledit temps, en leur représentant ledit sauf-conduit.

C'est ce qui résulte de ces termes, qui sont dans les modèles de traités de rançon, qu'on délivre dans les amirautés aux capitaines, *priant tous nos-amis et alliés de laisser passer sûrement et librement* ledit vaisseau le..... pour aller audit port..... sans souffrir qu'il lui soit fait, pendant ledit temps et sur ladite route, aucun trouble ni empêchement.

Comment, dira-t-on, le capitaine, qui a fait cette convention de rançon, peut-il, par le sauf-conduit qu'il donne au maître du vaisseau rançonné, obliger les commandans des autres vaisseaux qui le rencontreront, à le laisser passer librement? car c'est un principe, qu'on ne peut obliger, par une convention, des tiers qui n'y ont pas été parties. La réponse est, que ce n'est pas cette convention seule, *et per se*, qui oblige les commandans des autres vaisseaux à déférer au sauf-conduit qui a été donné par cette convention au vaisseau rançonné; mais c'est l'autorité du roi, dont cette convention, et le sauf-conduit donné en exécution, sont censés être en quelque façon revêtus. En effet, le roi autorise les capitaines des vaisseaux corsaires qui ont commission, non-seulement à s'emparer des vaisseaux ennemis qu'ils rencontrent, mais pareillement à les rançonner lorsqu'ils le jugent plus avantageux. Comme c'est de la part du roi et au nom du roi qu'ils s'emparent des vaisseaux ennemis, c'est aussi de la part du roi, et en quelque façon au nom du roi qu'ils les rançonnent. Cette convention de rançon, et le sauf-conduit, qu'ils donnent au maître du vaisseau rançonné, qui fait partie de cette convention, doivent donc être censés en quelque façon revêtus de l'autorité du roi; à laquelle doivent déférer les commandans de tous les vaisseaux français, tant du roi que corsaires.

C'est pour cette raison que le réglement du 27 janvier 1706, *art.* 7, porte : « Fait Sa Majesté très-expresses défenses à tous » capitaines et armateurs d'arrêter des vaisseaux munis de bil- » lets de rançon..... à peine de tous dépens, dommages et in- » térêts. »

C'est aussi une suite des traités d'alliance, que les commandans des vaisseaux des États alliés défèrent à ces sauf-conduits.

135. Le sauf-conduit n'a d'effet que lorsque le vaisseau est rencontré dans sa route, et dans le temps prescrit. C'est pourquoi l'*art.* 8 porte : « Permet néanmoins Sa Majesté aux armateurs » d'arrêter une seconde fois le vaisseau rançonné, s'ils le ren- » contrent hors de la route qu'on lui aura permis de faire, ou » au-delà du temps qui lui aura été prescrit, et de l'amener dans » les ports du royaume, où il sera déclaré de bonne prise. »

Néanmoins, s'il était justifié que c'est par une tempête que le vaisseau rançonné a été rejeté hors de la route, et qu'il fût en voie de la reprendre, il paraît équitable de déférer, en ce cas, au sauf-conduit.

136. D'un autre côté, le maître du navire rançonné s'oblige, par la convention de rançon, à payer la somme convenue pour

la rançon. Il s'y oblige non-seulement en son nom; il y oblige aussi, *actione exercitoriâ*, tant le propriétaire du navire rançonné, que les propriétaires des marchandises qui y sont, chacun pour l'intérêt qu'ils y ont. C'est ce qui résulte de ces termes, dans les modèles de traités de rançon que l'amirauté délivre : « Moi » (maître du navire), tant en mon nom que celui desdits... propriétaires dudit vaisseau et des marchandises, me suis volontairement soumis au paiement, etc. » La raison est, que le propriétaire du navire, en le préposant à la conduite de son navire, et les marchands, en le préposant à la conduite de leurs marchandises, sont censés chacun lui avoir donné pouvoir de faire toutes les conventions qu'il jugerait nécessaires pour la conservation des choses à la conduite desquelles ils l'ont préposé, et avoir consenti et accédé à toutes les obligations qu'ils seraient obligé de contracter pour cet effet.

137. Les débiteurs de la rançon, pour s'acquitter de cette obligation, doivent non-seulement payer la somme convenue pour la rançon : ils doivent encore rembourser tous les frais de nourriture qui ont été fournis à l'otage, qui a été donné pour sûreté du paiement de la rançon.

138. Si le vaisseau rançonné périssait par la tempête avant son arrivée, la rançon ne cesserait pas d'être due ; car le capitaine, qui l'a rançonné, a bien garanti le maître du navire rançonné, de tous troubles de la part des commandans des vaisseaux français et alliés qu'il pourrait rencontrer; mais il ne l'a pas garanti de la tempête, ni des autres cas fortuits.

Néanmoins, s'il y avait une clause expresse par le traité de rançon, que la rançon ne serait pas due si le vaisseau périssait en chemin par la tempête, avant son arrivée, il faudrait suivre la convention.

Lorsque cette clause est portée par le traité, elle doit être restreinte au cas auquel le vaisseau rançonné aurait été submergé par la tempête, et elle ne doit pas être étendue au cas d'échouement. Si l'échouement du vaisseau, dans le cas de cette clause, le déchargeait de la rançon, il arriverait souvent que des maîtres de navire rançonnés, pour se décharger de la rançon, le feraient échouer exprès, en sauvant leurs meilleurs effets.

139. Lorsque le vaisseau rançonné a été pris par un autre corsaire français, hors de sa route, ou après l'expiration du temps porté par le billet de rançon, et en conséquence déclaré de bonne prise, les débiteurs de la rançon en sont-ils, en ce cas, déchargés? Pour la négative, on dira : Si les propriétaires du vaisseau rançonné et des marchandises, ne sont pas déchargés de la rançon par la perte qu'ils ont faite du vaisseau et des marchandises par la tempête, qui est un cas fortuit, comme nous venons de le décider ci-dessus, ils doivent encore moins en être déchargés,

lorsque la perte du vaisseau et des marchandises est arrivée par la faute de leur préposé, qui, en contrevenant au traité de rançon, s'est mis volontairement dans le cas d'être pris par un autre corsaire français. Nonobstant ces raisons, Vaslin, sur l'*art.* 19 de l'Ordonnance, atteste que l'usage est constant que, lorsqu'un vaisseau, après avoir été rançonné, est, faute de s'être conformé au traité de rançon, pris par un second armateur, les débiteurs de la rançon sont quittes de la rançon, laquelle se confond dans le prix, et est prélevée sur le produit de la prise, au profit du premier armateur qui a rançonné le vaisseau. Le surplus de ce produit appartient au second armateur qui a fait la prise.

La raison de cette décision est, que c'est au nom du roi que le premier armateur a rançonné le vaisseau : c'est au nom du roi que le second armateur l'a pris : c'est du roi que le premier armateur est censé tenir la rançon; c'est du roi que le second armateur tient le profit de la prise, le roi ayant mis ces armateurs en ses droits. Or l'équité ne permet pas que le roi, ni qu'une même personne ait, tout à la fois, et le vaisseau, et la rançon du vaisseau : on doit donc déduire la rançon sur le prix du vaisseau.

140. Lorsque le capitaine d'un vaisseau français, après avoir rançonné un vaisseau ennemi, est lui-même pris par l'ennemi, avec le billet de rançon dont il est porteur, ce billet de rançon devient, ainsi que le reste de la prise, la conquête de l'ennemi; et les personnes de la nation ennemie, qui étaient débitrices de la rançon, se trouvent, par ce moyen, libérées de leurs obligations.

Cette dette, qui a été une fois éteinte, ne peut plus revivre, quand même le vaisseau, qui a rançonné l'ennemi, et qui a été depuis pris par l'ennemi, serait depuis repris sur l'ennemi.

141. Outre les obligations respectives, que la convention de rançon produit entre les parties contractantes, dont nous venons de parler, elle donne lieu indirectement à quelques autres actions. Telle est celle, que le maître du navire rançonné, qui s'est obligé, en son propre nom, au paiement de la rançon, a contre les propriétaires, tant du navire, que des marchandises dont il est chargé, pour qu'ils soient tenus, chacun pour l'intérêt qu'ils ont, de l'acquitter de cette obligation.

Cette action ne naît pas de la convention de rançon; elle n'en est que l'occasion : elle naît des contrats qui sont intervenus, tant entre le maître du navire et le propriétaire du navire, lorsque celui-ci l'a préposé à la conduite de son navire, qu'entre le maître et les propriétaires des marchandises, lorsque ceux-ci l'ont préposé à la conduite de leurs marchandises. Par ces contrats, les propriétaires, soit du navire, soit des marchandises, se sont obligés envers lui de l'indemniser des obligations qu'il serait obligé de contracter pour la conservation, soit du navire, soit des marchandises.

142. La personne, qui, à la réquisition du maître du navire rançonné, s'est volontairement et gratuitement rendue otage pour le paiement de la rançon, a pareillement l'action *mandati contraria* contre le maître du navire rançonné, pour qu'il soit tenu de la dégager au plus tôt, et de la faire mettre en liberté, en acquittant les sommes pour lesquelles elle s'est rendue otage, et en outre pour qu'il soit tenu de tout ce qu'il lui en a coûté et coûtera pour être ôtage, *quantùm sibi abest ex causâ mandati.*

Cette action naît du contrat de mandat intervenu entre le maître du navire et cette personne, lequel résulte de ce qu'à la réquisition du maître du navire, cette personne a consenti de se rendre otage.

143. L'otage a aussi aux mêmes fins l'action *exercitoria* contre les propriétaires, soit du navire, soit des marchandises, lesquels, en préposant le maître du navire à la conduite du navire et des marchandises, sont censés avoir consenti et accédé à toutes les conventions et contrats qu'il ferait pour la conservation du navire et des marchandises, et par conséquent au contrat de mandat intervenu entre le maître du navire et l'otage.

L'otage, pour l'action qu'il a contre les propriétaires du navire rançonné et des marchandises, a un privilége sur ledit navire et lesdites marchandises.

144. Lorsqu'un otage français est détenu chez l'ennemi, pour la rançon d'un vaisseau français rançonné par l'ennemi ; aussitôt que le vaisseau rançonné est de retour dans quelqu'un de nos ports, les officiers de l'amirauté, pour l'intérêt de l'otage, saisissent le vaisseau et les marchandises, jusqu'à ce que les propriétaires aient ou délivré l'otage, et l'aient remboursé, ou qu'ils aient donné bonne et suffisante caution de le faire.

### ARTICLE III.

### *Des prisonniers de guerre.*

145. Par le droit romain et celui des anciens peuples, lorsque des Etats souverains, qui avaient droit de faire la guerre, étaient en guerre, ceux, qui étaient faits prisonniers, étaient réduits en esclavage, et devenaient, *jure belli et jure gentium*, les esclaves de l'ennemi.

C'est à ce droit qu'on doit attribuer l'origine de l'esclavage : *Servi ex eò appellati sunt quòd imperatores captivos vendere, ac per hoc servare nec occidere solent ; qui etiam mancipia dicti sunt, eò quòd ab hostibus manu capiebantur ; Inst. de jur. person.*

146. Suivant le droit romain, celui, qui avait été pris par l'ennemi, et réduit dans l'état d'esclavage, perdait avec la liberté

tous les droits de citoyen romain, qui ne pouvaient appartenir qu'à des personnes libres.

Mais s'il trouvait le moyen de s'échapper des mains de l'ennemi, aussitôt qu'il était de retour, et qu'il avait mis les pieds sur les terres de l'empire romain, il recouvrait les droits de citoyen; de manière qu'il était réputé ne les avoir jamais perdus, et n'avoir jamais été captif chez les ennemis. C'est ce qu'on appelle *jus postliminii*.

Lorsque celui, qui avait été pris, n'était pas revenu, et avait été toute sa vie en la puissance de l'ennemi, il était censé mort dès le dernier instant qui avait précédé sa captivité, et être mort ayant encore les droits de citoyen romain. *Voyez*, sur toutes ces choses, le titre *de captiv. et postlim. rev.*

147. Ce droit des gens, qui réduisait à l'état d'esclavage ceux qui étaient pris par l'ennemi, n'avait lieu qu'à l'égard de ceux qui étaient pris dans une guerre solennellement déclarée par des ennemis proprement dits, qui avaient le droit de faire la guerre, qu'on appelle *hostes*, et anciennement *perduelles*. A l'égard de ceux, qui étaient pris par des brigands, quoique ces brigands les assujettissent, dans le fait, à des ministères d'esclaves, ils n'étaient pas dans le droit esclaves, et conservaient tous les droits de citoyens. C'est ce qu'enseigne Ulpien : *Hostes sunt quibus bellum publicè populus romanus decrevit, vel ipsi populo romano; cæteri latrunculi vel prædones appellantur. Ideò qui à latronibus captus est, servus latronum non fit, nec postliminium ci necessarium est: ab hostibus autem captus, ut putà à Germanis et Parthis, et servus hostium est, et postliminio statum pristinum recuperat;* l. 24, ff. *de captiv. et postlim.*

148. Depuis très-long-temps, dans tous les Etats des princes chrétiens, les prisonniers de guerre ne sont pas faits esclaves. Ils conservent leur état de liberté; ils conservent dans leur pays, d'où ils sont absens, tous les droits de citoyens. Le droit de la guerre, tel qu'il a lieu aujourd'hui entre les princes chrétiens, ne donne au vainqueur d'autres droits sur les personnes des prisonniers de guerre, que celui de les détenir, pour les empêcher de nous faire la guerre. Souvent même, le vainqueur n'use pas de tout son droit à l'égard des officiers de quelque distinction, et il les renvoie sur leur parole d'honneur de ne point servir pendant tout le temps que la guerre durera.

149. Quoique ceux, qui sont pris par les Maures, soient pendant leur captivité, dans le fait, vendus à des maîtres, et assujettis à des ministères d'esclaves, ils ne sont point censés dans le droit esclaves, et ils conservent pendant leur captivité tous leurs droits de citoyens : ils sont capables de succession et de legs, qu'ils peuvent recueillir par quelqu'un à qui ils envoient procuration, du lieu de leur captivité.

## SECTION III.

### De l'accession.

150. L'accession est une manière d'acquérir le domaine qui est du droit naturel, par laquelle le domaine de tout ce qui est un accessoire et une dépendance d'une chose est acquis de plein droit à celui à qui la chose appartient, *vi ac potestate rei suæ.*

Une chose est l'accessoire de la nôtre, ou parce qu'elle en a été produite, ou parce qu'elle y a été unie; et cette union se forme, ou naturellement et sans le fait de l'homme, ou par le fait de l'homme.

Nous traiterons, dans un premier article, de l'accession qui résulte de ce que des choses ont été produites de la nôtre : dans un second, de celle qui résulte de ce que des choses s'unissent à la nôtre naturellement, et sans le fait de l'homme : dans un troisième, de celle qui résulte de ce que des choses s'unissent à la nôtre par le fait de l'homme. Nous traiterons, dans un quatrième article, des deux autres espèces d'accession, qui sont la spécification et la confusion.

#### ARTICLE PREMIER.

*De l'accession qui résulte de ce que des choses sont produites de la nôtre.*

151. Tout ce que ma chose produit en est regardé comme une espèce d'accrue et d'accessoire; et en conséquence le domaine m'en est acquis par droit d'accession, *vi ac potestate rei meæ.*

C'est par ce droit d'accession que le domaine de tous les fruits qui naissent d'une chose suit le domaine de la chose, et est acquis de plein droit au seigneur propriétaire de la chose, *vi ac potestate rei suæ.*

Tant que les fruits sont encore pendans sur ma terre qui les a produits, ils ne font qu'un seul et même tout, et une seule et même chose avec ma terre qui les a produits : *Fructus pendentes pars fundi videntur;* l. 44, ff. *de rei vind.* Le domaine que j'ai de ma terre renferme donc alors celui de ces fruits : lorsque ces fruits viennent à être séparés de ma terre, ils deviennent des êtres distingués de ma terre, dont j'acquiers le domaine, en conséquence de celui que j'ai de ma terre qui les a produits, et dont ils sont les productions et les accessoires.

Le domaine, que j'acquiers de ces fruits, est un domaine distingué de celui que j'ai de ma terre. Quoique ce soit le domaine, que j'ai de ma terre, qui ait produit celui que j'ai de ces fruits, je l'acquiers dans le même instant que ces fruits sont séparés de la terre où ils étaient pendans, et qu'ils commencent à avoir un être distingué de la terre dont ils faisaient partie.

J'acquiers de cette manière tous les fruits que ma terre a produits, soit naturels, soit industriels. J'acquiers ceux-ci, quand même ce serait un autre que moi qui aurait ensemencé et cultivé ma terre qui les a produits; car ce n'est pas la culture, qu'on a faite de cette terre, c'est le domaine, qu'on a de cette terre, qui fait acquérir le domaine des fruits qu'elle produit: *Omnis fructus non jure seminis, sed jure soli percipitur;* l. 25, ff. *de usur.* Le propriétaire de la terre est seulement obligé, en ce cas, à rembourser le prix des semences et des façons à celui qui les a faites.

152. Les petits, qui naissent des animaux qui nous appartiennent, sont des fruits de ces animaux, dont par conséquent le propriétaire de l'animal, qui les a mis bas, acquiert le domaine par droit d'accession, *vi ac potestate rei suæ.*

Observez que, quoique le mâle, qui a empreigné la femelle qui a mis bas les petits, ait eu part à la production de ces petits, néanmoins la part qu'il y a eue n'est aucunement considérée. Les petits, que la femelle a mis bas, ne sont censés être des fruits que de la femelle, et en conséquence le domaine de ces petits est acquis entièrement au maître à qui la femelle appartient, sans que celui, à qui appartient le mâle, qui l'a empreignée, puisse y prétendre aucune part: *Pomponius scribit, si equam meam equus tuus prægnantem fecerit, non esse tuum, sed meum quod natum est;* l 5, § 2, ff. *de rei vind.*

La raison est, que la part, qu'a le mâle qui a empreigné la femelle à la production des petits, est très-peu de chose en comparaison de celle qu'a la femelle, qui porte dans son sein les petits depuis l'instant de leur conception, lesquels sont en conséquence comme une portion des entrailles de la mère, *portio viscerum matris.*

Dans nos colonies de l'Amérique, c'est aussi au propriétaire de la négresse qu'appartiennent les enfans qui en naissent, quand même le père des enfans appartiendrait à un autre maître, et même quand il serait de condition libre; car c'est un principe, que, hors le cas d'un mariage légitime, dont les esclaves ne sont pas capables, les enfans suivent la condition de la mère; l. 24, ff. *de stat. hom.*

153. Le principe, que nous avons établi jusqu'à présent, que le propriétaire d'une chose acquiert par droit d'accession, *vi ac potestate rei suæ,* le domaine des fruits qui en naissent, paraît

souffrir quelques exceptions, qui néanmoins ne sont pas de véritables exceptions.

La première est lorsque le propriétaire de la chose n'en a que la nue propriété, et que l'usufruit appartient à un autre; car, en ce cas, ce n'est pas au propriétaire, c'est à l'usufruitier que les fruits, qui naissent de la chose, sont acquis.

Il est vrai que, suivant la subtilité du droit romain, l'usufruitier n'acquérait les fruits de l'héritage dont il avait l'usufruit, que lorsque c'était lui, ou quelqu'un pour lui et en son nom, qui les percevait; mais nous avons vu que, par notre droit français, tous les fruits indistinctement, qui naissent pendant la durée de l'usufruit, appartiennent à l'usufruitier. *Voyez notre Traité du Douaire.*

Le droit, qu'a le propriétaire, d'acquérir tous les fruits qui naissent de sa chose par droit d'accession, *vi ac potestate rei suæ*, lequel est renfermé dans le droit de domaine et en fait partie, est, lors de la constitution de l'usufruit, détaché du droit de domaine, et transféré à l'usufruitier, lequel acquiert les fruits en vertu de cette partie du droit de domaine de l'héritage qui lui a été transférée. C'est en ce sens qu'il est dit que *Usufructus pars dominii est.*

C'est pourquoi, même dans le cas de cette exception apparente, les fruits sont acquis à l'usufruitier par droit d'accession, *vi ac potestate rei,* comme étant *dominii loco,* par rapport à l'acquisition de ces fruits.

154. La seconde exception est dans le cas, auquel le propriétaire de la chose a contracté envers quelqu'un l'obligation de lui laisser percevoir les fruits de son héritage pendant un certain temps; comme lorsqu'il l'a donné à ferme à quelqu'un, ou qu'il en a mis son créancier en possession pour en percevoir les fruits, en déduction de sa créance, jusqu'à la fin du paiement. Dans ces cas, ce n'est point à celui, qui a le domaine de la chose, que les fruits sont acquis, c'est à son fermier ou à son créancier. Mais comme ils ne sont acquis à ce fermier ou à ce créancier, qu'autant que ce fermier ou ce créancier est aux droits du seigneur de la chose qui l'y a subrogé, notre principe, que le domaine des fruits suit le domaine de la chose dont ils sont les accessoires, ne reçoit encore aucune atteinte dans ce cas-ci, puisque c'est du seigneur, auquel ces fruits appartiennent par droit d'accession, que ce fermier ou ce créancier les tient, et qu'on peut supposer le domaine de ces fruits être, par droit d'accession, acquis pendant un instant de raison au seigneur de la chose, et passer incontinent de sa personne en celle du fermier, ou du créancier, qu'il a mis en ses droits.

155. Le troisième cas d'exception est lorsque la chose est possédée par quelqu'un, qui s'en porte pour propriétaire sans l'être.

Les fruits, qui naissent de la chose pendant tout le temps qu'il la possède, lui sont acquis plutôt qu'à celui qui est le véritable propriétaire. Cette exception n'est encore qu'une exception apparente, qui ne donne aucune atteinte à notre principe, que le domaine des fruits suit celui de la chose dont ils sont des accessoires; car si le possesseur qui, dans la vérité, n'est pas propriétaire, semble, en ce cas, acquérir les fruits de la chose, ce n'est qu'en tant qu'il est réputé le propriétaire, tout possesseur étant réputé le propriétaire de la chose qu'il possède, jusqu'à ce que le véritable propriétaire ait paru, et ait justifié de son droit : de même qu'il en résulte que ce possesseur n'était propriétaire qu'en apparence, il en résulte aussi que ce n'est qu'en apparence qu'il a paru en acquérir les fruits, lesquels, dans la vérité, appartenaient au véritable propriétaire de la chose, comme en étant des accessoires; lesquels fruits il doit, en conséquence, restituer au propriétaire de la chose, à moins que la bonne foi de sa possession ne le fasse décharger de cette obligation, comme nous le verrons *infrà, partie* 2.

## ARTICLE II.

### *De l'accession qui résulte de l'union d'une chose avec la nôtre, qui se fait naturellement, et sans le fait de l'homme.*

156. Lorsque quelque chose s'unit avec la chose qui m'appartient, de manière qu'elles ne font ensemble qu'un seul et même tout, dont ma chose fait ce qu'il y a de principal dans ce tout; le domaine, que j'ai de ma chose, me fait acquérir par droit d'accession, *vi ac potestate rei meæ*, celui de tout ce qui est uni à cette chose, et qui est censé en faire partie.

Cette union se fait naturellement, sans le fait de l'homme, ou par le fait de l'homme. Nous ne rapporterons, dans cet article, que des exemples de celle qui se fait naturellement, et sans le fait de l'homme.

#### PREMIER EXEMPLE.

#### *De l'alluvion.*

157. On appelle *alluvion*, l'accrue qu'une rivière a faite à la longue à un champ, par les terres qu'elle y a charroyées d'une façon imperceptible : *Alluvio est excrementum latens. Per alluvionem autem id videtur adjici, quod ità paulatim adjicitur, ut non possit intelligi, quantùm quoquo temporis momento adjiciatur*; *Instit. tit. de rer. div.*, § 20.

Selon les principes du droit naturel et du droit romain, ces terres, à mesure que la rivière les apporte et les unit à mon champ, devenant des parties de mon champ, avec lequel elles ne font qu'un seul et même tout, j'en acquiers le domaine par droit d'accession, *vi ac potestate rei meæ*. C'est ce qu'enseigne Gaïus : *Quod per alluvionem agro nostro flumen adjecit, jure gentium nobis acquiritur;* l. 7, § 1, *de adq. rer. dom.*

Les propriétaires des champs, d'où la rivière a détaché ces terres pour les charroyer et les unir à mon champ, ne peuvent pas les réclamer, parce que cela se fait d'une manière imperceptible.

158. Il en serait autrement si le fleuve, *uno impetu*, avait apporté le long de mon champ tout à la fois un morceau considérable du champ de mon voisin : ce morceau étant reconnaissable, mon voisin conserverait le droit de propriété de ce morceau de terre, qu'il avait avant qu'il eût été détaché du reste de son champ : *Si vis fluminis partem aliquam ex tuo detraxit, ut meo prædio attulerit, palàm est eam tuam permanere; dict. l.* 7, § 2.

A moins que, par la longueur du temps, ce morceau détaché de votre champ ne se fût tellement uni au mien, qu'il ne parût plus faire qu'un même champ : *Planè*, ajoute Gaïus, *si longiore tempore fundo meo hæserit, arboresque, quas secum traxerit, in fundum meum radices egerint, ex eo tempore videtur fundo meo acquisita esse; dict.*, § 2.

159. Par notre droit français, les alluvions, qui se font sur les bords des fleuves et des rivières navigables, appartiennent au roi. Les propriétaires des héritages riverains n'y peuvent rien prétendre, à moins qu'ils n'aient des titres de la concession que le roi leur a faite du droit d'alluvion le long de leurs héritages.

A l'égard des alluvions, qui se formeraient le long des bords d'une rivière non navigable, dont la propriété appartient aux propriétaires des héritages voisins, on doit suivre la disposition du droit romain.

Les alluvions, que la mer ajoute aux héritages voisins de la mer, appartiennent aussi, par droit d'accession, aux propriétaires desdits héritages, qui peuvent faire des digues pour se les conserver.

SECOND EXEMPLE.

*Des îles qui se forment dans les rivières; et du lit que la rivière a abandonné.*

160. C'était par une espèce de droit d'accession que, suivant le droit romain, les propriétaires des héritages riverains d'une rivière acquéraient, chacun en droit soi, le domaine des îles qui se formaient dans le fleuve, et même du lit entier du fleuve,

lorsque le fleuve l'avait abandonné pour prendre un autre cours.

Les héritages de ces riverains ayant, du côté du fleuve, une étendue illimitée, qui n'avait d'autres bornes que le fleuve, et qui comprenait même les rivages, et tout ce qui n'était pas occupé par le fleuve; le lit, qu'avait occupé le fleuve, lorsque le fleuve cessait de l'occuper, était censé faire partie de ces héritages, et en être un accroissement. Il en était de même des îles qui se formaient dans le fleuve, ces îles n'étant autre chose qu'une partie du lit du fleuve que le fleuve avait cessé d'occuper.

161. Par notre droit français, les fleuves et les rivières navigables appartiennent au roi. Les îles, qui s'y forment, aussi-bien que le lit, lorsqu'ils l'ont abandonné pour prendre leur cours ailleurs, appartiennent au roi; les propriétaires des héritages riverains n'y peuvent rien prétendre; à moins qu'ils ne rapportent des titres de concession du roi.

162. Observez que les îles, qui, par le droit romain, appartenaient, par droit d'accession, aux propriétaires des héritages riverains du fleuve, et qui, par notre droit français, appartiennent au roi, sont celles qui sont formées dans le lit qu'occupait le fleuve : mais si un bras du fleuve, s'étant écarté du lit, avait pris son cours tout autour du champ d'un particulier, et en avait, par ce moyen, formé une île, ce champ, depuis que le fleuve l'a entouré, étant toujours le même champ, il continue d'appartenir à celui qui en est le propriétaire. C'est ce qu'enseigne Pomponius : *Tribus modis insula in flumine fit; uno quùm agrum, qui alvei non fuit, amnis circumfluit; altero, quùm locum, qui alvei esset, siccum relinquit et circumfluere cœpit; tertio, quùm paulatim colluendo locum eminentem suprà alveum facit, et eum alluendo auxit : duobus posterioribus modis privata insula fit ejus cujus ager proprior fuerit, quùm primùm extitit.* (Et par notre droit, elle appartient au roi dans ces deux cas-ci : )..... *Primo autem illo modo causa proprietatis non mutatur;* l. 30, § 2, ff. *de adq. rer. dom. Ejus est ager, cujus et fuit;* l. 7, § 4, ff. *dict. tit.*

163. Il y a une quatrième espèce d'îles, qu'on appelle des îles flottantes, lorsqu'elles se forment sur l'eau sans être adhérentes au lit du fleuve : *Qui virgultis aut aliâ qualibet levi materiâ ità sustinetur in flumine, ut solum ejus non tangat, atque ipsa movetur;* l. 65, § 2, ff. *de adq. rer. dom.* Ces îles étaient, par le droit romain, publiques, comme l'étaient les fleuves; *dict. l.* 2, et § 4; et par notre droit, elles appartiennent au roi, de même que le fleuve.

164. A l'égard des rivières non navigables, lorsque ce sont les propriétaires des héritages riverains qui sont aussi, chacun en droit soi, propriétaires de la rivière, ils doivent l'être aussi, chacun

en droit soi, et des îles qui s'y forment, et du lit de la rivière, lorsqu'elle l'a abandonné pour prendre son cours ailleurs.

### TROISIÈME EXEMPLE.

165. Lorsque les pluies entraînent avec elles les parties les plus grasses de la terre des champs élevés, et les portent dans les champs bas, où ces parties de terre restent et s'incorporent avec lesdits champs, lesdites parties de terre, qui s'incorporent ainsi avec le champ bas, avec lequel elles ne font qu'un même tout et qu'une même chose, devenant, de cette manière, des parties accessoires de ce champ, le domaine de ces parties de terre est acquis par droit d'accession, *vi ac potestate rei suæ*, au propriétaire du champ.

### QUATRIÈME EXEMPLE.

166. Lorsque des pigeons des colombiers voisins désertent de leurs colombiers pour venir s'établir dans le mien, j'en acquiers le domaine par droit d'accession.

Pour bien comprendre ce droit d'accession, il faut observer que, les pigeons de nos colombiers étant des animaux *feræ naturæ*, qui sont dans un état de liberté, *in laxitate naturali*, nous ne sommes proprement ni propriétaires ni possesseurs de ces pigeons *per se;* nous ne le sommes qu'autant qu'ils sont censés faire partie de notre colombier, dans lequel ils se sont établis; car lorsque ces animaux se sont établis dans un colombier, ils sont censés, tant qu'ils conservent l'habitude d'y aller et venir, ne composer avec le corps du colombier qu'une seule et même chose, savoir, un colombier peuplé de pigeons, et ne faire ensemble qu'un seul et même tout, dont le corps du colombier est la partie principale, et dont les pigeons qui le peuplent sont les parties accessoires.

C'est pourquoi, lorsque des pigeons viennent à s'établir dans mon colombier, ces pigeons devenant par-là des parties accessoires de mon colombier, j'en acquiers par droit d'accession le domaine, *vi ac potestate rei meæ*. Le propriétaire du colombier voisin, qu'ils ont déserté, ne peut les réclamer; car il n'était ni possesseur ni propriétaire de ces pigeons : il ne l'était qu'en tant que ces pigeons étaient censés faire partie de son colombier, et ils n'étaient censés en faire partie, qu'en tant qu'ils conservaient l'habitude d'y aller et venir : ayant perdu cette habitude, ils ont cessé d'en faire partie, et d'appartenir au propriétaire du colombier qu'ils ont déserté.

167. Nous pouvons, à la vérité, acquérir très-légitimement les

pigeons qui désertent les colombiers voisins, pour venir s'établir dans les nôtres; mais il n'est pas permis de se servir d'aucunes manœuvres pour les y attirer. C'est pourquoi, si le propriétaire ou le fermier d'un colombier y avait attaché quelque vieille morue, ou quelque autre chose pour y attirer les pigeons des colombiers voisins, les propriétaires des colombiers voisins auraient contre lui l'action *de dolo*, ou *in factum*, pour les dommages et intérêts résultans de ce qu'il aurait, par cette manœuvre, dépeuplé leurs colombiers.

168. Ce que nous avons dit des pigeons, qui désertent les colombiers voisins, pour s'établir dans le mien, peut pareillement s'appliquer aux lapins, qui passent des garennes voisines dans la mienne, et des poissons qui passent d'un étang voisin dans le mien qui est contigu : j'acquiers de la même manière, par droit d'accession, ces lapins et ces poissons, *non per se*, mais en tant qu'ils sont censés faire partie de ma garenne et de mon étang.

### ARTICLE III.

### *Du droit d'accession qui résulte de ce que des choses ont été unies à la mienne par le fait de l'homme.*

169. Lorsque, par mon fait ou par celui d'une autre personne, une ou plusieurs choses ont été unies à la mienne, de manière qu'elles n'en fassent qu'une seule et même chose, et un seul et même tout, dont ma chose soit la partie principale, et dont les autres ne soient que les parties accessoires, j'acquiers par droit d'accession, *vi ac potestate rei meæ*, le domaine des choses qui en sont les accessoires.

Lorsque deux ou plusieurs choses, appartenantes à différentes personnes, ont été unies de manière qu'elles ne font ensemble qu'un seul tout, pour savoir quelle est celle dont le domaine doit attirer à soi celui des autres, il faut donner des règles pour discerner quelle est celle qui est la partie principale du tout qu'elles composent, et quelles sont celles qui n'en sont que les parties accessoires. C'est ce que nous ferons voir dans un premier paragraphe. Nous verrons, dans un second paragraphe, quelle est la nature du domaine que j'acquiers d'une chose par son union avec la mienne, et de l'action *ad exhibendum* qu'a celui à qui elle appartenait. Nous verrons, dans un troisième paragraphe, quelle est l'espèce d'union qui donne lieu au droit d'accession.

§ I. Règles pour discerner quelle est, dans un tout composé de plusieurs choses, celle qui en est la partie principale, et celles qui n'en sont que les accessoires.

PREMIÈRE RÈGLE.

170. Lorsque de deux choses, qui composent un tout, l'une ne peut subsister sans l'autre, et l'autre peut subsister séparément, c'est celle, qui peut subsister séparément, qui en est regardée comme la principale partie, l'autre n'en est que l'accessoire : *Necesse est ei rei cedi, quod sine illâ esse non potest*; l. 23, § 3, ff. *de rei vind.*

On peut donner, pour un premier exemple de cette règle, le cas auquel quelqu'un aurait construit un bâtiment sur mon terrain. Ce bâtiment et mon terrain font un seul tout, dont mon terrain est la partie principale, et le bâtiment n'est que l'accessoire; car mon terrain peut subsister sans le bâtiment, et au contraire le bâtiment ne peut subsister sans le terrain sur lequel il est construit. C'est pourquoi le domaine, que j'ai de mon terrain, me fait acquérir par droit d'accession, *vi ac potestate rei meæ,* celui du bâtiment qui y a été construit. C'est ce qu'enseigne Gaïus : *Si quis in alieno solo suâ materiâ ædificaverit, illius fit ædificium, cujus et solum est*; l. 7, § 12, ff. *de adq. rer. dom.*

Il en est de même dans le cas inverse. Lorsque je construis sur mon terrain un bâtiment avec des matériaux qui ne m'appartiennent pas, le domaine de mon terrain me fait acquérir par droit d'accession, *vi ac potestate rei meæ*, celui de tous les matériaux que j'y ai employés, comme choses qui en sont accessoires : *Quùm aliquis in suo loco alienâ materiâ ædificaverit, ipse dominus intelligitur ædificii; dict. l.* 7, § 10. Et c'est une règle générale, que le domaine du bâtiment soit toujours celui du terrain sur lequel il est construit : *Omne, quod inædificatur, solo cedit* ; *dict. l.* 7, § 10.

Sur la question, si le propriétaire du terrain, qui acquiert, par droit d'accession, le domaine du bâtiment qu'un autre y a construit, doit rembourser le coût à celui qui l'a construit, *voyez* ci-dessous, dans la seconde partie de notre Traité, les distinctions qu'on doit faire sur cette question.

171. Un second exemple de la règle, est la plantation. Lorsque quelqu'un a planté des arbres ou de la vigne sur le terrain d'autrui, ces arbres ou cette vigne, aussitôt qu'ils ont pris racine, font un seul et même tout avec le terrain sur lequel on les a plantés : ce terrain pouvant subsister sans ces arbres ou cette vigne, et ces arbres ou cette vigne ne pouvant au contraire subsister sans le terrain, c'est le terrain qui en est la partie princi-

pale, dont le domaine attire, par droit d'accession, à celui qui en est propriétaire, celui des arbres et de la vigne qui en sont les parties accessoires.

Il en est de même dans le cas inverse. Lorsque je plante dans ma terre du plant de vignes ou des arbres qui ne m'appartiennent pas, aussitôt qu'ils ont pris racine, le domaine, que j'ai de ma terre où ils ont été plantés, m'en fait acquérir le domaine par le droit d'accession, *vi ac potestate rei meæ*, comme choses accessoires de ma terre : *Si alienam plantam in meo solo posuero, mea erit ; ex diverso, si meam plantam in alieno solo posuero, illius erit ; si modò utroque casu radices egerit*; l. 7, § 13, ff. *de adq. rer. dom.*

172. Un troisième exemple est la semence. Soit que j'ensemence mon champ d'une semence qui ne m'appartient pas, soit que j'ensemence le champ d'autrui de ma semence, la semence, qui est en terre, appartient au propriétaire de la terre, à la charge d'en rembourser le prix : *Quâ ratione plantæ, quæ terræ coalescunt, solo cedunt, eâdam ratione frumenta quoque, quæ sata sunt solo, cedere intelliguntur* ; l. 9, ff. *dict. tit.*

173. La règle, que nous venons d'exposer, doit souffrir exception dans le cas auquel la chose, qui peut subsister séparément, est presque de nulle valeur, en comparaison du prix de l'autre. En ce cas, la chose, qui est de prix, quoiqu'elle ne puisse subsister sans l'autre, et que l'autre, au contraire, pourrait subsister sans elle, ne laisse pas d'être regardée comme la partie principale du tout que les choses composent, laquelle doit attirer à soi le domaine de l'autre.

Justinien avait admis cette exception dans le cas de la peinture, *propter excellentiam artis ;* et il décide en conséquence dans ses Institutes, conformément à l'opinion de Gaïus, que lorsqu'un peintre avait fait un bel ouvrage de peinture sur une toile qui ne lui appartenait pas ; quoique sa peinture ne pût subsister sans la toile, et que la toile pût au contraire subsister sans la peinture, néanmoins la peinture devait être regardée comme ce qu'il y avait de principal dans le tableau, plutôt que la toile, et qu'en conséquence elle devait faire acquérir au peintre, par droit d'accession, le domaine de la toile, comme d'une chose accessoire à sa peinture, à la charge de payer le prix de cette toile à celui à qui elle avait appartenu : *Ridiculum est enim*, dit Justinien, *picturam Apellis vel Parrhasii in accessionem vilissimæ tabulæ cedere ; Instit. de rer. div.*, § 34.

Cette exception n'était admise dans le droit romain que pour le seul cas de la peinture ; *propter excellentiam artis*. On y décidait que si quelqu'un avait écrit, sur du papier qui ne lui appartenait pas, un poëme ou une histoire, quelque excellent que fût l'ouvrage qui avait été écrit, et quelque magnifique que fût l'écriture, le papier, comme pouvant subsister sans ce qui est écrit dessus, devait être regardé comme ce qu'il y avait de principal dans le manuscrit, et comme devant attirer au propriétaire du papier le domaine de ce qui était écrit dessus, à la charge de rembourser à l'écrivain le prix de l'écriture : *Litteræ, licet aureæ sint, perindè chartis membranisve cedunt, ac solo cedere solent ea quæ ædificantur aut seruntur; ideòque si in chartis membranisve tuis carmen, vel historiam, vel orationem scripsero, hujus corporis non ego, sed tu, dominus esse intelligeris; l.* 9, § 1, ff. *de adq. rer. dom.*

Le trop grand et trop scrupuleux attachement des jurisconsultes romains à ce principe : *Necesse est ei rei cedi quod sine illâ esse non potest*, l. 23, § 3, ff. *de rei vindic.*, les a portés à cette décision ridicule, que nous ne devons pas suivre dans notre droit français. Nous devons, au contraire, décider que le papier étant une chose de nulle considération en comparaison de ce qui est écrit dessus; c'est ce qui est écrit sur le papier, qui doit être regardé comme ce qu'il y a de principal dans le corps du manuscrit, et qui doit attirer, par droit d'accession, à celui qui l'a écrit, le domaine du papier, à la charge de payer le prix de ce papier à celui à qui il appartenait, conformément à l'exception que nous avons apportée au principe, laquelle doit avoir lieu dans tous les autres cas semblables.

### SECONDE RÈGLE.

Lorsque de deux choses appartenantes à différens maîtres, et dont l'union forme un tout, chacune peut subsister sans l'autre; celle-là est la partie principale, pour l'usage, l'ornement, ou le complément de laquelle l'autre lui a été unie.

174. On peut apporter une infinité d'exemples de cette règle.

#### *Premier exemple.*

On a monté une pierre en or pour en faire un anneau; c'est, dans cet anneau, la pierre qui est ce qu'il y a de principal, et dont le domaine attire au propriétaire de la pierre celui de l'or avec lequel elle est montée : car ce n'est pas pour l'or que la pierre a été unie à l'or; c'est au contraire pour la pierre que l'or lui a été uni, pour la monter, pour l'enchâsser, pour en faire un anneau.

#### *Second exemple.*

Lorsqu'on a encadré un tableau, quelque magnifique que soit le cadre, fût-il enrichi de pierreries, et d'un prix plus grand que le tableau, c'est le tableau qui est ce qu'il y a de principal, et dont le domaine fait acquérir au propriétaire du tableau celui du cadre; car il est évident que le cadre est fait pour le tableau, et non le tableau pour le cadre.

*Troisième exemple.*

On a cousu sur mon habit un galon d'or, ou on l'a doublé d'une riche fourrure. Quand même le prix des galons ou de la fourrure serait beaucoup plus considérable que celui de l'habit, néanmoins l'habit est ce qu'il y a de principal, dont le domaine attire au propriétaire de l'habit celui des galons et de la fourrure qu'on y a unis : car ce n'est pas l'habit qui a été uni aux galons ou à la fourrure, pour les galons ou pour la fourrure; ce sont, au contraire, les galons ou la fourrure qui ont été unis à l'habit, pour servir à l'habit, pour l'orner, pour le doubler.

TROISIÈME RÈGLE.

Lorsque de deux choses appartenantes à différens maîtres, et dont l'union forme un tout, chacune d'elles peut subsister sans l'autre; et l'une n'est pas plus faite pour l'autre que l'autre pour elle; c'est celle, qui surpasse de beaucoup l'autre en volume, ou s'il y a parité de volume, en valeur, qui doit passer pour la chose principale, dont le domaine attire celui de l'autre.

175. Nous trouvons cette règle en la loi 27, § 2, ff. *de adquir. rer. dom. Dùm partes duorum dominorum ferrumine* (1) *cohæreant, hæ, quùm quæreretur utri cedant, Cassius ait, pro portione rei æstimandum, vel pro pretio cujusque partis.*

QUATRIÈME RÈGLE.

Lorsque des matières non ouvragées, appartenantes à différens maîtres, ont été unies en une seule masse, l'une n'attire pas l'autre, et chacun des propriétaires des matières qui forment cette masse, est propriétaire de la masse pour la part qu'il y a.

176. *Quidquid in facto argento alieni argenti addideris, non esse tuum totum argentum fatendum est; dict. l.* 27.

(1) Sans soudure.

§ II. De la nature du domaine que le droit d'accession me fait acquérir de la chose qui est unie à la mienne ; et de l'action *ad exhibendum* qu'a celui à qui elle appartenait.

177. Lorsque la chose, qui, par son union avec la mienne sans soudure, en est devenue l'accessoire, y est tellement unie qu'elle n'en est pas séparable, le domaine, que j'en acquiers par droit d'accession, *vi ac potestate rei meæ,* est un domaine véritable et perpétuel. Tel est celui, que j'acquiers de la vigne ou des arbres qui ont été plantés dans mon champ ; de la semence dont il a été ensemencé ; de ce qui y a été bâti, etc.

Mais lorsque la chose, qui, par son union avec la mienne, en est devenue une partie accessoire, dont j'ai acquis le domaine par droit d'accession, en est séparable, et qu'elle en doit être séparée lorsque celui, à qui elle appartenait, la réclamera et en demandera la séparation ; en ce cas, le domaine, que j'ai acquis de cette chose, est un domaine momentané, qui ne doit durer que pendant que cette chose demeurera unie à la mienne, et qui ne consiste que dans une subtilité de droit. Ce n'est que par une subtilité de droit que celui, à qui cette chose appartenait avant son union avec la mienne, est censé n'en avoir plus le domaine ; ce qui n'est fondé que sur cette chose, tant qu'elle est unie à la mienne, avec laquelle elle ne fait qu'un seul tout, n'existant plus que comme partie de ce tout, n'ayant plus une existence séparée de ce tout, on ne peut en avoir un domaine séparé. Il n'y a que moi, qui ai le domaine de ce tout dans lequel elle est renfermée, qui puisse être censé en avoir le domaine : mais aussitôt que cette chose sera divisée et séparée de la mienne, le domaine, que j'en avais acquis par droit d'accession, s'éteint ; et celui, à qui elle appartenait avant l'union, en recouvre de plein droit le domaine ; et même si, pendant qu'elle est unie à la mienne, il n'en a pas le domaine, quant à la subtilité du droit, de manière qu'il ne puisse en conséquence débuter contre moi par l'action de revendication, il le conserve néanmoins en quelque façon *effectu,* par l'action *ad exhibendum* qu'il a contre moi, pour que je sois tenu de souffrir qu'on détache cette chose de la mienne, et qu'on la lui rende : *Gemma inclusa auro* (1) *alieno, vel sigillum* (2) *candelabro, vindicari non potest; sed ut excludatur ad exhibendum agi potest ;* l. 6, ff. *ad exhib.*

---

(1) Dans quelque ouvrage d'or, tel qu'une tabatière, ou une boîte à mouches.

(2) Une petite statue.

178. La loi des Douze Tables avait apporté, dans un cas, une exception au droit qu'a celui, à qui appartenait la chose unie à la mienne, d'en demander la séparation ; c'est dans le cas auquel j'aurais employé dans mon bâtiment quelques matériaux qui ne m'appartenaient pas. La loi ne permettait pas qu'on m'obligeât à les en détacher : *Tignum alienum ædibus junctum ne solvito :* elle voulait que je fusse, au lieu de cela, obligé à restituer le prix des matériaux, au double, à celui à qui ils appartenaient. Mais si, avant que je le lui eusse restitué, mon bâtiment venait à être démoli, il recouvrait le domaine de ces matériaux qui s'en trouvaient séparés. C'est ce que nous apprenons de Gaïus : *Quùm in suo loco aliquis alienâ materiâ ædificaverit, ipse dominus intelligitur ædificii* (1), *quià omne quod inædificatur solo cedit : nec tamen ideò is, qui materiæ dominus fuit, desiit ejus dominus* (2) *esse; tantisper neque vindicare eam potest, neque ad exhibendum de eâ agere, propter legem Duodecim Tabularum, quâ cavetur* ne quis tignum ædibus suis junctum eximere cogatur, sed duplum pro eo præstet. *Appellatione autem tigni omnes materiæ significantur ex quibus ædificia fiunt. Ergò si ex aliquâ causâ dirutum sit ædificium, poterit materiæ dominus nunc eam vindicare et ad exhibendum agere;* l. 7, § 10, ff. *de adq. rer. dom.*

Dans notre droit français, nous suivons cette décision de la loi des Douze Tables, sauf la peine du double, qui n'y est pas en usage. On se contente, dans notre droit, de condamner celui, qui a employé dans son bâtiment des matériaux qui ne lui appartenaient pas, à rendre à celui, à qui ils appartenaient, le prix qu'ils valent, suivant l'estimation qui en doit être faite par experts.

179. On doit aussi étendre ce qui a été décidé pour le cas, auquel j'ai employé à mon bâtiment des matériaux qui ne m'appartiennent pas, à tous les autres cas auxquels la chose, qui a été unie à la mienne, n'en pourrait être détachée sans endommager beaucoup la mienne. Lorsque celui, à qui la chose appartenait, donne l'action contre moi, aux fins que je sois tenu de la détacher et de la lui rendre, le juge, surtout lorsque les choses se sont passées de bonne foi, doit admettre sur cette demande les offres que je fais de lui payer le prix, et me renvoyer en conséquence de sa demande.

---

(1) Et par conséquent de ces matériaux qui en font partie.

(2) Quoiqu'il en ait perdu le domaine, quant à la subtilité du droit, tant que ces matériaux demeurent unis à mon bâtiment, il ne l'a pas perdu entièrement, par l'espérance qu'il a de le recouvrer, s'ils viennent à être détachés.

Par exemple, dans le cas auquel j'aurais donné à un tailleur de l'étoffe et des galons pour faire un habit; le tailleur, qui avait dans sa boutique un grand nombre d'habits galonnés à faire pour différentes personnes, s'est trompé de galons, et a cousu sur mon habit des galons qui appartenaient à une autre personne, plus larges et plus beaux que les miens : si celui, à qui appartenaient ces galons, demande que je les lui rende, comme on ne peut les découdre sans gâter mon habit, je dois être reçu à lui en offrir le prix.

Lorsque la chose, qui ne m'appartenait pas, que j'ai unie à la mienne, est de nature fongible, qui se remplace parfaitement par une autre de même espèce, il ne peut y avoir de difficulté, en ce cas, que je ne puis être obligé de rendre à celui, à qui elle appartenait, précisément la chose même, *in individuo*, que j'ai unie à la mienne. Par exemple, si j'ai monté une pierre précieuse avec de l'or qui ne m'appartenait pas, il suffit que je rende à celui, à qui l'or appartenait, pareille quantité d'or au même titre.

### § III. Quelle est l'espèce d'union qui donne lieu au droit d'accession.

180. Il y a lieu au droit d'accession, lorsque deux ou plusieurs choses, appartenantes à différens maîtres, forment, par leur union, un corps composé de parties cohérentes : le domaine de celle, qui est dans ce corps la partie principale, fait acquérir, par droit d'accession, à celui qui en est le propriétaire, le domaine des autres qui en sont les parties accessoires, comme dans les différens exemples qui ont été rapportés dans les paragraphes précédens. Il n'en est pas de même lorsque plusieurs choses appartenantes à différens maîtres sont unies en un corps composé de parties qui ne sont point cohérentes ensemble, tel qu'est un troupeau : il n'y a point lieu, en ce cas, à aucun droit d'accession, et chacun conserve un domaine séparé des bêtes qu'il a dans le troupeau. C'est la distinction que fait le jurisconsulte Paul : *In his corporibus, quæ ex distantibus corporibus essent, constat singulas partes retinere suam propriam speciem, ut singuli homines* (1), *singulæ oves; ideòque posse me gregem vindicare, quamvis aries tuus sit immixtus, sed et te arietem vindicare posse; quod non idem cohærentibus corporibus eveniret; nam si statuæ meæ brachium alienæ statuæ addideris, non posset dici brachium tuum esse, quiâ tota statua uno spiritu continetur;* ff. 23, § 5, ff. *de rei. vindic.*

(1) *Ex quibus constat mancipiorum meorum familia.*

### ARTICLE IV.

## *De la spécification et de la confusion.*

### § I. De la spécification.

181. On appelle spécification, lorsque quelqu'un a formé et donné l'être à une nouvelle substance avec une matière qui ne lui appartenait pas.

Cela se fait, ou de manière que la matière qu'on y a employée ne puisse plus reprendre sa première forme; comme lorsque quelqu'un a fabriqué une pièce de drap avec ma laine; ou de manière qu'elle puisse reprendre sa première forme; comme lorsqu'un orfèvre, ayant acheté de bonne foi d'un tiers un lingot d'argent qui m'appartenait, en a fait de la vaisselle; mon lingot d'argent n'est pas tellement détruit, qu'il ne puisse reprendre sa première forme de lingot, en mettant dans le creuset la vaisselle qui en a été faite.

182. Les deux sectes des écoles des jurisconsultes romains ont eu des opinions tout-à-fait opposées sur la question de savoir, si la nouvelle substance, que quelqu'un a formée d'une matière qui ne lui appartenait pas, devait appartenir à celui qui l'a formée, ou si elle devait appartenir au propriétaire de la matière.

Les Sabiniens soutenaient, que, soit que la matière employée à faire la chose pût reprendre sa première forme, soit qu'elle ne pût plus la reprendre, la chose n'était pas tant une nouvelle substance qu'une nouvelle modification de la matière; qu'elle n'était qu'un accessoire de la matière, qui devait par conséquent appartenir au propriétaire de la matière.

Au contraire, les Proculéiens, imbus des principes de la philosophie stoïcienne, un desquels était que *Forma dat esse rei*, c'est-à-dire, que la forme substantielle de chaque chose en constituait l'essence, et que la matière, dont elle était faite, n'en était que l'accessoire, soutenaient, suivant ces principes, que celui, qui avait fait une chose avec une matière qui ne lui appartenait pas, en était le propriétaire, comme lui ayant donné l'être, soit que la matière, avec laquelle elle a été faite, pût reprendre sa première forme, soit qu'elle ne pût pas la reprendre.

C'est ce que nous apprenons de Gaïus, qui nous rapporte les différentes opinions des deux écoles : *Quùm quis ex alienâ materiâ speciem aliquam suo nomine fecerit, Nerva et Proculus putant hunc dominum esse, qui fecerit, quià quod factum est anteà nullius fuerit. Sabinus et Cassius magis naturalem rationem efficere putant, ut qui materiæ dominus fuerit, idem ejus quoque quod ex eâ materiâ factum sit dominus esset, quià sine materiâ nulla species esse possit : veluti si ex auro, vel argento, vel ære vas aliquod fecero; vel ex tabulis tuis navem, aut armarium, aut subsellia fecero, vel ex lanâ tuâ vestimentum, vel ex vino et melle tuo mulsum, vel ex medicamentis tuis emplastrum aut collyrium, vel ex uvis, aut oleis, aut spicis tuis vinum, vel oleum, vel frumentum;* l. 7, § 7, ff. *de adq. rer. dom.*

183. Gaïus observe fort bien que l'exemple du blé, qu'on a fait sortir des épis, est mal à propos cité. Avant que j'eusse fait du vin ou de l'huile des raisins ou des olives d'un autre, il n'y avait encore aucune chose qui existât dans cette forme d'huile ou de vin; j'en suis donc l'auteur. Mais les grains de froment, que j'ai fait sortir des épis que j'ai battus, existaient déjà dans leur forme de grains de froment avant le battage : je n'ai point fait ces grains de froment, je les ai seulement fait sortir des épis où ils étaient renfermés. Ils ne doivent donc pas, même dans le système des Proculéiens, m'appartenir; ils doivent continuer d'appartenir à celui à qui ils appartenaient, lorsqu'ils étaient enfermés dans leurs épis : *Quùm grana, quæ spicis continentur, perfectam habeant suam speciem, qui excussit spicas, non novam speciem facit, sed eam, quæ est, detegit; dict.*, § 7.

Gaïus en aurait dû dire autant du vin qui a été fait de mes raisins, ou de l'huile qui a été faite de mes olives : celui, qui a pressé mes raisins ou mes olives, n'a fait autre chose qu'exprimer le vin ou l'huile qui y étaient contenus, et les débarrasser de leurs enveloppes.

184. Pour que celui, à qui la matière appartenait, en perdît le domaine, même dans le système des Proculéiens, il fallait qu'elle eût perdu sa forme substantielle et principale, pour passer dans une autre. Mais lorsque ma chose, en conservant toujours sa forme principale et substantielle, recevait seulement de quelqu'un l'addition de quelque forme accidentelle; comme si un teinturier donnait à ma laine une teinture de pourpre qu'elle n'avait pas, je conserve le domaine de ma laine, parce que, quoiqu'elle soit teinte en pourpre, elle est toujours de la laine, elle conserve toujours sa forme de laine, qui est sa forme principale et substantielle; la couleur de pourpre, qu'on lui a donnée, n'est qu'une couleur adventice et accidentelle. C'est ce qu'enseigne Labéon, qui était le chef de l'école des Proculéiens : *Si meam lanam feceris purpuram, nihilominùs meam esse Labeo ait; quià nihil interest inter purpuram, et eam lanam quæ in lutum aut cœnum cecidisset, atque ità pristinum colorem perdidisset; l.* 26, § 3, ff. *de adq. rer. dom.*

185. Observez qu'il n'y a lieu à la question qui divisait les deux écoles, que lorsque j'ai fait en mon nom et pour moi une chose avec une matière qui appartenait à un autre, sans son

consentement : car si j'ai fait cette chose au nom et pour celui à qui la matière appartenait, il n'est pas douteux, dans l'un et dans l'autre système, que c'est à lui que la chose doit appartenir; car, en la faisant pour lui et en son nom, c'est comme si c'était lui-même qui l'eût faite; je ne fais que lui prêter mes bras et mon ministère.

Pareillement, lorsque j'ai fait pour moi et en mon nom une chose avec une matière qui ne m'appartenait pas, mais avec le consentement de celui à qui elle appartenait, qui a bien voulu me fournir pour cela la matière, il n'est pas douteux, en ce cas, dans l'un et dans l'autre système, que la chose doit m'appartenir. C'est pourquoi Callistrat, après avoir rapporté la doctrine des Sabiniens, lesquels, dans le cas auquel quelqu'un a fait, pour lui et en son nom, une chose avec une matière qui ne lui appartenait pas, donnent le domaine de la chose à celui à qui appartient la matière dont elle est faite, préférablement à celui qui l'a faite, apporte aussitôt cette exception, *nisi voluntate domini* (*materiæ*) *alterius nomine id factum sit; propter consensum enim domini, tota res ejus fit cujus nomine facta est;* l. 25, ff. *de adq. rer. dom.*

186. Quelques jurisconsultes avaient une troisième opinion : ils distinguaient le cas auquel, en faisant une chose avec une matière qui ne m'appartenait pas, j'avais tellement détruit la première forme de cette matière, qu'elle ne pouvait plus la reprendre, et celui auquel elle pouvait la reprendre.

Dans le premier cas, comme lorsque j'ai employé de bonne foi votre vin et votre miel, que je croyais m'appartenir, à faire de l'hypocras; ou lorsque j'ai fait, pareillement de bonne foi, un onguent avec des matières qui vous appartenaient; cet hypocras, cet onguent, étant de nouvelles substances, et non de simples modifications des matières que j'ai employées, lesquelles matières sont entièrement détruites et ne peuvent plus reprendre leur première forme; ces nouvelles substances ne peuvent appartenir qu'à moi, qui leur ai donné l'être : vos matières, avec lesquelles je les ai composées, étant entièrement détruites et n'existant plus, vous ne pouvez plus en demander que le prix, ou qu'on vous en rende autant, en pareille quantité et qualité.

Dans le second cas, lorsqu'en faisant une chose avec une matière qui ne m'appartenait pas, je n'en avais pas détruit la première forme, de telle manière qu'elle ne pût la reprendre; comme lorsque j'avais fait un pot d'argent d'un lingot qui vous appartenait, ils décidaient, en ce cas, que votre lingot, quoique je lui eusse donné la forme d'un pot d'argent, pouvant reprendre sa première forme de lingot, en jetant le pot d'argent dans le creuset, votre lingot, quoique devenu pot d'argent, n'avait pas cessé d'exister, et que vous en conserviez le domaine, lequel, par droit d'accession, vous faisait acquérir, suivant le système des Sabiniens, la forme de pot d'argent que je lui avais donnée, qui ne devait, en ce cas, être regardée que comme une forme accidentelle et accessoire de votre matière.

C'est ce que nous apprend Gaïus : *Est media sententia rectè existimantium, si species ad materiam reverti possit, veriùs esse quod et Sabinus et Cassius senserunt ; si non possit reverti, veriùs esse quod Nervæ et Proculo placuit : ut ecce vas conflatum ad nudam massam auri, vel argenti, vel æris reverti potest ; vinum vel oleum ad uvas et olivas reverti non potest, ac ne mulsum quidem ad mel et vinum, vel emplastrum aut collyria ad medicamenta reverti possunt ;* l. 7, § 7, ff. *de adq. rer. dom.*

Observez que Gaïus a mal à propos compris parmi les exemples du cas auquel quelqu'un a formé une nouvelle susbstance avec des matières qui ne lui appartenaient pas, ceux du vin ou de l'huile que quelqu'un a faits de mes raisins et de mes olives; car le vin et l'huile, qu'il en a exprimés, existaient et étaient renfermés dans mes raisins et dans mes olives : ce n'est donc point une nouvelle substance à laquelle il ait donné l'être; il n'a fait que les exprimer de mes raisins et de mes olives, en les débarrassant des enveloppes qui les y tenaient renfermés; ce n'est donc point là proprement spécification; et il n'est pas douteux que, si quelqu'un ayant trouvé ma vendange, soit de mes raisins, soit de mes olives, qu'il a prise par erreur pour la sienne, l'a fait mettre sur le pressoir, et en a fait du vin et de l'huile, le vin ou l'huile, qui m'appartenaient pendant qu'ils étaient renfermés dans mes raisins ou dans mes olives, doivent continuer de m'appartenir, en payant la façon du pressurage.

187. Justinien a embrassé la troisième de ces opinions dans ses Institutes, *tit. de rer. divis.*, § 25.

Dans cette troisième opinion que Justinien a embrassée, la même distinction, qu'on fait dans le cas auquel quelqu'un a fait une chose entièrement avec une matière qui m'appartenait, a pareillement lieu dans le cas auquel il l'a faite en partie avec sa matière, et en partie avec la mienne. Si, pour faire cette chose, il a détruit sa matière et la mienne, de manière qu'elles ne puissent plus reprendre leur première forme, la chose, qu'il a faite de ces matières, lui appartient entièrement : mais si ma matière et la sienne, qu'il a employées pour faire la chose qu'il a faite, ne sont pas entièrement détruites; quand même elles seraient tellement mêlées ensemble, qu'on aurait de la peine à les séparer, la chose doit appartenir en commun à lui et à moi, à proportion de la matière que nous y avons chacun : *Pomponius scribit, si ex melle meo et vino tuo factum sit mulsum, quosdam (Sabinianos scilicet) existimasse id quoque communicari ; sed puto verius, ut et ipse significat, ejus potiùs esse qui fecit, quoniam suam speciem pristi-*

*nam non continet : sed si plumbum cum argento mixtum fuerit, pro parte esse vindicandum..., nequaquam erit dicendum quod in mulso dictum est, quià utraque materia, etsi confusa, manet tamen*; l. 5, § 1, ff. *de rei vindic.*

188. Cette troisième opinion, que Justinien a embrassée, paraît effectivement la plus équitable, et doit être suivie, de manière néanmoins qu'on doive laisser à l'arbitrage du juge de s'en écarter, suivant les différentes circonstances. Par exemple, un orfèvre a acheté de bonne foi, d'une personne connue, des lingots d'argent qu'on m'avait volés, et a fait avec mes lingots un excellent ouvrage d'orfèvrerie. Quoique mes lingots, avec lesquels l'ouvrage a été fait, ne soient pas tellement détruits qu'ils ne puissent reprendre leur première forme, néanmoins je ne dois pas être écouté à revendiquer l'ouvrage fait avec mes lingots, en offrant seulement de payer le prix de la façon d'une vaisselle ordinaire; mais l'orfèvre doit être reçu à retenir son ouvrage, en me rendant de l'argent en masse, en pareil poids et de pareille qualité : les lingots étant de la nature des choses fongibles qui se remplacent par d'autres, en me rendant cela, c'est me rendre mes lingots.

189. D'un autre côté, je suppose que j'avais des simples très-rares, qui m'étaient venus de l'Amérique, dont je comptais faire un onguent excellent : on me les a volés, et on les a portés à un apothicaire, qui les a achetés de bonne foi, et en a fait un onguent tel que celui que je me proposais de faire. Quoique les simples, avec lesquels l'onguent a été fait, ne puissent plus reprendre leur première forme, néanmoins, dans ce cas particulier, comme ce sont les simples qui font tout le prix de l'onguent, que la façon est très-peu de chose, je crois qu'on doit contre la règle ordinaire, m'adjuger l'onguent qui a été fait avec mes simples, à la charge de payer à l'apothicaire le prix de la façon de l'onguent. L'apothicaire, à qui on paie le prix de sa façon, ne souffre aucun préjudice : au contraire, si l'apothicaire était écouté à retenir l'onguent, en me payant le prix de mes simples, j'en souffrirais un très-grand; car, outre qu'il ne serait pas facile de fixer le prix de mes simples, quelque somme qu'on me donnât, je ne pourrais pas en avoir d'autres.

### § II. De la confusion.

190. La confusion est encore une manière d'acquérir par droit d'accession, *vi ac potestate rei suæ.*

Lorsqu'une chose est formée par le mélange de plusieurs matières appartenantes à différens propriétaires, ils acquièrent en commun la chose formée par ce mélange, et ils y ont chacun une part indivise, à proportion de ce qui appartenait à chacun d'eux dans les matières dont la chose a été formée.

Par exemple, si un demi-muid de vin blanc, de valeur de

50 livres, qui m'appartenait, a été mêlé avec un demi-muid de vin rouge qui vous appartenait, de valeur de cent livres; le muid de vin formé de ce mélange nous appartiendra en commun; à vous pour les deux tiers, et à moi pour un tiers; votre matière, qui y est entrée, étant du double de la valeur de la mienne.

Cela n'a pas seulement lieu dans le cas auquel ce mélange se fait par la volonté de ceux à qui les matières appartiennent, auquel cas il ne peut être douteux que la chose que ce mélange a produite, leur est commune: *Voluntas duorum dominorum miscentium materias commune totum corpus efficit*; l. 7, § 8, ff. *de adquir. rer. dom.*

Cela a lieu pareillement lorsque ce mélange s'est fait fortuitement et à l'insu des propriétaires de ces matières: *Sed etsi* (poursuit Gaïus) *sine voluntate dominorum casu confusæ sint duorum materiæ, vel ejusdem generis, vel diversæ, idem juris est; dict. l.* § 9. Ceux, à qui appartenaient ces matières, acquièrent, en ce cas, en commun la chose formée de ce mélange, chacun au prorata de sa matière; et ils font chacun cette acquisition par une espèce de droit d'accession, *vi ac potestate rei suæ*. Le domaine, que chacun d'eux a de la matière qui a contribué à la formation de cette chose, fait à chacun d'eux, *vi ac potestate suæ materiæ*, une part dans cette chose, comme étant, pour cette partie, une production de cette matière.

191. Observez une grande différence entre le cas, auquel le mélange des matières s'est fait fortuitement et à l'insu de ceux à qui elles appartiennent, et celui auquel il s'est fait de leur consentement.

Dans ce cas-ci, ils acquièrent en commun la chose formée de ce mélange, soit que leurs matières, dont elle est formée, ne puissent se séparer, soit qu'elles puissent se séparer. Mais dans le premier cas, lorsque le mélange s'est fait fortuitement et à l'insu des propriétaires de ces matières, ils n'acquièrent en commun la chose formée de ce mélange, que dans le seul cas auquel les matières dont elle est formée ne peuvent plus se séparer, comme lorsqu'on a mêlé des vins ensemble appartenans à différens maîtres, ou lorsqu'on a mêlé mon vin avec votre miel: mais lorsque les matières, dont la chose a été formée, peuvent se séparer, il ne se fait point, par le mélange qui en a été fait, d'acquisition en commun de la chose qui a été formée de ce mélange; chacun de ceux, à qui les matières appartenaient, conserve, en ce cas, un domaine séparé de la matière qu'il a dans cette chose; les matières, dont cette chose est formée, étant censées, en ce cas, n'avoir point été détruites par le mélange qui en a été fait, et continuer, nonobstant leur mélange, de subsister telles qu'elles étaient auparavant. C'est ce qu'enseigne Callistrat: *Si ære meo, et argento tuo conflato, aliqua species facta sit, non erit ea nostra communis; quià quùm diversæ materiæ æs atque argentum sit, ab artificibus separari et in pristinam materiam reduci solet;* l. 12, § 1, ff. *de adq. rer. dom.*

192. Je croirais qu'il serait plus équitable et plus raisonnable de dire, que, lorsque ma matière, qui, par son mélange avec votre matière, a formé la chose, surpasse de beaucoup la vôtre, et par la quantité et par le prix, cette chose doit m'appartenir, à la charge par moi de vous rendre le prix de votre matière, ou, si mieux vous l'aimiez, à la charge de vous rendre autant de cette matière en poids et en qualité.

Je pense même que, dans le cas auquel la matière de l'un des propriétaires serait à peu près égale en quantité et en prix à celle de l'autre, si la séparation de ces matières, quoique possible, ne pouvait néanmoins se faire sans dommage, la demande, que l'un d'eux ferait, par mauvaise humeur, pour la séparation des matières, ne devrait pas être écoutée, et qu'il en devrait être donné congé, si l'autre propriétaire lui offrait de liciter la chose comme chose commune, si mieux il n'aimait qu'on lui rendît la valeur de sa matière, ou en deniers, ou en pareille quantité, ou de pareil poids.

Les jurisconsultes romains avaient, sur cette matière, poussé la subtilité jusqu'à dire, que lorsque deux monceaux de blé, appartenans à deux différens propriétaires, avaient été mêlés en un seul monceau, de manière à ne pouvoir plus se démêler, le monceau ne devenait pas commun par ce mélange, à moins qu'il ne se fût fait du consentement des propriétaires; parce que les grains de leurs blés, quoique mêlés, continuant d'exister dans la même substance, et tels qu'ils étaient auparavant, chacun continuait d'avoir dans le monceau un domaine séparé du blé qu'il y avait; l. 5, ff. *de rei. vind.* C'est une pure subtilité. Chacun ne pouvant démêler le blé qu'il a dans le monceau d'avec celui qu'y a l'autre, il est nécessaire de déclarer le monceau commun entre eux, dans lequel ils ont chacun une part indivise, à proportion de la quantité et qualité du blé qu'ils ont dans le monceau. Par exemple, si j'y ai trois muids, et que vous en ayez deux dont le prix égale celui de mes trois, le monceau sera commun entre nous pour chacun moitié.

## SECTION IV.

### De la tradition.

193. Nous avons traité, dans les précédentes sections, de l'oc-

cupation et de l'accession, qui sont les manières d'acquérir, par le droit naturel, le domaine des choses qui n'appartiennent à personne, et auxquelles les docteurs ont donné le nom de *modi acquirendi dominii originarii*. Nous traiterons, dans celle-ci, d'une troisième manière d'acquérir le domaine, qui est la tradition, par laquelle on fait passer le domaine d'une chose d'une personne à une autre, et qui est appelée par les docteurs, *modus acquirendi dominii derivativus*.

Cette manière d'acquérir le domaine des choses est prise du droit naturel, de même que les précédentes : *Hæ quoque res, quæ traditione nostræ fiunt, jure gentium nobis acquiruntur; nihil enim est tàm conveniens naturali æquitati, quàm voluntatem domini volentis rem suam in alium transferre, ratam haberi;* l. 9, § 3, ff. *de adq. rer. dom.*

Nous verrons, dans un premier article, ce que c'est que la tradition, et quelles sont les différentes espèces de tradition : dans un second, nous traiterons des conditions requises pour faire passer le domaine à celui auquel la tradition est faite : dans un troisième, de l'effet de la tradition.

## ARTICLE PREMIER.

### *Ce que c'est que la tradition; et quelles sont les différentes espèces de tradition.*

194. La tradition est la translation que fait une personne à une autre, de la possession d'une chose : *Traditio est possessionis datio.*

On en distingue plusieurs espèces : la tradition réelle, la tradition symbolique, la tradition *longæ manûs*, la tradition *brevis manûs*. Enfin il y a des traditions feintes qui résultent de certaines clauses apposées aux actes de donations, de ventes, et autres actes semblables.

### § I. De la tradition réelle.

195. La tradition réelle est celle qui se fait par une préhension corporelle de la chose, faite par celui à qui on entend en faire la tradition, ou par quelqu'un de sa part.

Lorsque la chose est un meuble corporel, la tradition réelle s'en fait à une personne en la remettant entre ses mains, ou en celles d'un autre qui la reçoit pour elle de son ordre. Par exemple, si j'ai acheté un livre chez un libraire, ce libraire me fait la tradition réelle de ce livre en me le remettant entre les mains, ou entre les mains de mon domestique par qui je l'ai envoyé quérir.

196. Lorsque la chose est un fonds de terre, la tradition réelle s'en fait, lorsque, de mon consentement, la personne, à qui j'entends en faire la tradition réelle, se transporte sur ce fonds de terre ou par elle-même, ou par quelqu'un qui s'y transporte pour elle et de son ordre.

Lorsque c'est une maison, le vendeur, qui me l'a vendue, m'en fait la tradition réelle en délogeant les meubles qu'il y a, et en souffrant que j'y porte les miens.

197. Lorsque c'est une chose qui tenait à votre héritage, et en faisait partie, que vous m'avez vendue ou donnée; comme si vous m'aviez vendu ou donné de la pierre que vous m'avez permis d'y fouiller, ou des arbres sur pied que vous m'avez permis d'abattre; la tradition réelle s'en fait par la séparation que je fais faire, avec votre permission, de cette chose, de la terre où elle tenait, et j'en acquiers, par cette tradition, le domaine aussitôt que la chose a été détachée et séparée de la terre : *Qui saxum mihi eximere de suo permisit donationis* (1) *causâ, statim quùm lapis exemptus est, meus fit; neque prohibendo me evehere efficit ut meus esse desinat, quià quodammodo traditione meus factus est..... quasi enim traditio videtur facta quùm eximitur domini voluntate. Quod in saxo est, idem erit etiam, si in arbore cæsâ vel demptâ acciderit;* l. 6, ff. *de donationibus.*

198. Il n'est pas nécessaire pour la tradition réelle, même d'un héritage, qu'il en soit fait un acte par écrit, ni que celui qui m'en fait la tradition ait dit qu'il m'en fait cette tradition; il suffit qu'il ait souffert que je me transportasse sur l'héritage par moi-même, ou par quelque autre, en mon nom, pour me mettre en possession : *Licet instrumento non sit comprehensum quòd tibi tradita sit possessio, ipsa tamen rei veritate id consecutus es, si, sciente venditore, in possessione fuisti;* l. 2, *Cod. de adq. posses.*

*Non idcircò minus emptio perfecta* (2) *est quod..... instrumentum testationis vacuæ possessionis omissum est; nam secundùm consensum auctoris in possessionem ingressus rectè possidet;* l. 12, *Cod. de contrah. empt.*

### § II. De la tradition symbolique.

199. La tradition symbolique est celle, par laquelle on remet entre les mains de la personne à qui on entend faire la tradition d'une chose, non la chose même, mais quelque chose qui la représente, et qui met en son pouvoir la chose dont on entend lui faire la tradition.

---

(1) *Aut quovis alio titulo, nil refert.*

(2) *Perfectam hic intelligit, non quæ per consensum perfecta est, sed quæ per traditionem consummata est.*

Cette tradition est équivalente à la tradition réelle qui serait faite de la chose même. Par exemple, lorsque je vous ai remis entre les mains les clefs d'un magasin, où sont des marchandises que je me suis obligé de vous livrer, pour que vous puissiez les enlever quand bon vous semblera; je suis censé, par cette tradition de clefs, vous avoir fait tradition des marchandises : *Si quis merces in horreo repositas vendiderit, simul atque claves horrei tradiderit emptori, transfert proprietatem mercium ad emptorem*; l. 9, § 6, ff. *de adq. rer. dom.*

Papinien voulait que, pour que cette tradition des clefs du magasin équipollât à la tradition des marchandises qui y étaient, elle se fît *in re præsenti*, à la vue du magasin : *Clavibus traditis, itâ mercium in horreis conditarum possessio tradita videtur, si claves apud horrea traditæ sint; quo facto confestim emptor dominium et possessionem adipiscitur, etsi non aperuerit horrea*; l. 74, ff. *de contrah. empt.*

Dans notre droit, je pense, qu'en quelque lieu que les clefs aient été remises, pourvu que celui, à qui elles sont remises, sache où est le magasin, la tradition des marchandises qui y sont doit être censée faite.

200. La tradition, que le vendeur ou donateur d'une maison ferait des clefs de cette maison à l'acheteur ou donataire, après en avoir délogé ses meubles, me paraît aussi devoir passer pour une tradition symbolique de la maison, qui doit équipoller à une tradition réelle.

201. La tradition des titres d'une chose est aussi une tradition symbolique qui équipolle à la tradition réelle de la chose : *Emptionem mancipiorum instrumentis donatis et traditis, et ipsorum mancipiorum donationem et traditionem factam intelligis*; l. 1, *Cod. de donat.*

### § III. De la tradition *longæ manûs*.

202. La tradition, qu'on appelle *longæ manûs*, est celle qui se fait sans aucune préhension corporelle de la chose dont on entend faire la tradition, et qui consiste dans la seule montrée qui est faite de cette chose à celui à qui on entend en faire la tradition, avec la faculté qui lui est donnée de s'en mettre en possession.

Cette tradition est équivalente à la tradition réelle. Par exemple, lorsqu'un marchand de bois, qui m'a vendu une grosse pièce de bois qui est dans sa cour, me donne, en me la montrant, la permission de la faire enlever quand il me plaira; cette permission qu'il me donne, en me la montrant, est regardée comme une tradition qu'il me fait de cette pièce de bois : je suis censé dès-lors commencer à la posséder *oculis et affectu*, même avant que personne de ma part se soit mis en devoir de l'enlever. C'est pourquoi Paul dit : *Non est corpore et actu necesse apprehendere possessionem, sed etiam oculis et affectu, et argumento esse eas res quæ propter magnitudinem ponderis moveri non possunt, ut columnas: nam pro traditis eas haberi, si in re præsenti consenserint*; l. 1, § 21, ff. *de adq. posses.*

203. Javolenus va jusqu'à dire que cette espèce de tradition est censée intervenir même à l'égard d'une somme d'argent ou de quelque autre chose que ce soit, lorsque celui, qui me la doit, me l'expose et me la laisse sur ma table : la tradition, suivant ce jurisconsulte, est censée dès-lors m'en être faite, et je suis dès-lors censé la posséder avant d'y avoir touché : *Pecuniam quam mihi debes aut aliam rem, si in conspectu meo ponere te jubeam efficitur ut et tu statim libereris et mea esse incipiat; nam tùm quod à nullo corporaliter ejus rei possessio detineretur, acquisita mihi, et quodammodo longâ manu tradita* (1) *existimanda est*; l. 79, ff. *de solut.*

204. Cette tradition peut aussi se pratiquer à l'égard des héritages. La montrée, que celui qui m'a vendu un héritage me fait de cet héritage du haut de ma tour, avec la faculté qu'il me donne de m'en mettre en possession, équivaut à une tradition réelle de l'héritage : *Si vicinum mihi fundum mercato, venditor in meâ turre demonstret, vacuamque se possessionem tradere dicat, non minus possidere cœpi quàm si pedem in finibus tulissem*; l. 18, § 2, ff. *de adq. poss.*

Dans tous ces cas, les yeux de celui à qui on fait la montrée de la chose dont on entend lui faire la tradition, font la fonction de ses pieds et de ses mains, et lui font acquérir la possession de l'héritage dont on lui a fait la montrée, de même que s'il s'y fût transporté; et celle d'une chose mobilière, de même que s'il l'eût reçue entre ses mains.

### § IV. Si la marque qu'un acheteur met, du consentement du vendeur, aux choses qu'il lui a vendues, tient lieu de la tradition.

205. Elle est censée en tenir lieu à l'égard des choses de grand poids. Paul dit : *Videri trabes traditas quas emptor signasset*; l. 14, § 1, ff. *de peric. et comm.* : mais à l'égard des choses facilement transportables, la marque, que l'acheteur y met, est cen-

(1) *Longam manum Javolenus appellat oculos et affectum possidenti, qui in hâc specie, in adipiscendâ rei possessione manûs officium supplent, et sunt instar longæ manûs per quam rem longiùs positam prehendere videmur.*

sée n'y être mise qu'*in argumentum venditionis contractæ*, et pour empêcher qu'on n'en substitue d'autres ; et elle n'est point censée renfermer une tradition : *Si dolium signatum sit ab emptore, Trebatius ait traditum id videri : Labeo contrà, quod et verum est, magis enim ne summutetur signari solere, quàm ut traderi tùm videatur*; l. 1, § 2, *dict. tit.* On doit néanmoins suivre, à cet égard, l'usage des lieux. Si l'usage du lieu, où le marché a été passé, était de regarder la marque faite du consentement du vendeur, comme équivalente à la tradition, il faudrait s'y conformer.

§ V. De la tradition qui est censée intervenir par la fiction *brevis manûs*.

206. Cette fiction a lieu, lorsque je veux transférer le domaine d'une chose à quelqu'un qui se trouve l'avoir pardevers lui, *putà*, à titre de prêt, de dépôt ou de louage. La fiction consiste à feindre qu'il m'a rendu la chose qu'il tenait de moi, *putà*, à titre de louage, et que je la lui ai livrée incontinent de nouveau, pour la posséder dorénavant au titre de la vente, ou de la donation que je lui en ai faite, comme dans ce cas : *Quædam mulier fundum ità non marito donavit per epistolam..... Proponebatur quod etiam in eo, qui donabatur, fuisset* (1) *quùm epistola emitteretur; quæ res sufficiebat ad traditam possessionem*; l. 77, ff. *de rei vindic.*

Cette invention de la fiction *brevis manûs* est, dans ce cas, et dans les autres cas semblables, fort inutile; il vaut mieux dire plus simplement, qu'on peut transférer à quelqu'un le domaine d'une chose par le seul consentement des parties et sans tradition, lorsque la chose se trouve déjà pardevers lui. C'est ce que dit Gaïus : *Interdùm etiam sine traditione nuda voluntas domini sufficit ad rem transferendam, veluti si rem, quam commodavi aut locavi tibi, aut apud te deposui, vendidero tibi*; l. 9, § 5, ff. *de adq. rer. dom.*

207. La fiction *brevis manûs* est mieux employée dans le cas auquel, pour vous prêter une somme d'argent, je vous la fais compter par mon débiteur qui me la doit. C'est par le secours de cette fiction *brevis manûs*, qu'est censé intervenir entre nous un contrat de prêt de cette somme; car étant de l'essence de ce contrat, qui est appelé *mutuum, quasi de meo tuum*, que le domaine de la somme que je vous prête passe de moi à vous, il faut, par cette fiction *brevis manûs*, que mon débiteur, qui vous compte cette somme, m'en ait fait acquérir le domaine par une première

(1) Supple *donatarius*.

tradition feinte qu'il m'en a faite pour me la payer, et qu'en ayant aussi acquis le domaine, je vous en fasse la tradition par son ministère.

Ulpien traite de cette fiction *brevis manûs* en la loi 15, ff. *de reb. cred.* où il dit : *Singularia quædam recepta sunt circà pecuniam creditam ; nam si tibi debitorem meum jussero dare pecuniam, obligaris* (1) *mihi, quamvis meos* (2) *nummos non acceperis. Quod igitur in duabus personis* (3) *recipitur, hoc et in eâdem personâ recipiendum est, ut quùm ex causâ mandati pecuniam mihi debeas, et convenerit ut crediti nomine eam retineas, videatur mihi data pecunia, et à me ad te profecta.*

§ VI. De la tradition feinte qui résulte de certaines clauses apposées au contrat de vente ou de donation de la chose, ou autres contrats semblables.

208. Il y a plusieurs clauses, qu'on appose aux contrats de vente ou de donation d'une chose, ou autres contrats semblables, qui sont censées renfermer une tradition feinte de cette chose. Telle est la clause qu'on appelle de *constitut.*

La clause de *constitut* renferme un espèce de tradition feinte. C'est une clause, qu'on met dans un contrat de donation ou de vente, ou dans quelque autre espèce de contrat, par laquelle le vendeur ou le donateur, en continuant de retenir par-devers lui la chose vendue ou donnée, déclare qu'il entend désormais ne la tenir que pour et au nom de l'acheteur ou du donataire.

Par cette clause, le vendeur ou donateur est censé faire la tradition de la chose à l'acheteur ou donataire, qui est censé prendre possession de la chose par la personne du vendeur ou du donateur, par la déclaration que fait le vendeur ou donateur, qu'il possède désormais au nom de l'acheteur.

209. On peut en dire autant de la clause de précaire, par laquelle le vendeur ou le donateur déclare qu'il n'entend plus tenir la chose donnée ou vendue, que précairement de l'acheteur ou donataire.

210. La clause de rétention d'usufruit, dans un contrat de do-

(1) *Ex mutuo mutuum videtur contractum.*

(2) *Quamvis nummi quos accepisti, in rei veritate, non fuerint mei nummi, sed nummi debitoris, qui eos meo jussu tibi numeravit; nam per fictionem brevis manûs, intelliguntur fuisse mei.* V. not. seq.

(3) *Id est fictio quæ recipitur in duabus personis, scilicet in personâ debitoris, qui nummos jussu meo tibi numerando, fingitur eos priùs mihi solvisse, et meos effecisse ; et in meâ personâ, quià fingor eos nummos mihi à debitore meo solutos et meos effectos, tibi per ministerium hujus debitoris numerasse.*

nation ou de vente, ou dans quelque autre contrat, renferme pareillement une tradition feinte de la chose donnée ou vendue; car l'usufruit étant essentiellement le droit de jouir de la chose d'autrui; et personne ne pouvant, *per rerum naturam*, être usufruitier de sa propre chose, le donateur ou le vendeur, en déclarant qu'il retient l'usufruit de la chose donnée ou vendue, déclare suffisamment qu'il ne tient plus la chose en son nom et comme une chose qui lui appartient, mais au nom du donataire ou acheteur, et comme une chose appartenante audit donataire ou acheteur, lequel donataire ou acheteur est censé par-là en prendre possession par le ministère du donateur ou vendeur. C'est ce qui est décidé par la constitution des empereurs Honorius et Théodose le jeune: *Quisquis rem aliquam donando, vel in dotem dando, vel vendendo, usumfructum ejus retinuerit.... eam continuò tradidisse credatur; nec quid ampliùs requiratur quò magis videatur facta traditio; sed omnimodò idem sit in his causis usumfructum retinere quod tradere;* l. 28, *Cod. de donat.*

211. Il en est de même de la clause, par laquelle, dans un contrat de donation ou de vente, le donateur ou vendeur prend à ferme ou à loyer, du donataire ou de l'acheteur, la chose donnée ou vendue : *Quœdam mulier fundum ità non marito donavit per epistolam, et eumdem fundum ab eo conduxit; posse defendi in rem* (1) *ei (donatario) competere, quasi per ipsam acquisierit possessionem ;* l. 77, ff. *de rei vindic.*

Il en doit être de même de la clause, par laquelle le vendeur ou donateur aurait déclaré tenir la chose à titre de prêt ou à titre de dépôt, de l'acheteur ou donataire.

212. Nos Coutumes ont suivi les dispositions du droit romain sur ces clauses, et elles les regardent pareillement comme renfermant une tradition qui équipolle à la tradition réelle. Celle de Meaux, *ch.* 3, *art.* 13, dit en termes formels : *Équipolle rétention d'usufruit à vraie tradition réelle et actuelle.* Celle de Sens, *art.* 230, parle de *clause translative de possession, comme constitut, rétention d'usufruit, précaire ou autre.* Voyez Paris, *art.* 175, *et la Conférence de Guénois sur cet article.*

213. La Coutume d'Orléans, *art.* 278, veut même que la simple clause de dessaisine-saisine, par laquelle le vendeur ou donateur déclare qu'il se dessaisit de l'héritage, et qu'il en saisit l'acheteur ou donataire, lorsqu'elle est dans un acte passé devant notaires, soit censée renfermer une tradition feinte, qui équipolle à la tradition réelle. Voici comme elle s'en explique : « Dessaisines et saisines faites pardevant notaire de cour laie de

(1) *Actionem in rem quæ soli domino competit.*

» la chose aliénée, valent et équipollent à tradition de fait et » possession prinse de la chose, sans qu'il soit requis autre ap- » préhension. »

Pour la tradition feinte, qui résulte de cette clause, il faut trois choses : 1° que cette clause soit interposée par un acte reçu devant notaires; car c'est de la solennité de l'acte et du caractère de l'officier public qui l'a reçu, que la clause a la vertu de passer pour une tradition qui équipolle à la tradition de fait. Il faut, 2° que le vendeur ou donateur, qui déclare par l'acte se dessaisir de la chose, et en saisir l'acheteur ou donataire, soit, lors de l'acte, en possession réelle de cette chose; car la fiction imite la vérité. De même qu'il n'est pas possible que quelqu'un se déssaisisse réellement d'une possession qu'il n'a pas, et en saisisse une autre personne, on ne peut, par la même raison, feindre qu'il s'en soit dessaisi, et en ait saisi quelqu'un. Il faut, 3° que, depuis l'acte, le vendeur ou donateur ne soit plus demeuré en possession de l'héritage, et qu'il l'ait laissé vacant, de manière que l'acheteur ou donataire eût la faculté de s'en mettre en possession quand bon lui semblerait.

### § VII. Des traditions qui ont lieu à l'égard des choses incorporelles.

214. Les choses incorporelles n'étant pas susceptibles de possession, puisque la possession consiste dans une détention corporelle qu'on a d'une chose, c'est une conséquence qu'elles ne sont pas non plus susceptibles de tradition, la tradition n'étant autre chose qu'une translation de possession. Néanmoins, comme à défaut d'une possession proprement dite, on reconnaît une espèce de quasi-possession des choses incorporelles, laquelle consiste dans l'usage qu'on en fait, il doit aussi y avoir une espèce de tradition des choses incorporelles.

Cette tradition, à l'égard des droits réels, tels que les droits de servitude, se fait *usu et patientiâ*, c'est-à-dire, lorsque celui, au vu et au su duquel il en use, l'en souffre user. Par exemple, si je me suis obligé de vous constituer un droit de passage sur mon héritage, je suis censé vous faire la tradition de ce droit, lorsque vous commencez à y passer, et que je le souffre; si je me suis obligé de vous donner un droit de vue sur ma maison, lorsque vous avez ouvert une fenêtre dans le mur mitoyen et commun, et que je l'ai souffert.

215. A l'égard des droits de créance, lorsque quelqu'un m'a fait une cession ou transport d'une créance, la tradition ne peut s'en faire, que par la signification que je fais faire de mon acte de transport, à celui qui en est le débiteur.

C'est ce qui est porté par l'*art.* 108 de la Coutume de Paris qui fait, à cet égard, un droit commun. Il y est dit : *Un simple transport ne saisit point ; il faut signifier le transport à la partie, et en donner copie.*

Cette signification se fait par un sergent. L'acceptation, que le débiteur fait du transport, a le même effet que la signification du transport ; elle tient lieu de la tradition de la créance cédée, et en transfère la propriété au cessionnaire : mais les actes sous signature privée n'ayant de date contre les tiers que du jour qu'ils leur sont représentés, comme nous l'avons vu en notre *Traité des Obligations, n.* 502, il faut, vis-à-vis du tiers, qu'à défaut de signification du transport, la date de l'acceptation du transport, qui en tient lieu, soit constatée par un acte devant notaires, ou autrement.

Faute de signification ou d'acceptation du transport de la créance, la propriété n'en est point transférée au cessionnaire; le cédant en demeure toujours le propriétaire. Le paiement, que lui en ferait le débiteur depuis la cession, serait valable et éteindrait la créance. Les créanciers du cédant peuvent saisir et arrêter sa créance sur le débiteur, et sont préférés, pour s'en faire payer, au cessionnaire qui n'aurait point encore, lors de leur saisie, signifié son transport. Enfin le cédant peut, depuis la cession faite au premier cessionnaire qui n'a point signifié son transport, faire transport et cession de la créance à un second cessionnaire, lequel, s'il est plus diligent que le premier cessionnaire à signifier au débiteur ce second transport, acquerra la propriété de la créance ; sauf au premier cessionnaire son recours contre le cédant.

216. Le principe, que la signification du transport d'une créance est nécessaire pour tenir lieu de tradition de cette créance, et en transférer la propriété au cessionnaire, souffre exception à l'égard des lettres de change et des billets à ordre; car aussitôt que le propriétaire de la créance contenue dans une lettre de change, ou dans un billet à ordre, m'en a fait transport, en me passant son ordre à mon profit au dos de la lettre de change ou du billet, et qu'il m'a remis entre les mains la lettre de change ou le billet à ordre, je deviens propriétaire de la créance qui y est contenue, sans que j'aie fait aucune signification au débiteur. Mon cédant ne peut plus dès-lors la céder à un autre; ses créanciers ne peuvent plus dès-lors la saisir entre les mains du débiteur, et le débiteur ne peut plus dès-lors la lui payer valablement. C'est pourquoi, lorsque le débiteur d'une créance portée par une lettre de change ou par un billet à ordre veut en faire le paiement, il doit, pour payer sûrement, se faire représenter et remettre la lettre ou le billet, pour connaître si celui, à qui il paie, en est encore le créancier.

217. Le principe souffre une seconde exception, à l'égard des

créances portées par des billets ou papiers payables au porteur : la tradition est censée s'en faire par la tradition des billets et papiers qui les renferment.

ARTICLE II.

## *Des conditions requises pour que la tradition transfère la propriété.*

218. Nous remarquons quatre conditions, dont le concours est nécessaire pour que la tradition, qu'on fait à quelqu'un d'une chose, lui en transfère la propriété, ou à celui au nom duquel il la reçoit.

Il faut, 1° que celui, qui fait à quelqu'un la tradition d'une chose, en soit le propriétaire, ou la fasse du consentement du propriétaire. Il faut, 2° que ce propriétaire, qui fait la tradition ou qui la consent, soit capable d'aliéner. 3°. Il faut que la tradition soit faite en vertu d'un titre vrai, ou du moins putatif, de nature à transférer la propriété. 4°. Il faut enfin le consentement des parties. Nous traiterons de ces quatre conditions dans autant de paragraphes. Nous rapporterons dans un cinquième paragraphe, une condition qui est particulière à la tradition qui se fait en exécution d'un contrat de vente.

### § I. Première condition. Il faut que la tradition se fasse par le propriétaire de la chose, ou de son consentement.

219. C'est un principe pris dans la nature des choses, que personne ne peut transférer à un autre plus de droit dans une chose qu'il n'y en a lui-même : *Nemo plus juris ad alium transferre potest, quàm ipse haberet ;* l. 14, ff. *de Reg. Jur.*

De là il suit que celui, qui n'est pas propriétaire d'une chose, ne peut, par la tradition qu'il en fait à quelqu'un, lui en transférer la propriété qu'il n'a pas. C'est pourquoi Ulpien dit : *Traditio nihil ampliùs transferre debet vel potest ad eum, qui accipit, quàm est apud eum, qui tradit : si igitur quis dominium in fundo habuit, id tradendo transfert ; si non habuit, ad eum qui accipit nihil transfert ;* l. 20, ff. *de adq. rer. dom.* Ce qui doit s'entendre avec cette limitation, à moins que le propriétaire ne donne son consentement à la tradition; car, pour que la tradition, qui est faite à quelqu'un d'une chose, puisse lui en transférer la propriété, il n'importe que ce soit le propriétaire de la chose qui en fasse lui-même la tradition, ou que ce soit une autre personne du consentement du propriétaire : *Nihil interest utrùm ipse dominus per se tradat alicui rem, an voluntate ejus aliquis ;* l. 9, § 4, ff. *dict. tit.*

220. Il n'est pas même nécessaire, pour que la tradition transfère la propriété d'une chose, que le consentement qu'y donne le propriétaire, soit un consentement formel et spécial; un consentement général et implicite suffit pour cela.

Par exemple, lorsque j'ai chargé quelqu'un de l'administration de mes affaires, je suis censé, par cela seul, avoir donné un consentement général à toutes les ventes qu'il fera pour l'administration de mes affaires, et à la tradition des choses vendues, et ce consentement général et implicite est suffisant pour que la tradition, qu'il fera de ces choses, en transfère la propriété à ceux à qui il la fera : *Si cui libera negotiorum administratio ab eo, qui peregrè proficiscitur, permissa fuerit, et is ex negotiis rem vendiderit et tradiderit, facit eam accipientis*; l. 9, § 4, ff. *de adq. rer. dom.*

221. Observez que c'est au temps que se fait la tradition, que le consentement du propriétaire à la tradition doit intervenir, pour qu'elle puisse transférer la propriété de la chose à celui à qui elle est faite. Si le propriétaire, ayant volontairement, et sans y être obligé, consenti à la tradition que je devais faire de sa chose, eût, depuis, avant que je l'aie faite, changé de volonté, ou eût perdu la vie ou la raison; son consentement ne subsistant plus, la tradition, que je ferais depuis, ne pourrait transférer la propriété à celui à qui je la ferais. C'est ce que décide Africanus dans cette espèce : *Si tibi in hoc dederim nummos, ut eos Stichó credas, deindè mortuo me ignorans dederis, accipientis non facies*; l. 41, ff. *de reb. cred.* Car, quoique j'eusse consenti à la tradition que vous deviez faire à Stichus de cet argent dont j'étais propriétaire, mon consentement ne subsistait plus, lorsque vous avez compté ces deniers à Stichus; la tradition, que vous lui en avez faite, n'a pu lui en transférer la propriété sans le consentement de mon héritier, qui, par ma mort, en était devenu le propriétaire.

*Vice versâ*, quoique vous m'ayez vendu une chose à l'insu du propriétaire, il suffit qu'au temps de la tradition que vous m'en faites, le propriétaire de la chose ait consenti à cette tradition, pour qu'elle m'ait transféré la propriété de la chose : *Constat, si rem alienam scienti mihi vendas, tradas autem eo tempore quo dominus ratum habet, traditionis tempus inspiciendum, remque meam fieri*; l. 44, § 1, ff. *de usurp. et usucap.*

222. La tradition d'une chose est censée faite par le propriétaire, et transfère la propriété de la chose à celui à qui elle est faite, non-seulement lorsqu'elle est faite par le propriétaire lui-même, mais lorsqu'elle est faite, en son nom, par quelqu'un qui a qualité pour cela. Par exemple, lorsque le tuteur d'un mineur, ou le curateur d'un interdit, vend, en sa qualité de tuteur

ou de curateur, des choses mobilières appartenantes au mineur ou à l'interdit, et en fait, en cette qualité, la tradition aux acheteurs, c'est le mineur ou l'interdit propriétaire des choses vendues, qui est censé en avoir fait la tradition par le ministère de son tuteur ou curateur; en conséquence, cette tradition en a transféré la propriété aux acheteurs. C'est le cas de cette maxime: *Le fait du tuteur est le fait du mineur.*

Mais si le tuteur ou curateur avait vendu, en son nom de tuteur ou de curateur, sans décret du juge, un héritage du mineur ou de l'interdit, la tradition, qu'il en ferait audit nom, ne serait pas censée faite par le mineur ou l'interdit, et ne transférerait pas la propriété de l'héritage à l'acheteur: car le fait du tuteur n'est censé celui du mineur, que dans les choses qui n'excèdent pas le pouvoir du tuteur; mais l'aliénation des immeubles du mineur ou de l'interdit est une chose qui excède le pouvoir d'un tuteur ou d'un curateur.

223. On a fait la question de savoir, si, vous ayant donné une chose pour la donner en mon nom à quelqu'un, la tradition, que vous lui en avez faite, non en mon nom, mais au vôtre, lui en a transféré la propriété. Javolenus décide que, suivant la subtilité du droit, elle ne l'a pas transférée, la tradition n'ayant pas été faite par le propriétaire de la chose, puisqu'elle n'a pas été faite en mon nom, et que j'en étais le propriétaire, ni même du consentement du propriétaire; car j'ai bien voulu qu'on la donnât et qu'on en fît la tradition en mon nom, mais je n'ai pas consenti à la tradition que vous avez faite en votre nom. Néanmoins ce jurisconsulte ajoute que, suivant l'équité, je ne dois pas être reçu à revendiquer la chose sur celui à qui la tradition en a été faite, ayant eu la volonté de la lui donner: *Si tibi dederim rem ut Titio nomine meo dares, et tu tuo nomine eam [illegible]ederis, an factam ejus putes? Respondit: Si rem tibi dederim ut Titio meo nomine donares, eamque tu tuo nomine ei dederis; quantùm ad juris subtilitatem, accipientis facta non est, et tu furti obligeris: sed beniguiùs est, si agam contra eum qui rem accepit, exceptione doli mali me summoveri*; l. 25, ff. *de donat.*

224. Le principe, que la tradition d'une chose ne peut en transférer la propriété à celui à qui elle est faite, si elle n'est faite par le propriétaire, ou de son consentement, souffre quelques exceptions.

La première est lorsque les effets d'un débiteur sont saisis et vendus par ses créanciers, nonobstant l'opposition qu'il a faite à la saisie et à la vente, dont il a été débouté. La tradition, qui en est faite par l'huissier à ceux qui s'en sont rendus adjudicataires, quoique faite sans le consentement du débiteur, qui était le propriétaire de ces effets, leur en transfère la propriété: ce qui fait dire à Ulpien: *Non est novum ut qui dominium non habeat alii dominium præbeat : nam et creditor pignus vendendo, causam dominii præstat, quam ipse non habuit ;* l. 46, ff. *de adq. rer. dom.*

Dans le cas de la vente du gage conventionnel, on peut dire que le débiteur, en donnant la chose en gage, est censé avoir consenti à la vente qui en serait faite à défaut de paiement. Mais dans le cas du gage judiciaire, lorsque les effets d'un débiteur sont saisis et vendus, la propriété en est transférée aux adjudicataires, sans qu'il puisse paraître aucun consentement du débiteur qui en était le propriétaire.

On peut ajouter, pour seconde exception, le cas auquel ayant fait, nonobstant l'opposition de mon copropriétaire, ordonner la licitation d'une chose commune, où les enchères des étrangers seraient reçues, la tradition de cette chose est faite à un étranger qui s'en est rendu adjudicataire : alors la tradition, qui lui en est faite, lui en transfère la propriété, même pour la part de mon copropriétaire, quoique la licitation et la tradition aient été faites contre son consentement.

L'autorité du juge supplée, dans ces cas, au consentement du propriétaire.

§ II. Seconde condition. Il faut que le propriétaire, qui fait la tradition, ou qui y consent, soit capable d'aliéner.

225. Pour que la tradition d'une chose en puisse transférer le domaine de propriété à celui à qui elle est faite, il ne suffit pas qu'elle ait été faite par le propriétaire de la chose, ou de son consentement; il faut encore que ce propriétaire, qui a fait la tradition ou qui l'a consentie, ait été capable d'aliéner.

C'est pourquoi une femme, qui est sous puissance de mari, n'étant pas capable de rien aliéner sans y être autorisée par son mari ou par justice, comme nous l'avons vu en notre Traité de la Puissance du Mari sur la personne et les biens de sa femme, la tradition des choses à elle appartenantes, qu'elle ferait ou consentirait sans cette autorisation, n'en transférerait pas la propriété à ceux à qui elle aurait été faite.

Par la même raison, la tradition, qu'un mineur sous puissance de tuteur, ou un interdit pour cause de prodigalité, fait ou consent des choses à lui appartenantes, n'en transfère point la propriété à ceux à qui elle a été faite, ces personnes n'étant pas capables de rien aliéner.

Les mineurs, quoique émancipés, soit par lettres du prince, soit même par le mariage, n'étant pas capables d'aliéner leurs immeubles, la tradition qu'ils en feraient, ou à laquelle ils consentiraient, n'en peut transférer la propriété.

Observez une différence entre l'incapacité des mineurs et des interdits pour cause de prodigalité, et celle des femmes sous puissance de mari. Celle-ci, établie en faveur du mari, est une incapacité absolue. La tradition, que cette femme fait sans autorisation, est absolument nulle, et ne peut jamais être censée avoir transféré la propriété, quand même, depuis qu'elle est devenue libre par la mort de son mari, elle aurait ratifié la vente et la tradition qu'elle en a faite étant sous sa puissance : une telle ratification ne serait regardée que comme une nouvelle vente et un nouveau consentement à la translation de propriété de ces choses, qui n'a d'effet que *ut ex nunc*, et du jour de l'acte de ratification.

Au contraire, l'incapacité des mineurs n'étant établie qu'en leur faveur, elle n'est que relative; ils ne sont censés incapables d'aliéner les choses qui leur appartiennent, et les aliénations qu'ils en font ne sont censées nulles, qu'autant qu'elles pourraient leur être désavantageuses. C'est pourquoi, si, étant devenus majeurs, ils les ont approuvées, soit par une ratification expresse, soit par une approbation tacite, en laissant écouler le temps de dix ans depuis leur majorité sans se pourvoir contre, ils sont censés avoir été capables d'aliéner les choses qu'ils ont aliénées, quoiqu'en minorité; et la tradition, qu'ils en ont faite, est censée en avoir transféré incontinent la propriété à ceux à qui elle a été faite.

Il en est de même des interdits pour cause de prodigalité. J'ai dit pour cause de prodigalité; car il est évident que tout ce qui se fait par ceux qui le sont pour cause de démence, est absolument nul.

226. On ne doit pas mettre au rang de ceux qui sont incapables d'aliéner, un débiteur insolvable, lorsqu'il a aliéné, en fraude de ses créanciers, les choses qui lui appartiennent. La loi donne bien aux créanciers une action révocatoire de l'aliénation qu'il en a faite contre les acheteurs qui ont eu connaissance de la fraude, et contre les donataires, quand même ils n'en auraient pas eu de connaissance; mais en attendant, la tradition, qu'il leur en fait, leur en transfère la propriété. C'est ce qu'enseigne Pomponius : *Si sciens* (1) *emam ab eo cui bonis interdictum sit.... dominus non ero; dissimiliter atque si à debitore sciens creditorem fraudari* (2), *emero*; l. 26, ff. *de contrah. emptione*.

227. Un propriétaire grevé de susbstitution n'est pas non plus incapable d'aliéner, même les héritages compris en la substitution dont il est grevé; et la tradition, qu'il en fait ou qu'il consent, en transfère le domaine de propriété à ceux à qui elle

(1) *Sciens vel ignorans, nihil refert.*
(2) *Nam hoc casu dominium ad me per traditionem transfertur, sic tamen ut creditor mihi per Paulianam actionem illud auferre possit.*

est faite, à la charge de la substitution, et seulement jusqu'au temps de son ouverture, comme nous le verrons en l'article suivant.

§ III. Il faut que la tradition soit faite en vertu d'un titre vrai, ou du moins putatif, qui soit de nature à transférer la propriété.

228. La tradition, quoique faite ou consentie par le propriétaire de la chose, qui est capable d'aliéner, n'en transfère la propriété qu'autant qu'elle est faite en vertu de quelque titre vrai ou putatif : *Nunquàm nuda traditio transfert dominium, sed ità si venditio aut aliqua justa causa præcesserit, propter quam traditio sequeretur;* l. 31, ff. *de adq. rer. dom.*

229. On appelle justes titres ceux qui sont de nature à transférer le domaine de propriété des choses, tels que ceux de vente, d'échange, de donation, de legs, etc.

Généralement toute obligation, que j'ai contractée, de donner à quelqu'un une chose en propriété, est un juste titre pour que la tradition qui est faite de cette chose, ou de quelque autre chose en sa place, au créancier ou à quelque autre qui la reçoit de son ordre, en paiement de cette obligation, lui en transfère la propriété.

Mais il est évident que la tradition, que j'ai faite à quelqu'un de ma chose pour cause de prêt, de louage, de nantissement, de dépôt, ou pour la lui faire voir, ne lui en transfère pas la propriété, ces titres n'étant pas de nature à transférer la propriété.

230. Observez qu'un titre, quoiqu'il ne soit que putatif, suffit pour que la tradition que je vous fais de ma chose en conséquence de ce titre, que je me suis faussement persuadé exister, quoiqu'il n'existe pas, vous en transfère la propriété : j'ai seulement, en ce cas, lorsque l'erreur aura été reconnue, une action personnelle contre vous, qu'on appelle *condictio indebiti*, ou *condictio sine causâ*, pour que vous soyez tenu de me rendre ce que je vous ai donné.

Par exemple, je vois un testament, par lequel mon père vous a légué une certaine chose; j'ignore qu'il y a un codicille par lequel ce legs a été révoqué : quoique, en ce cas, il n'y ait point de legs fait à votre profit, puisqu'il a été révoqué, néanmoins la tradition, que je vous ai faite de cette chose, en conséquence de la fausse opinion en laquelle j'étais, vous en a transféré la propriété, sauf à moi, lorsque l'erreur aura été reconnue, à la répéter par l'action *condictio indebiti*.

*Voyez* ce que nous avons dit de cette action *condictio indebiti*, dans un *Appendice à notre traité du Prêt de Consomption*.

## § IV. Du consentement des parties, nécessaire pour que la tradition transfère la propriété.

231. Le consentement des parties est nécessaire pour que la tradition d'une chose en transfère la propriété à celui à qui elle est faite ; c'est-à-dire, qu'il faut que le propriétaire de la chose, qui en fait, ou par l'ordre duquel s'en fait la tradition à quelqu'un, ait la volonté de lui en transférer la propriété, et que celui, qui la reçoit, ait la volonté de l'acquérir : *In omnibus rebus quæ dominium transferunt, concurrat oportet affectus ex utrâque parte contrahentium ; nam sive ea venditio, sive donatio, sive conductio* (1), *sive quælibet alia causa contrahendi fuit, nisi animus utriusque consentit, perduci ad affectum id, quod inchoatur, non potest* ; l. 55, ff. *de obligat. et act.*

Ce consentement doit intervenir, et sur la chose qui fait l'objet de la tradition, et sur la personne à qui elle est faite, et sur la translation de propriété.

232. Premièrement, le consentement doit intervenir sur la chose qui fait l'objet de la tradition ; c'est-à-dire qu'il faut que la chose, dont je vous fais la tradition, soit celle dont je veux vous transférer la propriété, et celle que vous voulez acquérir.

Si, par erreur, j'ai pris l'une pour l'autre, il n'y aura pas de translation de propriété. Par exemple, si, ayant la volonté de vous donner un Missel romain dont je ne me servais pas, je vous ai fait la tradition de mon Missel de Paris, que j'ai pris par erreur pour le Missel romain que je voulais vous donner, parce que la reliure était semblable, cette tradition n'opère la translation de propriété, ni du Missel romain que je voulais vous donner, parce que ce n'est pas celui dont je vous ai fait la tradition, ni de celui de Paris, dont je vous ai fait la tradition, parce que ce n'est pas celui que j'ai voulu vous donner.

Pareillement, si je vais quérir chez un libraire un Missel de Paris, que j'avais acheté chez lui la veille, et que ce libraire, ne se souvenant pas si c'est un Missel de Paris ou un Missel romain qu'il m'a vendu, me donne un Missel romain, que je reçois sans y faire attention, croyant que c'est un Missel de Paris, cette tradition n'opère pas la translation de propriété, ni du Missel de Paris que j'ai acheté, puisque la tradition ne m'en a pas été faite, ni du Missel romain que j'ai reçu par erreur, puisque ce n'est pas celui que j'ai voulu acquérir.

(1) Cela doit s'entendre d'un bail emphytéotique à perpétuité ou à longues années, qui transfère au preneur un domaine utile.

233. Il faut, en second lieu, que le consentement intervienne sur la personne, à qui on veut transférer la propriété de la chose dont on fait la tradition.

Par exemple, si, voulant donner une chose à Paul, je fais la tradition de cette chose à Pierre que je prends pour Paul, lequel Pierre la reçoit, comptant la recevoir pour lui; il est évident que cette tradition ne transfère la propriété de la chose ni à Paul, à qui je la voulais donner (la tradition ne lui en ayant pas été faite), ni à Pierre, qui n'est pas celui à qui j'ai voulu la donner.

Pareillement, si, voulant me donner une chose, vous la donnez à mon homme d'affaires, comptant la lui donner pour moi, et qu'il l'ait reçue, croyant la recevoir pour lui, cette tradition ne transférera pas la propriété de la chose, ni à mon homme d'affaires, à qui vous n'avez pas voulu la donner, ni à moi, mon homme d'affaires ne l'ayant pas reçue pour moi : *Si procuratori meo rem tradideris ut meam faceres, is hâc mente acceperit ut suam faceret; nihil agetur*; l. 37, § 6, ff. *de adq. rer. dom.*

234. La tradition, qui est faite d'une chose, ne peut, à la vérité, transférer la propriété, lorsque celui, qui la reçoit, est une autre personne que celle à qui j'ai voulu la transférer. Mais il n'est pas toujours nécessaire que celui, qui la reçoit, soit une certaine personne déterminée à qui j'ai voulu la donner; une volonté générale suffit : comme lorsque, dans un jour de réjouissance publique, le magistrat jette par une fenêtre, dans une place, de la monnaie au peuple, il en transfère la propriété à ceux qui la ramassent, quoique ce magistrat n'ait eu aucune de ces personnes en vue; il suffit, pour leur en transférer la propriété, qu'il ait eu une volonté générale de la transférer à ceux qui la ramasseraient. C'est ce qu'enseigne Gaïus : *Interdùm*, dit-il, *et in incertam personam collocata domini voluntas, transfert rei proprietatem, ut ecce qui missilia jactat in vulgus; ignorat enim quid eorum quisque excepturus sit; et tamen quia vult quod quisque exceperit ejus esse, statim eum dominum efficit*; l. 9, § 7, ff. *de adq. rer. dom.*

235. Il faut, en troisième lieu, que le consentement intervienne sur la translation de propriété; c'est-à-dire qu'il faut que celui, qui fait la tradition, ou qui la consent, ait la volonté de transférer à celui, qui la reçoit, le droit de propriété qu'il a de cette chose, et que celui, qui la reçoit, ait pareillement la volonté d'acquérir ce droit de propriété.

C'est pourquoi, si je vous ai donné un livre dans l'intention de vous en transférer la propriété, et que vous l'ayez reçu, comptant que je vous en faisais seulement un prêt, la tradition, que je vous en ai faite, ne vous en aura pas transféré la propriété, faute de votre consentement à la translation de propriété.

236. Lorsqu'un acheteur a acheté une chose qu'il croyait

faussement ne pas appartenir à son vendeur, la tradition, que lui en a faite son vendeur, lui en a-t-elle transféré la propriété ? La raison de douter est, que cet acheteur, dans l'opinion où il était que la chose n'appartenait pas à son vendeur, ne comptait pas acquérir, par cette tradition, la propriété de cette chose. Il faut, néanmoins, décider que la propriété lui est transférée, parce que, quoiqu'il ne crût pas l'acquérir, néanmoins, la recevant à titre d'achat, il avait la volonté de l'acquérir autant que faire se pourrait : *Qui ignoravit dominum esse rei venditorem, plus* (1) *in re est quàm in existimatione mentis : et ideò tùm etsi existimet se non à domino emere, tamen, si à domino ei tradatur, dominus efficitur;* l. 9, § 4, ff. *de jur. et fact. ignor.*

237. Lorsqu'un tuteur ou un procureur a fait, en sa qualité de tuteur ou de procureur, la tradition d'une chose dont il ignorait être le propriétaire, et qu'il croyait appartenir à son mineur, ou à celui dont il gérait les affaires; la tradition, qu'il a faite de cette chose, n'en a point transféré la propriété à celui à qui elle a été faite; car il n'a pu avoir la volonté de transférer le droit de propriété de cette chose qu'il ignorait avoir : *Si procurator meus, vel tutor pupilli rem suam, quasi meam, vel pupilli, alii tradiderint, non recessit ab iis dominium, et nulla est alienatio, quia nemo errans rem suam amittit;* l. 35, ff. *de adq. rer. dom.*

Par la même raison, si vous m'avez vendu une chose dont j'ignorais être le propriétaire, et que vous en ayez fait, de mon ordre, la tradition à un tiers, cette tradition ne lui transfère pas la propriété : car j'ai bien eu la volonté de lui faire passer, de votre consentement, un droit de propriété, que je m'étais faussement persuadé que vous aviez; mais je n'ai pu avoir la volonté de lui transférer le véritable droit de propriété que j'ai de cette chose, puisque j'ignorais l'avoir : *Si rem meam mihi ignoranti vendideris, et jussu meo alii tradideris, non putat Pomponius dominium meum transire, quoniam non hoc mihi propositum fuit, sed quasi tuum dominium ad eum transire;* l. 15, § 2, ff. *de contrah. empt.*

Par la même raison, la tradition, que je vous ai faite d'une chose dont j'ignorais être le propriétaire, et que je me persuadais faussement vous appartenir, ne vous en transfère pas la propriété; car je n'ai pu avoir la volonté de vous la transférer, ignorant l'avoir : *Quùm tibi nummos meos quasi tuos do, non facio tuos;* l. 3, § 8, ff. *de condict. caus. dat.*

(1) Voyez ce que nous avons dit sur cette règle de droit, et sur celle qui lui est opposée, en notre ouvrage sur les *Pandectes*, *tit. de reg. jur.*, *n.* 56 et 57.

238. Suffit-il que l'une des parties ait eu la volonté de transférer à l'autre, par la tradition, son droit de propriété, et que l'autre ait eu la volonté de l'acquérir? Faut-il encore que leur consentement intervienne sur la cause pour laquelle je fais la tradition? Julien décide que le consentement sur la cause n'est pas nécessaire : *Quùm in corpus quidem quod traditur consentiamus, in causis verò dissentiamus, non animadverto cur inefficas sit traditio.... nam etsi pecuniam numeratam tibi tradam donandi gratiâ, tu eam quasi creditam accipias, constat proprietatem ad te transire, nec impedimento esse quòd circà causam dandi atque accipiendi dissentiamus;* l. 36, ff. *de adq. rer. dom.*

Observez que Julien décide selon la subtilité du droit. Il est vrai que, dans cette espèce, la propriété de cet argent vous a été transférée selon la subtilité du droit, parce que nous avons consenti, moi à vous la transférer, et vous à l'acquérir : mais elle vous a été transférée sans cause; c'est sans aucune cause que vous êtes le propriétaire. Vous ne l'êtes pas à titre de donation, puisque vous n'avez pas accepté la donation que j'avais eu intention de vous en faire; vous ne l'êtes pas non plus à titre de prêt, puisque je n'ai pas eu la volonté de vous faire un prêt. Vous ayant donc transféré la propriété de cet argent sans cause, je puis, si je me repens de la donation que j'avais eu intention de vous en faire, vous demander la restitution de cet argent, par l'action qu'on appelle *condictio sine causâ*. C'est ainsi que la décision de Julien se concilie avec celle d'Ulpien, que nous allons rapporter : *Si ego pecuniam tibi quasi donaturus dedero, tu quasi mutuam accipias, Julianus scribit donationem non esse : sed an sit mutuam videndum; et puto nec mutuam esse, magisque nummos accipientis non fieri, quùm aliâ opinione acceperit;* l. 18, ff. *de reb. cred.*

Ce que dit Ulpien, *nummos accipientis non fieri*, s'entend en ce sens, que, quoique, quant à la subtilité du droit, il acquière la propriété de ces deniers, comme le décide Julien, il ne l'acquiert pas efficacement par rapport à l'action *condictio sine causâ*, que j'ai contre lui pour les répéter : de cette manière ces jurisconsultes ne sont point en contradiction.

### § V. D'une autre condition pour que la tradition transfère la propriété, condition particulière à la tradition qui se fait en exécution d'un contrat de vente.

239. C'est une condition particulière à la tradition qui se fait en exécution d'un contrat de vente, que la tradition, que le vendeur fait de la chose vendue à l'acheteur, n'en transfère la propriété à l'acheteur, qu'après qu'il en a payé le prix, et qu'il a satisfait le vendeur pour le paiement; à moins qu'il ne parût

que le vendeur a bien voulu suivre la foi de l'acheteur : *Quod vendidi non aliter fit accipientis, quàm si aut pretium nobis solutum sit, aut satis eo nomine factum, vel etiam fidem habuerimus emptoris sine ullâ satisfactione;* l. 19, ff. *de contrah. empt.*

La raison est, que celui, qui vend au comptant, sans donner temps pour le paiement, est censé mettre tacitement, à la tradition qu'il fait, la condition qu'elle ne transférera la propriété à l'acheteur, qu'après qu'il aura payé, ou satisfait pour le prix.

240. Il n'importe de quelle manière l'acheteur ait satisfait le vendeur pour le paiement, soit en lui donnant caution, soit en lui donnant un gage. Aussitôt que le créancier a reçu la caution ou le gage, la propriété de la chose vendue, dont la tradition a été faite à l'acheteur, est acquise à l'acheteur, de même que s'il en avait payé le prix : *Ut res fiat emptoris, nihil interest utrùm pretium solutum sit, an eo nomine fidejussor datus sit : quod autem de fidejussore diximus pleniùs acceptum est, quâlibet ratione si venditori de pretio satisfactum est; veluti expromissore* (1), *aut pignore dato, proindè sit ac si pretium solutum esset;* l. 53, ff. *de contrah. empt.*

Observez une différence entre le paiement et la satisfaction. Le vendeur ne peut refuser le paiement du prix qui lui est offert par l'acheteur, lequel, en le consignant sur son refus, en est libéré, et acquiert la propriété de la chose vendue, dont la tradition lui a été faite, de même que s'il l'avait payé au vendeur. Au contraire, le vendeur ne reçoit les sûretés qui lui sont offertes par l'acheteur, qu'autant qu'il le veut bien : on ne peut le forcer à recevoir les cautions et les gages qui lui sont offerts pour le paiement du prix.

241. Cette condition de payer le prix n'est sous-entendue dans la tradition, que lorsque la vente a été faite au comptant, c'est-à-dire, sans porter aucun terme pour le paiement ; car lorsqu'elle porte un terme, le vendeur, en accordant ce terme, est censé avoir suivi la foi de l'acheteur pour le paiement du prix, ce qui suffit pour la translation de propriété, *si fidem habuerimus emptori sine ullâ satisfactione; dict. l.* 19.

Il en est de même, quoique le contrat de vente ne porte aucun terme pour le paiement du prix, lorsqu'il paraît d'ailleurs, par quelques circonstances, que le vendeur a suivi la foi de l'acheteur pour le paiement. Cela s'induit même de cela seul qu'il a laissé passer un temps un peu considérable sans le demander.

(1) *Expromissor* est différent de *fidejussor*. Celui-ci ne fait qu'accéder à l'obligation de l'acheteur : *expromissor* est celui qui s'en charge seul envers le créancier qui s'en contente, et en décharge l'acheteur.

242. La Coutume de Paris a suivi ces principes. Elle suppose, en l'*art.* 176, que celui, qui a vendu une chose sans jour et sans terme, en conserve la propriété jusqu'au paiement du prix, nonobstant la tradition qu'il en a faite. C'est pourquoi elle dit : « Qui vend aucune chose mobilière sans jour et sans terme, » espérant être payé promptement, il peut *sa chose* poursuivre, » en quelque lieu qu'elle soit transportée, pour être payé du » prix qu'il l'a vendue. »

Il résulte clairement de ces termes, *il peut sa chose poursuivre*, que lorsque le vendeur a vendu sans jour et sans terme, la chose vendue, nonobstant la tradition qu'il en a faite, en quelque lieu qu'elle ait été transportée, en quelques mains qu'elle ait passé, demeure toujours sa chose jusqu'à ce qu'il ait été payé.

Au contraire, dans l'*art.* 177, elle suppose que, lorsque le vendeur a donné terme, il est dépouillé de la propriété par la tradition, et a seulement un privilége sur la chose, pour être payé préférablement aux autres créanciers de l'acheteur, tant qu'elle est entre les mains de l'acheteur : « Et néanmoins, est-il » dit, encore qu'il ait donné terme, si la chose se trouve saisie » sur le débiteur par un autre créancier, il peut empêcher la » vente, et est préféré sur la chose aux autres créanciers. »

Remarquez que la Coutume dit, *et est saisie sur le débiteur*; car si la chose avait passé entre les mains d'un tiers, le vendeur, qui a donné terme, n'en ayant plus la propriété qu'il a transférée à l'acheteur, ne pourrait plus la suivre contre le tiers; le privilége, qu'il a sur la chose, n'ayant lieu que tant qu'elle est entre les mains de son débiteur.

ARTICLE III.

*De l'effet de la tradition.*

243. La tradition, lorsqu'elle est faite ou consentie par le propriétaire de la chose, et que toutes les autres conditions rapportées en l'article précédent concourent, transfère à celui à qui elle est faite le droit de propriété de la chose, qu'avait celui qui l'a faite ou consentie. Elle le transfère tel qu'il l'avait : c'est pourquoi, si le droit de propriété qu'il avait était un droit de propriété résoluble au bout d'un certain temps, ou lors d'une certaine condition, la tradition ne fait passer à celui, à qui elle est faite, qu'une propriété résoluble au bout dudit temps, ou lors de ladite condition. Si la propriété n'était pas une propriété libre et parfaite, et que l'héritage fût chargé ou d'usufruit ou d'autres servitudes personnelles ou prédiales, de redevances et autres charges foncières, d'hypothèques, etc., la tradition ne transfère à celui, à qui elle est faite, la propriété de l'héritage

qu'avec toutes lesdites charges : *Quoties dominium transfertur, ad eum qui accipit, tale transfertur, quale fuit apud eum, qui tradit;* l. 20, § 1, ff. *de adq. rer. dom. Alienatio quùm fit, cum suâ causâ, dominium ad alium transferimus, quæ esset futura si apud nos ea res mansisset;* l. 67, ff. *de contrah. empt.*

Cela a lieu, quand même le propriétaire, en faisant la tradition de la chose, n'aurait pas déclaré les imperfections de son droit de propriété, ni les charges dont l'héritage est chargé, et quand même il aurait faussement assuré que l'héritage n'en est pas chargé ; car sa déclaration ne peut préjudicier aux tiers qui ont des droits réels dans l'héritage, ou à qui l'héritage doit un jour retourner: *Si quis fundum dixerit liberum quùm traderet eum, qui servus sit, nihil juri servitutis fundi detrahit; dict.*, l. 20, § 1.

Ulpien ajoute : *Verumtamen obligat se, debetque præstare quod dixit.* C'est-à-dire qu'il contracte, par cette déclaration, une obligation de garantie. *Voyez* ce que nous en avons dit en notre *Traité du Contrat de Vente.*

244. Lorsque la tradition n'a pas été faite ou consentie par le propriétaire de la chose, elle ne peut, à la vérité, avoir l'effet de transférer d'abord à celui à qui elle est faite la propriété de la chose ; mais lorsqu'elle a été faite en vertu d'un juste titre, et que celui, à qui elle a été faite, a été de bonne foi, c'est-à-dire, a cru que celui, qui faisait la tradition, était propriétaire, elle lui transfère au moins *causam usucapionis,* c'est-à-dire, le droit d'acquérir un jour la propriété de la chose, par la continuation de sa possession pendant le temps requis pour la prescription.

La bonne foi se présume toujours dans celui à qui la tradition est faite, tant que le contraire ne paraît pas. On a un juste sujet de croire un homme propriétaire d'une chose dont ont le voit en possession.

### ARTICLE IV.

### *Si la seule convention peut faire passer le domaine de propriété d'une personne à une autre, sans la tradition.*

245. C'est un principe du droit romain, qui est suivi dans notre droit français, que ce n'est ordinairement que par une tradition réelle ou feinte, que le domaine de propriété d'une chose peut passer d'une personne à une autre, et qu'une simple convention, que j'aurais avec vous, par laquelle nous conviendrions que le domaine de propriété, que j'ai d'une telle chose que je vous vends ou que je vous donne, cesserait, dès à présent, de m'appartenir, et vous appartiendrait dorénavant, ne serait pas suffisante pour vous la transférer, avant que je me sois dessaisi envers vous de la chose par une tradition réelle ou

feinte : *Traditionibus et usucapionibus dominia rerum, non nudis* (1) *pactis transferuntur;* l. 20, *Cod. de pact.*

On dit, pour raison de ce principe, qu'il est de la nature du domaine de propriété de s'acquérir par la possession; c'est par-là qu'il a commencé : *Dominium à possessione cœpit.* Lorsque les choses étaient encore dans l'état de communauté négative, qu'elles étaient communes à tous les hommes, sans qu'aucun en fût encore propriétaire, ce n'est que par la possession, et en s'en mettant en possession, que chacun a commencé à en acquérir un domaine de propriété, *jure occupationis;* que de même que le domaine originaire a été acquis par la possession, le domaine dérivé ne peut pareillement passer d'une personne à une autre que par la possession, en mettant la personne, à qui on veut faire passer le domaine d'une chose, en possession de cette chose, par une tradition réelle ou feinte. On ajoute que le domaine de propriété étant un droit par lequel une chose est en notre pouvoir, par lequel nous pouvons en disposer comme bon nous semble, de toutes les manières que nous le jugerons à propos, il est nécessaire, pour que nous acquérions le domaine d'une chose, que nous en soyons mis en possession, parce que ce n'est que par ce moyen que la chose est mise en notre pouvoir, et que *manui nostræ subjicitur.* Une simple convention, par laquelle je conviens avec vous qu'une telle chose, dont je conserve la possession, cessera, dès à présent, de m'appartenir, et que le domaine de propriété vous en appartiendra dorénavant, ne peut donc être suffisante pour vous le transférer. Les conventions seules et par elles-mêmes ne produisent que des obligations; c'est leur nature; c'est pour cela qu'elles sont établies. Ces obligations ne donnent à celui, envers qui elles ont été contractées, qu'un droit contre la personne qui les a contractées. Ce droit est bien un droit par rapport à la chose qu'on s'est obligé de nous donner; mais ce ne peut être un droit dans la chose; c'est encore moins le domaine de la chose.

Nonobstant ces raisons, Grotius et plusieurs autres, qui ont écrit sur le droit naturel, prétendent que ce principe du droit romain, que le domaine des choses ne peut passer d'une personne à une autre que par la tradition, n'est point pris dans la nature; que c'est un principe de droit purement positif, qui n'a été attribué au droit des gens qu'improprement, parce qu'il a été reçu de plusieurs nations; mais que, dans les purs termes

(1) Ces termes ne sont pas pris dans le sens ordinaire, par lequel on oppose *nuda pacta* aux conventions *quæ nomen vel formam contractûs à jure civili acceperunt;* ils sont pris en général pour toutes conventions qui n'ont pas encore été exécutées par la tradition.

du droit naturel, rien n'empêche que la convention que j'ai avec vous, qu'une telle chose cessera dorénavant de m'appartenir, et vous appartiendra dorénavant, ne vous en transfère aussitôt la propriété, même avant que je vous en aie fait la tradition. Le domaine d'une chose, dit-on, étant essentiellement le droit d'en disposer comme bon nous semblera, c'est une suite de ce droit que j'ai de disposer de ma chose comme bon me semblera, que je puisse, par ma seule volonté et sans aucun fait, transférer le domaine de cette chose à telle personne que bon me semblera, qui voudra bien l'acquérir.

De ce que le domaine originaire n'a commencé que par la possession, il ne s'ensuit nullement que le domaine dérivé ne puisse de même passer d'une personne à une autre que par la possession. Quant à ce qu'on dit qu'une chose ne peut être en notre pouvoir qu'on ne nous en ait mis en possession, il suit seulement de-là, tout au plus, que nous ne pouvons faire usage du droit de domaine qu'on nous a transféré sur une chose, qu'après qu'on nous en a mis en possession; mais il ne s'ensuit nullement que nous n'ayons pu acquérir ce domaine, avant que nous ayons été mis en possession de la chose, quoique nous ne puissions encore en faire usage; le droit de domaine, et la faculté de faire usage de ce droit, n'étant pas des choses inséparables.

Cela revient à la distinction que fait Puffendorf dans son livre du Droit de la Nature et des Gens, *liv. 4*, *ch. 9*, § 8. Il dit que le domaine de propriété d'une chose, lorsqu'il est considéré comme renfermant un pouvoir physique et actuel d'en faire usage, ne peut, à la vérité, passer d'une personne à une autre, sans une tradition qui mette en possession de la chose la personne à qui on veut transférer ce domaine : mais lorsque le domaine de propriété d'une chose n'est considéré que comme une qualité purement morale, en vertu de laquelle une chose appartient à quelqu'un, rien n'empêche, dans les purs termes du droit naturel, que le domaine de propriété, considéré de cette manière, ne puisse passer d'une personne à une autre par une simple convention, avant qu'elle ait été suivie de la tradition.

Quoi qu'il en soit de cette question, traitée selon le pur droit naturel, que nous abandonnons à la dispute de l'école, le principe du droit romain, que le domaine de propriété d'une chose ne peut passer d'une personne à une autre que par une tradition réelle ou feinte de la chose, étant un principe reçu dans la jurisprudence, comme en conviennent ceux qui sont de l'opinion contraire, nous devons nous y tenir.

246. Ce principe souffre une exception toute naturelle, dans le cas auquel la chose, dont on veut transférer le domaine de propriété à quelqu'un, se trouve être déjà par-devers lui. Il est évident,

comme nous l'avons déjà observé *suprà, n.* 206, que la convention, par laquelle le propriétaire convient avec lui qu'il la retiendra comme chose à lui appartenante, suffit pour lui en transférer le domaine de propriété. C'est de ce cas que le jurisconsulte Gaïus dit : *Interdùm etiam sine traditione, nuda voluntas domini sufficit ad rem transferendam ; veluti si rem quam commodavi aut locavi tibi, aut apud te deposui, vendidero tibi;* l. 9, § 5, ff. *de adq. rer. dom.*

Ce principe souffre encore exception, à l'égard de certaines manières d'acquérir le domaine par le droit civil, que nous rapporterons en la section suivante.

247. De ce principe, que le domaine d'une chose ne peut ordinairement passer d'une personne à une autre que par la tradition de la chose, il suit que, quelque convention que j'aie avec une personne qui s'est obligée de me donner une certaine chose, tant qu'elle ne m'en a pas fait la tradition réelle ou feinte, elle en demeure toujours la propriétaire.

C'est pourquoi ses créanciers peuvent la saisir valablement sur elle, sans que je puisse être reçu à demander la récréance de cette chose, n'en étant pas encore devenu le propriétaire.

Il suit encore de-là, que si, avant que la tradition m'ait été faite, cette personne, contre la foi de la convention, vend ou donne la chose à un autre, et la lui livre, elle lui en transfère la propriété, comme il est décidé par la loi *Quoties*, 15, *Cod. de rei vind.* Voyez ce que nous avons dit sur ce sujet en notre *Traité du Contrat de Vente.*

## SECTION V.

### Des manières de transmettre le domaine de propriété par le droit civil.

248. Le domaine de propriété des choses se transmet, par le droit civil, d'une personne à une autre, sans tradition ni prise de possession, en plusieurs cas, soit à titre universel, soit à titre singulier.

Il se transmet à titre universel dans le cas d'une succession. Le défunt est censé, dès l'instant de sa mort, avoir transmis à son héritier le domaine de propriété qu'il avait de toutes les choses qui composent sa succession, et même la possession qu'il en avait, même avant que cet héritier ait eu connaissance de la mort du défunt, et eût su que la succession lui était déférée. C'est le sens de cette règle de notre droit français : *Le mort saisit le vif, son plus prochain héritier habile à lui succéder.*

Lorsque le défunt, lors de sa mort, n'avait pas la possession de plusieurs choses qui lui appartenaient, il est évident qu'il ne peut saisir son héritier d'une possession qu'il n'avait pas; mais il le saisit du droit de propriété de ces choses, et de ses actions pour les recouvrer sur ceux qui en sont indûment en possession; car un héritier est *successor in universum jus quod defunctus habuit.*

Cette règle, que *le mort saisit le vif*, n'empêche pas que l'héritier, à qui une succession est déférée, n'ait le choix de l'accepter ou d'y renoncer, suivant cette autre règle, *n'est héritier qui ne veut.* Lorsqu'il prend le parti de l'accepter, son acceptation a un effet rétroactif au temps de la mort du défunt; il est censé être saisi, dès l'instant de la mort du défunt, de tous les biens et droits de la succession auxquels il a succédé.

Lorsqu'un héritier, à qui une succession a été déférée, y renonce, il est censé n'avoir jamais été saisi des biens et droits de cette succession. Le défunt est censé en avoir, dès l'instant de sa mort, saisi ses cohéritiers, auxquels sa part accroît, ou les parens du degré suivant, qui succèdent à son défaut; et si personne ne veut accepter la succession, le défunt est censé continuer d'avoir, dans la personne fictive de sa succession jacente qui le représente, tous les biens et droits qu'il avait lors de sa mort, et dont sa succession est composée.

249. Le droit civil transmet aussi à titre universel à un légataire universel, ou à un substitué fidéicommissaire universel, le domaine de propriété des choses comprises dans le legs ou la substitution, du jour de l'ouverture du legs ou de la substitution, même avant qu'il lui ait été fait aucune tradition, et même avant que ce légataire ou substitué fidéicommissaire ait eu connaissance de la substitution ou du legs fait à son profit : mais la possession des choses comprises au legs ou en la substitution ne lui est pas transférée; et quoiqu'il soit censé être devenu propriétaire de toutes les choses comprises dans le legs ou la substitution, il ne lui est pas permis de s'en mettre de lui-même en possession; il doit en demander la délivrance à l'héritier.

Lorsqu'il renonce au legs, il est censé n'avoir jamais été saisi de rien.

250. Le droit civil transmet aussi à titre singulier, en certains cas, le domaine de propriété de certaines choses avant qu'il en intervienne aucune tradition. Par exemple, dans le cas d'un legs particulier ou d'un fidéicommis particulier, le droit civil est censé transmettre au légataire ou fidéicommissaire le domaine de propriété de la chose léguée ou comprise au fidéicommis, dès l'instant de l'ouverture du legs ou du fidéicommis, qui est celui

de la mort du testateur, lorsque le legs ou le fidéicommis a été fait sans condition; ou du jour de l'existence de la condition, lorsqu'il est conditionnel.

Le droit civil transfère le domaine de la chose au légataire fidéicommissaire, non-seulement avant qu'il ait été fait aucune délivrance, mais même avant qu'il ait eu connaissance du legs ou du fidéicommis fait en sa faveur; car le domaine de la chose léguée est censé transmis au légataire, de la même manière que celui des autres biens de la succession est transmis à l'héritier; sauf que le légataire en doit demander la délivrance à l'héritier: *Legatum ità dominium rei legatarii facit, ut hæreditas hæredis res singulas; quod eo pertinet ut si purè res relicta sit, et legatarius non repudiaverit defuncti voluntatem, rectà viâ dominium, quod hæreditatis fuit, ad legatarium transeat, nunquàm factum hæredis;* l. 80, ff. *de legat.* 2°.

251. Les adjudications, qui se font en justice, sont aussi une manière d'acquérir du droit civil.

L'adjudication transfère de plein droit à l'adjudicataire le domaine de propriété de la chose qui lui est adjugée, qu'avait celui sur qui l'adjudication est faite, pourvu que cet adjudicataire paie le prix de l'adjudication.

252. Lorsque celui, sur qui l'adjudication a été faite, n'était pas le propriétaire de la chose, si cette chose était un meuble corporel qui ait été vendu et adjugé à l'encan, l'adjudication ne laisse pas d'en transférer le domaine de propriété à l'adjudicataire, faute par le propriétaire de s'être présenté, et d'en avoir demandé la récréance avant l'adjudication.

Lorsque c'est un héritage ou autre immeuble, qui a été saisi réellement et vendu par décret solennel sur un possesseur qui n'en était pas le propriétaire, l'adjudication par décret ne laisse pas de transférer le domaine de propriété à l'adjudicataire, faute par le propriétaire de s'être opposé au décret avant qu'il ait été mis à chef.

253. Enfin la prescription est une manière d'acquérir par le droit civil. Nous en traiterons plus amplement dans un traité particulier.

## SECTION VI.

### Comment, et par quelles personnes acquérons-nous le domaine de propriété des choses?

#### § I. Par quelles personnes.

254. Suivant le droit romain, nous pouvons acquérir le do-

moine de propriété d'une chose, non-seulement par nous-mêmes, mais par ceux que nous avons en notre puissance : *Acquiruntur nobis non solùm per nosmetipsos ; sed etiam per eos quos in potestate habemus* ; l. 10, ff. *de adq. rer. dom.*

Suivant les principes de ce droit, les esclaves étaient regardés plutôt comme la chose de leurs maîtres que comme des personnes : c'est pourquoi, ils ne pouvaient rien avoir en propre qui leur appartînt ; et tout ce qu'ils acquéraient était, dès l'instant et de plein droit, acquis à leurs maîtres, *tanquam ex re suâ profectum.*

Suivant les principes de ce droit, la puissance, que les pères avaient sur leurs enfans, n'était pas différente de celle que les maîtres avaient sur leurs esclaves. Quoique les enfans de famille fussent capables de toutes fonctions civiles et publiques, et qu'ils pussent même, aussi bien que les pères de famille, être *promus* aux plus grandes dignités, néanmoins, vis-à-vis de leur père, en la puissance de qui ils étaient, ils étaient regardés plutôt comme une chose à lui appartenante que comme une personne ; ils ne pouvaient, de même que les esclaves, avoir rien en propre. Ce principe, *Qui in potestate alterius est, nihil suum habere potest, dict. l.* 10, ff. § 1, était commun aux enfans de famille et aux esclaves. En conséquence, tout ce qu'ils acquéraient, de quelque manière et pour quelque cause qu'ils l'acquissent, était, dès l'instant et de plein droit, acquis à leur père ou aïeul paternel, en la puissance duquel ils étaient, *tanquam ex re suâ profectum.*

On commença, sous les empereurs, à apporter des modifications au droit de puissance paternelle, par rapport à ce qu'acquéraient les enfans de famille. Les premiers empereurs, pour s'attacher les gens de guerre, leur attribuèrent plusieurs priviléges, et entre autres celui-ci, que ce que les militaires, qui seraient enfans de famille, acquerraient à l'occasion de leur profession, leur serait acquis aussi pleinement que s'ils étaient pères de famille, sans que leur père, sous la puissance duquel ils étaient, y pût rien prétendre, si ce n'est dans le cas auquel l'enfant de famille serait mort sans en avoir disposé. On appelait ce bien, *pécule castrense, peculium castrense.*

Juvénal parle de ce privilége en sa Satire 16 :

*Nam quæ sunt parta labore*
*Militiæ, placuit non esse in corpore censûs,*
*Omne tenet cujus regimen pater.*

Ce privilége ne tarda pas à être étendu aux vétérans. Par la suite, les empereurs accordèrent aux enfans de famille, qui étaient employés au service de la république, ou qui étaient juges ou avocats, ou qui professaient les sciences libérales, le même privilége, par rapport aux biens qu'ils acquerraient dans ces professions, que celui que les militaires, enfans de famille, avaient par rapport à ceux qu'ils acquéraient *occasione militiæ*; et on donna, en conséquence, aux biens que ces enfans de famille avaient acquis ainsi, le nom de *peculium quasi castrense*, parce qu'ils y avaient un droit semblable à celui que les militaires, enfans de famille, avaient à l'égard de leur *peculium castrense*.

On accorda un pareil privilége pour ce que les enfans de famille, ecclésiastiques, recevaient des revenus de l'Eglise; et c'était aussi une espèce de *peculium quasi castrense*.

A l'égard de tout ce que les enfans de famille acquéraient d'ailleurs que *ex causâ castrensi*, il y avait encore, par le droit de Justinien, une distinction. Justinien avait conservé l'ancien droit des pères dans ce qui était acquis par leurs enfans, seulement à l'égard de ce que les enfans acquéraient *ex re patris*; tels, par exemple, que les gains qu'aurait faits un enfant dans un commerce dont son père lui aurait avancé les fonds. C'est ce qu'on appelait *peculium profectitium*. Justinien avait conservé aux pères, suivant l'ancien droit, la pleine propriété et la pleine disposition de ce pécule; l'enfant ne le retenait que sous le bon plaisir de son père, qui pouvait le lui ôter quand bon lui semblait.

A l'égard des biens, qu'un enfant de famille acquérait d'ailleurs que *ex re patris*, quoique ce ne fût point *ex causâ castrensi, aut quasi castrensi*, tels que ceux que l'enfant de famille avait eus de la succession de sa mère ou de ses autres parens, ou des dons ou legs qui lui avaient été faits par ses amis; ces biens formaient ce qu'on appelait *peculium adventitium* : l'enfant, selon le droit de Justinien, en acquérait pour lui-même la propriété; il n'en acquérait à son père que l'usufruit, pendant le temps qu'il devait demeurer sous sa puissance; duquel usufruit, néanmoins, le père avait droit de retenir la moitié, lorsqu'il le mettait hors de sa puissance par l'émancipation. Voyez le titre des Institutes, *per quas pers. cuiq. acquir.*, § 1 *et* 2.

255. A l'égard de notre droit français, n'y ayant point d'esclaves en France, les principes du droit romain, sur le droit que les maîtres avaient d'acquérir tout ce qui était acquis par leurs esclaves, ne peuvent recevoir d'application, si ce n'est dans nos colonies, où nous avons des esclaves.

Le droit, qu'ont les pères, suivant le droit romain, d'acquérir ce qui est acquis par les enfans qui sont en leur puissance, n'est pas reçu dans les provinces du royaume qui ne sont pas régies par le droit écrit, et qu'on appelle *pays coutumier* : la puissance paternelle n'a pas cet effet dans ces provinces; et tout ce que les enfans acquièrent, ils l'acquièrent pour eux, sans que leur père ait droit d'y rien prétendre.

Quoique, dans ces provinces, la puissance, que les maris ont sur leurs femmes, soit très-grande, et qu'elles ne puissent rien faire ni rien acquérir, sans être autorisées par leur mari, ou, à leur refus ou défaut, par le juge ; néanmoins cette puissance, en laquelle elles sont, n'empêche point que ce qu'elles acquièrent, étant autorisées, elles ne l'acquièrent pour elles-mêmes.

A Paris, et dans tout le pays coutumier, nous n'acquérons donc point *per eos quos in potestate habemus*; nous n'acquérons que *per nosmetipsos*.

256. Mais il faut observer que nous sommes censés acquérir, *per nosmetipsos*, le domaine des choses que nous acquérons par le ministère d'autres personnes qui les acquièrent pour nous et en notre nom, ayant ou qualité ou pouvoir de nous pour cet effet.

C'est pourquoi, il n'est pas douteux que les mineurs et les interdits acquièrent tout ce que leurs tuteurs ou curateurs acquièrent pour eux, en leur nom et qualité de tuteurs ou de curateurs : *Tutor pupilli, pupillæ, similiter ut procurator, emendo nomine pupilli, pupillæ, proprietatem illis acquirit etiam ignorantibus*; l. 13, § 1, ff. *de adq. rer. dom.*

257. Pareillement, lorsque j'ai donné pouvoir à quelqu'un d'acquérir pour moi une chose; aussitôt qu'il l'a acquise et reçue au nom et comme fondé de ma procuration, je suis censé avoir dès-lors acquis, par son ministère, le domaine de cette chose, quoique je n'eusse pas encore alors connaissance de l'acquisition qu'il en avait faite : *Si procurator rem mihi emerit ex mandato meo, eique sit tradita meo nomine, dominium mihi, id est proprietas, acquiritur etiam ignoranti; dict. l.* 13.

258. Quoiqu'une personne reçoive une chose pour nous et en notre nom, lorsqu'elle n'a ni qualité ni pouvoir de nous, nous n'acquérons le domaine des choses qu'elle a reçues pour nous et en notre nom, que du jour de notre ratification de ce qu'elle a fait en notre nom. C'est pourquoi, si j'ai payé une somme de deniers que je devais à quelqu'un qui se portait pour le chargé de procuration de mon créancier, sans qu'il le fût; quoique ce soi-disant procureur ait reçu cette somme pour mon créancier, et au nom de mon créancier, néanmoins mon créancier n'acquiert le domaine de propriété de ces deniers, que du jour qu'il a ratifié le paiement qui en a été fait à son soi-disant procureur; et ce n'est, en conséquence, que de ce jour que je suis quitte envers lui. C'est ce qu'enseigne Paul : *Si ego hâc mente pecuniam procuratori* (1) *dem, ut ea ipsa creditoris fieret, proprietas qui-*

(1) *Id est ei qui se gerebat pro procuratore creditoris mei, quamvis mandatum non haberet.*

*dem per procuratorem* (1) *non acquiritur ; potest tamen creditor, etiam invito me ratum habendo, pecuniam suam facere, quia procurator in accipiendo* (2) *creditoris duntaxat negotium gessit, et ideò creditoris ratihabitione liberor* ; l. 24, ff. *de neg. gest.*

§ II. Comment acquérons-nous le domaine de propriété?

259. Ordinairement, pour que nous acquérions le domaine de propriété d'une chose, il faut que nous ayons la volonté de l'acquérir.

Cette volonté, à l'égard des mineurs qui sont sous puissance de tuteur, et des interdits qui sont sous puissance de curateur, se supplée par celle de leurs tuteurs et curateurs ; ils sont censés avoir voulu tout ce que leurs tuteurs et curateurs ont, dans leur dite qualité, voulu pour eux.

Pareillement, à l'égard des acquisitions que font les corps et communautés, la volonté d'acquérir le domaine de propriété des choses qu'ils acquièrent, dont lesdits corps et communautés sont par eux-mêmes incapables, est suppléée par celle de leurs syndics et administrateurs, lorsque, en leur qualité de syndics et administrateurs, ils acquièrent pour et au nom desdites communautés.

260. Notre principe, que, pour acquérir le domaine de propriété d'une chose, il faut que nous ayons la volonté de l'acquérir, souffre plusieurs exceptions.

La première est à l'égard des acquisitions que nous faisons à titre d'accession ; les choses, qui nous sont acquises à ce titre, nous étant acquises *vi ac potestate rei nostræ*, par cela seul, ou qu'elles proviennent d'une chose qui nous appartient, ou par cela seul qu'elles font partie d'une chose qui nous appartient. Cette acquisition se fait de plein droit, même à notre insu, et par conséquent sans qu'il soit besoin que nous ayons volonté d'acquérir les choses qui nous sont acquises de cette manière.

261. Une seconde exception est à l'égard des choses qui composent une succession qui nous est déférée. Le domaine de propriété de toutes choses, nous est, par la règle, *le mort saisit le vif*, acquis dès l'instant de la mort du défunt, par lequel sa succession nous a été déférée, même avant que nous ayons connaissance de la mort du défunt, et que sa succession nous ait été déférée, et par conséquent avant que nous ayons pu avoir la volonté de les acquérir.

Mais comme, suivant une autre règle de notre droit français,

(1) *Qui mandatum non habet.*
(2) *Eam accipiendo nomine creditoris.*

*N'est héritier qui ne veut*, celui, à qui la succession est déférée, n'est censé en avoir été saisi dès l'instant de la mort du défunt, que dans le cas auquel, par la suite, lui, ou ceux qui seront à ses droits, accepteront cette succession. Mais si celui, ou ceux qui seront à ses droits, y renoncent, il sera censé n'avoir jamais été saisi des biens de cette succession, et n'avoir jamais rien acquis des biens qui la composent.

262. Notre principe que, pour acquérir le domaine de propriété d'une chose, il faut que nous ayons la volonté de l'acquérir, souffre une troisième exception à l'égard des choses qui nous sont léguées par testament. Le domaine de propriété de ces choses est censé nous avoir été acquis de plein droit, *statim atque dies legati cessit*, c'est-à-dire, dès l'instant de la mort du testateur, lorsque le legs est fait sans condition ; ou dès l'instant de la condition, lorsqu'il est conditionnel, quoique nous n'eussions encore connaissance ni de la mort du testateur, ni du legs qu'il nous a fait, et par conséquent avant que nous ayons pu avoir la volonté d'acquérir les choses léguées, pourvu néanmoins que nous ne répudiions pas le legs par la suite ; car, en ce cas, nous serions censés n'avoir jamais acquis les choses qui nous ont été léguées. C'est ce qu'enseigne le jurisconsulte : *Si purè res relicta sit, et legatarius non repudiaverit defuncti voluntatem, rectâ viâ dominium, quod hæreditatis fuit, ad legatarium transeat, nunquam factum hæredis*; l. 80, ff. *de legat.* 2°. Il est dit encore : *Legatum ità dominium rei legatarii facit, ut hæreditatis hæredis res singulas; dict. l.* 80.

Observez que, quoique le légataire soit censé avoir acquis, dès l'instant de la mort du testateur, le domaine des choses qui lui ont été léguées, il ne lui est pas néanmoins permis de s'en mettre de lui-même en possession ; il doit la recevoir des mains de l'héritier : *Æquissimum Prætori visum est unumquemque non sibi ipsum jus dicere occupatis legatis, sed ab hærede petere ;* l. 1, § 2, ff. *quod legatorum, etc.*

263. Pour que nous acquérions le domaine de propriété d'une chose, soit par droit d'occupation, soit par la tradition qui nous en est faite par celui à qui elle appartient, outre qu'il faut que nous ayons la volonté de l'acquérir, il faut qu'il intervienne de notre part quelque fait corporel par lequel nous l'appréhendions, ou nous la recevions de celui qui nous en fait la tradition. Il n'est pas néanmoins nécessaire que ce soit par notre propre fait; nous pouvons acquérir le domaine de propriété d'une chose par le fait d'un autre qui l'appréhende, ou qui la reçoit pour nous et en notre nom.

## SECTION VII.

### Comment se perd le domaine de propriété.

264. Nous perdons le domaine de propriété des choses qui nous appartiennent, ou par notre volonté, ou quelquefois sans notre volonté, et malgré nous.

§ I. En quels cas sommes-nous censés perdre, par notre volonté, le domaine de propriété des choses qui nous appartiennent?

265. Une personne perd, par sa volonté, le domaine de propriété d'une chose qui lui appartient, lorsque, étant usante de ses droits et capable d'aliéner, elle fait la tradition de cette chose à quelqu'un à qui elle veut transférer ce domaine.

Il est évident que les personnes, qui ne sont pas capables d'aliéner, ne peuvent, par leur volonté, aliéner le domaine des choses qui leur appartiennent.

Voyez ce que nous avons dit *suprà*, *sect.* 4, *n.* 225.

266. De même que la volonté des personnes, qui sont sous puissance de tuteurs et de curateurs, est suppléée par celle de leurs tuteurs et curateurs, pour acquérir le domaine de propriété des choses que leurs tuteurs et curateurs, en leur dite qualité, acquièrent pour elles, et qu'elles sont censées avoir eu la volonté d'acquérir le domaine de propriété des choses qu'ils ont acquises pour elles; pareillement, la volonté de ces personnes est suppléée par celle de leurs tuteurs et curateurs, à l'égard des choses qui leur appartiennent, que leurs tuteurs et curateurs aliènent en ladite qualité de tuteurs et de curateurs, sans excéder les bornes de leur administration; et elles sont censées avoir, par leur volonté, suppléée par celle de leurs tuteurs et curateurs, perdu le domaine de propriété qu'elles avaient des choses que leurs tuteurs et curateurs ont ainsi aliénées.

Pareillement, la volonté, dont les corps et communautés sont incapables, est suppléée par celle de leurs syndics et administrateurs, à l'égard des choses appartenantes auxdits corps et communautés, que lesdits syndics et administrateurs, sans excéder les bornes de leur administration, aliènent en leur dite qualité de syndics et administrateurs; et lesdits corps et communautés sont censés avoir perdu, par leur volonté, suppléée par celle desdits syndics et administrateurs, le domaine de propriété des choses que leurs syndics et administrateurs ont ainsi aliénées.

267. Une personne, usante de ses droits et capable d'aliéner, peut perdre le domaine de propriété d'une chose qui lui appartient, non-seulement en le faisant passer par la tradition à une autre personne; elle peut pareillement le perdre par le simple abandon qu'elle fait de la chose dont elle ne veut plus avoir le domaine : *Si res pro derelicto habita sit, statim nostra esse desinit, et occupantis* (1) *fit, quia iisdem modis res desinunt esse nostræ quibus adquiruntur*; l. 1, ff. *pro derel.*

Proculus avait pensé que cette personne, nonobstant cet abandon, conservait toujours le domaine de la chose abandonnée, jusqu'à ce qu'un autre s'en fût mis en possession; mais l'opinion contraire a prévalu : *Sed Proculus non desinere eam domini esse, nisi ab alio possessa fuerit. Julianus desinere quidem omittentis esse, non fieri alterius, nisi ab alio possessa fuerit; et rectè*; l. 2, § 1, ff. *dict. tit.*

Observez que la chose, dont j'ai perdu le domaine, par l'abandon que j'en ai fait, devenant une chose qui n'appartient à personne, jusqu'à ce que quelqu'un, comme premier occupant, s'en soit mis en possession, je puis, jusqu'à ce temps, si je me repens de l'abandon que j'en ai fait, reprendre cette chose, et, en la reprenant, en acquérir de nouveau le domaine de propriété.

268. On a fait la question de savoir, si l'on peut abandonner le domaine d'une chose pour une partie indivise de cette chose. Il n'est pas douteux que celui, qui n'a le domaine de propriété d'une chose que pour une part indivise, peut l'abandonner pour la part qu'il en a; mais celui, qui a le domaine de propriété pour le total d'une chose, ne peut l'abandonner pour une partie indivise, et le retenir pour une autre partie; car on n'abandonne véritablement une chose que lorsqu'on n'y retient rien : *An pars pro derelicto haberi possit, quæri solet. Et quidem si in re communi socius partem suam reliquerit, ejus esse desinit; ut hoc sit in parte, quod in toto : atque totius rei dominus, efficere non potest ut partem retineat, partem pro derelicto habeat*; l. 3, ff. *pro derel.*

269. Il n'en est pas de même d'une portion divisée d'une chose. Il n'est pas douteux, par exemple, que je puis perdre le domaine de propriété d'un morceau de terre qui faisait partie de mon héritage, en abandonnant ce morceau de terre sans abandonner le surplus de mon héritage; car ce morceau de terre est quelque chose de réel, que j'abandonne pour le total, et dans lequel je

---

(1) Comme étant devenue *res nullius*, par l'abdication que nous avons faite de ce domaine.

ne retiens rien ; au lieu que la portion indivise d'une chose est quelque chose qui ne subsiste que dans l'entendement, et qui ne peut faire la matière d'un abandon réel.

270. Observez que ceux, qui, dans une tempête, pour alléger le vaisseau, jettent à la mer les marchandises qu'ils ont dans le vaisseau, n'ont pas la volonté de perdre le domaine de propriété des marchandises qu'ils jettent à la mer : ils n'ont d'autre dessein, en les y jetant, que d'alléger le vaisseau ; ils en retiennent le domaine de propriété ; et si, par la suite, ces marchandises étaient retirées de la mer, ou jetées sur le rivage, ils auraient droit de les revendiquer comme choses à eux appartenantes, en payant les frais, et ceux qui s'en empareraient commettraient un vol.

C'est ce qu'enseigne Gaïus, en la loi 9, § 8, ff. *de adq. rer. dom.*; ou, après avoir parlé des choses *quæ pro derelictis habentur*, il dit : *Alia causa est earum rerum quæ in tempestate maris, levandæ navis causâ, ejiciuntur ; hæ enim dominorum permanent, quià non eo animo ejiciuntur, quòd quia eas habère non vult, sed quod magis cum ipsâ nave periculum maris effugiat : quâ de causâ si quis eas fluctibus expulsas, vel etiam in ipso mari nanctus, lucrandi animo abstulerit, furtum committit.*

Il en est de ce cas, dit Julien, comme de celui auquel un homme, se trouvant trop chargé, laisserait dans le chemin une partie de sa charge, dans le dessein de revenir la chercher; l. 8, ff. *de Leg. Rod.*

271. Lorsqu'un débiteur, sur le refus fait par son créancier de recevoir une somme de deniers qu'il lui doit, la consigne ; quoique, par la consignation qu'il a faite, si elle est jugée valable, il soit libéré de sa dette, et que les espèces consignées deviennent, aussitôt après la consignation, aux risques du créancier ; néanmoins, comme en les consignant, sa volonté n'est pas d'abdiquer le domaine de propriété purement et simplement, mais de le faire passer au créancier, lorsque le créancier jugera à propos de retirer de la consignation lesdites espèces; il conserve, au moins quant à la subtilité du droit, le domaine des espèces consignées, jusqu'à ce que le créancier en ait acquis le domaine, en retirant de la consignation les espèces. *Voyez notre Traité des Obligations*, n. 580.

272. Le propriétaire d'un héritage chargé d'une rente foncière, qui le déguerpit pour se décharger de la rente, en perd le domaine de propriété, aussitôt que ce déguerpissement a été fait en règle, quoique le seigneur de rente foncière n'ait pas même encore accepté le déguerpissement : car le déguerpissement est une abdication pure, simple et absolue, que le déguerpissant fait de son droit de propriété notifié au seigneur de rente foncière ; et ce n'est que parce que le déguerpissant cesse, du jour de son déguerpissement, d'être propriétaire de l'héritage, qu'il cesse dès ce

jour d'être tenu de la rente. Mais comme, par ce déguerpissement, l'aliénation, que le seigneur de rente foncière ou ses auteurs avaient faite de l'héritage par le bail à rente, est détruite, et que le seigneur de rente foncière acquiert le droit d'y rentrer, et d'en recouvrer le domaine qu'il avait aliéné; quoique, jusqu'à ce qu'il y soit rentré, l'héritage soit une chose qui n'appartienne à personne, personne néanmoins n'a droit de s'en emparer à son préjudice.

273. Un débiteur, qui fait à ses créanciers une cession et un abandon de ses biens, soit en justice, soit par une transaction, ne perd pas, par cet abandon, le domaine de propriété des choses qui lui appartiennent, comprises dans cet abandon, jusqu'à ce que, en exécution de cet abandon, elles aient été vendues par les créanciers, et livrées aux acheteurs; cet abandon n'est censé être autre chose qu'un pouvoir qu'il donne à ses créanciers de jouir de ses biens et de les vendre pour se payer de leurs créances, tant sur les revenus que sur le prix : *Is, qui bonis cessit, antè rerum venditionem, utique bonis suis non caret;* l. 3, ff. *de cess. bon.*

§ II. En quels cas perdons-nous, sans notre consentement, le domaine de propriété des choses qui nous appartiennent?

274. Un débiteur perd, sans son consentement, le domaine de propriété des choses qui lui appartiennent, par la vente qu'en ont faite ses créanciers qui les ont saisies.

Un débiteur perd pareillement, sans son consentement, le domaine de propriété d'une chose qui lui appartient, lorsque, en exécution d'un jugement qui l'a condamné à la donner à une personne, à qui il s'était obligé de la donner, il en est dépouillé *manu militari*.

Nous perdons pareillement, sans notre consentement, le domaine de propriété des choses dont on s'empare par autorité publique, pour quelque cause d'utilité publique; comme lorsque le roi s'empare de mon champ pour en faire le grand chemin.

275. Nous perdons aussi le domaine des choses qui nous appartiennent, lorsqu'elles nous sont prises en guerre par l'ennemi; car, par le droit des gens et les lois de la guerre, le propriétaire de ces choses en est tellement dépouillé, que, quand même elles seraient reprises sur l'ennemi par un corsaire français, l'ancien propriétaire n'en recouvrerait pas le domaine, et il serait acquis à celui qui les a reprises sur l'ennemi, comme nous l'avons vu *suprà, n.* 97; pourvu, néanmoins, que la chose n'ait été reprise, qu'après qu'elle aura été au moins vingt-quatre heures en la possession de l'ennemi : si elle a été reprise auparavant, le propriétaire est censé n'en avoir jamais perdu la propriété.

Ce droit des gens, qui transfère le domaine de propriété des choses prises en guerre à l'ennemi qui s'en est emparé, n'a lieu que dans le cas d'une guerre solennellement déclarée entre deux souverains qui ont droit de faire la guerre.

Il en est autrement dans les guerres civiles; nous ne perdons point le domaine de propriété des choses qui nous appartiennent, lorsque ceux de la faction opposée s'en sont emparés par la force. C'est le sentiment de Grotius, *de jure belli et pacis, lib. 9, tit. 9, n. fin.* A plus forte raison, nous ne perdons pas le domaine de celles qui nous sont enlevées par des pirates et des voleurs.

276. Enfin nous perdons, sans notre consentement, et même à notre insu, le domaine de propriété d'une chose qui nous appartient, lorsque celui, qui la possède, vient à l'acquérir par droit de prescription. Aussitôt que ce possesseur a, par lui ou par ses auteurs, accompli le temps de la possession requis pour la prescription, la loi, qui a établi la prescription, nous prive de plein droit du domaine de propriété que nous avions de cette chose, et le transfère à ce possesseur.

277. Au reste, nous ne perdons pas le domaine de propriété d'une chose pour cela seul que nous en avons perdu la possession, et quoique nous ignorions absolument ce qu'elle est devenue.

Pareillement, si un loup a emporté un de mes porcs, je ne perds pas le domaine de propriété de ce porc tant qu'il existe, et que le loup ne l'a pas encore dévoré : c'est pourquoi, si quelqu'un, ayant rencontré le loup qui emportait mon porc, est venu à bout avec ses chiens de lui faire lâcher sa proie, il est obligé de me rendre mon porc qu'il a fait lâcher au loup, si je justifie que c'est de mon troupeau que le loup l'a pris : *Quùm pastori meo lupi porcos eriperent; hos vicinæ villæ colonus, cum robustis canibus et fortibus, quos pecoris sui gratiâ pascebat, consecutus, lupis eripuit, aut canes extorserunt.... melius est dicere, et quod lupo eripitur nostrum manere tamdiù, quamdiù recipi possit id, quod ereptum est.... licet non animo furandi fuerit colonus persecutus.... tamen quùm reposcenti non reddit, supprimere et intercipere videtur : quare et furti et ad exhibendum teneri eum arbitror;* l. 44, ff. *de adq. rer. dom.*

278. Ce principe, que nous ne perdons pas le domaine de propriété des choses qui nous appartiennent, par cela seul que nous en avons perdu la possession, souffre exception à l'égard des choses qui sont de nature à être dans l'état de communauté négative, tant qu'elles ne sont occupées par personne, tels que sont les animaux sauvages. Nous perdons le domaine de propriété de ces animaux, aussitôt qu'ils ont cessé d'être en notre pouvoir, et qu'ils sont retournés à l'état de liberté naturelle : *Quidquid eorum cepérimus*, dit Gaïus, *eò usquè nostrum esse intelligitur, donec custodiâ nostrâ coërcetur; quùm verò evaserit custodiam nostram et in libertatem naturalem se receperit, nostrum esse desinit,*

*et rursùs occupantis fit;* l. 3, § 2 ff. *de adq. rer. dom. Naturalem autem libertatem recipere intelligitur, quùm vel oculos nostros effugerit, vel ità sit in conspectu nostro, ut difficilis sit ejus persecutio;* l. 5, ff. *dict. tit.*

279. A l'égard des animaux sauvages, que nous avons apprivoisés, qui sont dans l'habitude de s'écarter pendant quelque temps, et de revenir à la maison, ils sont censés être en notre pouvoir tant qu'ils conservent cette habitude; mais si, s'étant écartés, ils ne sont pas revenus pendant un temps assez considérable pour qu'il y ait lieu de croire qu'ils ont perdu l'habitude de revenir, nous sommes censés ne les avoir plus en notre pouvoir, et en avoir par conséquent perdu le domaine : *In his animalibus quæ consuetudine abire et redire solent, talis regula comprobata est, ut eò usquè nostra esse intelligantur, donec revertendi animum habeant: quòd si desierint revertendi animum habere, desinant nostra esse, et fiant occupantium. Intelliguntur autem desiisse revertendi animum habere, tunc quùm revertendi consuetudinem deseruerint;* l. 5, § 5, ff. *dict. tit.*

280. La mer et les rivages de la mer étant des choses qui sont du nombre de celles qu'on appelle *res communes*, qui sont restées dans l'état de communauté négative, si j'ai construit un édifice sur la mer ou sur les rivages de la mer, j'ai bien le domaine de propriété de la partie de la mer qui est occupée par mon édifice, tant que je l'occupe; mais si mon édifice vient à être détruit, n'occupant plus cette partie de la mer ou du rivage de la mer, je perds le domaine de propriété que j'avais de cette partie de la mer ou du rivage, laquelle retourne à son premier état de chose commune, dont la propriété n'appartient à personne. C'est ce qu'enseigne Neratius : *Illud videndum est, sublato ædificio, quod in littore positum erat, cujus conditionis is locus sit? hoc est utrum maneat ejus cujus fuit ædificium, an rursùs in pristinam causam recidat, perindèque publicus sit, ac si numquam in eo ædificatum fuisset? quod propius est ut existimari debeat, si modò recipit pristinam littoris speciem;* l. 14, § 1, *dict. tit.*

# SECONDE PARTIE.

Du domaine de propriété que nous avons des choses particulières, naît une action qu'on appelle *action de revendication*. Du domaine que nous avons d'une hérédité que la loi nous a déférée, naît une action contre ceux qui nous la disputent, qu'on appelle *pétition d'hérédité*. Nous traiterons, dans un premier chapitre, de l'action de revendication. Nous traiterons, dans un second, de la pétition d'hérédité.

## CHAPITRE PREMIER.

### *De l'action de revendication.*

281. L'action de revendication est une action, qui naît du domaine de propriété que chacun a des choses particulières, par laquelle le propriétaire, qui en a perdu la possession, la réclame et la revendique contre celui qui s'en trouve en possession, et le fait condamner à la lui restituer.

L'action de revendication est une action réelle, puisqu'elle naît d'un droit réel que quelqu'un a dans une chose ; savoir, du domaine de propriété qu'il a de cette chose.

Quoique cette action soit réelle, elle a néanmoins quelquefois des conclusions personnelles qui lui sont accessoires, qui naissent de quelques obligations, que le possesseur de la chose revendiquée a contractées, par rapport à cette chose, envers le demandeur en revendication.

Sur cette action de revendication, nous verrons, dans un premier article, quelles choses peuvent être l'objet de cette action; par qui elle peut être donnée, et contre qui. Nous verrons, dans un second article, ce que doit observer le propriétaire, avant que de donner la demande en revendication; ce qu'il doit pratiquer en donnant cette demande; et quel est l'effet de la demande en revendication pendant le procès. Nous examinerons, dans un troisième article, quand le demandeur en revendication d'un héritage ou d'une rente doit être censé avoir justifié de son droit de propriété. Nous traiterons, dans un quatrième article, de la restitution qui doit être faite de la chose revendiquée, lorsque le demandeur a obtenu sa demande; dans un cinquième article, de plusieurs prestations personnelles auxquelles le possesseur, sur qui la chose est revendiquée, est quelquefois tenu envers le demandeur en revendication; dans un sixième article, de celles auxquelles le demandeur en revendication est quelquefois tenu envers le possesseur, pour qu'il doive lui délaisser la chose revendiquée.

### ARTICLE PREMIER.

*Quelles choses peuvent être l'objet de l'action en revendication; par qui, et contre qui peut-elle être donnée?*

§ I. Quelles choses peuvent être l'objet de l'action en revendication?

282. Toutes les différentes choses particulières dont nous avons le domaine de propriété, peuvent être l'objet de l'action de revendication, les meubles aussi bien que les immeubles : *Hæc specialis in rem actio locum habet in omnibus rebus mobilibus, tàm animalibus, quàm his, quæ animâ carent, et in his, quæ solo continentur*; l. 1, § 1, ff. *de rei vindic.*

On donne, dans notre droit, à l'action de revendication des meubles corporels, le nom d'*entiercement*, qui lui est particulier. Nous en verrons la raison dans l'article suivant.

Cujas, dans son ouvrage *ad libros dig. Juliani, lib.* 78, sur la loi 56, *de rei vind.*, qui en est tirée, observe que, par le droit romain, l'action de revendication n'avait lieu que pour les choses corporelles. Dans notre droit français, je ne vois rien qui empêche que le propriétaire d'une chose incorporelle, *putà*, d'un droit de censive, d'un droit de champart ou d'une rente, lorsqu'il en a perdu la possession, ne puisse donner l'action en revendication de cette chose contre un tiers qu'il en trouverait en possession, de même qu'on la donne pour les choses corporelles.

283. Il n'y a que les choses particulières qui peuvent être l'objet de cette action. Une universalité de biens, telle qu'est une succession, lorsqu'elle nous est contestée par quelqu'un, ne donne pas lieu à l'action de revendication, mais à une autre espèce d'action, qui est la pétition d'hérédité, dont nous traiterons au chapitre suivant.

Il en est de même de l'universalité des biens d'une personne morte sans héritiers, qui appartiennent à un seigneur à titre de déshérence; ou du pécule d'un religieux défunt, qui appartient à son abbé ou au monastère : la contestation sur le domaine de ces universalités de biens, donne lieu à une action à l'instar de la pétition d'hérédité, et non à la revendication.

Il ne faut pas confondre avec l'universalité de biens ce qui n'est qu'universalité de choses, tel qu'est un troupeau de moutons, un haras de chevaux : ces espèces d'universalité ne sont considérées que comme choses particulières, et peuvent être l'objet de l'action de revendication : *Posse etiam gregem vindicari Pomponius, libro lectionum 25° scribit : idem de armentis est de equitio;* l. 1, § 3, ff. *de rei vind.*

284. L'action de revendication étant une action, par laquelle le propriétaire d'une chose la revendique sur celui qu'il en trouve en possession, il s'ensuit que les choses, qui n'appartiennent à personne, telles que sont celles qui sont *divini aut publici juris,* ne peuvent être l'objet de l'action de revendication.

Mais lorsque, dans la dépendance d'une terre, il y a une chapelle, quoique cette chapelle soit *res divini juris,* et qu'en conséquence cette chapelle, *in se,* considérée séparément, ne soit pas susceptible de l'action de revendication; néanmoins elle entre dans l'action de revendication de la terre, comme une dépendance de la terre.

285. Suivant la subtilité du droit romain, lorsqu'une chose, dont j'avais le domaine de propriété, se trouvait tellement unie à une qui vous appartenait, qu'elle paraissait en être une partie accessoire, je ne pouvais pas la revendiquer pendant qu'elle y demeurait ainsi unie, parce qu'elle était censée, pendant ce temps, n'avoir pas une existence particulière, et n'être qu'une partie de la vôtre à laquelle elle était unie : il fallait donc que j'eusse recours à l'action *ad exhibendum*, contre vous par-devers qui elle était, pour vous faire condamner à la détacher et à me l'exhiber; et ce n'était qu'après qu'elle avait été détachée, que cette chose ayant recouvré l'existence particulière qu'elle avait avant l'union, et moi ayant en conséquence recouvré le domaine de propriété que j'avais de cette chose, je pouvais la revendiquer : *Quæcumque aliis juncta sive adjecta accessionis loco cedunt, ea, quamdiù cohærent, dominus vindicare non potest, sed ad exhibendum agere potest, ut separentur, et tunc vindicentur;* l. 23, § 5, ff. *de rei vind.*

Dans notre droit, on ne s'attache pas à ces subtilités, et je pense que, lorsque j'ai perdu la possession d'une chose dont j'ai le domaine de propriété, je suis reçu à la revendiquer sur celui par-devers qui elle se trouve, quoiqu'elle se trouve attachée à une chose qui lui appartient, et qu'elle en soit comme une partie accessoire; et je suis bien fondé à conclure, par cette action, à ce qu'il soit tenu de la détacher et de me la rendre. Voyez *suprà*, *n.* 177 *et suiv.*

§ II. Par qui peut être intentée l'action de revendication?

286. Régulièrement cette action n'appartient qu'à celui qui a le domaine de propriété de la chose revendiquée, et ne peut être intentée que par lui : *In rem actio competit ei qui, aut jure gentium, aut jure civili, dominium acquisiit;* l. 23, ff. *de rei vind.*

De-là il suit que l'acheteur d'une chose, qui ne lui a pas encore été livrée, ne peut être fondé dans la demande en revendication de cette chose, parce qu'il n'en a pas encore le domaine de propriété, qu'il ne peut acquérir que par la tradition qui lui en sera faite en exécution du contrat : *Si ager ex emptionis causâ ad aliquem pertineat, non rectè hâc actione (in rem) agi poterit, antequàm traditus sit, tuncque* (1) *possessio amissa sit ; l.* 50.

287. Par la même raison, si un homme a acheté, pour lui et en son nom, une chose avec une somme de deniers que vous lui aviez donnée en dépôt, vous n'êtes pas fondé dans la demande en revendication de cette chose, quoique acquise de vos deniers; car vous n'en avez pas le domaine de propriété, n'ayant pas été acquise pour vous ni en votre nom : *Si ex eâ pecuniâ quam deposueris, is apud quem collocata fuerat, sibi possessiones comparavit, ipsique traditæ sunt, tibi vel omnes tradi, vel quasdam ex his compensationis causâ ab invito eo in te transferri, injuriosum est;* l. 6, *Cod. de rei vind.*

Il y a, néanmoins, quelques cas dans le droit, où, contre la rigueur des principes, on accorde à celui des deniers duquel une chose a été achetée, la revendication de cette chose.

288. Il n'est pas nécessaire, pour pouvoir intenter cette action, que le domaine, que nous avons de la chose revendiquée, soit un domaine parfait et irrévocable : quoique nous devions le perdre au bout d'un certain temps, ou par l'événement de quelque condition, tant que nous avons encore le domaine de la chose, nous sommes fondés à la revendiquer : *Non ideò minùs rectè quid nostrum esse vindicabimus, quod abire à nobis dominium speratur, si conditio legati vel libertatis extiterit;* l. 66, ff. *de rei vind.*

Par exemple, le propriétaire d'un héritage chargé de substitution, tant que la substitution n'est pas encore ouverte, est bien fondé à le revendiquer.

---

(1) *Id est tunc post traditum sibi agrum, dominiumque quæsitum, possessionem agri emptor amiserit.*

289. Il n'est pas non plus nécessaire que le domaine de propriété, que nous avons de la chose revendiquée, soit une propriété pleine : quoique je n'aie que la nue propriété d'une chose, l'usufruit appartenant à un autre, j'ai droit de la revendiquer; car, quoique je n'en aie pas l'usufruit, je n'en suis pas moins propriétaire pour le total; l'usufruit, que je n'ai pas, étant une servitude, une charge, plutôt qu'une partie de la chose : *Rectè dicimus eum fundum totum nostrum esse, etiam quùm ususfructus alienus est; quia ususfructus non dominii pars, sed servitus sit, ut via et iter; nec falsò dici totum meum esse, cujus non potest ulla pars dici alterius esse*; l. 25, ff. *de verb. signif.*

290. Il n'est pas nécessaire non plus, dans notre droit français, pour que nous ayons la revendication d'une chose, que nous en ayons le domaine direct; il suffit que nous en ayons le domaine utile : un emphytéote, un engagiste, ont cette action.

291. Celui, qui n'a le domaine de propriété d'une chose que pour une partie, peut la revendiquer pour la part qu'il y a, quand même la chose ne serait pas susceptible de parties réelles, mais seulement de parties intellectuelles : *Eorum quoque, quæ sine interitu dividi non possunt, partem petere posse constat*; l. 35, § 3, *de rei vind.*

292. Quoique, régulièrement, l'action de revendication d'une chose n'appartienne qu'à celui qui en est le propriétaire, on l'accorde néanmoins quelquefois à celui qui n'en est pas le propriétaire, mais qui était en chemin de le devenir, lorsqu'il en a perdu la possession.

Car si celui, qui possédait de bonne foi, en vertu d'un juste titre, une chose dont il n'était pas propriétaire, en a perdu la possession avant l'accomplissement du temps requis pour la prescription, il est reçu, quoiqu'il ne soit pas propriétaire de cette chose, à la revendiquer, par l'action de revendication, contre ceux qui se trouvent la posséder sans titre.

Cette action est celle qui est appelée en droit *actio publiciana*. Elle est fondée sur l'équité, qui veut que celui, qui était le juste possesseur d'une chose, et qui, quoiqu'il n'en fût pas encore le propriétaire, était en chemin de le devenir, soit préféré pour avoir cette chose, lorsqu'il en a perdu la possession, à un usurpateur qui s'en est mis injustement en possession.

293. Il n'est pas précisément nécessaire que le titre, en vertu duquel j'ai possédé la chose, fût un titre valable; il suffit que j'aie eu quelque sujet de le croire valable, pour que je sois réputé avoir été juste possesseur de la chose, et que je sois reçu à cette action lorsque j'en ai perdu la possession. Par exemple, si j'ai acheté d'un fou, dont j'ignorais le dérangement d'esprit, une chose qu'il m'a livrée; quoique la vente, qu'il m'en a faite, en vertu de laquelle j'ai possédé cette chose, fût nulle, néanmoins,

ne m'étant pas aperçu de son dérangement d'esprit, j'ai eu sujet de la croire valable; ce qui suffit pour que je sois réputé en avoir été juste possesseur, et pour que je sois reçu à cette action contre un usurpateur qui en aurait usurpé sur moi la possession : *Marcellus scribit : eum qui à furioso* (1), *ignorans eum furere, emit, posse usucapere; ergò et publicianam habebit*; l. 7, ff. *de Public. act.*

En général, l'opinion d'un juste titre, quoique erronée, lorsqu'elle a un juste fondement, équipolle au titre, et suffit pour cette action, de même qu'elle suffit pour la prescription; comme nous le verrons en notre Traité de la Prescription.

294. Ce n'est ordinairement que contre ceux, qui possèdent sans titre, que l'ancien possesseur de bonne foi, qui n'est pas encore le propriétaire, est reçu à revendiquer la chose dont il a perdu la possession : si, depuis qu'il l'a perdue, la possession de cette chose avait passé à celui qui en est le véritable propriétaire, il est évident qu'il ne serait pas recevable à la revendiquer contre lui. En ce cas, *Exceptio justi dominii publicianæ objicienda est*; l. 16, ff. *de publ. act.*; car, comme observe fort bien Neratius, *publiciana actio non ideò comparata est, ut res domino auferatur*; l. 17, *dict. tit.*

L'ancien possesseur de bonne foi n'est pas non plus reçu à revendiquer la chose dont il a perdu la possession, contre un possesseur qui, sans en être propriétaire, la posséderait en vertu d'un juste titre, comme nous le verrons *infrà*; car les deux parties étant, en ce cas, d'égale condition, le possesseur actuel doit avoir la préférence : *In pari causâ potior causa possessoris.*

295. Il y a, néanmoins, des cas où l'ancien possesseur de bonne foi est reçu à revendiquer la chose dont il a perdu la possession, même contre le propriétaire par-devers qui elle se trouve; et, à plus forte raison, contre un autre possesseur de bonne foi.

Le premier cas est, lorsque le propriétaire, par-devers qui se trouve la chose dont j'ai perdu la possession, a consenti à la vente qui m'en a été faite, ou à quelque autre titre en vertu duquel je la possédais; comme dans l'espèce que rapporte Papinien.

Le propriétaire d'une chose a défendu à son procureur qui l'avait vendue de son consentement, d'en faire la tradition à l'acheteur : la tradition, qui en a été faite à l'acheteur, ne lui en a pas transféré la propriété, ayant été faite contre la volonté du propriétaire. Néanmoins, comme l'équité ne permet pas qu'il

(1) *Furiosus*, dans le langage des jurisconsultes, se prend pour *fou*.

contrevienne au consentement qu'il a donné à la vente qui en a été faite; non-seulement il ne sera pas reçu à la revendiquer contre l'acheteur qui la posséderait, lequel opposerait contre son action *exceptionem doli;* mais même dans le cas, auquel l'acheteur aurait perdu la possession de cette chose qui se trouverait par-devers le propriétaire, l'acheteur serait reçu à la revendiquer, *per actionem publicianam*, contre le propriétaire. *Papinianus scribit : Si quis prohibuit vel denuntiavit, ex causâ venditionis tradi rem quæ ipsius voluntate à procuratore fuerat distracta, et is nihilominùs tradiderit, emptorem tuebitur Prætor, sive possideat, sive petat rem;* l. 14, ff. *de publ. act.*

Si, contre l'action publicienne que l'acheteur intentera contre le propriétaire, ce propriétaire oppose *exceptionem dominii*, l'acheteur opposera contre cette exception le consentement qu'il a donné à la vente : *Si non auctor meus ex voluntate tuâ vendidit*; *dict. l.* 14.

296. Le second cas, auquel l'ancien possesseur de bonne foi d'une chose dont il a perdu la possession, est reçu à la revendiquer par l'action publicienne, même contre le propriétaire de cette chose, est lorsque ce propriétaire est ou celui, qui la lui avait vendue et livrée avant qu'il en fût devenu propriétaire, ou quelqu'un qui la tient de ce propriétaire; comme dans l'espèce que rapporte Ulpien : Vous avez acheté de Titius une chose qui appartenait, non à lui, mais à Sempronius. Après la tradition que Titius vous en a faite, Titius en est devenu propriétaire, ayant été l'héritier de Sempronius. Vous avez depuis perdu la possession de cet héritage; Titius, qui vous l'avait vendu, s'en est indûment mis en possession, et l'a vendu à Mœvius, à qui il a transféré son droit de propriété par la tradition de l'héritage qu'il lui a faite. Ulpien décide que vous êtes fondé à intenter l'action publicienne contre Mœvius, pour revendiquer l'héritage, sans qu'il puisse vous exciper valablement de son droit de propriété; parce que Mœvius ayant acquis l'héritage de Titius votre auteur, qui vous l'avait vendu et livré, Titius n'avait pu lui transférer un droit de propriété que tel qu'il l'avait lui-même. Or le droit de propriété, que Titius avait, ne l'était, vis-à-vis de vous, que *quantùm ad subtilitatem juris;* il n'était pas vis-à-vis de vous, un véritable droit de propriété dont il eût pu exciper valablement contre l'action publicienne que vous aviez droit d'intenter contre lui : Mœvius, qui n'a que le même droit qu'avait Titius, ne peut pas en exciper davantage : *Si à Titio fundum emeris qui Sempronii erat, isque tibi traditus fuerit pretio soluto; deindè Titius Sempronio hæres extiterit, et eumdem* (1) *fundum*

(1) Dont vous aviez perdu la possession, et dont Titius s'était depuis mis en possession.

*Mævio vendiderit et tradiderit ; Julianus ait æquius esse prætorem te tueri ; quia etsi ipse Titius fundum à te peteret, exceptione in factum comparatâ, vel doli mali summoveretur : et si ipse eum possideret, et publicianâ peteres, adversùs excipientem, si non suus esset, replicatione uteteris ; ac per hoc intelligeretur eum fundum rursùm vendidisse quem in bonis non haberet* ; l. 4, § 32, ff. *de dol. malo et except.*

297. L'équité peut encore, en d'autres cas, faire admettre l'ancien possesseur de bonne foi d'une chose, qui en a perdu la possession, à la revendiquer par l'action publicienne, même contre celui qui en serait depuis devenu propriétaire ; comme dans l'espèce de la loi 57, ff. *mand.*

§ III. Contre qui l'action de revendication doit-elle être donnée ?

298. Le propriétaire, qui a perdu la possession d'une chose, doit donner l'action de revendication contre celui qu'il trouve en possession de cette chose.

Peut-elle être donnée même contre celui qui en est en possession au nom d'un autre ? ou ne doit-elle être donnée que contre celui qui la possède en son nom ? Ulpien, sur cette question, décide, contre le sentiment des Proculéiens, que l'action de revendication est bien donnée contre tous ceux qui se trouvent en possession d'une chose, de quelque manière et à quelque titre qu'ils en soient en possession, ou en leur nom, ou bien au nom d'un autre : *Pegasus ait ab eo apud quem deposita est vel commodata, vel qui eam conduxerit... quia hi omnes non possident* (1), *vindicari non posse : puto autem ab omnibus, qui tenent, et habent restituendi facultatem, peti posse* ; l. 9, ff. *de rei vind.*

Dans notre droit, lorsque je trouve un homme en possession de mon héritage, ne pouvant pas deviner s'il le possède en son nom ou comme fermier, la demande en revendication, que j'ai donnée contre lui, est bien donnée. Mais lorsque, sur cette demande, il a déclaré qu'il n'est en possession de l'héritage que comme le tenant à ferme d'un tel, je dois assigner celui de qui il le tient à ferme, dont il doit m'indiquer le nom et la demeure : car la question sur le domaine de propriété de la chose revendiquée ne peut être traitée ni jugée avec ce fermier, qui ne prétend point avoir ce domaine ; elle ne peut l'être qu'avec celui qui possède l'héritage par son fermier, lequel, en sa qualité de possesseur de l'héritage, en est réputé le propriétaire, jusqu'à ce que le demandeur en revendication ait justifié de son droit.

(1) *Suo nomine, sed sunt in possessione nomine ejus qui rem deposuit, aut commodavit, aut locavit.*

Après que celui, de qui le fermier tient l'héritage, a été mis en cause, et qu'il a pris le fait et cause de son fermier, le fermier, qui avait été assigné en premier lieu, doit être mis hors de cause.

La même chose doit s'observer à l'égard des choses mobilières. Lorsque je trouve ma chose entre les mains d'une personne, quoique cette personne ne la tienne qu'à titre de dépôt ou de prêt, je puis l'entiercer sur cette personne : mais lorsqu'elle aura déclaré celui, qui la lui a confiée en dépôt ou qui la lui a prêtée, dont elle doit m'indiquer le nom et la demeure, je dois l'appeler en cause, et c'est avec lui que se doit traiter et juger mon action.

299. Lorsque j'ai perdu la possession d'un héritage, dont nous sommes, vous et moi, propriétaires en commun et par indivis, chacun par moitié; si vous êtes en possession de cet héritage en commun avec Titius qui n'y a aucun droit, c'est contre Titius seul que je dois donner ma demande en revendication, et non contre vous, qui ne le possédez que pour la part que vous y avez: mais si vous avez fait avec Titius un partage de cet héritage, et qu'en conséquence de ce partage vous possédiez seul une certaine portion divisée de cet héritage, je puis donner contre vous l'action de revendication pour la part indivise que j'y ai: le partage, que vous avez fait avec Titius, étant un acte qui m'est étranger, n'a pu me dépouiller de la part indivise que j'ai dans tout l'héritage, et dans toutes les différentes parties dont il est composé : *Si ex æquis partibus fundum mihi tecum communem, tu et Lucius Titius possideatis, non ab utrisque quadrantes petere me debere, sed à Titio, qui non sit dominus, totum semissem. Aliter atque si certis regionibus possideatis eum fundum; nam tunc sine dubio et à te et à Titio partes fundi petere me debere. Quotiès enim certa loca possidebuntur, necessariò in his aliquam partem meam esse*; l. 8, ff. *de rei vindic.*

300. La demande en revendication ne devant ni ne pouvant régulièrement procéder, que contre celui qui est trouvé en possession de la chose revendiquée; si celui, contre qui la demande est donnée, dénie posséder la chose, cela donne lieu à un appointement, par lequel, après que le défendeur a soutenu qu'il ne possédait point l'héritage revendiqué, on permet au demandeur de prouver que le défendeur le possède : faute de le prouver, on donne congé de la demande, non purement et simplement, mais en conséquence de ce qu'il ne possède point l'héritage : lequel jugement n'empêche pas qu'on ne puisse de nouveau donner la demande contre lui *ex novâ causâ*, si, par la suite, il vient à le posséder.

301. Lorsque le défendeur, quoiqu'il ne possédât pas l'héritage, pour lequel il était assigné en revendication, a néanmoins

contesté et soutenu le procès, comme s'il en était le possesseur; si c'est par erreur, croyant être assigné pour un autre héritage que celui pour lequel il était assigné, l'erreur étant depuis découverte, il ne doit être condamné qu'aux dépens; mais s'il était prouvé que ce fût par malice, pour empêcher le demandeur de connaître le véritable possesseur, et de donner la demande contre lui, afin que, par ce moyen, le possesseur pût accomplir le temps de la prescription, le défendeur devrait être, en ce cas, condamné aux dommages et intérêts du demandeur, qui, par cette fraude, aurait perdu la propriété de son héritage, faute d'avoir pu interrompre le temps de la prescription contre celui qui le possédait.

302. Il y a cette différence entre l'action de revendication et les actions personnelles, que celles-ci se donnent contre les héritiers de celui qui en est tenu, lesquels héritiers en sont tenus, quant à la part pour laquelle ils sont héritiers : au contraire, l'action de revendication ne peut être donnée contre l'héritier du possesseur, qu'autant que cet héritier est possesseur lui-même de la chose revendiquée; et il en est tenu, non quant à la part pour laquelle il est héritier du défunt possesseur, mais quant à la part pour laquelle il est possesseur de la chose revendiquée : de manière que si, par le partage fait entre les héritiers du défunt possesseur, la chose revendiquée était échue pour le total à l'un d'entre eux, l'action de revendication procéderait contre lui pour le total, et ne procéderait point du tout contre les autres héritiers qui n'en posséderaient rien.

La raison de différence est évidente. Les actions personnelles naissent de quelque obligation contractée par celui qui en est tenu envers le demandeur. Les héritiers de celui qui en est tenu, succédant à toutes ses obligations, chacun pour la part dont il est son héritier, c'est une conséquence qu'ils soient tenus, pour cette part, des actions qui naissent desdites obligations. Au contraire, l'action de revendication ne naissant d'aucune obligation que le possesseur ait contractée envers le propriétaire de la chose qui fait l'objet de la demande en revendication, mais seulement de la possession qu'il a de cette chose, son héritier ne doit être tenu de cette action, qu'autant qu'il est lui-même possesseur de la chose revendiquée, et quant à la part pour laquelle il en est possesseur.

303. Observez que, quoique celui des héritiers, à qui est échue, par le lot de partage, la chose qui fait l'objet de la demande en revendication, soit seul tenu de l'action de revendication vis-à-vis du propriétaire de cette chose, néanmoins, comme ses cohéritiers ont contracté envers lui, par le partage, l'obligation de lui garantir cette chose, lorsque le propriétaire a donné contre lui l'action de revendication, il a droit de sommer

en garantie ses cohéritiers, pour qu'ils soient tenus de défendre avec lui à l'action.

304. Notre principe, que les héritiers du possesseur de la chose, qui fait l'objet de la demande en revendication, ne sont tenus de l'action de revendication, qu'autant qu'ils sont eux-mêmes possesseurs de la chose, a lieu à l'égard des héritiers d'un possesseur de bonne foi, lequel n'était tenu de cette action qu'aux fins de délaissement de la chose qui en fait l'objet. Il en est autrement des héritiers d'un possesseur de mauvaise foi, contre lequel le propriétaire avait droit de demander non-seulement le délaissement de la chose, mais encore la restitution des fruits que ce possesseur de mauvaise foi en a perçus, et les dommages et intérêts résultans des dégradations qu'il y a faites. Les demandes, accessoires à l'action de revendication, étant des demandes, qui naissent des obligations personnelles, que ce possesseur a contractées, de rendre les fruits qu'il a perçus d'une chose qu'il savait ne lui pas appartenir, ses héritiers, qui, par la qualité qu'ils ont de ses héritiers, sont tenus de ses obligations, quant à la part pour laquelle ils sont héritiers, doivent être tenus, quant à la part pour laquelle ils sont ses héritiers, des demandes accessoires pour la restitution des fruits, et pour les dégradations, qui naissent desdites obligations.

305. Par la même raison, lorsque j'ai donné la demande en revendication d'une chose, même contre un possesseur qui était possesseur de bonne foi; si ce possesseur, sur ma demande par laquelle je lui ai donné copie de mes titres de propriété, a contesté, et est mort pendant le procès, ceux de ses héritiers qui n'ont pas succédé à la chose, et qui ne la possèdent pas, étant assignés en reprise d'instance, quoiqu'ils ne soient pas tenus de la demande aux fins de délaissement de la chose, sont néanmoins tenus, quant à la part pour laquelle ils sont héritiers, des demandes accessoires qui procédaient contre ce possesseur, pour la restitution des fruits par lui perçus depuis la demande, et pour les dégradations par lui faites depuis la demande. C'est ce qu'enseigne Paul : *Si in rem actum sit, quamvis hæres possessoris, si non possideat, absolvatur, tamen si quid ex personâ defuncti commissum sit, omnimodò in damnationem veniet;* l. 42, ff. de rei vindic.

La raison est, que ce possesseur de bonne foi, contre qui la demande en revendication a été donnée, ayant, par la copie que le demandeur lui a donnée de ses titres de propriété, acquis la connaissance que la chose appartenait au demandeur, a commencé dès-lors à devenir possesseur de mauvaise foi, et a contracté l'obligation de rendre les fruits qu'il percevrait depuis la demande, et celle de conserver la chose en bon état, auxquelles obligations tous ses héritiers succèdent : *Post litem contestatam,* dit Ulpien, *omnes incipiunt malæ fidei possessores esse, quin imò post controversiam motam.... cœpit enim scire rem ad se non pertinentem possidere se is qui interpellatur*; l. 25, § 7, ff. *de hæred. petit.*

306. L'action de revendication se donne non-seulement contre le possesseur de la chose qui en est l'objet; elle peut aussi être intentée contre celui qui, par malice, pour se soustraire à cette action, a cessé de la posséder : *Is qui ante litem contestatam dolo desiit rem possidere, tenetur in rem actione*; l. 27, § 3, ff. *de rei vindic.*

Supposons, par exemple, que vous avez trouvé dans la rue une bague précieuse qui était tombée de mon doigt sans que je m'en aperçusse. Ayant appris qu'elle était chez vous, par quelque personne qui l'avait vue et qui la connaissait, je me proposais de donner requête pour l'entiercer, et de donner contre vous la demande en revendication : vous, en ayant eu le vent, pour vous soustraire à cette demande, vous l'avez vendue à un passant inconnu, pour la moitié de ce qu'elle vaut. Je ne dois pas être, par votre dol, privé de ma chose, et mis hors d'état de la revendiquer : c'est pourquoi, je dois, en ce cas, avoir contre vous l'action de revendication, comme si vous la possédiez encore, et faute par vous de pouvoir me la rendre, vous faire condamner à m'en payer le véritable prix; ce qui est conforme à ces règles de droit : *Qui dolo desierit possidere, pro possidente damnatur, quia pro possessione dolus est*; l. 131, ff. *de Reg. Jur. Parem esse conditionem oportet ejus, qui quid possideat, vel habeat, atque ejus, cujus dolo malo factum est quominùs possideret, vel haberet*; l. 150, ff. *dict. tit.*

## ARTICLE II.

*De ce que doit observer le propriétaire avant que de donner la demande en revendication; de ce qu'il doit pratiquer en la donnant; et quel est l'effet de la demande pendant le procès.*

307. Le propriétaire d'une chose ne doit avoir recours à l'action de revendication, que lorsqu'il a perdu entièrement la possession de cette chose. S'il y est troublé par quelqu'un, il a un très-grand intérêt d'intenter contre celui qui le trouble l'action en complainte possessoire, plutôt que l'action de revendication; et pareillement, s'il avait été dépossédé par violence, il a un très-grand intérêt de se pourvoir par l'action possessoire qu'on appelle l'*action de réintégrande*, plutôt que par une demande en revendication. La raison est, que, lorsqu'on en vient au pétitoire, il y a beaucoup plus d'avantage à être le possesseur de la

chose qui fait l'objet du procès, qu'à être le demandeur; parce que celui-ci est chargé de prouver son droit de propriété dans cette chose, au lieu que le possesseur n'a rien à prouver de son côté, et est toujours présumé et réputé propriétaire, jusqu'à ce que le demandeur ait pleinement prouvé et établi son droit de propriété.

C'est aussi le conseil que donne Gaïus : *Is qui destinavit rem petere, animadvertere debet an aliquo interdicto possit nancisci possessionem, quia longè commodiùs est ipsum possidere, et adversarium ad onera petitoris compellere, quàm alio possidente petere;* l. 24, ff. *de rei vind.*

308. Par le droit romain, celui, qui se proposait d'intenter l'action de revendication, pour une chose mobilière, devait intenter auparavant l'action *ad exhibendum* contre celui par-devers qui se trouvait la chose, aux fins qu'il fût tenu de la représenter, à l'effet que la chose étant représentée, le demandeur pût former son action de revendication de cette chose, ce qu'il faisait par cette formule, en mettant la main sur la chose revendiquée : *Aio hanc rem meam esse.*

Dans notre droit français, l'action *ad exhibendum* n'est pas en usage. Notre Coutume d'Orléans dit, *art.* 444 : *En cour laye l'action à fin d'exhiber, ne l'exception de deniers non comptés, n'ont lieu.*

309. Au lieu de cela, dans notre droit, au moins dans plusieurs Coutumes, pour parvenir à la revendication des meubles, on procède par la voie de l'entiercement.

L'entiercement est un acte judiciaire, par lequel celui, qui se prétend propriétaire d'une chose mobilière, la fait saisir et arrêter par le ministère d'un huissier ou sergent, lequel la séquestre entre les mains d'une tierce personne.

Cet exploit d'entiercement se fait dans la forme des autres exploits de saisie-arrêt.

310. Cette voie d'entiercement, pour parvenir à la revendication des choses mobilières, nous vient des anciennes lois des Ripuaires. Nous y lisons au titre 25, *De intertiare*, § 1 : *Si quis rem suam cognoverit, mittat manum super eam, et sic illi super quam intertiatur, tertiam manum quærat.*

Plusieurs Coutumes ont des dispositions sur l'entiercement. Notre Coutume d'Orléans dit en l'*art.* 454 : *La chose mobilière étant vue à l'œil, peut être entiercée, sauf le droit d'autrui.*

311. Ces termes, *étant vue à l'œil*, font connaître que la disposition de cet article, qui permet au demandeur en revendication d'une chose mobilière, de l'entiercer et séquestrer pendant le procès, n'a lieu qu'à l'égard des meubles corporels. Il en est autrement des choses incorporelles, qui sont réputées mobilières, telles que sont les rentes constituées, dans les Cou-

tumes qui réputent les rentes meubles. Le demandeur en revendication d'une rente, même dans ces Coutumes, ne peut en faire séquestrer la jouissance pendant le procès; il ne peut qu'arrêter le principal, comme nous le dirons *infrà*.

312. Ces termes, *sauf le droit d'autrui*, s'entendent principalement du droit de celui sur qui elle a été entiercée, et entre les mains de qui elle était, à qui, dans le cas auquel celui, qui l'a fait entiercer, ne prouverait pas qu'elle lui appartient, elle doit être rendue, même avec dommages et intérêts, si aucuns il a souffert.

313. Il est dit à la fin de cet article : *En cas d'opposition, les biens arrêtés demeureront en justice.*

Sur l'opposition formée à l'entiercement par celui, qui était en possession de la chose, et sur qui l'entiercement a été fait, il doit en avoir main-levée par provision, et la chose lui doit être rendue, en donnant par lui caution ; ou même, s'il est solvable, en faisant seulement ses soumissions de représenter la chose, lorsque le juge l'ordonnera.

La raison est, que la possession, qu'il avait de la chose, le fait présumer propriétaire, au moins par provision, tant que celui, qui l'a entiercée, n'a pas encore prouvé son droit de propriété.

La main-levée de l'entiercement, qu'obtient celui sur qui il a été fait, n'étant que provisionnelle, la chose entiercée ne lui étant rendue qu'à la charge de la représenter toutes fois et quantes que le juge l'ordonnera, la chose entiercée est toujours censée demeurer sous la main de la justice, jusqu'à la fin du procès, et il ne peut en disposer. C'est le sens des derniers termes de l'*art.* 454, que nous venons de rapporter.

314. Lorsque c'est dans un chemin ou dans un marché public que je trouve la chose que je prétends m'appartenir, je puis la faire entiercer par le ministère d'un huissier, sans avoir pour cela aucune permission du juge. Mais lorsque j'ai avis que quelqu'un a dans sa maison une chose que je prétends m'appartenir, je ne puis la faire entiercer dans ladite maison, qu'en vertu d'une permission du juge, que j'obtiens au bas d'une requête. Notre Coutume d'Orléans en a une disposition en l'*art.* 455 : « Aucun ne peut entrer, ni faire entrer sergent ni » autres personnes en la maison d'autrui, pour entiercer et » enlever les biens étant en icelle maison, sans autorité de » justice. »

La Coutume entend par *autorité de justice*, l'ordonnance que le juge met au bas de la requête qui lui est présentée, par laquelle il permet l'entiercement.

315. Celui, qui a fait l'entiercement, doit assigner devant le juge, ou par l'exploit d'entiercement, ou par un autre exploit

subséquent, celui sur qui il est fait, pour voir ordonner que la chose entiercée sera rendue à celui qui a fait l'entiercement, comme chose à lui appartenante, aux offres qu'il fait de la faire reconnaître.

Si celui, sur qui la chose a été entiercée, ne la tenait qu'au nom d'une autre, *putà*, à titre de dépôt, de prêt, ou de louage, ou de nantissement; sur la déclaration qu'il doit faire de la personne de qui il la tenait, celui, qui a fait l'entiercement, la doit mettre en cause; *suprà*, *n.* 298.

316. De quelque manière que l'instance sur le domaine de la chose entiercée ait été introduite, soit sur la demande de celui qui a fait l'entiercement, aux fins que la chose lui soit rendue, comme à lui appartenante; soit sur la demande de celui sur qui l'entiercement a été fait, aux fins d'en avoir main-levée; c'est celui, qui a fait l'entiercement, qui est chargé d'établir et de prouver le domaine qu'il prétend avoir de la chose entiercée; faute de quoi, celui, sur qui l'entiercement a été fait, sans qu'il soit obligé de faire, de son côté, aucune preuve, doit avoir main-levée de l'entiercement, avec dépens, et même avec dommages et intérêts, si aucuns il a souffert.

317. Comme nous n'avons pas ordinairement des titres par écrit du droit de propriété que nous avons de nos meubles; à quelque somme que puisse monter la valeur de la chose entiercée, celui, qui a fait l'entiercement, est reçu à prouver le domaine qu'il prétend avoir de la chose entiercée, par témoins, auxquels elle sera représentée, et qui la reconnaîtront pour lui appartenir. En conséquence, sur sa demande, le juge rend un appointement, par lequel il lui permet de faire procéder à la reconnaissance de la chose entiercée, par témoins, auxquels elle sera représentée, et qui déposeront de la connaissance qu'ils ont qu'elle lui appartient; sauf à l'autre partie à faire de sa part, si bon lui semble, reconnaissance contraire.

Cette reconnaissance se fait devant le juge, qui en dresse procès-verbal.

Lorsque, par le procès-verbal de reconnaissance, le domaine, que celui, qui a fait l'entiercement, prétend avoir de la chose entiercée, paraît suffisamment justifié, le juge ordonne définitivement que la chose entiercée lui sera délivrée comme à lui appartenante.

318. C'est par une raison particulière aux choses mobilières, que le demandeur en revendication peut les entiercer, parce qu'autrement le possesseur pourrait les faire disparaître, et les soustraire à la revendication.

C'est pourquoi, on suit une autre procédure pour l'action de revendication des héritages, tels que sont les maisons et les fonds de terre. Elle s'intente par un simple exploit de demande, par lequel le demandeur, qui se prétend propriétaire d'un certain héritage, assigne celui qui en est le possesseur, aux fins qu'il soit condamné à le lui délaisser, comme chose à lui appartenante.

Le demandeur doit, par cet exploit, à peine de nullité de l'exploit, désigner la chose qu'il revendique, de manière que l'ajourné ne puisse ignorer pour quelle chose il est assigné. C'est pour cet effet que l'Ordonnance de 1667, *tit.* 9, *art.* 3, « veut que les demandeurs soient tenus de déclarer, par leur » premier exploit, le bourg, village ou hameau, le terroir » ou la contrée où l'héritage est situé; sa consistance; ses nou- » veaux tenans et aboutissans du côté du septentrion, midi, » orient et occident; sa nature au temps de l'exploit; si c'est » terres labourables, prés, bois, vignes, ou d'autre qualité; » en sorte que le défendeur ne puisse ignorer pour quel héritage » il est assigné. »

Observez que « s'il est question d'une terre ou métairie, il » suffit d'en désigner le nom et la situation; *art.* 4. » Il n'est pas nécessaire de détailler les pièces de terres et les différentes dépendances dont elle est composée.

« Si c'est une maison, les tenans et aboutissans seront dé- » signés de la même manière. »

319. Avant l'Ordonnance de 1667, le défendeur pouvait opposer contre la demande en revendication l'exception qu'on appelait *de vues et montrées*, aux fins qu'il fût donné assignation à certain lieu, jour et heure aux parties, pour partir ensemble dudit lieu, et se transporter sur le lieu contentieux, où le demandeur devait montrer et faire voir à l'œil au défendeur les héritages qu'il entendait revendiquer. L'Ordonnance a abrogé cette exception, comme inutile, au moyen de ce que l'héritage doit être désigné par l'exploit, de manière à ne s'y pas méprendre.

320. Après que le défendeur, qui, par l'exploit de demande, a reconnu posséder l'héritage pour lequel il est assigné, a défendu à la demande, le procès s'instruit et se décide par l'examen des titres respectifs des parties.

Lorsque ceux produits par le demandeur ne sont pas suffisans pour justifier le domaine de propriété qu'il prétend avoir de l'héritage revendiqué, le défendeur n'a pas besoin d'en produire aucuns.

321. Le défendeur ne doit pas être dépossédé pendant le procès; il doit continuer de jouir librement de l'héritage revendiqué, jusqu'à ce qu'il intervienne une sentence définitive, dont il n'y ait pas d'appel, qui juge que l'héritage appartient au demandeur, et qui condamne le possesseur à le lui délaisser.

Si le possesseur était appelant de cette sentence, il continuerait de posséder et de jouir librement de l'héritage, jusqu'à l'arrêt définitif.

Le possesseur n'est pas même tenu lors de la demande, ni pendant le procès, de donner caution, ni même de faire aucune soumission pour le rapport des fruits qu'il percevra pendant le procès, et qu'il serait condamné de restituer, en cas que le demandeur obtînt en sa demande.

Le demandeur en revendication peut seulement, pendant le procès, empêcher que le possesseur ne fasse aucune dégradation à l'héritage revendiqué. Par exemple, si le possesseur, pendant le procès, se mettait en devoir d'abattre des bois de haute-futaie, ou de démolir quelque bâtiment, le demandeur en revendication peut obtenir sentence, qui fasse défense au possesseur de continuer, et qui permette à lui demandeur d'arrêter et de séquestrer ce qui aurait été déjà abattu.

322. Lorsque quelqu'un veut intenter l'action de revendication d'une certaine rente qu'il prétend lui appartenir, et dont un autre est en possession, et en reçoit des débiteurs les arrérages, cette action doit s'intenter par un simple exploit de demande, par lequel le demandeur doit désigner la rente qu'il revendique, par la somme dont est cette rente par chacun an, et par les noms et qualités des personnes qui en sont les débiteurs.

Le possesseur de la rente, contre qui la demande en revendication est donnée, doit continuer, pendant le procès, d'en jouir et d'en recevoir les arrérages. Le demandeur en revendication peut seulement arrêter le principal sur le débiteur de la rente, à l'effet que le débiteur n'en puisse faire le rachat au possesseur de la rente, qu'en y appelant le demandeur, et que les deniers du rachat demeurent, pendant le procès, arrêtés entre les mains du notaire qui recevra l'acte du rachat. La rente, qui faisait l'objet de la demande en revendication, étant, par le rachat, convertie dans les deniers du rachat, ces deniers, qui sont des meubles corporels, et qui sont devenus l'objet de la demande en revendication, sont sujets à la séquestration, comme le sont tous les meubles corporels, lorsqu'ils sont revendiqués.

Si le procès paraissait devoir durer long-temps, le possesseur pourrait être reçu à demander que les deniers du rachat lui fussent délivrés, en donnant bonne et suffisante caution de rapporter la somme, dans le cas auquel le demandeur obtiendrait en sa demande en revendication.

### ARTICLE III.

*Quand le demandeur en revendication d'un héritage ou d'une rente est-il censé avoir justifié de son droit de propriété, à l'effet d'obtenir en sa demande ?*

323. Le demandeur en revendication, pour qu'il puisse obtenir en sa demande, est obligé de la fonder par le rapport de quelque titre de propriété de l'héritage ou de la rente qu'il revendique.

On appelle titre de propriété tous les titres qui sont de nature à faire passer d'une personne à une autre la propriété d'une chose, *causæ idoneæ ad transferendum dominium.*

Par exemple, un contrat de vente de l'héritage ou de la rente revendiquée faite au demandeur, ou à celui de qui il justifie être le successeur, avant que le possesseur, contre qui la demande est donnée, eût commencé de posséder cette chose, est un titre qui peut servir à fonder la demande du demandeur.

Il en est de même d'un contrat d'échange, ou de bail à rente, ou de donation : il en est de même d'un acte, par lequel la chose revendiquée aurait été donnée en paiement au demandeur en revendication, ou à son auteur; et il en est de même d'un acte, par lequel le demandeur, ou son auteur, aurait été saisi d'un legs qui lui aurait été fait de cette chose.

Un acte de partage, par lequel il paraît que la chose revendiquée est échue au demandeur, de la succession de quelqu'un de ses parens, est aussi un titre qui peut servir à fonder sa demande.

324. Lorsque le possesseur, contre qui la demande est donnée, établit que sa possession est antérieure au titre que je produis pour fonder ma demande en revendication, quoiqu'il ne rapporte d'ailleurs, de son côté, aucuns titres; ce titre, que je produis, n'est pas seul suffisant pour fonder ma demande, à moins que je ne produise d'autres titres plus anciens, qui justifient que celui, qui, par le contrat que je produis, m'a vendu ou donné l'héritage qui fait l'objet de la demande en revendication, en était effectivement le propriétaire : car je ne puis pas me faire un titre, en me faisant passer une vente ou une donation d'un héritage que vous possédez, par une personne qui ne le possède pas; vous êtes, par votre seule qualité de possesseur, présumé être le propriétaire de l'héritage, plutôt que celui qui me l'a vendu, qui ne le possédait pas, et du droit duquel on ne peut rien justifier.

Mais lorsque le titre, que le demandeur en revendication produit, est antérieur à la possession de celui contre qui la demande est donnée, lequel, de son côté, n'en produit aucun, ce titre est seul suffisant pour fonder sa demande. Celui, qui, par ce titre, a vendu ou donné au demandeur, ou à l'auteur du demandeur, l'héritage revendiqué, est suffisamment présumé en avoir été le possesseur et le propriétaire, et lui en avoir fait passer la possession et la propriété.

325. Il y a plus. Quand même il serait constant que celui, qui, par le titre que je produis, m'a vendu ou donné l'héritage que je revendique, n'en eût pas été le propriétaire; si je l'ai acquis de bonne foi, ayant eu sujet de croire que celui, qui me vendait ou me donnait cet héritage, dont je le voyais en possession, en était le propriétaire, ce titre sera seul suffisant pour fonder ma demande en revendication contre le possesseur, qui ne rapporte, de son côté, aucun titre. Il est vrai que je ne suis pas véritablement propriétaire de la chose que je revendique, celui, qui me l'a vendue ou donnée, n'ayant pas pu me transférer un droit de propriété qu'il n'avait pas lui-même, et qu'en conséquence je ne puis avoir *actionem in rem directam;* mais j'ai *actionem in rem utilem, seu publicianam,* que celui, qui a perdu la possession d'une chose qu'il possédait de bonne foi, a contre celui qui se trouve en être en possession sans titre, comme nous l'avons vu *suprà, n.* 292.

326. Lorsque le demandeur en revendication, et le possesseur, contre qui l'action est donnée, produisent, chacun de part et d'autre, un titre d'acquisition, ou ils ont acquis l'un et l'autre de la même personne, ou ils ont acquis de différentes personnes.

Au premier cas, lorsque le demandeur et le défendeur produisent, chacun de leur côté, un titre d'acquisition de l'héritage qu'ils ont faite l'un et l'autre de la même personne; quand même il ne serait pas établi que cette personne, de qui ils prétendent avoir acquis l'un et l'autre l'héritage, en eût été le propriétaire, elle est présumée l'avoir été; et celui, qui a été mis le premier par elle en possession de l'héritage qui fait l'objet de l'action en revendication, doit être réputé avoir acquis d'elle la propriété de l'héritage, et obtenir sur l'action en revendication : *Si duobus quis separatim vendiderit bonâ fide ementibus, videamus quis magis publicianâ uti possit; utrùm is cui priori res tradita est, an is qui tantùm emit? Et Julianus, libro 7° Digestorum, scripsit, ut si quidem ab eodem non domino emerint, potior sit cui priori res tradita est;* l. 9, § 4, ff. *de public. in rem act.*

327. Au second cas, lorsque tant le demandeur que le défendeur produisent, chacun de leur côté, un titre d'acquisition qu'ils ont faite de personnes différentes, sans que l'un puisse établir plus que l'autre que la personne, de qui il a acquis, fût le propriétaire de l'héritage, les Proculéiens pensaient, même

dans ce cas, qu'on devait pareillement préférer celui qui avait le titre le plus ancien, et avait été mis le premier en possession de l'héritage, comme nous l'apprenons de Nératius, qui était de cette école : *Uterque nostrûm eamdem rem emit à non domino.... sive ab eodem emimus, sive ab alio atque alio, is ex nobis tuendus est, qui prior jus ejus apprehendit, hoc est cui primùm tradita est*; l. 31, § *fin.* ff. *de act. empt.*

L'opinion contraire des Sabiniens, qui décident, en ce cas, pour celui qui se trouve en possession de l'héritage, a prévalu. C'est ce que nous apprenons de la loi 9, § 4, ff. *de publ. in rem act.*, ci-dessus citée, où Ulpien rapporte le sentiment de Julien : *Si ab eodem non domino emerint, potior cui priori res tradita est; si à diversis non dominis, melior causa possidentis.* Et Ulpien ajoute : *Quæ sententia vera est.* Cette décision est fondée sur cette règle : *In pari causâ, causa melior possidentis.*

## ARTICLE IV.

### *De la délivrance qui doit être faite de la chose revendiquée au demandeur, lorsqu'il a obtenu en sa demande.*

§ I. Comment, où, et quand se fait la délivrance de la chose revendiquée au demandeur qui a obtenu en sa demande ?

328. Lorsque la chose, qui fait l'objet de la demande en revendication, est un meuble corporel, lequel a été entiercé, et se trouve encore entre les mains du séquestre au temps du jugement définitif, le demandeur peut retirer la chose des mains du séquestre, en exécution de la sentence qui lui permet de la retirer, comme à lui appartenante.

Il doit, en la retirant, en donner par lui, ou par un fondé de procuration, une décharge au séquestre, et lui payer les frais de garde, le séquestre ayant le droit de retenir la chose, *veluti quodam jure pignoris*, pour le remboursement desdits frais, sauf au demandeur son recours, s'il y échet, contre le défendeur, pour la répétition des frais qu'il a été obligé de rembourser au séquestre.

Le défendeur n'est sujet à cette répétition, que lorsqu'il est ou possesseur de mauvaise foi, ou lorsqu'il a été en demeure de consentir à la restitution de la chose, depuis que le demandeur l'a fait reconnaître pour lui appartenir.

Si le défendeur a interjeté appel du jugement, et l'a dénoncé au séquestre, celui-ci ne peut plus la remettre, jusqu'à ce que la sentence ait été confirmée sur l'appel; car l'appel en suspend l'exécution.

Lorsque le jugement a été rendu par défaut, le demandeur,

pour pouvoir, en exécution de ce jugement, retirer la chose du séquestre, doit au préalable signifier le jugement au défendeur contre qui il l'a obtenu, et dénoncer au séquestre ce jugement, et la signification qu'il en a faite au défendeur.

Si, avant que le séquestre, en exécution de cette dénonciation, eût remis la chose au demandeur, le défendeur lui dénonçait une opposition qu'il a formée à la sentence, le séquestre ne pourrait plus faire la délivrance, jusqu'à ce qu'il eût été statué sur l'opposition.

329. Lorsque la chose revendiquée est entre les mains du défendeur contre qui la sentence a été rendue, il doit la rendre au lieu où elle se trouve; le demandeur, à qui elle doit être rendue, doit l'y envoyer chercher, et c'est à ses dépens qu'elle doit être transportée en sa maison, ou en tel autre lieu qu'il juge à propos de la faire transporter.

Néanmoins, si, depuis la demande, le défendeur avait transporté la chose revendiquée dans un autre lieu plus éloigné que celui où elle était, il doit la rendre au lieu où il l'a trouvée, et l'y faire revenir à ses dépens.

C'est ce qu'enseigne le jurisconsulte Paul : *Si res mobilis petita sit, ubi restitui debeat, scilicet si præsens non sit? Et non malum est, si bonæ fidei possessor sit is cum quo agitur, aut ibi restitui, ubi res sit aut ubi agitur, sed sumptibus petitoris*; l. 10, ff. *de rei vind.*

*Si verò malæ fidei sit possessor qui in alio loco eam rem nactus sit, idem statui debet (scilicet ut eam restituere non teneatur nisi in eo loco ubi est): si vero ab eo loco ubi lis contestata est, eam subtractam altò transtulerit, illic restituere debet undè substraxerit, sumptibus suis*; l. 12, ff. *dict. tit.*

330. Lorsque c'est un héritage qui fait l'objet de l'action en revendication, le défendeur, qui a été condamné à le délaisser au demandeur, satisfait à la sentence en le laissant vacant, de manière que le demandeur puisse s'en mettre en possession quand il voudra; et s'il y a une maison, en lui remettant les clefs.

Le défendeur, qui a été condamné à délaisser un héritage, ou autre chose, sur une demande en revendication, n'est tenu de délaisser que les choses qui en font partie; à l'égard de celles, qui, sans en faire partie, servent seulement à son exploitation, il n'est pas obligé de les délaisser, si elles ne sont nommément comprises dans la demande en revendication, et dans la sentence intervenue sur cette demande. C'est conformément à ce principe qu'Ulpien dit : *Armamenta navis singula erunt vindicanda, scapha quoque separatim vindicabitur*; l. 3, § 1, ff. *de rei vind.*

Sur les choses, qui sont censées faire ou non partie de l'héritage, *voyez notre Traité de la Communauté.*

Lorsque le défendeur a des meubles dans la maison revendiquée qu'il est condamné de délaisser, on doit lui accorder un délai pour en faire le délogement : ce délai est laissé à l'arbitrage du juge.

331. Lorsque c'est une rente, due par un tiers, qui fait l'objet de l'action en revendication, la sentence, qui condamne le défendeur à la délaisser au demandeur sans restitution des arrérages passés, peut s'exécuter sans qu'il intervienne aucun fait de la part du défendeur contre qui elle a été rendue, par la signification de la sentence que le demandeur fera au débiteur de la rente, avec sommation de ne plus payer dorénavant à d'autre qu'à lui.

Si, néanmoins, le défendeur, contre qui la sentence a été rendue, retenait quelques titres concernant la rente revendiquée, il serait obligé de les remettre au demandeur.

### § II. En quel état doit être rendue la chose revendiquée?

332. On doit faire, à cet égard, une distinction entre le possesseur de bonne foi et le possesseur de mauvaise foi.

Lorsque le possesseur, contre qui la demande a été donnée, était un possesseur de mauvaise foi, il doit rendre la chose en aussi bon état qu'elle était lorsqu'il s'en est mis indûment en possession : il est tenu des dommages-intérêts résultans de toutes les détériorations qui y ont été faites depuis. La raison est, que tout possesseur de mauvaise foi d'une chose contracte, par la connaissance qu'il a que la chose ne lui appartient pas, l'obligation de la rendre à la personne à qui elle appartient, ou présentement s'il la connaît, ou aussitôt qu'il la découvrira, laquelle obligation naît de ce grand précepte du décalogue : *Biens d'autrui ne retiendras à ton escient.* Toute obligation de donner ou rendre une chose renferme l'obligation accessoire que le débiteur contracte de conserver cette chose en bon état, et de ne la point détériorer, pour pouvoir s'acquitter de son obligation.

L'héritier ou autre successeur universel du possesseur de mauvaise foi, quand même il croirait de bonne foi que la chose lui appartient, est tenu des dommages et intérêts résultans de toutes les dégradations provenues du fait ou de la faute, soit du défunt, soit de lui ; car, comme héritier ou successeur universel du défunt, il a succédé à l'obligation contractée par le défunt de conserver la chose en bon état, et de ne la point détériorer : sa possession, n'étant autre chose que la continuation de celle du défunt, en a tous les vices.

333. A l'égard du possesseur de bonne foi, il n'est pas tenu des dégradations qu'il aurait pu faire dans la chose qui fait l'objet de la demande en revendication, pendant tout le temps que sa bonne foi a duré, à moins que ce ne fussent des dégradations dont il eût

profité ; comme s'il avait abattu des bois de haute-futaie sur l'héritage qui fait l'objet de l'action en revendication, dont il aurait reçu le prix ; il n'est pas douteux, en ce cas, qu'il doit rendre au demandeur en revendication, le prix dont il a profité, l'équité ne permettant pas que quelqu'un puisse profiter du prix de la chose d'autrui aux dépens du propriétaire.

A l'égard de toutes les dégradations dont le possesseur de bonne foi, contre qui la demande en revendication a été donnée, n'a pas profité, et qui ont été faites pendant que la bonne foi a duré, et avant la demande, ce possesseur n'en est aucunement tenu, mais il est tenu de toutes celles qui, depuis la demande, sont provenues de son fait ou de sa faute ; car, par la demande, dans laquelle le demandeur lui donne copie de ses titres de propriété, il cesse d'être possesseur de bonne foi, et il contracte l'obligation de restituer la chose, au cas qu'il soit jugé qu'elle appartienne au demandeur, et par conséquent celle de la conserver en bon état et de ne la pas détériorer, qui en est accessoire. C'est suivant ces distinctions qu'on doit entendre ce que dit Ulpien : *Si deterior res facta sit, rationem judex habere debebit ;* l. 13, ff. *de rei vind.*

### ARTICLE V.

*De la restitution des fruits dont le défendeur doit faire raison au demandeur qui a justifié de son droit de propriété de la chose revendiquée.*

Nous verrons, dans un premier paragraphe, à l'égard de quelles choses il y a lieu à la restitution des fruits dans l'action de revendication ; dans un second, nous verrons depuis quel temps le possesseur de mauvaise foi doit faire raison au demandeur, et de quels fruits. Nous examinerons, dans un troisième paragraphe, depuis quel temps le possesseur de bonne foi est obligé de rendre les fruits. Nous exposerons, dans un quatrième, quels sont les principes du droit français sur la restitution des fruits.

#### § I. A l'égard de quelles choses y a-t-il lieu à la restitution des fruits dans l'action de revendication ?

334. Il y a lieu à la restitution des fruits dans l'action de revendication, soit que ce soit un héritage ou un autre immeuble qui soit revendiqué, soit que ce soit un meuble, non-seulement lorsque c'est une chose frugifère qui produit des fruits naturels, comme est une vache, un troupeau de moutons, mais pareillement lorsque c'est une chose qui ne peut produire que des fruits civils, tel qu'est un

navire : *Si navis à malæ fidei possessore petatur, et fructus æstimandi sunt; ut in tabernâ et areâ quæ locari solent*; l. 62, ff. *de rei vind.*

En général, il suffit que le demandeur eût pu retirer de sa chose quelque utilité appréciable à prix d'argent, dont le possesseur l'a privé en la retenant injustement.

Si c'était la nue propriété d'une chose qui fût l'objet de la demande en revendication, il n'y aurait aucune restitution des fruits à faire, si ce n'est depuis qu'elle serait devenue propriété pleine par l'extinction de l'usufruit qui serait survenue depuis la demande: *Videamus*, nous dit Gaïus, *an in omnibus rebus petitis in fructus quoque condemnetur possessor. Quid enim si argentum, aut vestimentum, aut aliam similem rem? quid præterea si usumfructum aut nudam proprietatem, quùm alienus ususfructus sit, petierit? Neque enim nudæ proprietatis, quod ad proprietatis nomen attinet, fructus ullus intelligi potest; neque ususfructûs rursùs fructus* (1) *eleganter computabitur: quid igitur si nuda proprietas petita sit? Ex quo perdiderit fructuarius usumfructum, æstimabuntur in petitione fructus. Item si ususfructus petitus sit* (2), *Proculus ait, in fructus perceptos condemnari. Præterea Gallus Ælius putat, si vestimenta aut scyphus petita sint, in fructu hæc numeranda esse, quod, locatâ eâ re, mercedis nomine capi potuerit*; l. 19, ff. *de usur.*

Ce qui est dit à la fin de ce texte, que, dans la demande en revendication d'un gobelet ou d'un habit, le possesseur était condamné à faire raison des loyers qu'on eût pu retirer de ces choses, me paraît devoir être restreint au cas, auquel le demandeur en revendication serait un homme d'un état à donner à loyer ces choses.

Papinien nous enseigne pareillement qu'il y a lieu à la restitution des fruits, dans les demandes en revendication, lors même que la chose revendiquée est de nature à ne produire aucuns fruits naturels, et qu'il suffit qu'elle en produise de civils par l'usage qu'on en fait : *Quùm in rem agitur*, dit-il, *eorum quoque nomine quæ usui non fructui sunt, restitui fructus certum est*; l. 64, ff. *de rei vind.*

### § II. Depuis quel temps le possesseur de mauvaise foi est-il tenu de faire raison des fruits; et de quels fruits?

335. Le possesseur de mauvaise foi est tenu de faire raison de

(1) *Propriè enim, non fructus ipsius juris ususfructus, sed rei cujus quis usumfructum habet fructus sunt.*
(2) *Actione in rem consessoriâ.*

tous les fruits de la chose revendiquée qu'il a perçus, non-seulement de ceux qu'il a perçus depuis la demande, mais de tous ceux qu'il a perçus depuis son indue possession? *Certum est malæ fidei possessorem omnes fructus solere præstare cum ipsâ re*; l. 22, *Cod. de rei vind.*

Il est tenu de faire raison, même de ceux qui proviennent des semences qu'il a mises dans les terres revendiquées, et des labours qu'il y a faits: sauf que, sur le prix desdits fruits, on doit lui faire déduction de ses semences et de ses labours.

La raison est, que tous les fruits, que la terre produit, sont des accessoires de la terre, lesquels, aussitôt qu'ils sont perçus, sont acquis, *jure accessionis*, au propriétaire desdites terres, comme nous l'avons vu *suprà*, *n.* 151, plutôt qu'à celui qui les a ensemencées et labourées. De-là cette maxime: *Omnis fructus non jure seminis, sed jure soli percipitur*; l. 25, ff. *de usur.*

Le possesseur est tenu de faire raison, non-seulement des fruits qui sont nés de la chose même, qu'on appelle *fruits naturels*; il doit pareillement faire raison des fruits civils, comme nous l'avons vu au paragraphe précédent.

336. Le possesseur de mauvaise foi est tenu de faire raison, non-seulement des fruits qu'il a perçus, mais même de ceux qu'il n'a pas perçus, mais que le demandeur eût perçus, s'il lui eût rendu la chose: *Generaliter*, dit Papinien, *quùm de fructibus æstimandis quæritur, constat adverti debere, non an malæ fidei possessor fruitus sit, sed an petitor frui potuerit, si ei possidere licuisset*; l. 62, § 1, ff. *de rei vind.*

La raison est, que le possesseur de mauvaise foi contracte, par la connaissance qu'il a que la chose ne lui appartient pas, l'obligation de la rendre au propriétaire: faute d'y satisfaire, il est tenu des dommages et intérêts résultans de son obligation, dans lesquels sont compris les fruits de la chose que le propriétaire a manqué de percevoir.

L'héritier ou autre successeur universel du possesseur de mauvaise foi, quand même il aurait cru de bonne foi que la chose lui appartient, est tenu de compter de tous les fruits, depuis l'indue possession du défunt auquel il a succédé, comme en serait tenu le défunt s'il vivait encore; car, en sa qualité d'héritier, il a succédé à toutes ses obligations, et sa possession n'est qu'une continuation de celle du défunt, qui en a tous les vices, comme nous l'avons déjà observé en l'article précédent.

### § III. De quand le possesseur de bonne foi est-il tenu des fruits, et de quels fruits?

337. Suivant les principes du droit romain, le possesseur de bonne foi n'est point sujet à la restitution des fruits qu'il a per-

çus avant la litiscontestation, sauf de ceux qui se trouveraient alors extans en nature; mais il est tenu de tous les fruits depuis la litiscontestation, de même que le possesseur de mauvaise foi : *Certum est malæ fidei possessores omnes fructus præstare; bonæ fidei verò, extantes post litiscontestationem universos;* l. 22, *Cod. de rei vind.*

La raison de différence entre le possesseur de bonne foi et le possesseur de mauvaise foi, par rapport aux fruits perçus pendant tout le temps de leur possession, qui a précédé la litiscontestation, et qui ont été consommés, et ne se trouvent pas pardevers le possesseur, extans en nature, est évidente. Le possesseur de mauvaise foi, ayant connaissance que la chose ne lui appartient pas, a pareillement connaissance que les fruits, qu'il perçoit de cette chose, ne lui appartiennent pas; et par cette connaissance qu'il en a, il contracte l'obligation de les rendre au propriétaire de la chose à qui ils appartiennent; laquelle obligation naît de ce grand principe de la loi naturelle : *Biens d'autrui ne retiendras à ton escient.* Il ne peut, en consommant ces fruits, se décharger de l'obligation qu'il a contractée de les rendre et d'en faire raison au propriétaire.

Au contraire, le possesseur de bonne foi, qui, ayant la chose en vertu d'un juste titre, a un juste sujet de croire qu'elle lui appartient, ne contracte point envers le propriétaire l'obligation de la lui rendre, ni de lui en rendre les fruits; cette obligation n'étant contractée que par la connaissance qu'a le possesseur que la chose ne lui appartient pas. Lors donc que le propriétaire paraît, et lui fait connaître par la litiscontestation son droit de propriété, ce n'est que de ce jour-là que ce possesseur contracte l'obligation de rendre les choses qu'il possède, appartenantes à ce propriétaire; il ne peut donc être obligé à ne lui rendre que la chose revendiquée, et les fruits, qu'il a perçus, qui sont encore pardevers lui extans en nature.

A l'égard des fruits perçus avant la litiscontestation, qu'il a consommés, ou dont il a disposé pendant que durait la bonne foi de sa possession; les ayant consommés de bonne foi, et avant qu'il ait pu contracter aucune obligation de les rendre, il ne peut en être aucunement tenu envers le demandeur. La qualité de possesseur de bonne foi qu'avait ce possesseur, le faisant réputer propriétaire de la chose, tant que le véritable possesseur ne se faisait pas connaître, lui donnait, par rapport à la chose qu'il possédait de bonne foi, les mêmes droits qu'à un propriétaire; *Bona fides tantumdem possidenti præstat quantùm veritas;* l. 136, ff. *de reg. jur.;* et par conséquent le droit de percevoir à son profit les fruits de la chose qu'il possède de bonne foi, de les consommer, et d'en disposer, de même que s'il en était le véritable propriétaire. C'est pourquoi Justinien, au titre des Institutes *de rer. divis.*, § 35, dit : *Si quis à non domino, quem dominum esse crediderit, bonâ fide fundum emerit, vel ex donatione, aliâve quâlibet justâ causâ, æqui bonâ fide acceperit, naturali ratione placet fructus, quos percepit, ejus esse pro culturâ et curâ; et ideò, si posteà dominus supervenerit et fundum vindicet, de fructibus ab eo consumptis agere non potest.*

Observez que ce qui est dit par Justinien, que les fruits, que le possesseur de bonne foi perçoit, lui sont acquis *pro culturâ et curâ*, est dit *enuntiativè*, parce que ordinairement les fruits sont la récompense des soins que le propriétaire ou le possesseur de bonne foi apporte à la culture de l'héritage; mais cela ne doit pas s'entendre *restrictivè*, à l'effet de restreindre le droit que la bonne foi donne au possesseur de percevoir à son profit les fruits, aux seuls fruits industriels pour la production desquels il est besoin de culture; il est au contraire constant que la bonne foi donne ce droit pour tous les fruits, aussi bien pour les fruits naturels, que la terre produit sans aucune culture, que pour les industriels. C'est ce que nous enseigne Paul : *Bonæ fidei emptor non dubiè percipiendo fructus ex alienâ re, suos* INTERIM *facit, non tantùm eos qui diligentiâ et operâ ejus pervenerunt, sed omnes; quia quod ad fructus attinet, loco domini penè est*; l. 48, ff. *de adq. rer. dom.*

338. Remarquez ces termes de la loi, *fructus* INTERIM *suos facit*. Le droit, que la bonne foi donne au possesseur, de percevoir à son profit les fruits de l'héritage, n'est fondé que sur ce qu'elle le fait réputer propriétaire de l'héritage; de même donc qu'elle ne le fait réputer tel, que jusqu'à ce que le véritable propriétaire paraisse, elle ne peut non plus lui donner le droit d'en percevoir à son profit les fruits, que jusqu'à ce que le propriétaire paraisse, et justifie de son droit : le domaine des fruits, que la bonne foi lui fait acquérir, ne peut donc être qu'un domaine sujet à se résoudre, et qui se résout effectivement, lorsque le véritable propriétaire de la chose paraît et la revendique.

C'est pour cette raison que (comme nous l'avons déjà dit) le possesseur de bonne foi, suivant le droit romain, doit rendre au demandeur en revendication les fruits qu'il a perçus, quoique avant la demande, lorsqu'ils se trouvent pardevers lui extans en nature, le domaine de ces fruits, que la bonne foi du possesseur lui avait fait acquérir, se résolvant, en ce cas, par la revendication du véritable propriétaire.

339. Le domaine des fruits, que la bonne foi fait acquérir au possesseur, ne cesse d'être sujet à se résoudre qu'en deux cas.

Le premier cas est lorsqu'il les a consommés; car le domaine de ces fruits, s'éteignant, en ce cas, avec eux, ne peut plus être sujet à se résoudre : ce qui n'est plus, ne pouvant plus se résoudre; c'est pour cela qu'il a été dit ci-dessus, que le possesseur de bonne foi n'était pas tenu des fruits qu'il a consommés avant le procès, pendant que sa bonne foi durait : *Bonæ fidei possessor de fructibus consumptis non tenetur*

Le second cas, auquel le domaine des fruits, que la bonne foi fait acquérir au possesseur de bonne foi cesse d'être résoluble, c'est lorsque la possession, qu'il a eue de ces fruits depuis leur perception, pendant le temps requis pour l'usucapion des choses mobilières, lui a fait acquérir, avant le procès, par droit d'usucapion, le domaine parfait et irrévocable desdits fruits. Le possesseur de bonne foi, en ce cas, quoiqu'il ait pardevers lui ces fruits extans en nature, n'est pas tenu de les rendre au propriétaire.

340. Ce que nous avons dit, que le possesseur de bonne foi n'est pas tenu des fruits qu'il a perçus et consommés avant le procès, n'a lieu que lorsqu'il les a perçus et consommés pendant que sa bonne foi durait; mais lorsqu'il a appris, quoique longtemps avant la demande en revendication, que la chose qu'il possède appartient à autrui, il ne peut plus désormais percevoir à son profit les fruits de cette chose, ni se décharger de la restitution de ceux qu'il a pardevers lui en les consommant.

L'obligation qu'il contracte, par cette connaissance, de rendre la chose avec les fruits qu'il a pardevers lui extans en nature, y fait obstacle. En cela, le droit, que la bonne foi donne au possesseur, de percevoir à son profit les fruits, est différent du droit d'usucapion, qui, selon les principes du droit romain, n'était pas arrêté par la mauvaise foi survenue avant l'accomplissement du temps de l'usucapion. C'est ce que nous enseigne Paul : *Si eo tempore quo res mihi traditur, putem vendentis esse, deindè cognovero alienam esse, quià perseverat per longum tempus capio, an fructus meos faciam? Pomponius : verendum ne non sit bonæ fidei possessor, quamvis capiat : hoc enim ad jus, id est, capionem, illud ad factum pertinere, ut si quis bonâ aut malâ fide possideat : nec contrarium est quod longum tempus currit : nam è contrario is, qui non potest capere propter rei* (1) *vitium, fructus suos facit*; l. 48, § 1, ff. *de adquir. rer. dom.*

Ces derniers termes de la loi nous font remarquer une seconde différence, entre le droit, que la bonne foi donne au possesseur d'une chose, d'en percevoir à son profit les fruits, et le droit d'usucapion. Le possesseur de bonne foi n'a pas le droit d'usucapion à l'égard de plusieurs choses dont la loi défend l'usucapion; mais sa bonne foi ne laisse pas de lui donner le droit de percevoir à son profit les fruits de ces choses.

Ce que nous venons de dire, d'après Paul et Pomponius, en la loi 48, § 1, ci-dessus rapportée, que le possesseur de bonne foi

(1) *Quamvis ipse bonâ fide possideat.*

d'une chose, à qui survenait la connaissance que la chose ne lui appartenait pas, ne pouvait plus en percevoir à son profit les fruits, paraît contraire à ce que dit Julien en la loi 25, § 2, ff. *de usur. Bonæ fidei emptor sevit, et antequàm fructus perciperet, cognovit fundum alienum esse; an perceptione fructus suos faciat quæritur? Respondit, bonæ fidei emptor quod ad percipiendos fructus intelligi debet, quandiù evictus fundus non fuerit.*

On peut concilier ces lois en disant que la loi 25, § 2, est dans le cas auquel le propriétaire aurait laissé accomplir le temps de l'usucapion sans évincer le possesseur. En ce cas, ce propriétaire ayant, suivant les principes du droit romain, perdu son droit de propriété, n'étant plus recevable dans l'action de revendication de la chose, il ne peut plus en demander les fruits. Au contraire, la loi 48, § 1, est dans le cas, auquel le propriétaire a intenté l'action à temps, avant l'accomplissement du temps de l'usucapion : en ce cas, le possesseur, qui est condamné sur cette action à lui délaisser la chose, doit être condamné à en rapporter les fruit perçus ou consommés depuis qu'il a eu connaissance que la chose ne lui appartenait pas.

Il nous reste à observer que, lorsque le possesseur de la chose, qui fait l'objet de l'action en revendication, l'a acquise en vertu d'un juste titre qu'il produit, il est présumé avoir cru de bonne foi que son auteur, de qui il l'a acquise, était propriétaire de la chose, et avait droit de l'aliéner; et cette bonne foi est présumée avoir toujours duré jusqu'à la litiscontestation, tant que le demandeur en revendication ne justifie pas du contraire.

### § IV. Quels sont les principes du droit français sur la restitution des fruits, dans les demandes en revendication.

341. Les principes de notre droit français sur la restitution des fruits dans les demandes en revendication sont, à l'égard du possesseur de mauvaise foi, les mêmes que ceux du droit romain, tels que nous les avons exposés au paragraphe second.

A l'égard du possesseur de bonne foi, il n'est tenu du rapport d'aucuns fruits par lui perçus jusqu'au jour de la demande en revendication donnée contre lui. Je ne vois pas même que, dans notre pratique française, différente en cela du droit romain, le demandeur soit reçu à prétendre les fruits qui se sont trouvés extans en nature pardevers le possesseur, au temps de la demande, lorsqu'ils ont été perçus avant la demande.

Mais par la demande, qui est donnée contre le possesseur de bonne foi, par un exploit, en tête duquel le demandeur lui donne copie de ses titres de propriété, et qui a en conséquence, à cet égard, dans notre droit, le même effet qu'avait, par le droit romain, la litiscontestation ; ce possesseur cesse d'être réputé désormais possesseur de bonne foi, étant censé instruit du droit du demandeur, par la copie qu'il lui a donnée de ses titres en tête de son exploit : il est, outre cela, par cette demande, constitué en demeure de rendre l'héritage revendiqué : il ne peut donc plus dès-lors avoir aucun droit d'en percevoir les fruits, et il doit être condamné à rendre tous ceux qu'il a perçus depuis la demande.

342. On demande si la disposition de la loi 48, rapportée *suprà, n.* 340, qui soumet l'acheteur de bonne foi à la restitution des fruits, du jour que la mauvaise foi lui est survenue, c'est-à-dire du jour qu'il a appris que l'héritage n'appartenait pas à son vendeur, mais au demandeur, doit être suivie dans notre droit. L'Ordonnance de 1539, *art.* 94, paraît l'avoir adoptée. Il y est dit : « En toutes matières réelles, pétitoires et personnelles, intentées pour héritages et choses immeubles, s'il y a restitution de fruits, ils seront adjugés, non-seulement depuis contestation en cause, mais aussi depuis le temps que le condamné a été en demeure et mauvaise foi auparavant ladite contestation. »

M. Bourdin, en sa paraphrase sur cet article, dit : « L'article de notre Ordonnance, fondé sur l'équité du droit canon, a ordonné l'adjudication des fruits devoir être faite depuis le temps qu'on a été possesseur de mauvaise foi ; ce que nous interprétons par cet exemple : Quand quelqu'un, ayant acquis une chose de bonne foi, par après connaît, par la communication des titres de son adversaire, que la chose ne lui appartient, et par conséquent commence d'être possesseur de mauvaise foi ; si, dès le temps qu'il s'est reconnu tel, il ne fait restitution de la chose, ains soutient le procès, il est certain, par la règle et la maxime de l'Ordonnance, qu'il doit être contraint à restituer tous les fruits, depuis le temps qu'il a été constitué en mauvaise foi. »

Cet auteur ajoute : « Toutefois j'entends qu'en France cela n'est observé, si cette mauvaise foi n'est clairement et oculairement prouvée et avérée. »

Fontanon, sur cet article, propose cette espèce : Le propriétaire d'un héritage a donné une première demande contre le possesseur qui l'a acquis de bonne foi, laquelle, après la litiscontestation, est tombée en péremption : depuis, il en a donné une seconde, sur laquelle il a justifié de son droit. Ce possesseur doit-il être condamné à la restitution des fruits, du jour de la litiscontestation sur la première demande, qui a été périmée ? Il dit, pour raison de douter, que quoique la demande ait été périmée, cette péremption n'a pas purgé sa mauvaise foi, c'est-à-dire, n'a pas détruit la connaissance qu'il a eue du droit du demandeur, par les titres produits dans l'instance qui a été périmée. Il ne trouve pas cette raison suffisante. En effet, on peut dire que l'abandon, que le demandeur a fait de ses poursuites, sur la première demande, a pu jeter un doute raisonnable sur les titres du demandeur, et lui faire croire que le demandeur ne les croyait pas suffisans, et se défiait de son droit : la copie et la communication, qu'il en a eues dans la première instance, ne lui ont donc pas donné une connaissance assez certaine du droit du demandeur, pour le constituer en mauvaise foi.

ARTICLE VI.

*Des prestations personnelles du demandeur, dans l'action de revendication.*

343. Lorsque, sur l'action de revendication, le demandeur a justifié de son droit, le possesseur est condamné à lui délaisser la chose revendiquée; mais dans certains cas, lorsque le possesseur a déboursé quelque somme ou contracté quelque obligation pour la libération, la conservation, ou l'amélioration de la chose qu'il est condamné de délaisser, le possesseur, qui excipe de ces impenses, n'est condamné à la délaisser, qu'à la charge par le demandeur de le rembourser au préalable de ce qu'il a déboursé, et de l'indemniser.

Le premier cas est, lorsque le possesseur a payé à des créanciers des sommes pour lesquelles la chose leur était hypothéquée. Le propriétaire ayant depuis donné la demande en revendication, l'équité ne permet pas qu'il puisse se faire délaisser la chose, sans rembourser au préalable le possesseur, des sommes qu'il a payées auxdits créanciers, ces sommes ayant servi à libérer la chose des hypothèques dont elle était chargée, et étant des sommes que ce propriétaire serait obligé de payer, si le possesseur ne les eût pas payées.

Le propriétaire doit, non-seulement rembourser au possesseur ces sommes; il doit lui faire raison des intérêts desdites sommes, depuis qu'il les a déboursées; néanmoins seulement dans le cas auquel ces intérêts excéderaient les fruits qu'il a perçus depuis qu'il a déboursé ces sommes; car ces intérêts doivent se compenser avec les fruits.

C'est ce qu'enseigne Papinien : *Emptor prædium, quod à non domino emit exceptione doli positâ, non aliter domino restituere cogetur, quàm si pecuniam creditori ejus solutam, qui pignori datum prædium habuit, usurarumque medii temporis superfluum recuperaverit; scilicet si minùs in fructibus ante litem perceptis fuerit; nam eos usuris* (1) *novis duntaxat* (2) *compensari sumptuum in prædium factorum exemplo, æquum est;* l. 65, ff. *de rei vind.*

Cette compensation des intérêts de la somme que le possesseur a payée, qui courent à son profit, et lui sont dus du jour qu'il l'a payée, avec les fruits qu'il a perçus depuis ledit jour, a lieu, quand même ce possesseur serait un possesseur de bonne foi. Quoique ce possesseur ne soit pas tenu, par voie d'action, de la restitution des fruits qu'il a perçus avant la demande, il en est tenu par voie de compensation.

344. Le second cas est celui, que Papinien nous indique par ces derniers termes de la loi, *sumptuum in prædium factorum exemplo*. Lorsque le possesseur a fait des impenses nécessaires pour la conservation de la chose, que le propriétaire eût été obligé de faire, si le possesseur ne les eût pas faites, autres néanmoins que celles de simple entretien, le propriétaire ne peut pas non plus, en ce cas, obliger le possesseur à lui délaisser la chose, s'il n'a remboursé au préalable à ce possesseur la somme qu'il a déboursée pour cette impense, et les intérêts de cette somme depuis qu'il l'a déboursée, en ce qu'ils excéderaient les fruits que le possesseur a perçus depuis ledit temps, avec lesquels la compensation doit s'en faire.

Nous avons excepté de notre principe les impenses de simple entretien; car cette espèce d'impenses est une charge des fruits : c'est pourquoi le possesseur de bonne foi, qui perçoit à son profit les fruits avant la demande, sans être, à cet égard, sujet à aucune restitution envers le propriétaire, ne doit pareillement avoir contre le propriétaire aucune répétition des impenses de simple entretien qu'il a faites pendant ce temps, ces impenses étant une charge de la jouissance qu'il a eue.

A l'égard du possesseur de mauvaise foi, il couche les impenses d'entretien qu'il a faites, dans le chapitre de dépense du

---

(1) Papinien entend par ces termes, *usuris novis*, les intérêts de la somme que le possesseur a payée pour le sort principal, intérêts qui ont commencé à courir au profit de ce possesseur, du jour qu'il l'a payée, comme étant devenu aux droits de ce créancier; il les appelle ainsi, pour les distinguer des anciens intérêts qui étaient dus au créancier. *Voyez* Cujas, *ad hanc leg. in lib.* 2, *Resp. Papin.*

(2) *Duntaxat;* c'est-à-dire qu'il n'y a lieu à la compensation avec les fruits, que pour ces nouveaux intérêts de la somme principale qui était due au créancier, qui ont commencé à courir au profit du possesseur qui est devenu aux droits du créancier à qui il l'a payée. A l'égard de la somme, que le possesseur a payée au créancier pour les anciens intérêts à lui dus, cette somme ne produit point d'intérêts, *quùm non dentur usuræ usurarum*, et elle doit être rendue au possesseur qui l'a payée, sans qu'il y ait lieu à la compensation avec les fruits.

compte qu'il doit rendre des fruits qu'il a perçus, n'en étant tenu que *deductis impensis*.

345. Il n'y a aucune différence à faire entre le possesseur de bonne foi et le possesseur de mauvaise foi, pour le remboursement qui doit leur être fait de ce qu'ils ont déboursé dans le premier et le second cas que nous avons ci-dessus rapportés; mais il y a de la différence à faire entre l'un et l'autre, à l'égard des impenses qu'ils ont faites, qui n'étaient pas nécessaires, mais seulement utiles, et qui ont seulement amélioré la chose qui fait l'objet de l'action en revendication.

A l'égard du possesseur de bonne foi, le propriétaire, sur l'action en revendication, ne peut obliger ce possesseur à lui délaisser la chose revendiquée, s'il ne le rembourse au préalable des impenses qu'il y a faites, quoique ces impenses ne fussent pas nécessaires, et aient seulement augmenté la chose revendiquée, et l'aient rendue d'un plus grand prix.

Justinien donne un exemple de ce principe, dans l'espèce d'un possesseur, qui a construit un bâtiment sur un héritage qu'il possédait de bonne foi; et il décide que le propriétaire de l'héritage n'est reçu à revendiquer l'héritage, qu'en offrant de rembourser au préalable cette impense à ce possesseur : *Si quis in alieno solo ex suâ materiâ domum ædificaverit..... illud constat, si in possessione constituto ædificatore soli dominus petat domum suam esse, nec solvat pretium materiæ et mercedes fabrorum, posse eum per exceptionem doli mali repelli, utique si bonæ fidei possessor fuerit qui ædificavit; Instit. tit. de rer. div.* § 30.

346. Ce principe, que le possesseur de bonne foi doit être remboursé des impenses utiles, qu'il a faites sur la chose qui fait l'objet de l'action en revendication, souffre quelques limitations, qui doivent être sous-entendues dans ce que nous venons de rapporter du texte des Institutes, comme l'a remarqué Vinnius dans son Commentaire sur ce texte.

La première est, que ce possesseur ne doit pas être remboursé précisément et absolument de tout ce qu'il a déboursé pour lesdites impenses, mais seulement jusqu'à concurrence de ce que la chose, sur laquelle il les a faites, et qui fait l'objet de l'action en revendication, se trouve en être augmentée de valeur au temps du délais qu'il en doit faire.

C'est ce que nous apprenons de Paul, dans l'espèce d'un acheteur de bonne foi, qui avait construit un bâtiment sur une place qui était hypothéquée. Paul dit : *Jus soli superficiem secutam videri..... sed bonâ fide possessores non aliter cogendos creditoribus ædificium restituere, quàm sumptus in extructione erogatos, quatenùs res pretiosior facta est, reciperent; l.* 29, § 2, ff. *de pign.*

C'est ce qui résulte du principe, sur lequel est fondée l'obligation, en laquelle est le propriétaire, de rembourser ces impenses au possesseur de bonne foi.

Cette obligation ne naît que de cette règle d'équité, qui ne permet pas que quelqu'un s'enrichisse aux dépens d'autrui. Suivant cette règle, le propriétaire ne doit pas profiter, aux dépens de ce possesseur, de l'impense que ce possesseur a faite; mais il n'en profite qu'autant que sa chose se trouve augmentée de valeur par cette impense : il ne doit donc être obligé à le rembourser que jusqu'à cette concurrence, quand même le possesseur aurait remboursé davantage.

*Contrà, vice versâ*, si la valeur, dont la chose est augmentée par cette impense, est d'une somme plus grande que celle qu'elle a coûtée, le propriétaire n'est obligé de rembourser que ce qu'elle a coûté; car, quoique le propriétaire profite de plus, ce n'est que jusqu'à concurrence de la somme que l'impense a coûtée, qu'il profiterait, aux dépens du possesseur, de l'impense qu'il a faite.

347. La seconde limitation au principe, que le possesseur de bonne foi doit être remboursé de ses impenses utiles, au moins jusqu'à concurrence de ce que la chose se trouve augmentée de valeur, est que ce principe n'est pas si général, que le juge ne puisse quelquefois s'en écarter, suivant les circonstances. C'est ce que nous enseigne Celse : *In fundo alieno, quem imprudens emeras, ædificasti aut conseruisti; deindè evincitur; bonus judex variè ex personis causisque constituet : finge et dominum* (1) *eadem facturum fuisse; reddat impensam et fundum recipiat, usquè* (2) *eo duntaxat quo pretiosior factus est; et si plus pretio fundi accessit, solùm quod impensum est. Finge pauperem, qui, si id reddere cogatur, laribus, sepulchris avitis carendum habeat; sufficit tibi permitti tollere ex his rebus quæ poscis; dùm ità ne deterior sit fundus quàm si initio non fuerit ædificatum; l.* 38, ff. *de rei vind.*

Dans cette dernière espèce, s'il y a une raison d'équité qui milite en faveur du possesseur, qui consiste à dire, que le propriétaire ne doit pas profiter à ses dépens de l'augmentation de valeur que ces impenses ont apportée à l'héritage; d'un autre côté, il y a une autre raison d'équité encore plus forte en faveur du propriétaire, à laquelle celle-ci doit céder, qui est que l'équité permet encore moins que le propriétaire soit privé de son héritage, pour lequel il a une juste affection, faute de pouvoir rembourser des impenses qu'il n'a pas le moyen de rembourser, dont

(1) *Id est, maximè hoc casu debet reddere impensam; sed etsi facturus non fuisset, regulariter debet reddere.*

(2) Ceci se rapporte à *impensam reddat*.

il pouvait se passer aussi bien que de l'augmentation de valeur qu'elles ont apportée à son héritage, qu'il ne veut pas vendre, et qui lui suffisait dans son ancien état.

Lorsque les impenses utiles, faites par le possesseur de bonne foi, sont tellement considérables, que le propriétaire n'a pas la commodité d'en faire le remboursement avant que de rentrer dans son héritage, et que ces impenses ont produit dans le revenu de l'héritage une augmentation considérable, il me paraît qu'on peut concilier les intérêts des parties, en permettant au propriétaire de rentrer dans son héritage, sans rembourser au préalable les impenses du possesseur de bonne foi, et en se chargeant, envers ce possesseur, d'une rente d'une somme approchante de ce dont le revenu de l'héritage a été augmenté par lesdites impenses; laquelle serait remboursable aux bons points du propriétaire, à laquelle l'héritage serait affecté par privilége. Par ce moyen, les intérêts de chacune des parties sont conservés; le propriétaire n'est point privé de son héritage, faute de pouvoir rembourser les impenses; et il ne profite pas, aux dépens du possesseur, de l'augmentation du revenu qu'elles ont causé à son héritage.

348. Il y a des impenses, qui augmentent la valeur de la chose revendiquée, dans le cas auquel le propriétaire voudrait la vendre, mais qui n'en augmentent pas le revenu dans le cas auquel il compterait la garder: le propriétaire qui, en gardant cette chose, ne profite point de cette impense, n'est point obligé de rembourser le possesseur de bonne foi qui l'a faite, à moins que ce propriétaire ne fût un homme qui fît commerce des choses de l'espèce dont est la chose revendiquée; auquel cas, profitant de ce dont les impenses ont augmenté le prix de cette chose, il en doit rembourser le possesseur de bonne foi qui les a faites. Les lois apportent cet exemple: *Si puerum* (1) *meum, quùm possideres, erudisses, nec idem observandum Proculus existimat: quia neque carere servo meo debeam, nec potest remedium idem adhiberi quod in areâ diximus* (2); *l.* 27, § *fin.* ff. *de rei vind.* (*Fortè quod pictorem aut librarium docueris*), *dicitur non aliter officio judicis æstimationem haberi posse; l.* 28; *nisi si venalem eum habeas* (3), *et plus ex pretio ejus consecuturus sis propter artificium; l.* 29, ff. *dict. tit.*

---

(1) *Servum.*

(2) *Ut si qui bonâ fide ædificavit tenear reddere impensam*; car je profite du bâtiment; au lieu que je ne profite pas de l'art qu'on a fait apprendre à mon esclave, auquel je ne compte pas l'employer.

(3) *Mutat personas*, en mettant à la seconde personne le propriétaire qui a revendiqué son esclave, qui, dans la loi 27, était à la première personne. Cela est fréquent dans le Digeste.

On peut imaginer d'autres exemples. *Finge.* Un homme a acheté de bonne foi un jeune chien qu'on m'avait volé, et a donné une somme d'argent pour lui apprendre à arrêter le gibier: ayant depuis reconnu mon chien, je l'ai revendiqué. Je ne suis pas obligé de lui rendre la somme qu'il a donnée pour instruire mon chien, cette dépense m'étant inutile, parce que je ne suis pas chasseur: mais si j'étais connu pour faire commerce de chiens, je serais obligé de la lui rendre, profitant, en ce cas, de cette dépense, qui me ferait vendre mon chien plus cher que s'il n'était pas dressé.

349. La troisième limitation, qui doit être apportée au principe, qui oblige le propriétaire à rembourser au possesseur de bonne foi les impenses utiles, qu'il a faites pour la chose qui fait l'objet de l'action en revendication, est que le propriétaire n'est tenu de rembourser au possesseur de bonne foi la somme qui lui est due pour lesdites impenses, que sous la déduction de ce que ce possesseur s'en trouve déjà remboursé par les fruits qu'il a perçus..... C'est ce qu'enseigne Papinien : *Sumptus in prædium, quod alienum esse apparuit, à bonâ fide possessore facti..... si fructuum ante litem contestatam perceptorum summam excedant, admissâ compensatione, superfluum sumptum, meliore prædio facto, dominus restituere cogitur*; l. 48, ff. *de rei vindic.*

Cela n'est pas contraire à ce qui a été dit ci-dessus, que le possesseur de bonne foi perçoit à son profit les fruits, tant que sa bonne foi dure, et que le propriétaire n'a pas intenté contre lui l'action en revendication; car il ne les perçoit à son profit qu'en ce sens, que le propriétaire ne peut, par voie d'action, en exiger de lui le rapport; mais il peut lui en opposer la compensation avec les mises qu'il a faites pour la chose revendiquée.

350. A l'égard du possesseur de mauvaise foi, les lois romaines paraissent lui avoir refusé le remboursement des impenses par lui faites, qui n'étaient pas nécessaires, quoiqu'elles eussent fait devenir plus précieuse la chose qui est revendiquée, et lui avoir seulement permis d'emporter de l'héritage revendiqué les choses qu'il y a mises, qui peuvent en être détachées, en rétablissant les choses en leur premier état. *Malæ fidei possessores*, dit l'empereur Gordien, *ejus quod in alienam rem impendunt, non eorum negotium gerentes quorum res est, nullam habeant repetitionem, nisi necessarios sumptus fecerint; sin autem utiles, licentia eis permittitur, sine læsione prioris statûs rei, eos auferre*; l. 5, *Cod. eod. tit.*

Le même dit ailleurs : *Vineas in alieno agro institutas solo cedere, et si à malæ fidei possessore id factum sit, sumptus eo nomine erogatos per retentionem servari non posse incognitum non est*; l. 1, *tit. de rei vind. in fragm. Cod. Gregor.*

Enfin Justinien, aux Instit. *de rer. div.* § 30, après avoir dit que celui, qui a bâti sur l'héritage d'autrui, doit être remboursé de cette impense par le propriétaire, ajoute : *Utique bonæ fidei possessor sit; nam scienti solum alienum esse, potest objici culpa, quòd ædificaverit temerè in eo solo quod intelligebat alienum esse.*

Malgré des textes aussi formels, Cujas, *obs.* x, *cap.* 1, pense que le possesseur de mauvaise foi doit être remboursé, aussi bien que le possesseur de bonne foi, des impenses utiles, jusqu'à concurrence de ce que la chose se trouve plus précieuse; et que les textes de droit, qui paraissent contraires, doivent s'entendre en ce sens, qu'à ne consulter que la rigueur du droit, le possesseur de mauvaise foi n'est pas fondé à prétendre ce remboursement; mais que cela n'empêche pas que le juge ne le lui accorde, en préférant en cela, à la rigueur du droit, l'équité qui ne permet pas que le propriétaire profite aux dépens de ce possesseur, suivant cette règle : *Neminem æquum est cum alterius detrimento locupletari.* Il fonde son opinion sur la loi 38, ff. *de petit hæred.*, où il est dit : *In cæteris necessariis et utilibus impensis posse separari, ut bonæ fidei quidem possessores, has quoque imputent, prædo autem de se queri debeat, qui sciens in rem alienam impendit : sed benignius est, in hujus quoque personâ haberi rationem impensarum; non enim debet petitor ex alienâ jacturâ lucrum facere.*

Quelque grande que soit l'autorité que Cujas s'est acquise dans les écoles, la plupart des docteurs, qui ont écrit depuis, n'ont pas suivi son opinion. On répond de deux manières à la loi 38, qui en fait le fondement. La réponse la plus ordinaire est, que cette loi est dans l'espèce de l'action de pétition d'hérédité; qu'on ne peut en rien conclure pour ce qui doit s'observer dans l'action de revendication, ces deux actions se gouvernant par des règles différentes, comme nous le verrons au chapitre suivant. Vinnius répond d'une autre manière à cette loi : il prétend que le possesseur de mauvaise foi ne peut prétendre le remboursement des impenses utiles, ni dans l'action de revendication, ni même dans l'action de pétition d'hérédité; et que ces termes de la loi, *benignius est in hujus quoque personâ haberi rationem impensarum*, ne doivent pas s'entendre en ce sens, que le remboursement lui en doit être accordé; mais seulement en ce sens, qu'on doit lui permettre d'enlever tout ce qu'il a mis dans l'héritage, qui en peut être enlevé, en rétablissant les choses dans le premier état; ce qui ne lui est encore accordé que par une raison de faveur et d'humanité, puisque ces choses ayant été acquises de plein droit au propriétaire de l'héritage dont elles se trouvent faire partie, *jure accessionis, et vi ac potestate rei suæ*, le possesseur, qui les y a attachées, à ne consulter que la rigueur du droit, ne devrait pas même avoir la faculté de les en détacher.

A l'égard de la règle, *Neminem æquum est cum alterius detrimento locupletari*, la réponse est, qu'elle peut bien être opposée par le possesseur de bonne foi, mais qu'elle ne le peut être par le possesseur de mauvaise foi; le propriétaire pouvant lui répliquer que l'équité lui permettait encore moins de constituer le propriétaire, contre son gré, dans une dépense qu'il ne voulait pas faire, en faisant sur son héritage, qu'il possédait injustement, des impenses qu'il savait n'avoir pas droit d'y faire; que s'il souffre de ce que ses impenses ne lui sont pas remboursées, il ne peut s'en prendre qu'à lui-même, puisque c'est par sa faute qu'il les a faites : or, on n'est point reçu à se plaindre de ce qu'on souffre par sa faute : *Id quod quis suâ culpâ damnum sentit, non videtur sentire.* Cette réponse est justement celle que Justinien, au texte des Institutes ci-dessus rapporté, met dans la bouche du propriétaire, pour le décharger du remboursement des impenses utiles envers le possesseur de mauvaise foi : *Nam*, dit Justinien, *scienti solum alienum esse potest objici culpa, quod ædificaverit temerè in eo solo.*

Si le propriétaire n'est pas obligé de rembourser au possesseur de mauvaise foi les impenses utiles, jusqu'à concurrence de la somme dont l'héritage revendiqué en est augmenté de valeur, au moins ce propriétaire ne peut pas se dispenser d'en souffrir la compensation jusqu'à due concurrence, avec la somme qui lui est due par ce possesseur pour le rapport des fruits : car le propriétaire est censé avoir déjà touché, jusqu'à due concurrence, le prix desdits fruits, par l'emploi qui en a été fait à l'amélioration de son héritage. Ce serait s'en faire payer deux fois, que de n'en pas tenir compte au possesseur; ce que la bonne foi ne permet pas.

Dans notre pratique, on laisse à la prudence du juge à décider, suivant les différentes circonstances, si le propriétaire doit rembourser le possesseur de mauvaise foi des impenses utiles, jusqu'à concurrence de ce que l'héritage revendiqué en est devenu plus précieux. Il y a une mauvaise foi caractérisée et criminelle, telle que celle d'un usurpateur qui a profité de la longue absence d'un propriétaire, ou de la minorité d'un propriétaire qui n'avait point de défenseur, pour se mettre, sans aucun titre, en possession d'un héritage : un tel possesseur de mauvaise foi doit être traité avec toute la rigueur du droit; il ne mérite aucune indulgence; et on ne doit point en conséquence lui faire raison des améliorations qu'il a faites à l'héritage, pendant qu'il le possédait. Au contraire, il y a des espèces de mauvaise foi qui ne sont pas si criminelles, et qui sont excusables. Par exemple, j'ai acheté l'héritage d'un mineur, de sa mère et gardienne, qui était alors très-riche, et qui s'est obligée de le faire ratifier; depuis, il est arrivé un dérangement dans la fortune de ma venderesse : elle est morte. Le mineur devenu majeur a renoncé à sa succession, et a donné une demande en revendication contre moi. Je suis possesseur de mauvaise foi. J'avais *scientiam rei alienæ*, puisqu'en achetant j'ai eu connaissance que l'héritage appartenait au mineur, et que ma venderesse n'avait pas le pouvoir de l'aliéner : mais cette mauvaise foi n'est point criminelle; j'avais un juste sujet de me flatter que le mineur ratifierait, ou deviendrait héritier de sa mère : c'est pourquoi, je dois être traité avec indulgence, et le juge doit me faire faire raison des améliorations que j'ai faites sur l'héritage, jusqu'à concurrence de ce qu'il est plus précieux.

351. De la différence, qu'il y a entre le possesseur de bonne foi et celui de mauvaise foi, par rapport aux impenses utiles, naît une question, qui est de savoir, si, pour que le possesseur puisse prétendre ce remboursement, il suffit qu'il fût possesseur de bonne foi, lorsqu'il a acquis l'héritage; ou s'il faut qu'il le fût encore lorsqu'il a fait lesdites impenses. Ulpien, d'après Julien, décide qu'il faut qu'il l'ait été lorsqu'il les a faites: *Julianus, libro 8° Digestorum, scribit : Si in alienâ areâ ædificassem cujus bonæ fidei quidem emptor fui, verùm eo tempore ædificavi quo jam sciebam alienam, videamus an nihil mihi exceptio* (1) *prosit? Nisi fortè* (2) *quis dicat prodesse de damno sollicito : puto autem huic exceptionem non prodesse; nec enim debuit jam alienam certus, ædificium ponere; sed hoc ei concedendum est, ut sine dispendio domini areæ tollat ædificium quod posuit*; l. 37, ff. *de rei vind.*

352. Observez, à l'égard du droit qui est accordé au possesseur de mauvaise foi, d'emporter ce qu'il a mis dans l'héritage revendiqué, en le rétablissant dans son premier état, qu'il ne peut en détacher que les choses dont il peut retirer quelque profit en les emportant, et qu'il doit même les laisser, si le propriétaire lui en offre le prix qu'il en pourrait retirer, *Constituimus*, dit Celse, *ut si paratus est dominus tantùm dare, quantùm habiturus est possessor, his rebus ablatis, fiat ei potestas*; l. 38, ff. *de rei vind.*

Suivant ces principes, il ne doit pas lui être permis d'effacer les peintures dont il a décoré les appartemens de l'héri-

(1) *Exceptio doli mali, nisi refundat impensam.*
(2) C'était la raison de douter, à laquelle le jurisconsulte ne croit pas qu'on doive s'arrêter.

tage revendiqué, quoiqu'il offre de remettre les choses dans l'ancien état. C'est pourquoi le jurisconsulte ajoute : *Neque malitiis indulgendum est, si tectorium, putà, quod induxeris, picturasque corrodere velis, nihil laturus nisi ut officias ; dict. l.* 38.

353. Il nous reste à observer que le possesseur, qui est condamné à délaisser au propriétaire la chose revendiquée, quoiqu'il l'ait achetée de bonne foi, et qu'il soit possesseur de bonne foi, n'est pas fondé à demander au propriétaire qu'il lui rende le prix qu'il a payé : *Incivilem rem desideratis*, dit l'empereur Antonin, *ut agnitas res furtivas non priùs reddatis, quàm pretium solutum fuerit*, l. 2, *Cod. de furt.*

Mais s'il était prouvé que le prix, que le possesseur a payé pour le prix de l'achat qu'il a fait de la chose qu'il a été condamné de délaisser au propriétaire, a tourné au profit de ce propriétaire ; quand même ce possesseur serait possesseur de mauvaise foi, le propriétaire doit lui rendre le prix qu'il a payé, et il se doit faire compensation des intérêts de ce prix avec les fruits que ce possesseur a perçus. Par exemple, si j'ai acquis d'un tuteur un héritage de son mineur, qu'il m'a vendu en sa qualité de tuteur, sans observer aucunes formalités ; si, sur l'action en revendication, que le mineur devenu majeur a depuis donnée contre moi, j'ai été condamné à le lui délaisser, quoique je fusse possesseur de mauvaise foi de cet héritage, puisque je savais que celui, qui me l'a vendu, n'avait pas droit de me le vendre ; néanmoins, si je puis justifier que le prix a tourné au profit de ce mineur, *putà*, qu'il a servi à payer ses dettes, le juge, en me condamnant à délaisser l'héritage au mineur, le condamnera à me rendre le prix qui a tourné à son profit.

Observez que si ce tuteur avait employé le prix, que je lui ai payé, à rembourser des rentes dues par le mineur, je ne pourrais pas obliger le mineur à autre chose qu'à me les continuer.

## ARTICLE VII.

### *De l'exécution du jugement qui a condamné le possesseur à délaisser la chose revendiquée ; et du cas auquel il s'est mis, par dol ou par sa faute, hors d'état de pouvoir le faire.*

#### § I. Du délaissement que le posseseur doit faire de la chose.

354. Lorsque, sur l'action en revendication, le défendeur est condamné, par un jugement dont il n'y a pas d'appel, à délaisser au demandeur la chose revendiquée ; si cette chose est un meu-

ble qui soit en la possession du défendeur, qui avait obtenu main-levée par provision de l'entiercement qui en a été fait, le défendeur doit la rendre sur la première sommation qui lui en est faite ; sinon, sur son refus, le juge permet au demandeur de la faire saisir par un huissier, et de l'emporter du lieu où elle est.

355. Lorsque la chose, que le possesseur a été condamné de délaisser, est un héritage, l'Ordonnance de 1667, titre *de l'exécution des jugemens*, 27, *art.* 1, lui donne quinze jours pour le délaisser, à compter du jour de la signification du jugement, qui lui a été faite à personne ou à domicile, avec sommation d'y satisfaire.

Ce délaissement consiste en ce que le possesseur doit, dans ce terme qui lui est accordé, déloger tous les meubles qu'il a dans l'héritage qu'il est condamné de délaisser, le laisser vacant, et en remettre les clefs au propriétaire demandeur en revendication, à qui il a été condamné de le délaisser.

Faute par le possesseur de délaisser dans ledit temps de quinzaine, ladite Ordonnance, *art.* 1, prononce contre lui une amende de 200 liv., applicable moitié au roi, moitié à la partie.

L'Ordonnance veut, en outre, *art.* 3, que le possesseur qui, quinzaine après la première sommation qui lui a été faite, n'a pas obéi au jugement, soit condamné par corps à délaisser, et aux dommages et intérêts du propriétaire à qui il a été condamné de délaisser.

Observez que, lorsque l'héritage est éloigné de plus de dix lieues du lieu du domicile de la partie qui a été condamnée de le délaisser, on ajoute au délai de quinzaine ci-dessus mentionné, un jour pour chaque dix lieues de distance.

356. Lorsque la partie persiste dans le refus opiniâtre de délaisser l'héritage, le propriétaire peut s'en faire mettre en possession *manu militari*. Il obtient, pour cela, une sentence du juge, qui lui permet de se mettre en possession de l'héritage, et, pour cet effet, de faire faire ouverture des portes par un serrurier, et d'en faire déloger les meubles qui s'y trouvent.

Le propriétaire, qui a obtenu cette sentence, la fait mettre à exécution par un huissier, accompagné d'un serrurier, de témoins, et d'un voiturier pour déloger les meubles, et les transporter dans le cabaret voisin. Cela est conforme à la loi 68, ff. *de rei vind.*, où il est dit : *Qui restituere jussus, judici non paret..... si quidem habeat rem, manu militari officio judicis ab eo possessio transfertur.*

357. Lorsque le possesseur n'a pas été purement et simplement condamné à délaisser l'héritage, mais a été condamné à le dé-

laisser, à la charge par le propriétaire de lui rembourser les impenses et améliorations qu'il y a faites, le propriétaire ne peut faire aucunes poursuites contre lui, pour le lui faire délaisser, jusqu'à ce qu'il en ait été remboursé; le possesseur ayant, en ce cas, le droit de le retenir, *veluti jure pignoris*. C'est ce qui est porté par l'*art*. 9.

Mais comme ce possesseur pourrait se prolonger la possession de l'héritage, en différant à faire liquider la somme à laquelle montent lesdites impenses et améliorations, et qui doit lui être remboursée; l'Ordonnance ordonne, par ledit *art*. 9, que le possesseur soit tenu de liquider lesdites impenses et améliorations, dans un certain délai qui sera prescrit par le juge; et que, faute par lui de le faire dans ledit délai, le propriétaire soit mis en possession de son héritage, en donnant caution de les payer après qu'elles auront été liquidées.

L'Ordonnance de Moulins, *art*. 52, voulait que ce délai n'excédât pas le temps d'un mois. Celle de 1667 l'a laissé à l'arbitrage du juge.

Pour parvenir à cette liquidation, le possesseur doit, par un acte de procédure, déclarer les différens articles d'impenses nécessaires ou utiles, dont il demande le remboursement; produire les marchés faits avec les ouvriers, et les quittances des sommes qu'il a payées; et nommer un expert pour en faire la visite, et estimer de combien les impenses utiles ont augmenté la valeur de l'héritage; et sommer le propriétaire de le venir passer ou contredire, et en nommer un de sa part.

Le propriétaire répond à cet acte, nomme un expert de sa part, sinon le juge en nomme un pour lui; les experts font leur rapport; et le juge, tant sur ledit rapport qu'il homologue, lorsqu'on n'a rien opposé contre, qui en pût empêcher l'homologation, que sur tout ce qui a été dit et produit par les parties, règle la somme à laquelle doivent monter lesdites impenses et améliorations, et qui doit être remboursée au défendeur par le propriétaire.

## § II. De la liquidation des fruits que le possesseur a été condamné de restituer.

358. Lorsque le possesseur, qui, sur l'action en revendication, a été condamné, par un jugement dont il n'y a pas d'appel, à délaisser l'héritage revendiqué, a été aussi condamné à restituer les fruits qu'il en a perçus; l'Ordonnance de 1667, au titre 38, *de la liquidation des fruits*, article premier, veut qu'il soit tenu de rendre, dans les mêmes espèces, ceux de la dernière année qu'il a perçus, lorsqu'il les a encore pardevers lui; et ceux des

années précédentes, suivant la liquidation qui en doit être faite devant le juge ou commissaire.

Pour parvenir à cette liquidation, le possesseur, lorsqu'il a fait valoir l'héritage par ses mains, doit donner une déclaration de la quantité des fruits qu'il a recueillis chaque année, depuis le temps qu'il est condamné de les rapporter; et, pour en justifier, représenter ses papiers de recette; *art.* 2.

Lorsque ces fruits sont des grains, on doit estimer ceux qu'il a recueillis chaque année, sur le pied qu'ils ont valu au marché le plus voisin de l'héritage, pendant les quatre saisons de ladite année, dont on fait une année commune. Cette estimation se fait sur des extraits, que le possesseur doit rapporter, du registre de la valeur des grains, de la justice du lieu où est ledit marché, qui doivent être en bonne forme, délivrés par le greffier de ladite justice, et signés de lui. L'Ordonnance, audit titre, *art.* 8, porte expressément que l'estimation des grains ne pourra se faire que par les extraits desdits registres.

A l'égard des fruits d'une autre espèce, tels que du vin, du cidre, des foins, etc., que le possesseur a recueillis chaque année, on en doit régler le prix, ou par les papiers de recette du possesseur, s'il y est fait mention des prix qu'il les a vendus chaque année, ou par l'estimation qui en sera faite par personnes dont les parties conviendront, qui soient d'état à avoir cette connaissance. Par exemple, si c'est du vin, cette estimation doit s'en faire par d'anciens marchands de vin, qui peuvent facilement connaître, en feuilletant leurs registres, le prix qu'a valu le vin chaque année.

Après toutes ces estimations faites, le possesseur, dans le compte qu'il doit rendre des fruits qu'il a perçus, se charge en recette de la somme à laquelle se trouve monter l'estimation de tous les fruits qu'il doit rapporter, sur laquelle somme il doit lui être fait déduction des frais qu'il a faits pour faire venir et pour recueillir les fruits; ensemble, des sommes qu'il a payées, tant pour les frais d'entretien et réparations viagères, que pour l'acquittement des charges foncières, tant annuelles qu'extraordinaires, et pour les dixièmes, vingtièmes et autres semblables impositions, de toutes lesquelles sommes il doit rapporter les quittances.

359. Si le possesseur, pendant le temps qu'il a possédé l'héritage qu'il a été condamné de délaisser avec rapport des fruits, l'avait donné à loyer ou à ferme, il doit rapporter les baux et loyers qu'il a faits, et compter des fermes et loyers sur le pied desdits baux, sous la déduction des charges foncières, frais d'entretien et impositions, comme il a été dit ci-dessus.

Si les baux n'étaient pas à prix d'argent, mais pour une certaine quantité de grains par chacun an, il faudrait faire l'appréciation des grains de la ferme de chaque année, suivant les extraits du registre du lieu où la ferme était payable, de la manière dont nous l'avons dit ci-dessus. Le propriétaire pourrait être écouté à ne pas s'en tenir au prix des baux à ferme, et à demander une estimation, s'il alléguait qu'il aurait fait valoir l'héritage par ses mains, et qu'il en aurait retiré beaucoup plus.

360. Si le compte des fruits présenté par le possesseur n'est point débattu, le juge arrête ce compte, en faisant déduction de la somme, à laquelle montent les fruits qui doivent être rapportés, de celle à laquelle montent les articles employés au chapitre des déductions qui doivent être faites; et la somme, à laquelle le reliquat aura été arrêté, doit être payée, par le possesseur, dans le mois, pour tout délai.

Lorsque le propriétaire, envers qui le possesseur a été condamné au rapport des fruits, débat le compte, en soutenant, par exemple, que le possesseur a recueilli une plus grande quantité de fruits que celle qu'il a déclarée par le compte; le juge permet aux parties respectives de faire preuve, tant par témoins que par écrit, de la quantité desdits fruits, et des autres faits par eux avancés, *art.* 3.

Si le propriétaire, qui a débattu le compte, ne fait pas sa preuve, il doit être condamné aux dépens; si, au contraire, il la fait, c'est le possesseur qui y doit être condamné; lesquels dépens, en l'un et en l'autre cas, doivent être taxés par le jugement qui interviendra; *art.* 4 *et* 5.

361. Lorsque le possesseur, qui a fait valoir l'héritage par ses mains, déclare qu'il ne peut rendre compte des fruits qu'il est condamné de rapporter, ne se souvenant aucunement de la quantité qu'il a recueillie par chacun an, dont il n'a tenu aucun registre, non plus que des frais; il ne peut, en ce cas, y avoir d'autre voie que celle d'ordonner que les jouissances, que le possesseur est condamné de rapporter, seront estimées par personnes dont les parties conviendront.

### § III. Du cas auquel le possesseur s'est mis hors d'état de pouvoir rendre la chose revendiquée.

362. Lorsque la chose mobilière, que le possesseur a été condamné de restituer au propriétaire, ne peut être saisie entre ses mains, parce qu'elle ne s'y trouve plus; si c'est par le dol de ce possesseur qu'elle ne s'y trouve plus, soit qu'effectivement elle ne s'y trouve plus, soit qu'il la recèle; en ce cas, suivant les principes du droit romain, le juge devait s'en rapporter au serment du demandeur sur la somme à laquelle il juge à propos d'estimer ses dommages et intérêts résultans de ce que sa chose

ne lui est pas rendue, dans laquelle estimation il pouvait comprendre le prix de l'affection qu'il a pour cette chose. Le juge devait condamner le possesseur à payer au propriétaire la somme à laquelle ce propriétaire avait, par serment de lui pris, estimé lui-même ses dommages et intérêts : *Qui restituere jussus judici non paret.... si non potest restituere, si quidem dolo fecit, quominùs possit, is, quantùm adversarius in litem, sine ullâ taxatione, in infinitum juraverit, damnandus est ;* l. 68, ff. *de rei vend.*

Lorsque c'était seulement par la faute du possesseur que la chose ne se trouvait plus, sans qu'il fût néanmoins intervenu aucun dol de sa part; en ce cas, on ne déférait pas le serment *in litem* au propriétaire, et le possesseur était seulement condamné envers lui en ses dommages et intérêts, tels qu'ils seraient réglés par arbitres, dans lesquels n'entrait point le prix d'affection : *Si verò,* ajoute la loi, *nec potest restituere, nec dolo fecit quominùs possit, non pluris quàm quanti res est, id est quanti adversarii interfuit, condemnandus est ; dict. l.* 68.

363. Dans notre jurisprudence française, on ne défère pas le serment *in litem* au propriétaire; et soit que ce soit seulement par la faute, soit que ce soit par le dol du possesseur, que la chose ne lui a pas été rendue, le possesseur n'est condamné envers lui qu'en ses dommages et intérêts, tels qu'ils seront réglés par personnes dont les parties conviendront ; et l'intérêt d'affection n'y entre pas.

364. Lorsque le possesseur, qui, par sa faute, s'est mis hors d'état de restituer la chose revendiquée, paie au propriétaire la somme à laquelle ont été réglés les dommages et intérêts, le propriétaire est censé lui abandonner pour cette somme tout le droit qu'il a dans cette chose. C'est pourquoi, cet ancien possesseur, qui a payé, peut, comme étant aux droits du propriétaire à qui il a payé cette somme, exercer à son profit et à ses risques, contre les tiers qui se trouveraient en possession de cette chose, l'action de revendication que le propriétaire eût pu exercer; et si le propriétaire, qui a reçu la somme, s'en trouvait depuis lui-même en possession, l'ancien possesseur, qui lui a payé cette somme, serait bien fondé à intenter contre lui la demande pour la lui faire délaisser : *Si culpâ non fraude quis possessionem amiserit, quoniam pati debet æstimationem litis, audiendus erit à judice, si desideret ut adversarius actione suâ cedat... ipso quoque, qui litis æstimationem perceperit possidente, debet adjuvari ;* l. 63, ff. *de rei vind.*

Le propriétaire ne serait pas même reçu, en ce cas, à offrir de rendre la somme qu'il a reçue, pour se dispenser de rendre la chose à celui de qui il a reçu la somme : *Nec facilè audiendus erit,* ajoute tout de suite Papinien, *si velit posteà pecuniam, quam ex sententiâ judicis, periculo judicati recepit, restituere; dict. l. 63.*

Le propriétaire, à qui le défendeur, qui s'est mis hors d'état de rendre la chose, a payé la somme à laquelle ont été réglés les dommages et intérêts, est bien obligé de lui abandonner tous les droits qu'il a dans cette chose, mais sans aucune garantie : *Petitor possessori de evictione cavere non cogitur rei nomine cujus æstimationem accepit; sibi enim possessor imputare debet qui non restituit rem*; l. 35, § 2, ff. *dict. tit.*

---

## CHAPITRE II.

### *De la pétition d'hérédité.*

365. L'action de revendication, dont nous avons traité au chapitre précédent, a lieu pour les choses particulières. Le propriétaire, qui en a perdu la possession, a cette action contre celui qui s'en trouve en possession. La question, qui est agitée par les parties sur cette action, est de savoir si le demandeur a justifié suffisamment son droit de propriété de la chose revendiquée. La pétition d'hérédité a lieu pour les successions : l'héritier, à qui la succession appartient, soit pour le total, soit pour partie, a cette action contre ceux qui la lui disputent, et qui refusent, sur ce prétexte, de lui rendre les choses qu'ils ont pardevers eux, dépendantes de ladite succession, ou qui en sont provenues; ou de lui payer ce qu'ils doivent à ladite succession. La question, qui est à juger, est de savoir si le demandeur a bien établi sa qualité d'héritier, et si, en conséquence, la succession lui appartient.

Nous verrons, dans une première section, par quelles personnes et contre quelles personnes peut être intentée la pétition d'hérédité : dans une seconde, ce que le demandeur doit établir sur cette action, et ce qui peut lui être opposé par le défendeur. Nous y verrons de plus, si et comment, pendant que le procès dure sur cette action entre deux parties qui se disputent la succession, les créanciers de la succession et les légataires peuvent se faire payer. Nous traiterons, dans une troisième section, de la restitution qui doit être faite des biens de la succession, par le possesseur, à l'héritier qui a obtenu en sa demande en pétition d'hérédité. Nous traiterons, dans une quatrième, des prestations personnelles auxquelles est tenu, en ce cas, le possesseur envers cet héritier : dans la cinquième, de celles auxquelles est tenu, de son côté, l'héritier envers le possesseur. Enfin, nous traiterons, dans une sixième section, de certaines actions qui sont à l'instar de la pétition d'hérédité.

## SECTION PREMIÈRE.

### Par quelles personnes, et contre quelles personnes peut être intentée la pétition d'hérédité.

#### ARTICLE PREMIER.

*Par quelles personnes peut être intentée la pétition d'hérédité.*

366. De même que l'action de revendication ne peut être valablement intentée que par le propriétaire de la chose revendiquée, pareillement la petition d'hérédité ne peut être intentée que par celui qui est l'héritier du défunt, dont il revendique la succession, et par conséquent propriétaire de cette succession.

Dans les provinces régies par le droit écrit, et dans quelques Coutumes qui reconnaissent des héritiers testamentaires, telle que celle de Berri, l'héritier peut intenter la pétition d'hérédité, soit qu'il soit héritier testamentaire, soit qu'il soit héritier légitime. Dans les Coutumes de Paris, d'Orléans, et dans presque tout le pays coutumier, il n'y a pas d'autre héritier que l'héritier légitime.

367. Celui, qui n'est héritier que pour une partie, peut intenter la pétition d'hérédité, aussi bien que celui qui est héritier pour le total; avec cette différence, que celui, qui est héritier pour le total, revendique la succession entière contre ceux qui en possèdent quelques effets, quelque peu qu'ils en possèdent, et conclut, en conséquence, à ce que le juge, en déclarant que la succession lui appartient pour le total, condamne le défendeur à lui délaisser le total de ce qu'il a pardevers lui des effets de cette succession; au lieu que celui, qui n'est héritier qu'en partie, revendique seulement la partie de la succession qui lui appartient, et conclut, en conséquence, à ce que le juge, en déclarant que la succession lui appartient pour cette partie, condamne le défendeur à lui délaisser les effets de cette succession qu'il a pardevers lui, pour la part seulement qu'il a dans cette succession.

368. Non-seulement l'héritier immédiat d'un défunt a droit

de revendiquer, par cette action d'hérédité, la succession de ce défunt, mais encore l'héritier de cet héritier a le même droit; car l'héritier immédiat, ayant transmis tous ses droits à son héritier, lui a transmis la propriété qu'il avait de cette hérédité. C'est ce qu'enseigne Gaïus : *Si Titio qui Seio hæres extitit, nos hæredes facti sumus; sicuti Titii hæreditatem nostram esse intendere possumus, ità et Seii;* l. 3, ff. *de hæred. petit.*

Ce que nous disons de l'héritier de l'héritier doit s'entendre *quantumvis per longissimam successionem;* car c'est une règle de droit que, *Qui per successionem quamvis longissimam hæredes constiterunt, non minùs hæredes intelliguntur, quàm qui principaliter hæredes existunt;* l. 194, ff. *de Reg. Jur.*

369. Un cessionnaire de droits successifs peut aussi, non pas de son chef, mais du chef de l'héritier qui lui a cédé ses droits successifs, intenter la pétition d'hérédité.

Lorsque le possesseur des effets de la succession, assigné sur la demande de ce cessionnaire des droits successifs, lui dispute la propriété de la succession, et la qualité d'héritier qu'a son cédant, il peut sommer en garantie son cédant, qui est son garant formel, pour qu'il soit tenu de prendre son fait et cause, et de suivre la demande en pétition d'hérédité contre le défendeur qui dispute sa qualité d'hérédité, et la propriété de la succession : car quoique celui, qui a vendu ses droits successifs, ne soit pas garant des effets particuliers de la succession, il est garant de la succession, lorsque c'est la succession elle-même et sa qualité d'héritier qui sont disputées à son cessionnaire : *Hæredem se esse præstare debet*; l. 13, ff. *de hæred. vend.*

Il en serait autrement, si quelqu'un avait vendu, non ses droits successifs, mais ses prétentions à une telle succession, si aucunes il y a. En ce cas, le cessionnaire desdites prétentions, soit qu'il ait intenté lui-même la pétition d'hérédité, soit qu'elle ait été intentée contre lui, doit faire valoir à ses risques les prétentions de son cédant, lorsqu'elles lui sont disputées, sans qu'il puisse sommer en garantie son cédant, ni exercer aucun recours contre lui, à moins qu'il n'y eût du dol de la part de son cédant; comme s'il était justifié que, lors de la cession, le cédant avait une parfaite connaissance que les prétentions qu'il vendait étaient mal fondées; auquel cas, le cessionnaire a l'action de dol contre lui. C'est pourquoi Gaïus, après avoir dit que celui, qui n'a vendu que ses prétentions, ne contracte aucune obligation de garantie, ajoute : *Hoc ità intelligendum, nisi sciens ad se non pertinere ità vendiderit; nam tunc ex dolo tenebitur*; l. 12, ff. *de hæred. vend.* Voyez *notre Traité du Contrat de vente*, *n.* 528 et 529.

ARTICLE II.

*Contre qui peut être intentée la pétition d'hérédité.*

370. La pétition d'hérédité peut être intentée, non-seulement contre ceux, qui se sont mis en possession des biens, ou de la plus grande partie des biens de la succession qui est revendiquée par le demandeur, mais même contre celui, qui ne posséderait qu'un effet de cette succession le moins considérable, lorsque ce possesseur, pour ne pas rendre cet effet, dispute au demandeur la propriété de la succession et sa qualité d'héritier, en laquelle il en demande la restitution : *Definiendum est eum teneri petitione hæreditatis, qui vel jus pro hærede vel possessore possidet, vel rem hæreditariam, licèt minimam*; l. 9, l. 10, ff. *de hæred. petit.*

Si le possesseur ne disputait pas au demandeur sa qualité d'héritier, mais soutenait que les choses, dont le demandeur lui demande la restitution, en qualité d'héritier d'un tel, n'appartenaient point au défunt; en ce cas, la contestation n'étant pas sur la propriété de la succession, mais sur la propriété des choses particulières, il n'y aurait pas lieu à la pétition d'hérédité, mais à l'action de revendication.

371. A l'égard des possesseurs, qui prétendent que la succession, dont ils possèdent les effets, leur appartient, soit pour le total, soit pour partie, la pétition d'hérédité procède contre eux, soit qu'ils n'aient aucun droit dans cette succession, soit qu'ils y aient effectivement une part, lorsqu'ils disputent au demandeur la part qu'il y a, et pour laquelle il a intenté contre eux la pétition d'hérédité. C'est pourquoi, dans l'espèce d'une sœur, qui, étant héritière d'un défunt avec ses quatre frères, chacun pour une cinquième portion, avait intenté la pétition d'hérédité pour sa cinquième portion, contre ses frères qui s'étaient emparés des effets de cette succession qu'ils prétendaient leur appartenir à l'exclusion de leur sœur, le jurisconsulte décide que la pétition d'hérédité procède contre eux, et que chacun desdits frères doit, sur cette action, être condamné à restituer à sa sœur la cinquième portion de ce dont il s'est emparé : *Sororem, quam cohæredem fratribus quatuor in bonis matris esse placuit, quinta portio, pro portionibus, quæ ad eos pertinuit, cedet; ità ut singuli in quartâ, quam anteà habere credebantur, non amplius ei quintam conferant*; l. 6, ff. *si pars hæred. pet.*

372. Dans nos usages, un héritier pour partie débute ordinairement par donner la demande à fin de partage contre les autres héritiers qui se sont emparés des effets de la succession. Mais si

les héritiers, assignés sur cette demande, disputent au demandeur la part qu'il prétend dans la succession dont il demande le partage; le demandeur, en soutenant contre les défendeurs que la part, qui lui est disputée, lui appartient, est censé intenter contre eux la pétition d'hérédité pour cette part; et cette pétition doit être instruite et jugée préalablement à la demande à fin de partage.

Un héritier pour partie ne pouvant pas, sur la pétition d'hérédité, faire condamner un de ceux qui possèdent des effets de la succession, à les délaisser pour le total, quelque peu qu'il en possède, mais seulement quant à la part pour laquelle le demandeur est héritier, et pour laquelle il a intenté sa pétition, comme nous l'avons vu *suprà, n.* 367, il s'ensuit qu'il ne suffit pas à l'héritier pour partie d'intenter la pétition d'hérédité contre quelqu'un des possesseurs; il faut qu'il l'intente contre tous. C'est ce qu'observe Ulpien : *Si duo possideant hæreditatem, et duo sint qui ad se pertinere dicant, non singuli à singulis petere contenti esse debent, putà, primus à primo, vel secundus à secundo, sed ambo à primo, et ambo à secundo; neque enim alter primi, alter secundi partem possidet, sed ambo utriusque pro hærede;* l. 1, § 2, ff. *si pars hær. pet.*

373. La pétition d'hérédité peut être intentée, non-seulement contre ceux qui possèdent des effets dépendans de la succession, mais généralement contre tous ceux à qui il en est parvenu quelque chose, tel qu'est celui qui a reçu quelque somme des débiteurs de la succession, ou du prix de la vente des effets de la succession, lorsque, pour se dispenser d'en faire raison au demandeur, il lui dispute la succession et sa qualité d'héritier : *Sed et is qui pretia rerum hæreditariarum possidet, item is qui à debitore exegit, petitione hæreditatis tenetur;* l. 16, § 1, ff. *de hæred. petit.*

374. La pétition d'hérédité peut aussi être intentée contre un débiteur de la succession, lorsque, pour se défendre de payer ce qu'il doit à la succession, il prétend que c'est à lui que la succession appartient, et la dispute au demandeur : *Item* (*peti potest hæreditas,* dit Ulpien), *à debitore hæreditario, quasi à juris possessore; nam et à juris possessoribus posse hæreditatem peti constat;* l. 13, § *fin.*, ff. *dict. tit.*

Le sens de ces termes, *quàsi à juris possessore*, est que par le refus que fait ce débiteur de payer ce qu'il doit à la succession en prétendant que la succession lui appartient, il se met, en quelque façon, en possession d'un droit de la succession, savoir, de la créance que le défunt avait contre lui, qu'il prétend être passée en sa personne, en sa prétendue qualité de son héritier.

Mais lorsque le débiteur ne prétend pas que la succession,

envers laquelle il est débiteur, lui appartient, mais fonde le refus qu'il fait de payer au demandeur ce qu'il doit à la succession, uniquement sur ce qu'il prétend que le demandeur ne lui a pas suffisamment justifié que cette succession lui appartient; ce qu'il doit néanmoins lui justifier, pour qu'il puisse le payer sûrement; en ce cas, il n'y a pas lieu à la pétition d'hérédité contre ce débiteur, *qui nullam facit hæreditatis controversiam*. L'héritier n'a, en ce cas, d'autre action contre ce débiteur, que celle qui est née de la créance du défunt, sur laquelle il doit justifier sa qualité d'héritier, qui a fait passer cette action en sa personne : *Si debitor hæreditarius non ideò nolit solvere quòd se dicat hæredem, sed ideò, quòd neget aut dubitet an hæreditas pertineat ad eum, qui petit hæreditatem, non tenetur hæreditatis petitione*; l. 42, ff. *dict. tit.*

375. Suivant les principes du droit romain, le véritable héritier n'avait l'action directe en pétition d'hérédité contre le possesseur d'effets de la succession, que lorsque ce possesseur prétendait, de son chef, la propriété de la succession. Lorsqu'il ne la prétendait que du chef d'un autre, de qui il avait acquis les droits successifs, l'héritier avait seulement contre lui l'action utile, qui avait tous les mêmes effets que la directe : *Si quis hæreditatem emerit, an utilis in eum petitio hæreditatis deberet dari, ne singulis judiciis vexaretur ?.... Putat Gaïus Cassius dandam utilem actionem*; l. 13, § 4, *dict. tit.* Cette distinction des actions directes et utiles, qui ne diffèrent que *subtilitate juris*, est inconnue dans notre droit.

376. On peut aussi intenter la pétition d'hérédité contre celui qui ne possède plus, à la vérité, aucune chose de la succession dont il prétend la propriété, mais qui a cessé par dol de posséder celles qui étaient pardevers lui : *Si quis dolo fecerit quominùs possideat, hæreditatis possessione tenebitur*; l. 13, § 14. C'est ce qui avait été ordonné par la constitution d'Adrien, rapportée en la loi 20, § 6, ff. *dict. tit.*, où il est dit : *Eos qui bona invasissent, quùm scirent ad se non pertinere, etiamsi ante litem contestatam fecerint quominùs possiderent, perindè condemnandos quasi possiderent.*

377. Enfin, dans la pétition d'hérédité, de même que dans l'action de revendication, lorsque le demandeur a assigné quelqu'un, pour délaisser quelque chose dont il le croyait possesseur, quoiqu'il ne la possédât pas; si la partie assignée, dans le dessein de tromper le demandeur, et pour donner à celui qui la possédait le temps de l'acquérir par droit d'usucapion, a défendu à la demande, comme s'il possédait cette chose, en soutenant que la succession, dont elle dépendait, lui appartenait, et non au demandeur; il doit être, sur la demande, condamné, de même que s'il eût effectivement possédé la chose : *Qui se liti obtulit*

*quùm rem non possideret, condemnatur;* l. 45, ff. *de petit. hæred.*

Il en serait autrement, si le demandeur avait lui-même connaissance que la partie assignée ne possédait pas la chose pour laquelle il l'a assignée; car, en ce cas, elle ne l'aurait pas trompé. C'est pourquoi le jurisconsulte ajoute tout de suite, *Nisi si evidentissimis probationibus possit ostendere, actorem ab initio litis scire eum non possidere; quippè isto modo non est deceptus, et qui se hæreditatis petitioni obtulit, ex doli clausulâ tenetur: æstimari scilicet oportebit quanti ejus interfuit non decipi; dict. l.*

## SECTION II.

Que doit établir le demandeur sur l'action en pétition d'hérédité, et ce qui peut lui être opposé; si, et comment, pendant ce procès, les créanciers de la succession et les légataires se peuvent faire payer?

### ARTICLE PREMIER.

*De ce que doit établir le demandeur sur la demande en pétition d'hérédité; et de ce qui peut lui être opposé.*

378. Quoique, sur la demande en pétition d'hérédité, le possesseur ne soit condamné à délaisser que ce qu'il possède des choses dépendantes de la succession du défunt, dont le demandeur est héritier, ce ne sont pas néanmoins proprement ces choses qui sont revendiquées par cette action, c'est la succession même qui est revendiquée. C'est pourquoi le demandeur, qui a intenté la demande en pétition d'hérédité, soit en qualité d'unique héritier d'un tel, soit comme héritier pour une certaine partie de ce tel, doit établir et justifier contre le défendeur, qui lui dispute la succession de ce tel, que cette succession lui appartient, ou pour le total, ou pour la partie pour laquelle il se prétend héritier; à l'effet qu'après qu'il l'aura établi, le défendeur soit condamné à lui restituer, non pas toute la succession, ni toute la partie de cette succession qui appartient au demandeur, mais seulement tous les effets de cette succession qu'il possède; lesquels effets il doit restituer, ou pour le total, lorsque le demandeur est héritier unique; et lorsqu'il ne l'est que pour partie, pour la partie seulement pour laquelle il est héritier: *Qui ex asse vel ex parte hæres est, intendit quidem hæreditatem suam esse totam vel pro parte, sed hoc solum ei officio judicis resti-*

*tuitur quod adversarius possidet, aut totum si ex asse sit hæres, aut pro parte, ex quâ hæres est;* l. 10, § 1, ff. *dict. tit.*

La pétition d'hérédité doit donc se mesurer sur le droit, que le demandeur prétend dans cette succession, et non sur ce que le défendeur en possède. C'est pourquoi, quelque peu qu'il en possède, le demandeur, par cette action, revendique contre lui toute la succession, s'il est héritier unique; ou toute la partie pour laquelle il est héritier, lorsqu'il ne l'est que pour partie: *Qui hæreditatem vel partem hæreditatis petit, is non ex eo metitur quòd possessor occupavit, sed ex suo jure, et ideò sive ex asse hæres sit, totam hæreditatem vindicabit, licèt tu unam rem possideas; sive ex parte, licèt tu totam hæreditatem possideas;* l. 1, § 1, ff. *si pars hæred. pet.*

379. Lorsque le demandeur en pétition d'hérédité, à qui la succession est disputée par les défendeurs, est un héritier testamentaire; dans les provinces qui les admettent, ce demandeur doit justifier de son droit dans la succession qu'il revendique, par le rapport du testament par lequel il est institué héritier.

Lorsque les défendeurs en pétition d'hérédité sont ceux qui, à défaut de testament, viendraient à la succession *ab intestat* du défunt, ils sont reçus à débattre le testament qui fait le fondement de la demande du demandeur.

Ils peuvent même, avant que de le débattre, lorsque le testament est olographe, demander qu'il soit vérifié par experts dont les parties conviendront, pour être écrit et signé de la main du défunt.

Cette vérification se fait toujours aux dépens de la succession; les parties, qui la demandent, n'étant pas obligées de connaître l'écriture du défunt.

Lorsque la partie, qui a demandé cette vérification, avait une parfaite connaissance de l'écriture du défunt, elle est obligée, dans le for de la conscience, de rendre à la succession les frais de cette vérification qu'elle a fait faire par malice, sans que besoin en fût.

380. Lorsque le testament est un testament solennel, il n'y a pas lieu à aucune vérification. La foi, qui est due à l'officier public qui l'a reçu, assure suffisamment la vérité de la signature du testateur et des témoins; à moins que les défendeurs ne voulussent passer à l'inscription en faux contre le testament; auquel cas cette accusation devrait être instruite et jugée, avant que de statuer sur la pétition d'hérédité; et si celui, qui a formé l'accusation, ne prouvait pas le faux, il devrait être condamné aux dépens, dommages et intérêts, auxquels sont condamnés ceux qui ont intenté une accusation calomnieuse.

381. On peut débattre le testament, sur lequel le demandeur en pétition d'hérédité fonde sa demande, ou pour cause de nul-

lité pour quelque défaut qui se trouverait dans la forme, ou pour des faits de suggestion, à la preuve desquels le juge doit admettre le défendeur qui les oppose, lorsqu'ils sont bien articulés.

On peut aussi opposer, contre le testament, les vices tirés du motif qui a porté le testateur à le faire; comme lorsqu'on peut établir qu'il a été fait par un motif de captation, ou par le motif d'une haine injuste que le testateur avait contre ses enfans. On peut aussi opposer contre le testament, que le testateur était incapable de tester, ou que depuis son testament il a changé de volonté. Enfin on peut opposer au demandeur, qu'il est incapable de l'institution d'héritier qui a été faite de sa personne, ou indigne. Le défendeur doit justifier ce qu'il oppose contre le testament.

382. Lorsque le demandeur en pétition d'hérédité est un héritier légitime, il doit, pour établir que la succession, qui lui est disputée par le défendeur, lui appartient, signifier au défendeur sa généalogie, par laquelle il établit son degré de parenté avec le défunt.

Il doit justifier cette généalogie par des titres généalogiques, tels que sont des actes de baptême, de célébration de mariage, des prémisses de contrats de mariages ou d'actes de partage.

Lorsque le demandeur prétend que, parmi les papiers de la succession dont il prétend que le défendeur s'est emparé, il y a de ces titres généalogiques qui pourraient servir à établir et justifier sa généalogie, il est fondé à demander que le défendeur les rapporte, ou du moins, lorsqu'il n'y a pas de preuve qu'il les ait, qu'il soit tenu de se purger par serment qu'il n'en a point.

383. Après que le demandeur a établi sa généalogie, le possesseur doit la contredire, s'il croit qu'elle n'est pas bien établie; ou, s'il la croit suffisamment établie, il doit, de son côté, établir la sienne, pour justifier qu'il est en degré plus proche que le demandeur, et conséquemment que sa demande ne procède pas, ou pour justifier qu'il est en degré égal, et conséquemment que la demande ne procède que pour partie.

Si le possesseur, contre qui le demandeur revendique l'hérédité *ab intestat* du défunt, s'en prétend héritier testamentaire, dans les provinces qui admettent les héritiers testamentaires, il doit produire le testament par lequel il est institué; le faire reconnaître, s'il est olographe; et le demandeur doit le débattre par les manières ci-dessus mentionnées.

384. On a demandé si le possesseur, qui se prétend héritier testamentaire, peut, contre le demandeur qui revendique l'hérédité *ab intestat*, opposer comme fin de non recevoir, que le demandeur a approuvé ce testament, en recevant un legs particulier qui lui était fait par ce testament. Paul décide pour la né-

gative : *Legitimam hæreditatem vindicare non prohibetur is qui, quùm ignorabat vires testamenti, judicium defuncti secutus est* ; l. 8, ff. *de hæred. petit.*

Cela doit, néanmoins, dépendre des circonstances. Lorsqu'il paraît que c'est par erreur qu'il a reçu le legs, et qu'il n'a appris que depuis les défauts qu'il entend opposer contre le testament, on ne peut lui opposer de fin de non recevoir contre sa demande qu'il intente de bonne foi, et il ne peut être censé avoir, en acceptant le legs, renoncé à l'hérédité *ab intestat;* car on ne peut être censé renoncer à un droit, tant qu'on ignore avoir ce droit : mais s'il paraît de sa part de la mauvaise foi, la fin de non recevoir sera opposée. C'est pourquoi le même Paul dit ailleurs : *Imperator Antoninus rescripsit, ei, qui legatum ex testamento abstulisset, causâ cognitâ hæreditatis petitionem negandam esse, scilicet si manifesta calumnia sit* ; l. 43, ff. *dict. tit.*

385. On fait une autre question, qui est de savoir, si ce demandeur, qui a été reçu à intenter la pétition d'hérédité, doit perdre son legs, au cas qu'en définitif il n'obtienne pas en sa demande. Paul décide encore cette question pour la négative, lorsqu'il n'y a pas de mauvaise foi de la part du demandeur : *Postquàm legatum à te accepi, hæreditatem peto. Atilicinus quibusdam placuisse ait non aliter mihi adversùs te dandam petitionem, quàm si legatum redderem; videamus ne non aliter petitor hæreditatis legatum restituere debeat, quàm ut ei caveatur, si contrà eum de hæreditate judicatum fuerit, reddi ei legatum? quùm sit iniquum eo casu possessorem hæreditatis legatum quod solverit retinere, et maximè si non per calumniam, sed per errorem, hæreditatem petierit adversarius; idque et Lœlius probat; dict. l.* 43.

386. Lorsque c'est un cessionnaire de droits successifs qui intente la pétition d'hérédité, il doit établir tout ce que son cédant, du chef duquel il l'intente, devrait établir ; et on peut lui opposer tout ce qui peut être opposé à son cédant.

### ARTICLE II.

### *De l'effet du procès pendant sur la pétition d'hérédité.*

#### § I. De son effet vis-à-vis des parties plaidantes.

387. Un effet du procès sur la pétition d'hérédité, est que, tant qu'il est pendant, il suspend les droits que l'une et l'autre des parties avaient contre le défunt, jusqu'au jugement définitif qui doit intervenir sur la pétition d'hérédité. Car le sort de ces actions dépend du jugement qui doit intervenir. Si, par ce juge-

ment, l'hérédité est déclarée appartenir à celui qui avait ces actions contre le défunt, il n'y a pas lieu à ces actions, qui, par sa qualité d'héritier, sont confuses en sa personne; il n'y a lieu à ces actions que lorsque l'hérédité, par le jugement, est déclarée appartenir à son adversaire, contre lequel il peut, après ce jugement, les exercer.

388. L'exercice de ces actions étant empêché par le procès sur la pétition d'hérédité, le temps de la prescription contre ces actions est-il pareillement arrêté pendant ce procès? Je ne le crois pas. Il ne doit pas être au pouvoir d'un créancier de la succession de proroger le temps de son action, en faisant un mauvais procès. Si le procès sur la pétition d'hérédité empêche qu'il ne puisse procéder sur ces actions, il peut au moins, pour empêcher le temps de la prescription, proposer ces actions par un acte de procédure pendant le procès sur la pétition d'hérédité, sauf à y surseoir, et à n'y procéder qu'après le jugement définitif.

Vous opposerez peut-être qu'il ne peut proposer ces actions, puisque, en les proposant, il contredirait la prétention qu'il a que l'hérédité lui appartient. Je réponds qu'il peut les proposer par des conclusions subordonnées, en déclarant que c'est dans le cas seulement auquel, contre son espérance, la succession serait, par le jugement qui doit intervenir sur la pétition d'hérédité, déclarée appartenir à son adversaire.

389. Passons au cas inverse. Lorsque c'est la succession, qui a quelque action contre l'une des parties qui se disputent la succession, le procès, qui est pendant sur la pétition d'hérédité, paraît aussi devoir la suspendre jusqu'après le jugement qui doit intervenir sur la pétition d'hérédité; car c'est de ce jugement que dépend le sort de cette action. Si, par ce jugement, la succession est déclarée appartenir au débiteur, l'action se trouvera avoir été éteinte et confuse; si, au contraire, la succession est déclarée appartenir à l'autre partie, elle l'exercera contre ce débiteur.

Si, néanmoins, le débiteur d'une succession formait, contre la personne qui est en possession des biens de cette succession, une demande en pétition d'hérédité qui ne parût pas avoir de fondement, ce possesseur devrait être reçu, même pendant le procès sur la pétition d'hérédité, à lui demander et à exiger de lui ce qu'il doit à la succession, à la charge de le lui rendre, au cas qu'il obtînt en définitif sur la pétition d'hérédité; ne devant pas être au pouvoir d'un débiteur de la succession d'éloigner le paiement de ce qu'il doit, en intentant, sans fondement, une demande en pétition d'hérédité.

390. Il est évident que la pétition d'hérédité arrête l'action de partage; car, pour partager une succession, il est préalable de décider entre quelles personnes se doit faire le partage, et quelle part doit y avoir chacune d'elles.

391. Un autre effet du procès sur la pétition d'hérédité, est que, dès que la demande est donnée, il n'est pas permis au possesseur des biens de la succession d'en rien vendre : *D. Pius rescripsit prohibendum possessorem hæreditatis de quâ controversia erit, antequàm lis inchoaretür, aliquid ex eâ distrahere;* l. 5, ff. *de hæred. petit.*

Cette règle souffre néanmoins quelques exceptions. Par exemple, on doit permettre au possesseur de vendre les choses périssables: *Res tempore perituras permittere debet prætor distrahere; dict. l.* 5.

On doit aussi lui permettre de vendre quelque héritage, à défaut du mobilier, pour payer les dettes de la succession, et pour prévenir une saisie réelle des biens de la succession que les créanciers pourraient faire : *Si futurum est, ut nisi pecunia intrà diem solvatur, pignus distrahatur; dict. l.* 5.

Lorsqu'il y a quelques dépenses nécessaires à faire pour la conservation des biens de la succession, on doit permettre de vendre jusqu'à concurrence de la somme nécessaire pour les faire: *Non solùm ad æs alienum hæreditarium exsolvendum necessaria alienatio possessori est, sed et si impensæ necessariæ in rem hæreditariam factæ sunt à possessore, vel si morâ perituræ deteriorèsve futuræ erant;* l. 53, ff. *dict. tit.*

Dans tous ces cas, lorsque le juge a permis au possesseur de vendre, pendant le procès, des effets de la succession, la vente doit s'en faire partie appelée.

§ II. De l'effet du procès pendant sur la pétition de l'hérédité vis-à-vis des tiers, tels que sont les créanciers de la succession et les légataires.

392. Le procès sur la pétition d'hérédité entre deux parties qui se disputent la succession, ne doit point empêcher les créanciers de cette succession d'être payés; ils ne doivent point souffrir de ce procès. Justinien, en la loi *fin., Cod. de pet. hæred.*, distingue, à cet égard, entre les créanciers de corps certains, et les créanciers d'une somme d'argent.

Les créanciers de corps certains, qui se trouvent en nature pardevers celui qui s'est mis en possession des biens de la succession, tels que sont ceux qui sont créanciers de la restitution d'une certaine chose qu'ils ont prêtée ou donnée en dépôt au défunt, peuvent agir contre ce possesseur chez qui est la chose, qui ne peut refuser de la rendre à ce créancier, qui, de son côté, lui remettra la reconnaissance du prêt ou du dépôt que le défunt lui en avait donnée.

Si ce créancier de corps certain avait donné la demande contre l'héritier demandeur en pétition d'hérédité, chez qui la chose n'est pas, cet héritier serait bien fondé à prétendre qu'il serait tenu de se pourvoir contre le possesseur chez qui la chose est; car un débiteur de corps certain n'est pas tenu de le rendre, lorsque sans son fait ni sa faute, un tiers lui en a enlevé la possession.

393. A l'égard des créanciers de sommes d'argent, Justinien décide qu'ils peuvent s'adresser tant contre l'une que contre l'autre des parties qui se disputent la succession, sans que ni l'une ni l'autre puisse demander qu'il soit sursis à la demande du créancier, jusqu'à la décision du procès sur la pétition d'hérédité.

Quoique le demandeur en pétition d'hérédité ne soit pas encore en possession des biens de la succession, il est, par la seule qualité d'héritier qu'il prétend avoir, tenu de payer les dettes de la succession, sauf que, dans le cas auquel, par l'événement de l'action en pétition d'hérédité, la succession serait déclarée appartenir à sa partie adverse, il aurait contre elle la répétition de ce qu'il a été obligé de payer à ce créancier de la succession. Telle est, à cet égard, la décision de Justinien. Je pense qu'on doit subvenir davantage au demandeur en pétition d'hérédité, et que, sur la demande donnée contre lui par le créancier, il doit être reçu à la dénoncer au possesseur qui lui dispute la succession, et à conclure contre lui à ce qu'il soit tenu d'y entendre, et d'acquitter la créance, après que le créancier l'aura établie; sauf à se faire allouer en dépense le paiement qu'il en aura fait, dans le compte qu'il aura à rendre au demandeur, si le demandeur obtient sur sa demande en pétition d'hérédité.

394. A l'égard des légataires, si la demande en pétition d'hérédité était entre deux parties, dont l'une se prétendrait héritière testamentaire, et qu'en conséquence, la question sur la validité du testament fût l'objet du procès, les légataires, dont le droit dépend de la même question, devraient attendre, pour le paiement de leur legs, la décision du procès; ils pourraient y intervenir, et y soutenir, avec l'héritier testamentaire, la validité du testament.

Si le procès sur la demande en pétition d'hérédité était entre des parties qui se disputent l'une et l'autre la succession *ab intestat*, et qu'en conséquence il n'y fût pas question du testament, les légataires pourraient donner leur demande en délivrance et paiement de leur legs, contre celle des parties qui s'est mise en possession des biens de la succession, sans qu'elle puisse demander qu'il fût sursis jusqu'au jugement sur la pétition d'hérédité.

## SECTION III.

### De la restitution qui doit être faite au demandeur qui a obtenu sur sa demande en pétition d'hérédité.

Comme il y a plusieurs différences à faire entre les possesseurs de bonne foi et les possesseurs de mauvaise foi, pour la restitution qui doit être faite au demandeur, qui a obtenu en sa demande en pétition d'hérédité, et pour les prestations personnelles, dont nous traiterons en la section suivante, nous verrons, dans un premier paragraphe, quels sont ceux qui sont possesseurs de bonne foi; quels sont ceux qui sont possesseurs de mauvaise foi. Nous verrons, dans un second, quelles sont les choses que le possesseur doit restituer au demandeur qui a obtenu sur sa demande en pétition d'hérédité : dans un troisième, quelles sont les différences entre le possesseur de bonne foi et celui de mauvaise foi, par rapport aux choses qu'il a cessé de posséder. Nous verrons, dans un quatrième, pour quelle portion la restitution doit être faite au demandeur qui n'est héritier que pour partie.

### § I. Quels sont ceux qui sont possesseurs de bonne foi; quels sont ceux qui sont possesseurs de mauvaise foi ?

395. Dans cette matière de pétition d'hérédité, on appelle possesseurs de bonne foi ceux qui se sont mis en possession des biens d'une succession qu'ils croient de bonne foi leur appartenir. C'est la notion qu'en donnent ces termes de la constitution d'Adrien, *Qui se hæredes existimant;* l. 20, § 6, ff. *de petit. hæred.*

Par exemple, une personne instituée héritière par le testament d'un défunt, dans les provinces où l'institution d'héritier est admise, s'est mise en possession, en vertu de ce testament, des biens de ce défunt, n'ayant pas de connaissance que le testateur eût révoqué le testament par un autre qui a paru depuis : c'est un possesseur de bonne foi.

Un parent s'est mis en possession des biens de la succession de son parent, croyant être en degré de lui succéder, quoiqu'il y eût une autre personne, qu'il ne connaissait pas, qui était dans un degré plus proche que lui : c'est un possesseur de bonne foi.

Au contraire, on appelle un possesseur de mauvaise foi, ou *prædo,* celui qui s'est mis en possession des biens d'une succession qu'il savait ne lui pas appartenir. C'est la notion qu'en donne la constitution d'Adrien, par ces termes, *Qui bona invasissent quùm scirent ad se non pertinere; dict. l.* 20, § 6.

*Quid*, s'il croyait, à la vérité, que la succession lui appartenait, mais par erreur de droit? Il ne laisse pas d'être possesseur de bonne foi : *Scire ad se non pertinere*, dit Ulpien, en expliquant l'édit d'Adrien, *utrùm is tantummodò videtur, qui factum scit, an et is qui in jure erravit? Putavit enim rectè factum testamentum, quùm inutile erat.... non puto hunc esse prædonem qui dolo caret, quamvis in jure erret;* l. 25, § 6, ff. *dict. tit.*

396. Que doit-on décider, à l'égard de celui qui croyait de bonne foi que la succession lui appartenait, lorsqu'il s'est mis en possession des biens, mais à qui depuis la connaissance est survenue qu'elle ne lui appartenait pas? Ulpien décide qu'en suivant l'esprit plutôt que la lettre de la constitution d'Adrien, il est, par cette connaissance qui lui est survenue, devenu possesseur de mauvaise foi : *De eo loquitur senatus, qui ab initio mente prædonis res hæreditarias apprehendit. Quòd si ab initio quidem justam causam habuit adipiscendæ possessionis, posteà verò conscius ad se nihil hæreditatem pertinere, prædonio more versari cœpit; nihil senatus loqui videtur: puto tamen et ad eum mentem senatûs-consulti pertinere; parvi enim refert ab initio quis dolosè in hæreditate sit versatus, an posteà hoc facere cœpit; dict. l.* 25, § 5.

397. Nous avons déjà observé au chapitre précédent, *suprà*, *n.* 317, qu'en matière de pétition d'hérédité, de même qu'en matière de revendication, les différences, entre le possesseur de bonne foi et celui de mauvaise foi, n'ont lieu que pour le temps qui a précédé la demande; le possesseur de bonne foi cesse de l'être lors de la demande, par la connaissance que le demandeur lui donne de ses titres de propriété.

Il en reste, néanmoins, encore une que nous observerons *infrà*.

### § II. Quelles sont les choses que le possesseur doit restituer au demandeur qui a obtenu en son action de pétition d'hérédité.

398. Lorsque le demandeur en pétition d'hérédité a justifié que la succession qu'il revendique lui appartient, et qu'il a en conséquence obtenu sentence de condamnation contre le possesseur qui s'est emparé des biens de la succession, ce possesseur doit restituer toutes les choses dépendantes de la succession, qu'il a pardevers lui, les droits de la succession, aussi bien que les choses corporelles : *Placuit universas res hæreditarias in hoc judicium venire, sive jura, sive corpora sint;* l. 18, § 2, ff. *de petit. hæred.*

En quel sens le défendeur à la pétition de l'hérédité est-il censé posséder un droit de la succession, et devoir le restituer? Il faut supposer que la demande en pétition d'hérédité a été donnée contre un débiteur du défunt, qui, comme nous l'avons observé *suprà, n.* 374, en disputant la succession du défunt, s'est mis, en quelque façon, en possession de cette créance que le défunt avait contre lui, et qu'il a laissée dans la succession, en prétendant qu'étant héritier du défunt, cette créance était passée en sa personne. La sentence, intervenue sur la demande en pétition d'hérédité, en jugeant contre lui qu'il n'est pas héritier, juge que la créance, que la succession a contre lui, ne lui appartient pas, et que c'est mal à propos qu'il s'en est arrogé la possession: il doit donc la restituer au demandeur, à qui la succession appartient; et la restitution s'en fait en payant la somme ou la chose par lui due, qui fait l'objet de cette créance.

399. Le possesseur doit rendre au demandeur, non-seulement les choses, qui appartiennent à la succession, mais même celles, dont le défunt n'avait que la nue détention, telles que sont celles qui avaient été prêtées, ou confiées, ou données en nantissement au défunt. Lorsque le possesseur les a pardevers lui, le demandeur étant, en sa qualité d'héritier, obligé de les rendre à ceux de qui le défunt les a reçues, il a intérêt, pour pouvoir s'acquitter de son obligation, que le possesseur, pardevers qui elles sont, les lui rende : *Non tantùm hæreditaria corpora, sed et quæ non sunt hæreditaria, quorum periculum ad hæredem pertinet, ut res pignori datæ defuncto, vel commodatæ, depositæve;* l. 19.

400. On doit comprendre, parmi les choses appartenantes à une succession, non-seulement celles qui existaient au temps de la mort du défunt, et qu'il a laissées dans sa succession, mais pareillement tout ce qui est né et provenu desdites choses, tels que sont les fruits qu'elles ont produits; car toutes les choses, provenues de choses appartenantes à une succession, appartiennent elles-mêmes à cette succession, et font partie de ce qui la compose. C'est ce qu'enseigne Ulpien : *Non solùm ea quæ mortis tempore fuerunt, sed et si quæ posteà augmenta hæreditati accesserunt, venire in hæreditatis petitionem ; nam hæreditas et augmentum recipit et diminutionem ;* l. 20, § 3, ff. *de petit. hæred.* Il donne ensuite ces exemples : *Fructus omnes augent hæreditatem, sive ante aditam, sive post aditam hæreditatem accesserint; dict.* § 3 : *Augent hæreditatem gregum et pecudum partus;* l. 25, § *fin.* ff. *dict. tit. Quòd si oves natæ sint, deindè ex his aliæ, hæ quoque quasi augmentum restitui debent ;* l. 26, ff. *dict. tit.*

Ces fruits devant être rendus au demandeur, par la raison qu'étant provenus des choses de la succession, ils composent eux-mêmes la succession et en font partie, il s'ensuit qu'il importe peu que le demandeur, à qui les biens de la succession appartiennent, eût dû ou non les percevoir : *Quùm hæreditas petita sit, eos fructus quos possessor percepit omnimodò restituendos, etsi petitor eos percepturus non fuerat*; l. 56, ff. *dict. tit.*

401. Le possesseur doit aussi rendre, comme choses dépendantes de la succession, les actions qu'il a acquises par rapport à quelqu'une des choses de la succession; par exemple, s'il a été dépouillé par violence, par un tiers, d'un héritage de la succession dont il était en possession, ou s'il en a accordé à quelqu'un la possession précaire, il doit comprendre, dans la restitution qu'il doit faire au demandeur, les actions de réintégrande et de précaire qu'il a pour se faire rendre cet héritage, et y subroger le demandeur à sa place : *Actiones, si quas possessor nactus est, evictâ hæreditate, restituere debet, veluti interdictum undè vi, aut si quid precariò concessit*; l. 40, § 2, ff. *de pet. hæred.*

402. Le possesseur doit aussi rendre à l'héritier, qui a obtenu en sa demande en pétition d'hérédité, non-seulement les héritages de la succession, mais aussi toutes les choses qui servent à leur exploitation, tels que sont les bestiaux, les instrumens aratoires, les cuves, les ustensiles de pressoir, surtout lorsque ces choses ont été acquises des deniers de la succession; mais même dans le cas, où le possesseur en aurait fait l'emplette de ses propres deniers; sauf à lui, en ce cas, à se faire faire raison de ce qu'elles lui ont coûté, par l'héritier à qui il restitue les biens de la succession. C'est ce qu'enseigne Ulpien : *Item veniunt in hæreditatem etiam ea quæ hæreditatis causâ comparata sunt, ut putà, mancipia pecoraque, et si qua alia quæ necessariò hæreditati sunt comparata; et si quidem pecuniâ hæreditariâ sunt comparata, sinè dubio venient; si verò non pecuniâ hæreditariâ, videndum erit. Et puto etiam hæc venire, si magna utilitas hæreditatis versetur, pretium scilicet restituturo hærede*; l. 20, ff. *dict. tit.*

403. Quoique des choses aient été acquises des deniers de la succession, lorsque le possesseur ne les a pas acquises pour la succession, mais pour lui, il n'est pas, par cela seul que ces choses ont été acquises des deniers de la succession, obligé de les restituer à l'héritier, à qui il est condamné de restituer les biens de la succession; sauf à ce possesseur à faire raison, de la manière dont nous le verrons ci-après, des deniers qu'il a eus de la succession. C'est encore ce qu'enseigne Ulpien : *Non omnia quæ ex hæreditariâ pecuniâ comparata sunt, in hæreditatis petitionem veniunt. Deniquè scribit Julianus, si possessor ex pecuniâ hæreditariâ hominem emerit, et ab eo petatur hæreditas, ità venire in hæreditatis petitionem, hæreditatis interfuit eum emi; at si suî causâ emit, pretium venire; dict. l. 20, § 1.*

Vous opposerez peut-être que nous avons dit ci-dessus, que toutes les choses provenues des choses appartenantes à la succession, appartenaient elles-mêmes à la succession. Je réponds que nous ne regardons comme choses provenues des choses appartenantes à la succession, que celles qui en sont des productions naturelles, comme sont les fruits; mais il n'en est pas de même de ce qui n'en est provenu qu'*extrinsecùs*, telles que sont les choses à l'acquisition desquelles les deniers de la succession ont pu servir. C'est encore Ulpien qui nous fournit cette distinction : *Ea quæ post aditam hæreditatem accedunt, si quidem ex ipsâ hæreditate, puto hæreditati accedere ; si extrinsecùs, non : quia personæ possessoris accedunt ; dict. l.* 20, § 3.

404. Il nous reste à observer que, dans la restitution, qui doit être faite au demandeur, en exécution de la sentence rendue à son profit sur la demande en pétition d'hérédité, le possesseur, contre qui elle est intervenue, y doit comprendre tous les effets de la succession, non-seulement ceux qu'il possédait déjà lors de la demande donnée contre lui, mais pareillement ceux qu'il n'a commencé de posséder que depuis le procès : *Si quo tempore conveniebatur possessor hæreditatis, pauciores res possidebat, deindè aliarum quoque rerum possessionem adsumpsit, eas quoque victus restituere debebit, sive ante receptum judicium, sive posteà acquisierit possessionem ;* l. 41, ff. *dict. tit.*

405. Il y a plus : quand même le défendeur n'aurait rien possédé dépendant de la succession, lors de la demande donnée contre lui, quoique la demande ne parût pas alors procéder contre lui; si, depuis la demande, il a commencé à posséder quelque chose dépendante de la succession, il doit être condamné à la restituer : *Si quis, quùm peteretur ab eo hæreditas, neque rei neque juris velut possessor erat, verùm posteà aliquid adeptus est, an petitione hæreditatis videatur teneri? Celsus, lib.* 4, ff., *rectè scribit, hunc condemnandum, licèt ab initio nihil possedit;* l. 18, § 1, ff. *dict. tit.*

### § III. De la différence entre le possesseur de bonne foi et celui de mauvaise foi, par rapport aux choses qu'ils ont cessé ou manqué de posséder.

406. Il n'y a aucune différence entre le possesseur de bonne foi et le possesseur de mauvaise foi, par rapport aux choses dépendantes de la succession, qui se trouvent être pardevers eux et en leur possession, lors de la restitution qui est à faire au demandeur en pétition d'hérédité, qui a obtenu sur sa demande; ils sont tenus l'un et l'autre de les restituer.

Mais il y a une grande différence entre eux, par rapport à celles qu'ils ont cessé ou même manqué de posséder. Le possesseur de mauvaise foi est tenu de la restitution de celles, qu'il a, par son fait ou par sa faute, cessé ou même manqué de posséder, comme s'il les possédait encore : au contraire, le possesseur de bonne foi n'est point tenu de la restitution des choses qu'il a cessé de posséder, pendant qu'il croyait de bonne foi que la succession, dont elles dépendaient, lui appartenait, et encore moins de celles qu'il a manqué de posséder, seulement lorsqu'il a retiré quelque profit de celles qu'il a cessé de posséder, soit en les vendant, ou autrement : il est sujet à une prestation personnelle de la somme dont il se trouve profiter, comme nous le verrons en la section suivante.

Cette différence, entre le possesseur de mauvaise foi et celui de bonne foi, se trouve portée par le sénatus-consulte rendu sur la constitution d'Adrien (1), où il est dit : *Eos qui bona invasissent, quùm scirent ad se non pertinere, etiamsi ante litem contestatam fecerint quominùs possiderent, perindè condemnandos, quasi possiderent; eos autem qui justas causas habuissent, quare bona ad se pertinere existimassent, usquè eò duntaxat quò locupletiores ex eâ re facti essent;* l. 20, § 6, *dict. tit.*

La raison de cette différence vient de ce que la connaissance, qu'a un possesseur, que la succession, des biens de laquelle il s'est mis en possession, ne lui appartient pas, lui fait contracter envers le véritable héritier l'obligation de les lui restituer. Lors donc qu'au préjudice de cette obligation, il dispose de quelqu'un desdits biens, ou cesse par son fait, de quelque manière que ce soit, de les posséder, il commet un dol envers cet héritier à qui il est obligé de les rendre; et ce dol doit le faire considérer comme s'il les possédait encore, et le faire condamner à les restituer : *Qui dolo desiit possidere, pro possidente damnatur, quia pro possessione dolus est;* l. 131, ff. *de reg. juris.* Au contraire, le possesseur, qui croit de bonne foi que la succession des biens, dont il s'est mis en possession, lui appartient, peut très-licitement disposer des choses qui en font partie, et cesser, de telle manière que bon lui semble, de posséder ces choses qu'il croit de bonne foi lui appartenir. Il ne commet, en cela, aucun dol envers personne. Il n'a pu contracter, à l'égard desdites choses, aucune obligation envers le véritable héritier, à qui il ignorait qu'elles appartenaient; il n'a commencé à s'obliger, envers cet héritier, que du jour que cet héritier s'est présenté, et lui a justifié de son droit; et il ne peut paraître s'être obligé envers lui, qu'à lui rendre les choses dépendantes de la succession, qui se trouvaient pour lors pardevers lui, et le profit qu'il se trouve

(1) Les empereurs romains n'osaient pas encore s'attribuer la puissance royale et législative. Lorsqu'ils voulaient faire passer une constitution sur quelque matière, ils la faisaient proposer au sénat *per suos quæstores candidatos;* et le sénat, qui leur était asservi, ne manquait pas de rendre un sénatus-consulte en conformité.

avoir de celles qu'il n'a plus, l'équité ne permettant pas de profiter aux dépens d'autrui.

407. Ulpien, en interprétant le sénatus-consulte ci-dessus mentionné, sur ces mots, *fecerint quominùs possiderent*, dit, *accipies sive dolo desierit possedisse, sive dolo noluerit possessionem admittere ; dict. l.* 25, § 8.

*Finge.* Par exemple, une personne, à qui le défunt avait prêté une chose, est venue pour la rendre au possesseur de mauvaise foi, qui s'est mis en possession des biens de la succession de ce défunt : ce possesseur n'a pas voulu la recevoir, et lui a dit qu'il lui en faisait présent. Quoiqu'il ne possède point, et qu'il n'ait jamais possédé cette chose, il est tenu de la restitution de cette chose, comme s'il la possédait. La disposition, qu'il a faite de cette chose, qu'il savait ne lui pas appartenir, est un dol qui doit le faire regarder comme s'il la possédait : *Pro possidente damnatur, quia pro possessione dolus est; dict. l.* 131, ff. *de reg. jur.*

408. Le principe, que le possesseur de mauvaise foi, qui a cessé, par son fait et par dol, de posséder, est tenu de la restitution de la chose qu'il a cessé de posséder, comme s'il la possédait encore, a lieu, soit que cette chose ait cessé d'exister, soit qu'elle existe encore entre les mains d'une autre personne envers qui ce possesseur en a disposé ; et l'héritier a le choix d'en demander la restitution, ou à celui qui a cessé de la posséder, ou au tiers qui la possède. C'est pourquoi Ulpien, en interprétant ces termes de la constitution d'Adrien, *perindè condemnandos quasi possiderent*, dit : *Si ab alio res possideatur, sive in totum extat, locum habebit hæc clausula : undè si sit alius possessor, ab utroque hæreditas peti posset; et si per multos ambulaverit possessio, omnes tenebuntur; dict. l.* 25, § 8.

409. Le principe, que le possesseur de mauvaise foi est tenu de la restitution des choses dépendantes de la succession qu'il a vendues, de même que s'il ne les avait pas vendues, et qu'il les possédât encore, reçoit exception en deux cas.

Le premier cas est, lorsque la vente a été faite pour l'avantage de la succession; auquel cas, le possesseur n'est obligé qu'à rendre compte du prix de la vente. C'est ce qu'enseigne Ulpien : *Si fundum hæreditarium distraxit (possessor malæ fidei scilicet), si quidem sine causâ, et ipsum fundum et fructus in hæreditatis petitionem venire; quòd si æris exsolvendi gratiâ hæreditarii id fecit, non ampliùs venire quàm pretium; dict. l.* 20, § 2, ff. *dict. tit.*

410. Le second cas est, lorsque l'héritier trouve plus d'avantage à se faire rendre compte, par le possesseur de mauvaise foi, du prix de la vente qu'il a faite d'une chose de la succession, qu'à le faire regarder comme s'il ne l'avait pas vendue : *Si prædo*

*dolo desiisset* (1) *possidere, res autem eo modo interierit* (2) *quo esset interitura, etsi eadem causa possessionis mansisset; quantùm ad* (3) *verba senatûs-consulti, melior est causa prædonis quàm bonæ fidei possessoris; quia prædo* (4) *si dolo desierit possidere, ità condemnetur atque si possideret; nec adjectum esset, si res interierit: sed non est dubium quin non debeat melioris esse conditionis prædo quàm bonæ fidei possessor; itaque* (5) *etsi pluris venierit res, electio debebit esse actoris ut pretium consequatur, alioquin lucretur aliquid prædo;* l. 36, § 3, ff. *de petit. hær.*

411. Le possesseur de mauvaise foi ayant été condamné, aux termes du sénatus-consulte, à restituer à l'héritier les choses de la succession dont il a disposé par mauvaise foi, comme s'il les possédait encore, et ne pouvant satisfaire à cette condamnation, n'ayant plus ces choses en sa possession, et n'étant plus en son

(1) En vendant une chose d'une succession qu'il savait ne lui pas appartenir, et des biens de laquelle il savait, par conséquent, n'avoir pas droit de disposer.

(2) Depuis la vente qu'il en a faite.

(3) Qui sont rapportés *suprà*, n. 406.

(4) Le sens est, à s'en tenir purement aux termes du sénatus-consulte, qui ordonne que le possesseur de mauvaise foi *qui dolo desiit possidere*, en vendant une chose de la succession, soit considéré comme s'il ne l'avait pas vendue, comme s'il eût continué de la posséder, et qu'il demeure, en conséquence, débiteur de la chose *in specie;* lequel sénatus-consulte ne s'est pas d'ailleurs expliqué sur le cas auquel la chose serait périe par un cas fortuit, depuis la vente que le possesseur de mauvaise foi en a faite : il s'ensuivrait que, dans cette espèce, la condition du possesseur de mauvaise foi serait meilleure que celle du possesseur de bonne foi; car le possesseur de mauvaise foi, demeurant débiteur *in specie* de la chose qu'il a vendue, serait entièrement déchargé de son obligation par l'extinction de cette chose survenue depuis par un cas fortuit, comme le sont tous les débiteurs d'une chose *in specie*, par l'extinction de la chose due, arrivée par cas fortuit. Au contraire, le possesseur de bonne foi, n'étant débiteur que de la somme qu'il a vendu la chose, ne serait pas déchargé de son obligation par l'extinction qui surviendrait de la chose qu'il a vendue, qui ne faisait plus l'objet de son obligation. La condition du possesseur de mauvaise foi se trouverait donc, en ce cas, meilleure que celle du possesseur de bonne foi, ce qui serait absurde. La disposition du sénatus-consulte, qui ordonne que le possesseur de mauvaise foi, *qui dolo desiit possidere res hæreditatis*, soit regardé comme les possédant encore, et comme étant demeuré débiteur de ces choses *in specie;* cette disposition, dis-je, est établie uniquement en faveur de l'héritier : il faut donc dire que l'héritier ne peut s'en servir, suivant le principe, *licet juri in suum favorem introducto renuntiare*, et qu'il peut, au lieu de cela, demander compte à ce possesseur des sommes qu'il a reçues, ou dû recevoir, pour le prix des choses de la succession qu'il a vendues.

(5) C'est un autre cas auquel l'héritier trouve plus d'avantage à se faire rendre compte du prix que la chose a été vendue, qu'à se la faire rendre en nature : l'héritier doit, dans ce cas, comme dans tous les autres, avoir le choix de la demande qui lui est la plus avantageuse.

pouvoir de les recouvrer, la condamnation se convertit en celle de dommages et intérêts que souffre l'héritier de la privation de ces choses.

Suivant le droit, on s'en rapportait, en ce cas, sur la somme à laquelle devaient monter ces dommages et intérêts, au serment *in litem* de l'héritier : *Tàm adversùs eum qui dolo fecit quominùs possideat quàm adversùs possidentem, in* (1) *litem juratur*; l. 25, § 10, ff. *de hæred. petit.*

Dans notre pratique française, on ne défère point le serment *in litem;* mais les dommages et intérêts doivent être réglés par experts, dont les parties conviendront, qui auront connaissance des effets que le possesseur a manqué de représenter.

Quelquefois le juge les arbitre lui-même.

412. Enfin le possesseur de mauvaise foi est tenu de rendre à l'héritier le prix des choses de la succession qui ont péri, quoique par cas fortuit, dans le cas auquel il est vraisemblable que s'il les eût rendues à l'héritier, cet héritier les eût vendues, et en eût par ce moyen évité la perte. Le possesseur est pareillement tenu de rendre le prix des choses de la succession qu'un tiers a acquises par droit d'usucapion, que l'héritier eût pu interrompre, si ce possesseur de mauvaise foi lui eût rendu les titres et enseignemens de la succession : *Restituere pretia debebit possessor, etsi deperditæ sint res vel diminutæ.... quia si petitor rem consecutus esset, distraxisset, et verum rei pretium non perderet*; *dict. l.* 20, § *fin.* ff. *de petit. hæred. Deperditum intelligitur, quod in rerum naturâ esse desiit, diminutum verò quod usucaptum est, et ob id de hæreditate exiit*; l. 21, ff. *dict. tit.*

413. Lorsqu'un tuteur, par mauvaise foi, s'est mis en possession, en son nom de tuteur, pour son mineur, des biens d'une succession qu'il savait ne pas appartenir à son mineur, le jurisconsulte Ariston pensait que, sur la demande en pétition d'hérédité, donnée par le véritable héritier contre le mineur sorti de tutelle, le mineur devait être condamné à la restitution des choses de cette succession que son tuteur avait laissé perdre, ou qu'il avait, de quelque manière que ce soit, cessé, par son dol ou par sa faute, de posséder; pourvu néanmoins que son tuteur fût solvable, et que ce mineur pût, pour les condamnations intervenues contre lui, auxquelles le dol ou la faute du tuteur aurait donné lieu, avoir un recours efficace contre ce tuteur. Pomponius, qui rapporte cette opinion, décide, avec plus de raison, qu'il doit suffire que le mineur cède à l'héritier, deman-

(1) *Qui quamvis res possideat, per contumaciam non vult eam restituere, et eam abscondit.*

deur en pétition d'hérédité, l'action qu'il a contre son tuteur pour se faire rendre compte desdites choses; l'équité ne permettant pas qu'il essuie des condamnations pour le dol et la faute de son tuteur, dont il est innocent : *Elegantiùs dici potest actiones duntaxat quas haberet cum tutore pupillus, petitori hæreditatis præstandas esse;* l. 61, ff. *de adm. et per. tut.*

§ IV. Pour quelle part la restitution doit-elle être faite, lorsque le demandeur en pétition d'hérédité n'est héritier que pour partie?

414. Lorsque le demandeur en pétition d'hérédité n'est héritier que pour partie, *putà*, pour un quart, et qu'il n'a en conséquence revendiqué, par cette action, que la partie de cette succession qui lui appartient, le possesseur, contre qui la demande a été donnée, ne doit, en exécution de la sentence qui a fait droit sur la demande, restituer au demandeur que la portion indivise dans les effets que ce possesseur possède, quelque peu qu'il en possède, qui appartient à ce demandeur, *putà*, le quart par indivis, s'il est héritier pour un quart; car le demandeur en pétition d'hérédité, tant qu'il n'y a pas encore eu de partage de la succession, n'a que la part indivise, pour laquelle il est héritier, dans chacune de toutes les choses dont la succession est composée : ce n'est que par l'action *familiæ erciscundæ*, qui doit suivre celle en pétition d'hérédité, que cet héritier en partie obtiendra une part certaine et déterminée dans les biens de la succession : *Non possumus consequi*, dit Julien, *per hæreditatis petitionem id quod judicio familiæ erciscundæ consequimur, ut à communione discedamus; quùm ad officium judicis nihil ampliùs pertineat, quàm ut partem hæreditatis pro indiviso restitui mihi jubeat;* l. 7, ff. *si pars hæred. pet.*

415. Ceci a lieu, lorsque le possesseur, contre qui l'héritier pour partie a revendiqué la portion à lui appartenante dans la succession, et a obtenu en sa demande, est lui-même héritier pour les autres portions, ou du moins pour quelqu'une des autres portions. Mais lorsque le possesseur, contre qui la demande est donnée, est un usurpateur, qui s'est mis sans droit en possession des biens de la succession qu'il a prétendu mal à propos lui appartenir; quoique, selon la rigueur et la subtilité du droit, le demandeur ne puisse exiger que la portion indivise pour laquelle il est héritier des effets de la succession qui sont entre les mains de ce possesseur, l'équité veut que, en attendant que ceux, qui sont héritiers pour les autres portions se présentent, toutes les choses de la succession, qui sont entre les mains de ce possesseur, soient remises en entier à cet héritier, quoiqu'il ne le soit que pour partie, plutôt que d'être laissées à cet usurpateur qui n'a aucun droit aux biens de la succession: l'héritier pour partie, à

qui il les remettra, doit seulement, en ce cas, se charger envers lui de le défendre, pour raison desdites choses, contre les demandes en pétition d'hérédité que pourraient donner contre lui les héritiers des autres portions.

## SECTION IV.

### Des prestations personnelles dont est tenu le possesseur, sur la demande en pétition d'hérédité.

416. Quoique la pétition d'hérédité soit principalement une action réelle, qui naît du domaine que le demandeur a de l'hérédité qu'il revendique par cette action, soit pour le total, lorsqu'il est héritier unique, soit pour partie, lorsqu'il ne l'est que pour partie, elle renferme néanmoins des prestations personnelles, dont est tenu le possesseur contre qui cette action est donnée, et qui naissent des obligations, que ce possesseur est censé avoir contractées envers l'héritier demandeur en pétition d'hérédité. C'est ce qui fait dire à Ulpien : *Petitio hæreditatis etsi in rem actio sit, habet tamen præstationes quasdam personales;* l. 25, § 18, ff. *de petit. hæred.*

Ces prestations personnelles consistent dans le compte, que le possesseur doit rendre de ce qu'il a reçu des débiteurs de la succession, du prix de la vente des effets de la succession, des fruits qu'il en a perçus, et lorsque le possesseur est de mauvaise foi, même de ceux qu'il a pu percevoir, et généralement de tous les profits qu'il a retirés des biens de la succession ; comme aussi, lorsque le possesseur est un possesseur de mauvaise foi, il doit rendre compte des dégradations et détériorations qui ont été faites, par son fait ou par sa faute, dans les biens de la succession : *Petitio hæreditatis habet præstationes personales, ut puta eorum quæ à debitoribus sunt exacta, item pretiorum* (1) dict. l. 25, § 18.

417. Il suffit que le possesseur, soit qu'il soit de mauvaise foi, ou qu'il soit de bonne foi, ait retiré quelque profit des biens de la succession, pour qu'il soit tenu d'en rendre compte, et de le rendre à l'héritier qui a obtenu en sa demande en pétition d'hérédité, quand même ce profit viendrait de la vigilance et de l'industrie de ce possesseur, et que l'héritier n'eût pas fait ce profit, s'il eût été en possession des biens de la succession.

(1) *Quæ ex venditione rerum hæreditariarum possessor redegit.*

Par exemple, lorsque le possesseur a vendu des biens de la succession, le prix, qu'il a reçu de cette vente, est un profit qu'il a eu des biens de la succession, qu'il doit rendre à l'héritier, quoique l'héritier n'eût pas lui-même fait ce profit, *putà*, parce que ces choses sont péries, par cas fortuit, peu après la vente qui en a été faite, et que l'héritier ne se fût pas également dépêché de les vendre. C'est ce qui est expressément porté par le sénatus-consulte susmentionné : *Ait senatus, placere à quibus petita hæreditas fuisset, si adversùs eos judicatum esset, pretia quæ ad eos rerum ex hæreditate venditarum pervenissent, etsi ante aditam hæreditatem deperiissent, diminutæve essent, restituere debere*; l. 20, § 17, ff. *dict. tit.*

418. De ce principe naît la décision de la question suivante : Le possesseur, contre qui la demande en pétition d'hérédité a été donnée, avait, long-temps avant cette demande, vendu un effet de la succession pour un prix très-avantageux; depuis, il a trouvé l'occasion de racheter cet effet à très-bon compte. On demande si, sur la demande en pétition d'hérédité, ce possesseur, surtout s'il était possesseur de bonne foi, doit avoir le choix de rendre l'effet de la succession qu'il a pardevers lui en nature, ou le prix qu'il a reçu pour la vente qu'il en a faite.

Paul décide qu'il ne suffit pas à ce possesseur de rendre la chose; qu'il doit rendre avec la chose le profit qu'il a retiré de la vente qu'il en a faite : par exemple, s'il l'a vendue cent livres, et qu'il l'ait rachetée pour quatre-vingts, il doit rendre avec la chose la somme de vingt livres. Il se fonde sur ce que c'est un profit qu'il a eu des biens de la succession. Or, suivant la constitution d'Adrien, le possesseur, quoique de bonne foi, doit, sur la demande, rendre tout le profit qu'il a retiré des biens de la succession : *Si rem et pretium habeat bonæ fidei possessor, putà, quod eamdem rem (hæreditariam quam vendidit) emerit, an audiendus sit, si velit rem dare, non pretium?... In oratione D. Hadriani ità est :* « Dispicite, Patres conscripti, numquid sit » æquius possessorem non facere lucrum, et pretium quod ex » alienâ re perceperit, reddere, quia potest existimari in locum » hæreditariæ rei venditæ pretium ejus successisse, et quodam-» modò ipsum hæreditarium factum. » *Oportet igitur possessorem et rem restituere petitori, et quod ex venditione ejus rei hæreditariæ lucratus est*; l. 22, ff. *dict. tit.*

419. Il en est de même de toutes les autres espèces de profits, que le possesseur a retirés de la vente qu'il a faite des effets de la succession : ce possesseur, quoique possesseur de bonne foi, ne peut les retenir, et doit les rendre à l'héritier, sur la demande en pétition d'hérédité : *Proindè si non pretium, sed etiam pœna tardiùs pretio soluto pervenit, poterit dici, quia locupletior in*

*totum* (1) *factus est, debere venire, licèt de pretio solummodò senatus sit locutus;* l. 23, § 1, ff. *dict tit. Sed etsi lege commissoriâ vendidit, idem dicendum lucrum quod sensit lege* (2) *commissoriâ, præstaturum;* l. 25.

420. Quand même le profit, que le possesseur a fait des biens de la succession, serait un profit déshonnête, et par conséquent tel que l'héritier ne l'eût pas fait, ce possesseur doit le rendre à l'héritier, sur la demande en pétition d'hérédité : *Si possessor ex hæreditate inhonestos habuerit quæstus, hos etiam restituere cogetur, ne honesta* (3) *interpretatio non honesto quæstu lucrum possessori faciet;* l. 52, ff. *dict. tit.*

421. En un mot, c'est une règle générale qui ne souffre point d'exception, que le possesseur ne peut retenir aucun profit qu'il a retiré des biens de la succession, quel qu'il soit : *Omne lucrum auferendum esse tàm bonæ fidei possessori quàm prædoni dicendum est;* l. 28, ff. *dict. tit.*

422. En cela conviennent le possesseur de bonne foi et le possesseur de mauvaise foi; mais ils diffèrent en plusieurs points sur les prestations personnelles auxquelles ils sont sujets, sur la demande en pétition d'hérédité.

Ces différences proviennent des différentes causes, d'où naissent les obligations que le possesseur de bonne foi et celui de mauvaise foi contractent envers l'héritier.

La connaissance, qu'a le possesseur de mauvaise foi, lorsqu'il se met en possession des biens d'une succession, qu'elle ne lui appartient pas, lui fait dès-lors contracter l'obligation de les rendre; et cette obligation naît de ce précepte de la loi naturelle, *Bien d'autrui tu ne prendras, ni retiendras à ton escient.* Au contraire, le possesseur de bonne foi, qui croit de bonne foi que la succession lui appartient, qui use et dispose des biens qui en dépendent, comme des choses qu'il croit de bonne foi lui appartenir, ne contracte point cette obligation; l'unique cause de celle qu'il contracte, est la règle d'équité, qui ne permet pas

(1) C'est-à-dire, parce qu'il a profité de tout ce qu'il a reçu, *tàm pœnæ nomine, quàm pretii nomine.*

(2) *Finge.* Le possesseur avait vendu une chose de la succession, avec la clause que, faute par l'acheteur de payer le prix dans un certain temps, la chose lui serait rendue, et qu'il retiendrait la somme payée par l'acheteur, par forme d'arrhes.

(3) Le sens est : L'honnête interprétation qui, dans d'autres cas, fait regarder un gain déshonnête comme n'étant pas un véritable gain, ne doit pas avoir lieu dans ce cas-ci, de peur que, si on disait que l'héritier ne doit point exiger la restitution de ce gain déshonnête, parce que ce n'est pas un véritable gain, le possesseur qui l'a fait n'en profitât, et ne fût par-là de meilleure condition que celui qui aurait fait un bon et honnête usage des biens de la succession.

que nous nous enrichissions aux dépens d'autrui, ni par conséquent que nous retenions le profit que nous avons retiré des choses qui appartiennent à autrui, lorsque nous venons à apprendre qu'elles appartiennent à autrui.

De-là naissent les différences entre le possesseur de bonne foi et le possesseur de mauvaise foi, à l'égard des prestations personnelles auxquelles ils sont sujets, sur la demande en pétition d'hérédité.

Première différence.

423. Le possesseur de mauvaise foi est obligé de tenir compte à l'héritier de tout ce qui lui est parvenu des biens de la succession, quand même il l'aurait depuis dissipé, et ne s'en trouverait pas plus riche : au contraire, le possesseur de bonne foi n'est tenu de rendre ce qui lui est parvenu des biens de la succession, que jusqu'à concurrence de ce qu'il se trouve en profiter au temps de la demande en pétition d'hérédité.

La raison de cette différence est évidente. Le possesseur de mauvaise foi ayant connaissance que tout ce qui lui parvient des biens de la succession ne lui appartient pas, il sait qu'il n'a pas le droit d'en disposer et de le dissiper, et il est tenu de le conserver à l'héritier à qui il appartient, comme un *negotiorum gestor* est tenu de conserver et de rendre à celui, à qui appartiennent les biens, dans la gestion desquels il s'est immiscé, tout ce qui lui est parvenu desdits biens.

Au contraire, le possesseur de bonne foi, croyant que la succession lui appartenait, a pu très-licitement disposer, comme bon lui a semblé, de tout ce qui lui est parvenu de cette succession, et le dissiper comme choses dont il croyait de bonne foi être le maître ; c'est pourquoi, il ne doit être tenu de rendre que ce dont il se trouve profiter lors de la demande en pétition d'hérédité, par laquelle on lui a fait connaître que ce qui lui est parvenu des biens de la succession appartient au demandeur en pétition d'hérédité.

Le principe, que nous venons de rapporter, que le possesseur de bonne foi, à la différence du possesseur de mauvaise foi, n'est tenu de ce qu'il a retiré des biens de la succession, que jusqu'à concurrence de ce qu'il se trouve en profiter au temps de la pétition d'hérédité, est exprimé en termes formels dans le sénatus-consulte que nous avons déjà plusieurs fois cité, où il est dit : *Qui justas causas habuissent quare bona ad se pertinere existimassent, usquè eò quò locupletiores ex eâ re facti essent (condemnandos)*; l. 20, § 6.

Il ne suffit donc pas que le possesseur de bonne foi ait retiré quelque profit des biens de la succession, s'il ne l'a pas conservé; s'il l'a dissipé avant la demande en pétition d'hérédité, si, lors de cette demande, il ne s'en trouve pas plus riche, il n'a rien à rendre. C'est pourquoi Ulpien, en interprétant ces termes du sénatus-consulte, *placere à quibus hæreditas petita fuisset, si adversùs eos judicatum esset, pretia quæ ad eos rerum ex hæreditate venditarum* PERVENISSENT..... *restituere debere*, dit à l'égard du possesseur de bonne foi : *Finge pretium acceptum, vel perdidisse, vel consumpsisse, vel donasse; et verbum quidem* PERVENISSE *ambiguum est, solum ne hoc contineret quod primâ ratione fuerit, an verò et id quod durat? Et puto.... ut ità demùm computet si factus sit locupletior*; l. 23, ff. *dict. tit.*

Ailleurs le même Ulpien dit : *Consuluit senatus bonæ fidei possessoribus, ne in totum damno afficiantur, sed in id duntaxat teneantur in quo locupletiores facti sunt; quemcumque igitur sumptum fecerunt ex hæreditate, si quid dilapidaverunt, perdiderunt, dùm re suâ se abuti putant, non præstabunt*; l. 25, § 11, ff. *dict. tit.*

Il aurait pu paraître à quelqu'un que le possesseur de bonne foi profite des biens de la succession, dont il a fait donation, parce que, par ces donations, il s'est fait des amis de qui il a quelque droit d'attendre d'être récompensé des donations qu'il leur a faites.

Néanmoins, Ulpien décide qu'il n'est censé avoir profité, qu'autant qu'il a reçu effectivement quelques récompenses desdites donations, et seulement jusqu'à concurrence de la valeur desdites récompenses : *Nec si donaverint, locupletiores facti videbuntur, quamvis ad remunerandum sibi aliquem naturaliter obligaverunt. Planè si ἀντίδωρα, id est remunerationes acceperunt; dicendum est autem locupletiores factos, quatenùs acceperunt; velut genus quoddam hoc esset permutationis; dict.* l. 25, § 11.

Quoique le possesseur de bonne foi ait consommé dans son ménage les deniers qui lui étaient venus de la succession, il est censé en profiter au temps de la pétition d'hérédité, jusqu'à concurrence de la somme qu'il avait coutume de prendre dans son patrimoine pour cet emploi, et qu'il a épargnée en se servant des deniers de la succession.

Mais si, se comptant plus riche par la succession qu'il croyait lui appartenir, il a dépensé, dans son ménage, des deniers de cette succession, plus qu'il n'avait coutume de dépenser, il ne sera censé avoir profité et être plus riche, que jusqu'à concurrence de la somme qu'il avait coutume de dépenser, et qu'il a épargnée. C'est ce qu'enseigne Ulpien : *Quod quis ex hæreditate erogavit, utrùm totum decidat* (1), *an verò pro ratâ patri-*

(1) Supple, *summæ ex hæreditate redactæ quam possessor petitori restituere debet.*

*monii ejus? Ut putà penum hæreditariam ebibit; utrùm totum hæreditati expensum feratur, an aliquid et patrimonio ejus; ut in id factus locupletior* (1) *videatur quod solebat ipse erogare ante delatam hæreditatem; ut si quid lautius, contemplatione hæreditatis impendit, in hoc non videatur factus locupletior, in statutis verò suis sumptibus videatur factus locupletior.... verius est, ut ex suo patrimonio decidant ea quæ, etsi hæres non fuisset, erogasset*; l. 25, § 16.

424. Du principe, que le possesseur de bonne foi n'est tenu de la restitution des deniers de la succession que jusqu'à concurrence de ce qu'il en profite, il suit que, s'il les a placés à intérêt, s'il a été payé par ceux à qui il les a donnés à intérêt, il doit tenir compte des sommes qui lui ont été payées, tant pour le principal que pour les intérêts ; mais s'il n'en a pas été payé, il lui suffit de céder à l'héritier ses actions contre les débiteurs, pour que ledit héritier s'en fasse payer comme il pourra. C'est ce que Paul enseigne dans l'espèce proposée : *Dicendum itaque est*, dit-il, *in bonæ fidei possessore hæc tantummodò eum præstare debere, id est vel sortem et usuras ejus, si et eas percepit; vel nomina cum eorum cessione in id faciendâ quod ex his adhuc deberetur, periculo scilicet petitoris*; l. 30, ff. dict. tit.

425. Lorsque le possesseur de bonne foi a employé les deniers de la succession à faire emplette d'une certaine chose pour son compte et pour son usage, ce n'est pas de cette chose que l'héritier doit demander la restitution, mais de la somme de deniers qu'il a employée à cette emplette, dont il est censé profiter au moyen de cette emplette ; sauf que, s'il l'avait achetée plus qu'elle ne vaut, il ne serait censé profiter que de la somme qu'elle vaut: *Si rem distraxit, et ex pretio aliam rem comparavit, veniet pretium in petitionem hæreditatis, non res, quam in patrimonium suum convertit; sed si res minoris valet quàm comparata est, hactenùs locupletior factus videtur, quatenùs res valet, quemadmodùm si consumpsisset in totum locupletior factus non videbitur*; l. 25, § 1.

426. Lorsque le possesseur de bonne foi, qui a été condamné à rendre au demandeur en pétition d'hérédité la moitié qui appartient à ce demandeur dans la succession, est lui-même héritier pour l'autre moitié ; s'il a consommé en pure perte la moitié de cette succession, c'est une question s'il doit imputer en entier cette perte sur sa portion, de manière qu'il doive rendre tout ce

(1) *Possessor bonæ fidei eatenùs videtur locupletior ex pecuniâ hæreditariâ, quam in proprios usus consumpsit, quatenùs pepercit pecuniæ propriæ quam in eos impendisset, si pecuniam hæreditariam non impendisset.*

qui lui reste des biens de la succession, ou s'il doit l'imputer en entier sur la portion qu'il doit rendre au demandeur, de manière qu'il ne lui reste plus rien à lui rendre ; ou plutôt si ce qu'il a consommé des biens de la succession doit s'imputer, tant sur la portion qu'il doit rendre, que sur la sienne, par proportion. C'est l'avis d'Ulpien : *Si quis putans se ex asse hæredem (quùm esset hæres ex dimidiâ duntaxat, et petitor ex alterâ dimidiâ), partem dimidiam hæreditatis sine dolo malo consumpserit.... puto residuum integrum non esse restituendum, sed partem ejus dimidiam; dict. l.* 25, § 15.

427. Il nous reste à examiner à quel temps on doit avoir égard, pour juger si tout le profit, que le possesseur de bonne foi a retiré de la succession, subsiste encore pardevers lui, à l'effet qu'il soit tenu de le restituer à l'héritier demandeur, s'il obtient en sa demande en pétition d'hérédité. On doit, pour cela, avoir égard à deux temps.

1°. On doit avoir égard au temps de la litiscontestation (dans notre droit français, au temps de la demande). C'est de ce temps que le possesseur de bonne foi devient débiteur, envers le demandeur en pétition d'hérédité, de tout le profit qu'il se trouve alors avoir de la succession : il est obligé dès-lors de le lui conserver, sans qu'il puisse, par son fait ou par sa faute, en rien diminuer.

2°. On doit aussi avoir égard au temps du jugement, en ce sens, que, si, depuis la litiscontestation, il est survenu, sans le fait ni la faute de ce possesseur, quelque perte dans les biens de la succession qui étaient pardevers lui, il ne soit tenu de rendre que ce qui lui reste. C'est en ce sens qu'on doit entendre ce que dit Ulpien : *Quo tempore locupletior esse debeat bonæ fidei possessor dubitatur, sed magis est rei judicatæ tempus spectandum esse;* l. 36, § 4, ff. *dict. tit.*

428. Quoique le possesseur de bonne foi cesse d'être réputé possesseur de bonne foi, et devienne semblable au possesseur de mauvaise foi, comme nous l'avons observé *suprà*, néanmoins il diffère encore en un point, même depuis la litiscontestation, du possesseur de mauvaise foi.

Paul nous fait observer cette différence : *Illud quoque quod in oratione D. Hadriani est, ut post acceptum judicium id actori præstetur quod habiturus esset, si eo tempore, quo petit, restituta esset hæreditas; interdùm durum est : quid enim si post litem contestatam mancipia, aut jumenta, aut pecora deperierunt? Damnari debebit secundùm verba constitutionis, quia potuit petitor distraxisse ea. Et hoc justum esse in specialibus petitionibus Proculo* (1) *placet ; Cassius contrà sensit. In prædonis personâ*

(1) Proculus, qui vivait long-temps avant Adrien, en traitant de l'action

*Proculus rectè existimat ; in bonæ fidei possessoribus Cassius : nec enim debet possessor aut mortalitatem præstare, aut præter metum periculi hujus, temerè indefensum jus suum relinquere ;* l. 40, ff. *de petit. hæred.*

429. Toutes les décisions des lois romaines, que nous avons rapportées, sont très-conformes aux principes de l'équité naturelle dans la théorie ; mais il est très-difficile d'en faire l'application dans la pratique. En effet, il n'est guère possible de connaître si le possesseur de bonne foi, qui a reçu des sommes d'argent des débiteurs de la succession, et du prix de la vente des effets de cette succession, et qui les a employées, s'en trouve plus riche ou non au temps de la demande en pétition d'hérédité : il faudrait, pour cela, entrer dans le secret des affaires des particuliers, ce qui ne doit pas être permis. Il a fallu, dans notre pratique française, s'attacher à une autre règle sur cette matière, qui est que personne ne devant être présumé dissiper ce qui fait le fonds d'un bien qu'il croit lui appartenir, le possesseur de bonne foi des biens d'une succession est censé avoir profité de tout ce qui lui est parvenu des biens de cette succession, et qui en compose le fonds mobilier, et en profiter encore au temps de la pétition d'hérédité, à moins qu'il ne fasse apparoir du contraire.

C'est pourquoi, lorsque le possesseur de bonne foi a été condamné de rendre les biens de la succession au demandeur, il doit lui donner un compte de toutes les sommes qu'il a reçues, soit des débiteurs de la succession, soit du prix de la vente des effets de ladite succession, et généralement de tout ce qui lui est parvenu de ce qui compose le fonds mobilier de la succession. Sur le montant de toutes ces sommes, on doit lui faire déduction de toutes les dépenses qu'il justifiera avoir faites pour les biens de la succession, sans qu'elles puissent être critiquées, lorsqu'elles ont été faites avant la demande, et pendant que la bonne foi durait. Ces dépenses, eu égard à sa qualité de possesseur de bonne foi, doivent lui être allouées, quand même elles auraient été faites mal à propos : car n'étant tenu, en sa qualité de possesseur de bonne foi, de la restitution des biens de la succession, que jusqu'à concurrence de ce qu'il est présumé en profiter ; soit que ces dépenses aient été bien ou mal faites, il suffit qu'il établisse qu'il les a faites, pour qu'il établisse qu'elles ont diminué le profit qu'il a retiré de la succession, et par conséquent qu'elles ont diminué ce qu'il doit rendre à l'héritier.

---

en revendication, avait pareillement pensé que la perte arrivée depuis la litiscontestation, quoique sans la faute du possesseur pardevers qui elle était, devait tomber sur ce possesseur ; et il y a même raison dans le cas de la pétition d'hérédité.

On doit pareillement allouer en déduction à ce possesseur de bonne foi toutes les pertes qu'il justifiera avoir faites sur les biens qui lui sont provenus de la succession, sans qu'on doive examiner, lorsqu'elles sont survenues avant la demande, si c'est par son fait ou par sa faute qu'elles sont arrivées; car, de quelque manière qu'elles soient arrivées, il suffit qu'elles soient arrivées, pour qu'elles aient diminué le profit que ce possesseur a retiré des biens de la succession, et pour qu'elles doivent, par conséquent, lui être allouées en déduction sur ce qu'il doit rendre au demandeur, n'étant tenu de lui rendre les biens de la succession que jusqu'à concurrence de ce qu'il en profite.

A l'égard des dépenses, qu'il aurait faites, depuis la demande, pour les biens de la succession, n'étant plus, depuis la demande, réputé possesseur de bonne foi, elles ne doivent lui être allouées qu'autant qu'il se serait fait autoriser par le juge pour les faire, ou du moins qu'il serait évident qu'il était indispensable de les faire.

Par la même raison, les pertes, survenues dans les biens de la succession, depuis la demande, ne doivent lui être allouées en déduction, qu'autant qu'elles seraient arrivées sans sa faute.

### Seconde différence.

430. La seconde différence entre le possesseur de bonne foi et le possesseur de mauvaise foi, par rapport à la restitution des biens qu'ils doivent faire à l'héritier qui a obtenu en sa demande en pétition d'hérédité, concerne les fruits desdits biens.

Les fruits, que le possesseur a perçus des biens de la succession, étant des choses qui font elles-mêmes partie de cette succession, et qui en sont des accroissemens, comme nous l'avons déjà vu *suprà*, *n.* 400, le possesseur, quoique possesseur de bonne foi, est tenu, suivant les principes du droit romain, de compter à l'héritier, à qui il doit rendre les biens de la succestion, de tous les fruits qu'il a perçus depuis qu'il s'est mis en possession desdits biens; mais il n'est tenu de ceux, qu'il a perçus avant la litiscontestation, que jusqu'à concurrence de ce qu'il s'est trouvé en profiter, et en être plus riche au temps de la litiscontestation. Au contraire, le possesseur de mauvaise foi est tenu de compter de tous les fruits qu'il a perçus, soit qu'il en ait profité, soit qu'il n'en ait point profité. C'est ce qu'enseigne Paul : *Prædo fructus suos non facit, sed augent hæreditatem, ideòque eorum quoque fructus præstabit : in bonæ fidei autem possessore, hi tantùm veniunt in restitutionem quasi augmenta hæreditatis, per quos locupletior factus est;* l. 40, § 1, ff. *de hær. pet.*

Le possesseur de bonne foi est-il présumé avoir profité et être enrichi des fruits qu'il a perçus avant la demande, s'il ne justifie du contraire, de même qu'il est présumé, suivant notre pratique française, avoir profité de ce qu'il a reçu des débiteurs de la succession, ou du prix de la vente des meubles de la succession, comme nous l'avons observé *suprà*, *n.* 429 ? Il me semble qu'il serait équitable d'admettre une différence entre le cas de l'article 429 et ce cas-ci. Dans le cas de l'article 429, le possesseur de bonne foi regardait ce qu'il a reçu des débiteurs, ou du prix de la vente des meubles de la succession, comme un fonds mobilier d'une succession qu'il croyait lui être échue. Un père de famille étant plutôt présumé conserver que dissiper les fonds qu'il croit lui appartenir, le possesseur de bonne foi est présumé avoir conservé ce fonds mobilier de la succession, et en être enrichi, tant qu'il n'apparaît pas du contraire : mais si un père de famille est présumé conserver ses fonds, il est, au contraire, présumé dépenser ses revenus. Le possesseur de bonne foi regardant, comme ses revenus, les fruits qu'il perçoit des biens d'une succession qu'il croyait lui appartenir, il semble qu'on devrait présumer qu'il les a dépensés, soit en vivant plus largement, soit en les employant en aumônes, et qu'il n'en est pas enrichi, tant qu'on ne justifie pas le contraire, et qu'il devrait, en conséquence, être déchargé de compter les fruits. Il faut, néanmoins, convenir que notre pratique française est contraire, et qu'on exige de celui, qui s'est mis en possession d'une succession, qu'il compte des fruits à l'héritier qui l'a évincé.

431. Le possesseur de bonne foi n'étant tenu des fruits qu'il a perçus, que jusqu'à concurrence de ce qu'il s'en est trouvé plus riche, à plus forte raison il ne doit pas être tenu de ceux qu'il a manqué de percevoir. Au contraire, le possesseur de mauvaise foi doit rendre compte, non-seulement des fruits qu'il a perçus, mais même de ceux qu'il a manqué de percevoir : *Et fructus non (solùm) quos perceperunt, sed quos percipere debuerunt, eos præstaturos; dict. l.* 25, § 4.

432. Cette différence, entre le possesseur de bonne foi et le possesseur de mauvaise foi, ne subsiste qu'à l'égard des fruits qui ont été perçus, ou qui ont dû être perçus avant la litiscontestation. Le possesseur de bonne foi cessant d'être réputé tel lors de la litiscontestation, il est tenu, de même que le possesseur de mauvaise foi, de compter indistinctement de tous les fruits qu'il a perçus depuis la litiscontestation, même de ceux qu'il a manqué, par sa faute, depuis ce temps, de percevoir; l. 1, § 1, *Cod. de petit. hæred.*

### Troisième différence.

433. La troisième différence, entre le possesseur de bonne foi et le possesseur de mauvaise foi, par rapport à la restitution qui

doit être faite des biens de la succession au demandeur en pétition d'hérédité, concerne les intérêts.

Le possesseur de mauvaise foi ne doit pas, à la vérité, les intérêts des sommes d'argent qui lui sont provenues de la succession dont il s'est emparé, tant qu'il n'y touche point : *Papinianus, lib. 3 Quæstionum : Si possessor hæreditatis, pecuniam inventam in hæreditate non attingat, negat eum omninò in usuras conveniendum*; l. 20, § 14, *de petit. hæred.*

Mais lorsqu'il a employé ces sommes à ses propres affaires, il en doit les intérêts à l'*instar* d'un *negotiorum gestor*, qui s'est ingéré dans la gestion des biens qui ne lui appartenaient pas, lequel est tenu, en ce cas, des intérêts. *Voyez* l. 31, § 3, ff. *de neg. gest.*; l. 10, § 3, v° *quod si non mand.*, ff. *mand.*

Au contraire, lorsque le possesseur de bonne foi a employé à ses affaires les sommes de deniers qui lui sont provenues de la succession, il est bien tenu de rendre lesdites sommes, lorsqu'il se trouve en avoir profité, et en être plus riche au temps de la pétition d'hérédité; mais l'héritier ne peut en exiger de lui aucuns intérêts. C'est ce qui est porté en termes formels par le sénatus-consulte rendu en conformité de la constitution d'Adrien : *Quùm hi qui se hæredes existimant, hæreditatem distraxerint, placere redactæ ex pretio rerum venditarum pecuniæ usuras non esse exigendas*; l. 20, § 6, ff. *de pet. hæred.*

434. Cette différence, entre le possesseur de bonne foi et le possesseur de mauvaise foi, par rapport aux intérêts, ne paraît pas être suivie dans notre pratique française. Le possesseur rend compte de toutes les sommes qu'il a reçues des biens de la succession; et quoiqu'il soit possesseur de mauvaise foi, il ne doit les intérêts de la somme, dont il est reliquataire par son compte, que du jour qu'il a été mis en demeure de la payer.

### Quatrième différence.

435. La quatrième différence, entre le possesseur de bonne foi et le possesseur de mauvaise foi, concerne les dégradations faites aux biens de la succession.

Le possesseur de mauvaise foi, par la connaissance qu'il a que les biens de la succession ne lui appartiennent pas, contracte, envers le véritable héritier, comme nous l'avons déjà dit, l'obligation de les lui conserver en bon état, jusqu'à la restitution qu'il est obligé de lui en faire. Cette obligation étant accessoire de la première, faute d'avoir rempli cette obligation, il est tenu de tous les dommages et intérêts résultans des dégradations arrivées par son fait.

Au contraire, le possesseur de bonne foi, qui a un juste sujet de croire que les biens de la succession lui appartiennent, ne contracte point ces obligations envers le véritable héritier; il peut licitement négliger et laisser détériorer des biens dont il se croit le maître. Il ne doit donc pas être tenu des dégradations qu'il a faites aux biens de la succession, tant que sa bonne foi a duré avant la litiscontestation sur la pétition d'hérédité (à moins que ce ne fussent des dégradations dont il eût profité, comme s'il avait abattu une haute-futaie qu'il eût vendue, et dont il eût reçu le prix).

Mais, depuis la litiscontestation, le possesseur de bonne foi, cessant d'être réputé tel, est obligé, depuis ce temps, à conserver en bon état les biens de la succession, et il est tenu, de même que le possesseur de mauvaise foi, des dégradations, qui, depuis ce temps, seraient survenues par sa faute. Le possesseur, dit Ulpien, *sicut sumptum quem fecit, deducit, ità si facere debuit nec fecit, culpæ hujus reddat rationem, nisi bonæ fidei possessor est; tunc enim quia quasi suam rem neglexit, nulli querelæ subjectus est ante petitam hæreditatem; posteà verò et ipse prædo est*, l. 31, § 3, ff. *dict. tit.*

436. Tout ce qui vient d'être dit de cette différence, entre le possesseur de bonne foi et le possesseur de mauvaise foi, a pareillement lieu dans notre droit français; sauf que, dans notre droit, le simple exploit d'assignation, par lequel l'héritier demandeur en pétition d'hérédité donne copie de ses titres, a le même effet, à cet égard, qu'avait, par le droit romain, la litiscontestation; et c'est de ce jour que le possesseur de bonne foi commence à être obligé de conserver les biens de la succession, et à être tenu des dégradations qui y seraient faites par son fait ou par sa faute.

437. On a élevé la question de savoir, si, de même que le possesseur de mauvaise foi est tenu des dégradations arrivées par son fait ou par sa faute dans les biens de la succession, il est tenu des prescriptions des créances de la succession, et des insolvabilités survenues dans les débiteurs, depuis qu'il s'est mis en possession des biens de cette succession, faute par ce possesseur d'avoir fait des poursuites contre eux. Ulpien décide la question pour la négative, par la raison qu'il n'était pas en son pouvoir de poursuivre ces débiteurs, lesquels, sur les poursuites qu'il aurait faites contre eux, auraient été en droit de lui opposer qu'il eût à justifier de sa qualité d'héritier, ce qu'il n'eût pu faire, puisqu'il ne l'était pas: *Illud planè prædoni imputari non potest cur passus est debitores liberari, et pauperiores fieri, et non eos convenit, quùm actionem non habuerit; dict.*, l. 31, § 4.

Cette décision a lieu, dans le cas auquel le possesseur a connaissance, à la vérité, que les biens de la succession, dont il s'est mis en possession, ne lui appartiennent pas, mais ne sait pas à qui ils appartiennent, et à qui il doit les restituer.

Au contraire, lorsque ce possesseur de mauvaise foi connaissait le véritable héritier, à qui il devait rendre les biens de la succession; si, faute par ce possesseur d'avoir rendu, aussitôt qu'il l'a pu, les biens et les titres de la succession, cet héritier, qui n'avait pas les titres, n'a pu poursuivre les débiteurs de la succession, le possesseur doit, en ce cas, être tenu envers l'héritier, par forme de dommages et intérêts, de l'indemniser des prescriptions arrivées dans les créances et droits de la succession que cet héritier aurait pu interrompre, et des insolvabilités des débiteurs, qu'il eût pu prévenir, si le possesseur lui eût rendu à temps les titres qui lui étaient nécessaires pour les poursuivre.

## SECTION V.

### Des prestations personnelles auxquelles est tenu le demandeur envers le possesseur qui doit lui rendre les biens de la succession.

438. Le demandeur, qui a obtenu en sa demande en pétition d'hérédité, est aussi, de son côté, tenu, envers le possesseur, à certaines prestations personnelles.

De même que la gestion des biens de la succession, dans laquelle s'est ingéré celui qui s'en est mis en possession, oblige ce possesseur à rendre compte au véritable héritier de ce qui lui est parvenu, ou qui a dû lui parvenir des biens de cette succession, comme nous l'avons vu en la section précédente, elle oblige pareillement l'héritier à faire raison à ce possesseur des dépenses qu'il a faites pour les biens de la succession.

L'héritier peut être obligé à faire raison de deux manières de ces dépenses au possesseur :

1°. En les lui passant en déduction, dans le compte que le possesseur doit rendre des sommes qui lui sont parvenues de la succession, et dont il est débiteur envers l'héritier;

2°. Lorsque les mises, que le possesseur a faites, excèdent les sommes dont il est débiteur, l'héritier doit payer de ses propres deniers cet excédant au possesseur, lequel, jusqu'au paiement qui lui en doit être fait, a droit de retenir, *veluti quodam pignoris jure*, les héritages et autres effets de la succession qu'il a pardevers lui.

439. Lorsque le possesseur est un possesseur de bonne foi, pour que les dépenses, qu'il a faites, soient passées en déduction sur les sommes qui lui sont parvenues de la succession dont il est débiteur, il n'importe qu'elles aient été faites utilement ou non; il suffit qu'il les ait faites. C'est une suite nécessaire du principe, qu'il n'est tenu de ce qui lui est parvenu des biens de la succes-

sion, que jusqu'à concurrence de ce qu'il se trouve en profiter.

C'est pourquoi, s'il a payé une somme à quelqu'un, qui se prétendait faussement créancier de la succession, quoique ce paiement n'ait pas tourné au profit de la succession, l'héritier doit lui passer en déduction la somme qu'il a payée, sauf à la répéter contre le prétendu créancier qui l'a induement reçue, *per condictionem indebiti*, à laquelle l'héritier doit être subrogé au possesseur qui l'a payée, lui en ayant tenu compte.

Lorsque les dépenses, que le possesseur de bonne foi a faites, excèdent la somme dont il est débiteur; pour que l'héritier soit tenu de lui payer de ses propres deniers cet excédant, il faut que ces dépenses aient été utilement faites, ou du moins que ce possesseur ait eu quelque juste raison pour les faire.

A l'égard du possesseur de mauvaise foi, il ne peut même se faire allouer en déduction les dépenses qu'il a faites, que lorsqu'elles ont été utilement faites, et que la succession en a profité.

440. Les dépenses, que fait ordinairement le possesseur pour la succession, sont les paiemens qu'il fait aux créanciers, des sommes qui leur étaient dues par la succession. Ces dépenses tournent au profit de la succession, et par conséquent elles doivent être allouées au possesseur qui a fait ces paiemens : *Si quid possessor solvit creditoribus, reputabit*; l. 31, ff. *dic. tit.*

Si la quittance de la somme, qui a été allouée au possesseur, était susceptible de quelque difficulté de la part du créancier au nom de qui elle a été donnée, elle ne devrait être allouée à ce possesseur, qu'à la charge par lui de s'obliger envers l'héritier à la garantir, et à faire valoir cette quittance, dans le cas auquel le créancier la contesterait, et demanderait la somme : *Julianus scribit, ità imputaturum possessorem si caverit à se petitorem defensum iri; dict.*, l. 31.

441. De même qu'on doit allouer au possesseur ce qu'il a payé aux créanciers de la succession, on doit pareillement lui allouer ce qui lui était dû lorsqu'il était lui-même créancier de la succession. Cela est sans difficulté à l'égard du possesseur de bonne foi : *Justus possessor dubio procul debebit deducere quod sibi debetur; dict.*, l. 31, § 2.

On refusait, dans le droit romain, cette compensation au possesseur de mauvaise foi : *Si aliquid prædoni debebatur, hoc deducere non debebit; dict.*, l. 31, § 1. Dans notre droit, elle doit être admise, si la dette est certaine et liquide.

442. On doit surtout allouer au possesseur de mauvaise foi, aussi bien qu'au possesseur de bonne foi, les dépenses qu'il a faites pour la maladie du défunt, et pour les frais funéraires : *In restituendâ hæreditate compensatio ejus habebitur quod tu*

*in mortui infirmitatem, inque sumptum funeris, bonâ fide ex proprio tuo patrimonio erogasse probaveris;* l. 4, *Cod. de hæred. petit.*

Néanmoins, lorsque la dépense, que le possesseur a faite pour les frais funéraires du défunt est exorbitante, elle ne doit être allouée au possesseur de mauvaise foi, que jusqu'à concurrence de la somme à laquelle ces frais ont coutume de monter, eu égard à la qualité et aux facultés du défunt.

443. L'héritier doit aussi allouer au possesseur les sommes qu'il a payées pour acquitter les legs, lorsque ces legs étaient dus.

Si ces legs n'étaient pas dus, parce que le testament, qui les renferme, a été depuis déclaré nul, le paiement, qui en a été fait, n'ayant pas, en ce cas, tourné au profit de la succession, le possesseur de mauvaise foi ne peut se faire allouer par l'héritier les sommes qu'il a payées pour acquitter lesdits legs; il n'a d'action que contre les légataires qui les ont reçues induement, *per condictionem indebiti.*

Mais lorsque le possesseur, qui les a acquittées, est un possesseur de bonne foi, on lui permet, en considération de sa bonne foi, de retenir les sommes qu'il a payées sur les biens de la succession; à la charge seulement par lui de céder à l'héritier les actions qu'il a contre les légataires, pour la répétition de ce qu'il leur a payé, pour être lesdites actions exercées aux risques de l'héritier. C'est ce qu'enseigne Gaïus : *Si possessor hæreditatis ob id quod ex testamento hæredem se esse putaret, legatorum nomine de suo solvit; si quis ab intestato eam hæreditatem evincat* (1)..... *secundùm senatûs-consulti sententiam subveniendum ei est, ut ipse quidem ex retentione rerum hæreditariarum sibi satisfaciat, cedat autem actionibus petitori, ut suo periculo eas exerceat;* l. 17, ff. *de petit. hæred.*

444. Dans le compte, que rend le possesseur, même de mauvaise foi, des fruits qu'il a perçus, on doit lui allouer les frais qu'il a faits pour les faire venir et pour les recueillir : *Fructus intelliguntur deductis impensis quæ quærendorum, cogendorum, conservandorumque eorum gratiâ fiunt. Quod non solùm in bonæ fidei possessoribus naturalis ratio expostulat, verùm etiam in prædonibus;* l. 36, § 5, ff. *dict. tit.*

Le possesseur de bonne foi a cela de plus, qu'il est fondé à se faire faire raison, par l'héritier, des frais qu'il a faits pour faire venir les fruits, quoiqu'il n'en ait point été recueilli : *Si sumptum quidem fecit, nihil autem fructuum perceperit, æquissimum erit*

(1) *Quo casu legata testamento relicta corruunt.*

rationem horum quoque in bonæ fidei possessoribus haberi; l. 37, ff. dict. tit.

445. A l'égard des impenses, qui ont été faites par le possesseur dans les biens de la succession dont il était en possession, il n'y a pas de différence entre le possesseur de bonne foi et celui de mauvaise foi, pour celles qui étaient nécessaires, on en doit faire raison à l'un et à l'autre. A l'égard de celles, qui étaient seulement utiles, il y a ces deux différences, que le possesseur de bonne foi est fondé en droit pour en prétendre le remboursement, et ce qui lui est dû de la somme entière à laquelle elles ont monté; au lieu que ce remboursement n'est accordé au possesseur de mauvaise foi, que par indulgence et contre la rigueur du droit, et qu'il ne lui est dû que jusqu'à concurrence de ce que l'héritage, sur lequel elles ont été faites, en est actuellement plus précieux: *In cœteris necessariis et utilibus impensis posse separari, ut bonæ fidei quidem possessores has* (1) *quoque imputent; prædo autem de se queri debeat quòd sciens in rem alienam impendit: sed benignius est in hujus quoque personâ haberi rationem* (2) *impensarum; non enim debet petitor ex alienâ jacturâ lucrum facere..... Planè potest in eo differentia esse, ut bonæ fidei quidem possessor omnimodò impensas deducat, licèt res non extet in quam fecit, sicut tutor vel curator consequuntur; prædo autem non aliter quàm si res melior sit*; l. 38, ff. *dict. tit. Utiles autem necessariæque sunt, veluti quæ fiunt reficiendorum ædificiorum gratiâ, aut in novellata, etc.*; l. 39.

Que doit-on dire des impenses purement voluptuaires? Gaïus les alloue au possesseur de bonne foi; mais il n'accorde à celui de mauvaise foi, que la faculté d'emporter ce qui peut être emporté.

*Videamus tamen ne ad picturarum quoque et marmorum, et cæterarum voluptuariarum rerum impensas æquè proficiat nobis doli exceptio? Si modò bonæ fidei possessores simus: nam prædoni probè dicetur non debuisse in alienam rem supervacuas impensas facere, ut tamen potestas ei fuerit tollendorum eorum quæ sine detrimento ipsius rei tolli possunt; dict.*, l. 39, § 1.

446. L'héritier, à qui le possesseur restitue les biens de la succession, non-seulement lui doit faire raison de ce qu'il a déboursé pour lesdits biens; il doit aussi l'indemniser des engagemens qu'il a contractés pour raison de quelque bien de la succession. Paul rapporte cet exemple: *Si possessor caverit damni* (3) *infecti, cavendum est possessori*; l. 40, § 3, *dict. tit.*

(1) *Scilicet utiles.*
(2) *Secus* en matière d'action en revendication; *suprà*, n. 350.
(3) La caution *damni infecti* est celle que le propriétaire d'une maison

On peut rapporter d'autres exemples. A l'ordre du prix d'un héritage hypothéqué à une créance de la succession du défunt, le possesseur, qui s'était mis en possession des biens de la succession, a touché le montant de cette créance, et il s'est obligé de rapporter la somme qu'il a touchée, envers un créancier conditionnel antérieur, dans le cas auquel la condition de sa créance s'accomplirait. Ce possesseur ayant depuis été condamné, sur la demande en pétition d'hérédité, à rendre à l'héritier les biens de la succession, il n'est tenu de lui rendre cette somme qu'il a touchée à l'ordre, et pour laquelle il a donné caution de la rapporter, qu'à la charge par l'héritier de lui donner lui-même caution de l'indemniser, et de rapporter la somme à sa décharge, en cas d'accomplissement de la condition.

## SECTION VI.

### Des actions qui sont à l'instar de la pétition d'hérédité.

447. Lorsque le roi a succédé, par droit d'aubaine, aux biens d'un défunt étranger; lorsqu'il a succédé, par droit de bâtardise ou de déshérence, aux biens d'un défunt qui n'a point laissé d'héritiers, ou, par droit de confiscation, aux biens d'un condamné; pareillement, lorsqu'un seigneur haut-justicier succède aux biens d'un défunt, par droit de déshérence ou par droit de bâtardise, dans le cas où il en a le droit: ou lorsqu'il succède à un condamné; dans tous ces cas, le roi et le seigneur haut-justicier ne sont héritiers ni du défunt, ni du condamné, aux biens duquel ils succèdent: car un héritier est celui, qui succède à la personne du défunt, qui est une continuation de la personne du défunt, qui succède à tous ses droits actifs et passifs. Or le roi,

voisine de la mienne, qui a quelque sujet de craindre qu'il ne tombe quelque chose de ma maison, qui cause du dommage à la sienne, a droit d'exiger de moi, pour que je lui réponde de ce dommage, au cas qu'il arrive. Si le possesseur a contracté un pareil engagement envers un voisin, pour une maison de la succession, l'héritier, à qui le possesseur rend cette maison, est tenu de donner caution à ce posseseur de l'en indemniser.

Je pense aussi que, en ce cas, le possesseur, qui n'a contracté cet engagement envers le voisin qu'en une qualité de possesseur de cette maison qu'il n'a plus, est fondé à dénoncer à ce voisin la sentence rendue sur la pétition d'hérédité, par laquelle il en a été évincé, et à demander qu'il soit, en conséquence, déchargé de son engagement; sauf au voisin à se pourvoir contre l'héritier qui est rentré en possession de la maison.

ni le seigneur haut-justicier qui succèdent, dans tous ces cas, aux biens du défunt ou du condamné, ne succèdent pas, pour cela, à sa personne; ils ne succèdent pas, pour cela, à son hérédité. L'aubain, qui ne laisse aucuns enfans nés en France, et le condamné à une peine capitale, ne laissent pas même aucune hérédité: leur personne est entièrement éteinte par leur mort; ils ne laissent rien qui puisse la représenter. Le défunt, aux biens duquel le roi, ou le seigneur haut-justicier, succèdent par droit de déshérence, laisse bien, après sa mort, une hérédité qui représente sa personne; mais lorsque, ne se présentant aucuns parens pour recueillir cette hérédité, le roi ou le seigneur haut-justicier succèdent aux biens qui en dépendent, ce n'est pas l'hérédité qu'ils recueillent, ce n'est pas à l'hérédité qu'ils succèdent; ils ne succèdent qu'aux biens qui en dépendent, comme à des biens vacans, et qui ne sont réclamés par personne. Cela paraît en ce que le roi ou le seigneur haut-justicier, qui succèdent à ces biens, ne sont pas tenus directement des dettes du défunt, comme en aurait été tenu celui qui aurait recueilli son hérédité: ils n'en sont tenus qu'indirectement, parce que ces dettes sont des charges des biens auxquels ils succèdent, suivant cette maxime: *Bona intelliguntur cujusque, quæ deducto ære alieno supersunt;* l. 39, § 1, ff. *de verb. sign.* Et ils peuvent s'en décharger en abandonnant les biens; à la différence d'un héritier, qui ne peut se décharger des dettes en abandonnant les biens, parce que ce n'est pas seulement à cause des biens qu'il en est tenu, mais comme successeur *in universum jus defuncti.*

Il résulte de tout ce que nous venons de dire, que ni le roi, ni le seigneur haut-justicier, ne peuvent avoir la pétition d'hérédité proprement dite, pour revendiquer la succession des biens d'un défunt ou d'un condamné, qu'ils prétendent leur appartenir à titre d'aubaine, bâtardise, déshérence ou confiscation, contre les possesseurs, qui se seraient emparés desdits biens ou de partie, et qui en disputeraient la succession au roi ou au seigneur; car la pétition d'hérédité, comme nous l'avons définie *suprà*, *n.* 365, est une action, par laquelle un héritier revendique une hérédité qui lui appartient, contre les possesseurs de quelques biens ou droits de cette hérédité, qui la lui disputent. Le roi, ni le seigneur haut-justicier, n'étant point héritiers de celui aux biens duquel ils succèdent, et cette succession n'étant point une hérédité, il s'ensuit qu'ils ne peuvent avoir, pour raison de cette succession, la pétition d'hérédité contre ceux qui la leur disputent.

Mais si le roi et le seigneur haut-justicier ne peuvent avoir la pétition d'hérédité, pour raison de ces espèces de successions de biens, on peut leur accorder une action qui soit à l'*instar* de la pétition d'hérédité, par laquelle ils puissent revendiquer le droit de succession à l'universalité des biens du défunt ou du condamné, qui leur appartient à titre d'aubaine, bâtardise, déshérence ou confiscation, contre ceux qui se sont mis en possession desdits biens ou de partie, qui leur contestent ce droit.

Cette action est, de même que la pétition d'hérédité, une action *in rem*, qui naît du droit de propriété de la succession à l'universalité des biens du défunt ou du condamné, droit qui leur a été acquis par l'ouverture du droit d'aubaine, bâtardise, déshérence ou confiscation, par laquelle le roi ou le seigneur haut-justicier revendiquent, non aucune chose particulière, mais le droit de succession à l'universalité des biens du défunt ou du condamné, à titre d'aubaine, bâtardise, déshérence ou confiscation, contre le possesseur qui le leur conteste.

Tout ce que nous avons dit de la pétition d'hérédité, dans les sections précédentes, peut s'appliquer à cette action que le roi et le seigneur haut-justicier ont à l'*instar* de la pétition d'hérédité.

448. Pareillement, dans les provinces, où il y a des mortaillables, lorsqu'un seigneur succède à son serf, il n'est point héritier de ce serf, il succède seulement à l'universalité des biens de ce serf : ce n'est donc point la pétition d'hérédité, mais une action à l'*instar* de la pétition d'hérédité, qu'il a contre ceux qui se seraient mis en possession des biens ou de partie des biens de ce serf, et qui lui disputeraient cette succession.

449. L'universalité des biens mobiliers, qu'un religieux, pourvu d'un bénéfice qui l'a fait sortir du cloître, avait de son vivant, et qu'il a laissé à sa mort, n'est point une hérédité; car une hérédité est une succession à tous les droits actifs et passifs du défunt, dans laquelle la personne civile du défunt se continue, et de laquelle se revêt l'héritier qui recueille l'hérédité.

Il est évident que cela ne peut convenir à un religieux, qui, ayant, par sa profession religieuse, perdu l'état civil, ayant, dès ce moment, cessé d'avoir une personne civile, ne peut pas avoir une hérédité qui soit la continuation d'une personne civile qu'il n'avait plus. L'universalité des biens mobiliers, que ce religieur a laissés à sa mort, à laquelle on donne le nom de *pécule*, ne peut donc passer pour une hérédité; et par conséquent ceux que la loi appelle à la succession de ce pécule, n'ont pas la pétition d'hérédité, mais une autre action à l'*instar*, contre ceux qui se seraient mis en possession des effets de ce pécule ou de partie, et qui leur en disputeraient la succession.

# TRAITÉ
# DE LA POSSESSION.

## ARTICLE PRÉLIMINAIRE.

QUOIQUE la possession n'ait rien de commun avec le domaine de propriété, *Nihil commune habet proprietas cum possessione,* l. 12, § 1, ff. *de adq. poss.,* puisqu'on peut avoir la possession d'une chose sans en avoir le domaine, et que, *vice versâ,* on peut en avoir le domaine sans en avoir la possession; néanmoins, comme la possession fait présumer le domaine dans celui qui a la possession, et qu'elle est une des manières d'acquérir le domaine, nous avons cru qu'on pouvait joindre au *Traité du Domaine de Propriété* un *Traité de la Possession.*

Nous traiterons, dans un premier chapitre, de la nature de la possession; de ses différentes espèces; de ses différens vices. Nous verrons, dans un second, si on peut se changer le titre et les qualités de sa possession. Nous traiterons, dans un troisième chapitre, des choses qui sont susceptibles ou non de possession, et de la quasi-possession; et de celles qui ne sont pas susceptibles de possession. Nous traiterons, dans un quatrième chapitre, de la manière dont s'acquiert la possession, et dont elle se retient; et des personnes par lesquelles nous pouvons l'acquérir et la retenir. Dans un cinquième, nous traiterons des manières dont se perd la possession; dans un sixième, des droits et des actions qui naissent de la possession.

# CHAPITRE PREMIER.

## *De la nature de la possession; de ses différentes espèces; et de ses différens vices.*

### ARTICLE PREMIER.

### *De la nature de la possession.*

1. Le jurisconsulte Paul définit ainsi la possession : *Possessio appellata est à sedibus* (1) *quasi positio, quia naturaliter tenetur ab eo qui ei insistit, quam Græci* κατοχεν *appellant.*

On peut la définir, la détention d'une chose corporelle que nous tenons en notre puissance, ou par nous-mêmes, ou par quelqu'un qui la tient pour nous et en notre nom.

2. La possession est un fait, plutôt qu'un droit dans la chose qu'on possède. Un usurpateur a véritablement la possession de la chose dont il s'est emparé injustement; il est néanmoins évident qu'il n'a aucun droit dans cette chose.

3. Quoique la possession ne soit pas un droit dans la chose, elle donne néanmoins au possesseur plusieurs droits par rapport à la chose qu'il possède.

1°. Elle l'en fait réputer le propriétaire, tant que le véritable propriétaire ne se fait pas connaître, et ne la réclame pas.

2°. La possession donne au possesseur des actions pour s'y faire maintenir, lorsqu'il y est troublé; ou pour se la faire restituer, lorsqu'il en a été dépouillé.

Nous traiterons de ces actions au sixième chapitre.

Ces deux effets de la possession sont communs à la possession qui procède d'un juste titre, et à celle qui est destituée de titre;

(1) C'est la leçon florentine. La Vulgate porte, *à pedibus, quasi pedum positio.*

à celle qui est de mauvaise foi, comme à celle qui est de bonne foi.

Un troisième effet de la possession, qui est particulier à celle qui procède d'un juste titre, et qui est de bonne foi, est qu'elle fait acquérir au possesseur, au bout d'un certain temps qu'elle a duré, le domaine de la chose qu'il possède : c'est ce qu'on appelle le droit d'usucapion ou prescription, dont nous traiterons dans un Traité qui doit suivre celui-ci.

4. Les jurisconsultes romains avaient élevé sur la nature de la possession cette question, si deux personnes pouvaient avoir quelquefois, chacune pour le total, la possession d'une même chose. On convenait que c'était un principe pris dans la nature des choses, que deux personnes ne pouvaient pas avoir, chacune pour le total, la possession d'une même chose : *Plures eamdem rem in solidum possidere non possunt : contrà naturam quippe est, ut quùm ego aliquid teneam, tu quoque id tenere videaris ;* l. 3, § 5, ff. *de adquir. possess.*

Mais les Sabiniens pensaient que ce principe était susceptible d'une distinction. Ils convenaient bien que deux personnes ne pouvaient avoir, chacune pour le total, la même espèce de possession d'une même chose. C'est ce qu'enseigne Julien, qui était de leur école : *Duo in solidum precariò habere non magis possunt, quàm duo in solidum vi possidere aut clam; nam neque justæ, neque injustæ possessiones duæ concurrere possunt;* l. 19, ff. *de precar.*

Mais les jurisconsultes de cette école pensaient qu'une personne pourrait paraître avoir *in solidum* la juste possession d'une même chose, en même temps que celui, qui l'en avait dépouillée, avait *in solidum* la possession injuste de cette même chose : pareillement, que celui, qui avait donné à quelqu'un, à titre de précaire, la possession de sa chose, pouvait paraître avoir *in solidum* la possession civile de cette chose, en même temps que celui, à qui il l'avait donnée à ce titre, avait *in solidum* la possession précaire de cette même chose.

Les Proculéiens pensaient plus sainement, et plus conformément à la nature des choses, que le principe, que deux personnes ne peuvent avoir, chacune pour le total, la possession d'une même chose, n'était susceptible d'aucune distinction; que, pendant que l'usurpateur avait la possession injuste de la chose qu'il avait usurpée, la personne, qui en avait été dépouillée, n'en pouvait conserver aucune possession : pareillement, que celui, qui avait donné à quelqu'un, à titre de précaire, la possession d'une chose, n'en conservait aucune possession, pendant que durait la possession précaire de celui à qui il l'avait donnée à ce titre : *Sabinus scribit, eum qui precariò dederit et ipsum possidere, et eum qui precariò acceperit: idem Trebatius probabat existimans posse alium justè, alium injustè possidere, duos injustè, vel duos justè non posse : quem Labeo* (1) *reprehendit, quoniam in summâ* (2) *possessionis non multùm interest justè quis an injustè possideat.*

Ce sentiment des Proculéiens a prévalu; car Paul ajoute tout de suite : *Quod est verius; non enim magis eadem possessio apud duos esse potest, quàm ut tu stare videaris in eo loco in quo ego sto, vel in quo sedeo, tu sedere videaris; dict. l.* 3, § 5.

Deux personnes ne peuvent pas, à la vérité, posséder, chacune séparément pour le total, une même chose; mais deux personnes, qui possèdent en commun une chose, lorsque cette chose est indivisible, la possèdent conjointement chacune pour le total; car elles ne peuvent pas posséder pour partie une chose qui, étant indivisible, n'en est pas susceptible.

Par exemple, lorsque deux personnes possèdent en commun une maison, qui a un droit de servitude sur la maison voisine, ce droit étant une chose indivisible, chacune d'elles possède pour le total, non séparément, mais en commun, ce droit de servitude.

5. Dans ce que nous avons dit, que deux personnes ne peuvent pas avoir la possession d'une chose chacune pour le total, la possession convient avec le domaine, que deux personnes ne peuvent pareillement avoir chacune pour le total : *Duo non possunt esse domini in solidum* : mais elle en diffère, en ce que le domaine ne peut procéder que d'un seul et même titre; car, ayant une fois acquis le domaine d'une chose à quelque titre que ce soit, je ne puis plus l'acquérir à un autre titre, étant impossible *per rerum naturam*, que j'acquière ce qui est déjà à moi : *Quod meum est, ampliùs meum fieri non potest.* Au contraire, la possession, que nous avons d'une chose, peut procéder de plusieurs titres : *Ex plurimis causis possidere possumus, ut quidam putant: et eum qui usuceperit, et pro emptore, et pro suo* (3) *possidere; sic enim et si ei, qui pro emptore possidebat, hæres sim, eamdem rem et pro emptore et pro hærede possideo : nec enim, sicut dominium non potest nisi ex unâ causâ contingere, ità et possidere ex unâ duntaxat causâ possumus; dict. l.* 3, § 4.

### ARTICLE II.

#### *Des différentes espèces de possession*

6. Il y a deux principales espèces de possession; la possession civile, et la possession purement naturelle.

(1) Qui était le chef de l'école opposée.

(2) *In summâ possessionis;* c'est-à-dire, quant au fait dans lequel consiste la possession.

(3) L'usucapion est un nouveau titre *pro suo*, ajouté au titre *pro emptore*.

La possession civile est la possession de celui qui possède une chose comme à lui appartenante en propriété, soit qu'il en soit effectivement le propriétaire, soit qu'il ait seulement quelque juste sujet de croire l'être; *Possessio animo dominantis.*

Pour qu'une possession soit possession civile, il faut qu'elle procède d'un juste titre; c'est-à-dire, d'un titre qui soit de nature à transférer la propriété, tel que le titre de vente, d'échange, de donation, etc.; soit que ce titre ait effectivement transféré la propriété de la chose au possesseur, soit que, par défaut de pouvoir d'aliéner, dans celui de qui le possesseur tient la chose à ce titre, le titre lui ait seulement donné un juste sujet de se croire le propriétaire de la chose.

Ces différens titres, d'où procède la possession civile, forment autant de différentes espèces de possession civile, qu'il y a de ces différens titres: *Genera possessionum tot sunt, quot et causæ adquirendi ejus quod nostrum non sit; velut pro emptore, pro donatio, pro legato, pro dote, pro hærede, pro noxæ dedito, pro suo, sicut in his quæ terrâ marique vel ab hostibus capimus, vel quæ ipsi ut in rerum naturâ essent fecimus; et in summâ magis unum genus est possidendi, species infinita; dict. l.* 3, § 21, ff. *dict. tit.*

7. Nous traiterons de ces différens titres dans notre *Traité des Prescriptions.*

Observons seulement que, pour que la possession, que vous avez d'une chose, soit censée procéder de quelqu'un de ces justes titres, *putà*, pour qu'elle soit une possession *pro emptore* à titre d'achat, et qu'elle soit, en conséquence, une possession civile et un juste titre de possession, il ne suffit pas qu'il soit intervenu un contrat de vente, par lequel vous ayez effectivement acheté cette chose; il faut que la tradition vous en ait été faite, en exécution de ce contrat, par le vendeur de qui vous l'avez achetée, ou par ses représentans. Mais si vous vous êtes emparé de cette chose de votre autorité privée, sans le consentement de votre vendeur, votre possession n'est pas une possession *pro emptore;* c'est une possession *pro possessore;* c'est une injuste possession: *Si vendidero (tibi) nec tradidero rem, si non voluntate meâ nactus sis possessionem, non pro emptore possides; sed prædo es;* l. 5, ff. *dict. tit.*

Il en serait autrement, si, sur le refus de votre vendeur, vous vous étiez fait mettre par le juge en possession de la chose que vous avez achetée: votre possession serait une juste possession *pro emptore.* C'est ce qu'enseigne Paul: *Justè possidet qui auctore prætore possidet;* l. 11, ff. *dict. tit.*

8. Pour qu'une possession soit réputée procéder d'un juste titre, et être en conséquence possession civile, il faut que le possesseur fasse apparoir de ce titre, ou qu'elle ait duré un assez long temps pour faire présumer qu'il en est intervenu un. Nous verrons ailleurs quel doit être ce temps.

9. La possession, qui procède d'un juste titre, est une juste possession, une possession civile, quand même ce titre n'aurait pas transféré la propriété de la chose au possesseur, comme nous l'avons déjà observé *suprà ;* mais il faut, en ce cas, que le titre soit accompagné de bonne foi; c'est-à-dire, que le possesseur n'ait pas eu de connaissance que celui, de qui il acquérait la chose, n'avait pas le droit de l'aliéner.

Le titre fait présumer cette bonne foi dans le possesseur, tant qu'on ne justifie pas le contraire; c'est à celui, qui attaque la légitimité d'une possession qui procède d'injuste titre, à prouver que le possesseur a eu connaissance que celui, de qui il a acquis, n'était pas propriétaire de la chose, et n'avait pas le droit de l'aliéner.

10. Passons à la possession purement naturelle. Il y en a plusieurs espèces.

La première est celle, qui est destituée de titre, celle dont le possesseur ne peut donner aucune bonne raison pourquoi il possède : *Qui interrogatus cur possideat, responsurus sit, Quia possideo ;* l. 12, ff. *de hæred. petit.* On appelle cette possession, *Possessio pro possessore.*

Quoique le possesseur ne produise aucun titre de sa possession, lorsqu'elle a duré un temps assez considérable pour en faire présumer un, ne paraissant d'ailleurs aucun vice dans cette possession, on ne la doit pas regarder comme absolument destituée de titre, étant censée procéder d'un titre présumé : elle est, en conséquence, une possession civile, et non une possession purement naturelle.

11. La seconde espèce de possession purement naturelle est celle qui procède, à la vérité, d'un titre de nature à transférer la propriété, mais qui est infectée de mauvaise foi, qui consiste dans la connaissance que le possesseur avait que celui, de qui il a acquis la chose, n'avait pas le pouvoir de l'aliéner.

12. La troisième espèce de possession purement naturelle est celle qui procède d'un titre nul; car un titre nul n'étant pas un titre, la possession, qui en procède, est une possession sans titre. Telle est celle que l'un des conjoints par mariage a d'une chose, dont l'autre conjoint lui a fait donation pendant le mariage, contre la prohibition de la loi : *Quod uxor viro aut vir uxori donavit, pro possessore possidetur ;* l. 16, ff. *de adquir. poss.*

13. Enfin, la quatrième espèce de possession purement naturelle est celle qui procède d'un titre valable, mais qui n'est pas de nature à transférer la propriété.

Quoique la possession, qui procède de tels titres, soit en un sens *juste*, en ce qu'elle ne renferme aucune injustice; elle n'est pas ce qu'on appelle *juste possession*, en prenant ce terme, *juste possesion*, dans son sens propre, pour une possession civile *animo dominantis.*

On peut apporter pour exemple de possession, qui procède de titres qui ne sont pas de nature à transférer la propriété, la possession d'un engagiste. Cet engagiste ne possède pas la chose qu'il tient à titre d'engagement, *tanquam rem propriam;* il la possède, au contraire, *tanquam rem alienam*, comme chose dont celui, de qui il la tient par engagement, demeure propriétaire, puisqu'il peut, en remboursant la somme pour laquelle elle est engagée, rentrer en la jouissance et possession de cette chose : cette possession n'est pas une possession civile, une possession *animo dominantis;* elle n'est qu'une possession purement naturelle.

Il en est de même de la possession d'un usufruitier, à qui le propriétaire a transféré expressément la possession de la chose, pendant le temps que durerait l'usufruit; cette possession est une possession naturelle : *Naturaliter videtur possidere is qui usumfructum habet;* l. 12, ff. *dict. tit.*

Telle est aussi la possession d'un séquestre, lorsque deux personnes, qui se disputent l'une à l'autre, non-seulement la propriété d'une chose, mais encore la possession, ne pouvant ni l'une ni l'autre justifier leur possession, sont convenues de la séquestrer, *non simplicis custodiæ causâ*, mais à l'intention de se dépouiller de la possession par elles respectivement prétendue, et de la remettre au séquestre, jusqu'à la décision du procès sur la propriété, ou lorsque, sans que les parties en soient convenues, le juge l'a ainsi ordonné. Quoique, dans ces cas, la possession de ce séquestre soit une véritable possession qui procède d'un titre valable, cette possession n'est qu'une possession naturelle, parce que ce séquestre possède la chose *tanquàm rem alienam;* il ne la possède pas *tanquam rem propriam*, il ne la possède pas *animo dominantis*.

Un quatrième exemple d'une possession naturelle qui procède d'un titre valable, mais qui n'est pas de nature à transférer la propriété, est celle d'une chose que quelqu'un a à titre de précaire. Le possesseur, qui possède une chose à ce titre, la possède *tanquam rem ejus à quo eam precario rogavit;* il ne la possède pas *tanquam rem propriam :* sa possession ne peut donc être qu'une possession naturelle; elle ne peut être une possession *animo dominantis*, une possession civile.

14. Observez une différence entre la première espèce de possession naturelle, et les trois autres.

La première espèce de possession naturelle, qui est celle de celui qui ne rapporte aucun titre de sa possession, n'est réputée possession purement naturelle, que lorsqu'elle n'a pas duré assez long-temps pour faire présumer un titre; autrement elle est censée procéder d'un juste titre, sinon produit, au moins présumé par le long temps qu'elle a duré; et elle est en conséquence réputée possession civile, *possessio animo dominantis*.

Au contraire, les trois autres espèces de possession, celle qui est infectée de mauvaise foi, celle qui procède d'un titre nul, celle qui procède d'un titre valable, à la vérité, mais qui n'est pas de nature à transférer la propriété, quelque long temps qu'elles aient duré, ne sont que des possessions naturelles : car la mauvaise foi, dont la possession est infectée, de même que la nullité ou la qualité du titre dont elle procède, réclâme perpétuellement contre la qualité de possession *animo dominantis*, et de possession civile qu'on voulait lui donner.

De-là vient cet axiome de droit : *Meliùs est non habere titulum, quàm habere vitiosum.*

15. Il ne faut pas confondre, avec la possession naturelle, la détention de ceux qui détiennent une chose pour un autre, et au nom d'un autre; tels que sont des fermiers, des locataires, des dépositaires, des emprunteurs ou commodataires. La détention, qu'ont ces personnes, de la chose qui leur a été louée, ou donnée en dépôt, ou prêtée, n'est qu'une pure détention, *mera custodia*, et n'est pas même une possession purement naturelle; car détenant la chose, non en leur nom, mais au nom de celui qui la leur a louée, ou donnée en dépôt, ou prêtée, la détenant comme ses fermiers, ses locataires, ses dépositaires, c'est celui, qui la leur a louée, ou donnée en dépôt, ou prêtée, qui la possède par leur ministère, c'est lui qui a par eux la possession de cette chose. Ils ne peuvent donc pas l'avoir; car deux personnes ne peuvent pas posséder en même temps *in solidum* la même chose : *Plures eamdem rem in solidum possidere non possunt*; l. 3, § 5, ff. *de adq. poss.* La détention, qu'ils ont de la chose, ne peut donc être regardée comme une possession, même seulement naturelle, qu'ils aient de la chose : *Eam rem non possident, sed sunt in possessione ejus rei illius nomine qui eam per ipsos possidet.* C'est ce qu'enseigne l'empereur Alexandre Sévère : *Qui ex conducto possidet, quamvis corporaliter teneat, non tamen sibi, sed domino rei* (qui lui a fait bail) *creditur possidere*; l. *Cod. comm. de usuc.* Car c'est le bailleur qui possède par le preneur; *et per colonos et inquilinos aut servos nostros possidemus*; l. 25, § 1, ff. *de adq. poss*

16. Il en est de même d'un gardien ou commissaire établi à une saisie, soit de meubles, soit de fruits pendans par les racines, soit même à la saisie réelle d'un héritage. Ce gardien ou commissaire n'a qu'une simple garde des choses saisies, auxquelles il est établi gardien ou commissaire; il n'en a aucune possession : il les détient pour et au nom de la partie saisie; et c'est la partie saisie, qui continue d'en avoir par lui la possession, jusqu'à ce qu'elle en soit dépossédée par la vente et adjudication des choses saisies. Notre Coutume d'Orléans en a une disposition en l'*art.* 3, où elle dit : *Main de justice ne dessaisit personne.*

C'est aussi ce qu'enseigne Pomponius à l'égard des différentes espèces de saisies de biens qui étaient en usage par le droit romain : *Quùm legatorum vel fideicommissi servandi causâ, vel quia damni infecti non caveatur, bona possidere prætor permittit, vel ventris nomine in possessionem nos mittit, non possidemus, sed magis custodiam et observationem nobis concedit;* l. 12, ff. *quib. ex caus. in poss.*

ARTICLE III.

## *Des différens vices des possessions.*

17. Le vice le plus ordinaire des possessions est la mauvaise foi.

Cette mauvaise foi n'est autre chose que la connaissance, qu'a le possesseur, que la chose, qu'il possède, et dont il se porte pour propriétaire, ne lui appartient pas; c'est *scientia rei alienæ.*

18. Ce vice ne se présume pas dans une possession qui procède d'un juste titre : elle en est néanmoins susceptible; mais c'est à celui, qui attaque la légitimité d'une telle possession, à prouver la mauvaise foi du possesseur, c'est-à-dire, la connaissance qu'il a eue que celui, de qui il a acquis la chose, n'avait pas le droit de l'aliéner; comme nous l'avons déjà observé *suprà.*

Au contraire, le vice de mauvaise foi se présume dans une possession dont le possesseur ne rapporte aucun titre, à moins qu'elle n'eût duré pendant un assez long temps pour en faire présumer un.

19. Une seconde espèce de vice des possessions, est le vice de violence.

La possession *violente* renferme aussi le vice de mauvaise foi : mais, outre ce vice, elle en a un autre, qui est le vice de violence, qui lui est particulier.

La possession *violente* d'une chose est celle de celui qui, pour l'acquérir, en a dépouillé par violence l'ancien possesseur.

Par exemple, la possession violente d'une chose mobilière, est la possession d'un ravisseur, qui en a dépouillé par violence celui pardevers qui elle était.

La possession violente d'un héritage est celle de celui, qui en a chassé par violence l'ancien possesseur.

20. Ma possession est-elle une possession violente, lorsque m'étant, pendant l'absence du possesseur, introduit dans un héritage où je n'ai trouvé personne; depuis, avant que j'en eusse acquis la possession par an et jour, je l'ai empêché d'y rentrer? La raison de douter est, que je n'ai employé aucune violence pour entrer dans cet héritage. Néanmoins Ulpien décide que la

possession est, en ce cas, une possession violente : *Qui ad nundinas profectus neminem reliquerit, et dum ille à nundinis redit, aliquis occupaverit possessionem.... si revertentem dominum non admiserit, vi magìs intelligi possidere, non clàm ;* l. 6, § 1, ff. *de adq. poss.*

La raison de cette décision est, que le possesseur, qui était sorti de son héritage, en conservait la possession par la volonté qu'il avait d'y rentrer, comme nous le verrons ci-après. Ce n'est que lorsque je l'ai empêché d'y rentrer, que je l'ai dépouillé de sa possession, et que je l'ai acquise; ayant employé pour cela la violence, c'est par violence que j'ai acquis la possession de cet héritage, et la possession, que j'ai de cet héritage, est une possession violente; voyez *infrà*.

21. Pour que je sois censé avoir acquis par violence la possession d'une chose, et en avoir dépouillé l'ancien possesseur, il n'importe que ce soit l'ancien possesseur lui-même que j'en aie dépouillé, ou ceux qui la tenaient pour lui et en son nom : *His dejectis, ipse de possessione dejici videtur ;* l. 1, § 22, ff. *de vi et vi arm.* Voyez *infrà*.

22. Il n'importe non plus que celui, que j'ai dépouillé de la chose dont je me suis emparé par violence, fût, ou non, le propriétaire de cette chose; il suffit qu'il en fût le possesseur, pour que la possession, que j'ai acquise en l'en dépouillant, soit une possession violente : *Fulcinius dicebat vi possideri, quoties vel non dominus, quùm tamen possideret, vi dejectus est;* l. 8, ff. *dict. tit.*

23. Pour que je sois censé avoir dépouillé par violence le possesseur de la chose dont je me suis emparé, et que ma possession soit en conséquence une possession violente, il n'importe que j'aie exercé la violence par moi-même, ou par d'autres qui l'aient fait par mon ordre et en mon nom; car je suis censé avoir fait moi-même ce qui a été fait par mon ordre et en mon nom, suivant cette règle du droit : *Dejicit et qui mandat ;* l. 152, ff. *de reg. jur. Parvi referre visum est suis manibus quis dejiciat, an per alium;* l. 1, § 12, ff. *de vi et vi arm.*

Je suis pareillement censé avoir fait moi-même ce que quelqu'un a fait en mon nom, quoique sans mon ordre, lorsque j'y ai donné depuis mon approbation : car c'est un principe, que *In maleficio ratihabitio mandato comparatur; dict. l.* 152, § 2, ff. *de reg. jur. Si quod alius dejecit ratum habuero, sunt qui putant, secundùm Sabinum et Cassium, qui ratihabitionem mandato comparant, me videri dejecisse.... et hoc verum est; dict. l.* 1, § 14, ff. *de vi et vi arm.*

24. Il n'importe non plus quelle espèce de violence ait été employée. Il n'importe que ce soit à main armée ou sans armes, avec attroupement ou sans attroupement; il suffit que, par la violence que j'ai exercée, le possesseur de la chose, dont je me

suis emparé, en ait été dépouillé malgré lui, et sans aucun consentement de sa part.

25. Mais si j'avais fait consentir le possesseur à me faire un abandon de sa chose, quoique j'eusse employé la violence et les menaces pour extorquer de lui ce consentement, la possession de la chose, que j'aurais acquise par cet abandon, serait une possession injuste, comme procédant d'un titre injuste; mais elle ne serait pas une possession *violente;* car on ne peut pas dire, en ce cas, que celui, qui m'a fait l'abandon de la chose, en ait été dépouillé : *Non est vi dejectus qui compulsus est in possessionem inducere;* l. 5, ff. *de vi et vi arm.*

26. Enfin, il n'y a de possession *violente* que celle qui a été acquise par violence. Si, ayant acquis sans violence la possession d'une chose, j'ai employé la force contre celui qui est venu m'y troubler, ma possession n'est pas pour cela une possession violente : *Qui per vim possessionem suam retinuerit, Labeo ait non vi possidere;* l. 1, § 28, ff. *dict. tit.*

27. Une troisième espèce de vice des possessions, est le vice de clandestinité. On appelle *clandestinité,* la possession que quelqu'un a acquise d'une chose par des voies clandestines, c'est-à-dire, en se cachant de celui qu'il craignait devoir la revendiquer : *Clàm possidere eum dicimus qui furtivè ingressus est possessionem, ignorante eo quem sibi controversiam facturum suspicabatur, et ne faceret, timebat;* l. 6, ff. *de adquir. poss.*

28. C'est au temps, auquel quelqu'un a acquis la possession d'une chose, qu'on doit avoir égard pour décider si la possession est clandestine. C'est pourquoi, lorsque le possesseur d'une chose, qui n'en a point acquis la possession par des voies clandestines, ayant eu depuis avis qu'elle appartenait à une certaine personne, a caché cette chose, pour empêcher cette personne de la revendiquer, en lui en dérobant la connaissance, sa possession ne devient pas pour cela clandestine : *Is qui, quùm possideret non clàm, se celavit, in eâ causâ est ut non videatur clàm possidere. Non enim ratio obtinendæ possessionis, sed origo nanciscendæ exquirenda est; dict. l.* 6.

Africanus apporte cet exemple : *Servum tuum à Titio emi, et traditum possedi; deindè quùm comperissem tuum esse, ne eum peteres celare cœpi; non ideò magis hoc tempore clàm possidere videri me ait;* l. 40, § 2, *dict. tit.*

29. De même que la possession, que je n'ai point acquise par des voies clandestines, ne devient point une possession clandestine, quoique depuis je l'aie cachée; pareillement la possession d'une chose, que j'ai acquise par des voies clandestines, en la cachant à une personne qui eût pu la revendiquer, ne cesse pas d'être clandestine, quoique j'en aie depuis donné connaissance à cette personne. C'est pourquoi Africanus, après ce que nous

venons de rapporter, ajoute de suite : *Retrò quoque, si sciens tuum servum non à domino emerim, et tunc clàm eum possidere cœpissem, posteà certiorem te fecerim, non ideò desinere me clàm possidere; dict.* § 2.

30. Une quatrième espèce de vice ou de défaut dans les possessions, est celui qui résulte de l'inhabilité du titre dont elle procède à transférer la propriété.

---

# CHAPITRE II.

## *Si on peut se changer le titre et la qualité de sa possession.*

31. C'EST un ancien principe de droit, qu'on ne peut, par la seule volonté, ni par le seul laps de temps, se changer à soi-même la cause de sa possession : *Illud à veteribus præceptum* (1) *est, neminem sibi ipsum causam possessionis mutare posse;* l. 3, § 19, ff. *de adq. poss.*

Par exemple, s'il paraît qu'une chose que je possède m'ait été donnée à titre d'engagement, ayant commencé à la posséder à ce titre, quelque déclaration que je fasse, quelque long temps qui s'écoule, tant qu'il ne paraîtra pas d'autre titre survenu depuis moi, mes héritiers et les héritiers de mes héritiers *in infinitum* continueront toujours à la posséder à ce titre d'engagement, lequel résistera toujours à la prescription que nous pourrions prétendre de cette chose.

32. Ce principe a lieu, non-seulement à l'égard de la possession, mais pareillement à l'égard de la nue détention d'une chose, que quelqu'un tient, non en son nom, mais pour un autre et au nom d'un autre. Par exemple, s'il paraît que l'héritage, dans lequel je suis, m'a été donné à ferme ou à loyer, par quelqu'un, à moi, ou à quelqu'un dont je suis l'héritier, ou médiat ou immédiat, quelque long temps qui se soit écoulé depuis le bail, quelque long temps qu'il y ait que je n'en paie plus ni fermes ni loyers; tant qu'il ne paraît pas d'autre titre qui soit survenu depuis, je suis censé avoir toujours continué de tenir cet héritage en qualité de fermier ou locataire de celui qui en a fait le bail, ou de ses héritiers. Pareillement, s'il paraît qu'une chose, qui est pardevers moi, m'a été prêtée ou donnée en dépôt, soit à moi, soit à quelqu'un dont je suis l'héritier, quelque long temps qu'il y ait qu'elle soit pardevers moi, tant qu'il ne paraît

(1) *Præceptum* se prend ici pour *definitum tanquàm certissima juris regula.*

pas d'autre titre, je suis toujours censé la tenir comme un dépôt ou un prêt de celui qui l'a donnée ou prêtée ; et je ne puis, par conséquent, par quelque temps que ce soit, l'acquérir par droit d'usucapion : *Quod vulgò respondetur, causam possessionis neminem sibi mutare posse, sic accipiendum, ut possessio non solùm civilis, sed etiam naturalis* (1) *intelligatur ; et propterea responsum est neque colonum, neque eum apud quem res deposita aut cui est commodata, lucri faciendi causâ pro hærede* (2) *usucapere posse ;* l. 2, § 1, ff. *pro hærede.*

33. Non-seulement on ne peut pas se changer soi-même la cause et le titre de sa possession, mais encore on ne peut en changer les qualités et les vices : telle elle a commencé, telle elle continue toujours. Par exemple, si la possession a commencé par être une possession violente, une possession clandestine, une possession de mauvaise foi, une possession précaire, elle continuera toujours d'être une possession violente, une possession clandestine, une possession de mauvaise foi, etc., non-seulement dans la personne de celui dans qui elle a commencé, mais pareillement dans celle de ses héritiers, et des héritiers de ses héritiers *in infinitum*, quelque bonne foi qu'ils eussent eux-mêmes ; car les héritiers étant la continuation de la personne du défunt, étant *successores in universum jus defuncti*, la possession, à laquelle ils ont succédé au défunt, est la même possession qu'aurait le défunt, qui continue avec les mêmes qualités et les mêmes vices qu'elle avait lorsqu'elle a commencé. C'est de ces principes qu'a été formé cet axiome de droit : *Vitia possessionum à majoribus contracta perdurant ;* l. 11, *Cod. de adq. poss.* C'est conformément à ces principes que Papinien dit : *Quùm hæres in jus omne defuncti succedit, ignoratione suâ, defuncti vitia non excludit ;* l. 11, ff. *de div. temp. præscr.*

34. Il n'en est pas de même d'un successseur, qui a succédé à une chose à quelqu'un, à titre singulier : la possession, qu'a ce possesseur, qui procède du titre auquel il l'a acquise, est une possession qui lui est propre, qui commence en sa personne, qui n'est point une continuation de celle que son auteur a eue, et qui ne peut, par conséquent, en avoir ni les qualités ni les vices.

(1) Les termes de *possessio naturalis* sont pris ici *largè*, en un sens impropre, pour toute détention d'une chose, quelle qu'elle soit, même pour la nue détention de ceux qui tiennent une chose pour et au nom d'un autre, comme il paraît par les exemples qui vont être rapportés.

(2) *Id est ille qui rem ex causâ conductionis, vel ex causâ depositi aut commodati tenet, causam suæ detentionis mutare non potest confingendo apud se alium titulum possessionis, putà, titulum pro hærede, ut possit hujus lucrum facere et eam usucapere. Ita Cujac. ad h. l. in comm. ad dig. Juliani.*

Il est vrai que ce successeur a la faculté de joindre à sa possession celle qu'a eue son auteur; et, lorsqu'il la joint, il ne peut la joindre qu'avec ses qualités et ses vices. Mais comme c'est une faculté qu'il a, dont il peut, à son gré, user ou ne pas user, il ne joint à sa possession celle de son auteur, que lorsqu'elle était une juste possession. Si elle était vicieuse, il ne la joint pas à la sienne; il se borne à sa propre possession, qui procède du titre auquel il l'a acquise.

35. Celui, qui a la possession, ou même la nue détention d'une chose, ne peut, non plus que ses héritiers, par une simple destination, ni par quelque laps de temps que ce soit, changer la cause ni les qualités de sa possession ou détention, tant qu'il ne paraît aucun nouveau titre d'acquisition : mais ce possesseur ou détenteur peut, durant sa possession ou détention, acquérir par un nouveau titre d'acquisition la chose qu'il possédait ou détenait seulement; et il aura une nouvelle possession de cette chose qui procédera de ce nouveau titre, et qui ne sera plus la possession ou détention qu'il avait auparavant, et qu'il cesse d'avoir en acquérant la nouvelle. C'est ce que nous enseigne Marcellus : *Quod scriptum est apud veteres, neminem sibi causam possessionis mutare posse, credibile est de eo cogitatum, qui et corpore et animo possessioni incumbens, hoc solum statuit, ut aliâ ex causâ id possideret; non si quis, dimissâ possessione primâ, ejusdem rei denuò ex aliâ causâ possessionem nancisci velit*; l. 19, § 1, ff. *de adq. poss.* Julien apporte cet exemple : *Si quis emerit fundum sciens ab eo cujus non erat, possidebit pro possessore : sed si eumdem à domino emerit, incipiet pro emptore possidere, nec videbitur sibi ipsi causam possessionis mutasse*; l. 33, § 1, ff. *de usurp. et usucap.*

Pareillement, *Si is, qui apud me deposuit, vel commodavit, eam rem vendiderit mihi vel donaverit, non videbor causam possessionis mihi mutare, qui ne possidebam quidem*; l. 3, § 20, ff. *de adq. poss.*

36. De même que de possesseur de mauvaise foi d'une chose, ou même de simple détenteur de cette chose, que je détenais pour et au nom d'un autre, je puis, par un nouveau titre, en devenir le légitime possesseur, comme dans les exemples ci-dessus rapportés; pareillement, *vice versâ*, de légitime possesseur que j'étais d'une chose, je puis, par un nouveau titre, ne la plus détenir que pour et au nom d'une autre personne; comme lorsque j'ai vendu une chose, dont j'étais légitime possesseur, à quelqu'un qui, par le contrat de vente que je lui en fais, m'en fait un bail à loyer. Dans cette espèce, *non muto mihi causam possessionis, sed desino possidere, et alium possessorem ministerio meo facio*; l. 18, ff. *de adq. poss.*

# CHAPITRE III.

## *Quelles choses sont susceptibles, ou non, de la possession et de la quasi-possession.*

---

37. Il n'y a que les choses corporelles qui soient susceptibles de possession : *Possideri possunt quæ sunt corporalia;* l. 3, ff. de adq. poss.

C'est ce qui résulte de la définition et des notions que nous avons données de la possession au commencement de ce Traité. Posséder une chose, tenir une chose par nous-mêmes, ou par d'autres, qui la tiennent en notre nom, étant *rei insistere, incubare*, il est évident que cela ne peut convenir qu'aux choses corporelles.

Même parmi les choses corporelles, il y en a quelques-unes qui ne sont pas susceptibles de possession : telles sont celles qui sont *divini aut publici juris*, comme sont une église, un cimetière, une place publique. Il est évident que ces choses ne peuvent pas être la matière de la possession des particuliers.

Une chapelle domestique, qui est dans une terre, étant une chose consacrée à Dieu, une chose *divini juris*, nous ne pouvons, à la vérité, la posséder *per se*, mais nous sommes censés la posséder avec la terre dont elle est une dépendance.

38. Les choses incorporelles, c'est-à-dire, celles *quæ in jure consistunt*, ne sont pas susceptibles, à la vérité, d'une possession véritable et proprement dite; mais elles sont susceptibles d'une quasi-possession : *Jura non possidentur, sed quasi-possidentur.*

Cette quasi-possession d'un droit consiste dans la jouissance qu'en a celui à qui il appartient.

Par exemple, je suis censé avoir la quasi-possession d'un droit de dîme ou d'un droit de champart, par la perception que je fais de la dîme ou du champart.

Je suis censé avoir la quasi-possession d'un droit de fief, d'un droit de censive, d'une rente, soit foncière, soit constituée, par les aveux qui m'en sont portés, par les reconnaissances qui me sont passées, par le paiement qui m'est fait, soit des cens, soit des arrérages de rente.

Je suis censé avoir la quasi-possession d'un droit de servitude, lorsque je fais dans l'héritage, au vu et au su du propriétaire de cet héritage, ce que mon droit de servitude me donne droit d'y faire.

J'ai la quasi-possession d'un droit de justice sur un territoire, par les actes judiciaires qu'y font mes officiers; par la comparution des justiciables aux assises que tient mon juge, et par le défaut qu'il prononce contre les absens.

En général, la jouissance, que j'ai de quelque droit que ce soit, en est une quasi-possession.

Cette quasi-possession est susceptible des mêmes qualités et des mêmes vices que la véritable possession.

# CHAPITRE IV.

*Comment s'acquiert et se retient la possession, et des personnes par lesquelles nous pouvons l'acquérir et la retenir.*

## SECTION PREMIÈRE.

### Comment s'acquiert la possession.

39. Pour acquérir la possession d'une chose, il faut la volonté de la posséder, jointe à la préhension de cette chose : *Adipiscimur possessionem corpore et animo, neque per se animo, aut per se corpore;* l. 3, § 1, ff. *de adq. poss.*

Nous traiterons, dans un premier paragraphe, de la volonté de posséder; dans le second, de la préhension de la chose; dans un troisième, des personnes qui sont capables ou incapables d'acquérir la possession; dans un quatrième, des personnes par lesquelles nous pouvons acquérir la possession d'une chose.

### § I. De la volonté de posséder.

40. Il est évident qu'on ne peut acquérir la possession d'une chose, sans avoir la volonté de la posséder.

Par exemple, on me fait entrer dans le cabinet d'une personne à qui je vais rendre visite : en l'attendant, je prends un livre que je trouve sur son bureau, pour voir ce que c'est. Il est évident que, quoique je l'aie entre mes mains, je n'en acquiers pas la possession; car je n'ai pas la volonté de le posséder.

Pareillement à l'égard des héritages : si, dans un voyage, je vais coucher au château de mon ami en son absence; quoique je sois seul dans ce château, je n'en acquiers pas la possession; car je n'ai pas la volonté de l'acquérir : *Qui jure familiaritatis amici fundum ingressus est, non videtur possidere, quia non eo animo ingressus est, ut possideat, licèt corpore in fundo*; l. 41, ff. *de adq. poss.*

De ce principe, que, pour acquérir la possession d'une chose, il faut avoir la volonté de la posséder, il s'ensuit que, si j'ai acheté de vous une chose, et que vous m'en livriez une autre, que je prends, par erreur, pour celle que j'ai achetée, et dont j'ai intention d'acquérir la possession, je n'acquiers la possession ni de celle que j'ai acquise par erreur, parce que ce n'est pas celle dont j'ai la volonté d'acquérir la possession, ni de celle que j'ai la volonté d'acquérir, parce que je ne l'ai pas reçue: *Si me in vacuam possessionem fundi Corneliani miseris, ego putarem me in fundum Sempronianum missum, et in Cornelianum iero, non acquiram possessionem, nisi fortè in nomine tantùm erraverimus, in corpore consenserimus*; l. 34, ff. *dict. tit.*

§ II. De la préhension.

41. La possession s'acquiert *corpore et animo*, comme nous l'avons dit. Il ne suffit donc pas que j'aie la volonté de posséder une chose, dont vous avez consenti de m'abandonner la possession, pour que je puisse en acquérir la possession; il faut une préhension corporelle de la chose. Si c'est un meuble, il faut que ce meuble me soit remis entre les mains, ou en celles de quelqu'un de ma part, qui le reçoive pour moi et en mon nom; si c'est un héritage, il faut que je me transporte sur cet héritage pour m'en mettre en possession, ou que j'y fasse transporter quelqu'un qui s'en mette en possession de ma part. Au reste, je suis censé avoir acquis la possession de tout l'héritage, aussitôt que j'y suis entré et que j'y ai mis le pied, ou par moi-même, ou par quelqu'un de ma part, sans qu'il soit nécessaire que ni moi, ni celui que j'ai envoyé de ma part, nous nous transportions sur toutes les pièces de terre dont l'héritage est composé: *Quod diximus et corpore et animo acquirere nos debere possessionem, non utique ità accipiendum est, ut qui fundum possidere velit, omnes glebas circumambulet; sed sufficit quamlibet partem ejus fundi introire, dum mente et cogitatione hæc sit, ut totum fundum usquè ad terminum velit possidere*; l. 3, § 1, ff. *de adq. poss.*

Cela a lieu à l'égard de celui qui acquiert la possession d'un héritage que l'ancien possesseur consent de lui abandonner. Il en est autrement d'un usurpateur, qui s'empare par violence d'un héritage, dont il chasse l'ancien possesseur; cet usurpateur n'acquiert la possession que pied à pied, des parties de l'héritage dont il s'empare: *Si cum magnâ vi ingressus est exercitus, eam tantummodò partem, quam intraverit, obtinet*; l. 18, § 4, ff. *dict. tit.*

42. Du principe, qu'il faut une préhension corporelle de la chose pour en acquérir la possession, naît la décision d'une question dans l'espèce suivante : Un ouvrier, en faisant de mon ordre un fossé sur mon héritage, y a découvert un pot dans lequel était un trésor : il m'en est venu donner avis. On demande si la connaissance, que j'ai que ce trésor est dans mon héritage, jointe à la volonté que j'ai de le posséder, m'en fait acquérir la possession, au moins pour la part qui m'en appartient comme propriétaire de l'héritage. Les Proculéiens tenaient l'affirmative ; mais il a prévalu, conformément à notre principe, que je n'en pouvais acquérir la possession qu'en le faisant tirer du lieu où il était: *Neratius et Proculus (putant).... si thesaurum in fundo meo positum sciam, continuò me possidere simul atque possidendi affectum habuero ; quia quod desit naturali possessioni, id animus implet.... Quidam putant Sabini sententiam veriorem esse, nec aliàs eum, qui scit, possidere, nisi de loco motus sit; quia non sit sub custodiâ nostrâ ; quibus consentio; dict. l.* 3, § 3, *ff. de adq. poss.*

43. Le principe, qu'il faut une préhension corporelle de la chose, pour en acquérir la possession, souffre exception dans le cas de plusieurs espèces de traditions, par lesquelles celui, à qui elles sont faites, est censé acquérir la possession de la chose dont on entend lui faire la tradition, avant qu'il soit intervenu aucune préhension corporelle de cette chose. Ces espèces de traditions sont rapportées en notre Traité du Domaine de Propriété, *part.* 1, *chap.* 2, *sect.* 4, *etc.* Nous y renvoyons.

### § III. Des personnes qui sont capables ou incapables d'acquérir la possession d'une chose.

44. La volonté d'acquérir la possession d'une chose étant absolument nécessaire pour l'acquérir, c'est une conséquence que les personnes, qui n'ont pas l'usage de raison, tels que les fous, les insensés et les enfans, et qui sont, par conséquent, incapables de volonté, sont incapables d'acquérir par elles-mêmes la possession d'aucune chose. C'est ce qu'enseigne Paul : *Furiosus et pupillus non possunt incipere possidere, quia affectionem non habent, licèt maximè corpore suo rem contingant; sicuti si quis dormienti aliquid in manu ponat;* l. 1, § 3, ff. *de adq. poss.*

45. Ce qui est dit du mineur *impubère* ne doit s'entendre que de celui qui est dans l'âge d'enfance ; il en est autrement, lorsque l'*impubère* a un âge suffisant pour comprendre ce qu'il fait. C'est pourquoi Paul ajoute tout de suite : *Ofilius et Nerva filius, etiam sine tutoris auctoritate possidere incipere posse pupillum aiunt; eam enim rem facti, non juris esse : quæ sententia recipi potest, si ejus ætatis sunt ut intellectum capiant.*

Outre la raison que Paul apporte, que la possession n'est qu'une chose de fait, on peut ajouter que, le mineur n'ayant pas besoin de l'autorité de son tuteur pour faire sa condition meilleure, il ne peut, à la vérité, rien aliéner, ni s'obliger sans l'autorité de son tuteur : mais il n'en a pas besoin pour acquérir; il peut, sans l'autorité de son tuteur, accepter des domaines, et, par la tradition qui lui est faite des choses données, en acquérir non-seulement la possession, mais le domaine.

46. A l'égard des enfans et des fous, qui sont incapables de volonté, ils ne peuvent pas, à la vérité, comme nous l'avons dit, acquérir par eux-mêmes la possession d'une chose; mais ils peuvent l'acquérir par le ministère de leurs tuteurs et curateurs; la volonté, qu'ont les tuteurs et curateurs d'acquérir pour ces personnes, supplée à la volonté qui leur manque.

47. Par la même raison, les corps et les communautés, les hôpitaux, ne peuvent, à la vérité, acquérir par eux-mêmes la possession d'aucune chose : *Municipes per se nihil possidere possunt, quia universi possidere non possunt*; l. 1, § 22 : mais ils le peuvent par le ministère de leurs syndics et administrateurs.

48. Quoiqu'une femme sous puissance de mari, qui n'est ni séparée, ni marchande publique, ne puisse rien acquérir sans être autorisée de son mari, ou par justice, comme nous l'avons vu dans notre *Traité de la Puissance du Mari*, néanmoins la possession n'étant qu'une chose de fait, je crois qu'elle peut, sans être autorisée, acquérir la possession d'une chose; mais elle ne peut, sans être autorisée, exercer les droits qui résultent de cette possession.

## § IV. Par qui nous pouvons acquérir la possession.

49. Nous pouvons acquérir la possession d'une chose, non-seulement par nous-mêmes, mais aussi par ceux qui la reçoivent pour nous et en notre nom. Par exemple, lorsque j'envoie un tailleur chez un marchand pour m'acheter de l'étoffe pour me faire un habit, il m'acquiert la possession de cette étoffe, lorsqu'il la reçoit des mains du marchand pour moi et en mon nom: *Per procuratorem, tutorem, curatoremve, possessio nobis acquiritur*; l. 1, § 20, ff. *de adq. poss.*

50. Observez que, pour que nous acquérions la possession d'une chose par un autre, il faut qu'il ait intention de nous l'acquérir.

De-là il suit, 1° que nous ne pouvons pas acquérir la possession d'une chose par le ministère d'une personne, qui, n'ayant pas l'usage de raison, est incapable de volonté. C'est pourquoi, si j'avais envoyé un fou prendre possession pour moi d'un héritage que j'ai acheté; quoiqu'il s'y transportât, il ne m'en acquerrait pas la possession : *Ille per quem volumus possidere talis esse debet, ut habeat intellectum possidendi*; l. 1, § 9, ff. *dict. tit. Et ideò si furiosum servum miseris ut possideas, nequaquàm videris apprehendisse possessionem; dict. l.* 1, § 10.

51. De-là il suit, 2° que si vous ayant chargé de faire pour moi l'emplette d'une certaine chose, au lieu de vous acquitter de votre commission, et de faire cette emplette pour moi, vous l'avez faite pour vous, je n'acquiers point par vous la possession de cette chose que vous avez reçue pour vous. C'est pourquoi, Paul, après avoir dit que *Per procuratorem, tutorem, curatoremve possessio nobis acquiritur*, ajoute : *Quùm autem suo nomine nacti fuerint possessionem, non cum eâ mente ut operam duntaxat suam accommodarent nobis, non possunt acquirere; dict. l.* 1, § 20.

52. Mais lorsque quelqu'un, que j'ai chargé de me faire l'emplette d'une chose, en a fait l'emplette pour moi, et l'a reçue pour moi et en mon nom, j'en acquiers par lui la possession aussitôt qu'il la reçoit pour moi, même avant que j'en aie eu avis, et quoique j'ignore encore qu'il l'a reçue : *Per liberam personam ignoranti quoque acquiri possessionem.... receptum est*; l. 1, *Cod. de adq. poss.*

53. Cela a lieu, lorsque celui, qui a reçu pour moi la chose, avait charge de moi de recevoir pour moi cette chose, ou du moins lorsqu'il avait charge de moi de me faire l'emplette d'une chose de ce genre : car la procuration, que je lui ai donnée d'en faire l'emplette pour moi, suppose en moi la volonté d'acquérir la possession de la chose qu'il recevra pour moi; laquelle volonté persévère en moi au temps qu'il la reçoit, et suffit pour m'en faire acquérir par lui la possession, quoique j'ignore encore qu'il l'ait reçue. Il n'en est pas de même, lorsqu'un de mes amis, sans avoir charge de moi, fait pour moi l'emplette d'une chose qu'il sait devoir me faire plaisir, et la reçoit pour moi et en mon nom. Je n'en acquiers par lui la possession, que depuis que j'ai eu avis de cette emplette qu'il a faite pour moi, et que je l'ai approuvée; car je n'ai pas pu avoir plus tôt la volonté d'en acquérir la possession : *Procurator, si quidem mandante domino rem emerit, protinùs illi acquirit possessionem; quòd si suâ sponte emerit, non, nisi ratam habuerit dominus emptionem*; l. 42, § 1, ff. *de adq. poss.*

## SECTION II.

### Comment se retient et se conserve la possession.

54. De même que nous acquérons la possession d'une chose, non-seulement par nous-mêmes, mais aussi par d'autres qui la reçoivent pour nous et en notre nom, comme nous l'avons vu en l'article précédent ; pareillement, nous retenons la possession d'une chose, non-seulement par nous-mêmes, mais par d'autres qui la détiennent pour nous et en notre nom : *Et per colonos et inquilinos aut servos nostros possidemus;* l. 25, § 1, ff. *de adq. poss. Et generaliter quisquis omninò nostro nomine sit in possessionem, veluti procurator, hospes, amicus, nos possidere videmur;* l. 9, ff. *dict. tit.*

En cela l'acquisition de la possession et la conservation de la possession conviennent ; mais elles diffèrent principalement en deux points.

#### Première différence.

55. Pour acquérir la possession d'une chose, la seule volonté ne suffit pas ; il faut une préhension corporelle de la chose, ou par nous-mêmes, ou par quelqu'un qui l'appréhende pour nous et en notre nom, comme nous l'avons vu *suprà*, *n.* 41.

Au contraire, lorsque nous avons acquis la possession d'une chose, la seule volonté, que nous avons de la posséder, suffit pour nous en faire conserver la possession, quoique nous ne détenions pas cette chose corporellement, ni par nous-mêmes, ni par d'autres.

Les empereurs Dioclétien et Maximien nous font observer cette différence : *Licèt possessio nudo animo acquiri non possit ; tamen solo animo retineri potest;* l. 4, *Cod. de adq. poss.*

Cette volonté de retenir la chose se suppose toujours, tant qu'il ne paraît pas une volonté contraire bien marquée. C'est pourquoi, quand même une personne aurait abandonné la culture de ses héritages, elle ne serait pas, pour cela, censée avoir la volonté d'en abandonner la possession : elle serait donc présumée avoir la volonté de la retenir, et elle la retiendrait en effet. C'est ce que décident les empereurs dans la loi ci-dessus citée : *Si ergo*, continuent-ils, *prædiorum desertam possessionem non derelinquendi affectione transacto tempore non coluisti, sed metus necessitate culturam eorum distulisti, præjudicium ex transmissi temporis injuriâ generari non potest;* *dict.* l. 4, *Cod. dict. tit.*

Paul, pour exemple du principe que nous retenons la possession d'une chose par la seule volonté de la retenir, sans aucune détention corporelle, nous rapporte ce cas : *Saltus hibernos æstivosque animo possidemus, quamvis eos certis temporibus relinquamus;* l. 3, § 11, ff. *de adq. poss.*

56. Il n'est pas même nécessaire, pour conserver la possession des choses que je possède, que j'aie une volonté positive d'en retenir la possession : une volonté négative suffit; c'est-à-dire qu'il suffit que la volonté, que j'ai eue de la posséder, lorsque j'en ai acquis la possession, n'ait pas été révoquée par une volonté contraire : car tant qu'elle n'a point été révoquée par une volonté contraire, elle est toujours censée persévérer, et j'en retiens la possession, à moins que quelqu'un ne l'eût usurpée sur moi, et ne m'en eût dépossédé.

Notre principe, que, pour retenir la possession d'une chose, il n'est pas nécessaire d'avoir une volonté positive et formelle de la posséder, ne peut être révoqué en doute. Lorsqu'une personne dort, il est évident, que, pendant son sommeil, elle est incapable de volonté, et qu'elle ne peut, par conséquent, pendant son sommeil, avoir une volonté positive de posséder toutes les choses qu'elle possédait avant son sommeil : oserait-on douter qu'elle en conserve la possession pendant son sommeil?

Pareillement, lorsqu'une personne a perdu l'usage de la raison, et qu'elle est devenue, par la folie, incapable de volonté; quoiqu'elle ne puisse plus avoir une volonté positive de rien posséder, oserait-on douter que, pendant sa folie, et même avant qu'on l'ait pourvue d'un curateur, elle conserve la possession de ce qu'elle possédait?

57. C'est conformément à ce principe, que, suivant la maxime de notre droit français, *Le mort saisit le vif*, la possession de toutes les choses qu'un défunt possédait, au temps de sa mort, passe, dès l'instant de sa mort, en la personne de son héritier, non-seulement avant qu'il ait accepté la succession, pourvu qu'il l'accepte par la suite, mais même avant qu'il ait eu connaissance de la mort du défunt, et que sa succession lui ait été déférée, et par conséquent avant qu'il ait pu avoir une volonté positive de posséder les choses que le défunt possédait lors de sa mort. La raison en est, que l'héritier étant regardé comme la continuation de la personne du défunt, la possession de toutes ces choses, qui passe à cet héritier, n'est que la continuation de celle qu'avait le défunt. L'héritier conserve et retient cette possession, plutôt qu'il ne l'acquiert, et par conséquent il n'a pas besoin, pour cela, d'avoir une volonté positive de posséder toutes ces choses.

58. Par la même raison, la succession vacante d'un défunt, quoiqu'elle ne soit qu'une personne fictive, incapable de volonté,

est néanmoins censée posséder toutes les choses que le défunt possédait lors de sa mort ; parce que cette succession vacante, qui n'est que la continuation de la personne du défunt, en possédant les choses que le défunt possédait au temps de sa mort, ne fait que retenir et conserver la possession que le défunt avait lors de sa mort. Or, suivant notre principe, on peut retenir la possession sans avoir une volonté positive de posséder.

### Seconde différence.

59. Pour que nous puissions acquérir la possession d'une chose par un autre, il faut que celui, par qui nous acquérons la possession, ait une volonté formelle de nous l'acquérir, qui concoure avec la nôtre : au contraire, pour que nous retenions la possession d'une chose, en laquelle d'autres ont été mis en possession pour nous, il n'est point nécessaire qu'ils conservent la volonté de la détenir pour nous.

De-là il suit que si mon fermier, qui détient pour moi et en mon nom mon héritage, vient à perdre l'usage de la raison ; quoiqu'il soit, par sa folie, incapable de volonté, et qu'il ne puisse plus, par conséquent, détenir pour moi et en mon nom mon héritage, je ne laisse pas d'en retenir par lui la possession : *Per colonos et inquilinos aut servos nostros possidemus ; etsi moriantur aut furere cœperint, aut alii locent, intelligimur nos retinere possessionem* ; *dict. l.* 25, § 1, ff. *de adq. poss.*

60. Il y a plus : quand même celui, qui a commencé d'être en possession d'une chose, pour moi et en mon nom, changerait de volonté, et aurait la volonté de ne la plus détenir en mon nom, mais au sien, il serait toujours censé la détenir en mon nom, et je continuerais de posséder par lui mon héritage. Cela est conforme au principe que nous avons rapporté *suprà*, *n.* 31, que personne ne peut se changer la cause et les qualités de sa possession ou de sa détention.

61. Nous retenons la possession d'une chose par ceux qui la détiennent pour nous et en notre nom, non-seulement lorsqu'ils la détiennent par eux-mêmes, mais encore lorsqu'ils la détiennent par d'autres, quand ceux, par qui ils la détiennent, les en croiraient les véritables possesseurs, et auraient, par conséquent, l'intention de la détenir pour eux et non pour nous ; car en détenant la chose pour eux, qui ne peuvent la posséder, *quùm non possint mutare sibi causam possessionis suæ*, ils la détiennent indirectement pour nous, sans le savoir. C'est ce qu'enseigne Paul : *Si ego tibi commodavero, tu Titio, qui putet tuum esse, nihilominùs ego id possidebo ; et idem erit si colonus meus fundum locaverit, aut is apud quem deposueram, apud alium rursùs*

*deposuerit; et id quamlibet per plurium personam factum, observandum ità erit*; l. 30, § 6, ff. *de adq. poss.*

62. Lorsque celui, par qui nous possédons une chose, est mort, et que cette chose se trouve pardevers son héritier, nous continuons de la posséder par son héritier.

Par exemple, lorsque mon fermier meurt, je continue de posséder par son héritier l'héritage que je possédais par lui.

Cela a lieu, quand même l'héritier de mon fermier ne serait pas lui-même mon fermier, *putà*, parce que je n'avais fait le bail que pour sa vie : cela n'empêche pas que je ne sois possesseur par cet héritier de l'héritage, tant qu'il y demeure, de même que je le possédais par le défunt : *Hæredem coloni, quamvis colonus non est, domino possidere existimo*, *arg.* l. 40; § 1, ff. *dict. tit.*

Il y a plus : quand même l'héritier de mon fermier aurait ignoré que le défunt n'était que le fermier de l'héritage, et qu'il l'en aurait cru le propriétaire, et qu'en conséquence il regardât cet héritage comme un héritage à lui appartenant, et non comme un héritage dont il ne fût en possession qu'en mon nom, il devrait néanmoins être censé n'en être en possession qu'en mon nom; car sa possession étant la même que celle à laquelle il a succédé au défunt, celle, que le défunt avait, n'étant qu'une possession qui avait pour cause le bail à ferme que je lui avais fait de mon héritage, n'étant, par conséquent, qu'une possession en laquelle il était en mon nom, celle de son héritier, nonobstant la fausse opinion qu'il en a, ne peut être qu'une possession en laquelle il est en mon nom, personne ne pouvant, par son opinion, se changer la cause et les qualités de sa possession : *Nemo ipse sibi potest mutare causam possessionis suæ*, comme nous l'avons vu *suprà*.

63. Il résulte de tout ce que nous avons dit jusqu'à présent, que nous retenons la possession d'une chose par celui qui en est en possession en notre nom, ou par son héritier, ou par celui qui la détient pour lui, tant que ces personnes conservent la possession de la chose en laquelle elles sont pour nous. Sur quoi, observez que, quoique le fermier d'un héritage, ou le locataire d'une maison, qui est en possession de cet héritage ou de cette maison en mon nom, s'en soit absenté pour un temps, sans y laisser personne de sa part, dans le dessein d'y retourner, il est censé continuer d'en être en possession, par la volonté qu'il a d'y retourner, et j'en conserve la possession par lui. C'est ce qu'enseigne Javolenus : *Si colonus non deserendæ possessionis causâ, exisset de fundo et eò redisset, eumdem locatorem possidere placet*; l. 31, ff. *dict. tit.*

Javolenus dit, *non deserendæ possessionis causâ*; car, suivant l'opinion de l'école des Sabiniens, dont était ce jurisconsulte, lorsque celui, qui était en possession d'une chose en mon nom, en abdiquait la possession, *putà*, lorsque mon fermier abandonnait mon héritage dans le dessein de n'y plus revenir, j'en perdais la possession. C'est ce qu'enseigne Africanus, qui suivait l'opinion de cette école. Après avoir dit qu'après la mort de mon fermier je conservais, par son héritier, la possession de l'héritage en laquelle le défunt était en mon nom, il ajoute : *Aliud existimandum* SI COLONUS *spontè possessione discesserit;* l. 40, § 1.

Proculus et son école enseignaient, au contraire, que quoique celui, qui était en possession d'une chose en mon nom, eût abdiqué cette possession, je ne laisserais pas d'en conserver la possession, par ma seule volonté de la posséder, à moins qu'un tiers ne s'en fût emparé, et ne m'en eût dépossédé : *Quùm quis persuaserit familiæ meæ ut de possessione decedat, possessio quidem non amittitur, sed de dolo judicium in eum competit, si quid mihi damni* (1) *accesserit*; l. 31, ff. *de dolo malo.*

Paul suit ce sentiment : *Si servus vel colonus per quos corpore possidebam, decesserint discesserintve, animo retinebo possessionem;* l. 3, § 8, ff. *de adq. poss.*

Le sentiment des Proculéiens est le plus raisonnable, et Justinien l'a confirmé en la loi dernière, *Cod. dict. tit.*

---

(1) Soit parce que mon héritage est resté inculte, soit parce que cela aurait donné occasion à un tiers de s'en mettre en possession, et de m'en déposséder.

# CHAPITRE V.

## *Comment se perd la possession.*

64. Quoique la possession d'une chose consiste dans une détention corporelle de cette chose, ou par nous-mêmes, ou par d'autres qui la détiennent en notre nom; néanmoins, lorsque nous avons une fois acquis la possession d'une chose par une préhension corporelle que nous avons faite de cette chose par nous-mêmes, ou par quelque autre en notre nom, avec la volonté de la posséder, nous pouvons conserver et retenir cette possession, par la seule volonté que nous avons de la conserver, quand même pendant quelque temps, nous cesserions de la détenir corporellement par nous-mêmes, ou par d'autres. C'est ce que nous avons établi en l'article précédent.

De-là il suit que, pour perdre la possession que nous avons d'une chose, il ne suffit pas que nous cessions de la détenir corporellement, si nous n'avons pas une volonté formelle d'en abandonner la possession, ou si nous n'en sommes dépossédés par quelqu'un malgré nous. C'est en ce sens que Paul dit : *Ut nulla possessio acquiri nisi animo et corpore potest, ità nulla amittitur, nisi in quâ utrumque in contrarium actum* (1); l. 153, ff. *de reg. jur.*

C'est conformément à ce principe que Proculus dit : *Si is, qui animo possessionem saltûs retineret, furere cœpisset, non potest, dum fureret, ejus saltûs possessionem amittere; quia*

(1) Cela n'est dit qu'en ce sens, que, de même que, pour l'acquisition de la possession, une préhension corporelle de la chose ne suffit pas, sans la volonté d'en acquérir la possession; de même, pour la perdre, il ne suffit pas de cesser de détenir corporellement une chose, sans la volonté d'en perdre la possession. En cela, l'acquisition et la perte de la possession conviennent; mais elles diffèrent, comme nous le verrons *infrà*, en ce que, pour acquérir, la volonté ne suffit pas sans une préhension corporelle; au lieu que la volonté seule suffit pour perdre la possession.

*furiosus non potest desinere animo possidere* ; l. 27, ff. *de adq. poss.*

Nous allons parcourir les différentes manières dont se perd la possession. Nous traiterons, dans un premier article, des manières dont nous perdons la possession par notre volonté ; dans un second, des manières dont nous la perdons malgré nous.

## ARTICLE PREMIER.

### *Des manières dont nous perdons la possession par notre volonté.*

65. Nous perdons la possession d'une chose par notre volonté, ou par la tradition, que nous en faisons à quelqu'un dans le dessein de la lui transférer, ou par un abandon pur et simple.

#### § I. De la perte de la possession par la tradition.

66. Il est évident que la tradition, que nous faisons d'une chose à quelqu'un, dans le dessein de lui en transférer la possession, renferme la volonté de la perdre, et qu'elle nous la fait perdre, puisque nous ne pouvons la lui transférer qu'en la perdant.

Lorsque la tradition est une tradition réelle, nous perdons la possession *animo et corpore*. Nous ne la perdons pas moins par les traditions feintes, quoique nous la perdions, en ce cas, *animo solo, absque corporali discessione*.

Par exemple, si j'ai vendu un héritage à quelqu'un qui me l'a donné à ferme par le même acte, la tradition feinte, qui renferme ce bail à ferme, lui en fait acquérir la possession par moi, qui en prends possession en son nom, en me déclarant tenir dorénavant cet héritage en son nom et comme son fermier; et je perds en même temps la possession que j'en avais, *animo, absque corporali discessione*.

67. La tradition étant une manière de perdre la possession par notre volonté, accompagnée du fait de la tradition, il suit de-là qu'un mineur, à qui la volonté d'aliéner ce qui lui appartient n'est pas permise, s'il n'est autorisé de son tuteur, peut bien, en faisant à quelqu'un la tradition réelle d'une chose, sans y être autorisé par son tuteur, cesser de la posséder corporellement, mais qu'il en conserve néanmoins la possession : *Possessionem pupillum sine tutoris auctoritate amittere posse constat, non ut animo, sed ut corpore desinat possidere ; quod est enim facti potest amittere* ; l. 29, ff. *de adq. pos.*

Marcien dit encore plus formellement : *Pupillus...... alienare nullam rem potest, nisi præsente tutore auctore, et nequidem pos-*

*sessionem quæ est naturalis, ut Sabinianis visum est, quæ sententia vera est*; l. 11, ff. *de adq. rer. dom.*

68. Nous perdons la possession d'une chose, aussitôt que nous en avons fait la tradition à quelqu'un, dans le dessein de la lui transférer, lorsque cette tradition se fait purement et simplement; mais lorsque nous y avons attaché quelque condition, nous n'en perdons la possession, et elle n'est transférée à celui à qui la tradition est faite, que lorsque la condition, sous laquelle elle lui a été faite, aura été accomplie. C'est ce qu'enseigne Julien : *Si quis possessionem fundi ità tradiderit, ut ità demùm cedere eâ dicat, si ipsius fundus esset, non videtur possessio tradita, si fundus alienus sit : hoc ampliùs existimandum est possessiones sub conditione tradi posse, sicut res sub conditione traduntur; neque aliter accipientis fiunt quàm conditio extiterit*; l. 38, § 1, ff. *de adq. poss.*

69. Lorsque je n'ai opposé aucune condition à la tradition, que j'ai faite d'une certaine chose, à une personne que je croyais jouir de la raison, dans le dessein de la lui transférer, aurai-je perdu la possession par cette tradition, dans le cas auquel la personne, à qui la tradition de la chose a été faite, n'en aurait pu acquérir la possession, faute d'avoir l'usage de la raison, et par conséquent faute d'avoir la volonté nécessaire pour l'acquérir? Celse décide cette question pour l'affirmative : *Si furioso, quem suæ mentis existimas, eò quòd fortè in conspectu inumbratæ quietis fuit constitutus, rem tradideris; licèt ille non erit adeptus possessionem, tu possidere desinis; sufficit quippe dimittere possessionem, etiamsi non transferas : illud enim ridiculum est dicere, quòd non aliter vult quis dimittere quàm si transferat : imò vult dimittere, quià existimat se transferre*; l. 18, § 1, *dict. tit.*

Cette décision de Celse me paraît souffrir difficulté. La volonté que la tradition renferme, n'est pas une volonté absolue de perdre la possession de la chose, mais une volonté de la transférer à celui à qui la tradition est faite, et de la perdre, par conséquent, en la lui transférant. Ce n'est donc que par la translation que j'en ferai, que je veux la perdre et que je dois la perdre. Quelque pure et simple qu'ait été *extrinsecùs* la tradition que j'ai faite, la volonté, que cette tradition renferme, de perdre la possession, est une volonté à laquelle *vi ipsâ et naturaliter inest* la condition qu'elle passera à celui à qui la tradition est faite.

§ II. De la perte de la possession par l'abandon pur et simple.

70. Il y a cette différence entre la tradition, dont nous avons parlé au paragraphe précédent, et l'abandon pur et simple, que celui, qui fait la tradition d'une chose à quelqu'un, dans le dessein de lui en transférer la possession, n'a la volonté de perdre la pos-

session, que pour la transférer à celui à qui il fait la tradition. Au contraire, celui, qui fait un abandon pur et simple de la possession d'une chose, a une volonté absolue de perdre la possession.

On peut apporter pour exemple d'un abandon pur et simple de possession, celui que nous faisons de la possession de certaines choses mobilières, que nous jetons dans la rue ou ailleurs, comme choses qui ne sont bonnes à rien, et que nous ne voulons plus posséder.

Nous faisons pareillement un abandon pur et simple de la possession d'un héritage, lorsque nous en sortons à dessein de n'y plus revenir et de ne le plus posséder.

Le déguerpissement, que je fais d'un héritage chargé d'une rente foncière, pour m'en décharger à l'avenir, est aussi un abandon pur et simple que je fais de la possession de cet héritage. Mon unique dessein, en le déguerpissant, est d'en perdre la possession pour me décharger des charges attachées à cette possession, et de notifier cet abandon au seigneur de rente foncière, à qui j'en fais le déguerpissement. Il n'importe qu'il l'accepte, et qu'il rentre en la possession de l'héritage, ou qu'il ne juge pas à propos d'y rentrer.

71. L'abandon, que nous faisons de la possession d'une chose, est ordinairement accompagné de l'abandon que nous faisons pareillement du domaine de cette chose. Néanmoins, quelquefois nous retenons le domaine des choses dont nous abandonnons la possession, comme lorsqu'un marchand, dans le cas d'une tempête, jette à la mer ses marchandises pour alléger le vaisseau. Il en abandonne la possession; car il ne peut pas être censé posséder ces marchandises que la mer emporte, et qu'il n'est plus en son pouvoir de recouvrer. Néanmoins il en conserve le domaine; et s'il arrivait que la mer les jetât sur le rivage, il aurait le droit, en les faisant reconnaître, de les revendiquer, comme nous l'avons vu en notre *Traité du Domaine de propriété*.

72. L'abandon, que nous faisons de la possession d'une chose, se fait ordinairement *corpore et animo*. Il peut se faire aussi *animo solo*, par la seule volonté, qu'une personne en ses droits a d'en abandonner la possession. Par exemple, *Si in fundo sis, et tamen nolis eum possidere, protinùs amittes possessionem : igitur amitti et animo solo potest, quamvìs acquiri non potest;* l. 3, § 6, ff. *de adq. possess.*

En cela, la possession est différente du domaine : car nous ne pouvons, par notre seule volonté, perdre le domaine d'une chose tant que nous en retenons la possession : *Differentia inter dominium et possessionem hæc est, quòd dominium nihilominùs ejus manet qui dominus esse non vult; possessio autem recedit, ut quisque constituit nolle possidere;* l. 17, § 1, ff. *dict. tit.*

### ARTICLE II.

## *Des manières dont nous perdons la possession malgré nous.*

### § I. Des manières dont nous perdons malgré nous la possession d'un héritage.

73. Nous perdons malgré nous la possession d'un héritage, lorsque quelqu'un nous en chasse : *Constat possidere nos, donec aut nostrâ voluntate discesserimus, aut vi dejecti fuerimus;* l. 3, § 9, ff. *de adq. poss.*

Nous sommes censés dépossédés, et nous perdons la possession d'un héritage, non-seulement lorsque c'est nous-mêmes qui en avons été chassés, mais pareillement lorsqu'on a chassé notre fermier, notre locataire, notre concierge, ou autre qui le détenait pour nous en notre nom; et nous sommes censés avoir perdu la possession de notre héritage, aussitôt qu'on les en a chassés, avant que nous en ayons reçu la nouvelle. C'est ce qu'enseigne Ulpien : *Quod servus, vel procurator, vel colonus tenent, dominus videtur possidere, et ideò his dejectis ipse dejici de possessione videtur, etiamsi ignorat eos dejectos per quos possidebat;* l. 1, § 22, ff. *de vi et vi arm.*

74. Nous sommes censés avoir été chassés de notre héritage, et en avoir, par conséquent, perdu malgré nous la possession, non-seulement lorsque, par force, on nous a contraints d'en sortir, mais pareillement lorsque, nous en étant absentés, on nous a par force empêchés d'y rentrer. C'est ce qu'enseigne Ulpien : *Si quos de agro suo, vel de domo processisset, nemine suorum relicto, mox revertens, prohibitus sit ingredi vel ipsum prædium, vel si quis eum in medio itinere detinuerit, et ipse possiderit, vi dejectus videtur : ademisti enim ei possessionem quam animo retinebat, etsi non corpore; dict. l.* 1, § 24.

Il en est de même, si l'on a empêché d'y entrer quelqu'un qui y venait de notre part : *Nihil interesset ipsum an alium ex voluntate ejus missum prohibuerit;* l. 18, ff. *dict. tit.*

75. Il n'est pas même absolument nécessaire, pour que je sois censé avoir été chassé de mon héritage, et en avoir en conséquence perdu la possession, que je me sois présenté pour y rentrer. Il suffit que, sur l'avis que j'ai eu que des gens étaient dans mon héritage, dans le dessein d'employer la violence pour m'empêcher d'y rentrer, je me sois abstenu d'y retourner, par la crainte de cette violence : *Si quis nuntiat domum à latronibus occupatam, et dominus timore conterritus noluerit accedere, amisisse eum possessionem placet;* l. 3, § 8, ff. *de adq. poss.*

76. Une seconde manière, dont nous perdons malgré nous la

possession d'un héritage, est lorsque nous la laissons usurper par quelqu'un, qui s'en est mis en possession, et en a joui pendant un an et jour, sans que nous ayons, de notre part, fait pendant ce temps aucun acte de possession, et sans que nous ayons apporté, de notre part, aucun trouble à sa jouissance; car, par cette jouissance d'an et jour, il a acquis la possession, et nous a, par conséquent, fait perdre la nôtre.

77. Enfin, nous perdons la possession d'un héritage lorsqu'il est submergé par la mer ou par la rivière : *Quod mari aut flumine occupatum sit, possidere nos desinimus;* l. 30, § 3, ff. *eod.*

Il en est autrement d'une inondation passagère. Nous retenons la possession de notre héritage inondé, en attendant que la rivière s'en soit retirée.

78. La saisie, que des créanciers font des meubles, ou même des héritages de leur débiteur, ne lui en fait pas perdre la possession, comme nous l'avons vu *suprà, n.* 16.

Le vassal, dont l'héritage est saisi féodalement, est bien censé dépossédé de l'héritage vis-à-vis du seigneur, lequel est censé le posséder en son propre nom, comme y étant rentré par la saisie féodale : mais cet effet de la saisie n'étant considéré qu'entre le seigneur et le vassal, et n'étant que momentané, le vassal est censé, vis-à-vis des tiers, continuer de posséder son héritage, quoique saisi féodalement.

### § II. Comment perdons-nous malgré nous la possession des choses mobilières.

79. Nous perdons malgré nous la possession des choses mobilières, lorsqu'elles cessent d'être sous notre garde; c'est-à-dire, lorsqu'elles cessent d'être dans un lieu où nous puissions les avoir quand nous le voudrons : *Res mobiles, excepto* (1) *homine, quatenùs sub custodiâ nostrâ sint, hactenùs possideri, id est quatenùs si velimus, naturalem possessionem nancisci possimus;* l. 3, § 13, ff. *eod.*

Il suit de ce principe, que nous perdons la possession, non-seulement des choses mobilières qui nous sont ravies, mais pareillement de celles qui nous sont dérobées : *Rem quæ nobis subrepta est perindè intelligimur desinere possidere, atque eam quæ vi nobis erepta est;* l. 15.

(1) Le droit romain exceptait de ce principe la possession que nous avons de nos esclaves. Nous étions censés conserver la possession d'un esclave fugitif, quoiqu'il ne fût plus dans un lieu où il fût en notre pouvoir de l'avoir quand nous le voudrions. La raison de l'exception est, que tout ce qu'un esclave a, même la possession, appartient à son maître : la possession que cet esclave fugitif a de lui-même, est une possession qui appartient à son maître. N'y ayant pas d'esclaves en France, cette exception ne reçoit pas d'application dans notre droit français.

80. Il suit pareillement de ce principe, que nous perdons la possession des choses mobilières, que nous avons perdues de manière que nous ne savons plus où elles sont : *Si id quod possidemus ità perdiderimus, ut ignoremus ubi sit, desinimus possidere;* l. 25.

Comme, par exemple, si vos cavales ou vos vaches, qui paissaient dans un pâturage, ayant été épouvantées, ont pris la fuite et ne sont pas revenues, de manière que vous ne savez ce qu'elles sont devenues; ou si quelque chose, qui était derrière votre voiture, s'en est détachée, et s'est perdue en chemin; ou si quelque chose est tombée de votre poche, etc.; en tous ces cas, vous êtes censé avoir perdu la possession de ces choses, aussitôt qu'elles ont été perdues, même avant qu'une autre personne les ait trouvées : *Pecus simul atque aberraverit, aut vas ità exciderit ut non inveniatur, protinùs desinere à nobis possideri, licèt à nullo possideatur;* l. 3, § 13.

En cela, la possession des choses mobilières est différente de la possession des héritages, que nous ne perdons pas malgré nous, tant qu'un autre n'en a pas usurpé sur nous la possession.

81. Il ne faut pas confondre avec les choses perdues celles, qui, n'étant pas sorties de ma maison, y sont seulement égarées; parce que j'ai perdu la mémoire de l'endroit de ma maison où elles sont, je ne laisse pas d'en conserver la possession. C'est pourquoi Paul, après ce que nous avons rapporté de la loi 3, § 13, ajoute de suite : *Dissimiliter atque si sub custodiâ meâ sit, nec inveniatur, quia præsentia ejus sit, et tantùm cessat interim diligens inquisitio.*

Par la même raison, je ne perds point la possession d'une chose, tant qu'elle n'a point été déplacée du lieu où je l'ai mise pour l'y garder, quoique j'aie perdu la mémoire du lieu où je l'ai mise; et il n'importe que ce soit dans mon héritage ou dans celui d'autrui. C'est ce qu'enseigne Papinien : *Peregrè profecturus pecuniam in terrâ, custodiæ causâ, condiderat : quùm reversus locum thesauri* (1) *in memoriâ non repeteret; an desiisset pecuniam possidere? vel si posteà recognovisset locum, an confestim possidere inciperet, quæsitum est? Dixi, quoniam custodiæ causâ pecunia condita proponeretur, jus possessionis ei qui condidisset non videri peremptum, nec infirmitatem memoriæ damnum afferre possessionis quam alius non invasit..... Et nihil interest pecuniam in meo an in alieno condidissem..... nec alienus locus meam propriam aufert possessionem, quùm suprà terram, an infrà terram possideam, nihil intersit;* l. 44.

(1) Ce terme est pris ici improprement.

# CHAPITRE VI.

## *Des droits qui naissent de la possession ; et des actions possessoires.*

82. QUOIQUE la possession ne soit pas un droit dans la chose, et qu'elle ne soit en elle-même qu'un fait, elle donne néanmoins au possesseur certains droits par rapport à la chose qu'il possède.

Il y en a qui sont particuliers aux possesseurs de bonne foi ; d'autres, qui sont communs à tous les possesseurs.

Ceux qui sont particuliers aux possesseurs de bonne foi, sont, 1° le droit d'usucapion ou de prescription ; c'est-à-dire, le droit, qu'a le possesseur de bonne foi, d'acquérir, par la possession, la propriété de la chose qu'il possède, après l'accomplissement du temps de possession réglé par la loi. Nous traiterons de ce droit dans un Traité qui suivra celui-ci.

2°. Le droit, qu'a le possesseur de bonne foi, de percevoir à son profit les fruits de la chose, jusqu'à ce qu'elle soit revendiquée par le propriétaire, sans être tenu de les rapporter et d'en faire raison lorsqu'il la revendiquera. Nous avons traité de ce droit dans notre précédent Traité, *partie 2, chap.* 1.

3°. Le droit, qu'a le possesseur, lorsqu'il a perdu la possession de la chose qu'il possédait de bonne foi, de la revendiquer, quoiqu'il n'en soit pas le propriétaire, contre celui qui s'en trouve en possession sans titre. Nous avons aussi traité de ce droit au même chapitre, *art.* 1, § 2.

83. A l'égard des droits que donne la possession, qui sont communs à tous les possesseurs, le principal est qu'elle les fait réputer par provision propriétaires de la chose qu'ils possèdent, tant qu'elle n'est point revendiquée par celui qui en est effectivement le propriétaire, ou qui a droit de la revendiquer, et même après qu'elle a été revendiquée, jusqu'à ce que celui, qui l'a revendiquée, ait justifié de son droit.

J'ai dit, *ou qui a droit de la revendiquer*, parce qu'un ancien possesseur de bonne foi, qui a perdu la possession d'une chose, est reçu, quoiqu'il n'en soit pas propriétaire, à la revendiquer contre celui qui la possède sans titre, comme nous l'avons vu en notre *Traité du Domaine de Propriété, n.* 292 *et suiv.*

Le possesseur, quel qu'il soit, étant réputé propriétaire de la chose qu'il possède, jusqu'à ce qu'il en soit évincé, doit cependant en percevoir les fruits, et jouir de tous les droits attachés à la propriété de la chose, tant honorifiques qu'utiles.

84. Le possesseur, quel qu'il soit, doit aussi avoir une action pour être maintenu dans sa possession, lorsqu'il y est troublé par quelqu'un, et pour y être rétabli, lorsque quelqu'un l'en a dépossédé par violence. L'action, qu'avait, par le droit romain, le possesseur d'un héritage, lorsqu'il était troublé dans sa possession, s'appelait *interdictum uti possidetis :* il en avait une autre, lorsqu'il avait été dépossédé par violenee, qui s'appelait *interdictum de vi,* autrement *undè vi.*

Notre droit français donne aussi au possesseur, quel qu'il soit, pour l'un et pour l'autre cas, une action qu'on appelle *complainte.* Lorsque le possesseur l'intente pour le cas auquel il est troublé dans sa possession, elle s'appelle *complainte en cas de saisine et nouvelleté.* Lorsqu'il l'intente pour le cas auquel il a été dépossédé par violence, elle s'appelle *complainte pour force* ou *pour dessaisine,* autrement *action de réintégrande.* Nous traiterons de l'un et de l'autre cas en des sections séparées. Nous ajouterons une troisième section sur la complainte en matière de bénéfices.

## SECTION PREMIÈRE.

### De la complainte en cas de saisine et nouvelleté.

85. On peut la définir, une action possessoire, que le possesseur d'un héritage, ou d'un droit réel, ou d'une universalité de meubles, a contre celui qui le trouble dans sa possession, aux fins qu'il y soit maintenu, et qu'il soit fait défenses à celui qui l'y trouble, de l'y troubler.

Cette action a un grand rapport avec celle qu'on appelait en droit *interdictum uti possidetis.*

Le terme de *complainte* convient d'une manière particulière au cas pour lequel cette action est intentée ; car chacune des parties s'y plaint réciproquement du trouble apporté par l'autre à la possession, que chacune d'elles prétend avoir, de l'héritage dont elles se contestent la possession.

Le terme de *saisine* signifie la même chose que *possession ;* et le terme de *nouvelleté* se prend pour le trouble, que quelqu'un prétend avoir été apporté à sa possession par quelque nouvelle entreprise de son adversaire. C'est pourquoi ces termes, *com-*

*plainte en cas de saisine et de nouvelleté*, ne signifient autre chose qu'une action dans le cas d'une saisine, c'est-à-dire, d'une possession, que chacune des parties litigantes se dispute, et par laquelle chacune d'elles *se plaint de la nouvelleté*, c'est-à-dire, du trouble qu'elle prétend que l'autre partie y a apporté.

86. Les Ordonnances et plusieurs Coutumes ont parlé de cette action. Nous nous bornerons à rapporter ce qu'en ont dit l'Ordonnance de 1667 et la Coutume de Paris.

L'Ordonnance de 1667, *tit.* 18, *art.* 1, dit : « Si aucun est » troublé en la possession et jouissance d'un héritage, ou droit » réel, ou universalité de meubles qu'il possédait publiquement, » sans violence, à autre titre que de fermier ou possesseur pré- » caire, il peut, dans l'année du trouble, former complainte en » cas de saisine et nouvelleté, contre celui qui lui a fait ce » trouble. »

La Coutume de Paris, *art.* 96, dit pareillement : « Quand le » possesseur d'aucun héritage ou droit réel, réputé immeuble, » est troublé et empêché en sa possession et jouissance, il peut » et lui loist soy complaindre, et intenter poursuite en cas de » saisine et nouvelleté, dans l'an et jour du trouble à lui fait, et » donné audit héritage ou droit réel, contre celui qui l'a » troublé. »

Nous verrons sur cette action, 1° quelles en sont les prérogatives ; 2° pour quelles choses elle peut être intentée ; 3° par qui ; 4° contre qui, et en quels cas ; 5° quelle est la procédure qui doit être tenue sur cette action, et à quoi elle se termine.

### § I. Des prérogatives de l'action de complainte.

87. Quoique les juges subalternes puissent avoir la connaissance des actions de complainte en matière profane, c'est néanmoins une prérogative de ces actions, qu'elles puissent être portées directement pardevant les juges royaux, sans que les seigneurs de justice puissent être reçus à les revendiquer, quand même l'héritage, qui en fait l'objet, serait situé, et les parties seraient domiciliées dans l'étendue de leur justice.

C'est encore une des prérogatives de cette action, que les sentences, rendues sur ces actions par les juges royaux, s'exécutent nonobstant l'appel, en donnant caution. *Ordonn. de* 1667, *tit.* 18, *art.* 7.

### § II. Pour quelles choses peut-on intenter la complainte?

88. L'Ordonnance et la Coutume de Paris donnent plus d'étendue à la complainte, que n'en avait *l'interdictum uti possidetis.*

Celui-ci n'avait lieu que pour les maisons et fonds de terre : il n'avait point lieu pour les droits réels que quelqu'un avait dans un héritage. Il y avait d'autres interdits particuliers pour certains droits de servitudes prédiales, tels que l'*interdictum de itinere actuque privato, de aquâ quotidianâ et æstivâ, de fonte.*

Notre complainte peut être intentée, non-seulement pour les héritages, elle peut l'être aussi pour les droits réels, que nous avons dans un héritage. L'Ordonnance et la Coutume de Paris s'en sont expliquées en termes formels dans les articles ci-dessus rapportés.

Si les droits réels, étant des choses incorporelles *quæ solo intellectu continentur,* ne sont pas susceptibles de la possession proprement dite, ils sont susceptibles d'une quasi-possession, qui consiste dans la jouissance que nous en avons, pour la conservation de laquelle nous pouvons intenter la complainte.

Je puis donc, lorsque je suis en possession, par exemple, d'un droit de champart, intenter cette action contre ceux qui m'y troubleraient.

89. Je puis l'intenter, non-seulement contre un tiers qui me le disputerait, et entreprendrait de le lever à mon exclusion ; je puis même l'intenter contre le débiteur, qui prétend que son héritage n'est pas sujet à ce droit, et qui refuse en conséquence de me le payer. Ce refus est un trouble qu'il apporte à la possession en laquelle je suis, de percevoir ce droit sur son héritage ; qui donne lieu à la complainte que je puis former contre lui, et sur laquelle, en établissant ma possession, je dois être maintenu par provision dans la possession de percevoir le champart, jusqu'au jugement définitif qui interviendra au pétitoire.

On doit dire la même chose des rentes foncières.

90. Quoique les droits de servitudes prédiales soient des *droits réels* que nous avons dans un héritage, néanmoins, celui, qui a joui du passage par un héritage, ou de quelque autre espèce de servitude, par quelque temps que ce soit, sans avoir aucun titre pour en jouir, n'est pas reçu à former la complainte, lorsqu'il en est empêché ; parce que, suivant les principes de notre droit français, la jouissance, que quelqu'un a du passage par un héritage, ou de quelque autre espèce de servitude, sans avoir aucun titre, est présumée une jouissance de pure tolérance. Or, une telle jouissance n'est pas suffisante pour former la complainte. L'article de l'Ordonnance de 1667, ci-dessus rapporté, dénie en termes formels cette action à celui qui n'est que possesseur précaire.

Mais lorsque celui, qui a joui, rapporte un titre, en vertu duquel il a joui du passage, ou de quelque autre espèce de servitude sur un héritage ; quoique le possesseur de l'héritage, qui l'a troublé dans sa jouissance, conteste la validité de son titre ; la jouissance, qu'il a eue en vertu de ce titre, ne passe plus pour une simple tolérance; elle suffit pour qu'il puisse former la complainte, et demander à être maintenu par provision dans sa jouissance, jusqu'à ce qu'il ait été statué définitivement au pétitoire.

91. Il en est de même de tous les droits qui sont de nature à ne pouvoir s'acquérir par la seule possession sans titre, tels que sont les droits de banalité, les droits de corvées. Le seigneur, qui en a joui sans titre, n'est pas reçu à former la complainte pour y être maintenu; cette possession, en laquelle il a été sans titre, étant présumée injuste et extorquée, dans son origine, par un abus que le seigneur a fait de sa puissance. Mais lorsque le seigneur rapporte un titre, quoique ce titre soit contredit, il suffit, pour que le seigneur puisse former la complainte, et pour qu'il doive être maintenu par provision dans la possession du droit par lui prétendu, jusqu'à ce qu'il ait été statué définitivement au pétitoire.

92. Il est évident que nous ne pouvons être reçus à former la complainte, pour des droits que nous sommes incapables de posséder; c'est pourquoi, les laïques n'étant pas capables de posséder des dîmes ecclésiastiques, et pouvant seulement posséder des dîmes inféodées, un laïque ne peut être reçu à former la complainte pour une dîme dont il jouit, s'il ne justifie, par des aveux qui remontent à plus de cent ans, qu'elle est inféodée.

93. L'Ordonnance ajoute, parmi les choses pour lesquelles on peut former la complainte, une *universalité de meubles*. Elle dénie, par-là, tacitement la complainte pour de simples meubles. Elle est conforme, en cela, aux Coutumes du royaume. Celle de Paris dit, *art.* 97 : « Aucun n'est recevable de soi complaindre » et intenter les cas de nouvelleté pour une chose mobilière par» ticulière, mais bien pour universalité de meubles comme en » succession mobilière. »

Notre Coutume d'Orléans, *art.* 489, a une pareille disposition.

Notre droit français est, en cela, différent du droit romain, qui, outre l'*interdictum uti possidetis*, qu'il accordait à ceux qui étaient troublés dans la possession de quelque héritage, pour y être maintenus, accordait aussi une autre action possessoire, appelée *interdictum utrubi*, à ceux qui étaient troublés dans la possession d'une chose mobilière. Mais, dans notre droit français, lorsque deux parties se disputent une chose mobilière, on entre d'abord dans la question de la propriété.

94. La Coutume de Paris, en l'article ci-dessus rapporté, apporte pour exemple d'une universalité de meubles, pour laquelle elle permet d'intenter la complainte, celui d'une succession mobilière. Je me suis mis en possession de la succession mobilière d'un défunt; j'en ai joui pendant an et jour : au bout de ce temps,

il vient un tiers qui se prétend héritier à mon exclusion, et qui apporte quelque trouble à ma possession, *putà*, en faisant des poursuites en son nom contre les débiteurs de la succession. Je puis intenter contre lui la complainte, aux fins que je sois maintenu et gardé en la possession de cette succession, et qu'il lui soit fait défenses de m'y troubler, sauf à lui de se pourvoir au pétitoire.

On peut encore apporter pour exemple d'une universalité de meubles, pour laquelle on peut intenter la complainte, le pécule qu'un religieux curé a laissé en mourant. Si celui, qui, se prétendant avoir droit de succéder à ce pécule, s'en est mis en possession, et qu'il soit troublé dans sa possession, il peut, pour raison de ce pécule, intenter la complainte contre celui qui l'y trouble.

### § III. Par qui la complainte peut être intentée?

95. La complainte étant une action, par laquelle quelqu'un demande à être maintenu dans la possession d'une chose, c'est une conséquence qu'il n'y a que celui, qui a la possession d'une chose, qui puisse être fondé à intenter la complainte pour raison de cette chose.

Il n'y a donc que le possesseur d'un héritage, c'est-à-dire, celui qui le détient pour lui et en son nom, qui soit fondé à intenter l'action de complainte pour cet héritage, lorsqu'il est troublé dans sa possession.

Il n'importe qu'il le possède par lui-même, ou par d'autres, qui le détiennent pour lui, tels que ses fermiers ou locataires.

Il importe aussi qu'il possède l'héritage justement ou injustement : car, dans l'action de complainte, il n'est pas question du droit de la possession; il n'est question que du seul fait de la possession.

Il suffit donc que quelqu'un ait de fait la possession d'un héritage, quelle que soit sa possession, pour qu'il soit fondé à intenter la complainte contre tous ceux qui l'y troublent, quels qu'ils soient : *Qualiscumque possessor, hoc ipso quòd possessor est, plus juris habet quàm ille qui non possidet*; l. 2, ff. *uti possid.*

96. Il faut excepter de cette règle les possesseurs, qui ont usurpé leur possession, soit par violence, soit par des voies clandestines, ou dont la possession est précaire, lesquels ne sont pas fondés à former la complainte contre celui sur qui ils ont usurpé la possession par ces voies, ni contre celui de qui ils la tiennent précairement. Mais ces possesseurs sont fondés à la former contre des tiers. C'est ce qu'enseigne Ulpien : *Quòd ait prætor in interdicto*, NEC VI, NEC CLAM, NEC PRECARIÒ ALTER AB ALTERO POSSIDEBIT, *hoc eò pertinet, ut si quis possidet vi, aut clàm, aut pre-*

*cariò, si quidem ab alio, prosit ei possessio; si verò ab adversario suo, non debeat eum, propter hoc quod ab eo possidet, evincere: has enim possessiones non debere proficere palàm est*; l. 1, § *fin.*, ff. *dict. tit.*

C'est ce que prétendait notre ancienne Coutume d'Orléans, par ces termes : On acquiert possession en jouissant par an et jour, *nec vi, nec clàm, nec precariò, ab adversario*; lesquels termes n'ont été retranchés, lors de la réformation, que comme superflus, et devant être suffisamment sous-entendus.

97. Le mari ayant, pendant le mariage, la possession des héritages propres de sa femme, étant, comme s'en explique la Coutume de Paris, *art.* 233, *seigneur des actions possessoires qui procèdent du côté de sa femme*, il n'est pas douteux qu'il peut former la complainte pour les héritages propres de sa femme, mais il doit la former en sa qualité de mari d'une telle.

Il faut excepter le cas de la séparation de biens, soit contractuelle, soit judiciaire. Ce n'est point le mari, en ce cas, c'est la femme qui a la possession de ses héritages; et c'est, en conséquence, elle seule qui peut former la complainte pour lesdits héritages, y étant autorisée par son mari, ou, à son défaut ou refus, par justice.

98. Puisque celui, dont l'héritage est saisi réellement, en conserve la possession, comme nous l'avons vu *suprà, n.* 16, il peut former la complainte, s'il lui est apporté quelque trouble par des tiers. S'il négligeait de le faire, elle pourrait être formée, sous son nom, à la poursuite et diligence du commissaire à la saisie réelle.

99. Celui, dont l'héritage est saisi féodalement, n'en étant censé dépossédé que vis-à-vis du seigneur, et étant censé, vis-à-vis des tiers, en conserver la possession, comme nous l'avons vu *suprà*, c'est une conséquence qu'il peut former la complainte, s'il y était troublé par des tiers.

100. La complainte ne pouvant être formée que par celui qui a la possession, elle ne peut être formée par les détenteurs, qui ne détiennent l'héritage que pour un autre et en son nom, tels que sont des fermiers et locataires.

C'est pourquoi, lorsqu'un fermier est troublé dans sa jouissance, si c'est par son bailleur, il ne peut pas former contre lui la complainte; il n'a contre lui que l'action *ex conducto*. Pareillement, si c'est par un tiers qu'il y est troublé, il n'a contre ce tiers qu'une action *in factum*; et si le défendeur, par ses défenses, prétendait la possession, le fermier doit les dénoncer à son bailleur, pour que son bailleur forme lui-même complainte.

L'usufruitier d'un héritage peut bien former la complainte pour son droit d'usufruit, dont il a une quasi-possession, lorsqu'il y est troublé; mais il ne peut pas former la complainte pour l'héritage même; car ce n'est pas lui, c'est le propriétaire qui en est le possesseur, et qui peut seul former la complainte.

### § IV. Contre qui peut-on intenter la complainte; et pour quel trouble?

101. Le possesseur d'un héritage, ou de quelque autre chose, pour laquelle on peut intenter la complainte, peut l'intenter contre tous ceux qui le troublent dans sa possession, quels qu'ils soient.

Il peut l'intenter même contre le propriétaire de l'héritage, qui le troublerait dans la possession qu'il en a; et ce propriétaire n'est reçu, ni à justifier, ni même à alléguer son droit de propriété, jusqu'à ce que l'action en complainte, que le possesseur a formée contre lui, ait été instruite, et entièrement terminée par une sentence qui maintienne le possesseur en sa possession.

102. Il y a deux espèces de troubles, pour lesquels on peut intenter la complainte, le trouble *de fait*, et le trouble *de droit*.

On appelle trouble de fait, les différens faits, par lesquels quelqu'un entreprend quelque chose sur un héritage dont je suis en possession, soit en le labourant, soit en coupant les fruits qui y sont pendans, soit en y abattant quelque arbre, ou en arrachant quelque haie, ou en comblant un fossé, ou en y en ouvrant un. Je puis prendre pour trouble à ma possession les entreprises faites sur mon héritage, résultantes de quelqu'un de ces différens faits, et en conséquence intenter la complainte contre celui qui les a faites.

Lorsque je suis ainsi troublé dans la possession que j'ai d'un héritage, je ne dois pas laisser passer l'année depuis le trouble, sans former la complainte contre celui qui a fait le trouble, ou sans m'opposer de fait à son entreprise, *putà*, en détruisant ce qu'il a fait sur mon héritage; autrement, comme la possession s'acquiert en jouissant par an et jour sans trouble, il pourrait prétendre avoir acquis la possession de l'héritage par la jouissance qu'il en aurait eue sans trouble par an et jour.

103. Le trouble de droit est celui, qui résulte de quelque demande judiciaire, par laquelle quelqu'un me disputerait la possession que je prétends avoir de quelque héritage, par exemple, si quelqu'un, prétendant avoir la possession de cet héritage, dont je prétends, de mon côté, être le possesseur, donnait contre moi une demande en complainte; étant assigné sur cette demande, je dois lui déclarer que je prends sa demande pour trouble fait à la possession, en laquelle je prétends être de l'héritage, et lui former de mon côté, la complainte, aux fins d'être maintenu en ma possession, et qu'il lui soit fait défenses de m'y troubler.

## § V. Quelle procédure on tient sur l'action de complainte ; et à quoi elle se termine.

104. Lorsque la partie, assignée sur la demande en complainte, ne forme point d'opposition à la complainte, le demandeur obtient une sentence qui le maintient en possession.

Au contraire, lorsqu'elle forme opposition à la complainte, en articulant possession contraire, le juge rend un appointement, qui permet aux parties respectives de faire preuve de leur possession. Après les enquêtes faites et rapportées, celle des parties, qui a fait la preuve de sa possession, obtient sentence qui la maintient dans sa possession, et fait défenses à l'autre partie de l'y troubler, sauf à se pourvoir au pétitoire.

L'effet de cette sentence est, que la partie, qui, par cette sentence, a été maintenue en possession, n'aura rien à prouver, lorsqu'elle sera poursuivie au pétitoire, et sera présumée propriétaire, jusqu'à ce que l'autre partie, sur la demande qu'elle formera au pétitoire, ait amplement justifié.

105. Lorsque les enquêtes sont contraires, de manière que le juge ne puisse connaître laquelle des parties, qui se disputent la possession de l'héritage, a cette possession, le juge, en ce cas, sans rien statuer sur la possession, ordonne que les parties instruiront au pétitoire ; et l'héritage sera déclaré appartenir à celle des parties, qui, sur l'instance au pétitoire, aura le mieux établi son droit de propriété.

Quelquefois le juge ordonne que la possession sera séquestrée pendant le procès sur le pétitoire.

Quelquefois le juge accorde la récréance à l'une des parties, c'est-à-dire, une possession provisionnelle pendant le procès au pétitoire. Cette récréance n'a d'autre effet que de donner à la partie, à qui elle a été accordée, le droit de jouir de l'héritage contentieux, pendant le procès au pétitoire, à la charge d'en rendre compte à l'autre partie, dans le cas auquel cette partie obtiendrait au pétitoire : mais cette récréance n'a pas l'effet qu'a la sentence de pleine maintenue, de déclarer possesseur celui qui l'a obtenue, et de le faire présumer propriétaire, sans qu'il ait besoin de prouver son droit de propriété, tant que l'autre partie n'aura pas pleinement justifié le sien. Au contraire, la sentence de simple récréance laisse la possession *in incerto*, et ne déclare point possesseur celui qui l'a obtenue ; elle ne le dispense pas par conséquent d'établir, sur l'instance au pétitoire, le droit de propriété qu'il prétend avoir de l'héritage contentieux.

## SECTION II.

### De la réintégrande.

106. On appelle action en réintégrande, l'action de complainte, lorsqu'elle se donne pour le cas de force et de dessaisine, c'est-à-dire, dans lequel le possesseur n'est pas seulement troublé, mais a été entièrement dépossédé par violence.

Elle a les mêmes prérogatives que celle qui s'intente en cas de nouvelleté; *suprà*, *n.* 87.

On peut la définir, une action, que celui, qui a été dépossédé par violence de quelque héritage, a contre celui, qui l'en a dépossédé, pour être rétabli dans sa possession.

Cette action a rapport à celle, qui est connue dans le droit romain sous le nom d'*interdictum undè vi*, qui fait la matière du titre du Digeste, *de vi et vi armatâ*.

Nous verrons sur cette matière, 1° à l'égard de quelles choses il y a lieu à cette action; 2° en quels cas elle a lieu; 3° par qui elle peut être intentée; 4° contre qui elle doit être intentée; 5° dans quel temps elle doit être intentée; 6° quel est l'effet de cette action.

#### § I. A l'égard de quelles choses y a-t-il lieu à l'action de réintégrande.

107. L'*interdictum undè vi* du droit romain, auquel répond notre action de réintégrande, a lieu à l'égard de toutes les espèces de biens fonds dont quelqu'un a été dépossédé, soit fonds de terre, soit maisons: *Generaliter ad omnes hoc pertinet interdictum, qui de re solo cohærenti dejiciuntur; qualisqualis enim fuerit locus undè quis vi dejectus est, interdicto locus erit;* l. 1, § 4, ff. de vi et vi arm. *Proindè etsi superficiaria insula fuerit quâ quis dejectus est, apparet interdicto loco fore; dict. l.* 1, § 5.

*Planè si quis de ligneis ædibus dejectus fuerit, nemo ambigit interdicto locum fore; quia qualequale sit quod solo cohæret, indè qui vi dejectus est, habet interdictum; dict. l.* § 8.

A l'égard des choses meubles, quelque grand qu'en soit le volume, elles ne peuvent, *principaliter et per se,* donner lieu à l'*interdictum undè vi*, lorsqu'elles ont été ravies à quelqu'un par violence: *illud in dubium non venit interdictum hoc ad res mobiles non pertinere; dict. l.* § 6. *Si quis de nave vi dejectus est, huic interdicto locus non est; dict. l.* § 7.

Mais lorsqu'elles s'étaient trouvées dans un héritage, dont quelqu'un avait été dépossédé par violence, l'*interdictum undè vi*, qui avait lieu pour l'héritage, s'étendait à ces choses qui s'y étaient trouvées : *Si quæ res sunt in fundo vel in ædibus undè quis dejectus est, etiam earum nomine interdictum competere non est ambigendum; dict. l.* 1, § 6.

108. Pareillement, dans notre droit, notre action de réintégrande étant une branche de l'action de complainte, n'a lieu que pour les immeubles, et non pour de simples meubles.

Ceux, à qui on a ravi des choses meubles, ont bien une action contre le ravisseur, pour en obtenir la restitution; et il suffit, pour l'obtenir, qu'ils établissent que la chose leur a été ravie, sans qu'on doive entrer dans l'examen du droit que les parties y ont; mais cette action n'est qu'une action ordinaire, qui n'est pas l'action de réintégrande; et qui n'en a pas les prérogatives.

## § II. En quels cas il y a lieu à l'action de réintégrande.

109. Il résulte de la définition que nous avons donnée de l'action en réintégrande, que, pour qu'il y ait lieu à cette action, il faut que quelqu'un ait été dépossédé par violence d'un héritage qu'il possédait. On ne peut être dépossédé de ce qu'on n'a pas encore possédé : c'est pourquoi, si j'ai été empêché, quoique par violence, de me mettre en possession d'un héritage que je n'avais pas encore possédé, quelque droit que je puisse avoir de m'en mettre en possession, il n'y a pas lieu à cette action. C'est ce qu'enseigne Ulpien : *Interdictum hoc nulli competit, nisi ei qui tunc quùm dejiceretur, possidebat; nec alius dejici visus est quàm qui possidet*; l. 1, § 23, ff. *de vi*. Et plus bas, il dit : *Eum, qui neque animo, neque corpore, possidebat, ingredi autem et incipere possidere prohibeatur, non videri dejectum verius est; dejicitur enim qui amittit possessionem, non qui accipitur; dict. l.* 1, § 26.

On peut apporter pour exemple le cas, auquel l'acheteur d'un héritage, à qui le vendeur a permis de s'en mettre en possession quand il voudrait, s'est, avant qu'il lui en ait fait aucune tradition, ni réelle ni feinte, présenté pour s'en mettre en possession, et en a été empêché par violence, soit par le vendeur, soit par un tiers : il n'y a pas lieu à l'action de réintégrande.

110. Il en serait autrement, si, m'étant absenté de mon héritage, sans y laisser personne de ma part, avec l'intention d'y retourner, quelqu'un, à mon retour, m'eût par violence empêché d'y rentrer. Je suis, en ce cas, censé dépossédé de la possession que je retenais par la volonté que j'avais de revenir dans mon héritage, comme nous l'avons vu *suprà, n.* 74; et il y a lieu à la réintégrande contre celui qui m'en a dépossédé en m'empêchant d'y rentrer, et s'en est mis de cette manière en possession.

111. Il y a lieu à la réintégrande, lorsqu'un héritier est empêché par violence de se mettre en possession d'un héritage que le

défunt possédait lors de sa mort : car, suivant la règle de notre droit français, *Le mort saisit le vif*, il est censé avoir succédé à la possession que le défunt avait de cet héritage ; il est censé en avoir été mis en possession par le défunt, dès l'instant de sa mort, de laquelle possession il est dépossédé par la violence exercée pour l'empêcher d'y entrer.

112. Pour que quelqu'un soit censé avoir été dépossédé par violence d'un héritage, et pour qu'il y ait lieu en conséquence à la réintégrande, il n'importe que ce soit lui-même, ou ceux qui le détenaient en son nom, tels qu'un concierge, un fermier ou un locataire, qui en aient été chassés par violence, ou qu'on ait empêché d'y rentrer, comme nous l'avons déjà vu *supra*, *n.* 73.

113. Le droit romain faisait une distinction, si la violence, par laquelle quelqu'un avait été dépossédé d'un héritage, avait été faite sans armes, ou avec des armes. Lorsqu'on n'avait pas employé d'armes, il y avait lieu à l'action qu'on appelait *interdictum de vi quotidianâ*; lorsqu'on s'était servi d'armes, il y avait lieu à une action qu'on appelait *de vi armatâ*. Il y avait quelques différences entre l'une et l'autre action, que nous avons observées au titre de nos Pandectes, *de vi et vi armatâ*, *n.* 13 *et* 14.

Dans notre droit français, il n'y a qu'une seule action de réintégrande : mais, suivant les circonstances de l'atrocité de la violence, celui, qui a été dépossédé par violence, peut, au lieu de la réintégrande, prendre la voie de la plainte, et poursuivre criminellement ceux qui l'ont commise.

§ III. Par qui l'action de réintégrande peut être intentée.

114. Tous ceux, qui ont été dépossédés d'un héritage par violence, ont droit d'intenter cette action de réintégrande, pour en recouvrer la possession.

Pour que quelqu'un soit reçu à intenter l'action de réintégrande, il n'est pas nécessaire que la chose, dont il a été dépossédé, fût une chose qui lui appartînt, et dont il fût propriétaire; il suffit qu'il la possédât : *Fulcinius dicebat vi possideri, quoties vel non dominus, quùm tamen possideret, vi dejectus est*; l. 8, ff. *de vi et vi arm.*

Il n'importe pas non plus que la possession, dont a été dépossédé celui qui intente la réintégrande, fût une possession civile, procédant d'un juste titre, ou qu'elle fût une possession seulement naturelle, destituée de titre, ou procédant d'un titre nul : *Dejicitur is, qui possidet, sive civiliter, sive naturaliter possideat; nam et naturalis possessio ad hoc interdictum pertinet*; l. 1, § 9, ff. *dict. tit.*

Ulpien en apporte un exemple, dans l'espèce d'une femme, qui a été dépossédée par violence d'un héritage, dont son mari lui avait fait donation pendant le mariage. Quoique la possession qu'elle avait de son héritage, procédât d'un titre nul, et fût une possession injuste et purement naturelle, néanmoins elle est reçue à intenter l'action de réintégrande : *Si maritus uxori donavit, eaque dejecta sit, poterit interdicto uti; dict. l.* 1, § 10.

En un mot, quelque vicieuse que soit la possession, dont quelqu'un a été dépossédé par violence, fût-ce une possession qu'il eût lui-même acquise par violence, il est reçu à intenter l'action de réintégrande contre un tiers qui l'en a dépossédé : *Qui à me vi possidebat, si ab alio dejiciatur, habet interdictum; dict. l.* 1, § 30.

115. L'action de réintégrande étant l'action, qu'a celui qui a été dépossédé, et n'y ayant que celui, qui possédait, qui puisse être censé avoir été dépossédé, il s'ensuit que, lorsqu'un fermier a été chassé par violence d'un héritage qu'il tenait à ferme, il peut bien avoir une action *in factum* contre celui qui a exercé la violence, pour réparation du tort qu'il lui a causé; mais il ne peut pas intenter contre lui l'action de réintégrande; *dict. l.* 1, § 10 : car ce n'est pas lui qui possédait l'héritage, ni par conséquent lui qui en a été dépossédé; c'est celui, de qui il le tenait à ferme, qui en était le possesseur, et qui en a été dépossédé, et c'est lui seul qui a droit d'intenter l'action de réintégrande.

116. Il ne faut pas dire la même chose d'un usufruitier, lorsqu'il est chassé par violence d'un héritage dont il jouissait par usufruit, ni même de celui qui n'y avait qu'un simple droit d'usage, quoique cet usufruitier ou cet usager possédassent plutôt un droit d'usufruit ou d'usage dans l'héritage, qu'ils ne possédaient l'héritage même. Cette possession, quelle qu'elle soit, dont ils ont été dépossédés, suffit pour qu'ils soient reçus à intenter la réintégrande, pour être réintégrés dans la jouissance ou l'usage de l'héritage dont ils ont été chassés : *Qui usufructûs nomine taliter qualiter fuit quasi in possessione, utetur hoc interdicto*; l. 3, § 17, ff. *dict. tit.*

Item, *Si non usufructus, sed usus sit relictus, competit hoc interdictum; dict. l.* 3, § 16.

117. Si cet usufruitier est mort peu après avoir été chassé, ses héritiers sont-ils reçus à intenter la réintégrande ? La raison de douter est, que l'usufruit étant éteint par sa mort, et ne passant pas à ses héritiers, l'action, que cet usufruitier avait, pour être réintégré dans la jouissance de l'héritage, paraît devoir être pareillement éteinte : néanmoins, Ulpien décide que ses héritiers sont reçus à l'intenter. La raison est, que cette action ayant été acquise à l'usufruitier, il la transmet à ses héritiers, non pas, à la vérité, pour le rétablissement dans la jouissance de l'héritage pour l'avenir, ce qui lui était personnel, et ne peut passer à ses

héritiers, mais pour la restitution des jouissances dont il a été privé jusqu'à sa mort : *Si quis posteaquàm prohibitus est, capite minutus sit, vel mortuus; rectè dicitur hæredibus et successoribus competere hoc interdictum; non ut in futurum constituatur ususfructus, sed ut præterita causa et damnum præteritum sarciatur;* dict. *l.* 3, § 17.

§ IV. Contre qui peut-on intenter l'action de réintégrande?

118. Celui, qui a été dépossédé par violence d'un héritage, peut intenter l'action de réintégrande, non-seulement contre ceux, qui ont, par eux-mêmes, employé la violence pour l'en déposséder, mais encore contre celui, qui leur en a donné l'ordre; car, par cet ordre qu'il a donné, il est censé l'en avoir lui-même dépossédé : *Parvi enim referre visum est suis manibus quis dejiciat, an verò per alium;* l. 1, § 12, ff. *dict. tit. Dejicit et qui mandat;* l. 152, § 1, ff. *de reg. jur.*

119. Quand même ceux, qui ont dépossédé quelqu'un par violence en mon nom, l'auraient fait sans en avoir alors de moi aucun ordre; si depuis j'ai approuvé ce qu'ils ont fait en mon nom, on peut intenter contre moi l'action de réintégrande, de même que si je leur en avais donné l'ordre; car mon approbation de ce qu'ils ont fait en mon nom, équipolle à un ordre que je leur aurais donné de le faire : *Si quod alius dejecit, ratum habuero, sunt qui putent secundùm Sabinum et Cassium, qui ratihabitionem mandato comparant, me videri dejecisse, interdictoque isto teneri. Et hoc verum est;* l. 1, § 14, ff. *de vi et vi arm.*

C'est le cas de cette règle de droit : *In maleficio ratihabitio mandato comparatur; dict. l.* 152, § 2, ff. *de reg. jur.*

120. Quoique celui, qui a commandé, ou même seulement approuvé ce qui a été fait en son nom pour déposséder quelqu'un par violence, soit censé l'avoir lui-même dépossédé, et soit par conséquent tenu de l'action de réintégrande, cela n'empêche pas que ceux, qui ont exercé la violence, quoique en son nom et par son ordre, ne soient pareillement tenus de l'action de réintégrande solidairement avec lui; car s'il est en faute pour leur donner cet ordre, ils sont pareillement en faute pour l'avoir exécuté: *Quoties verus procurator dejecerit, cum utrolibet eorum, id est sive domino, sive procuratore, agi posse Sabinus ait..... non enim excusatus est qui jussu alicujus dejecit, non magìs quàm si jussu alicujus occidit, dict. l.* 2, § 13.

121. Mais si celui, au nom duquel quelqu'un m'a dépossédé par violence, n'a ni commandé ni approuvé ce qui a été fait en son nom, l'action de réintégrande ne peut être intentée contre lui; elle ne peut l'être que contre celui qui a commis la violence:

*Quùm falsus est procurator, cum ipsò tantùm procuratore interdici debere; dict.* §.

122. Celui, qui a été dépossédé par violence, n'est pas fondé à exercer cette action de réintégrande contre celui qu'il trouve en possession de la chose dont il a été dépossédé par violence, si ce possesseur n'y a aucune part : *Quùm à te vi dejectus sum, si Titius eamdem rem possidere cœperit, non possum cum alio, quàm tecum, interdicto experiri ;* l. 7, ff. *dict. tit.*

123. Au reste, celui, qui a dépossédé quelqu'un par violence d'un héritage, ne peut se défendre de cette action de réintégrande, quand même il offrirait de justifier qu'il en est le véritable propriétaire, et que celui, qu'il en a dépossédé, le possédait indûment. On n'examine, sur l'action en réintégrande, que le seul fait de la dépossession par violence; et quel que puisse être le spoliateur, il suffit qu'il soit établi qu'il a dépossédé par violence le demandeur en réintégrande, pour qu'il doive être condamné à le rétablir dans la possession de l'héritage dont il l'a dépossédé. Jusqu'à ce qu'il l'ait rétabli en possession, et même jusqu'à ce qu'il ait entièrement satisfait à la sentence, par le paiement des dommages et intérêts, auxquels il a été condamné envers le demandeur spolié, il ne doit ni être écouté à alléguer le droit de propriété qu'il prétend avoir de l'héritage, ni être admis à former la demande au pétitoire : *Spoliatus ante omnia restituendus.*

Si néanmoins le spolié, au profit de qui la sentence a été rendue, était en demeure de faire liquider les dommages et intérêts, et taxer les dépens auxquels le spoliateur a été condamné, le spoliateur pourrait être reçu à procéder au pétitoire, en donnant au préalable, caution de les payer, aussitôt qu'ils auraient été liquidés et taxés; *Ordonnance de* 1667, *tit.* 18, *art.* 7.

### § V. Dans quel temps doit être intentée l'action de réintégrande ; et des fins de non recevoir contre cette action.

124. L'action de réintégrande, lorsqu'elle est poursuivie au civil, doit, de même que la complainte, être intentée dans l'année, laquelle se compte du jour que la violence a cessé, et que le spolié a été en pouvoir de l'intenter. Quelques Coutumes s'en sont expliquées. Celle de Cambrai, *tit.* 25, *art.* 26, dit : Action pour spoliation s'intente par complainte ou clain de rétablissement dedans l'an. Cela est aussi conforme aux principes du droit romain sur l'*interdictum unde vi*, conçu en ces termes : *Undè tu illum vi dejecisti, aut familia tua dejecit; de eo, quæque tunc ille ibi habuit, tantummodò intrà annum, post annum de eo quod ad eum qui vi dejecit pervenerit, judicium dabo ;* l. 1, ff.

*de vi et vi arm. Annus in hoc interdicto utilis est; dict. l.* 1, § 39.

Si donc on a laissé passer l'année sans intenter cette action, il résulte de ce laps de temps une fin de non recevoir contre cette action qu'on voudrait intenter après l'année.

Néanmoins, même après l'année, lorsque le spoliateur se trouve en possession de l'héritage dont il a dépossédé quelqu'un, ou de quelques-unes des choses qui s'y sont trouvées, il ne peut, par aucune fin de non recevoir, même après l'année, se défendre de restituer au spolié ledit héritage, ou lesdites choses, dans l'état qu'il les a.

125. Tant que le spolié est dans l'année, quand même il aurait débuté par donner une demande en revendication contre le spoliateur, il n'en résulte aucune fin de non recevoir qui l'empêche, en laissant sa demande en revendication, de former l'action de réintégrande. C'est ce qu'enseigne Papinien : *Eum, qui fundum vindicavit, ab eo cum quo interdicto undè vi potuit experiri, pendente judicio, nihilominùs interdicto rectè agere placuit;* l. 18, § 1, ff. *de vi et vi arm.*

126. Lorsque la violence est de nature à être poursuivie extraordinairement, l'accusation peut être intentée dans les vingt ans, de même que pour tous les autres crimes.

§ VI. De l'effet de l'action de réintégrande; et de la sentence qui intervient sur cette action.

127. Le spolié est fondé à demander sur cette action, 1° qu'il soit rétabli en possession de l'héritage dont il a été dépossédé.

S'il n'est plus au pouvoir du spoliateur de rétablir le spolié dans la possession de l'héritage dont il l'a dépossédé, le spoliateur doit être condamné à lui en restituer le prix, et en ses dommages et intérêts; et cela a lieu, quand même ce serait sans aucune faute de sa part, mais par un accident de force majeure, comme dans le cas auquel la maison, dont le spoliateur a dépossédé le spolié, aurait été incendiée par le feu du ciel. C'est ce qu'enseigne Paul : *Si vi me dejeceris, vel vi aut clàm feceris; quamvis sine dolo et culpâ amiseris possessionem, tamen damnandus es quanti meâ intersit; quià in eo ipso culpa tua præcessit, quòd omninò vi dejecisti, aut vi, aut clàm fecisti* : l. 15, ff. *dict. tit.*

Et Julien : *Huic consequens esse ait, ut villæ quoque et ædium incendio consumptarum pretium restituere cogatur; ubi enim quis, inquit, dejecit, per eum stetisse videtur quominùs restitueret;* l. 1, § 35, ff. *dict tit.*

Par ces derniers termes, *per eum stetisse videtur quominùs restitueret*, le jurisconsulte rend la raison, pour laquelle le spoliateur est tenu de rendre le prix de la chose au spolié, quoiqu'elle ait péri sans son fait et par une force majeure : c'est, dit-il, parce que le spoliateur est, par le seul fait de la spoliation, réputé de plein droit en demeure de restituer la chose. Or, c'est un principe, qu'une chose, dont la restitution est due, est aux risques du débiteur qui est en demeure de la restituer.

128. On n'entre pas même, à l'égard du spoliateur et du voleur, dans l'examen dans lequel on entre à l'égard des autres débiteurs, qui sont en demeure de restituer une chose, qui est de savoir si la chose, qu'ils sont en demeure de restituer, fût également périe entre les mains de celui à qui elle devait être restituée : ces personnes sont trop défavorables pour qu'on doive entrer, à leur égard, dans cet examen, comme nous l'avons observé en notre Traité des Obligations, *n*. 664.

129. Mais, dans le for intérieur, lorsque je sais que je ne me serais pas défait de la chose dont j'ai été spolié ou qui m'a été volée, et qu'elle serait également périe entre mes mains, comme elle est périe entre les mains du spoliateur ou du voleur ; la spoliation, ou le vol, ne m'ayant, par l'événement, causé aucun tort, je ne crois pas que je puisse, en conscience, me faire payer du prix de cette chose par le spoliateur ou le voleur ; car les règles de la charité, qui nous est commandée, même à l'égard de ceux qui ont mal mérité de nous, ne permettent pas que nous puissions exiger d'eux, lorsqu'ils ont commis quelque délit envers nous, plus que la réparation du tort que leur délit nous a causé.

130. Le demandeur en action de réintégrande est fondé, en second lieu, à demander la restitution de toutes les choses, qui se sont trouvées dans l'héritage, lorsqu'il en a été dépossédé, soit qu'elles lui appartinssent, soit qu'elles appartinssent à d'autres : *Quod ait prætor*, QUÆQUE IBI HABUIT, *sic accipimus ut omnes res contineantur, non solùm quæ propriæ ipsius fuerunt, verùm etiam si quæ apud eum depositæ, velei commodatæ, vel pignoratæ, quarumque usum, vel usumfructum, vel custodiam habuit, vel si quæ ei locatæ sunt; quùm enim dicat prætor* HABUIT, *omnia hæc habendi verbo continentur; dict. l.* 1, § 33.

La restitution de ces choses doit être faite au demandeur en réintégrande, soit qu'elles soient encore dans l'héritage, dont il a été dépossédé, soit qu'elles ne s'y trouvent plus : *Rectissimè prætor addidit*, TUNC IBI HABUIT : TUNC *sic accipimus, quùm deji ceretur; et ideò et si quod posteà desiit illìc esse, dicendum erit, in interdictum venire; dict. l.* 1, § 34.

Quand même ces choses seraient péries sans la faute du spoliateur, il ne laissera pas d'être obligé d'en restituer la valeur : *Eum qui vi dejecit ex eo prædio, in quo homines fuerant, propiùs esse, ut etiam sine culpâ ejus mortuis hominibus æstimationem eorum per interdictum restituere debeat; sicuti fur hominis, etiam mortuo eo, tenetur; dict.* § 34.

Triphonius en rend cette raison, *quia ex ipso tempore delicti plus quàm frustrator debitor constitutus est; l.* 19, ff. *dict. tit.* Le sens est : Si une chose est aux risques de tout débiteur, qui est en demeure de la rendre, à plus forte raison elle doit être aux risques d'un spoliateur, bien plus odieux que le simple débiteur; lequel spoliateur, par le seul fait de la spoliation, a été, dès ce temps, constitué de plein droit en demeure de rendre les choses dont il s'est emparé.

131. Observez, à l'égard des choses qui étaient dans l'héritage, lorsque le demandeur en a été dépossédé, que, pour qu'il soit fondé à en demander la restitution, il n'est pas besoin qu'il ait la preuve, à l'égard de chacune desdites choses, qu'elle fût dans son héritage; mais il doit être cru à son serment, jusqu'à concurrence néanmoins d'une certaine somme que le juge doit arbitrer, eu égard à la vraisemblance qui résulte des circonstances et de la qualité de la personne; *l.* 9, *Cod. undè vi.*

132. Le demandeur en réintégrande est fondé, en troisième lieu, à demander la restitution des fruits, tant de l'héritage, dont il a été dépossédé, depuis le jour qu'il en a été dépossédé, que de toutes les choses frugifères qui y étaient : *Ex die, quo quis dejectus est, fructuum ratio habetur.... Idem est et in rebus mobilibus, quæ ibi erant; nam earum fructus computandi sunt, ex quo quis vi dejectus est; l.* 1, § 40.

Cette restitution de fruits n'est pas bornée à ceux que le spoliateur a perçus; il doit restituer même ceux qu'il n'a pas perçus, et que le demandeur aurait pu percevoir, s'il n'eût pas été dépossédé : *Fructus etiam quos vetus possessor percipere potuit, non tantùm quos prædo percepit, venire non ambigitur; l.* 4, *Cod. undè vi.*

133. Enfin le demandeur en réintégrande est fondé à demander ses dommages et intérêts, lesquels comprennent non-seulement les pertes qu'il a souffertes, mais pareillement tout le gain dont il a été privé par la possession : *Vivianus refert in hoc interdicto omnia quæcumque habiturus vel adepturus erat is, qui dejectus est, si vi dejectus non esset, restitui, aut eorum litem à judice æstimari debere, eumque tantùm consecuturum, quanti suâ interesset se vi dejectum non esse; dict. l.* 1, § 41.

*Voyez*, sur les dommages et intérêts, notre *Traité des Obligations.*

## SECTION III.

### De la complainte en matière de bénéfice.

134. La complainte, en matière de bénéfice, est une action

par laquelle un ecclésiastique, qui a pris possession d'un bénéfice dont il a été pourvu, demande à être maintenu dans la possession de ce bénéfice, contre un autre ecclésiastique qui en a aussi pris possession.

Nous verrons, dans un premier article, quels sont les juges pardevant lesquels la complainte doit être intentée : dans un second, nous traiterons de la prise de possession du bénéfice qui la doit précéder : dans un troisième, de la possession triennale qui l'exclut. Nous verrons, dans un quatrième, par qui, et contre qui elle s'intente. Nous traiterons, dans un cinquième, de la procédure qu'on tient sur cette action; et dans un sixième, des jugemens qui interviennent.

### ARTICLE PREMIER.

*A quels juges appartient la connaissance des complaintes en matière de bénéfice.*

135. Quoique les bénéfices soient choses spirituelles, néanmoins la complainte, en matière de bénéfice, est de la compétence des juges séculiers; car c'est le fait de la possession qui fait l'objet de cette action, et ce fait de possession n'est pas quelque chose de spirituel. C'est la puissance séculière, que Dieu a chargée du maintien de l'ordre public et de la tranquillité publique; et c'est une chose qui appartient à l'ordre public et à la tranquillité publique, qu'il ne soit apporté aucun trouble à la possession de toutes les choses que chacun possède, quelles qu'elles soient, profanes ou spirituelles. L'action de complainte, en matière de bénéfice, par laquelle un ecclésiastique conclut contre un autre à ce qu'il lui soit fait défenses de le troubler en la possession de son bénéfice, est donc une action qui est du ressort de la puissance séculière, et dont la connaissance appartient aux juges séculiers.

Ce droit, qu'ont les juges séculiers, de connaître des complaintes en matière de bénéfice, ne leur est point contesté. Les papes l'ont eux-mêmes reconnu. Martin V, par une bulle adressée au roi Charles VII, qui a été enregistrée au Parlement, reconnaît en termes formels la légitimité de l'usage immémorial, dans lequel on est en France, de porter les causes sur le possessoire des bénéfices devant les juges royaux. On trouve, dans le Recueil des preuves des libertés de l'Eglise gallicane, une autre bulle du pape Eugène IV, qui porte la même chose; et un bref de Léon X, adressé à François I^er^, par lequel il lui recommande la cause qu'un nommé Jean de Ansedona avait devant ses juges, sur le possessoire de deux bénéfices qu'il avait en France.

136. L'Eglise étant sous la protection spéciale du roi, le roi a réservé à ses juges, privativement à ceux des seigneurs, la connaissance de ces complaintes.

C'est ce qui est formellement porté par l'*article 4 du titre 15 de l'Ordonnance de* 1667, dont voici les termes : « Les com» plaintes pour bénéfices seront poursuivies pardevant nos juges, » auxquels la connaissance en appartient, privativement aux » juges d'Eglise et à ceux des seigneurs ; encore que les bénéfices » soient de la fondation des seigneurs, ou de leurs auteurs, et » qu'ils en aient la présentation ou collation. »

Par ces termes de l'article, *nos juges,* il faut entendre les baillis et sénéchaux, auxquels la connaissance de ces causes est attribuée par l'édit de Crémieu, *article* 13, privativement aux prevôts royaux.

Les juges de privilége sont aussi compris sous ces termes, *nos juges,* tels que sont ceux des requêtes, et les juges conservateurs des priviléges des universités. Les parties, qui ont droit de *committimus,* peuvent, s'ils sont demandeurs, porter ces causes devant les juges de leur privilége, ou les y évoquer, et les faire renvoyer, lorsqu'elles ont été assignées, devant le juge ordinaire.

ARTICLE II.

*De la prise de possession du bénéfice, qui doit précéder la complainte.*

137. Un ecclésiastique ne peut être censé en possession d'un bénéfice, s'il n'en a pris possession dans la forme ordinaire. La complainte étant une action, par laquelle un ecclésiastique demande à être maintenu dans la possession d'un bénéfice, c'est une conséquence qu'il ne peut intenter cette action, qu'il n'ait pris auparavant possession du bénéfice dans la forme ordinaire.

Il y a deux espèces de prise de possession ; la prise de possession réelle, et la prise de possession civile.

§ I. De la prise de possession réelle.

138. Pour qu'un ecclésiastique puisse prendre possession réelle d'un bénéfice, il faut qu'il ait un titre canonique, c'est-à-dire, des provisions par lesquelles ce bénéfice lui ait été conféré.

139. Lorsque ce sont des provisions de la cour de Rome, si ce bénéfice est un bénéfice à charge d'ames, soit que les provisions aient été expédiées *in formâ dignum,* soit qu'elles l'aient été *in formâ gratiosâ ;* pour que le pourvu en puisse prendre possession réelle, il faut que, outre ses provisions, il ait encore le

*visa* de l'évêque dans le diocèse duquel est situé le bénéfice. Si le bénéfice n'est pas à charge d'ames, le pourvu n'a besoin du *visa* de l'évêque diocésain, que lorsque ses provisions sont *in formâ dignum;* il n'en a pas besoin lorsqu'elles sont *in formâ gratiosâ;* édit du mois d'avril 1695, *art.* 2 *et* 3.

Les provisions *in formâ dignum* sont celles qui sont adressées à l'ordinaire, à qui le pape donne commission de conférer le bénéfice à l'impétrant : elles sont ainsi appelées, parce que le style commence par ces mots : *Dignum arbitramur.*

Les provisions *in formâ gratiosâ* sont celles, qui sont expédiées sur un certificat de vie et mœurs préalable, donné par l'ordinaire à l'impétrant, par lesquelles le pape confère lui-même directement le bénéfice à l'impétrant.

Dans les cas auxquels le *visa* est nécessaire, le pourvu doit se présenter en personne devant l'évêque, ou, en son absence, à ses vicaires-généraux, lesquels, après examen fait de sa vie, de ses mœurs, de sa religion, de sa science, lui accordent le *visa.* En cas de refus, l'évêque doit exprimer les causes du refus dans l'acte qu'il lui donne. *Édit de* 1695, *art.* 5.

140. L'ecclésiastique, qui a les titres nécessaires pour prendre possession réelle d'un bénéfice, peut le prendre en personne, ou par quelqu'un qui soit fondé de sa procuration spéciale.

141. Lorsque le bénéfice n'est point un bénéfice qui le rende membre d'un chapitre, il doit, pour en prendre possession, se transporter en personne, ou par son procureur spécial, avec un notaire apostolique et deux témoins, en l'église où il prend possession, avec les cérémonies qui sont d'usage dans le diocèse, dont le notaire apostolique dresse un acte, et lui en délivre une expédition. Si on faisait refus d'ouvrir les portes de l'église, le notaire apostolique dresserait procès-verbal du refus, et le pourvu prendrait possession à la porte ou à la vue du clocher, dont le notaire apostolique dresserait un acte.

Lorsque le bénéfice rend le titulaire membre d'une église cathédrale, collégiale ou conventuelle, dans laquelle il y a un greffier ou secrétaire, qui a coutume de dresser et expédier les actes de prise de possession, le pourvu, pour prendre possession, se présente en personne, ou par son procureur spécial, au chapitre, qui le met en possession, dont le greffier du chapitre dresse un acte, et lui en délivre une expédition. Ces greffiers sont expressément maintenus dans ce droit par l'édit de création des notaires apostoliques, *art.* 3. Mais si le chapitre refusait de mettre le pourvu en possession, et le greffier du chapitre d'en donner acte, le pourvu se présenterait avec un notaire apostolique et deux témoins, qui en dresserait procès-verbal. C'est ce qui est porté par ledit édit, *art.* 3.

142. La prise de possession réelle met le titulaire en posses-

sion, tant des fonctions spirituelles et ecclésiastiques dépendantes du bénéfice, que du temporel dudit bénéfice.

### § II. De la prise de possession civile.

143. Il y a une autre prise de possession, qu'on appelle *prise de possession civile.* L'ecclésiastique, qui a acquis un droit à un bénéfice, dont il n'a pu encore obtenir les provisions, ou pour lequel il n'a pu obtenir le *visa* nécessaire pour en prendre possession réelle, obtient du juge royal, par une ordonnance au bas d'une requête, la permission d'en prendre, pour la conservation de son droit, une espèce de prise de possession, qu'on appelle *prise de possession civile,* par le ministère d'un notaire apostolique, qui en dresse un acte.

Par exemple, lorsqu'un ecclésiastique français a retenu en cour de Rome une date pour l'impétration d'un bénéfice vacant; l'ecclésiastique ayant, par la rétention de cette date, acquis un droit au bénéfice, dont le pape, suivant nos maximes, ne peut lui refuser des provisions; si le pape les refuse, ou diffère de les donner, cet ecclésiastique peut, sur un certificat de la rétention de la date qui lui est donné par le banquier, présenter requête au juge royal, qui lui permet d'en prendre possession civile.

Pareillement, lorsque l'ordinaire a refusé des provisions à un ecclésiastique qui a droit à un bénéfice, tel qu'est un gradué; ou a refusé un *visa* à un pourvu en cour de Rome, lequel est appelant du refus; le juge royal permet à l'ecclésiastique de prendre possession civile.

144. Cette prise de possession civile ne donne pas le droit de faire aucunes des fonctions spirituelles ecclésiastiques dépendantes du bénéfice; *édit d'avril* 1695 : elle n'a d'effet que pour la conservation du droit qu'a au bénéfice celui qui a pris cette possession.

## ARTICLE III.

### *De la possession triennale qui exclut la complainte.*

145. Lorsque quelqu'un est en possession actuelle d'un bénéfice depuis trois ans ou plus, dans laquelle il n'a souffert, pendant ledit temps, aucun trouble, on ne peut plus former contre lui aucune demande en complainte pour raison de ce bénéfice, pourvu qu'il ait au moins un titre coloré, en vertu duquel il le possède.

C'est la disposition du concordat, au titre *de pacificis possessoribus*, où il est dit : *Statuimus quod quicumque, dummodò non sit violentus, sed habens coloratum titulum, pacificè et sine lite prælaturam seu quodcumque beneficium ecclesiasticum triennio proximo hactenùs vel pro tempore possiderit, vel possidebit, in petitorio vel possessorio, à quoquam, etiam ratione juris noviter reperti, molestari nequeat, etc.*

La pragmatique-sanction et le concile de Bâle avaient de pareilles dispositions.

Nous verrons, dans un premier paragraphe, quelles choses sont requises, pour que le possesseur d'un bénéfice puisse jouir du privilége accordé par le concordat à la possession triennale. Nous verrons, dans un second, ce qu'on entend par titre coloré, et quels sont les défauts que ce titre, soutenu de la possession triennale, peut purger.

### § I. Quelles choses sont requises pour que le possesseur d'un bénéfice puisse jouir du privilége accordé à la possession triennale.

146. Cinq choses sont requises, pour que le possesseur d'un bénéfice puisse jouir du privilége accordé par le concordat à la possession triennale.

1°. Il faut que le possesseur ait possédé le bénéfice pendant le temps de trois ans entiers et consécutifs depuis la prise de possession; et on compte, dans ce temps, celui pendant lequel, depuis la prise de possession du titulaire, l'évêque ou l'archidiacre a joui du bénéfice comme déportuaire : car ce déportuaire jouit *alieno nomine :* le titulaire n'en est pas moins censé le possesseur pendant ce temps; de même qu'en matière profane le propriétaire ne laisse pas d'être censé posséder son héritage, quoiqu'un usufruitier en possède les fruits; *Rebuff. de pacif. poss., n.* 85.

2°. Il faut que le possesseur ait joui pendant tout ledit temps *sans aucun trouble, pacificè et sine lite;* ce qui doit s'entendre de la part du demandeur qui a formé contre lui la complainte : car le demandeur, après ledit temps, n'est pas recevable à lui opposer le trouble qui lui aurait été fait par des tiers; *Rebuff., ibid., n.* 167. Il suffit que ce demandeur ait tardé à donner sa demande jusqu'après l'expiration du temps de trois ans, pour que l'exception, qui résulte de la possession triennale, puisse lui être opposée.

3°. Il faut qu'il n'y ait eu aucun accident de force majeure, qui ait empêché le demandeur de donner sa demande dans les trois ans; car, en ce cas, on ne pourrait pas lui opposer la prescription, qui résulte de la possession triennale, suivant le principe, *Adversùs non valentem agere, nulla currit præscriptio.* Le concordat s'en est expliqué, en exigeant néanmoins du demandeur, que, s'il n'a pas été en son pouvoir de former sa demande dans les trois ans, il ait au moins fait les protestations qu'il était en son pouvoir de faire. C'est ce qui résulte de ces termes du concordat qui suivent, *præterquàm prætextu hostilitatis aut alterius legitimi impedimenti, de quo protestari et illud intimari debeat.*

4°. Il faut que le possesseur triennal ne se soit pas mis en possession du bénéfice par violence; *dummodò non sit violentus.*

5°. Enfin, il faut que sa prise de possession ait été précédée d'un titre au moins coloré; car la possession qu'on prend d'un bénéfice sans titre, n'est pas tant une possession qu'une intrusion, qui ne peut donner aucun droit, quelque longue que soit sa durée.

§ II. Ce qu'on doit entendre par *titre coloré;* quels sont les vices que le titre coloré, soutenu de la possession triennale, peut purger.

147. Rebuffe, en son Traité *de pacificis possessoribus, n.* 32, définit le titre coloré, *Titulus habitus ab eo qui habet potestatem conferendi seu eligendi, sive de jure communi, sive speciali, et nisi obstitisset aliquod impedimentum, fuisset justus.*

Rebuffe apporte pour exemple d'un titre coloré, le cas auquel le possesseur triennal produirait la collation qui lui a été faite par le collateur du bénéfice, sans avoir la présentation de celui qui a droit d'y présenter. La raison est, que c'est la collation qui est le titre; la présentation n'est qu'une condition requise pour rendre le titre légitime, mais dont le défaut de rapport n'empêche pas que le titre ne soit au moins un titre coloré.

Il en est de même du défaut de rapport de la procuration *ad resignandum* de l'ancien titulaire. Le possesseur triennal, qui produit la collation qui lui a été faite du bénéfice sur résignation, est censé avoir un titre coloré, quoiqu'il ne rapporte pas la procuration *ad resignandum* de l'ancien titulaire; *Héricourt, p.* 2, *tit.* 18, *n.* 21.

On ne peut pas non plus opposer au possesseur triennal, qui produit le titre par lequel le bénéfice lui a été conféré, le défaut d'insinuation, soit de ses titres, soit de son acte de prise de possession; *Héricourt, ibid.*

Pareillement, lorsqu'il a été pourvu sur une résignation, la possession triennale couvre le défaut de publication de la résignation; *Héricourt, ibid.*

En général, la possession triennale couvre tous les défauts de forme; *Héricourt, ibid., n.* 19.

148. Il y a de certains vices dans le titre, que la possession triennale ne couvre pas: tel est le vice de simonie. Lorsqu'il est justifié que le bénéfice a été conféré par simonie, la collation est tellement nulle, qu'elle ne peut passer pour un titre coloré, par quelque laps de temps que ce soit que le pourvu ait possédé le

bénéfice, quand même la simonie aurait été commise par un tiers, à l'insu du pourvu, pour lui faire obtenir le bénéfice.

149. La possession triennale ne peut pas couvrir le vice d'une collation faite par quelqu'un, qui n'aurait pas le droit de conférer le bénéfice en aucun cas. C'est ce qui résulte de la définition que nous avons donnée ci-dessus du titre coloré : *Titulus habitus ab eo qui habet potestatem conferendi, etc.* Donc le titre ne peut passer pour être au moins coloré, lorsque celui, qui l'a conféré, n'avait aucun droit de le conférer.

De-là naît la décision de la question proposée par Pastor, si la collation faite d'un bénéfice simple, qui est à la collation de l'évêque, faite par le chapitre *sede vacante*, peut passer pour un titre coloré.

Pastor avait décidé pour l'affirmative, parce que la juridiction de l'évêque est dévolue au chapitre pendant la vacance du siége; en quoi il est repris par Sollier, qui décide que cette collation ne peut passer pour un titre coloré, la collation des bénéfices simples n'appartenant point au chapitre, pendant la vacance du siége, mais au roi, par son droit de régale. Héricourt suit l'avis de Sollier, *p.* 2, *tit.* 18, *n.* 19.

150. Héricourt, *ibidem*, propose une question, à l'égard de la collation, qu'un vicaire-général aurait faite, d'un bénéfice à la collation de l'évêque, quoique les lettres du vicaire-général ne contiennent point le pouvoir de les conférer. Il incline à décider qu'un tel titre n'est pas même coloré. La question me paraît souffrir plus de difficulté que la précédente ; car on n'ignore pas que le chapitre n'a pas le droit de conférer, *sede vacante*, les bénéfices simples; mais on peut facilement se persuader qu'un vicaire-général, qui s'ingère dans la collation des bénéfices, en a le pouvoir par une clause de ses lettres; et cette opinion commune, qu'on a dans le public, qu'il a ce pouvoir, peut valider les collations qu'il a faites, et les faire passer au moins pour titre colorés; *Arg. L. Barbarius Philippus*, ff. *de off. præt.*

On doit surtout présumer qu'il avait ce pouvoir, lorsque ces lettres n'ont pu être produites, *putà*, parce que les registres, où elles ont dû être insinuées, ont été perdus.

151. La collation, faite par quelqu'un qui n'avait aucun droit de conférer, ne peut passer même pour un titre coloré : mais elle est un titre coloré, quoique, lorsqu'elle a été faite, il y eût en la personne du collateur quelque empêchement qui empêchait l'exercice de son droit; comme s'il était alors suspens, la possession triennale couvre ce défaut.

152. La possession triennale ne couvre pas le vice d'inhabileté à tenir le bénéfice, qui se trouve dans le possesseur triennal, et qui subsistait encore lors de la demande donnée contre lui; par exemple, s'il était irrégulier lorsque le bénéfice lui a été

conferé, et, qu'au temps de la demande, cette irrégularité ne fût pas encore levée par une dispense; *Héricourt, ibid. n.* 20.

153. On a fait, à ce sujet, la question, si la possession triennale d'une cure de ville, conférée à un prêtre non gradué, couvrait le défaut de ses grades, s'il n'était pas gradué au temps de la demande. Rebuffe, en son Traité *de pacificis Possessoribus, n.* 80, pense que la possession triennale couvre ce défaut. La disposition du concordat, qui veut que ces bénéfices ne soient conférés qu'à des gradués, étant un droit établi en faveur des gradués, ils ont pu y renoncer, et sont censés y avoir renoncé, pour raison de la cure conférée à un prêtre non gradué, lorsqu'ils l'ont laissé pendant trois ans en possession paisible de cette cure. L'incapacité d'un prêtre non gradué pour avoir une cure de ville, n'est pas une incapacité absolue; elle n'est que relative au droit, qu'ont les gradués, d'avoir ces bénéfices exclusivement à tous autres, et d'empêcher qu'ils ne soient conférés à d'autres; laquelle incapacité cesse, lorsque les gradués ont renoncé tacitement à leur droit.

Héricourt, *ibidem*, décide, au contraire, que la possession triennale d'une cure de ville ne couvre pas l'incapacité du possesseur, qui n'est pas gradué au temps de la demande donnée contre lui. Il se fonde sur la déclaration du roi Henri II, du 9 mars 1551, qui défend absolument aux juges d'avoir aucun égard aux impétrations de cures de ville, obtenues par des personnes non graduées, ni à aucunes dispenses obtenues à cet égard. Le motif, exposé dans le préambule de la déclaration, est celui de l'instruction des habitans des villes, qui demande que les cures de villes ne soient confiées qu'à des personnes, qui aient fait une preuve publique de leur science par les degrés qu'ils ont obtenus. Ce n'est donc pas seulement en faveur des gradués que la loi a requis cette qualité. Maynard, *liv.* 1, *chap.* 55, rapporte un arrêt du Parlement, qui a adjugé la récréance d'une cure de ville à un gradué contre un triennal possesseur non gradué; et il observe que c'est parce qu'il n'était pas encore justifié pleinement que le lieu fût une ville, qu'il n'eut pas la maintenue, qui, sans cela, n'eût pas souffert de difficulté, parce que, ajoute-t-il, lorsqu'une qualité est requise par une loi pour tenir un bénéfice, le défaut de cette qualité ne peut se couvrir.

Par la même raison, Héricourt, *ibidem*, décide, contre le sentiment de Rebuffe, que la possession triennale ne peut servir à un séculier pour tenir un bénéfice affecté aux réguliers; et *vice versâ*.

### ARTICLE IV.

*Par qui et contre qui la complainte est-elle formée?*

154. L'ecclésiastique, qui a pris possession d'un bénéfice, soit qu'il en ait pris une possession réelle, soit qu'il n'en ait pris qu'une possession civile, peut former la complainte contre un autre ecclésiastique, qui, soit avant, soit depuis sa prise de possession, a aussi pris possession du même bénéfice.

On opposera peut-être que je puis bien former la complainte contre celui, qui a pris possession du même bénéfice depuis ma prise de possession, sa prise de possession étant un trouble qu'il fait à la mienne; mais que je ne puis pas la former contre celui, qui a pris possession avant moi; sa prise de possession ne pouvant être un trouble fait à ma possession, que je n'avais pas encore. Je réponds que ce n'est pas sa prise de possession, mais la continuation dans cette possession qu'il a prise, que je soutiens illégitime, et dans laquelle il demeure depuis ma prise de possession, qui est un trouble fait à ma possession, pour lequel je forme la complainte.

Il résulte de ceci, que, lorsque deux ecclésiastiques ont pris possession du même bénéfice, c'est le plus diligent qui donne la demande en complainte.

155. La partie, qui est assignée sur une demande en complainte, doit, de son côté, former la complainte contre le demandeur, et prendre pour trouble à sa possession, tant la demande du demandeur, que sa prise de possession.

Lorsque plusieurs ont pris possession d'un même bénéfice, chacun d'eux forme la complainte contre tous les autres.

Un tiers, qui aurait pris possession d'un bénéfice, même depuis l'instance qui est entre deux parties pour ce bénéfice, peut intervenir dans l'instance, et former sa complainte contre les deux parties.

156. Les mineurs peuvent, sans autorité ni assistance de tuteur ni de curateur, donner demande en complainte pour leurs bénéfices, et défendre à celles qui sont données contre eux, de même qu'ils peuvent intenter toutes les autres actions qui concernent les droits, fruits et revenus de leurs bénéfices, et y défendre. C'est la disposition de l'Ordonnance de 1667, *tit.* 15, *art.* 14, qui a, sur ce point, adopté le droit des Décrétales, *cap. Si annum, de judic. in* 6°.

Il faut, néanmoins, que le mineur soit pubère. C'est ce qui est expressément porté par le chapitre *Si annum*, d'où ce droit est tiré. Il y est dit, *Si annum quartum decimum peregisti, etc.*

### ARTICLE V.

*De la procédure qui se tient sur la complainte.*

157. L'assignation, sur la demande en complainte, se donne à personne ou domicile, lorsque la partie assignée est en possession actuelle du bénéfice; sinon elle doit être donnée au lieu du bénéfice; *Ordonnance de* 1667, *tit.* 15, *art.* 3.

Le demandeur doit, par l'exploit d'assignation, déclarer le titre de sa provision, et le genre de vacance sur lequel il a été pourvu : il doit aussi donner, par cet exploit, des copies signées de lui, de ses titres et capacité; *Ordonnance de* 1667, *ibid. art.* 2.

Ces titres, dont il doit donner copie, sont ses provisions, le *visa*, dans les cas auxquels il est nécessaire, et l'acte de sa prise de possession.

On entend par ses capacités, les actes probatifs des qualités qui lui sont nécessaires pour être capable de posséder le bénéfice : tels sont, son extrait baptistaire, ses lettres de tonsure, ses lettres de prêtrise, ou d'un autre ordre; ses lettres de degré, et l'attestation du temps d'étude, lorsqu'il a été pourvu en qualité de gradué, etc.

Si le demandeur avait manqué de donner par l'exploit d'assignation ces copies, je pense qu'il pourrait les donner dans le cours de l'instance, et qu'il ne serait sujet à d'autre peine, faute de les avoir données par l'exploit d'assignation, qu'à celle portée par l'article 6 du titre 2 de l'Ordonnance, contre les demandeurs qui n'ont pas donné par l'exploit copie des titres servant de fondement à leur demande, qui est, que les copies, qu'ils en donneront par la suite, et les réponses, qui y seront faites, seront à leurs frais, et sans répétition.

158. La partie assignée doit pareillement déclarer, par ses défenses, le titre de sa provision, et le genre de la vacance sur laquelle il a été pourvu, et donner copie de ses titres et capacités; *Ordonnance de* 1667, *ibid.*, *art.* 6.

Les intervenans doivent déclarer la même chose par leur requête d'intervention, et ils doivent donner pareillement copie, tant de leur requête que de leurs titres et capacités, au procureur de chacune des parties; *Ordonnance de* 1667, *ibid.*, *art.* 12.

159. Il y a cela de particulier, à l'égard des dévolutaires, que lorsqu'un dévolutaire intente la complainte pour un bénéfice qu'il a obtenu en cour de Rome, comme vacant par la prétendue nullité du titre, ou par la prétendue incapacité de celui, qui en est en possession ac-

tuelle, ce dévolutaire est obligé de donner caution suffisante pour répondre du jugé, jusqu'à la somme de 500 livres, dans le délai qui lui sera prescrit; et faute de la donner dans ledit délai, l'Ordonnance le déclare déchu de son droit, sans qu'il puisse être reçu à purger la demeure; *Ordonnance de* 1667, *tit* 15, *art.* 13.

C'est le seul cas, auquel on exige d'un Français cette espèce de caution; hors ce cas, il n'y a que les étrangers non naturalisés qui soient tenus à cette caution, pour former quelque demande que ce soit.

160. Lorsque, pendant le cours du procès, l'une des parties résigne son droit purement et simplement, ou en faveur, le résignataire pourra reprendre l'instance par une simple requête verbale faite judiciairement, sans appeler parties; *ibid., art.* 16. Mais jusqu'à ce que ce résignataire ait fait cette reprise, la procédure se continue contre le résignant, *ibid., art.* 13, sans que le résignataire puisse être reçu à former opposition en tiers contre ce qui serait jugé avec le résignant, comme l'a fort bien observé Héricourt; car étant en son pouvoir de reprendre l'instance, il doit s'imputer de ne l'avoir pas fait, et d'avoir laissé continuer la procédure contre son résignant.

Le résignataire, qui a repris l'instance, se charge de tout l'événement du procès: c'est pourquoi, si, par la sentence définitive rendue au profit de l'autre partie, *il intervient aucune condamnation de restitution de fruits, dépens, dommages et intérêts, elle sera exécutée contre le résignataire, même pour les fruits échus et les dépens faits avant la résignation admise.* Néanmoins le résignant est garant des fruits, dépens, dommages et intérêts de son temps; *Ordonnance de* 1667, *ibid.*, *art.* 18.

161. Lorsque, pendant le procès sur la complainte entre deux parties, celle, qui était en possession actuelle du bénéfice, vient à mourir, l'Ordonnance, pour empêcher que le bénéfice ne demeure vacant et sans desservissement, permet à la partie survivante d'obtenir à son profit la récréance du bénéfice contentieux, sur une simple requête à l'audience, en rapportant l'extrait mortuaire de la partie décédée, et les pièces justificatives de la litispendance.

Lorsqu'il y a un successeur nommé à la partie décédée, qui a pris possession du bénéfice, le survivant n'est plus à temps pour demander la récréance. C'est ce qui a été jugé par arrêt du 13 juillet 1707, rapporté au troisième tome des Arrêts d'Augear.

Lorsque le procès était pendant entre plus de deux parties, la récréance ne peut être accordée, que toutes les parties survivantes appelées.

162. Il y a cette grande différence entre la complainte en matière de bénéfice, et la complainte pour choses profanes, que,

dans celle-ci, il n'est question que du seul fait de la possession; les parties ne sont pas reçues à alléguer le droit de propriété qu'elles prétendent avoir de l'héritage qui fait l'objet de la complainte, ni à produire leurs titres de propriété; cet examen est réservé pour le procès sur le pétitoire, qui ne peut commencer, qu'après que celui sur la demande en complainte aura été terminé.

Au contraire, dans la complainte en matière de bénéfice, comme on n'autorise point d'autre possession que celle qui procède d'un titre légitime, les parties doivent chacune produire leurs titres et pièces justificatives des qualités qu'elles doivent avoir, comme nous l'avons déjà vu *suprà, n.* 157; et c'est sur l'examen de ces titres et des pièces, et sur les contredits qu'on fournit contre, que les juges prononcent sur la complainte, soit définitivement, soit par provision.

## ARTICLE VI.

### *Des jugemens qui interviennent sur la complainte.*

163. Lorsque la cause est portée à l'audience, après l'examen fait des titres et pièces respectives des parties, si l'une des parties paraît avoir suffisamment justifié le droit qu'elle a au bénéfice, les juges rendent une sentence définitive, par laquelle ils lui adjugent la pleine maintenue du bénéfice; et si c'était l'autre partie, qui eût eu la possession actuelle du bénéfice, ils la condamnent à lui restituer les fruits.

164. Lorsque les juges trouvent que la cause n'est pas encore suffisamment éclaircie, et qu'il est besoin d'un plus grand examen, pour rendre la sentence définitive, ils adjugent à la partie qui paraît avoir le droit le plus apparent, la récréance, c'est-à-dire, la possession provisionnelle du bénéfice pendant le procès.

165. Quelquefois, ils ordonnent le séquestre du bénéfice; auquel cas l'économe séquestre du diocèse (qui est un officier créé par édit du mois de novembre 1691) se met en possession, pendant le procès, des biens dépendans du bénéfice, les régit, en perçoit les fruits et revenus, à la charge d'en rendre compte à la partie qui aura obtenu en définitif.

A l'égard des fonctions spirituelles du bénéfice, les juges, par le même jugement qui ordonne le séquestre, renvoient devant l'évêque diocésain, pour nommer un tiers pour desservant, à qui il assignera une rétribution telle qu'il jugera convenable, dont il sera payé sur les revenus du bénéfice, par privilége, et nonobstant toutes saisies et empêchemens; *édit du mois d'avril* 1695, *article* 8.

166. Ces jugemens de récréance ou de séquestre doivent être exécutés, avant qu'il soit procédé sur la pleine maintenue; *Ordonnance de* 1667, *ibid., article* 6.

167. C'est une chose particulière aux complaintes sur le possessoire des bénéfices, que les sentences de récréance, de séquestre ou de maintenue (rendues sur ces demandes), ne sont valables ni exécutoires, si elles ne sont données par plusieurs juges, au moins au nombre de cinq; *Ordonnance de* 1667, *ibid., art.* 17.

168. Lorsque les juges, qui les ont rendues, étaient en nombre suffisant, ces sentences s'exécutent nonobstant l'appel; ce qui a lieu pour toutes les complaintes, même en matière profane, comme nous l'avons vu *suprà*.

169. Il nous reste à observer, que, lorsque l'instance en complainte sur le possessoire d'un bénéfice a été terminée par une sentence de pleine maintenue, les parties ne peuvent plus, comme on le prétendait autrefois, se pourvoir au pétitoire devant le juge d'église. La jurisprudence est constante aujourd'hui, que, si le juge d'église entreprenait d'en connaître, il y aurait lieu à l'appel comme d'abus. La raison est, que, dans les complaintes en matière de bénéfice, le jugement de pleine maintenue étant rendu sur l'examen des titres respectifs et capacités des parties, au profit de celui dont le droit au bénéfice est le mieux établi, il ne reste plus rien à examiner; et on ne pourrait procéder au pétitoire, sans renouveler la même question que celle qui a déjà été jugée.

---

# TRAITÉ
# DE LA PRESCRIPTION
## QUI RÉSULTE
# DE LA POSSESSION.

---

## ARTICLE PRÉLIMINAIRE.

1. La prescription dont nous traitons ici, n'a rien de commun, que le nom, avec celle qui a fait la matière du huitième chapitre de la troisième partie de notre Traité des Obligations. Nous traitons ici de celle, par laquelle quelqu'un acquiert, par la possession qu'il a eue d'une chose, pendant le temps réglé par la loi, le domaine de propriété de cette chose, et l'affranchissement des rentes, hypothèques et autres charges réelles dont elle était chargée.

C'est un des principaux droits que la possession donne aux possesseurs de bonne foi.

C'est aussi une des manières d'acquérir du droit civil, comme nous l'avons vu en notre Traité du Domaine de Propriété, *n.* 253. Cette manière d'acquérir le domaine s'appelait, dans le droit romain, *Usucapion.*

Modestinus définit l'usucapion, *Adjectio* (1) *dominii per continuationem possessionis temporis lege definiti;* l. 3, ff. *de usurp. et usucap.*

Nous la définissons, le droit qui nous fait acquérir le domaine de propriété d'une chose, par la possession paisible et non interrompue que nous en avons eue pendant le temps réglé par la loi.

---

(1) En ce sens, que le droit d'usucapion, *post completum possessionis tempus, rei dominium adjiciat et tribuat possessori qui, antè, ejus possessionem duntaxat habebat.*

2. Par l'ancien droit romain, il n'y avait que certaines choses qu'on appelait *res mancipi*, qui fussent susceptibles du droit d'usucapion; et le temps pour l'usucapion de ces choses était d'un an, si elles étaient meubles, et de deux ans seulement, si elles étaient immeubles. C'est ce qui est porté par un des articles de la loi des Douze-Tables : *Usûs autoritas* (1) *fundi* (2) *biennium, cæterarum rerum annuus usus est.*

A l'égard des choses incorporelles, et même des choses corporelles qui n'étaient pas *res mancipi*, ni par conséquent susceptibles d'un domaine civil, elles n'étaient pas par conséquent susceptibles de l'usucapion, qui est une manière du droit civil d'acquérir le domaine civil.

3. Le préteur avait, à l'égard de ces choses qui n'étaient pas susceptibles de l'usucapion, établi la prescription *longi temporis*, pour en tenir lieu en quelque façon.

Suivant ce droit du préteur, le possesseur de bonne foi, qui avait eu une possession paisible et non interrompue, soit d'un droit incorporel, soit d'un héritage qui n'était pas du nombre de ceux qui étaient *res mancipi*, pendant le temps de dix ans, *inter præsentes*, et de vingt ans *inter absentes*, acquérait, après l'accomplissement du temps de sa possession, non le domaine de la chose, mais une prescription ou fin de non recevoir, à l'effet d'exclure la demande en revendication du propriétaire de la chose, qui n'aurait été intentée qu'après l'accomplissement de ce temps.

Depuis, on avait aussi accordé une action utile à ce possesseur pour revendiquer la chose, lorsqu'il en avait perdu la possession après l'accomplissement du temps de la prescription.

4. Justinien, par sa constitution qui est dans la Loi unique, *Cod. de usucap. transform.*, a fondu ensemble l'usucapion et la prescription *longi temporis*; et, après avoir aboli, par cette loi, la distinction entre les choses *mancipi* et les choses *nec mancipi*, et après avoir pareillement aboli par la Loi unique, *Cod. de nudo jur. quir. tollendo*, la distinction du *dominium civile et quiritarium*, et du *dominium naturale*, il a ordonné que le temps pour l'usucapion des meubles serait de trois ans, et que celui pour l'usucapion de tous les héritages et fonds de terre, de même que pour les droits incorporels, serait de dix ans *inter præsentes*, et de vingt ans *inter absentes*.

Justinien, par cette constitution, a transformé la prescription

(1) Ces termes, *usûs autoritas*, signifient la même chose qu'*usucapio*.
(2) *Fundi*. Ce terme comprend toutes les choses *quæ solo tenentur*: *Fundi appellatione omne ædificium et omnis ager continetur*; L. 211, ff. *de verb. sign.*

de dix et vingt ans en un véritable droit d'usucapion, puisqu'elle fait acquérir au possesseur le domaine de propriété de l'héritage ou du droit incorporel, dont il a eu, pendant ce temps, une possession ou quasi-possession paisible et non interrompue.

5. La Coutume de Paris, et la plupart de nos Coutumes, ont adopté la prescription de dix et vingt ans dans la forme que lui a donnée Justinien par sa constitution, et elles lui ont conservé le nom de prescription, quoiqu'elle dût plutôt avoir aujourd'hui le nom d'usucapion.

Il y a néanmoins quelques Coutumes, du nombre desquelles est notre Coutume d'Orléans, qui n'admettent point d'autres prescriptions pour les immeubles, que celle de trente ans.

Nous traiterons, dans la première partie de ce Traité, de cette prescription de dix ou vingt ans, qui est la principale espèce des prescriptions qui font acquérir par la possession.

Nous traiterons, dans la seconde, des autres espèces de prescriptions qui font acquérir par la possession.

---

# PREMIÈRE PARTIE.

*De la prescription de dix ou vingt ans, qui fait acquérir par la possession.*

6. La Coutume de Paris, *art.* 113, établit la prescription de dix et vingt ans, en ces termes : « Si aucun a joui ou possédé » héritage ou rente à juste titre, tant par lui que par ses succes- » seurs dont il a le droit et cause, franchement et sans inquiéta- » tion, par dix ans entre présens, et vingt ans entre absens, » âgés et non priviligiés, il acquiert prescription dudit héritage » ou rente. »

Nous verrons, dans un premier chapitre, quelles sont les choses qui sont ou ne sont pas susceptibles de cette prescription; au profit de quelles personnes, et contre quelles personnes elle peut courir. Dans un second, nous traiterons des qualités que doit avoir la possession pour opérer cette prescription. Nous traiterons, dans un troisième, du juste titre d'où doit procéder la possession. Dans un quatrième, du temps que doit durer la possession, et de l'union qu'un successeur peut faire de la possession de ses auteurs à la sienne. Dans un cinquième, de l'effet de la prescription.

## CHAPITRE PREMIER.

*Des choses qui sont susceptibles de la prescription de dix et vingt ans; au profit de quelles personnes, et contre quelles personnes elle peut courir.*

### ARTICLE PREMIER.

*Des choses qui sont ou ne sont pas susceptibles de la prescription de dix et vingt ans.*

7. La prescription de dix et vingt ans étant un droit d'usuca-

pion, et une manière d'acquérir le domaine de propriété d'une chose par la possession que nous en avons, c'est une conséquence que les choses, que les particuliers sont incapables d'acquérir, ne peuvent être susceptibles de cette prescription.

De-là il suit, que toutes les choses, qui sont hors du commerce, ne peuvent être susceptibles de cette prescription, telles que sont les églises, les cimetières, les places publiques, les chemins publics, non-seulement les grands chemins, qu'on appelle *viæ militares* ou *viæ regiæ*, mais même les chemins de traverse qu'on appelle *viæ vicinales*. C'est pourquoi, si quelqu'un s'était emparé d'un chemin public et l'eût labouré, et me l'eût ensuite vendu comme un terrain dont il se disait propriétaire; quoique je l'aie acquis de bonne foi, dans l'opinion en laquelle j'étais que c'était une chose qui lui appartenait, je ne puis en acquérir par cette prescription le domaine de propriété.

8. La prescription de dix et vingt ans étant une espèce d'aliénation, que l'ancien propriétaire de la chose est censé en faire malgré lui, à celui qui l'acquiert par la prescription, faute par l'ancien propriétaire de l'avoir réclamée dans le temps prescrit par la loi, suivant cette règle de droit : *Alienare videtur qui patitur usucapi;* c'est une conséquence que toutes les choses, dont les lois défendent l'aliénation, ne sont pas susceptibles de cette prescription.

En conséquence, les biens des mineurs n'en sont pas susceptibles.

*Non est incognitum id temporis quod in minore ætate transmissum est, longi temporis præscriptioni non imputari : ea enim tunc currere incipit, quando ad majorem ætatem dominus rei pervenerit;* l. 3, *Cod. quib. non objic. long., etc.*

La Coutume de Paris, et la plupart des autres Coutumes, le déclarent formellement par ces termes, *entre âgés.*

Outre la première raison, que nous avons rapportée de ces dispositions qui ont soustrait à la prescription les biens des mineurs, tant qu'ils sont mineurs, raison tirée de ce que les lois en défendent l'aliénation, on peut apporter pour seconde raison, qu'en vain la prescription courrait-elle pendant la minorité, les mineurs étant restituables; *In his quæ prætermiserunt;* l. 8, *Cod. de in integr. rest.*, et par conséquent étant restituables contre la négligence qu'ils auraient eue à en arrêter le cours.

9. Les Coutumes ayant dit indistinctement : Si aucun a joui et possédé.... *entre âgés;* c'est une conséquence que non-seulement le temps de la prescription ne peut commencer contre les mineurs, mais même que lorsqu'il a commencé à courir contre un majeur qui a laissé pour héritier un mineur, il cesse, dans ces Coutumes, de courir contre cet héritier pendant sa minorité. C'est le droit commun dont les Coutumes de Lodunois, *chap.* 20, *art.* 7, et de

Bretagne, *art.* 286, se sont écartées, en faisant courir le temps de la prescription contre les mineurs pourvus de tuteur, lorsqu'elle a commencé contre un majeur dont ils sont héritiers.

10. On a fait la question, si la disposition des Coutumes, qui ne permettent pas que les biens des mineurs soient susceptibles de la prescription de dix et vingt ans, s'étend à ceux des interdits. Plusieurs tiennent l'affirmative, parce que la même raison se rencontre; les lois ne défendant pas moins l'aliénation des biens de ces personnes que de ceux des mineurs.

11. Par la même raison, le fonds dotal n'est pas susceptible de cette prescription.

12. Par la même raison, les biens d'église et des communautés n'en sont pas susceptibles; mais ils le sont d'une autre espèce de prescription de quarante ans. Nous en traiterons en la seconde partie.

13. Lorsque l'église et un particulier, ou lorsqu'un mineur et un majeur sont propriétaires en commun d'un héritage qu'un tiers possède de bonne foi, en vertu d'un juste titre, ce n'est que pour la part qui appartient à l'église ou au mineur, que l'héritage n'est pas susceptible de cette prescription. Le possesseur peut acquérir, par cette prescription, la part qui appartient au particulier copropriétaire de l'église, ou au majeur copropriétaire du mineur. La Coutume de Bourbonnais, *chap.* 3, *art.* 2, en a une disposition.

Si, néanmoins, la chose dont un mineur et un majeur, ou l'église et un particulier, sont copropriétaires, est une chose indivisible, elle ne sera point du tout sujette à la prescription; car n'étant pas susceptible de parties, elle ne peut y être sujette pour partie; *Bourbonnais, ibid.*

Ces dispositions de la Coutume de Bourbonnais sont conformes au droit commun, et à ce principe général, que ce n'est que dans les choses indivisibles que le mineur relève le majeur.

14. Les biens du domaine de la couronne ne sont ni sujets à cette prescription, ni à aucun autre.

Les biens engagés du domaine sont dans le commerce, quant au droit qui a été accordé à l'engagiste par l'engagement; et ils sont, quant à ce droit, susceptibles de la prescription de dix et vingt ans : mais le droit de domaine direct que le roi s'y est réservé, ne peut s'acquérir par prescription, par quelque temps que ce soit que les possesseurs les aient possédés de bonne foi comme biens ordinaires, et non dépendans de la couronne.

Ce que nous avons dit, que les biens du domaine n'étaient susceptibles d'aucune prescription, ne doit pas s'étendre aux biens qui sont, à la vérité, échus et dévolus au domaine, *putà*, par droit d'aubaine, bâtardise, déshérence ou confiscation, et dont le domaine ne s'est pas encore mis en possession : ces biens ne sont point encore regardés comme biens hors du commerce, et dont l'aliénation soit défendue; et ils sont par conséquent susceptibles de la prescription de dix et vingt ans. On peut tirer argument de ce que dit Modestinus : *Quamvis adversùs fiscum usucapio non procedat, tamen ex bonis vacantibus, nondùm tamen nuntiatis, emptor prædii ex iisdem bonis si extiterit, rectè diutinâ possessione capiet; idque constitutum est;* l. 18, ff. *de usurp. et usucap.*

15. La loi *Julia* et la loi *Plautia* excluaient encore de l'usucapion, et de cette prescription, les héritages dont quelqu'un s'était emparé par violence, jusqu'à ce que ce vice eût été purgé par le rétablissement du spolié en sa possession : c'est pourquoi un tiers, qui, avant que ce vice fût purgé, avait acheté de bonne foi l'héritage, ignorant ce vice, ne pouvait en acquérir la propriété, ni par usucapion, ni par prescription ; *voyez* nos Pandectes, au titre *de usucap., n.* 25 *et suiv.* Il en était de même, par la loi *Julia repetundarum*, des choses entachées du vice de concussion ; l. 8, *in princ. et* § 1, ff. *ad l. Jul. repetund.*

Il ne paraît pas que les dispositions de ces lois, qui renferment un droit purement arbitraire, aient été adoptées dans notre jurisprudence.

16. Hors les biens, dont les lois défendent l'aliénation, tous les autres biens immeubles sont susceptibles de cette prescription de dix et vingt ans, non-seulement les immeubles réels, tels que les fonds de terre et les maisons, mais même les choses incorporelles. La raison de douter, à l'égard de celles-ci, est que, la possession consistant dans une préhension corporelle de la chose, les choses incorporelles, qui sont choses *quæ tangi non possunt*, et qui ne tombent pas sous les sens, ne sont pas susceptibles de possession, ni par conséquent de cette prescription qui nous fait acquérir la propriété des choses par la possession qu'on en a eue.

Néanmoins, comme ces choses sont susceptibles, sinon d'une véritable possession, au moins d'une quasi-possession, qui consiste dans la jouissance qu'on en a eue, on les a regardées comme susceptibles de la prescription de dix et vingt ans, qui en fait acquérir la propriété par la jouissance qu'on en a eue pendant ledit temps.

La Coutume de Paris s'en est expliquée formellement en l'article rapporté ci-dessus ; il y est dit : Si aucun a joui et possédé héritage *ou rente*. Ce qui s'entend tant des rentes constituées que des rentes foncières, et s'étend aux autres droits et choses incorporelles.

17. Il nous reste à observer que les choses susceptibles de cette prescription le sont, soit pour le total, lorsque le possesseur les a acquises et possédées pour le total ; soit pour une certaine partie divisée ou indivisée, lorsqu'il les a acquises et possédées pour cette partie : mais on ne peut ni posséder, ni acquérir, par cette prescription, une portion incertaine d'une chose : *Incertam partem possidere nemo potest ;* l. 32, § 2, ff. *de usurp. et usucap.*

*Locus certus ex fundo et possideri et per longam possessionem capi potest; et certa pars pro indiviso, quæ introducitur vel ex emptione, vel quâlibet aliâ ex causâ. Incerta autem pars nec tradi nec capi potest, veluti si ità tibi tradam, quidquid mei juris in fundo est; nam qui ignorat, nec tradere nec accipere id quod incertum est, potest;* l. 26, ff. *de adquir. poss.*

### ARTICLE II.

*Au profit de quelles personnes le temps de la prescription peut-il courir; et quelles personnes peuvent acquérir par cette prescription?*

18. La prescription étant, suivant la définition que nous en avons donnée, l'acquisition du domaine de propriété d'une chose, par *la possession* qu'on en a eue pendant le temps réglé par la loi, c'est une conséquence que le temps pour la prescription d'une chose ne peut courir qu'au profit des personnes qui la possèdent.

Pour que le temps pour la prescription d'une chose coure au profit d'une personne, il n'importe qu'elle la possède par elle-même, ou par d'autres qui la tiennent en son nom et pour elle.

Il n'est pas non plus nécessaire que la personne, au profit de laquelle court le temps pour la prescription, ait, pendant tout le temps, une volonté positive de la posséder. Lorsqu'une personne a une fois acquis la possession d'une chose, il suffit que la volonté qu'elle a eue de la posséder, n'ait point été révoquée, pour qu'elle soit censée en conserver toujours la possession, comme nous l'avons observé *suprà*, Traité de la possession, *n.* 55 *et* 56; et par conséquent pour que le temps pour la prescription de cette chose continue de courir à son profit.

C'est conformément à ces principes, que Paul décide que, lorsqu'un homme, après avoir acquis la possession d'une chose, perd l'usage de la raison, et devient par conséquent incapable d'une volonté positive de la posséder, le temps pour la prescription de cette chose ne laisse pas de courir et de s'accomplir à son profit : *Furiosus quod antè furorem possidere cœpit, usucapit;* l. 4, § 3, ff. *de usurp. et usucap.*

19. Par la même raison, le temps pour la prescription d'une chose, qui a commencé à courir au profit d'une personne, continue de courir, et peut même s'accomplir au profit de son héritier, et, à défaut d'héritier, au profit de sa succession vacante : car une succession vacante est censée être la continuation de la personne du défunt, et continuer de posséder ce que le défunt possédait. C'est conformément à ces principes que Nératius dit : *Cœptam usucapionem à defuncto, posse et ante aditam hæreditatem impleri, constitutum est;* l. 40, ff. *dict. tit.*

La maxime de notre droit français, *La mort saisit le vif*, ajoute une raison de plus en faveur de cette décision.

20. Pour que le temps pour la prescription d'une chose coure au profit de quelqu'un, outre qu'il faut qu'il possède, il faut encore qu'il soit capable d'acquérir par prescription.

Par le droit romain, il n'y avait que les citoyens qui en fussent capables; les étrangers étaient exclus de ce droit, par cet article de la loi des Douze-Tables : *Adversùs hostem* (1) *æterna auctoritas* (2) *esto*.

Par quelque temps donc qu'un étranger eût possédé une chose, il ne pouvait en acquérir par prescription le domaine de propriété, et le propriétaire était toujours recevable à la revendiquer sur lui, en justifiant de son droit de propriété. La raison est, que les étrangers ont bien avec les citoyens *communionem juris gentium*; mais ils n'ont pas *communionem juris civilis*. C'est pourquoi, ils peuvent bien obliger envers eux les citoyens par les contrats qui sont du droit des gens; ils peuvent bien acquérir les biens des citoyens par les manières d'acquérir qui sont du droit des gens; mais ils ne sont pas capables d'acquérir par les manières d'acquérir du droit civil. C'est par cette raison qu'ils sont incapables de recueillir ce qui leur serait laissé par testament, et qu'ils sont incapables de recueillir des successions, les testamens et les successions étant des manières d'acquérir du droit civil. Par la même raison, les étrangers sont incapables d'acquérir par usucapion ou par prescription; cette manière d'acquérir étant une manière d'acquérir du droit civil, qui n'a été établie que pour les citoyens.

Ces raisons paraissent devoir recevoir application dans notre droit français, pour y exclure du droit d'acquérir par prescription, les étrangers non naturalisés, et empêcher que le temps de la prescription ne puisse courir à leur profit, tant qu'ils n'ont pas obtenu le droit de citoyens par des lettres de naturalisation.

21. Dumoulin, *in cons. par. art.* 12, compte parmi ceux qui ne peuvent acquérir par cette prescription la chose qu'ils possèdent, quoiqu'ils la possèdent en vertu d'un juste titre et de bonne foi, celui, qui est le seigneur féodal de l'héritage qu'il possède, et celui, qui est vassal de la seigneurie qu'il possède.

(1) Ce terme, *hostem*, ne doit pas s'entendre *d'un ennemi*, mais seulement *d'un étranger*, comme nous l'apprenons de Cicéron, *lib.* 1, *de Officiis: Hostis apud majores nostros, is dicebatur quem nunc* PEREGRINUM *dicimus: indicant* XII *Tabulæ.... adversus hostem æterna auctoritas esto*. Le terme qui signifiait *ennemi* était celui de *perduellis*, comme l'observe Gaïus sur la loi des douze Tables : *Quos nos hostes appellamus, eos veteres perduelles appellabant, per eam adjectionem indicantes cum quibus bellum esset*; l. 234, ff. *de verb. signif.*

(2) *Auctoritas* est pris là pour le droit de revendiquer la chose.

Par exemple, dans le cas auquel j'aurais acheté un héritage qui relevait de moi en fief, à Pierre que j'en croyais en possession, et que je croyais en être le propriétaire, quoique ce fût Jacques qui le fût, Dumoulin prétendait que, quoique je possédasse cet héritage en vertu d'un juste titre et de bonne foi, je ne pouvais acquérir la propriété de cet héritage par la prescription de dix et vingt ans, ni par quelque laps de temps que ce fût. Il ajoute, que, quand même Pierre, de qui j'ai acheté l'héritage, aurait été lui-même possesseur de bonne foi, et aurait commencé le cours de la prescription, je ne pourrais pas en continuer le cours, parce que la Coutume dit, *Le seigneur féodal ne peut prescrire contre son vassal;* et que Jacques, propriétaire de l'héritage, étant en cette qualité mon vassal, je ne puis le prescrire contre lui. La raison de cette disposition se tire, suivant cet auteur, de la protection et de la fidélité qu'un seigneur et un vassal se doivent réciproquement, *propter summam ac sinceram fidem quæ servari debet inter patronum et clientem,* qui rejette entre ces personnes toute prescription; *quæ quùm sit,* dit-il, *usurpatio alieni, repugnat huic fidelitati quæ est peculiaris et substantialis feudo.* Cette opinion de Dumoulin n'a pas été suivie; et il a prévalu que cet axiome de la Coutume, *Le seigneur ne peut prescrire contre son vassal,* ne devait être entendu qu'en ce sens, que le seigneur ne pouvait pas acquérir par prescription la propriété du fief de son vassal, par la possession qu'il en aurait eue en sa qualité de seigneur, en vertu d'une saisie féodale; parce que le titre de saisie féodale étant un titre, par lequel le seigneur possède le fief saisi, non comme quelque chose qui lui appartienne à toujours, mais comme quelque chose qui ne lui appartient qu'en attendant que le vassal se présente à la foi, à laquelle il doit être reçu toutes les fois qu'il s'y présentera, sa présence est un titre qui réclame perpétuellement contre la prescription.

En un mot, la Coutume ne veut dire autre chose, sinon que le seigneur ne peut prescrire le fief de son vassal par la possession qu'il en aurait en qualité de seigneur, par la saisie féodale; mais elle ne veut pas dire, comme l'avait pensé Dumoulin, que le seigneur ne puisse prescrire le fief de son vassal, même dans le cas auquel il le posséderait en vertu d'un titre tout-à-fait étranger à sa qualité de seigneur, telle qu'est une vente, qui lui en aurait été faite par une personne qu'il croyait en possession de cet héritage, et qu'il en croyait propriétaire, quoiqu'elle ne le fût pas. Il paraît que, dès le temps de la réformation de la Coutume de Paris, cette interprétation avait prévalu; et c'est en conséquence que, pour qu'on ne pût se méprendre sur le sens de ces termes, *Le seigneur ne peut prescrire contre son vassal,* et pour qu'on n'y donnât pas l'extension que Dumoulin y avait donnée, on en a donné l'explication dans l'*art.* 12 de la nouvelle Coutume, qui est conçu en ces termes : « Le seigneur féodal ne peut prescrire contre » son vassal le fief sur lui saisi, ou mis en sa main par faute » d'homme, droits et devoirs non faits, ou dénombrement non » baillé. »

Il est étonnant que, nonobstant cette explication que la Coutume a donnée de ces termes, *Le seigneur ne peut prescrire contre son vassal*, M. Guyot, en son Traité des Fiefs, soutienne qu'on doit encore les entendre dans le sens qu'y avait donné Dumoulin. Les raisons, qu'il apporte pour son opinion, sont très-faibles, et il avoue qu'elle est contraire à celle de tous les auteurs : c'est pourquoi, il doit demeurer pour constant que celui, qui a acheté ou acquis à quelque autre titre un héritage de quelqu'un, qu'il croyait en être le propriétaire, quoiqu'il ne le fût pas, peut en acquérir la propriété par cette prescription de dix ou vingt ans, quoiqu'il relève en fief de lui ; et que sa qualité de seigneur n'est point un obstacle à cette prescription, n'ayant point possédé l'héritage en cette qualité de seigneur, mais en vertu d'un titre étranger à cette qualité.

*Vice versâ*, celui, qui a acheté ou acquis à quelque autre titre une seigneurie de quelqu'un qu'il croyait de bonne foi en être le propriétaire, quoiqu'il ne le fût pas, peut en acquérir la propriété par cette prescription de dix ou vingt ans, quoiqu'il soit vassal de cette seigneurie; car ce n'est pas en sa qualité de vassal, mais par un titre étranger à cette qualité, qu'il prescrit.

## ARTICLE III.

### *Contre quelles personnes le temps de la prescription peut courir.*

22. Le temps pour la prescription d'une chose ne peut courir contre le propriétaire de cette chose, tant qu'il se trouve dans l'impossibilité d'intenter son action pour la revendiquer, suivant cette maxime : *Contra non valentem agere nulla currit præscriptio.*

Il suit de-là que, dans les Coutumes du Lodunois et de Bretagne, qui font courir la prescription contre les mineurs lorsqu'elle a commencé contre un majeur dont ils sont héritiers, elle ne court néanmoins contre ces mineurs que lorsqu'ils sont pourvus de tuteurs; ces mineurs étant dans l'impossibilité de l'arrêter, tant qu'ils n'ont point de tuteurs qui puissent former pour eux l'action de revendication. La Coutume de Bretagne s'en est expliquée en l'article ci-dessus cité, *n.* 9, où il est dit : « Les » prescriptions commencées avec les majeurs courent contre..... » mineurs, insensés étant pourvus de tuteurs, curateurs, etc. »

De-là il suit pareillement, que, dans le système de ceux qui pensent que les biens des insensés et autres semblables personnes, sont susceptibles de cette prescription, le temps de cette prescription ne court pas néanmoins contre ces personnes, tant qu'elles sont destituées de curateur.

23. Il suit aussi de-là, que le temps de la prescription ne court pas contre le propriétaire, pendant qu'il est absent pour le service de l'Etat, s'il n'y a personne qui soit chargé de ses affaires.

Quand même ce ne serait pas pour le service de l'Etat que le propriétaire eût été absent, mais pour quelque autre juste cause qui l'eût obligé de partir sans avoir le loisir de charger quelqu'un de ses affaires : ou si la personne, qu'il en avait chargée en partant, a cessé, par mort ou autrement, d'en avoir soin, le temps de la prescription ne doit pas courir contre lui : *Quam (præscriptionem) contra absentes vel Reipublicæ causâ, vel maximè fortuito casu nequaquàm valere decernimus;* l. 4, *Cod. quib. non obj. long. temp.*

Il en est de même généralement de toutes les autres justes causes d'empêchement qui empêchent le propriétaire d'intenter son action; le temps de la prescription ne court pas, tant que l'empêchement subsiste.

24. Observez, à l'égard de ces absens et autres, une différence entre le droit romain et le nôtre, qui est que, par le droit romain, ce n'était que par le secours de la restitution, que le propriétaire obtenait que le temps qu'avait duré son absence, ou quelque autre empêchement, fût soustrait de celui de la prescription; l. 7, *Cod. quib. non obj.;* au lieu que, par le droit français, l'absence *Reipublicæ causâ,* ou autre empêchement, pendant qu'il dure, arrête de plein droit et empêche de courir contre le propriétaire le temps de la prescription, de même que la minorité, sans qu'il soit besoin de restitution.

25. Du principe que *Contra non valentem agere non currit præscriptio,* il suit encore, que, lorsqu'un homme a vendu l'héritage propre de sa femme à quelqu'un qui l'a acheté de bonne foi, croyant que celui, qui le lui vendait, en était le propriétaire, le temps de la prescription de cet héritage ne court pas pendant le mariage contre la femme qui en est la propriétaire; la puissance que son mari a sur elle, pendant le mariage, étant censée l'avoir empêchée d'intenter contre le possesseur une demande en revendication, qui aurait réfléchi contre le mari, comme garant des évictions. Plusieurs Coutumes en ont des dispositions; Anjou, le Maine, Grand-Perche, etc.

# CHAPITRE II.

## *Des qualités que doit avoir la possession pour opérer la prescription.*

26. La possession, pour opérer la prescription, et faire acquérir au possesseur le domaine de propriété de la chose qu'il a possédée pendant le temps réglé par la loi, doit être une possession civile et de bonne foi, qui procède d'un juste titre, qui ait été publique, paisible, et non interrompue.

### ARTICLE PREMIER.

### *La possession doit être une possession civile et de bonne foi.*

27. Quoique nous ayons défini la prescription, *suprà, n.* 1, l'acquisition que nous faisons du domaine de propriété d'une chose par la possession que nous en avons eue, il ne faut pas néanmoins en conclure que toute possession, même celle qui procède d'un injuste titre, puisse opérer la prescription : *Separata est causa possessionis et usucapionis*, dit Paul : *nam verè dicitur quis emisse, sed malâ fide; quemadmodùm qui sciens alienam rem emit, pro emptore possidet, licèt usu non capiat;* l. 2, § 1, ff. *pro empt.*

La possession, pour pouvoir opérer la prescription, doit être une possession civile et de bonne foi.

On appelle *possession civile*, la possession de celui qui possède *animo domini*, c'est-à-dire, comme s'en réputant le propriétaire. La possession de ceux, qui possèdent une chose *tanquam alienam*, telle qu'est celle d'un séquestre, et celle des créanciers, auxquels un débiteur a fait un abandon d'un héritage, pour en jouir jusqu'à ce qu'ils soient entièrement remplis de leurs créances par les revenus, est une possession naturelle, qui n'est pas de nature à opérer la prescription.

28. La bonne foi, qui doit accompagner la possession, pour opérer la prescription, peut se définir, la juste opinion, qu'a le possesseur, qu'il a acquis le domaine de propriété de la chose qu'il possède; *justa opinio quæsiti dominii.*

Cette opinion, quoique fondée sur une erreur de fait, ne laisse pas d'être une juste opinion, et de donner à la possession le caractère de possession de bonne foi.

Par exemple, lorsque quelqu'un m'a vendu, comme chose à lui appartenante, un héritage dont il était en possession, et qui ne lui appartenait pas, l'opinion, que j'avais qu'il en était le propriétaire, et qu'il m'en a transféré la propriété, quoique fondée sur une erreur de fait, est une juste opinion qui me rend possesseur de bonne foi. L'erreur de fait, en laquelle j'étais, est excusable, ayant un juste sujet de croire propriétaire celui que j'en voyais en possession; la possession faisant réputer le possesseur pour le propriétaire de la chose qu'il possède. C'est pourquoi Paul dit : *Qui à quolibet rem emit, quam putat ipsius esse, bonâ fide emit;* l. 27, ff. *de contrah. empt.*

29. Il en est autrement de l'erreur du droit. L'opinion, que j'ai qu'on m'a transféré la propriété d'un héritage, opinion fondée sur une erreur de droit, n'est pas une juste opinion, et elle n'a pas par conséquent l'espèce de bonne foi, qui est requise pour donner à ma possession le caractère de possession de bonne foi, nécessaire pour la prescription. Paul en fait une maxime : *Nunquam in usucapionibus juris error possessori prodest;* l. 31, ff. *de usurp. et usucap.*

On peut apporter pour exemple le cas auquel votre procureur, à qui vous avez donné procuration d'administrer vos biens, croyant, par erreur de droit, que cette procuration lui donnait le pouvoir de vendre vos héritages, en a, en vertu de cette procuration, vendu un à quelqu'un qui était dans la même erreur. Cet acquéreur ne pourra pas l'acquérir par prescription; car l'opinion, que l'acquéreur avait que la propriété de l'héritage lui avait été transférée, étant fondée sur une erreur de droit, n'est pas une juste opinion, ni par conséquent l'espèce de bonne foi requise pour la prescription.

30. La bonne foi, requise pour la prescription, étant la juste opinion qu'a le possesseur que la propriété de la chose qu'il possède lui a été acquise, c'est une conséquence que, lorsque mon procureur a acquis pour moi un héritage, et en a été mis pour moi et en mon nom en possession; quoique je possède par lui l'héritage avant que j'aie été informé de l'acquisition, je ne puis néanmoins commencer le temps pour la prescription, jusqu'à ce que j'aie été informé de l'acquisition : car je ne puis avoir l'opinion que je suis propriétaire d'un héritage, avant que de savoir qu'on en a fait pour moi l'acquisition. C'est ce qu'enseigne Paul : *Si emptam rem mihi procurator, ignorante me, meo nomine apprehenderit; quamvis possideam, eam non usucapiam;* l. 47, ff. *de usurp. et usucap.*

31. Lorsque quelqu'un, quoique par erreur, est dans l'opinion que l'acquisition, qu'il a faite d'une chose, ne lui est pas permise par les lois; ne pouvant pas, en ce cas, avoir l'opinion qu'il en a acquis la propriété, dans laquelle opinion consiste la bonne foi,

il ne pourra l'acquérir par usucapion ou prescription : *Si quis id, quod possidet, non putat sibi per leges licere usucapere, dicendum est, etiamsi erret, non procedere tamen usucapionem;* l. 32, § 1, ff. *dict. tit.*

On peut, pour exemple de cette décision, faire cette espèce : Pierre, demeurant à Paris, a fait donation pendant le mariage, à sa femme, avec laquelle il était séparé de biens, d'un héritage qu'il possédait de bonne foi, et qui appartenait à Jacques, situé dans la Coutume de Noyon, qui permet les donations entre vifs, entre mari et femme, pendant le mariage. Quelque temps après, Jacques donne contre cette femme une demande en revendication de cet héritage. Elle oppose qu'elle l'a acquis par prescription, l'ayant possédé, tant par elle que par son auteur, pendant le temps requis pour la prescription, en vertu d'un juste titre. Jacques réplique que la femme n'a pu acquérir l'héritage par prescription, parce qu'elle n'a pas eu la bonne foi requise pour la prescription, ayant cru, quoique par erreur, que la donation, que son mari lui avait faite, était nulle, et n'avait pu lui transférer la propriété de l'héritage; et, pour justifier que la femme a été dans cette opinion, il produit une lettre écrite par la femme à un de ses amis, qui porte : *Quoique la donation, que m'a fait mon mari, ne soit pas permise par la Coutume, je me flatte qu'elle tiendra, connaissant assez les sentimens de son neveu qui doit lui succéder, pour être assurée qu'il respectera la volonté de son oncle.* On doit, aux termes de la loi que nous venons de rapporter, décider dans cette espèce, que la femme n'a pas eu la bonne foi requise pour la prescription, et n'a pu en conséquence l'acquérir par prescription.

32. Dans une province régie par le droit écrit, un fils de famille, qui avait un pécule profectice, a acheté de ce pécule, après la mort de son père qu'il croyait vivant, un héritage. On a fait la question de savoir, s'il pouvait être censé avoir eu la bonne foi nécessaire pour l'acquérir par prescription. La raison de douter est que, ayant cru son père vivant, il n'a pu croire avoir acquis pour lui la propriété de cet héritage, mais plutôt l'avoir acquise à son père. Néanmoins Papinien décide que le fils doit être censé, dans cette espèce, avoir la bonne foi requise pour la prescription, parce que le père et le fils étant censés comme la même personne, le fils est censé avoir cru acquérir, en quelque façon, pour lui, ce qu'il a cru acquérir pour son père : *Filiusfamiliàs emptor alienæ rei, quùm patremfamiliàs se factum ignoret, cœpit rem sibi traditam possidere : cur non capiat usu, quùm bona fides initio possessionis adsit, quamvìs eum se per errorem esse arbitretur, qui rem ex causâ peculiari quæsitam nec possidere possit; l.* 44, § 4, ff. *dict. tit.*

33. Lorsque l'acheteur d'un héritage a connaissance qu'il n'ap-

partient pas pour une certaine partie divisée ou indivisée à son vendeur, ce n'est que pour cette partie qu'il n'est pas possesseur de bonne foi; il est possesseur de bonne foi du surplus, et il peut acquérir par prescription le surplus. Mais lorsque l'acheteur sait seulement en général que l'héritage n'appartient pas pour le total à son vendeur, sans savoir pour quelle partie il ne lui appartient pas, l'acheteur ne pouvant, en ce cas, avoir l'opinion, à l'égard d'aucune partie de l'héritage, qu'elle appartient au vendeur, et qu'il lui en ait transféré la propriété, il n'est possesseur de bonne foi d'aucune partie de cet héritage, il n'en peut rien acquérir par prescription. C'est ce que Javolenus a fort bien observé: *Emptor fundi partem ejus alienam esse non* (1) *ignoraverat. Responsum est nihil eum ex eo fundo longâ possessione capturum. Quod ità verum esse existimo, si quæ pars aliena esset in eo fundo, emptor ignoraverat : quòd si certum-locum esse sciret, reliquas partes longâ possessione capi posse non dubito ; l.* 4, ff. *pro empt. Idem juris est si is, qui totum fundum emebat, pro indiviso partem aliquam alienam esse scit; eam enim duntaxat non capiet; cæterarum partium non impedietur longâ possessione capio; dict. l.* 4, § 1.

34. Par le droit romain, il suffisait que le possesseur eût au commencement de sa possession la bonne foi qui est requise pour la prescription; la connaissance, qui lui survenait depuis, que la chose ne lui appartenait pas, n'empêchait pas que le temps de la prescription ne continuât de courir à son profit, et ne la lui fît acquérir lorsqu'il était accompli : *Si eo tempore, quo res mihi traditur, putem vendentis esse, deindè cognovero alienam esse, perseverat per longum tempus capio; l.* 48, § 1, ff. *de adq. rer. dom.*

Nous avons, dans notre droit français, abandonné sur ce point le droit romain, et embrassé la disposition du droit canonique, qui exige la bonne foi pendant tout le temps qui est requis pour la prescription.

Cette disposition du droit canonique est très-équitable. Par la connaissance, qui survient au possesseur, avant qu'il ait accompli le temps de la prescription, que la chose, qu'il avait commencé de bonne foi à prescrire, ne lui appartient pas, il contracte l'obligation de la rendre; laquelle obligation naît du précepte de la loi naturelle, qui défend de retenir le bien d'autrui. Cette obligation étant une fois contractée, dure toujours, jusqu'à ce qu'elle soit acquittée, et résiste à la prescription : elle passe aux héritiers de ce possesseur, et elle empêche pareillement que ses héritiers ne puissent prescrire.

(1) Cujas restitue ainsi le texte, au lieu de *alienam non esse ignoraverat.*

35. Ce que nous disons, que la bonne foi doit durer pendant tout le temps de la possession, s'entend d'une même possession. Mais si j'ai commencé à posséder de mauvaise foi un héritage appartenant à Jacques, que j'ai usurpé sur Pierre, qui en était le possesseur, et que, sur une demande en revendication que Pierre était prêt à donner contre moi, j'aie acheté de Pierre cet héritage, ma possession de cet héritage, qui procède de la vente que Pierre m'en a faite, étant une nouvelle possession, quoiqu'elle succède immédiatement et sans intervalle à la possession de mauvaise-foi que j'avais de cet héritage, il suffit que, au temps de la vente que Pierre m'a faite de cet héritage, j'aie cru de bonne foi que Pierre, de qui je l'achetais, en était le propriétaire, et que cette bonne foi ait toujours duré depuis, pour que je puisse, par cette nouvelle possession, commencer et parachever le temps de la prescription contre Jacques qui est le propriétaire, sans que mon ancienne possession de mauvaise foi, qui a précédé celle-ci, y puisse apporter aucun obstacle.

36. Il nous reste à observer, à l'égard de la bonne foi, qu'elle se présume dans le possesseur qui possède en vertu d'un juste titre, tant qu'on n'établit pas le contraire.

### ARTICLE II.

*La possession, pour opérer la prescription, doit être publique.*

37. La possession, qui nous fait acquérir, par droit de prescription, le domaine de propriété d'un héritage, doit être une possession publique. Quelques Coutumes s'en expliquent. Celle d'Étampes, *art.* 63, dit : *Quand aucun a joui d'un héritage pleinement, paisiblement,* PUBLIQUEMENT, *il acquiert prescription.* Celle de Melun, *art.* 170, dit : *Quand aucun a joui...... au vu et su de tous ceux qui l'ont voulu* VOIR *et* SAVOIR.

C'est pourquoi si quelqu'un, pour agrandir ses caves, en a fouillé une sous le terrain de la maison voisine, et l'a unie aux siennes, sans que son voisin s'en soit aperçu, et a depuis vendu sa maison telle qu'elle se poursuit; quoique l'acquéreur ait possédé de bonne foi la cave qui a été fouillée sous la maison voisine, il ne pourra l'acquérir par prescription, cette possession n'étant pas une possession publique. La Coutume d'Orléans, *art.* 253, a parlé de ce cas, en disant que *fouillement en terre, grattement... n'attribuent, par quelque laps de temps que ce soit, droit de possession à celui qui aura fait ladite entreprise.*

Il faut ajouter, ni à ses successeurs, même à titre singulier, la possession qu'ils en ont n'étant pas une possession publique.

## ARTICLE III.

*La possession doit être paisible, et non interrompue.*

38. Pour que la possession de dix ou vingt ans fasse acquérir, par droit de prescription, au possesseur le domaine de propriété de l'héritage qu'il a possédé pendant ce temps, il faut qu'elle n'ait point été interrompue pendant tout ce temps : c'est ce qui résulte de la définition que nous avons rapportée *suprà, n.* 1 : *Adjectio dominii per continuationem possessionis, etc.*

Il y a deux espèces d'interruptions, l'interruption naturelle, et l'interruption civile.

### § I. De l'interruption naturelle.

39. Il y a interruption naturelle dans la possession d'une chose, lorsque celui, qui la possédait, a cessé pendant quelque temps de la posséder.

Cette interruption naturelle de la possession qui arrêtait le cours de l'usucapion, est ce que les jurisconsultes romains appelaient *usurpatio : Usurpatio est usucapionis interruptio ;* l. 2, ff. *de usurp. et usucap.*

Par exemple, si, après avoir possédé de bonne foi, et en vertu d'un juste titre, un héritage qui ne m'appartenait pas, pendant six ans, mon voisin s'en est emparé et en a acquis la possession par an et jour; quoique, sur une action de revendication, j'aie fait condamner ce voisin à me le délaisser, et que, depuis le délaissement qu'il m'en a fait, je l'aie encore possédé pendant quatre ou cinq ans, je ne l'aurai pas acquis par la prescription de dix ans; car la possession, que j'ai eue de cet héritage pendant six ans, ayant été interrompue, puisque j'ai cessé de le posséder, ne peut plus me servir pour la prescription, et je ne puis compter le temps que depuis que j'ai commencé de nouveau à posséder l'héritage, après le délaissement que m'en a fait le voisin qui s'en est emparé.

40. La possession est interrompue, non-seulement lorsque le possesseur l'a perdue par négligence et par sa faute; elle l'est pareillement lorsqu'il a été dépossédé, même par violence : *Naturaliter interrumpitur possessio, quùm quis de possessione vi dejicitur, vel alicui res eripitur ;* l. 5, ff. *de usurp. et usucap.*

Il n'importe, à cet égard, par qui le possesseur ait été dépossédé, par le propriétaire de la chose, ou par quelque autre personne que ce soit; ni quel ait été le titre de sa possession, lucratif ou onéreux : *Nec eo casu quicquam interest, is, qui usurpa-*

verit (1) *dominus sit, nec ne; dict. l. Ne illud quidem interest pro* (2) *suo quisque possideat, an ex lucrativâ causâ.*

La loi 17, ff. *de adq. poss.*, où il est dit : *Qui vi dejectus est, perindè habendus est ac si possideret*, n'est point contraire ; car cela n'est dit que vis-à-vis du spoliateur.

Quelques auteurs pensent que cette disposition du droit romain ne doit pas être adoptée dans notre droit, et qu'on n'y doit point regarder comme interrompue la possession de celui qui a été dépossédé par violence, lorsqu'il a été rétabli dans l'année.

41. La possession, que j'avais d'un héritage, est interrompue, et je cesse de le posséder, lorsque j'en ai fait un bail à ferme à celui qui en est le propriétaire, que j'en ai mis en possession; car ce propriétaire de l'héritage ne peut être censé le tenir pour moi et en mon nom, en qualité de fermier, personne ne pouvant être fermier de sa propre chose. C'est ce qu'enseigne Javolenus : *Ei à quo fundum pro hærede diutiùs possidendo capturus eram, locavi eum : an ullius momenti eam locationem existimes quæro ? Quod si nullius momenti existimes, an durare nihilominùs usucapionem ejus fundi putes ?... Respondit : Si is, qui pro hærede domum possidebat, domino eam locavit, nullius momenti locatio est, quia dominus rem suam conduxisset : sequitur ergò, ut ne possessionem quidem lòcator retinuerit ; ideòque longi temporis præscriptio non durabit* ; l. 21, ff. *de usurp. et usucap.*

Il en est de même, lorsque j'en ai mis le propriétaire en possession à titre de nantissement, ou de dépôt, ou de prêt, ou de précaire ; car le propriétaire d'une chose ne peut pas avoir sa propre chose en gage, ni en être le dépositaire, ni le possesseur précaire, de même qu'il n'en peut être le locataire ni le fermier : *Neque pignus, neque depositum, neque precarium, neque emptio, neque locatio rei suæ consistere potest* ; l. 45, ff. *de reg. jur.*

42. Si, lorsque je vous ai passé bail à loyer d'une chose que je possédais en vertu d'un juste titre, ou lorsque je vous l'ai donnée à titre de dépôt, de prêt ou de nantissement, vous n'en étiez pas encore le propriétaire, mais que vous soyez devenu depuis l'unique héritier du propriétaire ; dès l'instant que vous en êtes devenu le propriétaire, je suis censé avoir cessé de la posséder, car dès que vous en êtes le propriétaire, vous n'êtes plus une personne par qui je puisse être censé en retenir la possession. C'est ce qu'enseigne Julien : *Si rem alienam bonâ fide emeris, et mihi pignori dederis, ac precariò rogaveris, deindè me dominus hæredem instituerit, desinit pignus esse ; et sola precarii rogatio*

(1) *Id est, interruperit possessionem eum dejiciendo.*

(2) *Id est*, suivant la Glose, *pro suâ pecuniâ, seu ex onerosâ causâ.* Ailleurs ces termes se prennent dans un autre sens.

*supererit; idcircò usucapio tua interpellabitur;* l. 29, ff. *de pign. act.* Dès que je suis devenu propriétaire de la chose, vous avez cessé de pouvoir être censé la posséder par moi, comme la tenant de vous à titre de gage; un propriétaire ne pouvant pas avoir sa propre chose en gage : il ne vous reste plus qu'une possession précaire que vous tenez de moi; mais il est évident qu'on ne peut prescrire contre un propriétaire par une possession qu'on tient précairement de lui.

43. Il n'est pas douteux que, lorsque le possesseur d'une chose la donne à titre de ferme, ou de loyer, ou de dépôt, ou de prêt, à quelqu'un qui n'en est pas le propriétaire, il continue de la posséder, et le temps de la prescription continue de courir à son profit; car un fermier, un locataire, un dépositaire, un emprunteur, ne détiennent la chose que pour, et au nom de celui de qui ils la tiennent, qui la possède par eux.

44. Il y a plus de difficulté à l'égard d'un créancier à qui il l'a donnée en nantissement; car le gage étant le droit de posséder une chose *in securitatem debiti*, quoique le créancier ne possède pas la chose qui lui a été donnée en gage, *tanquam rem propriam, sed tanquam rem alienam*, il la possède pour lui; il en a une possession naturelle qui paraît devoir faire cesser celle de celui qui la lui a donnée en nantissement. Néanmoins c'est un droit reçu, que celui, qui a commencé à posséder une chose en vertu d'un juste titre, et qui la donne en nantissement à son créancier, est censé, quant à l'effet de la prescription, continuer de la posséder par ce créancier, et que le temps pour la prescription court à son profit, soit que la chose soit pardevers le créancier, soit qu'il l'en ait retirée précairement. C'est ce qu'enseigne Julien : *Qui pignoris causâ fundum creditori tradit, intelligitur* (1) *possidere. Sed etsi eumdem precariò rogaverit, æquè* (2) *per diutinam possessionem capiet: nam quùm possessio creditoris non impediat capionem, longè minùs precarii rogatio impedimento esse non debet; quùm plus juris in possessione habeat qui precariò rogaverit, quàm qui omninò non possidet;* l. 36, ff. *de acq. poss.*

45. Lorsque l'héritage, que j'ai commencé de posséder en vertu

---

(1) *Jam quidem ipse non possidet, sed creditor : verùm utilitatis causâ receptum est ut quoad usucapionis causam intelligatur possidere per creditorem, et ut possit cœptam à se usucapionem adimplere per possessionem creditoris cui rem pignori dedit. Itâ Cujacius, ad hanc legem.*

(2) *Ratio dubitandi, quòd precaria possessio quam habet à creditore, non fit possessio civilis quæ sola proficit ad usucapionem. Respondet: Quùm receptum sit ut hoc casu possit, etiamsi ipse omninò non possideat, cœptam usucapionem adimplere per possessionem creditoris, à fortiori potest eam hoc casu adimplere per possessionem quam precariò habet à creditore.*

d'un titre, est saisi réellement par mes créanciers, ma possession n'est point interrompue par la saisie réelle, et le temps de la prescription continue de courir à mon profit pendant la saisie; car je continue de le posséder par le commissaire à la saisie réelle, qui le détient pour moi et en mon nom, comme nous l'avons vu dans le Traité de la Possession, *n.* 16.

46. Lorsqu'un héritage tenu en fief est saisi féodalement, le possesseur n'en est dessaisi par la saisie féodale que vis-à-vis du seigneur; il continue de le posséder vis-à-vis de tous autres; sa possession n'est pas interrompue, et le temps pour la prescription continue de courir, et peut même se parachever pendant la saisie.

47. Enfin le dérangement d'esprit, qui survient dans le possesseur, n'interrompt point la possession, ni le cours du temps de la prescription, comme nous l'avons vu *suprà*, *ibid.*, *n.* 56.

## § II. De l'interruption civile.

48. L'interruption civile est celle qui résulte de l'interpellation judiciaire, c'est-à-dire, d'une demande judiciaire donnée contre le possesseur pour lui faire délaisser le chose.

Par le droit romain, lorsque quelqu'un avait commencé de posséder une chose en vertu d'un juste titre, la demande judiciaire, qui était donnée contre lui pour la lui faire délaisser, ni même la litiscontestation, qui intervenait sur cette demande, n'empêchaient pas que le temps pour l'usucapion ne continuât de courir, et même que l'usucapion ne s'accomplît pendant le procès. C'est ce qu'enseigne Paul : *Si rem alienam emero, et quum usucaperem, eamdem rem dominus à me petierit, non interpellari usucapionem litiscontestatione;* l. 2, § 21 ff. *pro empt.* Mais par la litiscontestation, le possesseur contractait envers le demandeur l'obligation de lui rendre la chose, s'il justifiait qu'il en fût le propriétaire au temps de la litiscontestation; et le juge le condamnait à la rendre, quoiqu'il l'eût acquise par droit d'usucapion, et même à donner caution au demandeur, qu'il n'avait apporté aucun changement à l'état de cette chose, depuis l'accomplissement de l'usucapion. C'est ce qu'enseigne le même Paul : *Si post acceptum judicium possessor usu hominem cæpit, debet eum tradere, eoque nomine de dolo cavere : periculum est enim ne eum vel pignoraverit vel manu miserit;* l. 18, ff. *de rei vind.*

49. Cujas pense qu'il n'y avait que l'usucapion qui s'accomplît pendant le procès; qu'il en était autrement à l'égard de la prescription *longi temporis*, et qu'elle était arrêtée de plein droit par la litiscontestation. Il se fonde sur ce rescrit des empereurs Dioclétien et Maximien : *Longi temporis præscriptio his qui bonâ fide acceptam possessionem et continuatam nec interruptam* IN-

QUIETUDINE LITIS *tenuerunt*, *solet patrocinari*; l. 2, *Cod. de præscr. long. temp.*

Il se fonde encore sur un rescrit des empereurs Sévère et Antonin, aux termes duquel, non-seulement la litiscontestation, qui intervient sur une demande en revendication donnée contre le possesseur, arrête le cours de la prescription, mais encore affecte sa possession d'un vice qui la rend incapable d'opérer la prescription, tellement que, quand même le demandeur aurait depuis abandonné sa demande, et que le possesseur aurait, depuis l'abandon de la demande, possédé la chose pendant tout le temps requis pour la prescription, il ne la pourrait acquérir par prescription. Il n'y a dorénavant que son successeur à titre singulier, qui puisse commencer par lui-même le temps de la prescription, et la parachever : *Quùm post motam et omissam quæstionem, res ad nova* (1) *dominia bonâ fide transierint, et exindè novi viginti anni intercesserint sine interpellatione, non est inquietanda quæ nunc possidet persona. Quæ sicut accessione prioris domini* (2) *non utitur, qui est inquietatus; ità nec impedienda est, quòd ei* (3) *mota controversia sit. Quòd si prior possessor inquietatus est; etsi posteà per longum tempus sine aliquâ interpellatione in possessione remansit, tamen non potest uti longi temporis præscriptione*; l. 1, *Cod. de præscr. long. temp.*

Constantin en donne la raison, qui est que, depuis l'interruption que la litiscontestation sur la demande en revendication donnée contre le possesseur, a apportée à sa possession, la possession, qu'il a eue depuis cette interruption, n'a plus été qu'une possession vacillante ; elle n'a plus été la possession d'un homme qui croit avec assurance posséder une chose qui lui appartient : *Nemo ambigit*, dit cet empereur, *possessionis duplicem esse rationem : aliam quæ jure consistit : aliam quæ corpore : utramque autem ità demùm esse legitimam, quùm omnium adversariorum silentio et taciturnitate firmatur; interpellatione verò et controversiâ progressâ, non posse eum intelligi possessorem, qui, licèt possessionem corpore teneat, tamen ex interpositâ contestatione et causâ in judicium deductâ, super jure possessoris vacillet ac dubitet*; l. 10, *Cod. de adq. poss.*

5o. Une simple dénonciation, que j'aurais faite à quelqu'un, de mes prétentions sur la chose qu'il possède, n'interrompt point sa possession, ni le cours de la prescription : *Alienam aream bonâ fide emit, et ante impletam diutinam possessionem*,

(1) *Id est ad novos possessores bonæ fidei, qui titulo singulari successerunt ei cui mota est controversia.*

(2) *Id est prioris possessoris.*

(3) *Priori possessori.*

*ædificare cœpit; ei denuntiante domino soli, intrà tempora diutinæ possessionis perseveravit: quæro utrùm interpellata sit, an cœpta duraverit? Respondit secundùm ea quæ proponerentur, non esse interpellatam; l. 13, ff. pro empt.*

51. Tels sont les principes du droit romain sur l'interruption civile. Dans notre droit français, il n'est pas douteux que l'interruption civile arrête de plein droit le cours de la prescription. La Coutume de Paris, en l'article 113 ci-dessus rapporté, et la plupart des autres Coutumes, s'en expliquent formellement par ces termes : *Quiconque a joui et possédé.... sans inquiétation.*

L'exploit d'assignation sur une demande en revendication donnée contre le possesseur, forme l'interruption civile. Du jour que cet exploit lui a été posé, sa possession cesse d'être une possession *sans inquiétation*, telle que les Coutumes la demandent pour la prescription, et par conséquent le temps de la prescription doit dès ce jour cesser de courir.

Observez qu'un exploit d'assignation, quoique devant un juge incompétent, ne laisse pas d'être une interruption civile, qui arrête le cours de la prescription. C'est ce qui a été jugé par un arrêt du 1er juillet 1627, dans une matière de retrait lignager, où tout est de rigueur; ce qui doit avoir lieu à plus forte raison dans toutes les autres matières. L'arrêt est au Journal des Audiences.

52. Si l'assignation était donnée au fermier, que le demandeur croyait être le possesseur de l'héritage, cette assignation ne pourrait arrêter le cours de la prescription, qui court au profit du possesseur qui l'a donné à ferme : elle ne cessera de courir que du jour du nouvel exploit d'assignation qui aura été posé au possesseur, sur l'indication qu'en aura donnée le fermier; et si, dans le temps intermédiaire entre l'assignation donnée au fermier et celle donnée au possesseur, le temps de la prescription s'était accompli, l'assignation donnée au possesseur aurait été donnée à tard.

Si néanmoins le demandeur pouvait établir qu'il y a eu fraude et collusion entre le possesseur et son fermier, pour amuser le demandeur et lui cacher le nom du possesseur, jusqu'à l'accomplissement du temps de la prescription, le demandeur, à qui le possesseur opposerait la prescription, pourrait, contre la prescription, opposer avec succès la réplication de dol.

53. Lorsque le demandeur a laissé tomber en péremption la demande qu'il a donnée contre le possesseur, et qu'il y a eu un jugement qui a déclaré la péremption acquise, l'effet de la péremption étant de faire regarder comme non avenue la demande, elle ne peut avoir aucun effet, ni par conséquent celui d'avoir apporté une interruption à la possession du possesseur, et d'avoir arrêté le cours de la prescription, laquelle

conséquemment doit continuer de courir et de se parachever, nonobstant cette demande ; *Ordonnance de Roussillon.*

Mais si les titres du demandeur, dont le possesseur a eu la communication dans l'instance qui a été périmée, établissaient le droit de propriété du demandeur ; si le demandeur donnait une nouvelle demande contre le possesseur, et que ce possesseur lui opposât la prescription, ce demandeur serait-il bien fondé à soutenir que la prescription, avant qu'elle fût accomplie, a cessé de courir au profit de ce possesseur, non par la première demande qui a été donnée contre lui, laquelle, étant tombée en péremption, n'a pu produire aucun effet ; mais par la connaissance qu'il a eue du droit de propriété du demandeur, par la communication qu'il a eue de ses titres ? Cette connaissance ayant, dira-t-on, fait cesser la bonne foi du possesseur, qui consiste dans la juste opinion qu'a un possesseur que la chose qu'il possède lui appartient, a conséquemment fait cesser le cours de la prescription, laquelle ne peut courir sans être accompagnée de la bonne foi du possesseur ; puisque, comme nous l'avons vu *suprà*, *n.* 34, suivant les principes de notre droit, la bonne foi du possesseur doit durer pendant tout le temps de la prescription, jusqu'à son entier accomplissement.

Nonobstant ces raisons, on doit dire que le cours de la prescription n'a point été interrompu ; que la communication, qui a été faite au possesseur des titres du demandeur, sur la demande qu'il a laissé périmer, ne doit point être censée avoir donné au possesseur une connaissance parfaite que la chose appartenait au demandeur ; qu'il a eu, au contraire, un juste sujet de croire qu'il y avait quelque défaut dans les titres du demandeur, puisqu'il abandonnait sa demande, et qu'en conséquence il a eu sujet de continuer à se croire propriétaire de l'héritage, en quoi consiste la durée de la bonne foi, nécessaire pour la prescription. *Voyez* ce que nous avons dit dans notre *Traité du Domaine de Propriété*, *n.* 342, dans une espèce à peu près semblable.

54. Lorsque le propriétaire pour partie d'un héritage a donné une demande en revendication, pour la partie qui lui en appartient, contre un possesseur qui le possède pour le total en vertu d'un juste titre, cette demande n'interrompt la possession de ce possesseur et le cours de la prescription, que pour la part du demandeur ; le possesseur continuant de posséder le surplus sans *inquiétation*, le temps pour la prescription continue de courir à son profit.

Néanmoins, si, par la communication que le possesseur a eue des titres du demandeur, qui sont des titres communs à ce demandeur et à ses copropriétaires, ledit possesseur a été instruit du droit de propriété qu'ont lesdits copropriétaires, cette connaissance, qui fait cesser la bonne foi de la possession par rapport aux parts desdits copropriétaires qui n'ont pas encore donné la demande, interrompt aussi et arrête le cours de la prescription pour les parts desdits copropriétaires.

C'est pourquoi, lorsque, par la suite, lesdits copropriétaires donneront demande contre ce possesseur pour leurs parts ; si le possesseur leur oppose qu'il a accompli le temps de la prescription pour ces parts avant leur demande, ils seront bien fondés à lui répondre, qu'il n'a pas accompli la prescription, et qu'elle a été interrompue par la connaissance de leur droit de propriété, qu'il a acquise par les titres qui lui ont été communiqués dans le procès qu'il a eu sur la première demande qui a été donnée contre lui.

55. Lorsque plusieurs possèdent en commun, de bonne foi, en vertu d'un juste titre, un héritage qui ne leur appartient pas ; si le propriétaire ne donne la demande que contre l'un d'eux, la demande n'interrompt le cours de la prescription que pour sa part ; elle continue de courir et peut se parachever pour les parts des autres qui, n'ayant point été assignés, possèdent leurs parts sans inquiétation. Mais si le possesseur pour partie, qui a été assigné seul, s'est porté pour possesseur du total, et a caché par dol au demandeur, qu'il avait des copossesseurs, pour leur donner le temps de parachever pour leurs parts la prescription, il sera tenu des dommages et intérêts du demandeur, comme nous l'avons vu en notre Traité du Domaine de Propriété, *n.* 301 ; et si les copossesseurs avaient été participans de cette fraude, le propriétaire, qui donnerait par la suite la demande contre eux, pourrait opposer à la prescription qu'ils lui opposeraient, la réplication du dol, comme dans le cas du nombre 51, *suprà*.

56. Lorsque la chose, qui fait l'objet de la prescription, est une chose indivisible, qui n'est susceptible ni de parties réelles, ni même de parties intellectuelles, tel qu'est un droit de passage; chacun de ceux, qui en sont propriétaires en commun, en étant propriétaire pour le total, puisqu'on ne peut pas être propriétaire pour partie d'une chose qui n'est pas susceptible de parties, la demande, donnée par l'un des propriétaires, doit interrompre la prescription pour le total, et par conséquent l'interrompre pour tous les propriétaires.

Pareillement, si cette chose est possédée par plusieurs en commun, chacun des possesseurs en étant possesseur pour le total, la demande donnée contre l'un d'eux interrompt la possession pour le total, et par conséquent contre tous; une même possession ne pouvant pas être pour le total interrompue et non interrompue.

## CHAPITRE III.

### *Du juste titre requis pour la prescription.*

57. On appelle *titre de possession*, tout contrat ou acte en conséquence duquel quelqu'un a été mis en possession d'une chose.

On appelle *juste titre*, un contrat ou autre acte qui est de nature à transférer la propriété, par la tradition qui se fait en conséquence; de manière que, lorsqu'elle n'est pas transférée, c'est par le défaut de droit en la personne qui fait la tradition, et non par le défaut du titre en conséquence duquel la tradition a été faite.

Tels sont tous les contrats, par lesquels on s'oblige à donner à quelqu'un la chose même qui en fait l'objet, et non pas seulement la jouissance, l'usage ou la possession de cette chose.

Ces titres sont appelés *justes titres*, parce que, étant de leur nature translatifs de propriété, ils donnent un juste sujet à ceux qui acquièrent la possession d'une chose à ces titres, de s'en croire propriétaires, n'ayant pu deviner que la personne, de qui ils ont acquis la chose, et qu'ils voyaient en possession de cette chose, n'en fût pas propriétaire.

Suivant ces notions, les contrats de vente, d'échange, les donations, les legs, etc., sont de justes titres. Au contraire, un bail à loyer ou à ferme, un contrat de nantissement, un titre de séquestre, de précaire, etc., ne sont pas de justes titres.

Une saisie féodale n'est pas non plus un juste titre, comme nous l'avons déjà remarqué *suprà*, *n.* 2; car, de sa nature, elle ne donne au seigneur qu'une propriété momentanée du fief saisi, jusqu'à ce que le vassal se présente à la fin.

58. La nécessité d'un juste titre pour la prescription, est renfermée dans la définition que nous avons donnée de la prescription. Nous l'avons définie, l'acquisition que nous faisons du domaine de propriété d'une chose, par la juste possession que nous en avons. Il faut donc, pour la prescription, que la possession soit une juste possession, une possession *animo dominii*, une possession d'une chose dont on se croit avec fondement le propriétaire, et par conséquent qui procède d'un juste titre: car on ne peut pas se croire avec fondement propriétaire d'une chose, qu'on possède en vertu d'un titre qui n'est pas de sa nature translatif de propriété, ni d'une chose dont on s'est emparé sans titre.

C'est suivant ces principes que les empereurs Dioclétien et Maximien répondent : *Nullo justo titulo præcedente possidentes, ratio juris quærere dominium prohibet : idcircò quùm etiam usucapio cesset, intentio dominii nunquam absumitur ;* l. 24, *Cod. de rei vind.*

La Coutume de Paris, *art.* 113, ci-dessus rapporté, exige en termes formels un juste titre pour la prescription dont nous traitons : elle dit, *Quiconque a joui et possédé héritage à* JUSTE TITRE.

Nous parcourrons, dans un premier article, les différentes espèces de justes titres les plus ordinaires, qui opèrent la prescription qui en procède. Dans un second, nous verrons les choses qui sont requises dans le titre nécessaire pour la prescription. Dans un troisième, nous verrons si l'opinion erronée qu'a le possesseur, que sa possession procède d'un juste titre, équipolle à ce juste titre, lorsqu'elle a un juste fondement. Enfin, dans un quatrième, nous verrons comment le possesseur doit justifier que sa possession procède d'un juste titre.

### ARTICLE PREMIER.

#### *Des différentes espèces de justes titres.*

Nous les rapporterons dans le même ordre dans lequel Justinien les a rapportées dans ses Pandectes.

#### § I. Du titre *pro emptore*.

59. Justinien, dans ses Pandectes, rapporte, en premier lieu, parmi les justes titres d'où procède la possession, le titre *pro emptore;* c'est-à-dire, le contrat de vente qui a été fait à quelqu'un de la chose qu'il possède.

Le contrat de vente, étant de sa nature translatif de propriété, est un juste titre qui peut faire acquérir par prescription à l'acheteur de bonne foi la chose qui lui a été vendue, par la possession qui en procède.

60. Les actes équipollens à vente sont aussi de justes titres qu'on peut appeler *pro emptore*. Par exemple, lorsque quelqu'un m'a donné en paiement d'une somme d'argent qu'il me devait, une chose que je croyais lui appartenir, quoiqu'elle ne lui appartînt pas, cette dation en paiement est une espèce de vente qu'il me fait de cette chose ; *Dare in solutum est vendere;* et par conséquent cette dation en paiement est un juste titre, semblable au titre *pro emptore*, qui doit me faire acquérir par prescription la chose, par la possession qui a procédé de ce titre.

61. Ulpien rapporte un autre exemple d'un titre équipollent à vente, lorsqu'il dit : *Litis æstimatio similis est emptioni*; l. 3, ff. *pro empt.* Pour entendre ceci, il faut supposer que j'ai usurpé sur Pierre la possession d'une chose qui appartenait à Jacques. Ayant été condamné à la rendre à Pierre, et ne satisfaisant pas à la condamnation, j'ai été condamné à en payer à Pierre la valeur en une certaine somme d'argent que je lui ai payée. La possession, que j'ai de cette chose, en vertu du paiement que j'ai fait à Pierre, est une possession qui procède d'un juste titre, semblable au titre *pro emptore*, par laquelle je puis acquérir cette chose par prescription contre Jacques, que j'ignore en être le propriétaire : car le paiement, que j'ai fait à Pierre, renferme une espèce de vente que Pierre m'a faite de cette chose, pour la somme que je lui ai payée pour sa valeur : *Possessor qui litis æstimationem obtulit* (1), *pro emptore incipit* (2) *possidere*; l. 1, ff. *pro empt.*

### § II. Du titre *pro hærede*.

62. Le titre *pro hærede*, c'est-à-dire, le titre de succession, est aussi un juste titre. C'est un titre qui est de sa nature translatif de propriété ; car il transmet à l'héritier la propriété de toutes les choses de la succession dont le défunt était propriétaire. S'il ne lui transfère la propriété des choses que le défunt possédait sans en être propriétaire, ce n'est pas par le défaut du titre ; c'est par le défaut de droit dans la personne du défunt, qui n'a pas pu transmettre un droit de propriété qu'il n'avait pas. Mais il ne transmet pas à son héritier la propriété de ces choses; il lui transmet, lorsqu'il les possédait en vertu d'un juste titre, le droit d'en continuer et d'en parachever la prescription.

63. Observez que la possession, que l'héritier a des choses de la succession, n'étant pas une nouvelle possession de ces choses qui commence en sa personne, mais n'étant que la continuation de la possession qu'avait le défunt, comme nous le verrons au chapitre suivant, le titre *pro hærede* ne peut seul faire acquérir par prescription à l'héritier les choses que le défunt possédait sans en être le propriétaire, s'il n'est joint à un autre juste titre d'où ait procédé la possession du défunt. Par exemple, si la possession, que le défunt avait d'un héritage, provenait d'un contrat de vente qui lui en avait été faite par quelqu'un qu'il croyait en être le propriétaire, l'en voyant en possession, quoiqu'il ne le fût pas; la prescription, qui a commencé de courir au profit

(1) Ajoutez *et solvit.*

(2) *Incipit possidere pro emptore, quod antè injustè et sine titulo possederat.*

du défunt, continuera de courir, et pourra se parachever au profit de l'héritier; *tit. pro emptore, pro hærede.* Mais si le défunt possédait sans titre une chose, la possession, que le défunt en avait, étant, en ce cas, une possession vicieuse, celle de l'héritier, qui n'en est que la continuation, et qui doit en avoir toutes les qualités, est pareillement une possession vicieuse; et son titre d'héritier ne peut, par cette possession vicieuse, lui faire acquérir cette chose par prescription.

C'est conformément à ces principes, que l'empereur Antonin répond, que le titre *pro hærede* n'est pas un titre qui seul et par lui-même puisse être un titre pour l'usucapion : *Quùm pro hærede usucapio locum non habeat, intelligis, etc.*; l. 1, *Cod. de usuc. pro hærede.*

64. Il y a, néanmoins, un cas auquel un héritier peut commencer en sa personne la possession d'une chose qu'il trouve parmi les effets de la succession, et l'acquérir par prescription par le titre *pro hærede;* c'est le cas auquel une chose s'est trouvée dans la maison du défunt, sans que le défunt en ait jamais eu de connaissance. L'héritier, qui la trouve dans la maison du défunt, et qui a un juste sujet de croire qu'elle fait partie des effets de la succession, possède cette chose *pro hærede*: on ne peut dire, en ce cas, que la possession de l'héritier ne soit qu'une continuation de celle du défunt, puisque le défunt n'ayant eu aucune connaissance de cette chose, n'en a pu acquérir la possession. C'est de ce cas qu'il faut entendre ce que dit Pomponius : *Plerique putaverunt, si hæres sim, et putem rem aliquam esse ex hæreditate, quæ non sit, posse me usucapere;* l. 3, ff. *pro hærede.*

### § III. Du titre *pro donato.*

65. Il n'importe, pour acquérir par prescription une chose par la possession qu'on en a eue, que le titre, d'où la possession procède, soit un titre onéreux ou un titre lucratif, pourvu que ce soit un juste titre, c'est-à-dire, un titre qui soit de sa nature translatif de propriété. C'est pourquoi Paul enseigne que le titre de donation est un titre par lequel on peut acquérir par usucapion ou prescription : *Pro donato is usucapit, cui donationis causâ res tradita est;* l. 1, ff. *pro donat.*

### § IV. Du titre *pro derelicto.*

66. L'abandon, que quelqu'un fait d'une chose, ne voulant plus qu'elle lui appartienne, est, pour celui qui s'empare de cette chose, un juste titre, un titre translatif de propriété; car celui, qui en fait l'abandon, consent tacitement que le domaine de cette

chose qu'il abdique passe et soit transféré à celui qui s'en emparera.

Lorsque quelqu'un a fait l'abandon d'une chose qu'il possédait comme chose à lui appartenante, et dont il n'était pas propriétaire, cet abandon ne peut faire acquérir à celui, qui s'est emparé de la chose abandonnée, le domaine de propriété que n'avait pas celui qui en a fait l'abandon : mais cet abandon est, dans ce cas, un juste titre, qui donne à celui, qui s'est emparé de la chose, le droit de l'acquérir par le temps de la prescription, lorsqu'il sait qu'elle a été abandonnée, quoiqu'il ignore par qui. C'est le cas du titre d'usucapion *pro derelicto*, et c'est de cette espèce qu'on doit entendre ce que dit Paul : *Id quod pro derelicto habitum est, et haberi putamus, usucapere possumus, etiamsi ignoramus à quo derelictum sit;* l. 4, ff. *pro derel.*

### § V. Du titre *pro legato*.

67. Le legs, de même que la donation, est un juste titre qui est de sa nature translatif de propriété, qui doit, par conséquent, donner au légataire le droit d'acquérir par prescription la chose qui lui a été délivrée à ce titre, lorsque celui, qui la lui a délivrée, n'en était pas le propriétaire, pourvu que le légataire ait cru de bonne foi qu'il l'était.

### § VI. Du titre *pro dote*.

68. Par le droit romain, et encore aujourd'hui dans les provinces régies par le droit écrit, le titre de dot est un titre qui est de sa nature translatif de propriété ; car le mari acquiert le domaine de propriété des choses qui lui sont données en dot par sa femme, ou par d'autres pour elle, lorsque la femme ou les autres, qui les lui ont données, en étaient les propriétaires.

C'est une conséquence que ce titre de dot est un juste titre, qui lui fait acquérir par prescription les choses qui lui ont été données en dot, lorsque la femme ou autres, qui les lui ont données en dot, n'en étaient pas les propriétaires, pourvu qu'il ait cru de bonne foi qu'ils l'étaient : *Titulus est usucapionis et quidem justissimus, qui appellatur pro dote ; ut qui in dotem rem accipiat, usucapere possit spatio solemni, quo solent, qui pro emptore usucapiunt;* l. 1, ff. *pro dote.*

69. Il n'importe, à cet égard, que la femme ait donné en dot à son mari certaines choses, ou qu'elle lui ait donné l'universalité de ses biens ; le mari, qui, dans l'universalité des biens que possédait sa femme, et qu'elle lui a apportés en dot, trouve des choses qui n'appartenaient pas à sa femme, peut les acquérir par prescription, *titulo pro dote*, pourvu qu'il ait cru qu'elles lui appartenaient : *Nil refert singulæ res, an pariter universæ in dotem darentur ; dict. l.* 1, § 1.

70. Il n'importe non plus que l'héritage ait été donné en dot sous une estimation ou sans estimation, *æstimatus an inæstimatus*; car, en l'un et en l'autre cas, le titre de dot en transfère la propriété au mari, lorsque la femme, qui le lui a donné en dot, en était propriétaire; avec cette seule différence, que, lorsque la femme le lui a donné sous une estimation, elle lui en transfère une propriété perpétuelle, à la charge seulement d'en rendre l'estimation lors de la dissolution du mariage; au lieu que, lorsqu'elle le lui a donné sans estimation, elle lui en transfère bien le domaine de propriété, mais à la charge de le lui rendre en nature lors de la dissolution du mariage. Le titre de dot étant donc de sa nature translatif de propriété en l'un et en l'autre cas, il est en l'un et en l'autre cas un juste titre, qui doit donner au mari le droit d'acquérir par prescription l'héritage, que la femme lui a donné en dot sans estimation ou avec estimation, lorsqu'elle n'en était pas la propriétaire, pourvu qu'il ait cru de bonne foi qu'elle l'était.

71. N'y ayant point de dot sans mariage, lorsque le mariage, qu'un homme et une femme ont contracté, est nul, les choses, que la femme lui a apportées en dot, ne sont point une véritable dot; il ne les possède point à titre de dot: la possession qu'il en a, est une possession destituée de titre, qui ne peut par conséquent les lui faire acquérir par prescription: *Constante matrimonio, pro dote usucapio inter eos locum habet, inter quos et matrimonium. Cæterùm si cesset matrimonium, Cassius ait cessare usucapionem, quia ei dos nulla sit; dict. l.* 1, § 3.

Ajoutez que le mariage étant illicite et nul, la convention de dot, qui est un accessoire du contrat de mariage, l'est pareillement, et ne peut être par conséquent un juste titre, qui puisse donner à l'homme le droit d'acquérir par prescription les choses dont la tradition lui a été faite en conséquence.

72. Ce qu'ajoute Cassius, que cela a lieu même dans le cas auquel l'homme aurait cru son mariage valable; *Etsi maritus putavit esse sibi matrimonium quùm non esset, usucapere eum non posse, quia ei dos nulla sit; dict. l.* § 4; ne doit point être suivi dans notre droit, lorsque l'erreur, qui a fait croire le mariage valable, a un fondement probable; car, en ce cas, notre droit, en faveur de la bonne foi des parties, donne les effets civils à ce mariage, quoique nul, comme nous l'avons vu en notre Traité du Mariage, *n.* 438, et par conséquent il peut y avoir une dot pour ce mariage, quoique nul; et le titre, auquel l'homme possède les choses que la femme lui a apportées en dot, est un véritable titre de dot.

On peut apporter pour exemple le cas auquel un homme a épousé une femme sur de bons certificats de la mort de son mari, qu'on avait cru tué à une bataille, et qui néanmoins était encore vivant. Si, long-temps après, ce premier mari, qu'on croyait mort, a reparu, de manière qu'il ne soit pas douteux que le second mariage soit nul, néanmoins ce mariage, quoique nul, ayant les effets civils d'un véritable mariage en faveur de la bonne foi des parties, la dot, que l'homme a reçue, est une véritable dot, qui lui a fait acquérir le domaine de propriété des choses que la femme lui a données en dot, et dont elle était propriétaire, et le droit d'acquérir par prescription celles dont il la croyait propriétaire, quoiqu'elle ne le fût pas. Lorsque l'erreur du mariage vient à être reconnue, cette dot est rendue à la femme, qui est obligée, en ce cas, de se séparer de ce second mari; de la même manière que, dans le cas d'un véritable mariage, la dot est rendue à la femme après sa dissolution.

73. Une femme s'est constitué en dot certaines choses, dont elle a fait d'avance la tradition à l'homme qu'elle devait épouser, avec intention de lui transférer dès-lors la propriété qu'elle croyait avoir de ces choses, quoiqu'elles ne lui appartinssent pas. La célébration du mariage ayant été retardée, on a fait la question de savoir, si le temps de la prescription pour lesdites choses pouvait courir au profit du mari avant le mariage, dès le moment de la tradition qui lui en a été faite. La raison de douter est, que n'y ayant point de dot sans mariage, les choses qu'il a reçues ne devant commencer à être dotales que lors du mariage, le mari n'a pu les posséder à titre de dot avant le mariage. La raison de décider que la prescription a couru dès le moment de la tradition et avant le mariage, est que, si ce n'est pas à titre de dot qu'elle a couru, c'est en vertu d'un autre juste titre; et ce titre est la convention que la femme a eue avec l'homme, de lui transférer d'avance la propriété de ces choses. Cette convention est une convention permise, une convention qui de sa nature est translative de propriété, puisqu'elle aurait transféré à l'homme, au moyen de la tradition qui lui en a été faite, la propriété de ces choses, si la femme en eût été la propriétaire. Cette convention est donc un juste titre, qui a pu faire courir la prescription au profit du mari, dès le moment de la tradition qui lui a été faite de ces choses: *Est quæstio vulgata, an sponsus possit, hoc est qui nondùm maritus est, rem pro dote usucapere? Et Julianus inquit: Si sponsa sponso eâ mente tradiderit res, ut non ante ejus fieri vellet, quàm nuptiæ secutæ sint, usûs quoque capio cessabit: si tamen non evidenter id actum fuerit; credendum esse id agi, Julianus ait, ut statim res ejus fiant et si alienæ sint, usucapi possint: quæ sententia probabilis mihi videtur. Ante nuptias autem non pro dote usucapit, sed pro suo* (1); *dict. l.* 1, § 2.

(1) C'est-à-dire, en vertu de la convention que la femme a eue avec

74. Une femme a donné en dot à son mari un héritage qu'elle savait ne lui pas appartenir : le mari, qui ignorait que l'héritage n'appartînt pas à sa femme, en a acquis la propriété par l'accomplissement du temps de la prescription. Le mari étant mort depuis, et l'héritage étant retourné à la femme, on demande si l'ancien propriétaire de cet héritage, qui en a perdu la propriété par la prescription qui s'est accomplie au profit du mari, peut néanmoins donner l'action contre la femme pour le lui délaisser. Je pense qu'il y est fondé ; car la femme ayant, par la connaissance qu'elle avait que l'héritage ne lui appartenait pas, contracté l'obligation de le rendre au propriétaire, cette obligation dure toujours jusqu'à ce qu'elle l'ait acquittée.

75. Il reste à observer que, dans les provinces régies par le droit coutumier, le titre de dot n'est point un titre translatif de propriété, ni par conséquent un titre de prescription, à l'égard des héritages qu'une femme apporte en dot à son mari ; car la femme en demeure propriétaire, le mari n'en acquiert que le gouvernement et la jouissance.

### § VII. Du titre *pro suo*.

76. Le titre *pro suo* est un titre général de possession de toutes les choses dont nous acquérons, ou dont nous croyons avec fondement acquérir la propriété. Ce titre comprend sous sa généralité tous les différens titres par lesquels nous acquérons la propriété d'une chose, lorsque la personne, de qui nous la tenons, en est la propriétaire, tant ceux, qui ont un nom qui leur est particulier, que ceux qui n'en ont point.

Lorsque le titre, en vertu duquel je possède, a un nom qui lui est particulier, je possède en vertu de ce titre et en vertu du titre général *pro suo ;* lorsqu'il n'en a point, mon titre d'acquisition n'a d'autre nom que celui du titre général *pro suo : Pro suo possessio talis est, quùm dominium nobis acquiri putamus, et ex eâ causâ possidemus, ex quâ acquiritur, et præterea pro suo ; ut putà ex causâ emptionis, et pro emptore, et pro suo possideo ; item donata, vel legata, vel pro donato, vel pro legato, etiam pro suo possideo ;* l. 1, ff. *pro suo.*

Ces différens titres, qui n'ont point de nom, et qui nous font acquérir la propriété des choses par la tradition qui nous en est faite en conséquence, lorsque celui, qui nous la fait ou qui y

l'homme, pour lui transférer la propriété de ces choses ; laquelle convention, de même que toutes les autres qui sont de leur nature translatives de propriété, et qui n'ont point de nom qui leur soit particulier, est comprise sous l'appellation générale du titre *pro suo*.

consent, en est le propriétaire, sont de justes titres, qui, lorsqu'il ne l'est pas, nous donnent le droit d'acquérir ces choses par usucapion ou prescription ; et c'est cette usucapion qu'on appelle usucapion *pro suo*.

77. On peut apporter pour exemple de ces différens titres, une transaction par laquelle celui, avec qui je transigeais, m'a cédé une certaine chose comme à lui appartenante, quoiqu'elle ne lui appartînt pas; cette cession, qui m'eût fait acquérir la propriété de cette chose par la tradition qu'il m'en a faite, s'il en eût été le propriétaire, est un juste titre qui me donne le droit de l'acquérir par prescription : *Ex causâ transactionis habentes justam causam possessionis, usucapere possunt ; l.* 8, *Cod. de usucap. pro empt.* : c'est une usucapion *pro suo*.

78. La perception des fruits, que fait le possesseur de bonne foi, d'un héritage qui lui avait été donné ou vendu par quelqu'un qui n'en était pas propriétaire, dans les principes du droit romain, n'en faisait pas acquérir le domaine de propriété à ce possesseur : le domaine de propriété des fruits suivait celui de l'héritage ; et le propriétaire de l'héritage, lorsqu'il revendiquait l'héritage, revendiquait les fruits lorsqu'ils étaient extans. Mais cette perception des fruits d'un héritage qu'il croyait de bonne foi lui appartenir, était un juste titre qui lui donnait le droit de les acquérir par droit d'usucapion, à cause de la possession qu'il en avait pendant le temps réglé par la loi. Le titre de cette usucapion n'est pas le titre *pro emptore*, ou *pro donato;* car on a bien vendu ou donné à ce possesseur l'héritage dont il a perçu les fruits, mais on ne lui a ni vendu ni donné ces fruits : *Pro nostro possidemus fructus rei emptæ vel donatæ ;* l. 2, ff. *pro suo*.

Il en est de même de l'héritier de ce possesseur : lorsque le temps de l'usucapion ou prescription des choses, que le défunt possédait de bonne foi, n'est point encore parachevé, ni par lui ni par son héritier, la perception, que fait l'héritier des fruits de ces choses, depuis l'adition d'hérédité, est un juste titre, qui lui donne le droit d'acquérir ces fruits par droit d'usucapion, en les possédant pendant le temps réglé par la loi ; et cette usucapion est une usucapion *pro suo*. C'est ce que Paul nous enseigne : *Fructus et partus ancillarum, et fœtus pecorum, si defuncti non fuerunt, usucapi possunt ;* l. 4, § 5, ff. *de usucap. et usucap.* Voyez Cujas, *ad hunc* §, en son commentaire sur Paul, *ad lib.* 54.

Dans notre droit français, le possesseur de bonne foi acquiert de plein droit le domaine de propriété des fruits qu'il perçoit, sans qu'il ait besoin du secours de la prescription; comme nous l'avons vu en notre Traité du domaine de Propriété, *n.* 341.

On peut voir encore un autre exemple d'usucapion *pro suo*, *suprà*, *n.* 73.

79. Il n'est pas douteux que les contrats d'échange et de bail à rente, étant de leur nature translatifs de propriété, sont de justes titres, par lesquels je puis acquérir par prescription l'héritage qui m'a été donné en échange du mien, ou à bail à rente, par quelqu'un que je croyais en être le propriétaire, et qui ne l'était pas.

Le contrat de société est un contrat qui est de sa nature translatif de propriété; car j'acquiers, par ce contrat, la propriété des choses que mon associé a apportées par le contrat à la société, et qui, par le partage qui s'est fait des biens de la société, sont tombées dans mon lot, lorsque mon associé en était le propriétaire. Ce contrat est donc un juste titre, qui, ne pouvant me transférer la propriété de ces choses, lorsque mon associé, de qui je les tiens, ne l'avait pas, doit au moins me donner le droit de les acquérir par prescription. Il doit me donner *causam usucapiendi*.

La question est de savoir de quand commence à courir cette prescription. Lorsque mon associé, qui a apporté ces choses à la société, en était lui-même le possesseur de bonne foi en vertu d'un juste titre, le temps de la prescription de ces choses, qui a commencé à courir au profit de mon associé, continue de courir au profit de la société depuis qu'il les y a apportées; et s'il n'est pas encore parachevé au temps du partage, il continue de courir au profit de celui des associés à qui elles tombent par le partage.

Lorsque mon associé était possesseur de mauvaise foi des choses qu'il a apportées à la société, et qui me sont tombées par le partage, la prescription ne peut, en ce cas, commencer à courir qu'en ma personne. Quoique je sois censé avoir acquis pour le total ces choses qui me sont tombées en partage, dès le moment du contrat de société, par l'effet rétroactif que notre jurisprudence française donne aux partages, néanmoins le temps de la prescription ne peut commencer à courir que du jour du partage; car n'ayant pu savoir avant le partage si ces choses m'écherraient par le partage, je n'ai pu avoir, avant le partage, l'opinion que j'étais propriétaire de ces choses. C'est dans cette opinion que consiste la bonne foi, sans laquelle la prescription ne peut courir.

80. Lorsqu'un homme, par son contrat de mariage, a apporté à la communauté un héritage ou quelque autre chose dont il était possesseur de mauvaise foi; si cet héritage, par le partage des biens de la communauté, tombe à la femme, qui ignorait qu'il n'appartînt pas à son mari, elle pourra l'acquérir par la prescription, en vertu du titre par lequel son mari l'a apporté en communauté; et le temps de cette prescription commencera à courir du jour du partage par lequel il lui est échu.

Lorsque c'est la femme, qui a apporté à la communauté un héritage qu'elle possédait de mauvaise foi, le mari, qui ignore que cet héritage n'appartenait pas à la femme, et qui en est possesseur de bonne foi, en vertu du titre de son contrat de mariage, par lequel sa femme l'a apporté en communauté, peut commencer la prescription de cet héritage du jour qu'il en a été mis en possession pendant le mariage, et la parachever pendant le mariage; car le mari, pendant le mariage, est réputé seigneur, pour le total, de tous les biens qui composent la communauté. Mais si, par le partage qui en sera fait, cet héritage apporté par la femme tombe à la femme, l'héritage étant censé, en ce cas, lui avoir toujours appartenu, et n'avoir jamais appartenu au mari, la prescription n'aura pas lieu.

### § VIII. Du titre *pro soluto*.

81. Le paiement qu'on nous fait d'une chose, et qui nous en transférerait la propriété, si celui, qui le fait ou qui y consent, en eût été le propriétaire, est un juste titre de possession, qui nous donne le droit d'acquérir la chose pas prescription, lorsqu'il ne l'était pas. Les jurisconsultes ont donné à ce titre le nom de *pro soluto*.

Je possède *pro soluto*, et je puis prescrire *pro soluto*, la chose qu'on m'a payée, soit qu'on m'ait payé la chose même qui m'était due, soit qu'on m'en ait payé une autre que j'ai bien voulu recevoir à la place : *Pro soluto usucapit, qui rem debiti causâ recipit : et non tantùm quod debetur, sed et quodlibet pro debito solutum, hoc titulo usucapi potest;* l. 46, ff. *de usurp. et usucap.*

82. Observez néanmoins cette différence, que, lorsque c'est la chose même qui m'était due, qui m'est payée, c'est le titre, en vertu duquel elle m'était due, qui est le principal titre de la possession que j'en ai, et de la prescription que j'en acquiers : le titre *pro soluto* ne fait que concourir avec ce titre, et n'en est que l'exécution.

Par exemple, si on me fait le paiement et la tradition d'une chose qui m'était due en vertu de la vente qui m'en avait été faite, le principal titre de la possession que j'en ai, est le titre *pro emptore,* quoiqu'on puisse dire aussi que je la possède *pro soluto*. Mais lorsque la chose, qu'on m'a donnée en paiement, est une autre chose que celle qui m'était due, c'est, en ce cas, le seul titre *pro soluto* qui est le titre de la possession que j'ai de cette chose, et de la prescription que j'en acquiers.

Par exemple, si vous m'avez vendu l'héritage A, dont vous étiez obligé de me faire la tradition, et que, en paiement de cette obligation, vous m'ayez donné l'héritage B, que j'ai bien voulu recevoir à la place; le titre de la possession que j'ai de l'héritage B n'est pas le titre *pro emptore;* car ce n'est pas celui que j'ai acheté:

je le possède *pro soluto*, et je l'acquiers par prescription, *tit. pro soluto*, si vous n'en étiez pas le propriétaire, et que je crusse de bonne foi que vous l'étiez.

Lorsque c'est en paiement d'une somme d'argent, qu'une chose m'a été donnée, la possession que j'en ai, outre le titre *pro soluto*, a aussi pour titre celui *pro emptore;* car la dation d'une chose en paiement d'une somme d'argent, est une espèce de vente de cette chose, *Dare in solutum est vendere;* comme nous l'avons vu *suprà*, *n.* 60.

83. Observez, à l'égard du titre *pro soluto*, que, quoiqu'un paiement suppose une dette, néanmoins celui, à qui on a payé une chose qu'il croyait de bonne foi lui être due, quoiqu'il ne lui fût rien dû, peut la prescrire. C'est ce qu'enseigne Pomponius: *Hominem, quem ex stipulatione te mihi debere falsò existimabas, tradidisti mihi; si scissem te mihi nihil debere, usu eum non capiam: quia si nescio, verius est ut usucapiam, quia ipsa traditio ex causâ* (1), *quam veram existimo, sufficit ad efficiendum ut id, quod mihi traditum est, pro meo possideam;* l. 3, ff. pro suo.

### ARTICLE II.

#### *Des choses requises à l'égard du titre pour la prescription.*

84. Outre qu'il faut, pour la prescription, que le titre, d'où la possession procède, soit un titre qui soit de sa nature translatif de propriété, comme nous l'avons vu dans tout l'article précédent,

Il faut, 1° que ce titre soit valable; 2° il faut qu'il ne soit pas suspendu par quelque condition; 3° enfin, il faut qu'il continue d'être le titre de cette possession, pendant tout le temps requis pour l'accomplissement de la prescription.

#### § I. Il faut que le titre soit un titre valable.

85. Pour qu'un possesseur puisse acquérir par prescription la chose qu'il possède, il faut que le titre, d'où sa possession procède, soit un titre valable. Si son titre est nul, un titre nul n'étant pas un titre, la possession, qui en procède, est une possession sans titre, qui ne peut opérer la prescription.

(1) Pourvu que ce ne soit pas *ex causâ emptionis quam falsò crediderim intervenisse;* l. 48, ff. *de usurp. et usucap.* Voyez la raison de cette exception; *infrà*, n. 95.

Par exemple, l'institution d'héritier d'une personne, qui en était incapable par les lois, étant un titre nul; si cet incapable, dont l'incapacité pouvait n'être pas connue, s'est mis en possession des biens de la succession du défunt qui l'a institué héritier, son titre étant un titre nul, il ne peut rien acquérir par prescription des biens de cette succession : *Constat eum (demùm), qui testamenti factionem habet, pro hærede usucapere posse*; l. 4, ff. *pro hærede*.

Il en est de même d'un legs, qui aurait été fait à cet incapable : il ne pourra pas acquérir par prescription la chose léguée, dont l'héritier, qui ne connaissait pas son incapacité, lui a fait délivrance; car le legs, qui est le titre d'où sa possession procède, est un titre nul, qui ne peut subsister en sa personne, étant par les lois incapable du legs : *Nemo potest legatorum nomine usucapere, nisi is, cum quo testamenti factio est, quia ea possessio ex jure testamenti proficiscitur*; l. 7, ff. *pro leg.*

86. Lorsque quelqu'un s'est mis, à titre de succession, en possession des biens de son parent qu'il croyait mort, quoiqu'il fût encore vivant, il ne peut rien acquérir desdits biens par prescription, car son titre est un titre nul, ne pouvant pas y avoir de succession d'un homme vivant : *Pro hærede ex vivi bonis nihil usucapi potest, etiamsi possessor mortui rem fuisse existimaverit; l.* 1, ff. *pro hærede.*

Au contraire, si une chose léguée à quelqu'un lui a été délivrée du vivant du testateur, il peut l'acquérir par prescription, s'il a cru qu'elle appartenait au défunt qui la lui a léguée : *Ea res, quæ legati nomine tradita est, quamvìs dominus ejus vivat, legatorum tamen nomine usucapietur; l.* 5, ff. *pro leg. Si is, cui tradita est, mortui esse existimaverit; l.* 6, ff. *dict. tit.*

Cujas dit, pour raison de différence, qu'il ne peut pas y avoir de succession d'un homme vivant; au lieu qu'il peut y avoir des legs d'un homme vivant, un testateur pouvant délivrer d'avance à quelqu'un les choses qu'il lui a léguées.

87. Une donation entre conjoints par mariage étant un titre nul, c'est une conséquence que le conjoint donataire ne peut, ni pendant son mariage, ni depuis sa dissolution, acquérir par prescription la chose qui lui a été donnée par l'autre conjoint.

Mais si, après la mort du conjoint donateur, son héritier consentait l'exécution de cette donation, ce consentement de l'héritier à la donation est un nouveau titre qui est valable, qui transfère au donataire la propriété de la chose, lorsque l'héritier en est le propriétaire, ou le droit de l'acquérir par prescription, lorsqu'il ne l'est pas : *Si inter virum et uxorem donatio facta sit, cessat usucapio. Item, si vir uxori rem donaverit, et divortium intercesserit, cessare usucapionem Cassius respondit, quoniàm non possit causam possessionis sibi ipsa mutare; aliàs ait, post divortium ità usucapturam, si eam maritus* (1) *concesserit, quasi nunc donasse intelligatur; l.* 1, § 2, ff. *pro donato.*

88. Lorsque le défaut de titre ne procède que de quelque défaut de forme, si celui, en faveur de qui la forme est établie, veut bien passer par-dessus la forme, et regarder le titre comme valable, il doit être réputé valable. Par exemple, lorsqu'il y a dans un legs quelque défaut de forme, si l'héritier a bien voulu n'y pas avoir égard, et a fait au légataire la délivrance de la chose léguée, le légataire en acquiert la propriété, si l'héritier en étoit le propriétaire; ou le droit de l'acquérir par prescription, *tit. pro legato,* s'il ne l'était pas : *Pro legato usucapit, cui rectè legatum relictum est; sed etsi non jure legatum relinquatur* (2)...... *pro legato usucapi post magnas varietates obtinuit; l.* 9, ff. *pro legato.*

En général, lorsqu'un héritier m'a délivré une chose comme m'ayant été léguée, soit qu'elle l'ait été ou non, j'ai un titre pour l'acquérir par prescription : s'il n'y a pas eu de legs, ce ne sera pas le titre *pro legato,* mais ce sera le titre *pro suo : Quod legatum non sit, ab hærede tamen perperàm traditum sit, placet à legatario usucapi, quia pro suo possidet; l.* 4, § 2, ff. *pro suo.*

89. Lorsque quelqu'un m'a vendu une chose, et m'a fait, par le contrat, remise du prix, ce contrat est nul comme vente, mais il est valable comme donation ; c'est pourquoi, il peut servir de titre pour acquérir la chose par prescription : ce ne sera pas le titre *pro emptore,* mais ce sera le titre *pro donato : Donationis causâ factâ venditione, non pro emptore, sed pro donato res tradita usucapitur ; l.* 6, ff. *pro donato.*

---

(1) Le divorce n'étant pas admis parmi nous, j'ai changé l'espèce; et au lieu du cas du consentement donné par le mari après le divorce, j'ai substitué celui du consentement donné par l'héritier, qui est un cas semblable.

(2) J'ai supprimé les mots *vel ademptum est,* qui suivaient, comme renfermant un cas qui ne peut avoir d'application dans notre droit. Par le droit romain, un legs ne pouvait être légalement révoqué que *testamento, aut codicillis testamento confirmatis :* la révocation qui en était faite, *extrà testamentum nudâ voluntate,* ne détruisait pas le legs *subtilitate juris;* mais elle donnait seulement à l'héritier une exception pour se défendre de l'acquitter. Si l'héritier voulait bien ne pas profiter de cette exception, et délivrait au légataire la chose léguée, le légataire la possédait *pro legato,* et pouvait l'acquérir par prescription *pro legato,* si l'héritier, qui la lui avait délivrée, n'en était pas le propriétaire. Dans notre droit, la volonté de révoquer le legs, de quelque manière qu'elle soit déclarée, détruit entièrement le legs. C'est pourquoi si l'héritier, quoiqu'il eût connaissance de la révocation, a bien voulu délivrer au légataire la chose léguée, le légataire ne la possédera pas *pro legato,* n'y ayant point de legs; mais il la possédera *pro suo* ou *pro donato,* et pourra la prescrire *pro suo* ou *pro donato;* la délivrance, que l'héritier lui en a faite, étant une donation qu'il lui en a faite.

§ II. Il faut que le titre ne soit pas suspendu par quelque condition.

90. Pour que le temps de la prescription d'une chose puisse commencer à courir, il faut que le titre, d'où la possession procède, ne soit suspendu par aucune condition; car tant que la condition n'est point encore accomplie, étant incertain si ce titre aura effet, et s'il aura acquis au possesseur la chose qu'il possède, le possesseur ne peut pas la posséder comme une chose qui lui appartient, mais comme une chose qui pourra lui appartenir, si la condition existe : il ne peut pas encore avoir, à l'égard de cette chose, *opinionem quæsiti dominii*, laquelle est nécessaire pour faire courir le temps de la prescription, comme nous l'avons vu *suprà*. C'est conformément à ces principes, que Paul dit : *Si sub conditione emptio facta sit, pendente conditione emptor usu non capit; l.* 2, § 2, ff. *pro empt.*

91. Paul ajoute que la prescription ne peut courir avant l'accomplissement de la condition, quand même le possesseur croirait par erreur que la condition est accomplie : *Idemque est, etsi putet conditionem extitisse, quæ nondùm extitit; similis est enim ei qui putat se emisse; dict.* §.

La raison est, que l'opinion *quæsiti dominii*, qui est nécessaire pour faire courir le temps de la prescription, doit être une opinion qui résulte du titre d'où la possession procède. Or, tant que le titre, d'où la possession procède, est suspendu par une condition, il n'est point encore de nature à pouvoir faire croire au possesseur que la chose lui est acquise; la fausse opinion, qu'a le possesseur, que la condition est accomplie, et qu'en conséquence la chose qu'il a achetée lui est acquise, étant une opinion qui ne résulte pas du titre d'où procède sa possession, et n'ayant pas un fondement suffisant, elle ne peut faire courir la prescription; l'opinion, qu'aurait un possesseur, qu'il a acheté la chose qu'il possède, et qu'il en a en conséquence acquis la propriété, si, dans la vérité, il ne l'a point achetée, ne suffit point pour faire courir la prescription, parce qu'elle n'a pas un fondement suffisant. Par la même raison, la fausse opinion, qu'a le possesseur, que la condition de son contrat d'acquisition est accomplie, ne doit pas la faire courir.

92. Paul propose ensuite le cas inverse, qui est celui auquel la condition est accomplie sans que le possesseur en ait encore connaissance; et il décide que le temps de la prescription commence à courir du jour de l'accomplissement de la condition, et non pas seulement du jour de la connaissance que le possesseur en aura : *Contrà si extitit et ignoret, potest dici* ( *secundùm Sabinum, qui potiùs substantiam intuetur quàm opinionem* ) *usucapere eum; dict.* §. La raison est que, quoique n'ayant pas encore

en connaissance que la condition est accomplie, il n'ait pas encore une opinion formelle que la chose lui est acquise, néanmoins il a un fondement pour l'avoir, ce qui doit suffire pour faire courir le temps de la prescription; et c'est un des cas de cette règle de droit : *Plus valet quod in veritate est, quàm quod in opinione. Instit. tit. de leg.*, § 11.

Suivant ces principes, lorsque quelqu'un, comme se faisant fort d'un tel, qu'il a promis de faire ratifier, m'a vendu un héritage, quoiqu'il m'en ait mis en possession incontinent après le contrat, le temps de la prescription ne commencera à courir que le jour de la ratification. La vente, qui m'a été faite, étant un titre qui dépend de la condition de la ratification de ce tel, la prescription ne peut commencer à courir, suivant le principe que nous venons d'exposer, que du jour de l'accomplissement de la condition par cette ratification : tant que ce tel n'a pas ratifié, il est incertain s'il ratifiera, s'il m'aura transféré le droit qu'il peut avoir dans l'héritage. Je n'ai donc pas eu, ni même pu avoir, avant la ratification, *opinionem quæsiti dominii*, qui est absolument nécessaire pour faire courir le temps de la prescription. En vain opposerait-on que la ratification a un effet rétroactif au contrat : cela est vrai entre les parties contractantes; mais elle ne peut avoir cet effet au préjudice des tiers, contre lesquels doit courir la prescription.

93. Observez qu'il n'y a que les conditions suspensives, qui empêchent la prescription de courir jusqu'à leur accomplissement. Il n'en est pas de même de celles qui ne sont que résolutoires. La raison de différence est, que les conditions suspensives suspendent et arrêtent jusqu'à leur accomplissement tout l'effet du contrat auquel elles sont apposées. Par exemple, lorsqu'une condition suspensive est apposée à un contrat de vente, il est incertain, jusqu'à son accomplissement, si la tradition de la chose vendue, qui a été faite à l'acheteur, en exécution du contrat, lui en a transféré la propriété : il ne peut donc, avant l'accomplissement de la condition, avoir, à l'égard de cette chose, *opinionem dominii*, qui est nécessaire pour faire courir la prescription. Au contraire, les conditions, qui ne sont que résolutoires, n'empêchent point et n'arrêtent point l'effet du contrat; elles le détruisent seulement pour l'avenir, lorsque les conditions viennent à s'accomplir. Par exemple, lorsqu'on a apposé à un contrat de vente une condition qui n'est que résolutoire, cette condition n'arrête point l'effet du contrat; elle n'empêche point que la tradition de la chose vendue, qui est faite à l'acheteur en exécution de ce contrat, ne lui en transfère la propriété aussitôt et dès le moment de cette tradition : l'acheteur a donc, dès ce moment, à l'égard de cette chose, une juste opinion que la propriété lui en a été acquise; et par conséquent, lorsqu'elle ne l'a

pas été, parce que le vendeur n'était pas propriétaire, le temps de la prescription doit, dès ce moment, commencer à courir au profit de l'acheteur, et même se parachever, tant que la condition résolutoire n'a pas encore existé.

C'est pourquoi, dans le cas de la vente qu'on appelle *addictio in diem,* qui est celle qui est faite à quelqu'un, à condition qu'elle n'aura lieu qu'au cas qu'un autre, d'ici à un certain temps, n'offre pas une condition meilleure ; pour savoir si le temps de la prescription doit courir au profit de l'acheteur, du jour de la tradition de la chose vendue, qui a été faite à l'acheteur en exécution de ce contrat, ou si elle ne peut courir que du jour de l'accomplissement de la condition, Paul fait dépendre la question de celle de savoir si on doit regarder la condition comme suspensive, ou seulement comme résolutoire ; et il décide, suivant l'opinion de Julien, que la condition ne doit être regardée que comme résolutoire, et qu'en conséquence elle ne doit pas arrêter le cours de la prescription : *Si in diem addictio facta sit (id est, nisi quis meliorem conditionem attulerit), perfectam esse emptionem, et fructus emptoris effici, et usucapionem procedere Julianus putabat : alii, et hanc sub conditione esse contractam; ille non contrahi* (1), *sed resolvi dicebat : quæ sententia vera est;* l. 2, § 4, ff. *pro empt.* Paul fait le même examen à l'égard d'autres conditions, aux paragraphes 3 et 5.

§ III. Il faut que le juste titre d'où procède la possession continue d'être le titre de cette possession pendant tout le temps requis pour l'accomplissement de la prescription.

94. Pour que le juste titre, d'où procède la possession d'un possesseur de bonne foi, puisse opérer la prescription, il faut qu'il continue d'être le titre de cette possession, pendant le temps requis pour l'accomplissement de la prescription. Si, avant l'accomplissement de ce temps, il survient au possesseur un nouveau titre pour la continuation de sa possession, le titre, par lequel le possesseur avait commencé, n'étant plus le titre de celle qui continue, ne peut plus opérer la prescription; le temps de la prescription qu'il avait fait courir est arrêté, dès qu'il cesse d'être le titre de la possession qui continue ; et si le titre de celle qui continue n'est pas de ceux par lesquels on peut prescrire, la prescription ne pourra s'accomplir. C'est ce qu'enseigne Pomponius : *Qui quùm pro hærede vel pro emptore usucaperet* (2), *precariò rogavit, usucapere non potest;* l. 6, ff. *pro empt.*

(1) *Sub conditione, sed tantùm resolvi sub conditione.*
(2) *Id est, usucapionis tempus inchoaverat, et nondum compleverat.*

### ARTICLE III.

*Si l'opinion d'un juste titre qui n'a point existé peut donner lieu à la prescription.*

95. Ordinairement il ne suffit pas, pour donner ouverture à la prescription, qu'un possesseur croie qu'il est intervenu un juste titre, d'où sa possession procède, s'il n'est pas intervenu. Par exemple, il ne suffit pas qu'il croie qu'une chose lui a été vendue, qu'elle lui a été léguée, si elle ne lui a été ni vendue ni léguée. Celsus, lib. 34, *errare eos ait qui existimarent, cujus rei quisque bonâ fide adeptus sit possessionem, pro suo usucapere eum posse; nihil referre, emerit, nec ne; donatum sit, nec ne; si modò emptum, vel donatum sibi existimaverit: quia neque pro legato, neque pro donato, neque pro dote usucapio valeat, si nulla donatio, nulla dos, nullum legatum sit; idem et in litis æstimatione placet, ut, nisi quis verè litis æstimationem subierit, usucapere non possit*; l. 27, ff. *de usurp. et usucap.* Il en est de même des autres titres de prescription. Par exemple, il ne suffit pas, pour que quelqu'un puisse acquérir une chose par prescription *pro derelicto*, qu'il ait cru que cette chose, dont il s'est emparé, était une chose que celui, qui en était le possesseur, avait abandonnée, si elle ne l'avait pas été : *Nemo potest pro derelicto usucapere qui falsò existimaverit rem pro derelicto habitam esse*; l. 6, ff. *pro derel.*

C'est surtout à l'égard du titre *pro emptore*, qu'il ne suffit pas, pour acquérir une chose par prescription, que le possesseur se soit faussement persuadé l'avoir achetée, s'il n'y a point eu de vente; car c'est une chose particulière à la prescription *pro emptore*, qu'il faut, pour cette prescription, que le possesseur ait été de bonne foi, non-seulement au temps de la prescription, par laquelle a commencé la possession, mais encore au temps du contrat, comme nous l'avons vu *suprà*. Il faut donc qu'il y ait eu un contrat : *Pro emptore possidet qui reverà emit : nec sufficit tantùm in eâ opinione esse eum, ut putet se pro emptore possidere; sed debet etiam subesse causa emptionis. Si tamen existimans me debere, tibi ignoranti tradam, usucapies. Quare ergo, etsi putem me vendidisse et tradam, non capies usu? Scilicet quia in cæteris contractibus sufficit traditionis tempus : sic denique si sciens stipuler, rem alienam usucapiam, si, quùm traditur mihi, existimem illius esse; at in emptione et illud tempus inspicitur quo contrahitur. Igitur et bonâ fide emisse debet, et possessionem bonâ fide adeptus esse*; l. 2, ff. *pro empt.*

96. Néanmoins, même à l'égard du titre *pro emptore*, lorsque l'opinion, qu'a le possesseur qu'il possède une chose à titre de

vente, quoiqu'il n'y ait point eu de vente, a un juste fondement; cette opinion, qui est appuyée sur un juste fondement, équivaut à un titre, et peut être comprise sous le titre général *pro suo*, et elle peut en conséquence donner ouverture à la prescription. Africain apporte pour exemple le cas auquel j'ai donné commission à quelqu'un de m'acheter une chose. Mon mandataire m'a remis cette chose, qu'il m'a dit avoir achetée en exécution de la commission que je lui en avais donnée : quoiqu'il ne l'eût point achetée, et que ce fût une chose qui fût par-devers lui, le mandat, que j'ai donné à ce commissionnaire, de m'acheter cette chose qu'il m'a remise, est pour moi un juste fondement de croire que cette chose a été achetée pour moi, et qu'il est intervenu un contrat de vente. Cette opinion que j'ai, appuyée sur un tel fondement, équivaut à un titre, et doit donner ouverture à la prescription de la chose que je possède dans cette opinion : *Quod vulgò traditum est, eum, qui existimat se quid emisse, nec emerit, non posse pro emptore usucapere: hactenùs verùm esse ait, si nullam justam causam ejus erroris emptor* (1) *habeat. Nam si fortè servus vel procurator, cui emendam rem mandasset, persuaserit ei se emisse, atque ità tradiderit, magìs esse, ut usucapio sequatur*; l. 11, ff. *pro empt.*

Paul rapporte un autre exemple : Un homme, dont je ne connaissais pas le dérangement d'esprit, m'a vendu et livré une chose, sans me donner alors aucun signe de son dérangement. Cette vente est nulle : un fou n'étant pas capable de contracter, il n'y a pas eu de vente. Mais cette vente nulle est pour moi, qui n'ai pu deviner le dérangement d'esprit du vendeur, un juste fondement de croire que la chose m'a été vendue; et cette opinion que j'ai, ayant un juste fondement, équivaut à un titre pour donner ouverture à la prescription : *Si à furioso, quem putem sanæ mentis, emero, constitit usucapere utilitatis causâ me posse, quamvis nulla esset emptio*; l. 2, § 16, ff. *pro empt.*

97. C'est mal à propos que Lemaître, sur la Coutume de Paris, a écrit que la décision des jurisconsultes romains, qui enseignent que l'opinion d'un juste titre, quoiqu'elle soit fausse, lorsqu'elle est appuyée sur un juste fondement, équivaut à un titre, et donne ouverture à la prescription, ne doit pas être suivie dans la Coutume de Paris et autres semblables, qui exigent pour la prescription en termes formels, un titre par ces termes : *Si aucun a joui et possédé..... à juste titre, etc.* L'opinion erronée d'un titre, quelque fondement qu'elle ait, n'est pas, dit cet auteur, un titre, et ne peut par conséquent remplir ce que la Coutume exige pour la prescription; on ne doit y rien suppléer, lorsqu'il s'agit de

(1) Ce possesseur qui se croit acheteur.

faire acquérir à quelqu'un le bien d'autrui, et d'en dépouiller le véritable propriétaire.

La réponse est, que l'opinion, qu'a le possesseur, que sa possession procède de quelque juste titre, quoiqu'elle soit fausse, lorsqu'elle est appuyée sur un juste fondement, est elle-même un juste titre, compris sous le titre général *pro suo :* un tel possesseur peut donc dire qu'il est dans les termes de la Coutume de Paris, et qu'il a possédé à juste titre. La Coutume de Paris, en l'*art.* 113, et les autres Coutumes semblables, n'ont entendu faire autre chose que d'adopter la décision du droit romain sur la prescription de dix et vingt ans : les dispositions de ces Coutumes doivent donc s'entendre et s'interpréter suivant les principes du droit romain, lorsque rien n'oblige de s'en écarter.

## ARTICLE IV.

### *Comment le possesseur doit justifier du titre d'où procède sa possession.*

98. C'est, à la vérité, au possesseur à justifier du contrat ou autre acte, qu'il prétend être le juste titre d'où procède sa possession. Par exemple, s'il prétend qu'elle procède d'une vente qui lui a été faite de l'héritage qu'il possède, il doit en justifier par le rapport d'une expédition du contrat qui en a été passé devant notaire.

Il n'est pas nécessaire que le contrat de vente ait été ensaisiné, même dans les Coutumes qui assujettissent ces contrats à cette formalité. L'ensaisinement peut être nécessaire pour faire courir le temps du retrait lignager, ou pour quelque autre cas ; mais, pour la prescription, il suffit que le possesseur justifie que sa possession procède d'une vente ou de quelque autre juste titre, et il justifie suffisamment que cette vente est intervenue, par le rapport de l'expédition du contrat, qui en a été passé devant notaire, sans qu'il soit besoin d'ensaisinement.

99. Si la vente, qui a été faite de l'héritage au possesseur, ou tout autre juste titre, d'où procède sa possession, avait été fait par un acte sous signatures privées, le possesseur justifierait suffisamment de ce titre, par le rapport de l'acte sous signatures privées qui en a été passé.

Mais comme les écritures privées font bien foi, même contre les tiers, que les actes qu'elles contiennent sont intervenus, mais qu'elles ne font pas également foi contre les tiers, du temps auquel ces actes sont intervenus, à cause de la facilité qu'il y a de les antidater, comme nous l'avons vu en notre Traité des Obligations, *n.* 750, le possesseur, qui a justifié du titre d'où sa possession procède, par le rapport de l'acte sous signatures privées qui en a été passé, doit d'ailleurs prouver par témoins le temps qu'a duré sa possession, qui a procédé de ce titre. C'est la disposition d'un arrêt du 29 décembre 1716, qui se trouve au sixième volume du Journal des Audiences.

100. Le possesseur n'est pas reçu à la preuve testimoniale de la vente ou autre titre, d'où il prétend que procède sa possession, sinon en trois cas : 1° lorsqu'il n'en a pas été passé d'acte, et que la chose est d'une valeur qui n'excède pas la somme de cent livres; 2° lorsqu'il y a déjà un commencement de preuves par écrit; 3° lorsque les actes par écrit sont péris par quelque accident de force majeure, et que cet accident de force majeure est constant; comme lorsqu'ils ont péri dans l'incendie de la maison où ils étaient en dépôt; et en général toutes les fois que le possesseur peut justifier qu'ils ont été perdus sans sa faute. C'est à ce cas que nous devons appliquer ce rescrit de Dioclétien et Maximien : *Longi temporis possessione munitis, instrumentorum amissio nihil juris aufert*; l. 7, *Cod. de præscr. long. temp.*

La Coutume de Paris a une disposition bien singulière à l'égard du juste titre d'où doit procéder la possession du possesseur d'un immeuble, qui oppose la prescription de dix ou vingt ans; elle veut que ce possesseur soit cru à son serment, du titre par lequel il avait acquis lui-même d'un tiers l'héritage ou autre immeuble pour lequel il oppose la prescription.

Lorsque ce possesseur dit avoir acquis du demandeur, si le demandeur le dénie avec serment, le possesseur est obligé à justifier du titre par lui allégué.

Pareillement, lorsqu'il fait procéder sa possession, non de son propre titre, mais du titre de son auteur, le titre de son auteur n'étant pas de son fait, il n'en est pas cru à son serment, mais il en doit justifier.

Cette disposition de la Coutume de Poitou, qui veut que le possesseur soit cru à son serment de titre, doit être restreinte dans son territoire : elle ne s'accorde guère avec l'horrible corruption des mœurs de notre siècle, et avec l'irréligion qui fait tant de progrès, et qu'on professe si publiquement et si impunément.

# CHAPITRE IV.

*Du temps de la prescription ; et de l'union du temps de la possession du successeur à celle de son auteur.*

## ARTICLE PREMIER.

### *Du temps de la prescription.*

101. Le temps de la prescription des héritages ou autres immeubles, établi par l'*art.* 113 de la Coutume de Paris, ci-dessus rapporté, est de dix ans entre présens, et de vingt ans entre absens : *Si aucun a joui et possédé par dix ans entre présens, et vingt ans entre absens.*

Le temps est le même que celui de la prescription *longi temporis*, en laquelle Justinien a transformé l'ancienne usucapion, et que la Coutume de Paris paraît avoir voulu adopter.

102. Les années se comptant par un certain nombre de jours, et non par un certain nombre d'heures ou de momens, le temps de cette prescription de dix ou vingt ans ne doit pas se compter *à momento ad momentum ;* il suffit que le dernier jour de la dixième ou de la vingtième année soit commencé, pour que le temps de la prescription soit accompli : *In usucapionibus non à momento ad momentum, sed totum postremum diem computamus;* l. 6, ff. *de usurp. et usucap. In usucapione ità servatur, ut etiamsi minimo momento novissimi diei possessa sit res, nihilominùs repleatur usucapio ; nec totus dies exigitur ad explendum constitutum tempus :* l. 15, ff. *de div. temp. præscr.*

Par exemple, si j'ai été mis en possession d'un héritage le premier de janvier 1780, ne fût-ce que dans les dernières heures de la journée ; aussitôt que la journée du 31 décembre 1790, qui est le dernier jour des dix ans, aura commencé, le temps de la prescription sera accompli : j'aurai acquis l'héritage par prescription ; et l'ancien propriétaire viendrait à tard, s'il donnait ledit jour la demande en revendication de son héritage.

En cela, cette prescription est différente de celles qui sont établies contre les actions personnelles que des créanciers ont contre leurs débiteurs, lesquelles ne sont accomplies, qu'après que le dernier jour du temps de ces prescriptions est entièrement révolu : *In omnibus temporalibus actionibus, nisi novissimus totus dies compleatur, non finitur obligatio ;* l. 6, ff. *de obligat. et act.*

La raison de différence est, que, dans la prescription contre les actions personnelles, la loi a pour objet de punir la négligence du créancier : elle lui prescrit un certain temps, dans lequel elle veut qu'il intente son action; passé lequel, elle veut qu'il n'y soit plus reçu. Le dernier jour de ce temps faisant partie de ce temps, le créancier, qui intente son action le dernier jour, est encore dans le temps de l'exercer; il n'y est non recevable, et la prescription n'a lieu, qu'après que ce dernier jour est révolu. Au contraire, dans la prescription de dix ou vingt ans qui a succédé à l'usucapion, la loi a pour objet de venir au secours du possesseur de bonne foi; elle veut qu'il ne soit pas perpétuellement exposé aux évictions, elle le fait propriétaire de l'héritage qu'il possède de bonne foi pendant dix ou vingt ans: or, les années se comptant par jours et non par heures, lorsqu'il est parvenu au dernier jour de la dixième ou de la vingtième année de la possession, il est vrai de dire qu'il a possédé pendant dix ou vingt ans, et qu'il a accompli le temps de la prescription.

103. La Coutume dit, *par dix ans entre présens, et vingt ans entre absens*. Justinien, en la loi dernière, *Cod. de præscr. long. temp.*, définit quand la prescription est censée courir entre présens, et quand elle est censée courir entre absens. Il dit que la prescription est censée avoir couru entre présens, lorsque, tant le demandeur que le possesseur, qui lui oppose la prescription, avaient l'un et l'autre leur domicile dans la même province; et qu'elle est censée avoir couru entre absens, lorsqu'ils l'avaient en différentes provinces, et qu'il n'importe, au reste, où soit situé l'héritage qui fait l'objet de la question : *Sancimus debere in hujusmodi specie utriusque personæ tàm petentis quàm possidentis spectari domicilium; ut tàm is, qui dominii vel hypothecæ quæstionem inducit quàm is, qui res possidet, domicilium habeat in uno loco, id est in unâ provinciâ..... De rebus... . nulla est differentia, sive in eâdem provinciâ sint, sive in vicinâ, vel trans mare positæ;.... dict. l.*

C'est ce que nous veut faire entendre la Coutume de Paris, lorsqu'elle dit en l'article 116 : *Sont réputés présens ceux qui sont demeurans en la ville, prevôté et vicomté de Paris.* En un mot, la prescription est censée être entre présens, lorsque, tant le possesseur, qui prescrit, que le propriétaire, contre qui il prescrit, demeurent l'un et l'autre sous le ressort du même bailliage royal ou de la même sénéchaussée royale. Elle court, au contraire, entre absens, lorsqu'ils demeurent en différens bailliages.

La Coutume de Meaux, *art.* 82, s'en explique; elle dit : « On tient pour présens ceux qui demeurent en même bailliage royal. »

104. Lorsqu'un bailliage est partagé en plusieurs siéges, tel que celui d'Orléans, duquel dépendent ceux de Beaugency,

d'Yenville, etc., le possesseur et le propriétaire sont censés présens, lorsqu'ils demeurent l'un et l'autre dans le bailliage, quoique sous différens siéges particuliers de ce bailliage.

105. Lorsque le lieu du domicile de l'une des parties est, à la vérité, sous un autre bailliage que celui où est le domicile de l'autre partie, mais y est enclavé de toutes parts, j'aurais de la peine à ne pas regarder ce cas comme le cas de la prescription entre présens.

Il en est de même du cas, auquel leurs domiciles seraient, à la vérité, dans différens bailliages, mais dans les confins de chacun desdits bailliages, de manière qu'ils ne fussent pas éloignés de plus d'une lieue ou deux, ou peut-être de moins.

106. Pourvu que le possesseur, qui prescrit, et le propriétaire, contre qui il prescrit, demeurent en même bailliage, la prescription est censée courir entre présens, quelque éloignés qu'ils soient du lieu où est situé l'héritage qui fait l'objet de la prescription, comme nous l'avons vu *suprà, n.* 103.

La Coutume de Sedan s'est écartée du droit commun, en réputant la présence ou l'absence à raison de l'éloignement du lieu de la situation de l'héritage; voici comme elle s'explique, *art.* 313: « Sont réputés présens ceux qui sont demeurans dedans dix » lieues à l'environ de la situation de l'héritage; et ceux qui sont » demeurans plus loin que de dix lieues, sont réputés absens. »

Dans cette Coutume, la prescription est entre présens, lorsque le propriétatre, contre qui on prescrit, demeure dans les dix lieues de l'héritage.

107. Lorsque nous disons que la prescription court entre présens, lorsque tant le possesseur que le propriétaire ont leur domicile dans le même bailliage, il est évident que nous n'entendons parler que du domicile de fait et de résidence, dans le sens dans lequel l'Ordonnance de 1667 le prend, lorsqu'elle dit que les exploits d'assignation doivent être donnés à personne ou domicile.

C'est pourquoi, pour que le temps de la prescription soit censé courir entre présens, il suffit que, tant le possesseur, qui prescrit, que le propriétaire, contre qui il prescrit, aient leur domicile de fait et de résidence dans le même bailliage, quand même ce domicile ne serait pas leur domicile de droit; et, au contraire, il ne suffirait pas que l'un et l'autre eussent leur domicile de droit dans le même bailliage, si l'un ou l'autre n'y avait pas sa demeure actuelle.

Par exemple, dans le cas auquel ayant mon domicile de droit à Paris, d'où je suis originaire, et où je conserve l'esprit de retour, je serais demeurant à Orléans, où j'exerce un emploi amovible; si, depuis que j'y demeure, j'ai possédé de bonne foi, en vertu d'un juste titre, un héritage dont le propriétaire, contre qui court la prescription, demeure dans le bailliage d'Orléans, le temps de la prescription sera censé être couru entre présens, quoique Orléans ne soit pas mon véritable domicile, n'y étant pas pour perpétuelle demeure, mais seulement pour le temps que j'aurai mon emploi : au contraire, si le propriétaire de l'héritage, que j'ai possédé depuis que je demeure à Orléans, demeurait à Paris; quoique Paris soit le lieu où est mon domicile de droit, et celui dont la loi régit ma personne, il suffit que je n'aie pas eu ma demeure de fait pendant le temps de ma possession, pour que le temps de la prescription soit censé être couru *inter absentes*.

108. Lorsque l'une des parties, soit le possesseur, qui prescrit, soit le propriétaire, contre qui il prescrit, a deux maisons dans deux différens bailliages, dans chacune desquelles il demeure pendant la moitié de l'année, sans qu'on puisse distinguer laquelle des deux est celle dont il fait sa principale demeure, il est censé, en ce cas, avoir deux domiciles, et être présent dans chacun des bailliages où ils sont; de manière que, pour que la prescription soit censée courir entre présens, il suffit que l'autre partie ait sa demeure dans l'un des deux bailliages.

109. Lorsque l'une des parties, soit le possesseur, qui prescrit, soit le propriétaire, contre qui il prescrit, n'a aucune demeure fixe nulle part, le temps de la prescription est censé courir entre absens, et doit en conséquence être de vingt ans; car le possesseur et le propriétaire étant réputés présens, à raison du domicile qu'ils ont l'un et l'autre dans le même bailliage, c'est une conséquence que celui, qui n'a de domicile nulle part, ne peut être censé présent nulle part, et conséquemment que le temps de la prescription ne peut, en ce cas, être censé courir entre présens.

110. Lorsque le temps de la prescription a commencé entre présens, et que, avant son accomplissement, le possesseur, qui prescrit, ou le propriétaire, contre qui il prescrit, a transféré son domicile dans un autre bailliage, il faudra, pour l'accomplissement de la prescription, doubler le temps seulement qui restait à courir pour la prescription de dix ans. Par exemple, si, avant qu'ils eussent cessé de demeurer dans le même bailliage, il s'était déjà écoulé six ans, il faudra doubler le temps de quatre ans qui restait à courir pour la prescription; de manière que, outre les six ans qui ont déjà couru, il en faudra encore huit pour accomplir le temps de la prescription.

Dans le cas inverse, lorsque la prescription a commencé à courir entre absens, et que, avant l'accomplissement du temps de vingt ans, nécessaire pour la prescription entre absens, le possesseur et le propriétaire se sont rapprochés et ont demeuré dans le même bailliage, le temps pour la prescription entre pré-

temps étant la moitié de celui pour la prescription entre absens, il ne faudra plus, pour accomplir la prescription, que la moitié de celui qui restait à courir de la prescription de vingt ans, lorsqu'ils ont commencé à demeurer dans le même bailliage : par exemple, s'il s'était déjà accompli douze ans, il ne faudra plus, pour accomplir la prescription, que quatre ans, moitié des huit qui restaient à courir pour la prescription de vingt ans, ce qui fait en tout seize ans.

111. Lorsque quelqu'un prescrit un héritage contre deux propriétaires par indivis, dont l'un demeure dans le même bailliage, et l'autre dans un autre bailliage, le possesseur acquerra par prescription la part de celui qui demeure dans le même bailliage, lorsqu'il aura possédé l'héritage pendant dix ans : mais il lui faudra dix autres années de possession pour acquérir la part de l'autre.

Pareillement, lorsque deux personnes, qui possèdent par indivis un héritage, demeurent, l'une dans le même bailliage que le propriétaire, l'autre dans un bailliage différent, il n'y aura que celle, qui demeure dans le même bailliage, qui acquerra par dix ans de possession la part qu'elle possède; l'autre n'acquerra la sienne que par vingt ans de possession.

En l'un et en l'autre cas, lorsque la chose, qui fait la matière de la prescription, est un droit indivisible, la prescription ne pourra s'accomplir pour rien, que par vingt ans de possession; car une chose indivisible, n'étant pas susceptible de parties, ne peut s'acquérir pour partie; elle ne peut s'acquérir que pour le total : les possesseurs de ce droit indivisible ne peuvent donc en accomplir la prescription que tous ensemble, et contre tous les propriétaires ensemble.

### ARTICLE II.

### *De l'union de la possession du successeur avec celle de son auteur.*

Il y a, à cet égard, une grande différence entre les héritiers ou autres successeurs à titre universel, et les successeurs à titre singulier.

#### §I. Des héritiers et autres successeurs universels.

112. L'héritier étant censé n'être que la continuation de la personne du défunt, sa possession est censée n'être que la continuation de la possession du défunt, et n'être qu'une seule et même possession avec celle du défunt.

De ce principe on tire deux corollaires.

113. *Premier corollaire.* La possession du défunt et celle de son héritier n'étant qu'une même possession, et la bonne foi du possesseur n'étant requise pour la prescription, suivant les principes du droit romain, qu'au temps auquel la possession a commencé, lorsque le défunt avait possédé de bonne foi un héritage, et était mort avant l'accomplissement du temps de la prescription, son héritier, quoiqu'il fût de mauvaise foi, et qu'il eût connaissance que l'héritage n'appartenait pas au défunt, pouvait, suivant le droit romain, l'acquérir par prescription, en continuant de le posséder pendant le temps qui restait à courir pour la prescription : *Si defunctus bonâ fide emerit* (1), *usucapietur res, quamvis hæres scit alienam esse ;* l. 2, § 19, ff. *pro empt.*

Ce corollaire n'a pas lieu dans notre droit français ; car, suivant les principes de notre droit français, la bonne foi du possesseur devant durer pendant tout le temps de la possession pour la prescription ; l'héritier, qui est de mauvaise foi, et qui a connaissance que l'héritage n'appartenait pas au défunt, ne peut, en continuant de le posséder, l'acquérir par prescription, sa possession étant une possession de mauvaise foi.

114. *Second corollaire.* La possession de l'héritier n'étant que la continuation de celle du défunt, elle a les mêmes qualités qu'avait celle du défunt. C'est pourquoi, si la possession, que le défunt avait d'un héritage, était une possession injuste, qui fût sans titre ou de mauvaise foi ; quoique l'héritier soit de bonne foi, et croie de bonne foi que l'héritage appartenait au défunt, la possession qu'il continuera d'avoir de cet héritage, sera censée être une possession injuste, telle qu'était celle du défunt, dont elle n'est que la continuation, et il ne pourra l'acquérir par quelque long temps qu'il l'ait possédée : *Quùm hæres in omne jus defuncti succedit, ignoratione suâ defuncti vitia non excludit..... usucapere non poterit quod defunctus non potuit. Idem juris est quùm de longâ possessione quæritur ;* l. 11, ff. *de divers. temporal. præscript.*

115. Lorsque, tant le défunt que son héritier, ont été possesseurs de bonne foi, il n'est pas douteux que l'héritier peut, pour accomplir la prescription, joindre le temps de la possession du défunt à celui de la sienne : mais il faut, pour cela, qu'il n'y ait point eu d'interruption. Il n'y en a pas eu, si le défunt possédait l'héritage lors de sa mort, et si, depuis sa mort, aucun autre que son héritier ne l'a possédé ; car par la maxime, *le mort saisit le vif,* qui est observée dans notre droit français, l'héritier est, en ce cas, censé avoir, incontinent après la mort du défunt, con-

(1) *Supple, cique res tradita sit, eamque incœperit bonâ fide possidere.*

tinué de posséder l'héritage que le défunt avait possédé jusqu'à sa mort.

Même par le droit romain, qui n'admettait pas notre maxime, *le mort saisit le vif*, il n'y avait pas, en ce cas, d'interruption de possession; car l'hérédité jacente était censée, en ce cas, avoir, incontinent après la mort, continué de posséder, pour l'héritier, l'héritage qu'avait possédé le défunt. C'est pourquoi Paul dit: *Vacuum tempus quod ante aditam hæreditatem, vel post aditam intercessit, ad usucapionem hæredi procedit;* l. 31, § 5, ff. *de usurp. et usucap.* La raison est que, *hæres et hæreditas, tametsi duas appellationes recipiunt, unius personæ tamen vice funguntur;* l. 22, ff. *dict. tit.*

116. Mais lorsque, avant ou depuis la mort du défunt, un tiers a, par usurpation, acquis la possession de l'héritage que le défunt possédait, et que, depuis, l'héritier le lui a fait délaisser, il y a, en ce cas, interruption; et l'héritier, qui est rentré en possession de l'héritage, ne peut joindre la possession qu'en a eue le défunt, à la sienne.

117. Lorsque quelqu'un a acheté un héritage qu'il savait ne pas appartenir à son vendeur, et qu'étant mort avant que la tradition lui en ait été faite, la tradition en a été faite à son héritier qui était de bonne foi, et croyait que l'héritage appartenait à celui qui lui en faisait la tradition; cet héritier pourra-t-il l'acquérir par prescription? La raison de douter est, qu'on ne peut dire, en ce cas, que l'héritier a succédé à une possession vicieuse du défunt: le défunt n'ayant jamais eu aucune possession de cet héritage, la possession, que l'héritier a de cet héritage, est une possession qui n'a commencé qu'en sa personne, qui a été de bonne foi dès son commencement.

Nonobstant ces raisons, on doit décider que l'héritier ne peut, en ce cas, acquérir l'héritage par prescription. La raison est, que le titre, d'où procède la possession de cet héritier, est la vente qui a été faite de cet héritage au défunt, c'est le titre *pro emptore*: or, pour la prescription *pro emptore*, la bonne foi est requise, non-seulement au temps de la tradition, auquel la possession de l'acheteur commence, elle est aussi requise au temps du contrat; sans cela le titre est réputé vicieux, *suprà*, *n.* 95. Le défunt n'ayant donc pas été acheteur de bonne foi, ayant eu, lors du contrat, connaissance que l'héritage n'appartenait pas au vendeur, la possession de son héritier, qui procède de ce titre, procède d'un titre vicieux, et est une possession injuste, qui ne peut opérer la prescription.

118. Ce que nous avons dit ci-dessus, que l'héritier d'un possesseur de mauvaise foi, quoiqu'il crût de bonne foi que l'héritage appartenait au défunt, ne pouvait acquérir par prescription cet héritage, par quelque long temps qu'il le possédât, a pareil-

lement lieu à l'égard de tous les autres successeurs universels d'un possesseur de mauvaise foi, tels que ses légataires ou donataires universels : car ces successeurs universels sont tenus de toutes les dettes du défunt, et par conséquent ils sont tenus de l'obligation que le défunt, possesseur de mauvaise foi de l'héritage, a contractée de le rendre, par la connaissance qu'il en a eue qu'il ne lui appartenait pas. Or, il est évident que cette obligation de rendre l'héritage, dont ses successeurs universels sont tenus, est pour eux un obstacle perpétuel à la prescription de cet héritage.

### §.II. Des successeurs à titre singulier.

119. Un successeur à titre singulier, tel qu'est un acheteur, un donataire ou un légataire d'un certain héritage, lorsqu'il en est possesseur de bonne foi, si son auteur, c'est-à-dire, celui qui le lui a vendu ou donné, en était lui-même possesseur de bonne foi, peut, pour accomplir la prescription, joindre le temps de la possession de son auteur au temps de la sienne.

Par exemple, si Pierre, possesseur de bonne foi d'un héritage appartenant à Jacques, après six ans d'une possession qu'il avait eue de cet héritage, qui procédait d'un juste titre, m'a vendu cet héritage, et m'en a mis en possession, j'aurai, après que je l'aurai possédé pendant quatre autres années, accompli le temps de la prescription *inter præsentes*, en joignant les six années de possession de Pierre aux quatre années de la mienne ; et j'aurai acquis la propriété de l'héritage, pourvu que Jacques ait eu son domicile dans le même bailliage où était le domicile de Pierre, et où était le mien pendant le temps qu'a couru la possession.

La raison est, que, par la tradition qu'on fait à quelqu'un d'une chose, en exécution d'un titre qui est de sa nature translatif de propriété, on a intention de lui transférer tout le droit qu'on a, tant dans cette chose que par rapport à cette chose : c'est pourquoi, lorsqu'un possesseur de bonne foi m'a fait la tradition d'une chose qu'il m'a vendue, ne pouvant pas me transférer le droit de propriété de cette chose qu'il n'a pas, il me transfère *causam usucapionis* ; il me met à ses droits pour en acquérir la propriété par la prescription, en parachevant le temps de la possession qu'il a commencé d'avoir de cette chose.

120. Pour que le successeur à titre singulier puisse profiter, pour la prescription, de la possession de son auteur, il faut que, tant la possession de l'auteur, que celle du successeur, soient de justes possessions : *Ne vitiosæ quidem possessioni ullà potest accedere ; sed nec vitiosa ei quæ vitiosa non est* ; l. 13, § 13, ff. *de acquir. posses.*

Il faut, 1° que la possession du successeur soit une juste possession : *Nec vitiosæ possessioni ulla potest accedere*. Par exemple, si vous m'avez vendu une chose à l'égard de laquelle vous aviez commencé le temps de la prescription, la possédant de bonne foi en vertu d'un juste titre, et que je susse qu'elle ne vous appartenait pas, je ne pourrai profiter du temps de votre juste possession, la mienne étant une possession de mauvaise foi : *Si eam rem, quam pro emptore usucapiebas* (1), *scienti mihi alienam esse vendideris, non capiam usu ;* l. 2, § 17, ff. *pro empt.*

En cela, le successeur à titre singulier, selon les principes du droit romain, était différent de l'héritier, lequel, quoiqu'il eût la connaissance que la chose n'appartenait pas au défunt, pouvait, en continuant de la posséder, l'acquérir par prescription : mais nous avons vu *suprà*, *n.* 113, que, par notre droit français, qui demande la bonne foi pendant tout le temps de la possession, l'héritier, qui n'a pas cette bonne foi, en continuant de posséder la chose, ne peut pas plus l'acquérir par prescription, que le successeur à titre singulier.

121. Il faut, 2° pour l'union des possessions du successeur et de l'auteur, que la possession de l'auteur ait été pareillement une juste possession ; autrement le successeur ne pourra pas la joindre à la sienne, quoique la sienne soit une juste possession. C'est ce qui est exprimé par ces derniers termes de la maxime ci-dessus rapportée, *sed nec vitiosa ei quæ vitiosa non est.*

122. Le vice de la possession de l'auteur empêche bien son successeur à titre singulier, qui est possesseur de bonne foi, de joindre la possession de l'auteur à la sienne ; mais il n'empêche pas ce successeur à titre singulier d'acquérir par prescription la chose qu'il possède de bonne foi, lorsqu'il l'aura lui-même possédée pendant le temps requis pour la prescription : *An vitium auctoris vel donatoris, vel ejus, qui mihi rem legavit, mihi noceat, si fortè auctor meus justum initium possidendi non habuit, videndum est ? Et puto neque nocere neque prodesse ; nam denique et usucapere possum quod auctor meus usucapere non potuit ;* l. 5, ff. *de div. temp. præscr.*

En cela, un successeur à titre singulier est différent d'un héritier, lequel, quoiqu'il soit de bonne foi, ne peut jamais acquérir par prescription, par quelque temps que ce soit, la chose que le défunt possédait de mauvaise foi, comme nous l'avons vu *suprà*, *n.* 114.

La raison de différence est, qu'un héritier étant la continuation de la personne du défunt, la possession de l'héritier n'est que la continuation de la possession du défunt, et doit par conséquent avoir les mêmes qualités et les mêmes vices. D'ailleurs

(1) *Id est, circa quam tempus usucapionis inchoaveras.*

l'héritier a succédé à l'obligation, que le défunt avait contractée, de rendre la chose, laquelle obligation résiste à la prescription : au contraire, un successeur à titre singulier ne succède ni à la personne ni aux obligations de son auteur; sa possession est une possession qui lui est propre, par laquelle il peut, en ne se servant point de celle de son auteur, acquérir par prescription la chose qu'il possède de bonne foi.

123. Le successeur à titre singulier étant subrogé à tous les droits de son auteur, par rapport à la chose dont la tradition lui a été faite, il peut, pour accomplir le temps de la prescription, joindre à sa possession, non-seulement celle de son auteur, mais celle des auteurs de son auteur, que cet auteur, qui l'a subrogé, avait droit de joindre à la sienne; bien entendu, pourvu que toutes ces possessions soient de justes possessions : *Accessio possessionis fit, non solùm temporis quo apud eum fuit, undè is emit; sed et* (1) *qui ei vendidit, undè tu emisti*; l. 15, § 1, ff. *de div. temp. præscr.*

124. Observez qu'il faut que trois choses concourent à l'égard de la possession de l'auteur, pour que le successeur à titre singulier la puisse joindre à la sienne.

1°. Il faut que cette possession soit une juste possession, c'est-à-dire, qui procède d'un juste titre, et qui soit de bonne foi, comme nous l'avons déjà vu.

2°. Il faut que cette possession de l'auteur soit contiguë à celle du successeur à titre singulier; s'il y a eu interruption, le successeur ne pourra la joindre à la sienne; car il faut pour la prescription une possession sans interruption.

Supposons, par exemple, que Pierre, possesseur de bonne foi d'un petit morceau de terre dont il n'était pas propriétaire, me l'a vendu. Avant que la tradition m'en ait été faite, un usurpateur s'en est emparé, et en a acquis la possession par an et jour. Pierre m'ayant subrogé à ses droits, j'ai donné la demande en revendication contre l'usurpateur, lequel, sur cette demande, m'a délaissé le morceau de terre. Il faut, pour que je l'acquière par prescription contre celui qui en est le véritable propriétaire, que je le possède moi-même pendant tout le temps requis pour la prescription : car je ne puis joindre à ma possession, ni celle de l'usurpateur, cet usurpateur n'étant pas mon auteur, et d'ailleurs sa possession étant une possession injuste; ni celle de Pierre mon auteur, parce qu'elle n'est pas contiguë à la mienne.

3°. Pour que le successeur puisse joindre la possession de son auteur à la sienne, il faut que ce soit la possession que son auteur

(1) *Supple, sed et temporis quo res fuit apud eum qui ei vendiderit, etc.*

a eue jusqu'à la tradition qu'il lui a faite, laquelle possession est celle aux droits de laquelle son auteur l'a subrogé : mais si, depuis la tradition, et après que le successeur a possédé depuis quelque temps la chose, son auteur l'a de nouveau possédée, et enfin son successeur l'a recouvrée, le successeur ne pourra pas joindre à sa possession cette nouvelle possession de son auteur ; cette possession, que son auteur n'a eue que depuis la tradition qu'il lui a faite de la chose, n'étant pas celle aux droits de laquelle son auteur l'a subrogé par la tradition qu'il lui a faite : *Hæ accessiones non tam latè accipiendæ sunt, quàm verba earum patent : ut, etiam si post venditionem traditionemque rei traditæ apud venditorem res fuerit, proficiat id tempus emptori ; sed illud solum quod ante fuit ;* l. 15, § 5, ff. *de div. temp. præscr.*

---

## CHAPITRE V.

### *De l'effet de la prescription de dix ou vingt ans.*

125. Justinien ayant fondu le droit d'usucapion des héritages dans la prescription de dix ou vingt ans, qu'il a établie par sa constitution, et que la Coutume de Paris, par l'*art.* 113, a adoptée, cette prescription est un vrai droit d'usucapion, qui fait acquérir au possesseur le domaine de propriété de l'héritage ou autre immeuble, qu'il a possédé en vertu d'un juste titre et de bonne foi, pendant le temps requis pour l'accomplissement de la prescription.

Plusieurs Coutumes, qui, comme celle de Paris, ont adopté cette prescription, s'en expliquent en termes formels. Senlis, *art.* 118, dit, *ils acquièrent par prescription la propriété et seigneurie.* Anjou dit pareillement, *art.* 431, *a acquis le droit et propriété de la chose.* Valois, *art.* 120, *a acquis et gagné le droit de la chose.*

126. La prescription de dix ou vingt ans, non-seulement fait acquérir au possesseur le domaine de propriété de l'héritage ; elle le lui fait acquérir aussi franchement et pleinement qu'il a cru de bonne foi l'avoir, et elle éteint de plein droit les rentes foncières, hypothèques et autres charges réelles dont l'héritage était chargé, qui n'ont point été déclarées au possesseur par son contrat d'acquisition, et qu'il a ignorées.

En cela, par le droit romain, la prescription de dix ou vingt ans avait plus d'effet que n'en avait l'ancien droit d'usucapion; car celui-ci faisait bien acquérir le domaine, mais il le faisait acquérir tel que l'avait eu l'ancien propriétaire, avec toutes les hypothèques et autres charges dont cet héritage était chargé : *Non mutat usucapio superveniens pro emptore vel pro hærede, quominùs persecutio pignoris salva sit; ut enim ususfructus usucapi non potest, ità persecutio pignoris quæ nullâ societate dominii conjungitur, sed solâ conventione constituitur, usucapione rei non perimitur; l.* 44, § 5, ff. *de usurp. et usucap.*

Au contraire, à l'égard de la prescription de dix ou vingt ans, les empereurs Dioclétien et Maximien répondent : *Neque data pignori prædia post intervallum longi temporis tibi auferenda sunt, quandò etiam præsentibus creditoribus decem annorum præscriptionem opponi posse tàm rescriptis nostris quàm priorum principum statutis probatum sit; l.* 2, *Cod. si adv. cred. præscr.*

La raison de différence était, que l'usucapion n'avait été établie que pour acquérir le domaine civil des choses *mancipi*, et que les droit réels, que des tiers ont dans les choses, n'étaient pas susceptibles d'usucapion, au lieu qu'ils sont susceptibles de la prescription de dix ou vingt ans.

La Coutume de Paris a pareillement attribué à la prescription de dix ou vingt ans, l'effet de faire acquérir au possesseur qui, en vertu d'un juste titre, a possédé de bonne foi un héritage pendant le temps requis pour la prescription, l'affranchissement de toutes les hypothèques, rentes foncières et autres charges réelles dont cet héritage est chargé, qui n'ont point été déclarées à ce possesseur par son contrat d'acquisition, et qu'il a ignorées. Elle en a une disposition expresse en l'*art.* 114, qui est conçu en ces termes : « Quand aucun a possédé et joui par lui et » ses prédécesseurs, desquels il a le droit et cause, d'héritage ou » rente, à juste titre et de bonne foi, par dix ans entre présens, » et vingt ans entre absens, âgés et non privilégiés, franchement » et paisiblement, sans inquiétation d'aucune rente ou hypo- » thèque, tel possesseur dudit héritage ou rente a acquis par » prescription contre toutes rentes et hypothèques prétendues sur » ledit héritage ou rente. »

127. La prescription établie par cet article est très-différente d'une autre espèce de prescription dont nous avons parlé dans notre *Traité des Obligations*, laquelle ne résulte que de la négligence du créancier à demander ce qui lui est dû, et qui, faute par lui d'en avoir fait la demande dans le temps qui lui est prescrit, le rend, au bout de ce temps, en punition de sa négligence, non recevable à l'intenter : nous avons appelé cette espèce de prescription, *prescription à l'effet de libérer.* Au contraire, la prescription établie par l'*art.* 114 est une *possession à l'effet d'ac-*

quérir : elle est fondée sur la juste possession, que le possesseur a eue de l'héritage, pendant le temps requis pour la prescription, et sur la juste opinion où il a été qu'il avait un domaine de cet héritage, libre et franc des hypothèques, rentes, et autres charges réelles, dont cet héritage était chargé, qui ne lui avaient point été déclarées par son contrat d'acquisition; et en conséquence de cette possession de bonne foi, la loi lui fait acquérir ce qui manquait à la perfection de son domaine, en affranchissant l'héritage desdites hypothèques, rentes et autres charges dont il était chargé.

128. Cette prescription étant fondée uniquement sur la juste possession que le possesseur a eue de l'héritage pendant le temps requis pour la prescription, sans avoir eu, pendant ce temps, connaissance des rentes et hypothèques dont l'héritage était chargé, l'héritage en est déchargé par cette prescription, quand même, pendant tout ce temps, le créancier aurait été servi et payé de ces rentes par ceux qui en étaient les débiteurs personnels, lesquels continueront d'en être débiteurs. La Coutume de Paris en a une disposition en l'*art.* 115, qui porte : « A lieu ladite prescription, supposé que ladite rente fût payée par celui qui l'a constituée au desçu du détenteur. »

129. Cette prescription a lieu, soit que le possesseur ait acquis l'héritage de celui qui en était le propriétaire, et qui ne lui a pas déclaré les hypothèques, rentes, ou autres charges dont son héritage était chargé, soit qu'il l'ait acquis de quelqu'un qui n'en était pas le propriétaire.

130. Observez, à l'égard du cas auquel le possesseur a acquis l'héritage de bonne foi de quelqu'un qui n'en était pas le propriétaire, que, pour qu'il puisse acquérir par cette prescription l'affranchissement des rentes, hypothèques et autres charges dont l'héritage est chargé, il faut qu'il ait préalablement acquis par cette prescription la propriété de cet héritage; car, *per rerum naturam*, il n'y a que celui, qui est le propriétaire d'un héritage, qui puisse acquérir ce qui manque à la perfection de son droit de propriété, et l'affranchissement des charges dont son héritage est chargé.

Suivant ce principe, quoique j'aie possédé pendant dix ans un héritage chargé d'une rente foncière, laquelle appartient à un majeur demeurant dans le même bailliage où je demeure; si le propriétaire de l'héritage est un mineur, contre lequel le temps de la prescription n'a pu courir pendant sa minorité, l'héritage ne sera point affranchi de la rente, jusqu'à ce que j'aie acquis la propriété de l'héritage par l'accomplissement du temps de la prescription depuis la majorité du propriétaire, ne pouvant pas acquérir l'affranchissement d'une charge d'un héritage, tant que l'héritage ne m'appartenait pas encore. C'est pourquoi, si, avant l'accomplissement du temps de la prescription contre le propriétaire, je suis évincé de l'héritage par le propriétaire, le créancier de la rente pourra demander sa rente contre le propriétaire, l'héritage n'en ayant point été affranchi.

131. Mais quoique le temps de la prescription ne soit pas encore accompli contre le propriétaire de l'héritage, et quoique, *in rei veritate*, je n'aie pas encore acquis la propriété de l'héritage, ni conséquemment l'affranchissement de la rente dont il est chargé; néanmoins si le propriétaire de l'héritage demeure dans le silence, et ne le revendique pas, étant, par la seule qualité que j'ai de possesseur de l'héritage, réputé en être le propriétaire, tant que le véritable propriétaire ne se fait pas reconnaître, et qu'il ne le revendique pas, je pourrai opposer la prescription contre la demande du créancier, qui était majeur et présent pendant tout le temps de ma possession, et soutenir que j'ai acquis par la prescription l'affranchissement de la rente dont l'héritage était chargé, sans qu'il puisse répliquer que je ne suis point encore propriétaire de l'héritage, et que je n'ai pu par conséquent acquérir l'affranchissement des charges dont l'héritage est chargé; car ce serait de sa part exciper du droit d'autrui, à quoi il ne peut être reçu. Il suffit que je sois possesseur, pour que j'en doive être réputé le propriétaire, tant qu'il ne s'en présente pas d'autres, et pour que je sois en conséquence réputé avoir acquis par la prescription l'affranchissement de la rente.

Nous avons à voir sur cette prescription, 1° quelles sont les charges réelles qui y sont sujettes; 2° au profit de qui et contre qui court cette prescription; 3° quelles qualités doit avoir la possession pour opérer cette prescription, et du temps de cette possession.

### § I. Quelles charges sont sujettes à cette prescription.

132. La Coutume, en l'*art.* 114, ci-dessus rapporté, s'exprime ainsi : « a acquis prescription contre toutes rentes et hypothèques prétendues sur ledit héritage. »

Autrefois les rentes constituées à prix d'argent étaient des charges réelles des héritages sur lesquels elles étaient constituées, aussi bien que les rentes foncières créées par bail d'héritage. Aujourd'hui les rentes constituées ne sont plus regardées que comme des dettes de la personne qui les a constituées, quand même elles auraient un assignat spécial sur quelque héritage : cet assignat n'étant regardé que comme un droit d'hypothèque spécial, ce n'est pas contre la rente, mais contre l'hypothèque qui a été contractée pour la rente, qu'on acquiert prescription par cet article. C'est pourquoi, comme l'a fort bien observé Laurière sur cet article, ces termes, *contre toutes rentes,* ne doivent plus s'entendre que de rentes foncières; et ces termes, *et hypothèques,* s'entendent de toutes les espèces d'hypothèques dont l'héritage est chargé, soit qu'elles soient spéciales, soit qu'elles ne soient que générales, soit qu'elles aient été contractées pour des rentes, soit pour quelque autre espèce de créance que ce soit. Ainsi le possesseur de l'héritage, à qui ces rentes et hypothèques n'ont point été déclarées par son contrat d'acquisition, et qui les a ignorées, acquiert, par la prescription établie par cet article, l'affranchissement de son héritage desdites rentes et hypothèques.

133. Quoique la Coutume ait dit, *toutes rentes,* il faut néanmoins en excepter les rentes seigneuriales, c'est-à-dire, celles qui sont recognitives de la seigneurie directe et du domaine de supériorité, que le seigneur, de qui l'héritage relève, s'est réservé : les droits de seigneurie étant imprescriptibles, les devoirs et les redevances, qui en sont recognitifs, le sont pareillement; et l'acquéreur de l'héritage n'en peut acquérir l'affranchissement par cette prescription, ni par quelque autre espèce de prescription que ce soit. La Coutume de Paris le reconnaît en l'*art.* 124, où il est dit que le cens est imprescriptible.

Observez qu'une rente, quoique créée pas bail à cens, n'est seigneuriale, que lorsqu'elle est confondue avec le cens, et n'en est pas distinguée; comme lorsqu'il est dit par le bail à cens, que l'héritage est baillé à la charge de 50 liv. de cens et rente. Les parties n'ayant point, en ce cas, distingué ce qui, dans cette unique redevance de 50 livres, devait être le cens recognitif de la seigneurie directe, et ce qui ne devait être qu'une simple rente, la redevance de 50 livres sera, dans sa totalité, réputée seigneuriale, et recognitive de la seigneurie que le bailleur s'est réservée, et par conséquent, dans sa totalité, non sujette à la prescription de cet article, ni à aucune autre.

Au contraire, si la rente, quoique créée par un bail à cens, y était distinguée du cens; comme s'il était dit que l'héritage était baillé à la charge de 10 sous de cens et de 50 livres de rente; il n'y aurait, en ce cas, que le cens de 10 sous qui serait la redevance seigneuriale; la rente de 50 livres ne serait qu'une simple rente foncière, sujette par conséquent à la prescription établie par cet article.

134. Observez aussi que, lorsque nous disons que le cens n'est pas sujet à la prescription de cet article, ni à aucune autre prescription, nous entendons parler d'un véritable cens, c'est-à-dire d'une redevance recognitive de la seigneurie directe, que s'est retenue le seigneur de qui l'héritage relève. Mais si on a donné le nom de cens improprement et *abusivè* à une redevance qui ne soit point recognitive d'une seigneurie directe, cette re-

devance, quoique qualifiée de cens, ne sera qu'une simple rente foncière, sujette à la prescription de cet article, comme toutes les autres rentes. Par exemple, si le propriétaire d'un héritage, qui le tient à cens d'un seigneur, l'a baillé à quelqu'un à la charge du cens dû au seigneur, et de 100 sous d'autre cens envers lui, cette redevance de 100 sous, improprement qualifiée de cens, dont il a chargé l'héritage envers lui, ne sera qu'une simple redevance foncière; car ce propriétaire, par le bail qu'il a fait de cet héritage, n'a pu s'en retenir la seigneurie directe qu'il ne peut avoir, puisque, le tenant à cens, il n'en avait que le pur domaine utile : la redevance de 100 sous, dont il a chargé l'héritage envers lui, et qu'il a improprement qualifiée de cens, ne peut être recognitive d'une seigneurie directe qu'il n'a pas. Ce second cens n'est donc pas un véritable cens, mais une simple redevance foncière, sujette à la prescription de cet article, lorsqu'un tiers acquerra par la suite l'héritage, sans qu'on lui déclare les charges dont il est chargé.

Il n'en est pas de même d'un propriétaire qui tient son héritage en fief : ce propriétaire ayant, en ce cas, l'honorifique aussi bien que l'utile du domaine de l'héritage, il peut, par le bail à cens qu'il en fait, se réserver une seigneurie directe, subordonnée à celle du seigneur de qui il relève; et le cens, dont il charge l'héritage, est un véritable cens recognitif de cette seigneurie, qui ne peut jamais être sujette à cette prescription ni à aucune autre.

135. A l'exception des rentes seigneuriales et autres redevances et devoirs seigneuriaux, toutes les autres rentes, soit que ce soient des rentes en argent, soit que ce soient des rentes en grains, et généralement toutes les redevances, de quelque espèce et nature qu'elles soient, dont un héritage est chargé, sont sujettes à cette prescription.

Le champart même, lorsqu'il n'est pas seigneurial, y est sujet, et l'acquéreur, qui a acquis l'héritage sans qu'on lui ait déclaré cette charge, en acquerra l'affranchissement par cette prescription, si, pendant tout le temps de la prescription, celui, à qui le champart appartient, a laissé ignorer à cet acquéreur cette charge, en ne levant point pendant tout ce temps son champart.

Un champart n'est pas seigneurial, lorsque l'héritage, qui en est chargé est en outre chargé d'un cens, soit envers le seigneur, à qui est dû le champart, soit envers un autre seigneur : en ce cas, c'est le cens qui est la redevance recognitive de la seigneurie directe, et le champart n'est qu'une simple redevance foncière sujette à la prescription.

Au contraire, lorsque l'héritage, qui est chargé de champart, n'est chargé d'aucune autre redevance seigneuriale ni devoir seigneurial, le champart est censé être la redevance recognitive de la seigneurie directe, et par conséquent seigneurial, et non sujet à la prescription.

136. Ces termes de la Coutume, *a acquis la prescription contre toutes rentes et hypothèques prétendues sur ledit héritage,* ne doivent pas se prendre *restrictivè;* sa disposition s'étend généralement à toutes les différentes espèces de droits réels que des tiers peuvent avoir sur l'héritage, qui diminuent la perfection du domaine de l'héritage, que l'acquéreur, à qui ces droits n'ont pas été déclarés par son contrat d'acquisition, croit avoir acquis franc et libre desdits droits : l'effet de cette prescription est, comme nous l'avons déjà dit, de faire acquérir à l'acquéreur un domaine de l'héritage aussi parfait qu'il a eu un juste sujet de le croire, en affranchissant l'héritage de tous les droits réels dont il est chargé, qui en diminueraient la perfection.

Par exemple, lorsque quelqu'un, en vendant son héritage, est convenu qu'il avait la faculté de le réméré, sans limiter le temps dans lequel il pourrait l'exercer, cette faculté dure trente ans, et l'héritage est affecté à l'exécution de la convention, en quelques mains qu'il passe. Si l'acheteur, peu d'années après, revend cet héritage à un tiers, sans lui donner connaissance de ce droit de réméré auquel l'héritage est affecté, quoique cette affectation soit quelque chose de différent d'un droit d'hypothèque, ce tiers acquéreur, qui n'a pas eu de connaissance de l'affectation de l'héritage à ce droit de réméré, en acquerra l'affranchissement par l'accomplissement de la prescription de cet article.

137. Pareillement, lorsqu'un héritage est chargé envers un particulier d'un droit de retrait conventionnel, qu'il s'est réservé lors de l'aliénation qu'il en a faite, c'est-à-dire, du droit que lui et ses successeurs auraient à toujours, de prendre le marché de l'acquéreur toutes les fois que l'héritage serait vendu ; un tiers acquéreur de cet héritage, à qui on n'a pas donné, par son contrat d'acquisition, connaissance de ce droit, acquerra, par l'accomplissement du temps de la prescription, que son héritage soit entièrement affranchi et déchargé de ce droit de retrait.

Il en est autrement du retrait seigneurial et du retrait lignager; l'acquéreur, qui a acquis l'héritage qui y est sujet, n'en peut acquérir l'affranchissement par cette prescription, quoiqu'il n'en ait pas été chargé par son contrat d'acquisition; car, ces retraits étant de droit commun, il a dû s'y attendre.

138. Lorsqu'un particulier a aliéné son héritage pour un certain temps, au bout duquel l'héritage lui retournerait ou à son successeur; si j'ai acquis cet héritage de celui, qui n'en a le domaine que pour le temps porté par le contrat originaire d'aliénation, sans qu'il m'ait déclaré que l'héritage fût sujet à réver-

sion au bout d'un certain temps, j'acquerrai par la prescription le domaine perpétuel de cet héritage, et l'affranchissement du droit de réversion auquel l'héritage est sujet : car si la prescription me fait acquérir le domaine perpétuel d'un héritage, lorsque je l'ai acquis de quelqu'un qui n'y avait aucun droit, pourquoi me le ferait-elle moins acquérir, lorsque je l'ai acquis de bonne foi de quelqu'un qui n'en avait qu'un domaine à temps ?

139. Enfin l'acquéreur d'un héritage sujet à des devoirs de servitudes, soit personnelles, tels qu'un droit d'usufruit, un droit d'usage, un droit d'habitation, soit prédiales, en acquiert par cette prescription l'affranchissement, lorsqu'elles ne lui ont point été déclarées, et qu'il n'en a eu aucune connaissance, pendant tout le temps de la prescription, ceux, qui avaient ces droits de servitude, n'en ayant point usé pendant ledit temps.

En vain opposerait-on que, par l'article 186, il est dit que la liberté des servitudes se peut acquérir contre le titre par le temps de trente ans : donc, dirait-on, elle ne peut s'acquérir par un moindre temps; elle ne peut donc être sujette à la prescription de dix ou vingt ans. Je réponds que la prescription de trente ans, qui fait acquérir la liberté des servitudes, dont il est parlé dans l'article 186, est la prescription à l'effet de libérer, qui résulte uniquement du non usage de la servitude, et qui en fait acquérir la libération, même à ceux qui les auraient constituées, ou à leurs héritiers. Ce n'est que de cette espèce de prescription qu'il est parlé en l'article 186, qui n'a rien de commun avec la prescription de l'article 114, qui résulte de la possession qu'un acquéreur de bonne foi a eue d'un héritage qu'il a possédé comme franc des droits de servitude dont il était chargé.

140. J'ai acquis une rente foncière, qui était rachetable par une clause du bail à rente. Le bailleur, qui me l'a vendue, ne m'a point déclaré qu'elle l'était; et pour m'en dérober la connaissance, il ne m'a point remis le bail entre les mains; il a déclaré qu'il l'avait égaré, et s'est chargé de me le remettre, lorsqu'il l'aurait retrouvé. J'ai fait incontinent signifier mon contrat d'acquisition au débiteur de la rente, qui me l'a payée exactement. Ayant possédé cette rente pendant tout le temps de la prescription, sans avoir connaissance de la faculté de rachat à laquelle elle est sujette, aurais-je acquis par la prescription l'affranchissement de cette faculté de rachat auquel la rente est sujette ? Suivant la règle ordinaire, on doit décider pour l'affirmative. La charge, imposée au propriétaire de la rente, d'en souffrir le rachat, lorsque le débiteur jugera à propos de le faire, est une charge qui diminue la perfection du domaine de propriété de cette rente : or, suivant ces principes, l'effet de cette prescription est de faire acquérir à l'acquéreur de bonne foi d'un héritage ou d'une rente, un domaine de propriété de l'héritage

ou de la rente aussi parfait qu'il a eu sujet de croire l'avoir, en affranchissant l'héritage ou la rente de toutes les charges qui en diminuent la perfection; le débiteur de la rente, par la copie que l'acquéreur lui a signifiée de son contrat d'acquisiton, ayant dû voir qu'elle n'y était pas déclarée rachetable, a dû le lui notifier, pour empêcher la prescription de la faculté de rachat. Faute de l'avoir fait, cette faculté doit être éteinte par cette prescription; sauf à ce débiteur son recours en dommages et intérêts contre le bailleur ou l'héritier du bailleur, qui a donné lieu à cette prescription, en vendant la rente sans déclarer la faculté du rachat à laquelle elle était sujette.

Néanmoins, comme il n'est guère ordinaire d'acheter une rente sans en voir le titre, ce qui est dit par le contrat d'acquisition de la rente, que le vendeur en a égaré le titre, pourrait être un jeu entre le vendeur et l'acheteur, pour donner lieu à la prescription de la faculté de rachat, en faisant paraître que l'acheteur n'en a pas eu de connaissance : pour peu qu'il y ait de circonstances, qui fassent présumer ce concert, on ne devrait pas avoir égard à la prescription.

141. Les droits, qui ne sont pas sujets à la prescription de dix ou vingt ans, établie par l'article 113, sont :

1°. Les droits seigneuriaux, comme nous l'avons déjà dit.

2°. L'affectation des biens d'un homme au douaire, soit coutumier, soit conventionnel, de sa femme et de ses enfans, est une charge qui n'est point sujette à cette prescription, avant que le douaire soit ouvert; elle ne commence à courir que depuis qu'il est ouvert par la mort du mari. La Coutume de Paris en a une disposition en l'article 117, où elle dit : « En matière de » douaire, la prescription commence à courir du jour du décès » du mari. » *Voyez ce que nous en avons dit en notre Traité du Douaire.*

3°. Les droits de substitution, dont les héritages ou rentes sont chargés, ne sont point sujets à cette prescription, lorsque la substitution a été dûment publiée et insinuée. La raison est, que celui, qui a acquis ces héritages ou rentes, ne peut avoir une ignorance excusable et invincible des substitutions dont ils sont chargés, ayant pu consulter les registres publics où ces substitutions sont enregistrées.

142. Enfin, il résulte de ces termes, dont la Coutume se sert en cet article 113, *entre.... âgés et non privilégiés,* que le possesseur ne peut acquérir, par la prescription établie par cet article, l'affranchissement des rentes, hypothèques et autres droits dont l'héritage est chargé; lorsque ces droits appartiennent à des mineurs, tant qu'ils sont mineurs; ou lorsqu'ils appartiennent à l'église, ou à des corps et communautés, même séculières, leurs biens n'étant sujets qu'à la prescription de quarante ans; ou enfin

lorsqu'ils appartiennent au domaine du roi, les biens du domaine étant imprescriptibles.

§ II. Au profit de qui, et contre qui peut courir la prescription de l'article 113.

143. Les personnes, au profit desquelles peut courir la prescription de l'article 113, pour l'affranchissement des rentes, hypothèques et autres droits, dont l'héritage, qu'elles ont acquis, est chargé, sont celles au profit desquelles a pu courir la prescription pour en acquérir le domaine de propriété. *Voyez* ce que nous en avons dit *suprà, chap.* 1, *art.* 2.

144. Pareillement le principe, que nous avons exposé en l'article 3 dudit chapitre, que la prescription, à l'effet d'acquérir la propriété, ne court point contre le propriétaire, tant qu'il a quelque cause d'empêchement légitime qui l'empêche de revendiquer l'héritage, reçoit, aussi bien que tous les exemples que nous avons donnés de ce principe, une parfaite application aux personnes qui ont quelque rente ou hypothèque, ou quelque autre droit réel sur un héritage, contre lesquelles la prescription, à l'effet de faire acquérir au possesseur l'affranchissement desdites rentes, hypothèques, ou autres droits, ne court point, tant que ces personnes ont eu quelque empêchement légitime qui ne leur a pas permis de pouvoir intenter leurs actions contre le possesseur, pour se faire reconnaître desdites rentes, hypothèques ou autres droits.

Par exemple, lorsque j'ai acquis un héritage, qui a appartenu à un homme marié, sur lequel sa femme a des hypothèques qu'il n'a pas déclarées lorsqu'il l'a vendu, la prescription, à l'effet d'acquérir la décharge de ces hypothèques, ne court point pendant le mariage; car la femme est censée n'avoir pu intenter ces actions pendant le mariage, et en avoir été empêchée par son mari, contre qui ces actions auraient réfléchi.

145. La Coutume apporte un autre exemple en l'article 115. Après avoir dit que, lorsque quelqu'un a acheté un héritage chargé d'une rente envers un tiers, dont le vendeur, qui en était le débiteur, ne lui a pas donné connaissance, le temps de la prescription n'a pas laissé de courir contre le créancier de cette rente, quoique, pendant tout le temps, il en ait été servi par le débiteur à l'insu du possesseur de l'héritage, la Coutume ajoute: « Toutefois si le créancier de la rente a eu juste cause d'ignorer » l'aliénation, parce que le débiteur de ladite rente serait tou» jours demeuré en possession de l'héritage par le moyen de » location, rétention d'usufruit, constitution de précaire ou » autres semblables, pendant ledit temps, la prescription n'a » cours. »

Le créancier voyant son débiteur demeurer dans l'héritage sujet à sa rente, et en étant payé par lui exactement; ne pouvant pas soupçonner qu'il l'eût aliéné, cette juste ignorance, en laquelle il était de l'aliénation, est un empêchement qui ne lui a pas permis de demander reconnaissance à l'acheteur, et d'interrompre sa possession.

146. Observez que, lorsqu'un héritage est chargé de plusieurs rentes qui n'ont point été déclarées à l'acquéreur, quoique le cours de la prescription soit arrêté contre le créancier de l'une de ces rentes, soit pour cause de minorité, soit pour cause de quelque légitime empêchement qui ne lui permette pas d'intenter son action en reconnaissance de sa rente; cela n'empêche pas que la prescription ne coure et ne s'accomplisse contre les créanciers des autres rentes, qui n'ont rien de leur part à opposer contre la prescription.

147. Pareillement, lorsque l'héritage est chargé d'une rente due à plusieurs créanciers, quoique le cours de la prescription soit arrêté contre l'un de ces créanciers pour la part qu'il a dans la rente, cela n'empêche pas qu'elle ne coure et qu'elle ne s'accomplisse contre les autres pour le surplus.

148. Ce n'est que dans le cas, auquel un droit, dont l'héritage est chargé envers plusieurs, est un droit indivisible, que la prescription, pour en acquérir l'affranchissement, ne peut s'accomplir que contre tous ensemble, et que, tant qu'elle est arrêtée de la part d'un seul de ceux à qui le droit appartient, elle ne peut courir ni s'accomplir contre les autres : la raison est, qu'il implique contradiction qu'on puisse acquérir pour partie l'affranchissement d'un droit qui n'est pas susceptible de parties.

## § III. Des qualités requises dans la possession, pour acquérir par prescription l'affranchissement des rentes, hypothèques et autres droits dont l'héritage est chargé.

149. Pour que le possesseur d'un héritage puisse acquérir par prescription l'affranchissement des rentes, hypothèques et autres droits dont l'héritage est chargé, il faut que sa possession soit une possession civile, qui procède d'un juste titre et qui soit de bonne foi. La Coutume s'en explique formellement dans l'article 113 : *Quand aucun a possédé..... à juste titre et de bonne foi.*

Cette bonne foi n'est autre chose qu'une opinion, fondée sur un juste fondement, que ce possesseur doit avoir, qu'il a acquis le domaine de l'héritage libre et franc des rentes, hypothèques et autres droits, qu'on ne lui a pas déclarés : cette bonne foi n'est autre chose que *justa opinio quæsiti dominii liberi.*

150. De-là il suit que, s'il n'est pas absolument nécessaire,

pour cette prescription, que le possesseur de l'héritage en soit le propriétaire, il est au moins nécessaire qu'il croie l'être; car *opinio dominii liberi,* dans laquelle consiste la bonne foi nécessaire pour cette prescription, renferme nécessairement *opinionem dominii.*

Le possesseur de l'héritage ne peut donc être possesseur de bonne foi vis-à-vis de tous ceux qui ont des rentes, hypothèques ou autres droits sur l'héritage, s'il n'est ou propriétaire, ou pareillement possesseur de bonne foi vis-à-vis du propriétaire de l'héritage. Au contraire, lorsque l'héritage est chargé de plusieurs rentes ou hypothèques; quoique le possesseur soit possesseur de mauvaise foi à l'égard de quelques-unes de ces rentes et hypothèques dont il a connaissance, et dont il ne peut, en conséquence, acquérir l'affranchissement par la prescription, cela ne l'empêche pas d'être possesseur de bonne foi vis-à-vis des autres rentes et hypothèques dont il n'a pas connaissance, et d'en acquérir l'affranchissement par la prescription.

Il reste à observer, par rapport à la bonne foi, qu'elle doit durer pendant tout le temps requis pour la prescription.

151. Pour que le possesseur puisse acquérir par la prescription l'affranchissement des rentes, hypothèques et autres charges dont l'héritage est chargé, il faut encore que la possession ait été paisible, et n'ait souffert aucune interruption.

152. Non-seulement l'interruption de la possession naturelle arrête le cours de la prescription, l'interruption civile l'arrête pareillement : elle se fait par la demande que le créancier, qui a une rente ou une hypothèque sur l'héritage, donne contre le possesseur, en reconnaissance de sa rente ou de son hypothèque, avant l'accomplissement du temps de la prescription. La possession de ce possesseur cessant, par cette demande, d'être une possession *paisible,* une possession *sans inquiétation,* cesse d'être capable d'opérer la prescription. La Coutume s'en explique en l'article 113 : *Quand aucun a possédé..... franchement et paisiblement sans inquiétation d'une rente, etc.*

153. Si le créancier, qui a donné la demande, la laisse tomber en péremption ; cette demande, qui a été, par un jugement, déclarée périmée, étant regardée comme non avenue, ne peut par elle-même interrompre le cours de la prescription : *Quod nullum est, nullum producit effectum.*

Mais si la demande, qu'on a laissé tomber en péremption, n'a pas, par elle-même, arrêté le cours de la prescription, ne peut-on pas dire que le cours en a été arrêté par la communication que le possesseur a eue, sur cette demande, des titres du créancier, lesquels, en donnant connaissance au possesseur du droit du créancier, ont fait cesser, par rapport à cette rente, sa bonne foi, qui doit durer pendant tout le temps de la prescription? Je pense que, dans ce cas, la communication, que le possesseur a eue des titres du créancier, n'a pas fait cesser sa bonne foi, ni par conséquent arrêté le cours de la prescription; car le défaut de poursuite du créancier a été un juste sujet de faire croire à ce possesseur que les titres du créancier n'étaient pas suffisans pour établir son droit, puisqu'il ne suivait pas sa demande; comme nous l'avons vu *suprà, n.* 53.

154. Lorsque l'héritage est chargé de plusieurs rentes et hypothèques, la demande, donnée par l'un des créanciers, arrête bien le cours de la prescription pour la rente ou l'hypothèque de ce créancier; mais elle n'en arrête pas le cours, ni même l'accomplissement, à l'égard des rentes et hypothèques des autres créanciers qui sont demeurés dans le silence : car ce n'est qu'à l'égard de la rente ou de l'hypothèque, pour laquelle la demande a été donnée, que la possession du possesseur a cessé d'être *sans inquiétation*; elle a continué d'être sans inquiétation à l'égard de celles, pour lesquelles on ne lui a donné aucune demande.

155. Lorsque l'héritage est chargé d'une rente, qui appartient à plusieurs particuliers, la demande, qui est donnée contre le possesseur de l'héritage par l'un desdits particuliers, pour la part qu'il y a, n'interrompt, à la vérité, la possession que pour cette part; mais si les titres, dont on a donné communication au possesseur sur cette demande, sont des titres communs, qui aient donné au possesseur connaissance du droit de ceux qui sont créanciers de la rente pour les autres parts, cette connaissance, qu'il a acquise par ces titres, avant l'accomplissement du temps de la prescription, ayant fait cesser sa bonne foi, même par rapport aux parts de ceux qui sont demeurés dans le silence, le cours de la prescription est arrêté, même pour lesdites parts, par le défaut de bonne foi du possesseur, qui est requise pendant tout le temps de la prescription.

156. N'ayant été donné, pendant tout le temps de la prescription, contre le possesseur de l'héritage, aucune demande pour les rentes et hypothèques dont l'héritage est chargé; si, avant l'accomplissement du temps de la prescription, on a donné contre lui une demande en revendication de l'héritage, cette demande empêchera-t-elle la prescription? Ou le possesseur a succombé sur cette demande, ou il en a eu congé, ou la demande a été abandonnée, ou l'on a transigé sur la demande. Au premier cas, lorsque le possesseur a succombé sur cette demande, et a été condamné à délaisser l'héritage; cette demande, qui a arrêté la prescription à l'effet d'acquérir le domaine de propriété de l'héritage, a indirectement arrêté la prescription pour l'affranchissement des rentes et hypothèques, le possesseur n'ayant pu, par la prescription, acquérir cet affranchissement avant que d'avoir acquis la propriété de l'héritage, personne ne pouvant acquérir l'affran-

chissement des charges d'une chose, s'il n'en est le propriétaire.

N'y ayant pas eu lieu, en ce cas, à la prescription des rentes et hypothèques, les créanciers pourront donner leurs actions, non contre le possesseur, qui, ayant été dépossédé de l'héritage, ne peut plus en être tenu, mais contre le propriétaire de l'héritage qui y est rentré.

157. Au second cas, auquel le possesseur aurait eu congé de la demande en revendication, cette demande n'aura point empêché la prescription pour l'affranchissement des rentes et hypothèques dont l'héritage est chargé; car il est vrai, en ce cas, que le possesseur a possédé l'héritage pendant tout le temps de la prescription, *sans inquiétation desdites rentes;* la demande en revendication n'a apporté aucune interruption à sa possession vis-à-vis des créanciers desdites rentes, qui sont demeurés dans le silence : car c'est un principe que l'interruption civile, qui naît d'une demande judiciaire, n'interrompt la possession que vis-à-vis de celui qui a donné la demande; en quoi elle diffère de l'interruption naturelle.

158. Au troisième cas, lorsque la demande en revendication a été abandonnée, le possesseur, par la seule qualité de possesseur, étant réputé le propriétaire de l'héritage, est censé, en cette qualité de propriétaire de l'héritage, qu'il a possédé pendant tout le temps de la prescription, comme libre des rentes et hypothèques dont il était chargé, en avoir acquis l'affranchissement par la prescription.

159. Il en est de même au quatrième cas, lorsque, par la transaction, l'héritage est demeuré au possesseur, moyennant une certaine somme qu'il a donnée au demandeur : sa qualité de possesseur de l'héritage l'en faisant réputer le propriétaire, tant que le contraire n'est pas établi, et la transaction, qui est, de sa nature, *de re incertâ,* ne pouvant rien établir de contraire, il est censé avoir toujours été le propriétaire de l'héritage, et avoir donné la somme qu'il a payée par la transaction, pour se rédimer d'un procès, et non comme le prix d'une vente qui lui aurait été faite de l'héritage. Il est donc censé, en qualité de propriétaire de l'héritage, et en le possédant comme franc, avoir acquis par la prescription l'affranchissement des rentes et hypothèques dont il était chargé.

Néanmoins si le titre, dont le possesseur a eu communication sur la demande en revendication était produit, et que ce titre fût si clair qu'il ne laissât aucun doute sur le droit du demandeur, il en résulterait que ce possesseur n'a acquis la propriété de l'héritage, que par l'acte qu'on a qualifié de transaction, pour déguiser la vente qu'il renfermait : il s'ensuivrait qu'il n'a pu par conséquent, avant cet acte, acquérir par la prescription l'affranchissement des rentes et hypothèques dont l'héritage est chargé;

qu'il n'a pu pareillement, pour acquérir la prescription depuis cet acte, joindre la possession qu'il avait eue auparavant; cette possession ayant, dès avant cet acte, lors de la communication du titre du demandeur, cessé d'être une possession de bonne foi, et ne pouvant pas, par conséquent, être jointe à la nouvelle possession, que le possesseur a eue depuis la transaction, pour opérer la prescription.

160. Si, par la transaction, le possesseur a délaissé l'héritage au demandeur en revendication, il est évident, en ce cas, que la prescription pour l'affranchissement des rentes et hypothèques dont l'héritage était chargé, ne peut avoir lieu; car lorsque les créanciers desdites rentes donneront leur demande contre celui qui s'est fait délaisser l'héritage, il ne pourra pas leur opposer que le possesseur, par qui il s'est fait délaisser l'héritage, en a acquis par la prescription l'affranchissement : car n'y ayant que le propriétaire, qui puisse acquérir cet affranchissement, il faudrait qu'il dît que ce possesseur a été propriétaire de l'héritage; ce qui serait une contradiction avec la demande en revendication qu'il a donnée contre ce possesseur, et avec l'acte par lequel il s'est fait délaisser l'héritage.

§IV. Du temps de la possession pour acquérir l'affranchissement des rentes et hypothèques dont l'héritage est chargé; et de l'union de la possession du possesseur avec celle de ses auteurs.

161. Le temps de cette prescription, par laquelle nous acquérons l'affranchissement des rentes, hypothèques, etc., par une possession de dix ans entre présens, et de vingt ans entre absens, est censé courir entre présens, lorsque le créancier de la rente ou de l'hypothèque, contre qui le possesseur prescrit, demeure dans le même bailliage que lui.

Le possesseur peut, pour l'accomplissement du temps de cette prescription, joindre à sa possession celle de ses auteurs. La Coutume s'en explique par ces termes : « Quand aucun a possédé.... » par lui et ses prédécesseurs desquels il a le droit et cause. » Tout ce que nous avons dit, au chapitre précédent, de l'union de la possession du possesseur avec celle de ses auteurs, reçoit ici une entière application.

# SECONDE PARTIE.

## *Des autres espèces de prescriptions qui font acquérir par la possession.*

Outre la prescription de dix ou vingt ans, dont nous avons traité en la première partie, il y a celle de trente ans; celle de quarante ans, qui a lieu contre l'église; le tenement de cinq ans, et quelques autres qui ont lieu dans quelques Coutumes particulières; la prescription de trois ans pour les meubles. Nous traiterons séparément de ces différentes espèces de prescriptions; elles feront la matière des quatre premiers articles. Nous examinerons, dans un cinquième, par quelle Coutume se règle la prescription. Dans un sixième, nous traiterons de la possession immémoriale ou centenaire.

### ARTICLE PREMIER.

### *De la prescription de trente ans.*

162. Les Coutumes, qui n'ont point adopté la prescription de dix ou vingt ans, ont établi une prescription de trente ans, par laquelle nous acquérons le domaine de propriété des héritages et autres immeubles que nous avons possédés pendant le temps de trente ans, et l'affranchissement des rentes, hypothèques et autres charges dont ils sont chargés. Les Coutumes, qui ont adopté la prescription de dix ou vingt ans, ont aussi établi celle de trente ans, en faveur des possesseurs qui ne rapportent point le titre de leur possession, le laps d'un aussi long temps le faisant présumer. De ce nombre est la Coutume de Paris, laquelle, après avoir établi, dans les articles 113 et 114, la prescription pour le cas où le possesseur produit le titre de sa possession, établit en l'article 115 la prescription de trente ans, pour le cas auquel il ne le produit pas.

Cet article est conçu en ces termes : « Si aucun a joui, usé et
» possédé un héritage ou rente, ou autre chose prescriptible,
» par l'espace de trente ans, tant par lui que par ses prédé-
» cesseurs, franchement, publiquement, et sans aucune inquié-
» tation, supposé qu'il ne fasse apparoir de titre, il a acquis
» prescription entre âgés et non privilégiés.

La Coutume dit, *a joui, usé et possédé*. Le terme de *possédé* se rapporte aux héritages; ceux-ci, *joui et usé*, se rapportent aux rentes et autres droits incorporels, susceptibles de cette prescription. Des droits ne sont pas susceptibles d'une possession proprement dite, mais seulement d'une quasi-possession, laquelle consiste dans la *jouissance* que quelqu'un en a, et dans l'*usage* qu'il en fait.

Cette quasi-possession, que quelqu'un a eue, pendant trente ans, d'une rente ou autre droit prescriptible, le lui fait acquérir par droit de prescription, de même que la possession d'un héritage, pendant ledit temps, fait acquérir l'héritage au possesseur.

§ I. Des choses qui sont susceptibles de cette prescription.

163. La Coutume déclare susceptibles de cette prescription toutes les choses prescriptibles.

Par ces termes, la Coutume exclut les choses qui sont imprescriptibles, soit par leur nature, soit par la condition des personnes à qui elles appartiennent, telles que celles qui appartiennent au fisc ou à des mineurs, tant qu'ils sont mineurs. On doit aussi excepter celles pour qui les lois ont établi une prescription plus longue, telles que celles qui appartiennent à l'église; c'est pourquoi la Coutume dit, *entre âgés et non privilégiés*.

164. Toutes les choses, qui sont susceptibles de la prescription de dix ou vingt ans, le sont ordinairement de celle-ci.

Il faut en excepter les droits de servitudes prédiales. Ces droits sont susceptibles de la prescription de dix ou vingt ans, lorsque quelqu'un en a joui en vertu d'un juste titre et de bonne foi pendant le temps de la prescription.

Supposons, par exemple, que le possesseur d'une maison voisine de la mienne, que je croyais de bonne foi en être le propriétaire, quoiqu'il ne le fût pas, m'ait vendu ou donné une servitude de vue sur cette maison : cette constitution de servitude est un juste titre, suivant les notions que nous en avons données *suprà*, n. 59, puisque ce n'est pas par le défaut de ce titre que je n'ai pas acquis la propriété du droit de servitude, mais par le défaut de pouvoir dans celui qui a constitué la servitude, qui, n'étant pas propriétaire de la maison, n'a pu l'en charger. Si donc, en exécution de ce titre, j'ai ouvert une fenêtre sur la maison, et j'ai joui du droit de vue, je dois, lorsque j'ai accompli le temps de la prescription, acquérir par cette prescription ce droit de servitude de vue.

Au contraire, la prescription de trente ans ne peut, dans les Coutumes qui admettent celle de dix ou vingt ans, avoir jamais lieu pour les droits de servitude : car ou le possesseur du droit de servitude a un titre, ou il n'en a point. S'il a un titre, il a, par la possession qui procède de ce titre, acquis le droit de servitude dans la prescription de dix ou vingt ans ; celle de trente ans lui est inutile et ne peut avoir lieu. S'il ne peut rapporter de titre, il ne peut acquérir le droit de servitude par la prescription de trente ans : car c'est un principe de notre droit français, que, en matière de servitudes, lorsqu'on n'en rapporte aucun titre, la jouissance, que quelqu'un en a eue, quelque longue qu'elle ait été, est présumée n'avoir été qu'une jouissance précaire et de pure tolérance. C'est conformément à ce principe que la Coutume de Paris, *art.* 186, dit : *Droit de servitude ne s'acquiert par longue jouissance, quelle qu'elle soit, sans titre.*

Dans les Coutumes qui ont rejeté la prescription de dix ou vingt ans, et qui n'admettent que celle de trente ans, soit que le possesseur ait titre ou non, les droits de servitudes sont susceptibles de la prescription de trente ans, dans le cas seulement auquel celui, qui a joui de la servitude pendant ce temps, rapporte un juste titre d'où sa possession procède.

165. La Coutume de Berry, *tit.* 12, *art.* 1, s'est écartée du droit commun par rapport aux choses sujettes à la prescription de trente ans ; elle y soumet les biens de l'église et des communautés comme ceux des particuliers, ceux des mineurs comme ceux des majeurs ; en conservant, néanmoins, à l'église et aux mineurs le bénéfice de restitution en entier, par lettres du prince.

166. Tout ce que nous avons dit en la première partie, au chapitre premier, article second, des personnes au profit desquelles courait la prescription de dix ou vingt ans, et qui pouvaient acquérir par cette prescription, reçoit une entière application à celle de trente.

De même que nous avons dit que je pouvais acquérir par la prescription de dix ou vingt ans un héritage, quoique je sois le seigneur de qui il relève en fief, lorsque je l'ai possédé en vertu d'un juste titre étranger à ma qualité de seigneur, on doit pareillement dire que je puis l'acquérir par la prescription de trente ans, lorsqu'il ne paraît aucun titre d'où ma possession procède ; car le seul laps de temps faisant seul, et par lui-même, présumer que la possession trentenaire procède d'un juste titre, tant qu'il n'en paraît point d'autre, on doit présumer que la mienne procède d'un juste titre étranger à ma qualité de seigneur, et non d'aucune saisie féodale, tant qu'il n'en paraît point : mais si on en rapportait une, quelque ancienne qu'elle fût, la possession du seigneur serait censée procéder de cette saisie, tant qu'il n'en paraîtrait aucune main-levée, ni aucune rentrée du vassal en possession; et cette saisie féodale serait un obstacle perpétuel à la prescription.

167. *Vice versâ*, de même que nous avons dit que je pouvais acquérir, par la prescription de dix ou vingt ans, une seigneurie, quoique je sois un de vos vassaux de cette seigneurie, lorsque je l'ai possédée en vertu d'un juste titre que je produis, on doit dire pareillement que je puis l'acquérir sans rapporter de titre, par la prescription de trente ans.

La maxime, qu'un vassal ne peut prescrire contre son seigneur, ne signifie autre chose, sinon qu'un vassal ne peut acquérir l'affranchissement de son héritage de la foi et des autres devoirs et droits féodaux dont il est chargé, par quelque long temps que lui et ses auteurs aient manqué à s'en acquitter, ou même par quelque long temps qu'ils l'aient possédé comme franc de ces droits. La raison est, que les droits seigneuriaux sont imprescriptibles; mais rien n'empêche que le possesseur du corps de la seigneurie, quoiqu'il soit un des vassaux de cette seigneurie, ne puisse acquérir cette seigneurie comme toute autre chose par la prescription, cette seigneurie étant sujette à la prescription, comme toutes les autres choses.

168. Tout ce que nous avons dit en la première partie, *chap.* 1, *art.* 3, de ceux contre qui la prescription de dix ou vingt ans ne court pas, s'applique à la prescription de trente ans, qui ne court pas non plus contre ceux contre lesquels ne court pas celle de dix ou vingt ans.

### § II. Du temps de cette prescription; et de l'union que le possesseur peut faire du temps de la possession de ses auteurs avec la sienne.

169. Il est indifférent pour le temps de cette prescription, qu'elle coure entre présens, ou qu'elle coure entre absens. En l'un et en l'autre cas, c'est le temps de trente ans qui est le temps requis pour cette prescription.

170. De même que le temps de la prescription de dix ou vingt ans est censé accompli, aussitôt que le dernier jour de la dixième ou de la vingtième année a commencé, pareillement le temps de cette prescription doit être censé accompli, aussitôt que le dernier jour de la trentième année a commencé : il y a même raison, cette prescription étant une prescription à l'effet d'acquérir par la possession, et par conséquent de même nature que celle de dix ou vingt ans. En cela, ces prescriptions diffèrent de la prescription de trente ans, contre les obligations qui ne résultent que du non usage du créancier. Nous avons donné la raison de la différence, *suprà*, *n.* 102.

171. Le possesseur peut, pour accomplir le temps de cette prescription, joindre au temps de sa possession le temps de celle de ses prédécesseurs. La Coutume s'en explique : *Si aucun a joui pendant l'espace de trente ans, continuellement, tant par lui que par ses prédécesseurs.*

Il faut, pour cette union, que tant sa possession que celle de ses prédécesseurs, qu'il veut joindre à la sienne, aient les qualités requises pour cette prescription.

La différence, que nous avons observée *suprà, n.* 112 *et suiv.*) à l'égard de cette union du temps de la possession du possesseur au temps de celle de ses auteurs, entre l'héritier ou autre successeur universel, et le successeur à titre singulier, pour les cas de la prescription de dix ou vingt ans, a pareillement lieu pour la possession de trente ans.

Lorsque l'on produit le titre d'où procède la possession du prédécesseur, et que ce titre est vicieux, n'étant pas de sa nature translatif de propriété, tel qu'est un bail à ferme; ou lorsqu'on établit que ce prédécesseur a eu connaissance que l'héritage qu'il possédait ne lui appartenait pas; si le possesseur est son héritier, il ne peut jamais l'acquérir par prescription, quand même, depuis la mort du prédécesseur, il l'aurait lui-même possédé pendant trente ans et beaucoup plus; parce que sa possession n'étant que la continuation de celle de ce prédécesseur dont il est l'héritier, sa possession est infectée des mêmes vices, et ne peut, quelque longue qu'elle soit, lui faire acquérir la prescription : mais si le possesseur n'est successeur qu'à titre singulier, il ne peut pas, à la vérité, joindre au temps de sa possession le temps de celle de son prédécesseur, qui est vicieuse; mais il peut acquérir l'héritage par la prescription de trente ans, en le possédant lui-même pendant trente ans.

### § III. Des qualités que doit avoir la possession pour la prescription de trente ans.

172. Sur les qualités, que doit avoir la possession, il y a cette différence entre la possession de dix ou vingt ans et celle-ci, que, pour la prescription de dix ou vingt ans, il faut que le possesseur justifie du juste titre d'où sa possession procède, et de la bonne foi de sa possession par le rapport du titre; au contraire, pour la prescription de trente ans, il n'est pas nécessaire que le possesseur produise le titre d'où sa possession procède. La Coutume s'en explique par ces termes, *supposé qu'il ne fasse apparoir de titre.* Le seul laps du temps fait présumer que la possession procède d'un juste titre, dont on a perdu la mémoire, et dont l'acte s'est égaré, tant que le contraire ne paraît pas.

Le contraire paraîtrait, si le titre, d'où procède la possession du possesseur trentenaire, était produit, et que ce titre fût un titre qui ne fût pas de sa nature translatif de propriété, ni par conséquent un juste titre : *putà*, si on produisait un bail à ferme ou à loyer, fait de l'héritage à ce possesseur, ou à quelqu'un dont il est héritier ou possesseur à titre universel, médiat ou immédiat; ce bail à ferme, quelque ancien qu'il fût, serait censé être le titre d'où procède la possession de ce possesseur : car une possession est censée continuer toujours au même titre auquel elle a commencé, tant qu'il n'en paraît pas de nouveau, suivant la maxime, *Nemo potest ipse sibi mutare causam possessionis suæ.* Ce bail à ferme, qui est produit, et qui est censé être le titre d'où procède la possession de ce possesseur, n'étant par un juste titre, il empêche la prescription : c'est le cas de la maxime, *Melius est non habere titulum, quàm habere vitiosum.*

173. Il en est de la bonne foi de même que du titre pour la prescription de trente ans; le seul laps du temps la fait présumer sans le rapport d'aucun titre, tant que le contraire ne paraît pas, c'est-à-dire, tant que celui, à qui la prescription est opposée, n'apporte pas des preuves suffisantes, qui établissent que le possesseur a eu, avant l'accomplissement du temps de la prescription, connaissance que l'héritage ne lui appartenait pas.

174. A ces différences près entre la prescription de dix ou vingt ans et celle de trente, la possession pour la prescription de trente ans doit avoir les mêmes qualités que celles qui sont requises pour la prescription de dix ou vingt ans; elle doit pareillement être une possession qui ait été publique. La Coutume s'en explique par ces termes : *si aucun a joui publiquement*. Ce que nous avons dit en la première partie, *chap. II, art.* 2, de cette qualité de possession publique, reçoit ici une entière application : nous y renvoyons.

175. La possession, pour la prescription de trente ans, doit pareillement, de même que pour celle de dix ou vingt ans, être une possession qui n'ait souffert aucune interruption, ni naturelle, ni civile, pendant l'espace de trente années qu'elle a duré. C'est ce qu'enseigne la Coutume par ces termes, *par l'espace de trente ans continuellement... et sans inquiétation.*

Tout ce que nous avons dit en la première partie, de l'interruption naturelle et de l'interruption civile de la possession, à l'égard de la prescription de dix ou vingt ans, reçoit une application entière à l'égard de celle-ci.

### § IV. A qui est-ce à prouver la possession trentenaire ; et comment elle se prouve.

176. C'est au possesseur, qui oppose la prescription qui résulte de la possession trentenaire, à faire la preuve de cette

possession, suivant la règle de droit, *Ei incumbit probatio, qui dicit;* l. 2, ff. *de probat.*

Il y a deux espèces de preuves de cette possession, la littérale et la testimoniale.

La littérale se fait par le rapport des titres probatifs de possession, qui remontent à trente ans ou plus, tels que sont des baux à ferme ou à loyer de l'héritage qui fait l'objet de la prescription, faits il y a trente ans et plus, par le possesseur ou par ses prédécesseurs, aux droits desquels il justifie être; des rôles de dixième ou vingtième, des rôles pour tailles d'église ou autres impositions, faits il y a trente ans ou plus, dans lesquels le possesseur, ou ceux, aux droits desquels il est, ont été imposés pour ledit héritage; des aveux, des reconnaissances de cens, de rentes ou d'autres charges, que ce possesseur, ou ceux, aux droits desquels il est, ont passé pour ledit héritage il y a trente ans et plus; des quittances de profits ou de francs-fiefs; des marchés d'ouvrages et autres actes semblables, qui remontent à trente ans ou plus.

La preuve testimoniale se fait par la déposition des témoins, qui déposent avoir vu, il y a trente ans ou plus, le possesseur, ou ceux, aux droits desquels il est, être déjà en possession de l'héritage qui fait l'objet de la prescription.

177. L'une ou l'autre de ces preuves suffit au possesseur pour justifier de sa possession trentenaire; quand même il ne pourrait rapporter aucun écrit probatif de cette possession, il doit être admis à cette preuve, quelque grande que soit la valeur de l'héritage qui fait l'objet de la prescription. Ce n'est point ici le cas de la disposition de l'Ordonnance de 1667, qui ne permet pas la preuve par témoins, lorsque l'objet de la contestation excède la valeur de cent livres; cette disposition n'ayant lieu que pour les choses dont la partie pouvait et devait se procurer une preuve par écrit, telles que sont les conventions et les paiemens, comme nous l'avons établi en notre *Traité des Obligations, part. 4, ch. 2.*

178. Lorsque le possesseur a prouvé qu'il possédait déjà, il y a trente ans et plus, soit par lui, soit par ceux aux droits desquels il est, l'héritage qui fait l'objet de la prescription qu'il oppose, il a suffisamment fondé et établi cette prescription, et sa possession est présumée avoir continué depuis sans interruption, tant qu'on n'établit pas le contraire. Si la partie, à qui on oppose la prescription, soutenait que la possession a souffert interruption, ce serait à elle à en faire la preuve, aussi bien que des vices qu'elle prétendrait se trouver dans cette possession.

§ V. De l'effet de la prescription de trente ans.

179. La prescription de trente ans a les mêmes effets que celle de dix ou de vingt; elle fait, dans notre droit coutumier, acquérir au possesseur, de même que celle de dix ou vingt, le domaine de l'héritage, ou autre droit immobilier, qu'il a possédé pendant le temps requis pour la prescription. Plusieurs Coutumes s'en sont expliquées. Notre Coutume d'Orléans, *art.* 261, dit : *Quiconque jouit.... par trente ans.... il acquiert et est fait seigneur de l'héritage, etc.*

180. Cette prescription de trente ans a aussi l'effet, aussi bien que celle de dix ou vingt ans, de faire acquérir au possesseur l'affranchissement des rentes, hypothèques et autres droits dont l'héritage est chargé, par la possession qu'il a eue de l'héritage qu'il a possédé pendant le temps requis pour la prescription, comme franc desdites rentes, hypothèques ou autres droits.

Observez que le possesseur trentenaire n'a pas besoin de cet effet de la prescription qui s'acquiert par la possession de trente ans; car, outre cette prescription, que nous nommons *prescription à l'effet d'acquérir la possession*, il y a une autre espèce de prescription, que nous nommons *prescription à l'effet de libérer*, laquelle résulte uniquement de la négligence, qu'ont eue les créanciers auxquels ces droits appartiennent, de se faire servir et reconnaître desdites rentes, hypothèques ou autres droits, pendant le temps de trente ans. Cette prescription privant ces créanciers de leurs actions, et les rendant non recevables à les exercer contre ceux qui en sont tenus, et contre lesquels ils ont négligé de les exercer, la fin de non recevoir, que cette prescription donne au possesseur de l'héritage chargé desdites rentes, hypothèques ou autres droits, lui suffit : elle lui est même plus avantageuse que l'autre prescription, qui résulte de la possession qu'il a eue de l'héritage comme franc desdites rentes, hypothèques et autres droits; car s'il n'avait que la prescription qui résulte de cette possession, le créancier, à qui il l'opposerait, pourrait critiquer sa possession, et offrir la preuve qu'elle n'a pas été de bonne foi, et que ce possesseur a eu connaissance des rentes ou autres droits dont l'héritage était chargé : au lieu que la fin de non recevoir, qui résulte de l'autre espèce de prescription, exclut cette discussion; car étant uniquement fondée sur la négligence qu'a eue le créancier d'exercer ses actions, il est indifférent, pour cette prescription, que le possesseur de l'héritage chargé de la rente ou autres charges, contre qui il a négligé d'exercer ses actions, ait eu ou n'ait pas eu connaissance de ladite rente ou autres charges : la fin de non recevoir, qui en résulte, peut être opposée par le possesseur qui a eu connaissance, et même par celui qui en aurait été expressément chargé, puisqu'elle peut être opposée, même par le débiteur qui aurait lui-même constitué la rente, et par ses héritiers, lorsque le créancier ne s'en est pas fait servir.

181. La prescription, qui résulte de la possession trentenaire, que le possesseur a eue de l'héritage comme franc de rentes, hypothèques et autres droits dont il était chargé, a d'un autre côté un avantage sur l'autre espèce de prescription; c'est que le possesseur, qui a accompli cette prescription, acquiert par cette prescription, pour son héritage, un plein et entier affranchissement des rentes, hypothèques, etc., dont il était chargé; de manière que quelque connaissance qui lui survienne, depuis l'accomplissement de cette prescription, des rentes et autres droits dont son héritage était chargé avant l'accomplissement de la prescription, son héritage en ayant été pleinement affranchi par la prescription, il n'en est nullement tenu, même dans le for de la conscience : au contraire, lorsque le possesseur, qui, ayant eu connaissance de la rente dont l'héritage est chargé, avant l'accomplissement de la prescription qui s'acquiert par la possession, n'a pour lui que l'autre espèce de prescription qui résulte de la négligence du créancier, cette prescription lui donne bien une fin de non recevoir, pour se défendre dans le for extérieur de l'action du créancier; mais cette fin de non recevoir laisse subsister en sa personne une obligation naturelle de payer la rente, qu'il a contractée par la connaissance qu'il en a eue avant l'accomplissement du temps de la prescription qui résulte de la possession.

182. La prescription, qui résulte de la possession, a encore cet avantage sur l'autre, qu'elle est accomplie aussitôt que le dernier jour de la trentième année est commencé; au lieu que l'autre ne l'est qu'après qu'il est révolu, comme nous l'avons vu *suprà, n.* 102 *et* 170; de manière que le créancier de la rente dont l'héritage est chargé, serait encore à temps, dans ce dernier jour, de l'exercer contre le possesseur dont la possession est vicieuse, et qui n'a d'autre prescription à opposer, que celle qui naît de la négligence du créancier à exercer ses actions; au lieu qu'il ne serait plus à temps d'exercer son action contre le possesseur, contre la possession duquel il n'a aucun vice à opposer.

183. La prescription de trente ans ne peut faire acquérir au possesseur d'un héritage l'affranchissement des droits dont son héritage est chargé, lorsque ces droits sont imprescriptibles, soit qu'ils le soient par leur nature, tels que sont les droits seigneuriaux; soit qu'ils le soient par la qualité du propriétaire, tels que ceux qui appartiennent au domaine de la couronne, tels que sont ceux qui appartiennent à des mineurs tant qu'ils sont mineurs : elle ne peut pas non plus lui faire acquérir l'affranchissement de

ceux qui ne sont sujets qu'à la prescription de quarante ans, tels que sont ceux qui appartiennent à l'église ou aux communautés.

184. Observez, à l'égard des droits seigneuriaux, qu'ils sont, à la vérité, imprescriptibles pour le fond, mais qu'ils sont prescriptibles pour leur qualité : c'est pourquoi la prescription de trente ans, ni aucune autre, ne peut faire acquérir au possesseur d'un héritage chargé d'un cens ou de quelque autre redevance seigneuriale, l'affranchissement total de ce droit ; mais lorsqu'il l'a possédé pendant trente ans, comme n'étant chargé que d'une partie de ce cens ou autre redevance seigneuriale, et qu'en conséquence il n'a payé pendant tout ce temps, par chacun an, que cette partie, il acquiert par cette prescription, pour son héritage, l'affranchissement du surplus.

La Coutume de Paris, en l'article 124, en a une disposition ; il y est dit : « Le droit de cens ne se prescrit par le détenteur » de l'héritage contre le seigneur censier... mais se peut la quotité du cens et arrérages prescrire par trente ans entre âgés et » non privilégiés. »

Suivant cette disposition, le possesseur d'un héritage chargé d'un certain cens, *putà*, de dix sous de cens, pendant quelque long temps qu'il l'ait possédé comme franc, et qu'il n'ait payé aucun cens, n'acquiert aucunement l'affranchissement des dix sous : mais si, pendant le temps de trente ans, il a possédé l'héritage, non comme entièrement franc du cens, mais comme étant sujet à une moindre quotité, *putà*, comme n'étant chargé que de six sous au lieu de dix, et qu'en conséquence, pendant ledit temps, il n'ait payé que six sous ; le cens, suivant la disposition de cet article, étant prescriptible pour la quotité, il acquiert pour son héritage par la prescription de trente ans, par la possession en laquelle il a été de ne payer pendant tout le temps par chacun an qu'une quotité, qu'une partie du cens annuel dont l'héritage est chargé, l'affranchissement de la quotité de la partie du cens qu'il n'a pas payée pendant tout ledit temps ; de manière que son héritage, qui était chargé de dix sous, ne le sera plus à l'avenir que de six.

Il en est de même du cens en espèce que du cens en argent. Si mon héritage était chargé d'une mine de blé de cens, et que, pendant trente ans, je n'en eusse payé tous les ans qu'un boisseau ; s'il était chargé de trois poules, et que, pendant trente ans, je n'en eusse payé qu'une, mon héritage ne sera plus à l'avenir chargé que d'un boisseau, il ne sera plus chargé que d'une poule.

Il en est de même d'un champart seigneurial : il est, de même que le cens, imprescriptible pour le fond ; mais il est, de même que le cens, prescriptible pour la quotité : c'est pourquoi si mon héritage était chargé d'un champart à raison de la sixième gerbe, et que, pendant trente ans, je ne l'aie payé qu'à raison de la douzième, mon héritage ne sera plus à l'avenir chargé que d'un champart à raison de la douzième, qui est la moitié de celui dont il était chargé ; j'aurai acquis par la prescription l'affranchissement de l'autre moitié.

185. Le cens ne pouvant se prescrire pour le total, mais seulement pour une quotité, c'est-à-dire, pour une partie de la redevance censuelle, par la possession trentenaire en laquelle le possesseur a été de n'en payer qu'une partie, il s'ensuit que, pour qu'il y ait lieu à cette prescription, il faut que ce que le possesseur a payé soit quelque chose qui fasse partie de la redevance censuelle ; comme lorsqu'il n'a payé que vingt sous, au lieu de trente dont l'héritage est chargé ; lorsqu'il n'a payé qu'une poule au lieu de trois : mais lorsque ce que le possesseur a payé est quelque chose de différent; comme lorsque, au lieu d'un cens de trente sous, il a payé tous les ans une poule ; ou lorsque, au lieu d'un cens en grains ou en volaille, il a payé tous les ans une certaine somme d'argent, il ne peut pas plus y avoir lieu, en ce cas, à la prescription, que dans le cas auquel le possesseur n'aurait rien payé du tout ; car on n'a rien payé d'un cens dont l'héritage est chargé, quand ce qui a été payé est quelque chose de différent, et qui ne fait point partie de ce cens. C'est ce qui a été jugé par des arrêts rapportés par Chopin, *de Moribus Andium*, et par Mornac, sur la loi 8, ff. *de contr. emp.* Mais si l'héritage était chargé de vingt sous d'argent et d'une poule, chacune de ces choses faisant partie du cens dont l'héritage est chargé, le paiement, qui aurait été fait pendant trente ans de l'une de ces choses, comme de la poule seulement, ou de la somme d'argent, ou d'une partie de ladite somme seulement, serait un paiement d'une partie du cens, qui ferait acquérir par la prescription l'affranchissement du surplus.

186. Pour que les prestations d'une moindre quotité pendant trente ans opèrent la prescription de la quotité du cens, il faut que ces prestations aient été uniformes : mais si le possesseur d'un héritage chargé, par exemple, de quarante sous de cens, en a payé, pendant le temps de trente ans, tantôt quinze sous, tantôt dix-huit, tantôt vingt, il n'y aura pas lieu à la prescription ; car elle n'est fondée que sur ce qu'on présume que le possesseur a eu une juste opinion que le cens, dont son héritage était chargé, était d'une certaine somme; qu'il l'a possédé comme n'étant chargé que du cens de cette somme. Mais lorsqu'il n'y a pas d'uniformité dans les prestations, il résulte de ce défaut d'uniformité, que le possesseur était incertain de la somme du cens dont son héritage était chargé, et qu'il n'a pu avoir par conséquent une juste opinion que son héritage n'était chargé que du cens d'une certaine somme ; laquelle opinion néanmoins, lorsqu'elle peut être pré-

sumée dans le possesseur, est la bonne foi qui est le fondement de la prescription pour la quotité du cens.

187. La prescription pour la quotité du cens, mentionnée en l'article 124, est la même que la prescription ordinaire de trente ans, par laquelle le possesseur trentenaire acquiert l'affranchissement des droits prescriptibles dont son héritage est chargé, quoiqu'il ne rapporte aucun titre de possession, pourvu qu'on n'en produise pas contre lui un qui soit vicieux, et qu'on ne justifie pas que, pendant le temps de la prescription, il a eu connaissance du droit dont son héritage est chargé : par conséquent, quoique, suivant la nature de la prescription trentenaire, il ne soit pas nécessaire, pour la prescription de la quotité du cens, que le possesseur rapporte un titre, le laps de trente ans faisant présumer qu'il y en a un; néanmoins il n'y aurait pas lieu à la prescription, si on en produisait un vicieux, tel que serait un titre passé entre le seigneur de censive et le possesseur d'un héritage chargé de quarante sous de cens, par lequel il serait dit que le possesseur paierait pour le cens annuel vingt sous par chacun an par provision, et en attendant que le seigneur ait mis ses titres en ordre, et que en conséquence on eût toujours depuis, pendant trente ans et plus, payé le cens annuel à raison de vingt sous. Ce titre, d'où la possession procède, ne contenant aucune réduction du cens, et n'accordant qu'une simple provision, est un titre vicieux, qui résiste à la prescription, que le possesseur trentenaire voudrait opposer au seigneur, contre les anciens titres qui établissent que l'héritage est chargé d'un cens de quarante sous.

188. Pareillement, si le seigneur établissait que le possesseur, qui n'a payé, pendant trente ans, qu'une somme moindre que celle dont l'héritage est chargé, avait néanmoins, pendant ce temps, connaissance de toute la somme dont il était chargé, le possesseur pourra opposer la prescription.

## ARTICLE II.

### *De la prescription de quarante ans contre l'église et les communautés.*

189. Cette prescription nous vient de la Novelle 151, chapitre 6 : nous la trouvons dans le Recueil des Capitulaires de nos rois, fait par Benedictus Levita, *lib.* 5, *cap.* 236, où il est dit : *Ne decem anni, neque vicenii, neque triginta annorum præscriptio religiosis domis opponatur, sed sola quadraginta annorum curricula, et non solùm in cæteris rebus, sed etiam in hæreditatibus et legatis.*

190. Les lois qui défendent l'aliénation des biens d'église, pa-

raissent les soustraire à la prescription qui renferme une espèce d'aliénation : *suprà, n.* 8. Étant, d'un autre côté, contraire à la tranquillité publique que ces biens soient à perpétuité imprescriptibles, on a trouvé le tempérament, en les exemptant des prescriptions ordinaires, d'établir une prescription d'un temps plus long, à laquelle seule ils seraient sujets, qui est cette prescription de quarante ans.

Elle est de droit commun, et elle a lieu tant dans le pays de droit écrit que dans le pays coutumier.

La Coutume de Berry, *tit.* 12, *art.* 1, la rejette, comme nous l'avons vu *suprà, n.* 165.

La Coutume d'Anjou a restreint le privilége qu'a l'église, de n'être sujette qu'à la prescription de quarante ans, aux héritages qui lui appartiennent d'ancienneté; c'est pourquoi elle dit, *art.* 448 : « En acquêts nouveaux faits par gens d'église depuis trente ans en » matière de prescription ou ténement, ils ne sont pas plus pri- » vilégiés que les gens laïques. »

Dans cette Coutume, lorsque le possesseur d'un héritage oppose la prescription de dix, vingt ou trente ans à des gens d'église qui s'en défendent, en soutenant n'être sujets qu'à celle de quarante, il faut que lesdits gens d'église justifient que l'héritage, qui fait l'objet de la contestation, leur appartenait dès trente ans ou plus avant l'année 1508, temps de la rédaction de cette Coutume.

La Coutume du Maine a une disposition semblable, sauf qu'elle dit, *depuis quarante ans.*

Ces Coutumes se sont écartées du droit commun, en apportant cette limitation au privilége de l'église. Les autres Coutumes, comme Senlis, Chaumont, Valois, etc., disent indistinctement : *Prescription n'a lieu contre l'église sinon par quarante ans.*

La raison, que nous avons apportée de ce privilége, ne milite pas moins pour les biens nouvellement acquis par l'église, que pour son ancien domaine, les lois ne défendant pas moins l'aliénation des biens nouvellement acquis par l'église, que de ses anciens domaines.

191. Cette prescription a lieu non-seulement contre l'église, c'est-à-dire, contre les titulaires des différens bénéfices, les fabriques, les hôpitaux et les communautés ecclésiastiques, mais pareillement contre les communautés séculières, telles que les communautés d'habitans des villes et bourgs. La prescription de dix ou vingt ans, et celle de trente ans, n'ayant pas lieu contre toutes ces personnes, comme nous l'avons vu, elles sont sujettes à cette prescription.

On peut la définir, la prescription par laquelle celui, qui a possédé, tant par lui que par ses prédécesseurs, pendant le temps de quarante ans consécutifs, un héritage ou autre immeuble appartenant à l'église, ou à quelque communauté, en acquiert la propriété, et par laquelle il acquiert pareillement l'affranchissement des rentes, hypothèques et autres droits, dont son héritage est chargé envers l'église ou la communauté, lorsqu'il l'a possédé pendant quarante ans, sans avoir eu connaissance desdits droits.

Il n'importe, pour cette prescription, quelle soit la condition du possesseur : une église, une communauté ne peut, de même que les particuliers, rien acquérir contre une autre église, ou contre une autre communauté, que par cette prescription de quarante ans.

Cette prescription de quarante ans contre l'église et les communautés est de même nature que celle de trente ans contre les particuliers, et lui est entièrement semblable, au temps près, qui est plus long.

De toutes les mêmes choses, dont nous pouvons acquérir la propriété par la prescription de trente ans contre les particuliers, nous pouvons l'acquérir par celle de quarante ans, lorsqu'elles appartiennent à l'église ou à des communautés; et pareillement, de toutes les mêmes charges de nos héritages, dont nous pouvons acquérir l'affranchissement par la prescription de trente ans, nous pouvons en acquérir l'affranchissement par celle de quarante ans, lorsque c'est envers l'église ou les communautés que nos héritages en sont chargés.

192. La prescription de quarante ans étant de même nature que celle de trente, le possesseur n'est pas obligé, pour cette prescription, de rapporter le titre d'où sa possession procède; le laps du temps fait présumer qu'il en est intervenu un.

Mais si on produisait un titre vicieux d'où sa possession procédât, ce titre empêcherait la prescription; telle que serait, par exemple, une vente de l'héritage, qui aurait été faite à quelqu'un de qui le possesseur est héritier médiat ou immédiat, laquelle vente aurait été faite contre les règles qui doivent être observées pour l'aliénation des biens d'église, ce titre étant un titre vicieux; et la possession du possesseur, qui est héritier de l'acquéreur qui a acquis à ce titre, n'étant que la continuation de la possession de cet acquéreur, est une possession vicieuse qui procède d'un titre vicieux, et qui ne peut par conséquent opérer la prescription; c'est le cas de la maxime, *Melius est non habere titulum, quàm habere vitiosum.*

193. Pareillement, la bonne foi de la possession se présume dans la possession pour cette prescription de quarante ans, de même que pour celle de trente, tant que celui, à qui la prescription est opposée, ne justifie pas le contraire; car s'il était établi que le possesseur, pendant le cours de la prescription, et avant qu'elle fût accomplie, eût eu connaissance que la chose, pour laquelle il oppose la prescription à l'église, appartenait à cette église, il n'y aurait pas lieu à la prescription.

194. Cette prescription ne court pas pendant tout le temps qu'il

n'a pas été au pouvoir de l'église de réclamer la chose qui fait l'objet de cette prescription, suivant ce principe général, qui a lieu pour toutes les prescriptions, *Contra non valentem agere, non currit præscriptio.*

Supposons, par exemple, que le titulaire d'un bénéfice ait reçu le rachat d'une rente foncière non rachetable, dont l'héritage d'un particulier était chargé. Ce rachat, fait à ce titulaire qui l'a reçu sans droit, n'a pas déchargé l'héritage de cette rente. Peu après, ce particulier a vendu cet héritage à un autre particulier à qui il n'a pas déclaré qu'il était chargé de la rente. Ce nouveau possesseur et ses successeurs l'ont possédé sans avoir connaissance de la rente: il n'est pas douteux qu'ils peuvent en acquérir par cette prescription l'affranchissement par une possession de quarante ans. Mais il faut soustraire du temps de leur possession tout le temps pendant lequel le titulaire, qui a reçu le rachat, a continué d'être le titulaire du bénéfice; car il n'y avait personne pendant ce temps qui pût réclamer la rente : ce ne pouvait être celui qui en avait reçu le rachat. *Voyez Louet, letre* P, *n.* 1.

195. Pareillement, on doit soustraire du temps de la prescription de quarante ans celui pendant lequel le bénéfice a été vacant, n'y ayant eu personne, pendant ce temps, qui pût exercer les actions du bénéficier.

196. Lorsque, pendant le cours de la prescription de trente ans d'un héritage, qui avait commencé à courir contre un particulier, l'église a succédé (1) à ce particulier; pour que le possesseur puisse achever contre l'église le temps de la prescription commencée contre le particulier, le temps de la prescription de quarante ans, qui a lieu contre l'église, étant d'un tiers en sus plus long que celui de la prescription de trente ans, qui a lieu contre les particuliers, il faudra que le possesseur, outre le temps qui a déjà couru contre le particulier, possède encore l'héritage pendant un temps qui soit plus long d'un tiers en sus que celui qui restait à courir de la prescription de trente ans, lorsque l'église a succédé au particulier. Par exemple, si le possesseur avait déjà possédé l'héritage pendant dix-huit ans, de manière qu'il ne restât plus que douze ans du temps de la prescription de trente ans, il faudra que le possesseur continue de posséder l'héritage encore pendant seize ans, pour achever le temps de la prescription contre l'église.

Suivant la même proportion, si c'est la prescription de dix ans, qui a commencé à courir contre le particulier, le temps de la

(1) *Finge.* Ce particulier a fait un hôpital son légataire universel de tous ses héritages : ce legs, du consentement de l'héritier, a été confirmé par lettres-patentes duement enregistrées.

prescription de quarante ans, qui a lieu contre l'église, étant quadruple du temps de cette prescription, pour que le possesseur puisse achever la prescription contre l'église, il faudra que, outre le temps qui a déjà couru contre le particulier, il possède encore l'héritage pendant un temps qui soit quatre fois aussi long que celui qui restait à courir de la possession de dix ans, lorsque l'église a succédé au particulier. Par exemple, si le possesseur avait déjà possédé l'héritage pendant six ans, il faudrait qu'il le possédât encore pendant le temps de seize ans, qui est le quadruple des quatre qui restaient à courir de la prescription de dix ans.

Si c'était la prescription de vingt ans qui eût commencé à courir contre le particulier, il suffirait, suivant la même proportion, pour achever contre l'église le temps de la prescription, de doubler le temps qui restait à courir de la prescription, lorsque l'église a succédé au particulier.

197. Dans le cas inverse, lorsque c'est un particulier qui a succédé à l'église, contre laquelle la prescription de quarante ans avait commencé de courir, le temps de la prescription de trente ans, qui a lieu contre les particuliers, étant moindre d'un quart que celui de la prescription de quarante ans qui a lieu contre l'église; pour que le possesseur achève la prescription contre le particulier qui a succédé à l'église, il suffira que, outre ce qui a couru du temps de la prescription de quarante ans contre l'église, il possède encore l'héritage, pendant un temps qui soit moindre d'un quart que celui qui restait à courir de la prescription de quarante ans, lorsque le particulier a succédé à l'église : par exemple, s'il n'en restait plus que huit ans à courir, il suffira qu'il le possède encore pendant six ans.

Lorsque le possesseur, qui a commencé le temps de la prescription contre l'église, contre laquelle il ne pouvait prescrire que par quarante ans, est un possesseur avec titre, et qui a droit par conséquent de prescrire par un temps de dix ans contre le particulier qui a succédé à l'église, et qui est demeurant au même bailliage, le temps de la prescription de dix ans n'étant que le quart de celui de la prescription de quarante, il suffira, pour que le possesseur achève le temps de la prescription contre le particulier, que, outre ce qui a déjà couru du temps de la prescription de quarante ans contre l'église, il possède encore l'héritage pendant le quart du temps qui restait à courir de cette prescription, lorsque ce particulier a succédé à l'église. Par exemple, s'il n'en restait plus à courir que huit ans, il suffira que le possesseur possède encore pendant deux ans : s'il n'en restait plus qu'un an, il suffira qu'il possède encore pendant trois mois.

Si le particulier n'était pas demeurant au même bailliage, et que le possesseur en conséquence ne pût prescrire contre lui que par la prescription de vingt ans, il faudrait que, au lieu du quart, il continuât de posséder pendant la moitié du temps qui restait à courir de la prescription de quarante ans.

198. L'ordre de Malte a prétendu n'être pas sujet à la prescription de quarante ans, pour les biens dépendans des commanderies qu'il a dans le royaume, lesquels il prétend n'être sujets qu'à la prescription centenaire. Les bulles des papes, qui leur ont accordé ce privilége, ne peuvent être d'aucune autorité en France, où le pape n'a aucun pouvoir sur les matières temporelles, telle qu'est la matière des prescriptions. Pour qu'ils pussent être fondés dans ce privilége, il faudrait qu'ils pussent rapporter des lettres-patentes de nos rois, bien et dûment registrées, qui le leur eussent accordé. Auzanet, sur l'*art.* 123 de la Coutume de Paris, rapporte un arrêt qui a jugé que l'ordre de Malte était sujet, comme les autres gens d'église, à la prescription de quarante ans.

ARTICLE III.

*De la prescription pour acquérir les meubles corporels.*

199. Par la loi des Douze-Tables, le temps pour l'usucapion des meubles corporels était un an : *Usus auctoritas fundi biennium, cæterarum rerum annus usus esto.*

Par la constitution de Justinien, le temps est de trois ans.

200. Cette usucapion ou prescription triennale des meubles n'a pas seulement lieu dans les provinces régies par le droit écrit; plusieurs de nos Coutumes l'ont adoptée par des dispositions expresses. Telles sont les Coutumes de Melun, Amiens, Péronne, Sedan. Les Coutumes d'Anjou, *article* 419, et du Maine, *article* 434, ont aussi admis la prescription triennale des meubles, mais dans certains cas seulement. Voici comme elles s'expriment : « Si » aucun à bon titre possède publiquement et notoirement aucun » meuble par trois ans continuels, en la présence d'icelui qui » pourrait prétendre y avoir droit, ou lui étant au pays, tel- » lement qu'il le puisse savoir, et n'en puisse vraisemblable- » ment prétendre cause d'ignorance, il acquiert le droit de » la chose. »

Il paraît que ces Coutumes n'admettent pas indistinctement la possession triennale des meubles, mais seulement dans le cas auquel le propriétaire du meuble a demeuré dans le même lieu que le possesseur pendant tout le temps de la prescription; comme aussi qu'elles ne l'admettent pas indistinctement pour toutes espèces de meubles, mais seulement pour ceux dont la possession a quelque chose de public, pour ceux qui sont en vue et en évidence, et non pour ceux qu'on possède enfermés dans l'intérieur d'une maison.

Nous avons, au contraire, quelques Coutumes, qui ont rejeté expressément la prescription triennale des meubles : telle est celle de Berry, qui la rejette en termes formels, *tit.* 12, *art.* 10; et celle du Boulonnais, qui établit une prescription de vingt ans *pour chose mobile ou immobile*.

Dans les Coutumes, qui ne se sont pas expliquées sur la prescription des meubles, telles que celle de Paris, celle d'Orléans et beaucoup d'autres, c'est une question, si cette prescription triennale y doit avoir lieu. Imbert et Bugaron, anciens praticiens, tiennent qu'elle n'y a pas lieu; Mornac, au contraire, soutient qu'elle y a lieu.

201. Il peut y avoir des raisons pour admettre cette prescription dans la Coutume d'Orléans, qui ne militent pas dans celle de Paris. Celle d'Orléans, *art* 260, dit : *Prescription moindre de trente ans, en héritages et choses immobilières, n'a lieu.* Elle suppose donc une prescription d'un moindre temps. Dans l'*article* 261, où elle établit la prescription de trente ans, elle s'explique ainsi : *Quiconque jouit d'un héritage, rente ou droit incorporel.* Elle ne comprend pas les meubles sous la prescription de trente ans, qu'elle établit par cet article, suivant la maxime, *Inclusio unius, est exclusio alterius.* N'ayant point compris les meubles dans la prescription de trente ans; n'ayant d'ailleurs, par aucune disposition, réglé le temps de la prescription des meubles; étant néanmoins nécessaire qu'il y ait un temps réglé pour la prescription de ces choses, qui ne doivent point être imprescriptibles, on doit présumer que l'intention de la Coutume d'Orléans a été de s'en rapporter sur ce point à la disposition du droit romain.

202. Au contraire, la Coutume de Paris, en l'*article* 118, par lequel elle établit la prescription de trente ans, s'exprime ainsi : *Si aucun a possédé héritage ou rente, ou autre chose prescriptible.* Ces termes, *ou autre chose prescriptible,* sont des termes généraux qui comprennent les meubles et les immeubles; d'où on peut conclure que la Coutume de Paris, n'ayant point de disposition pour une prescription qui soit particulière aux meubles, les a compris par ces termes généraux dans la prescription de trente ans, et n'a pas voulu qu'ils fussent sujets à aucune autre.

Malgré cela, j'aurais de la peine à croire que la Coutume ait voulu n'assujettir les meubles qu'à la prescription d'un temps aussi long que celui de trente ans. Ce temps étant aussi long, ou même plus long, que n'est la durée de plusieurs des choses meubles, ce serait rendre imprescriptibles plusieurs de ces choses : d'ailleurs ces choses étant de nature à passer successivement en un très-grand nombre de mains, si la revendication en était admise pendant un aussi long temps, ce serait donner lieu à des procès interminables.

Il faut néanmoins avouer que la question, si la prescription triennale des meubles a lieu dans les Coutumes qui ne s'en sont pas expliquées, est encore très-problématique.

203. Quand cette prescription a lieu, les biens des mineurs et de l'église en doivent-ils être exceptés? Cette question n'est pas moins problématique que l'autre.

La Coutume de Péronne, qui est une de celles qui ont adopté cette prescription triennale, les en excepte en termes formels. Elle dit : *Meubles s'acquièrent et se prescrivent* par trois ans..... *entre* AGÉS ET NON PRIVILÉGIÉS.

Si les autres Coutumes, qui l'ont admise par des dispositions expresses, n'ont point, comme celle de Péronne, ajouté ces termes, *entre âgés et non privilégiés*, doit-on les y suppléer?

Les principales raisons, pour lesquelles les héritages et autres immeubles des mineurs et de l'église ne sont pas sujets aux prescriptions ordinaires, sont, 1° parce que les lois en défendent l'aliénation. Cette raison ne milite pas pour les meubles. 2° Les mineurs étant restituables contre ce qu'ils ont manqué de faire pour leurs intérêts, *in his quæ prætermiserunt;* l. 8, *Cod. de in integ. rest. min.;* étant restituables, suivant ce principe, contre la négligence qu'ils ont eue à interrompre le cours de la prescription des choses à eux appartenantes, et en conséquence contre l'usucapion qui s'en est ensuivie; l. *un. Cod. si adv. usucap.;* on a trouvé plus court, pour éviter le circuit de cette restitution, de ne pas faire courir la prescription pendant le cours de la minorité.

Cette raison ne peut guère encore s'appliquer aux meubles des mineurs : car, suivant l'esprit de notre ancien droit français, qui a peu de considération pour les meubles, le bénéfice de restitution, hors le cas de violence et de dol, ne s'accorde guère pour de simples meubles. C'est sur ce principe qu'est fondé l'*article* 446 de notre Coutume, qui porte : « En aliénation de meubles, le bénéfice de restitution et action rescisoire n'ont lieu, » quand les parties sont capables de contracter. » Cette disposition comprend les mineurs comme les majeurs, soit que lesdits mineurs, étant émancipés, aient contracté par eux-mêmes, soit que, ne l'étant pas, ils aient contracté par le ministère de leurs tuteurs, qui sont capables de contracter pour eux.

Si la loi refuse de venir au secours des mineurs par le bénéfice de la restitution, lorsqu'ils ont aliéné de simples meubles par quelque contrat d'aliénation, doit-on croire qu'elle veuille leur subvenir davantage dans le cas de l'aliénation qu'ils feraient desdits meubles en les laissant prescrire, et qu'elle ait, pour cela, voulu que les meubles ne fussent pas sujets à la prescription triennale, quoiqu'elle ne s'en soit pas expliquée?

204. Le droit romain excepte de la prescription des meubles les choses furtives, c'est-à-dire, les choses qui ont été dérobées,

tant qu'elles n'ont point encore été recouvrées par celui à qui elles appartiennent, ou par ceux qui sont à ses droits. Suivant le droit romain, un tiers possesseur de ces choses, quoiqu'il les ait acquises par un juste titre et de bonne foi, ne peut les prescrire. Cela est tiré de cet article de la loi des Douze-Tables : *Furtivæ rei æterna auctoritas esto.*

Cette disposition, qui ne permet pas qu'un possesseur de bonne foi puisse acquérir par la prescription les choses furtives, me paraît être un droit purement arbitraire ; et je ne vois rien, dans les principes du droit naturel, qui doive empêcher le possesseur de bonne foi d'une chose furtive de l'acquérir par la prescription. C'est pourquoi, dans le pays coutumier, où le droit romain n'a pas par lui-même force de loi, mais seulement en tant qu'il paraît pris dans le droit naturel, je doute très-fort que cette disposition du droit pour les choses furtives y doive être observée.

205. La prescription des meubles par la possession triennale, étant l'ancien droit d'usucapion, dont Justinien a seulement prolongé le temps, il faut, pour cette prescription, que le possesseur justifie d'un juste titre d'où sa possession procède, et qu'elle soit de bonne foi. Mais comme il n'est pas d'usage de passer des actes par écrit de l'acquisition qu'on fait des choses meubles, il suffit au possesseur, pour justifier du juste titre d'où procède sa possession de la chose pour laquelle il oppose la prescription, qu'il fasse reconnaître cette chose soit par les personnes, desquelles il l'a achetée ou acquise à quelque autre juste titre, soit par d'autres personnes qui aient connaissance de l'acquisition qu'il en a faite.

A l'égard de la bonne foi, qui est requise dans le possesseur, le juste titre, dont il a enseigné, la fait assez présumer, tant que celui, à qui la prescription est opposée, ne justifie par le contraire.

Au surplus, presque tout ce que nous avons dit à l'égard de la prescription de dix ou vingt ans, sur les personnes au profit desquelles et contre lesquelles court la prescription ; sur les qualités que doit avoir la possession, sur l'interruption naturelle ou civile, sur l'union du temps de la possession du possesseur et de celle de ses auteurs, sur le titre et la bonne foi, etc., reçoit application à cette espèce de prescription.

## ARTICLE IV.

### *Du ténement de cinq ans, qui a lieu dans quelques Coutumes.*

206. De droit commun, le propriétaire d'un héritage, à qui on n'a pas déclaré, par le contrat d'acquisition qu'il en a faite,

les rentes, hypothèques et autres charges réelles dont l'héritage est chargé; qui, n'en ayant eu d'ailleurs aucune connaissance, l'a en conséquence possédé pendant tout le temps de la prescription, comme le croyant, avec fondement, franc desdites charges, n'en acquiert l'affranchissement pour son héritage, que par les prescriptions ordinaires de dix ou vingt ans dans les Coutumes qui les admettent, ou par celle de trente ans, comme nous l'avons vu dans les articles précédens. Néanmoins, quelques Coutumes ont établi une prescription particulière, pour faire acquérir au propriétaire d'un héritage l'affranchissement de certaines rentes et hypothèques dont son héritage est chargé, par une possession de cinq ans qu'il a eue de cet héritage, comme le croyant, avec fondement, franc desdites rentes et hypothèques, dont il n'a pas été chargé par son contrat d'acquisition, et dont il n'a eu d'ailleurs aucune connaissance pendant tout le temps de cette prescription.

On donne à cette espèce de prescription le nom de *ténement de cinq ans.*

207. Les Coutumes où cette espèce de prescription a lieu, sont celles d'Anjou, du Maine, de Tours et de Lodunois. Voici comme la Coutume d'Anjou, *art.* 422, s'explique sur cette espèce de prescription : « Si aucun acquiert aucuns héritages ou autres immeu-
» bles, et les tient et possède par cinq ans consécutifs, paisible-
» ment, à juste titre et de bonne foi, et sans ajournement d'in-
» terruption, ou autre inquiétation, tel acquéreur est exempt et
» déchargé de toutes rentes et hypothèques constituées sur ledit
» héritage par ledit vendeur ou autre aliénateur depuis trente
» ans, si n'était l'héritage baillé à rente à la charge dont est ques-
» tion, ou contre le seigneur de fief. »

Celle du Maine, *art.* 437, est dans les mêmes termes.

Celle de Tours, *art.* 208, dit: « Quand aucun acquiert domaine
» ou héritage, et ledit acquéreur l'a tenu et possédé par cinq
» ans, notoirement, sans interruption, icelui acquéreur se peut
» défendre par ledit ténement, contre les acquéreurs de rentes
» constituées, dons et legs faits depuis trente ans, et demeure
» exempt de ladite rente ou charge, sinon que ledit domaine eût
» été baillé à la charge de ladite rente. »

Celle de Lodunois, *tit.* 20, *art.* 1, dit : « Quand aucun a pos-
» sédé et exploité aucun héritage réellement et actuellement, par
» le temps de cinq ans, à titre entre présens et absens, sans être
» interrupté audit ténement de cinq ans, d'une rente, ou devoir
» créé sur ledit héritage depuis trente ans, il se peut défendre
» par ledit ténement contre tous acquéreurs de rentes ou hypo-
» thèques créées sur icelui depuis trente ans, s'il n'est inter-
» rupté au dedans desdits cinq ans de sondit acquest ou ensaisi-
» nement, sinon qu'il eust pris ledit héritage par lui possédé et ex-

« ploité, à la charge dudit devoir, ou que ce fust devoir féodal, « ou de première baillée d'héritage fait à icelui, ou autre dont « il est cause, ou que ce fust devoir créé paravant trente ans, « et dont possession en aurait esté faite auparavant, et depuis « lesdits trente ans. »

Nous verrons, sur cette espèce de prescription, 1° quelles sont les choses qui peuvent être affranchies de leurs charges par cette prescription; 2° de quelles espèces de charges; 3° qui sont ceux qui peuvent acquérir par cette prescription l'affranchissement des charges de leurs héritages; 4° contre quelles personnes; 5° quelle qualité doit avoir la possession pour cette prescription; 6° de quand elle commence, et quand elle est accomplie.

## § I. Quelles choses peuvent être affranchies de leurs charges par cette espèce de prescription; et de quelles espèces de charges.

208. La Coutume d'Anjou, en l'article ci-dessus rapporté, dit, *Si aucun acquiert aucuns héritages* OU AUTRES IMMEUBLES. Celle du Maine s'explique de même. C'est pourquoi il ne peut être douteux, dans ces Coutumes, que leur disposition embrasse non-seulement *les héritages* ou immeubles réels, mais pareillement toutes les choses incorporelles qui sont réputées immeubles; et que, par exemple, celui, qui a acheté une rente chargée d'hypothèques envers les créanciers du vendeur ou autre, acquiert par le ténement de cinq ans, l'affranchissement de ces hypothèques, de même que l'acquéreur d'un héritage acquiert, par ce ténement, l'affranchissement des hypothèques dont l'héritage est chargé.

209. Les choses incorporelles, réputées immeubles, sont-elles pareillement censées comprises dans les dispositions des Coutumes de Tours et de Lodunois, qui n'ont parlé que des héritages, et n'ont point ajouté ces termes, *et autres immeubles*, qui se trouvent dans celles d'Anjou et du Maine? Je pense qu'elles y sont comprises, et que, si ces termes, *et autres immeubles*, ne se trouvent pas dans le texte de ces deux Coutumes, on doit les y sous-entendre, et les y suppléer. Ces quatre Coutumes, qui ont établi le ténement de cinq ans, paraissent avoir, sur ce point, le même esprit; elles doivent donc s'interpréter les unes par les autres; on doit suppléer ce qui a été omis dans les unes, par ce qui se trouve dans les autres. D'ailleurs il y a entière parité de raison pour faire acquérir par le ténement de cinq ans, à l'acquéreur de bonne foi d'une rente, l'affranchissement des hypothèques dont sa rente est chargée, comme pour faire acquérir cet affranchissement à l'acquéreur d'un héritage. Leproust, sur l'*article premier du titre* 20 de la Coutume de Lodunois, rapporte un arrêt, dans l'espèce

duquel l'acquéreur d'une rente constituée fut reçu à opposer la prescription du ténement de cinq ans contre une action hypothécaire.

La disposition de ces Coutumes pour le ténement de cinq ans ne concerne que les immeubles; les meubles, dans notre droit français, n'ayant pas de suite par hypothèque, il est évident que l'acquéreur ne peut avoir besoin du ténement de cinq ans.

## § II. Quelles sont les espèces de charges des héritages ou autres immeubles, dont le ténement de cinq ans affranchit.

210. La Coutume d'Anjou, en l'article ci-dessus rapporté, dit, *est déchargé de toutes rentes, charges et hypothèques constituées sur ledit héritage, par ledit vendeur ou autre aliénateur, depuis trente ans, si n'était l'héritage baillé à rente à la charge dont est question, ou contre le seigneur de fief.*

Les autres Coutumes, qui ont établi le ténement de cinq ans, s'expriment à peu près de même.

211. Ces Coutumes n'ayant excepté du ténement de cinq ans que les rentes créées par bail d'héritage, il s'ensuit que le ténement de cinq ans purge toutes les autres rentes dont l'héritage est chargé depuis trente ans, les viagères aussi bien que les perpétuelles; non-seulement les rentes constituées à prix d'argent, mais celles qui auraient été créées par don ou legs; comme lorsque quelqu'un vous fait donation ou legs de tant de livres de rente, dont il déclare qu'il charge un tel héritage à lui appartenant. La Coutume de Tours s'en est expliquée en ces termes : Se peut défendre par ledit ténement, *de rentes constituées, dons et legs.*

212. Les Coutumes ont excepté de ce ténement de cinq ans les rentes qui ont été créées par le bail de l'héritage, et qu'on appelle proprement *rentes foncières.* Ces rentes étant un droit, que le bailleur s'est retenu dans son héritage, lors de l'aliénation qu'il en a faite, et qui fait en quelque façon partie du domaine de propriété, qu'il n'a transféré au preneur que sous la déduction de la rente, sont un droit beaucoup plus fort que n'est celui qui résulte d'un simple assignat, dont on a chargé un héritage pour le paiement d'une rente; en conséquence, ces rentes ont plusieurs prérogatives que nous avons rapportées dans notre Traité du Bail à rente; et c'est aussi pour cette raison que ces Coutumes les ont exceptées du ténement de cinq ans, et que l'affranchissement ne s'en peut acquérir que par la prescription ordinaire de dix ou vingt ans, ou par celle de trente ans.

L'exception, que les Coutumes ont faite pour les rentes créées par un bail d'héritage, doivent s'étendre à celles créées par partage et licitation, ces rentes étant de véritables rentes foncières, entièrement de même nature que celles créées par un bail d'héritage : celui, à qui l'héritage échet par le partage, ou qui s'en rend adjudicataire par licitation, à la charge de tant de rente envers son copartageant, n'acquérant, de même qu'un preneur, l'héritage que sous la déduction de la rente dont il est chargé envers son copartageant, ces rentes doivent jouir des mêmes prérogatives que celles créées par bail d'héritage, et doivent pareillement être exceptées du ténement de cinq ans. C'est l'avis de Dumoulin, en sa note sur l'article 208 de la Coutume de Tours, qui est mal à propos contredit par Louis.

213. Il ne faut pas confondre avec les rentes créées par bail, partage ou licitation, celles qui ont été constituées pour le prix d'une vente, ou pour le prix d'un retour de partage, comme lorsqu'un héritage a été vendu ou a été adjugé par licitation pour le prix d'une somme de 10,000 livres, pour laquelle somme, par les mêmes contrats ou par le même acte de licitation, l'acheteur a constitué au vendeur, ou à ses copartageans, 500 livres de rente : ou lorsqu'un lot de partage a été chargé envers un copartageant d'un retour de 1,000 livres, pour laquelle somme celui à qui le lot est échu, lui a, par le même acte de partage, constitué une rente de 50 livres ; ces rentes sont de simples rentes constituées, qui ne doivent point avoir les prérogatives des rentes foncières, et dont on doit par conséquent acquérir l'affranchissement par le ténement de cinq ans, de même que des autres rentes.

214. Les hypothèques, dont le ténement de cinq ans fait acquérir l'affranchissement, sont généralement toutes les hypothèques, dont l'héritage peut être chargé depuis trente ans, tant les générales que les spéciales ; tant celles, qui sont accessoires de quelques rentes, que celles, qui sont accessoires de créances de sommes d'argent ou de quelques autres créances mobilières, et généralement celles qui sont accessoires de quelque obligation que ce soit, comme d'une obligation de garantie. La Coutume d'Anjou en apporte un exemple en l'article 427 : « Si aucun a vendu » à autre partie de ses héritages, et s'est obligé de les garantir, » et après vend autre partie de ses héritages ; le premier acquéreur peut faire adjourner en demande d'interruption le dernier acquéreur dedans les *cinq ans* après ledit acquêt fait, et » possession par lui prise, afin qu'il ne se défende pas par le » ténement. »

Ce que nous venons de dire ne souffre pas de difficulté dans les Coutumes d'Anjou et du Maine, qui disent en termes généraux que l'acquéreur est affranchi, par le ténement de cinq ans, des hypothèques constituées sur son héritage.

215. Dans les Coutumes de Tours et de Lodunois, on a pré-

tendu que le ténement de cinq ans ne purgeait que les rentes; et ne purgeait pas les hypothèques pour de simples créances mobilières. On tirait argument du texte de l'article 208 de la Coutume de Tours, qui porte : « L'acquéreur se peut défendre par » ledit ténement contre les acquéreurs des rentes constituées, » dons et legs faits depuis trente ans, etc.» La Coutume, dit-on, accorde la prescription qui résulte du ténement de cinq ans contre les créanciers des rentes constituées, soit à prix d'argent, soit par dons et legs; elle se tait sur ceux qui ont des hypothèques pour de simples créances mobilières : donc, suivant la maxime, *Qui dicit de uno, negat de altero*, il n'y a que les rentes constituées, soit à prix d'argent, soit par dons et legs, qui se purgent par le ténement de cinq ans; les hypothèques pour de simples créances mobilières ne doivent pas se purger par ce ténement. C'est l'avis de Pallu, sur ledit article.

216. On peut faire le même raisonnement pour la Coutume de Lodunois. Cette Coutume, en l'article premier du titre 20, s'exprime ainsi : « Quand aucun possède aucun héritage.... sans » être interrupté d'aucune rente ou devoir créé sur ledit héritage » depuis trente ans. »

La Coutume, dira-t-on, ayant dit, *d'aucune rente ou devoir*, n'oblige que ceux qui ont quelque rente ou redevance, à donner dans les cinq ans l'action d'interruption contre l'acquéreur de l'héritage qui en est chargé; elle n'y oblige point ceux qui ont de simples hypothèques pour des créances mobilières : le ténement de cinq ans ne purge donc point ces hypothèques.

La cour n'a pas eu d'égard à ce raisonnement; et Leproust, sur ledit article, rapporte deux arrêts qui ont jugé, dans la Coutume de Loudun, que le ténement de cinq ans purgeait ces hypothèques. Ces arrêts peuvent recevoir application dans la Coutume de Tours, et renversent l'opinion de Pallu.

On ne voit pas de raison pour laquelle ces Coutumes auraient voulu donner plus de prérogatives à des hypothèques pour des créances mobilières, en ne les assujettissant point à la prescription du ténement de cinq ans, qu'elles n'en ont donné à des rentes qui ont un assignat sur l'héritage qu'elles y assujettissent. Il est contre la raison que celui, qui a un droit plus fort, puisse le perdre plus facilement, et par une prescription plus courte, que celui qui a un droit plus faible.

217. Les hypothèques, qui sont accessoires d'une rente créée par le bail d'héritage, laquelle n'est pas sujette au ténement de cinq ans, ne laissent pas d'y être sujettes, comme l'a observé Dumoulin, en sa note sur l'article 208 de la Coutume de Touraine, ci-dessus cité.

Supposons, par exemple, que j'ai acquis un héritage par un bail à rente qui m'en a été fait, et que je me sois obligé à fournir et faire valoir cette rente sous l'hypothèque de tous mes biens: si, depuis, je vends un de mes héritages hypothéqués à cette rente, sans déclarer cette hypothèque, elle pourra se purger par le ténement de cinq ans.

218. Quelque favorable que soit le douaire, Dupineau pense qu'il se purge par le ténement de cinq ans, lorsque la douairière a laissé écouler le temps de cinq ans depuis la mort de son mari, qui y a donné ouverture, sans interrupter l'acquéreur d'un héritage qui y est sujet.

219. Les quatre Coutumes, qui ont établi la prescription du ténement de cinq ans, le restreignent en termes formels aux rentes, charges et hypothèques dont l'héritage est chargé depuis trente ans. Les commentateurs ne nous en ont donné aucune raison; on n'en voit pas d'autres sinon que, lorsque des rentes ou hypothèques ont été créées sur l'héritage avant trente ans, le droit de ces rentes et hypothèques est fortifié par la longue possession qu'en ont eue ceux à qui elles appartiennent. Or, suivant l'esprit de ces Coutumes, plus le droit qu'on a sur un héritage est fort, et plus difficilement celui, à qui il appartient, en doit être dépouillé : c'est pour cette raison que le droit de rente foncière, qu'on a dans un héritage, étant plus fort que le droit d'une rente constituée, n'est pas sujet à la prescription de cinq ans, à laquelle sont sujettes les rentes constituées, créées depuis trente ans. Par la même raison, ces Coutumes ont voulu que ceux, qui ont des droits de rentes ou hypothèques fortifiés par la longueur du temps de plus de trente ans, ne fussent pas sujets à la prescription de cinq ans, à laquelle sont sujettes les rentes et hypothèques modernes, et qu'ils ne puissent perdre leur droit que par les prescriptions ordinaires de dix ou vingt ans, lorsqu'ils ont un titre; ou de trente ans, lorsqu'ils n'en produisent point.

220. Au surplus, pour que l'acquéreur d'un héritage ou autre immeuble puisse se défendre, par la prescription, du ténement de cinq ans, des rentes et hypothèques dont son héritage était chargé, il suffit que lesdites rentes et hypothèques n'aient été créées que depuis trente ans; et il n'importe qu'elles aient été créées par la personne même qui lui a vendu ou aliéné à quelque autre titre l'héritage qui en était chargé. Ces termes de l'article 422 de la Coutume d'Anjou, ci-dessus rapporté, *est déchargé de toutes rentes, charges et hypothèques constituées sur ledit héritage* PAR LEDIT VENDEUR OU AUTRE ALIÉNATEUR *depuis trente ans*, ne sont pas restrictifs, mais seulement énonciatifs; et après ces termes, *par ledit vendeur ou autre aliénateur*, on doit y suppléer ceux-ci, *ou par quelqu'un de ses auteurs*. C'est l'interprétation que Dupineau a donnée à cet article, interprétation qui ne paraît souffrir aucune difficulté.

§ III. Quels sont ceux qui peuvent acquérir, par le ténement de cinq ans, l'affranchissement des rentes et hypothèques dont leur héritage est chargé.

221. Il est évident qu'il n'y a que le propriétaire d'un héritage, qui puisse, de quelque manière que ce soit, acquérir l'affranchissement des charges dont il est chargé. C'est pourquoi, si une personne a acheté ou acquis à quelque autre titre un héritage de quelqu'un, qui, n'en étant pas propriétaire, n'a pu lui en transférer la propriété; cette personne, qui n'est pas propriétaire de l'héritage, n'a pu, par le ténement de cinq ans, acquérir l'affranchissement des rentes et hypothèques dont l'héritage est chargé. Si donc, après les cinq ans, cet acquéreur est évincé de l'héritage par le véritable propriétaire, les créanciers des rentes et hypothèques, dont l'héritage est chargé, conservent leur droit, quoiqu'ils n'aient pas interrupté cet acquéreur pendant le temps qu'a duré sa possession.

Mais tant que le véritable propriétaire ne se présente pas, l'acquéreur, par sa seule qualité de possesseur, étant réputé propriétaire de l'héritage, il peut opposer la prescription du ténement de cinq ans aux créanciers qui intenteraient contre lui des actions hypothécaires après l'expiration des cinq ans. *Voyez* ce que nous avons dit *suprà*, *n.* 131.

Au surplus, régulièrement tous ceux que nous avons dit *suprà* pouvoir acquérir, par la prescription de dix ou vingt ans, l'affranchissement des charges réelles dont l'héritage qu'ils ont acquis était chargé, et dont ils n'ont point eu de connaissance, peuvent, dans ces quatre Coutumes, acquérir, par un ténement ou possession de cinq ans, l'affranchissement des rentes et hypothèques dont l'héritage qu'ils ont acquis est chargé.

222. La Coutume d'Anjou apporte une exception en l'article 423; voici comme elle s'exprime : « Si l'obligé avait vendu » ou autrement aliéné son héritage ou immeuble à son fils, fille, » ou autre son présomptif héritier, les gens de cette condition » ne se défendront par ladite possession de cinq ans, ou autre » moindre prescription; car il serait vu le débiteur l'avoir fait » pour défrauder les créanciers : et si auraient lesdits créditeurs » juste cause d'ignorance, puisque l'héritage ne serait venu en » la main d'étranges personnes; et pour ce ledit ténement de » cinq ans a lieu entre étranges personnes, et non entre l'obligé » et son héritier. »

Lorsque l'acquéreur d'un héritage chargé de rentes ou hypothèques, est un des enfans, ou, à défaut d'enfans, l'héritier présomptif de celui, qui, étant obligé auxdites rentes ou hypothèques, le lui a vendu ou aliéné à quelque autre titre, la Coutume veut que, en ce cas, cet acquéreur enfant ou héritier présomptif du vendeur ne puisse acquérir, par la prescription de cinq ans, l'affranchissement desdites rentes et hypothèques, quoique non déclarées par le contrat d'acquisition.

Il y a plus : la Coutume veut que cet acquéreur n'en puisse acquérir l'affranchissement même par la prescription de dix ou vingt ans, et que lesdites rentes ou hypothèques ne puissent être sujettes, en ce cas, qu'à la prescription de trente ans.

C'est ce que la Coutume insinue par ces termes de l'article ci-dessus rapporté, *ne se défendront par ladite prescription de cinq ans*, NE AUTRE MOINDRE *prescription*. Ces termes, *ne autre moindre prescription*, doivent s'entendre en ce sens, ne autre prescription moindre que la grande prescription de trente ans, ce qui exclut celle de dix ou vingt ans. La Coutume s'en explique en termes plus formels en l'article 424 : « Si aucun héritier présomptif d'autrui, la vie durant d'icelui dont il est présomptif héritier, tient (à quelque titre que ce soit de vente, donation, etc.) aucun de ses héritages ou choses immeubles, en ce cas, n'a aucune prescription moindre que de trente ans contre ceux qui auraient droit de rente ou autre charge ; car il est vu que par tolérance et pour amour naturelle son prédécesseur le lui a laissé. »

La Coutume du Maine, *art.* 438 *et* 439, a des dispositions semblables à celles que nous venons de rapporter.

223. Ces Coutumes se sont expliquées sur les motifs de leurs dispositions : elles en rapportent deux. Le premier est pour empêcher les fraudes. La Coutume s'en explique par ces termes en l'article 423, *car il serait vu le débiteur l'avoir fait pour défrauder les créditeurs.*

On peut apporter plusieurs exemples de ces fraudes, auxquelles la Coutume veut obvier.

PREMIER EXEMPLE. J'ai acquis un héritage, qui s'est trouvé hypothéqué à une grosse rente constituée par mes auteurs, dont je n'ai point été chargé ; j'ai été obligé d'en passer déclaration d'hypothèque au créancier, et je me suis obligé à la prestation de la rente, tant que je serais détenteur de l'héritage. Au moyen de cette obligation, que j'ai contractée par cette déclaration d'hypothèque, je ne puis plus, en gardant l'héritage, décharger ni moi ni mes héritiers de cette rente, que par la prescription de trente ans, dans le cas auquel le créancier serait négligent de s'en faire servir pendant ce temps ; à quoi on ne peut guère s'attendre : en conséquence, dans la vue d'affranchir ma famille de cette rente, et de frauder le créancier, je fais une vente de cet héritage à mon fils, sans faire déclaration de sa rente par le contrat d'acquisition, dans la vue que si cette vente ne parvient pas assez tôt à la connaissance du créancier, mon fils puisse en acquérir l'affranchissement par le ténement de cinq ans, et que j'en sois moi-même déchargé comme ne possédant plus l'héritage, ne m'étant obligé que tant que j'en serais détenteur.

SECOND EXEMPLE. Je suis débiteur personnel d'une grosse rente que j'ai constituée sur un héritage. Je prévois, par la situation de mes affaires, que, lorsque je mourrai, mon fils renoncera à ma succession. Pour lui faire passer cet héritage sans charge de la rente, je lui en fais une vente, dont je confesse faussement avoir reçu le prix, sans faire déclaration de la rente par le contrat, dans l'espérance que la rente ne parvenant pas assez tôt à la connaissance du créancier, mon fils en acquerra l'affranchissement par le ténement de cinq ans, et aura par ce moyen l'héritage sans être tenu de la rente, n'en étant tenu, ni comme possesseur, au moyen du ténement de cinq ans, ni comme héritier, au moyen de ce qu'il renoncera à ma succession.

224. Le second motif est tiré de ce qu'une vente ou autre espèce d'aliénation, que l'obligé fait à son fils, de l'héritage chargé de la rente, parvient beaucoup plus difficilement à la connaissance du créancier de la rente, que lorsque la vente de l'héritage a été faite à un étranger, C'est ce que la Coutume veut dire par ces termes de l'article 423 : *Et si auraient lesdits créditeurs juste cause d'ignorance, puisque l'héritage ne serait venu en la main d'étrange personne.*

En effet, lorsque c'est une personne étrangère, qui a acheté ou acquis à quelque autre titre un héritage chargé de rente, le créancier de la rente s'aperçoit facilement de l'acquisition que cette personne a faite, en la voyant jouir de l'héritage, en percevoir les fruits, ou faire quelque autre acte de possession. Il n'en est pas de même, lorsque c'est le fils qui a acheté de son père, ou lorsque c'est un parent qui a acheté de son parent dont il est héritier, un héritage chargé de rente : tout ce que cet acquéreur fait dans l'héritage, depuis son acquisition, ne donne pas connaissance de cette acquisition au créancier de la rente ; cet acquéreur peut paraître faire pour son père ou pour son parent tout ce qu'on lui voit faire dans cet héritage. Si on le voit disposer des fruits, on ne peut savoir si c'est pour son père, et comme faisant les affaires de son père, ou si c'est à son profit qu'il en dispose ; et quand on s'apercevrait qu'il en aurait disposé à son profit, il n'en résulterait pas qu'il eût fait l'acquisition de l'héritage, pouvant paraître ne les percevoir que par tolérance, et comme un présent que son père ou son parent lui aurait fait de ces fruits. C'est ce que la Coutume donne à entendre par ces derniers termes de l'article 424, *car il est vu que par tolérance et pour amour naturelle son prédécesseur le lui a laissé.*

C'est par ce motif que la Coutume dit en l'article 423 : *Et pour ce ledit ténement de cinq ans a lieu entre personnes étranges, et non entre l'obligé et son héritier ;* c'est-à-dire que la prescription du ténement de cinq ans n'a lieu que lorsque c'est une personne étrange qui est l'acquéreur, et non lorsque c'est l'héritier présomptif de l'obligé.

225. J'ai vendu à un étranger un héritage chargé d'une rente constituée, à laquelle j'étais obligé, sans faire déclaration de cette rente par le contrat : depuis, mon fils a exercé sur l'acquéreur le retrait lignager, et s'est fait délaisser l'héritage. Pourra-t-il acquérir, par la prescription du ténement de cinq ans, l'affranchissement de la rente dont l'héritage est chargé ? La raison de douter est, que mon fils, qui, par le retrait qu'il a exercé, est devenu acheteur de l'héritage à la place de celui sur qui il a exercé le retrait, n'est pas un acquéreur étranger : or, dira-t-on, suivant le principe que nous venons d'exposer, la prescription du ténement de cinq ans ne peut avoir lieu, que lorsque l'acquéreur est un acquéreur étranger, et non lorsqu'il est l'héritier présomptif de l'obligé qui a vendu l'héritage chargé de la rente à laquelle il était obligé. Il faut néanmoins décider, dans cette espèce, que mon fils peut acquérir, par la prescription du ténement de cinq ans, l'affranchissement de la rente dont l'héritage est chargé.

Le principe, qu'on oppose pour raison de douter, n'a pas d'application à cette espèce ; il n'a lieu que lorsque la vente, ou autre espèce d'aliénation, a été faite immédiatement par l'obligé à son héritier présomptif, par un contrat entre l'obligé et son héritier présomptif, lorsque l'héritage a passé immédiatement de l'obligé à son héritier présomptif. C'est ce qui résulte du texte même de l'article 423, ci-dessus rapporté, qui prive l'héritier présomptif de l'obligé, qui a acquis de lui l'héritage, du pouvoir d'acquérir, par le ténement de cinq ans, l'affranchissement de la rente dont l'héritage est chargé, et qui en apporte cette raison : *puisque l'héritage ne serait venu en la main d'étrange personne*. Or, dans cette espèce, l'héritage a passé dans la main d'une étrange personne, sur laquelle mon fils a exercé le retrait; mais il n'a pas passé immédiatement de moi à lui : ce n'est pas par un contrat passé entre lui et moi, c'est par la loi qu'il est devenu acquéreur de l'héritage. Il n'est donc pas dans le cas de l'exception portée par l'article 423. Il n'y a pas lieu de craindre la clandestinité dans l'acquisition que mon fils a faite en exerçant le retrait ; une demande en retrait, l'adjudication ou la reconnaissance qui en est faite en justice, n'étant rien moins que des actes clandestins. C'est l'avis de Dupineau sur cet article.

226. La Coutume, par ces termes de l'article 423, *si l'obligé avait vendu*.... A SON FILS, FILLE OU AUTRE HÉRITIER PRÉSOMPTIF, comprend-elle un petit-enfant de l'obligé, qui ne serait pas son héritier présomptif, étant précédé dans la famille par son père ou sa mère, auquel petit-enfant l'obligé aurait vendu l'héritage?

Je ne fais pas de doute qu'il y est compris. Quoique le terme de *fils* ne comprenne pas toujours les petits-enfans, il les comprend néanmoins souvent, et toutes les fois que la matière y est disposée. C'est ce qu'enseigne Paul : *Filii appellatione omnes liberos intelligimus;* l. 84, ff. *de verb. signif.* Callistrate nous dit pareillement : *Filii appellatione nepotes et pronepotes, cæterique qui ex his descendunt, continentur;* l. 222, § 1, ff. *dict. tit.* Or, dans l'espèce de l'article 423, la matière est des plus disposées à comprendre sous le terme de *fils* les petits-enfans : les mêmes raisons, sur lesquelles la disposition de cet article est fondée, qui militent à l'égard du fils, militent également à l'égard des petits-enfans ; les mêmes relations intimes, qui sont entre un fils et son père, se rencontrent entre un petit-enfant et son aïeul. Si ce petit-enfant, qui est précédé dans la famille par son père ou sa mère, n'est pas l'héritier présomptif immédiat de l'obligé qui lui a vendu l'héritage, il est toujours en quelque façon son héritier présomptif, puisque c'est à lui que son aïeul, suivant le vœu de la nature, se propose de faire un jour passer ses biens, quoique par le canal de son père ou de sa mère. Enfin la Coutume, par cet article, n'ayant permis à celui, qui a acquis de l'obligé l'héritage chargé d'une rente, d'en acquérir l'affranchissement par le ténement de cinq ans, que lorsque cet acquéreur est *une personne étrange*, on ne peut pas comprendre un petit-enfant sous ce terme de *personne étrange*.

227. La Coutume, en l'article 423, par ces termes, *ou autre son héritier présomptif*, assimile le cas, auquel l'obligé aurait vendu à un de ses parens collatéraux, qui, à défaut d'enfant, est son héritier présomptif, au cas auquel il aurait vendu à quelqu'un de ses enfans : elle exclut ce parent collatéral, héritier présomptif de l'obligé, du droit d'acquérir, par la prescription de cinq ans, l'affranchissement de la rente dont est chargé l'héritage qu'il a acquis de l'obligé, comme elle en exclut les enfans, lorsque l'obligé en a. L'affection naturelle, que nous avons pour une personne que nous regardons comme devant un jour être notre héritière, a paru à la Coutume avoir quelque chose d'approchant de celle que nous avons pour nos enfans, et lui a fait craindre, dans la vente qui serait faite par l'obligé à son héritier présomptif, les mêmes concerts de fraude et le même défaut de publicité, qu'elle a craints dans celle que l'obligé fait à quelqu'un de ses enfans.

228. Dans quel temps faut-il que celui, qui a acquis de l'obligé, ait été son héritier présomptif, pour qu'il soit dans le cas de l'article 423, et qu'il ne puisse acquérir, par le ténement de cinq ans, l'affranchissement de la rente dont est chargé l'héritage qu'il a acquis ? Il faut qu'il ait eu cette qualité dans le temps du contrat d'acquisition. Si lorsqu'un parent collatéral de l'obligé a

acquis de lui l'héritage, ce parent n'était pas alors l'héritier présomptif de l'obligé qui lui a vendu l'héritage; ce parent étant alors réputé personne étrange, la vente, qui lui a été faite, est une vente faite à personne étrange, une vente que rien ne rendait susceptible de fraude, et par conséquent un titre capable de lui donner le droit d'acquérir, par le ténement de cinq ans, l'affranchissement des rentes et hypothèques dont l'héritage qu'il a acquis est chargé : la qualité d'héritier présomptif de la personne qui lui a vendu l'héritage, qui ne lui survient que depuis, ne doit pas le dépouiller du droit que la vente, qui lui a été faite, lui a donné, de prescrire par le ténement de cinq ans.

*Vice versâ*, lorsque celui, qui a acquis de l'obligé, était, au temps du contrat, son héritier présomptif; quoiqu'il ait depuis cessé d'avoir cette qualité, il ne peut acquérir, par le ténement de cinq ans, l'affranchissement de la rente à laquelle était obligé celui qui lui a vendu l'héritage: car il suffit qu'il ait eu, au temps du contrat, cette qualité d'héritier présomptif de l'obligé, pour que la vente ait été *une vente faite à l'héritier de l'obligé*, et par conséquent un titre incapable de donner à l'acquéreur le droit de prescrire par le ténement de cinq ans.

229. Pour que les enfans ou autres héritiers présomptifs de l'obligé, qui ont acquis de lui un héritage, ne puissent purger, par le ténement de cinq ans, la rente à laquelle était obligé celui qui le leur a vendu, il n'importe qu'ils fussent demeurans en même maison, ou qu'ils fussent demeurans en des maisons séparées: la Coutume n'ayant fait à cet égard aucune distinction, nous n'en devons point faire : *Ubi lex non distinguit, nec nos distinguere debemus*.

230. Ces dispositions coutumières qui ne permettent pas qu'il y ait lieu à la prescription du ténement de cinq ans, lorsque l'obligé a vendu l'héritage à son héritier présomptif, seraient facilement éludées, s'il n'en était pas de même lorsqu'elle est faite aux enfans de l'héritier présomptif : c'est pourquoi, il faut tenir que, soit que la vente ait été faite à l'héritier présomptif de l'obligé qui a vendu l'héritage, soit qu'elle ait été faite aux enfans de l'héritier présomptif, il n'y a pas lieu à cette prescription.

231. Lorsque, pendant le mariage, un homme, en exécution d'une sentence de séparation, a donné à sa femme, en paiement de ses reprises, un héritage chargé d'une rente à laquelle il était obligé, la femme, à laquelle il n'a pas déclaré cette rente, pourra-t-elle en acquérir l'affranchissement par le ténement de cinq ans? On peut dire, pour l'affirmative, que l'article dit, *si l'obligé avait vendu.... à son fils, fille, ou autre son héritier présomptif*, sans parler de la femme de l'obligé. N'en ayant point parlé, la Coutume, dira-t-on, n'a point compris la femme dans l'exception portée par l'article 423, et elle l'a laissée dans le

droit commun, suivant lequel tout acquéreur peut acquérir, par le ténement de cinq ans, l'affranchissement des rentes et hypothèques dont on ne justifie pas qu'il ait eu connaissance. Il faut néanmoins décider que la femme, en ce cas, ne peut prescrire par le ténement de cinq ans. La Coutume a suffisamment compris la femme dans la disposition de l'article 423, en disant en termes généraux, à la fin de l'article, que la prescription n'avait lieu que lorsque l'obligé avait vendu à des personnes étranges, par ces termes : *Ledit ténement de cinq ans a lieu entre étranges personnes.* Or, il n'y a personne, qui soit moins personne étrange, que la femme de l'obligé. Les relations entre un homme et sa femme, quoique séparée de biens, sont encore plus intimes qu'entre un homme et ses héritiers présomptifs. Les mêmes raisons, sur lesquelles est fondée la disposition de l'article 423, par rapport aux enfans et aux héritiers présomptifs de l'obligé qui ont acquis de lui, se trouvent encore en plus forts termes par rapport à la femme de l'obligé qui a acquis de lui : elle doit donc y être censée comprise.

232. Toutes les autres personnes, en quelque prochain degré de parenté collatérale qu'elles soient avec l'obligé qui leur a vendu, pourvu qu'elles ne soient pas du nombre de ses héritiers présomptifs, sont réputées personnes étranges, et peuvent prescrire par le ténement de cinq ans.

### § IV. Contre quelles personnes court la prescription du ténement de cinq ans.

233. Cette prescription, de même que toutes les autres prescriptions, ne court point contre les créanciers, qui, par quelque empêchement légitime, ont été empêchés d'intenter leurs actions; elle ne court pas, dis-je, pendant tout le temps qu'ils en ont été empêchés, suivant cette maxime générale : *Contra non valentem agere, nulla currit præscriptio.* Tout ce que nous avons dit à cet égard *suprà*, *n.* 22 *et suiv.*, reçoit ici application à l'égard de cette prescription.

Les Coutumes, qui ont établi la prescription du ténement de cinq ans, ne s'étant point expliquées si cette prescription devait courir contre les mineurs, créanciers de rentes ou hypothèques, qui n'ont point été déclarées à l'acquéreur de l'héritage qui en est chargé, on a élevé la question, si cette prescription devait courir contre les mineurs.

Il n'y a lieu à cette question, que lorsque les mineurs étaient pourvus de tuteurs ou de curateurs, qui pouvaient intenter les actions desdits mineurs; car tant qu'ils en sont destitués, n'y ayant personne qui puisse pour eux intenter leurs actions, il ne peut être douteux que la prescription ne peut courir contre eux, suivant la règle générale, *Contra non valentem agere, nulla currit præscriptio.*

234. Mais, en supposant que les mineurs sont pourvus de tuteurs et de curateurs, la prescription du ténement de cinq ans court-elle contre eux? On dira, pour l'affirmative, que ces Coutumes ayant déchargé en termes généraux l'acquéreur d'un héritage qu'il avait possédé pendant cinq ans, des rentes et hypothèques dont il est chargé, sans faire, à cet égard, aucune distinction des personnes auxquelles les créances appartiennent, sans faire aucune distinction si elles sont mineures ou majeures, nous n'en devons pas faire: *Ubi lex non distinguit, nec nos distinguere debemus.* Néanmoins Pallu, sur la Coutume de Tours, rapporte un arrêt de 1654, qui a jugé que la prescription du ténement de cinq ans n'avait pas couru au profit de l'acquéreur d'un héritage, chargé d'une rente constituée pendant la minorité de la personne qui en était créancière. La raison de cet arrêt est, qu'il n'était pas besoin que ces Coutumes exceptassent expressément de cette prescription du ténement de cinq ans, les rentes dont l'héritage était chargé envers des mineurs, parce que, de droit commun, les mineurs n'étaient pas sujets à cette prescription, ni à aucune autre. Nous en avons dit la raison *suprà*, n. 8, qui est que la prescription étant une espèce d'aliénation, que fait de la chose celui qui la laisse perdre par la prescription, les choses, dont les lois ne permettent pas l'aliénation, ne doivent pas être sujettes à prescription. Or, les rentes qui appartiennent à des mineurs, sont des immeubles dont les lois ne permettent pas plus l'aliénation que des autres biens immeubles des mineurs; elles ne doivent donc pas être sujettes aux prescriptions.

L'arrêt, que nous avons rapporté, est dans l'espèce d'une rente.

235. Que devrait-on décider, si l'héritage était seulement chargé d'une hypothèque que le mineur aurait pour une simple créance mobilière? La question souffre beaucoup plus de difficulté: les mêmes raisons ne se rencontrent pas. Les lois n'ayant pas défendu l'aliénation des meubles des mineurs, il semble qu'on en peut conclure qu'elles n'en empêchent pas la prescription. Cette question a rapport à celle que nous traitons en l'article 3, si la prescription triennale des meubles a lieu contre les mineurs: j'y renvoie.

236. Le ténement de cinq ans, dans les Coutumes d'Anjou, du Maine et de Lodunois, purge les rentes et hypothèques dont l'héritage est chargé depuis trente ans envers l'église, de même que celles dont il est chargé envers des particuliers laïques; ces Coutumes ayant des dispositions expresses, par lesquelles elles restreignent le privilége, qu'ont les biens de l'église, de n'être sujets qu'à la prescription de quarante ans, aux seuls biens de

son ancien domaine, et veulent que tous les nouveaux acquêts de l'église soient sujets aux mêmes lois et aux mêmes prescriptions que les biens des particuliers laïques. *Voyez* Anjou, *art.* 447, 448; le Maine, *art.* 459, 460; Lodunois, *tit.* 20, *art.* 7 et 9.

Dans la Coutume de Touraine, qui n'a pas pareille disposition, je pense que le ténement de cinq ans ne peut purger les rentes constituées dont l'héritage est chargé envers l'église; car c'est un privilége, que l'église a de droit commun, que tous ses biens immeubles, les modernes aussi bien que les anciens, ne soient sujets qu'à la prescription de quarante ans, comme nous l'avons vu *suprà*.

A l'égard des hypothèques, que l'église a sur un héritage pour de simples créances mobilières, j'inclinerais assez à penser que le ténement de cinq ans les peut purger.

237. On a fait la question, si le temps de la prescription de cinq ans courait contre les absens, c'est-à-dire, contre les créanciers, qui ont des rentes ou des hypothèques sur l'héritage, et qui demeurent en une autre province que celle où demeure l'acquéreur de l'héritage. Nous apprenons de Pallu, sur la Coutume de Tours, que plusieurs avaient prétendu que, à l'exception de la Coutume de Lodunois, qui dit, en termes formels, que la prescription du ténement de cinq ans court tant contre les absens que contre les présens, dans les autres Coutumes qui ne s'en sont point expliquées, on devait au moins doubler le temps de la prescription à l'égard des absens; de manière qu'au lieu que l'acquéreur acquière, par un ténement ou une possession de cinq ans, l'affranchissement des rentes dont l'héritage est chargé, lorsque les créanciers de ces rentes sont présens, il ne peut l'acquérir que par une possession de dix ans, lorsqu'ils sont absens. Ils tiraient argument de ce que, dans la prescription de dix ou vingt ans, le temps était doublé à l'égard des absens: mais Pallu ajoute que cette opinion a été proscrite par un arrêt du 16 décembre 1650, rendu en la Coutume d'Anjou, qui a jugé que le sieur Barillon, demeurant en Anjou, avait acquis, par le ténement de cinq ans, l'affranchissement d'une rente dont l'héritage par lui acquis était chargé, quoique le créancier de la rente demeurât dans la province de Poitou, et que ledit acquéreur n'eût fait l'acquisition que depuis huit ans et demi. Cet arrêt se trouve aussi dans le Journal des Audiences. L'argument, qu'on tirait de la prescription de dix ou vingt ans, en faveur de l'opinion qui a été proscrite par cet arrêt, était un fort mauvais argument. Si, dans le cas de la prescription de dix ou vingt ans, on double le temps de la prescription, lorsque la personne, contre laquelle un acquéreur prescrit, est absente, c'est-à-dire, demeure dans une autre province que lui, c'est parce que la loi, qui a établi cette prescription, s'en est formellement expliquée: au contraire,

les Coutumes de Tours, d'Anjou et du Maine, en établissant la prescription du ténement de cinq ans pour l'affranchissement des rentes et hypothèques dont un héritage est chargé, n'ayant fait aucune distinction entre les créanciers qui sont présens, et ceux qui sont absens, on ne doit pas faire une distinction que la loi n'a pas faite : *Ubi lex non distinguit, nec nos debemus distinguere.*

§ V. Quelles qualités doit avoir la possession pour acquérir par le ténement de cinq ans.

238. Pour que l'acquéreur d'un héritage ou autre immeuble puisse acquérir, par le ténement de cinq ans, l'affranchissement des rentes et hypothèques dont il est chargé, il faut, 1° que sa possession procède d'un juste titre. Les Coutumes d'Anjou, *art.* 422, du Maine, *art.* 437, et de Lodunois, *chap.* 20, *art.* 1, s'en expliquent en termes formels. La raison en est évidente. Un possesseur, qui ne rapporte aucun titre de sa possession, à moins qu'un temps très-long de trente ans et plus ne le fasse présumer, est un possesseur injuste, qui est appelé en droit, *prædo*, comme nous l'avons vu dans notre Traité de la Possession, *n.* 8. Or, c'est un principe certain, qu'une possession injuste ne peut servir de fondement à une prescription, par laquelle nous acquérons quelque droit par la possession.

On appelle *justes titres*, tous les contrats et autres actes, lesquels, par la tradition qui se fait en exécution, transfèrent à quelqu'un la propriété d'une chose, tels que les contrats de vente, d'échange, les donations ou les legs.

Pourvu que la possession de l'acquéreur procède d'un juste titre, il n'importe que ce soit un titre onéreux, comme une vente, ou un titre lucratif, tel qu'une donation ; les Coutumes n'ayant fait, à cet égard, aucune distinction, nous n'en devons pas faire.

Quoiqu'il se rencontre quelque défaut de forme dans le titre d'acquisition de l'héritage, si, en exécution de ce titre, la tradition de l'héritage a été faite à l'acquéreur, cet acquéreur n'en est pas moins censé posséder à juste titre, et il peut en conséquence acquérir, par le ténement de cinq ans, l'affranchissement des rentes et hypothèques dont son héritage est chargé.

Supposons, par exemple, qu'on m'a légué un héritage par un testament, qui a quelque défaut dans la forme. L'héritier, par respect pour la volonté du testateur, n'a pas eu égard au défaut de forme, et m'en a fait délivrance. Ce défaut de forme dans le testament, qui est mon titre, n'empêche pas que je ne sois censé possesseur de l'héritage à juste titre ; et je puis en conséquence acquérir, par le ténement de cinq ans, l'affranchissement des rentes et hypothèques dont l'héritage est chargé, sans que les créanciers puissent se défendre de cette prescription par le défaut de forme du testament : la forme des testamens n'étant établie qu'en faveur de l'héritier, il n'y a que l'héritier qui soit recevable à en opposer le défaut; lesdits créanciers n'y sont pas recevables.

Il y a plus : quand même le legs d'un héritage, qui m'avait été fait, aurait été révoqué, si l'héritier, qui a trouvé ce legs équitable, quoiqu'il eût connaissance de la révocation, a bien voulu m'en faire délivrance, je suis censé l'avoir possédé en vertu d'un juste titre : si ce n'est, en ce cas, le titre *pro legato*, c'est le titre *pro suo*. *Voyez* ce que nous avons dit *suprà*, *n.* 76.

239. Pour acquérir par le ténement de cinq ans, il faut, en second lieu, que la possession de l'acquéreur ait été une possession de bonne foi, c'est-à-dire qu'il n'ait pas eu connaissance, pendant tout ce temps, des rentes et hypothèques dont l'héritage, qu'il a acquis, est chargé, et qu'il ait possédé pendant ledit temps l'héritage, comme le croyant franc desdites rentes et hypothèques. Les Coutumes d'Anjou et du Maine, aux articles ci-dessus cités, exigent en termes formels la bonne foi.

240. Il faut, en troisième lieu, que la possession de l'acquéreur ait été continuelle et paisible pendant tout le temps de cinq ans, c'est-à-dire qu'elle n'ait souffert, pendant ledit temps, aucune interruption, ni naturelle, ni civile.

L'interruption naturelle est lorsque l'acquéreur, avant l'accomplissement du temps des cinq ans, a réellement perdu la possession de l'héritage, et a cessé de le posséder.

Quoique cet acquéreur ait depuis recouvré la possession de l'héritage, sa possession ayant été interrompue, le temps de la possession, qu'il a eue jusqu'à l'interruption, ne peut lui servir, et il ne peut prescrire qu'en possédant encore l'héritage pendant le temps de cinq ans, à compter du jour qu'il en a recouvré la possession.

C'est ce qui résulte de ces termes des Coutumes d'Anjou, du Maine et de Tours, *tient et possède par cinq ans* CONTINUELS. Cela est d'ailleurs conforme à la nature de toutes les prescriptions, qui font acquérir quelque droit par la possession, lesquelles exigent toutes un temps de possession qui soit continuel et sans interruption.

*Voyez suprà, n.* 39 *et suiv.*, ce que nous avons dit sur l'interruption naturelle de la possession.

L'interruption civile est celle, qui se fait par une demande en action hypothécaire, ou en action d'interruption, donnée par un créancier contre l'acquéreur, avant l'accomplissement du temps de la prescription. C'est ce qui résulte de ces termes des Coutumes d'Anjou et du Maine, *sans ajournement d'interruption*, ou autre *inquiétation*, telle, par exemple, qu'une opposition formée par un créancier au décret de l'héritage que l'acquéreur poursuivait, et telle qu'est aujourd'hui une opposition formée au bureau du conservateur des hypothèques.

Observez une différence entre l'interruption naturelle et l'interruption civile. L'interruption naturelle interrompt la prescription du tènement de cinq ans, à l'égard de tous les créanciers, qui ont quelques rentes ou quelques hypothèques sur l'héritage; l'interruption civile ne l'interrompt qu'à l'égard du créancier qui a donné la demande : le temps de la prescription du tènement de cinq ans ne laisse pas, nonobstant cette demande, de courir et de s'accomplir contre les autres créanciers qui n'en ont point donné. *Voyez suprà, n. 48 et suiv.*, ce que nous avons dit sur l'interruption civile.

241. Pour acquérir par le tènement de cinq ans, il faut, en quatrième lieu, que la possession de l'acquéreur ait été publique et notoire. Elle doit être d'autant plus notoire pour cette prescription, que le temps en étant plus court, les créanciers, qui ont des rentes et hypothèques sur l'héritage, ont moins de temps pour en être informés.

Les Coutumes d'Anjou et du Maine s'en sont expliquées en termes formels : *Et est à entendre*, dit celle d'Anjou, *art.* 430, *qu'à ce que ledit acquéreur se puisse défendre par ledit tènement et possession de cinq ans, il est requis qu'il ait possédé par ledit temps continuellement par possession publique, et non clandestinement; mais qu'il convient qu'elle soit telle que les autres acquéreurs ou créditeurs vraisemblablement en aient eu ou pu avoir connaissance.*

De ce principe, les Coutumes tirent elles-mêmes cette conséquence : *Et pour ce* (continuent-elles), *si celui, qui a vendu et aliéné, demeure fermier ou détenteur des choses après qu'il a aliéné, jaçoit que ce soit au nom de l'acquéreur, toutesfois telle possession ne serait suffisante pour porter préjudice à autres tierces personnes, sinon que dudit contrat lesdites tierces personnes aient été dûment acertainées, auquel* (cas) *ladite prescription de cinq ans aurait lieu.*

La Coutume de Lodunois a une semblable disposition; il y est dit, *ch.* 20, *art.* 2 : *Et est à entendre ledit tènement réel et naturel, quand l'acquéreur dudit héritage a tenu et exploité ledit héritage par lui ou par un autre, pour et au nom de lui, autre que le vendeur d'icelui héritage, de manière que l'on puisse connaître que la seigneurie et possession dudit héritage ait même main.*

Quoique celle de Tours ne se soit pas expliquée, cette disposition y doit avoir lieu. Il résulte de la disposition de cet article, que lorsque celui, qui ayant vendu, ou donné, ou aliéné à quelque autre titre que ce soit un héritage, a continué, depuis que l'aliénation en a été faite, de demeurer dans ledit héritage, soit en vertu d'une clause de rétention d'usufruit, soit par un bail à ferme ou à loyer que l'acquéreur lui en avait fait par le contrat d'aliénation; quoique ce vendeur ou donateur demeure dans l'héritage et ne le détienne qu'au nom de l'acquéreur, et que l'acquéreur en soit le véritable possesseur, néanmoins l'acquéreur ne peut, en ce cas, acquérir, par le tènement de cinq ans, l'affranchissement des rentes et hypothèques dont l'héritage est chargé, parce que sa possession n'est pas assez notoire pour donner aux créanciers la connaissance de l'acquisition qu'il a faite de l'héritage : ces créanciers, qui voient le vendeur ou donateur continuer de demeurer dans l'héritage, ont sujet de croire qu'il continue d'en être le propriétaire, et d'ignorer l'aliénation qu'il en a faite.

242. Comme ce n'est qu'en conséquence de la juste ignorance, que les créanciers peuvent avoir de l'acquisition de l'héritage, qu'il n'y a pas lieu, en ce cas, à la prescription du tènement de cinq ans, c'est une conséquence que, s'il est établi que les créanciers, qui ont des rentes ou des hypothèques sur l'héritage, ont eu ou pu avoir facilement connaissance de l'acquisition, il y a lieu à la prescription de cinq ans, dont le temps doit commencer à courir contre lesdits créanciers, du jour qu'ils ont eu ou pu avoir facilement cette connaissance. C'est le sens de ce qui est à la fin dudit article 429 ci-dessus rapporté.

Lorsque l'acquéreur d'un héritage est un donataire, à qui le donateur en a fait donation sous la rétention de l'usufruit; quoique le donateur ait en conséquence continué de demeurer dans l'héritage, si le donataire a fait insinuer sa donation, je pense que, en ce cas, le temps de la prescription du tènement de cinq ans doit commencer à courir du jour de l'insinuation, contre tous les créanciers qui ont des rentes ou hypothèques sur l'héritage; car l'insinuation des donations étant une voie légale, par laquelle les donations sont censées rendues publiques, lesdits créanciers sont censés avoir été, par l'insinuation, *dûment acertainés* de la donation, et ils sont par conséquent sujets à la prescription de cinq ans.

243. Les Coutumes ayant décidé que, lorsque celui, qui a aliéné l'héritage, a, depuis l'aliénation qu'il en a faite, continué de demeurer dans l'héritage à titre d'usufruitier ou fermier, la possession, que l'acquéreur a, dans ce cas, de l'héritage, n'est pas assez notoire pour le tènement de cinq ans : que doit-on décider, dans le cas inverse, lorsque c'est le fermier ou usufruitier de l'héritage, qui y demeurait en cette qualité, qui a fait l'acquisition de l'héritage? Dupineau estime que, quoique les Coutumes ne se soient pas expliquées sur ce cas, de même que

dans l'autre, il ne doit pas y avoir lieu à la prescription du ténement de cinq ans. Il y a une entière parité de raison entre ce cas et l'autre. La possession de l'acquéreur n'est pas plus notoire dans ce cas-ci que dans l'autre : car, de même que dans l'autre cas, les créanciers, qui voient celui qui a vendu ou aliéné à quelque autre titre l'héritage, continuer de demeurer dans l'héritage, ont sujet de croire qu'il continue d'en être propriétaire, et d'ignorer l'aliénation qu'il en a faite; pareillement, lorsque les créanciers voient l'acquéreur de l'héritage, qu'ils ont connu pour en être l'usufruitier ou le fermier, continuer de demeurer dans cet héritage, ils ont sujet de croire qu'il continue d'y demeurer dans la même qualité qu'il avait d'usufruitier ou de fermier, et d'ignorer l'acquisition qu'il en a faite. On doit donc, par parité de raison, décider, dans ce cas-ci comme dans l'autre, que la possession de l'acquéreur n'est pas assez notoire pour donner lieu à la prescription du ténement de cinq ans : *Ubi eadem ratio et æquitas occurrit, idem jus statuendum est.*

Dumoulin, dans une note sur l'article 429 ci-dessus rapporté, propose le cas d'un acquéreur, qui aurait commencé par se faire faire un bail à ferme d'un héritage, et qui deux jours après paraîtrait en avoir fait l'acquisition : il décide que, dans ce cas, ce bail à ferme n'empêche pas le temps du retrait de courir, et donne seulement lieu à la question, s'il y a eu fraude. Dupineau rejette avec raison cette opinion de Dumoulin. Il est visible que le bail à ferme n'est fait que pour cacher l'acquisition de l'héritage, et s'en faisant, par ce bail, regarder comme en étant le fermier; et quand il serait possible de ne pas supposer dans l'acquéreur la fraude et le dessein de cacher son acquisition, il suffit que, dans le fait, ce bail, qui le faisait regarder comme fermier, ait empêché l'acquisition d'être suffisamment notoire.

§ VI. De quand commence à courir la prescription du ténement de cinq ans; et quand elle est censée accomplie.

244. Le temps de la prescription du ténement de cinq ans, de même que celui des autres prescriptions, commence à courir du jour que l'acquéreur a été mis en possession de l'héritage, en exécution du contrat de vente qui lui en a été fait, ou de quelque autre espèce de titre d'acquisition.

245. Sauf néanmoins que, si le contrat de vente ou autre titre d'acquisition était fait sous quelque condition suspensive, l'acquéreur, quand même il aurait été mis en possession de l'héritage incontinent, et avant l'accomplissement de la condition, ne pourrait commencer le temps de la prescription que du jour de l'accomplissement de cette condition, par les raisons que nous en avons apportées *suprà*, *n.* 90.

Par la même raison, lorsque quelqu'un a vendu comme se faisant fort d'un tel, quoiqu'il ait mis l'acquéreur en possession incontinent, l'acquéreur ne peut commencer le temps de la prescription que du jour de la ratification, par les raisons que nous en avons apportées, *ibid., n.* 92.

Lorsque c'est une rente qui a été acquise, l'acquéreur étant censé en acquérir la possession par la signification qu'il a faite par un sergent, de son transport au débiteur de la rente, ou par l'acceptation que le débiteur en a faite par acte devant notaire; c'est du jour de cette signification, ou de cette acceptation, que commence à courir le temps de la prescription.

246. Pour accomplir le temps de la prescription du ténement de cinq ans, l'acquéreur peut ajouter au temps de sa possession celui de la possession de ses auteurs, qui ont comme lui possédé l'héritage, dans la juste opinion qu'il était franc des rentes et hypothèques dont il était chargé. *Voyez,* à cet égard, tout ce que nous avons dit *suprà*.

Le temps de cette prescription, de même que celui de toutes les autres qui font acquérir par la possession, est accompli, aussitôt que le dernier jour de la dernière année est commencé; *suprà, n.* 102.

### ARTICLE V.

*Quelle loi doit régler les prescriptions par lesquelles nous acquérons le domaine de propriété des choses, et l'affranchissement de leurs charges.*

247. Les lois, qui concernent les prescriptions par lesquelles nous acquérons la propriété des choses, étant des lois qui ont pour objet les choses, ces lois sont des statuts réels, lesquels, suivant la nature des statuts réels, exercent leur empire sur toutes les choses qui y sont sujettes, à l'égard de toutes sortes de personnes.

Toutes les choses, qui ont une situation, telles que sont tous les héritages, tant les maisons que les fonds de terre, sont soumises à l'empire de la loi du lieu où est leur situation.

Les droits réels, que nous avons dans un héritage, tels qu'un droit de rente foncière, un droit d'usufruit, etc., sont censés avoir la même situation que l'héritage, et sont pareillement soumis à l'empire de la loi du lieu où il est situé.

La loi, qui doit régler la prescription qui nous fait acquérir la propriété d'un héritage ou d'une rente foncière, doit donc être la loi du lieu où l'héritage est situé: il n'importe où soit le domicile, tant du possesseur qui acquiert, que du propriétaire qui est dépouillé par la prescription.

Par exemple, si j'ai possédé pendant dix ans, avec titre et bonne foi, votre héritage situé sous la Coutume de Blois, qui admet la prescription de dix ans entre présens, et de vingt ans entre absens; quoique nous demeurions l'un et l'autre sous celle d'Orléans, qui n'admet que celle de trente ans, je l'aurai acquis par la prescription de dix ans, à laquelle il est sujet par la loi du lieu de sa situation.

*Vice versâ,* si votre héritage, que je possède avec titre et bonne foi, est situé sous la Coutume d'Orléans; quoique nous demeurions l'un et l'autre sous la Coutume de Blois, qui admet la prescription de dix ans entre présens, je ne pourrai l'acquérir que par une possession de trente ans, la Coutume d'Orléans n'admettant d'autre prescription que celle de trente ans.

Si les terres dépendantes de votre héritage que j'ai possédé pendant dix ans, avec titre et bonne foi, étaient situées sous différentes Coutumes, les unes sous la Coutume de Blois, qui admet la prescription de dix ans, les autres sous celle d'Orléans, qui n'admet que celle de trente ans, j'aurai acquis, par la prescription de dix ans, les terres situées sous la Coutume de Blois, et vous conserverez celles situées sous la Coutume d'Orléans. Ces terres, quoiqu'elles composassent par la destination du père de famille un même héritage, sont néanmoins différentes les unes des autres; elles ont chacune leur situation différente; elles sont par conséquent soumises chacune aux différentes lois de leur différente situation, et rien n'empêche que vous ne puissiez être dépouillé, par la prescription de dix ans, des terres de cet héritage qui sont situées sous la Coutume de Blois, et conserver celles qui sont sous la Coutume d'Orléans, de même que vous auriez pu disposer, par vente ou par donation, des unes, en conservant les autres.

248. Les rentes foncières étant censées avoir la même situation que l'héritage; si une rente foncière est à prendre sur un héritage, dont les terres, qui en dépendent, sont situées sous différentes Coutumes, la rente foncière sera censée avoir sa situation, pour raison des différentes parties de l'héritage sur lesquelles elle est à prendre, sous les différentes Coutumes sous lesquelles les différentes parties dudit héritage sont situées, et en conséquence cette rente sera soumise à l'empire de ces différentes Coutumes, pour raison des différentes parties de l'héritage sur lesquelles elle est à prendre. Par exemple, si quelqu'un demeurant en même province que vous, possède, avec titre et bonne foi, une rente foncière à vous appartenante, laquelle rente foncière est à prendre sur un héritage, dont le tiers des terres est situé sous la Coutume de Blois, et les deux autres tiers sous celle d'Orléans; lorsque ce possesseur aura possédé votre rente pendant dix ans, il deviendra propriétaire de votre rente fon-

cière sur les terres sur lesquelles elle est à prendre, qui sont situées sous la Coutume de Blois, qui admet la prescription de dix ans, et vous continuerez d'être propriétaire de la rente sur les terres sur lesquelles elle est à prendre, qui sont situées sous la Coutume d'Orléans, qui n'admet point d'autre prescription que celle de trente ans.

Mais comme deux personnes ne peuvent pas être propriétaires chacune pour le total d'une même chose, *Duo non possunt esse domini in solidum*, le domaine de cette rente se divisera nécessairement entre ce possesseur et vous, à proportion de la partie de l'héritage, sur laquelle il a acquis la rente, et de la partie de l'héritage, sur laquelle vous l'avez conservé; c'est-à-dire que, dans notre hypothèse, il sera propriétaire de la rente pour un tiers, et vous demeurerez propriétaire pour les deux tiers.

Au moyen de cette division de la rente, les différentes parties de l'héritage, qui, avant la division, étaient chargées, chacune pour le total, de la rente envers vous, sont déchargées de cette solidité; les parties situées sous la Coutume de Blois ne seront plus chargées que du tiers de la rente, et les autres ne seront plus chargées que des deux tiers.

Cette division a lieu, lorsque le possesseur de la rente, après l'avoir acquise pour partie par la prescription, savoir pour la partie des terres situées sous la Coutume de Blois, a été évincé depuis par vous du surplus de ladite rente sur les terres situées sous la Coutume d'Orléans, qui y sont sujettes.

Mais lorsque le possesseur, qui, ayant possédé la rente pendant trente ans entiers, a acquis la rente sur toutes les parties de l'héritage qui en est chargé, tant sur celles situées sous la Coutume d'Orléans, que sur celles situées sous la Coutume de Blois sujettes à la rente, et le possesseur des terres situées sous celle d'Orléans, sont des personnes différentes; pourront-elles, pour se défendre de la solidité de la rente, opposer au propriétaire de la rente, que celui, de qui il l'a acquise, n'en était pas le propriétaire, et n'a pu par conséquent lui en transférer la propriété; qu'il n'en est devenu propriétaire que par la prescription; que ne l'étant devenu que successivement et par parties, il s'était fait une division de la rente, lorsqu'il était devenu propriétaire de la rente sur les terres situées sous la Coutume de Blois, avant que de l'être devenu sur celles situées sous la Coutume d'Orléans, laquelle division en avait détruit la solidité? Je ne pense pas que les débiteurs de la rente soient recevables dans ce moyen. Le possesseur d'une chose en est présumé de droit le propriétaire, tant que le véritable propriétaire ne la réclame pas, et ne justifie pas de son droit; c'est pourquoi le possesseur de cette rente est présumé en avoir été le propriétaire pour le total, dès qu'il a commencé de la posséder. C'est de là part du débiteur de la rente exciper du droit d'autrui, que d'opposer que la rente appartenait à un autre sur qui le possesseur l'a acquise par la prescription ; or personne n'est recevable à exciper du droit d'autrui.

249. Il n'en est pas d'un droit de seigneurie, de fief ou de censive, comme d'un simple droit de rente foncière. Quoique les seigneuries consistent dans un domaine de supériorité, qui est aussi un droit réel que le seigneur a dans les héritages qui relèvent de lui en fief ou en censive, néanmoins comme le seigneur en ce droit de seigneurie sur les héritages, lors de l'aliénation qu'il en a faite à titre de fief ou de censive, a attaché ce droit de seigneurie à une certaine tour, à un certain château qui est le chef-lieu de sa seigneurie et le lieu où elle s'exerce ; comme c'est de cette tour, de ce château, que tous les héritages dépendans de la seigneurie sont dits être mouvans en fief ou en censive ; il y a lieu de penser que cette seigneurie doit être censée avoir sa situation dans le lieu où est situé le chef-lieu auquel elle est attachée, plutôt que dans les différens lieux où sont situés les héritages sur lesquels elle s'étend : en conséquence, elle doit être soumise à l'empire de la loi du lieu où est situé le chef-lieu, et c'est cette loi qui doit régler la prescription qui l'a fait acquérir au possesseur. Par exemple, si quelqu'un demeurant en même province que vous, avait possédé, avec titre et bonne foi, pendant dix ans une seigneurie, dont le chef-lieu est situé sous la Coutume de Blois, qui admet la prescription de dix ans, il aurait acquis cette seigneurie par la prescription, même sur les héritages relevans en fief ou en censive de votre seigneurie, quoique situés sous la Coutume d'Orléans, qui n'admet que la prescription de trente ans : et *vice versâ*, si le chef-lieu est situé sous la Coutume d'Orléans, il ne pourra acquérir votre seigneurie que par la prescription de trente ans, même sur les héritages qui en relèvent, quoique situés sous la Coutume de Blois.

On nous opposera peut-être ce que nous avons dit, que le droit de rente foncière à prendre sur des héritages, dont les différentes parties sont situées sous différentes Coutumes, est censé avoir sa situation, par rapport à ces différentes parties, sous les différentes Coutumes sous lesquelles ces différentes parties d'héritages sont situées, parce que le droit de rente foncière étant un droit réel, que le créancier de rente foncière a dans les différentes parties d'héritages qui sont sujettes à sa rente, il est censé avoir la même situation qu'ont ces différentes parties d'héritages. Or, dit-on, le droit de seigneurie est pareillement un droit réel, un droit de domaine de supériorité, que le seigneur a dans les différens héritages qui relèvent, soit en fief, soit en censive, de sa seigneurie ; ce droit de seigneurie doit donc pareillement être censé avoir sa situation, par rapport à ces différens héritages, dans les différens lieux où ils sont situés. Je réponds que la raison de différence est, que les héritages, chargés d'une simple rente foncière, n'en étant chargés qu'envers la personne à laquelle la rente est due, et n'y ayant aucun lieu auquel ce droit de rente foncière soit attaché, et duquel les héritages, qui sont chargés de la rente, soient mouvans, le droit de rente ne peut avoir d'autre situation que celle qu'ont les héritages sur lesquels elle est à prendre : au contraire, un droit de seigneurie étant attaché à un chef-lieu, duquel les héritages relevans de la seigneurie sont mouvans, c'est où est situé le chef-lieu, que le droit de seigneurie, qui y est attaché, doit être censé avoir sa situation, plutôt que dans les différens lieux où les héritages relevans de cette seigneurie sont situés.

On opposera peut-être encore que ce sont les lois des différens lieux, où sont situés les héritages relevans d'une seigneurie, qui règlent les différens droits seigneuriaux dont ils sont chargés, et non la loi du lieu où le chef-lieu de la seigneurie est situé. Donc, dira-t-on, ce sont pareillement les lois des lieux, où sont situés les héritages relevans d'une seigneurie, qui doivent régler la prescription de cette seigneurie. La conséquence est très-mal tirée. Les droits seigneuriaux sont des charges, que la loi a imposées sur les héritages qui relèvent en fief ou en censive : il n'y a que la loi, à l'empire de laquelle ils sont soumis, je veux dire celle du lieu où ils sont situés, qui ait pu leur imposer ces charges : il n'y a donc que cette loi, qui puisse régler ces charges, non pas celles du lieu où est situé le chef-lieu de la seigneurie. Mais la prescription, qui fait acquérir la propriété de la seigneurie au possesseur de cette seigneurie, est quelque chose qui n'influe en rien sur les héritages qui relèvent de cette seigneurie. La condition des propriétaires de ces héritages ne change point par la prescription, qui fait passer la propriété de la seigneurie au possesseur ; ce ne sont donc pas les lois, qui régissent les héritages relevans de la seigneurie, mais plutôt la loi du lieu, qui régit le chef-lieu auquel est attaché le droit de seigneurie, qui en doit régler la prescription.

Il n'importe quel soit ce chef-lieu, ne fût-ce qu'une masure, ne fût-ce qu'un orme, sous lequel le seigneur reçoit les hommages de ses vassaux, et les cens de ses censitaires : cette masure, cet orme est le chef-lieu de la seigneurie, auquel le droit de seigneurie est attaché, et c'est la loi du lieu où il est situé, qui en doit régler la prescription.

250. A l'égard des seigneuries, qui n'auraient point de chef-lieu, elles ne peuvent, de même que les droits de rentes foncières, être censées avoir d'autre situation que celle des différens lieux où sont situés les différens héritages, dans lesquels le

seigneur a le droit de domaine de supériorité qui constitue sa seigneurie.

251. Passons aux choses qui n'ont point de situation, telles que sont les rentes constituées et les meubles. Ces choses sont régies par la loi, qui régit la personne de celui qui en est le propriétaire, c'est-à-dire par la loi du lieu où est son domicile : c'est donc la loi de ce lieu qui en doit régler la prescription ; et le propriétaire ne peut être dépouillé des choses qui lui appartiennent, que par une loi à l'empire de laquelle il soit soumis.

252. Lorsque, pendant le cours de la prescription de ces choses, qui se règle par la loi du lieu du domicile de celui qui en est le propriétaire, ce propriétaire vient à changer de domicile, comment doit-on régler le temps qui doit rester à courir pour parachever la prescription? Je pense que le possesseur doit, en ce cas, pour parachever le temps de la prespription, posséder la chose pendant une portion du temps que la loi du nouveau domicile du propriétaire demande pour la prescription ; et cette portion doit être pareille à la portion, qui restait à courir lors du changement de domicile, du temps que la loi de l'ancien domicile demande pour la prescription. Par exemple, si, après que quelqu'un demeurant comme vous dans le bailliage de Blois, a possédé pendant huit ans, avec titre et bonne foi, une rente constituée dont vous êtes le propriétaire, vous avez transféré votre domicile à Orléans, ne restant plus à courir, lors de votre changement de domicile, que deux ans, qui est la portion du temps de dix ans, que la Coutume de votre ancien domicile demande pour la prescription, il faudra que, depuis votre translation de domicile à Orléans, le possesseur de votre rente la possède encore pendant le temps de six ans, qui est la cinquième partie de celui de trente ans, que la Coutume de votre nouveau domicile demande pour la prescription. *Vice versâ*, si vous aviez votre domicile à Orléans, et que, après que quelqu'un a possédé pendant vingt-quatre ans, avec titre et bonne foi, une rente constituée qui vous appartient, vous transfériez votre domicile à Blois, où est celui du possesseur de votre rente, ne restant plus, lors de votre translation de domicile, du temps de trente ans, que la Coutume de votre ancien domicile demande pour la prescription, que celui de six ans, qui en est la cinquième portion, il suffira, pour parachever le temps de la prescription, que le possesseur de votre rente la possède encore, depuis votre translation de domicile, pendant le temps de deux ans, qui est la cinquième portion de celui de dix ans, que la Coutume de votre nouveau domicile demande pour la prescription.

253. De même que la prescription, qui nous fait acquérir le domaine de propriété des choses, se règle par la loi qui régit

lesdites choses, pareillement la prescription, qui nous fait acquérir l'affranchissement des droits réels, que quelqu'un a sur notre héritage, doit se régler par la loi qui les régit; ces droits réels étant censés avoir la même situation que celle de notre héritage sur lequel ils sont à prendre et qui en est chargé, ils sont régis par la loi du lieu où est situé notre héritage; et c'est la loi de ce lieu qui doit régler la prescription qui en fait acquérir l'affranchissement. Par exemple, si un Orléanais, propriétaire d'un héritage situé sous la Coutume de Paris, l'a possédé pendant dix ans, sans avoir connaissance d'une rente foncière, dont ledit héritage était chargé envers un autre Orléanais, il aura acquis pour son héritage, par la prescription, l'affranchissement de cette rente; car quoique le propriétaire de cette rente eût son domicile sous la Coutume d'Orléans, qui n'admet pas cette prescription de dix ans, néanmoins étant soumis, par rapport à ses biens, aux lois qui les régissent, qui sont celles des lieux où ils sont situés ou censés situés, il est, par rapport à la rente foncière qu'il avait sur mon héritage situé sous la Coutume de Paris, soumis à cette Coutume, qui régit la rente foncière qui y est censée située, et il en a été dépouillé par cette Coutume, qui admet la prescription de dix ans.

254. Il y a plus de difficulté, par rapport à l'affranchissement de l'hypothèque, que le créancier d'une rente constituée à prix d'argent a pour sa rente sur un héritage. Est-ce la Coutume qui régit l'héritage chargé de cette hypothèque, qui est celle du lieu de sa situation; ou est-ce celle, qui régit la rente, c'est-à-dire celle du lieu où est le domicile du créancier, qui doit régler la prescription qui fait acquérir au propriétaire l'affranchissement de l'hypothèque? Pour résoudre cette question, il faut examiner quelle est la chose qui est l'objet de cette prescription. Ce n'est pas la rente elle-même qui est l'objet de cette prescription; le créancier de la rente ne perd, par cette prescription, que l'hypothèque qu'il a pour sa rente sur l'héritage; mais cette prescription ne lui fait pas perdre sa rente : ce n'est donc pas la rente, c'est l'hypothèque, que le créancier a pour sa rente sur l'héritage, qui fait l'objet de la prescription; et par conséquent ce n'est pas la loi qui régit sa rente, mais celle, qui régit l'hypothèque que le créancier a sur l'héritage, qui doit régler cette prescription. On dira peut-être que, les hypothèques n'étant que des accessoires de la rente, c'est la loi, qui régit la rente, c'est-à-dire celle du lieu du domicile du créancier, qui doit être censée régir les hypothèques qui n'en sont que les accessoires; que c'est donc la loi du lieu du domicile du créancier, qui doit régler cette prescription, et non celle du lieu où est situé l'héritage hypothéqué à la rente.

Je réponds que, dans les cas auxquels les droits d'hypothèques, qui sont les accessoires d'une rente, ne sont point considérés séparément de la rente, mais comme faisant un même tout avec la rente, la loi, qui régit la rente, est censée régir tout ce qui en dépend, et par conséquent les droits d'hypothèques qui en font les accessoires. Par exemple, dans le cas d'une succession, la loi, qui régit la rente, est censée régir pareillement tous les droits d'hypothèques qui en sont les accessoires, et elle transmet la rente avec tous les droits d'hypothèques qui en dépendent, à celui qu'elle appelle à la succession de cette rente, en quelque lieu que soient situés les héritages qui y sont hypothéqués.

Mais lorsqu'un droit d'hypothèque, que le créancier d'une rente a pour cette rente sur quelque héritage, est considéré séparément de la rente, comme dans le cas de cette prescription, dont l'objet est de séparer de la rente le droit d'hypothèque que le créancier a sur un héritage pour sa rente, d'éteindre ce droit d'hypothèque en laissant subsister la rente; en ce cas, ce n'est pas la loi, qui régit la rente, qui doit régir le droit d'hypothèque que le créancier a sur un héritage pour cette rente : ce droit doit être régi par une loi qui lui soit propre; c'est la loi du lieu où est situé l'héritage, la loi qui régit l'héritage auquel le droit d'hypothèque est attaché.

Il en est de même de tous les autres droits d'hypothèques, que des créanciers auraient sur mon héritage pour des créances mobilières, ou pour quelques autres espèces de créances que ce soit. Ce n'est pas la loi, qui régit leurs créances, mais celle, qui régit mon héritage, auquel leurs droits d'hypothèque sont attachés, qui doit régler la prescription qui m'en fait acquérir l'affranchissement.

## ARTICLE VI.

### *De quelques espèces de prescriptions qui ont lieu dans quelques Coutumes particulières.*

#### § I. Des prescriptions de sept ans, qui ont lieu dans la Coutume de Bayonne.

255. La Coutume de Bayonne, au titre 13, *des Prescriptions*, art. 1, établit une prescription de sept ans, par laquelle celui, qui a possédé pendant ce temps un héritage ou autre immeuble, en acquiert le domaine de propriété, lorsque celui, de qui il l'a acquis, n'en était pas le propriétaire, et par laquelle celui, qui a possédé pendant ledit temps, acquiert l'affranchissement des hypothèques et autres charges réelles dont son héritage était chargé, et dont il n'a pas eu de connaissance.

Voici comme elle s'en explique : « Celui qui, comme vrai sei-
» gneur, a tenu et possédé aucune chose immeuble présent, sa-
» chant et non contredisant celui à qui la chose est obligée;
» qui est majeur de vingt-cinq ans, qui jouit par ledit temps,
» a prescrit la chose, tant contre le seigneur que contre le cré-
» diteur. »

Cette prescription paraît être la même espèce de prescription, que celle de dix ans entre présens, qui a été établie par le droit romain, et adoptée dans la plupart des Coutumes, et dont nous avons traité *suprà ;* sauf que cette Coutume en a fixé le temps à sept ans, au lieu de dix.

256. Cette prescription, de même que celle de dix ans entre présens, demande que le possesseur ait possédé avec titre et bonne foi. Cette Coutume le fait assez entendre par ces termes, *qui comme* VRAI seigneur a joui et possédé, etc. Posséder un héritage comme vrai seigneur, c'est posséder un héritage dont on est propriétaire, ou dont on a au moins un juste sujet de croire l'être; ce qui ne peut convenir qu'à celui qui produit un juste titre d'où sa possession procède, ou dont la possession a duré pendant un temps assez long pour le faire présumer.

257. La Coutume, par ces termes, *sachant et non contredisant*, ne veut dire autre chose que ce que les autres Coutumes disent, en parlant de la possession de dix ans, que le possesseur doit avoir possédé publiquement.

258. Enfin, par ces derniers termes, *a prescrit la chose, tant contre le seigneur que contre le créditeur*, la Coutume déclare le double effet, qu'a cette prescription, de même que celle de dix ans, savoir de faire acquérir au possesseur le domaine de propriété de l'héritage, et d'en dépouiller l'ancien propriétaire; comme aussi de faire acquérir au possesseur l'affranchissement des hypothèques et autres droits réels, que des créanciers auraient eus sur son héritage, dont il n'avait pas de connaissance.

Tout ce que nous avons dit *suprà*, de la prescription de dix ans entre présens avec titre et bonne foi, reçoit donc une application à cette prescription.

259. De ce que la Coutume de Bayonne a restreint à sept ans le temps de la prescription de dix ans, qui a lieu, avec titre et bonne foi, entre présens, il ne faut pas en conclure que, suivant la même proportion, la prescription de vingt ans avec titre et bonne foi, qui a lieu contre les absens, doive pareillement être réduite à quatorze ans. La raison est, que les prescriptions, qui tendent à dépouiller des propriétaires et des créanciers de leurs droits, étant d'un droit très-étroit, elles ne peuvent s'établir que par une loi expresse, et non par de simples conséquences. La Coutume ayant donc établi une prescription de sept ans à la place de celle de dix ans qui a lieu de droit com-

mun entre présens, mais ne s'étant point expliquée sur celle qui doit avoir lieu entre absens, elle doit être censée n'avoir rien innové à cet égard.

260. La Coutume de Bayonne établit une autre espèce de prescription septénaire, en l'article 5 du même titre, qui est conçu en ces termes : « Si aucun habitant de ladite ville et cité (de » Bayonne), qui a bâti, planté vigne ou verger, ou autrement » peuplé au fonds d'autrui majeur de vingt-cinq ans, présent, » sachant le seigneur du fonds et non contredisant, tient et pos- » sède la chose bâtie ou autrement peuplée par l'espace de sept » ans continuels et consécutifs, sans être inquiété en jugement » par le seigneur de fonds, ne peut après ledit temps être inquiété » obstant exception de prescription. »

Le cas de la prescription établie par cet article 5, est différent de l'article 1. Le cas de l'article 1, est le cas d'un possesseur, qui a possédé pendant sept ans un héritage en vertu d'un juste titre, comme d'une vente ou donation qui lui en avait été faite par quelqu'un qu'il croyait en être le propriétaire, quoiqu'il ne le fût pas. Le cas de l'article 5 est celui d'un possesseur, qui ne possède point en vertu d'un juste titre, mais qui, trouvant un terrain qu'on ne cultivait point, et dont on ne faisait aucun usage, s'en est emparé, et y a construit des édifices ou fait des plantations : la Coutume présume, en ce cas, que le propriétaire de l'héritage, majeur et présent, qui a laissé ce possesseur bâtir ou planter sur son héritage, et le lui a laissé posséder pendant sept ans, lui a bien voulu concéder ce terrain.

Cet article porte, *les habitans de ladite ville*. Il paraît par ces termes, que cette espèce de prescription est un privilége accordé aux bourgeois de Bayonne, et qu'il n'y a qu'eux qui soient reçus à opposer cette prescription pour les terrains où ils ont bâti ou planté.

261. Cette prescription a pour fin d'encourager les bourgeois de Bayonne à rendre utiles les terrains incultes, en y construisant des bâtimens, ou en y faisant des plantations. Comme c'est en considération des bâtimens qu'on y construit, ou des plantations qu'on y fait, que la Coutume accorde cette prescription ; lorsqu'un bourgeois de Bayonne s'est mis sans titre en possession d'un terrain, ce n'est que depuis qu'il y a bâti ou qu'il y a fait faire des plantations, que le temps de cette prescription doit commencer à courir. C'est ce qui résulte de ces termes, *tient et possède la chose bâtie ou autrement plantée par l'espace de sept ans*. Ce n'est donc que la possession d'une chose *bâtie* ou *plantée* qui donne lieu à cette prescription ; le temps ne peut donc commencer à courir, que du jour que le terrain, qui fait l'objet de cette prescription, a été bâti ou planté.

262. Est-ce du jour, que le possesseur a commencé le bâti-

ment, que commence à courir le temps de la prescription y on seulement du jour que le bâtiment a été parachevé? Je penserais que le temps de la prescription ne doit commencer à courir que du jour que le bâtiment a acquis la forme de bâtiment, et est parvenu à avoir toutes les parties essentielles pour composer un bâtiment, c'est-à-dire qu'on a achevé la couverture; car, jusqu'à ce temps, le terrain est bien un terrain sur lequel on a bâti, mais ce n'est pas encore une chose bâtie. Or, la Coutume demande, pour la prescription, qu'on ait possédé *la chose bâtie* pendant sept ans.

Au reste, je pense que, aussitôt que le bâtiment a acquis la forme de bâtiment, le temps de la prescription doit commencer à courir, quoiqu'on n'ait pas fait dans le dedans ce qu'on se propose d'y faire.

### § II. De la prescription de vingt ans, sans titre, qui a lieu dans quelques Coutumes.

263. Par le droit commun, le possesseur, qui ne peut produire le titre, en vertu duquel il possède quelque héritage ou autre immeuble, ne peut en acquérir la propriété, ni l'affranchissement des droits réels et hypothèques dont il est chargé, que par la prescription de trente ans, dont nous avons traité *suprà*, *art.* 1.

La Coutume de Ponthieu et celle de Boulonnais ont abrégé le temps de la prescription de trente ans, et l'ont réduit à vingt ans, soit que la prescription coure contre des présens, soit qu'elle coure contre des absens.

La Coutume de Ponthieu, *art.* 116, dit: *Quiconque jouit et possède aucune chose.... à titre ou sans titre.... par vingt ans.... entre gens laïques et non privilégiés, présens ou absens, tel possesseur acquiert droit en la chose.... nul n'est recevable.... à lui demander aucune chose de ce dont il est demeuré paisible pendant le temps dessus dit.*

Celle de Boulonnais, *art.* 121, dit pareillement que celui, qui possède chose *mobile ou immobile, à titre ou sans titre, entre présens ou absens, le temps et espace de vingt ans, acquiert, etc.* Elle ajoute que *celui, qui voudra s'aider de ladite prescription de vingt ans, sera tenu alléguer titre suffisant.... sans toutefois qu'il soit tenu le vérifier.*

La Coutume d'Artois, *art.* 72, a aussi réduit à vingt ans, avec titre ou sans titre, la prescription de trente ans, avec cette différence, que c'est seulement dans le cas auquel la prescription court entre présens; elle a conservé la prescription de trente ans, lorsqu'elle court entre absens.

Les Coutumes de Cambrai, de Saint-Paul, et de Valencienges, ont aussi admis la prescription de vingt ans sans titre, entre présens seulement.

Tout ce que nous avons dit *suprà*, *art.* 1, de la prescription de trente ans, reçoit une entière application à la prescription de vingt ans, qui est de même nature que celle de trente ans.

### § III. De la prescription de quarante et un ans, qui a lieu au pays de Sole.

264. La Coutume de la vicomté de Sole a établi une prescription de quarante et un ans, par laquelle celui, qui a possédé un héritage pendant ce temps, soit avec titre ou sans titre, en acquiert la propriété, et l'affranchissement de tous les droits réels dont il est chargé : elle rejette expressément toute prescription d'un temps moindre, à l'égard des fonds de terre.

Cette prescription, au temps près, est de même nature que celle de trente.

## ARTICLE VII.

## *De quelques prescriptions particulières, pour l'acquisition de certains droits.*

### § I. De la prescription par laquelle un seigneur prescrit, contre un autre seigneur, le domaine de supériorité sur des héritages.

265. Le droit de domaine de supériorité, tel que l'ont les seigneurs de fief, de censive, de champart seigneurial, ou de rente seigneuriale, est imprescriptible, en ce sens que les propriétaires des héritages, qui y sont sujets, ne peuvent en acquérir l'affranchissement par aucune prescription, par quelque long temps qu'ils possèdent leurs héritages sans reconnaître le droit de seigneurie auquel ils sont sujets.

Mais si le domaine de supériorité est imprescriptible *extinctivè*, en ce sens qu'il ne peut s'éteindre par la prescription, il est prescriptible *translativè*, en telle sorte qu'il peut passer, par la prescription, à un autre seigneur.

La Coutume de Paris, en l'article 123, établit cette prescription. L'article est conçu en ces termes : « Cens portant directe » est prescriptible par seigneur contre seigneur, et se peut pres- » crire par trente ans contre âgés et non privilégiés, et par qua- » rante ans contre l'église, s'il n'y a titre ou reconnaissance du- » dit cens, ou que le détenteur ait acquis l'héritage à la charge » dudit cens. »

Cet article est dans l'espèce d'un seigneur, qui, pendant l'espace de trente ans, s'est fait reconnaître pour seigneur par les propriétaires ou possesseurs d'un héritage qui ne relevait point de sa seigneurie, mais de celle d'un autre seigneur, qui, de son côté, ne s'est point fait reconnaître par les propriétaires ou possesseurs dudit héritage.

266. Pour que les reconnaissances censuelles, qu'on a passées à celui qui n'était pas le véritable seigneur, établissent une quasi-possession trentenaire du domaine de supériorité de l'héritage, par laquelle il le puisse acquérir par droit de prescription, il faut qu'il y ait au moins deux reconnaissances qui lui aient été passées par acte devant notaires, et qu'il y ait un intervalle au moins de trente ans entre la première et la dernière.

Si celui, qui prétend avoir une possession trentenaire d'un droit de seigneurie censuelle sur un héritage, ne rapporte point de reconnaissances censuelles pour l'établir, mais rapporte tous les cueillerets ou papiers de recette qu'il a tenus tous les ans des cens qui lui ont été payés, dans tous lesquels il est dit que le cens a été payé pour ledit héritage; ces papiers de cueillerets n'étant que des écritures privées, ne peuvent pas faire une foi suffisante contre des tiers, de ce qu'ils contiennent, comme nous l'avons établi en notre Traité des Obligations, *part.* 4, *n.* 752. Ils ne peuvent donc établir la prestation du cens, ni par conséquent la possession prétendue du droit de seigneurie censuelle.

267. Pour cette prescription, de même que pour la prescription trentenaire ordinaire, il n'est pas nécessaire que celui, qui s'est fait, pendant trente ans, reconnaître pour seigneur d'un héritage qui relevait d'un autre seigneur, produise un titre d'où sa possession procède, ou qu'il justifie de sa bonne foi; elle est présumée, tant qu'on ne justifie pas du contraire, c'est-à-dire, tant qu'on ne justifie pas qu'il avait connaissance que l'héritage, pour lequel il s'est fait reconnaître, relevait d'un autre seigneur.

268. Mais pour que celui, à qui on a passé des reconnaissances censuelles, ou payé des cens pour un héritage, soit censé avoir possédé la seigneurie directe de cet héritage, il faut que les propriétaires ou possesseurs de cet héritage, qui les lui ont passées, n'aient pas aussi reconnu le véritable seigneur, soit par une reconnaissance formelle, soit en acquérant à la charge du cens envers lui; car tant que le véritable seigneur est reconnu, celui, qui se fait reconnaître pour seigneur, ne peut pas avoir, par les reconnaissances qu'on lui passe, une possession véritable et paisible de la seigneurie directe de l'héritage.

Cette possession ne peut commencer que par la première reconnaissance, que lui aura passée le propriétaire ou possesseur de l'héritage, qui n'aura reconnu ni avant ni depuis le véritable seigneur; et elle continuera par les reconnaissances, que lui passeront les successeurs de ces propriétaires, qui n'auront pareillement reconnu ni le véritable seigneur, ni aucun autre.

C'est le véritable sens de ce qui est dit à la fin de l'article ci-dessus, *s'il n'y a titre ou reconnaissance dudit cens, ou que le détenteur ait acquis à la charge dudit cens* : c'est-à-dire que le tiers, qui prétend avoir acquis, par droit de prescription, la seigneurie censuelle d'un héritage, par la possession qu'il prétend en avoir eue pendant trente ans, par la prestation qui lui a été faite du cens pendant ledit temps, et par les reconnaissances qui lui ont été passées par les propriétaires et possesseurs de l'héritage, n'est fondé dans sa prétention qu'en tant que le véritable seigneur, contre lequel il prétend avoir prescrit, ne peut justifier avoir lui-même, de son côté, pendant ledit temps, exercé sa seigneurie, par le rapport de quelque titre, comme d'une saisie censuelle; ou en avoir été reconnu pendant ce temps, par le rapport des reconnaissances que lui en ont passées les propriétaires ou les possesseurs de l'héritage, ou de l'acquisition qu'ils ont faite dudit héritage, à la charge du cens envers lui.

Quelques commentateurs de la Coutume de Paris ont donné d'autres interprétations de la fin de cet article, que j'ai cru inutiles de rapporter. *Voyez Lemaître, en son Commentaire sur ce même article.*

Au reste, si, suivant ce qui est porté par la fin de cet article, celui, qui allègue la prescription, ne peut la fonder sur les reconnaissances qui lui ont été passées par les propriétaires ou possesseurs de l'héritage, qui en ont pareillement passé au véritable seigneur, ou qui ont acquis à la charge du cens envers lui, ce n'est point par la raison que Lemaître et Laurière en donnent, qui est, qu'on doit présumer, en ce cas, de la mauvaise foi et de la collusion. Il n'est point nécessaire de présumer cela : c'est par la seule raison que nous avons donnée, qui est, qu'il ne peut y avoir eu une possession véritable et paisible de la seigneurie directe de l'héritage, pendant que le véritable seigneur en était pareillement reconnu.

Laurière prétend que le tiers, qui prétend avoir acquis, par prescription, la seigneurie directe d'un héritage, ne peut la fonder non-seulement sur les reconnaissances, qui lui ont été passées par les propriétaires de l'héritage qui ont reconnu le véritable seigneur, ou qui ont acquis à la charge du cens envers lui, mais même sur les reconnaissances, qui lui auraient été passées par les héritiers de ces propriétaires, parce qu'ils les ont passées, dit-il, contre leur titre. Je ne crois pas cette raison valable. Quand même ces héritiers lui auraient passé, de mauvaise foi, ces reconnaissances, il suffit qu'il ait été de bonne foi en les recevant, et que le véritable seigneur n'ait point été reconnu, pour qu'il soit censé avoir eu, par ces reconnaissances, la possession de la seigneurie directe, et pour qu'il puisse l'acquérir par prescription.

269. Quoique cet article 123 de la Coutume de Paris soit dans

l'espèce de deux seigneurs de censive, sa disposition a pareillement lieu à l'égard de deux seigneurs de fiefs : l'un d'eux peut pareillement acquérir, par prescription, la seigneurie directe sur un héritage qui relève en fief d'un autre seigneur, en se faisant passer, pendant trente ans, des aveux par les propriétaires et possesseurs desdits héritages ; pourvu que lesdits propriétaires n'aient pas reconnu aussi leur véritable seigneur, ou n'aient pas acquis à la charge des droits seigneuriaux envers lui.

270. La Coutume de Berri et celle de Nivernais veulent que, pour que le seigneur, qui allègue la prescription, puisse établir la possession trentenaire, qu'il prétend avoir eue de la seigneurie directe du fief servant, il faut qu'il y ait eu au moins deux ouvertures de fief, et qu'il ait fait des saisies féodales dûment notifiées au fief servant. Dans les Coutumes, qui ne s'en sont pas expliquées, il n'est pas nécessaire de rapporter des saisies féodales. Le seigneur, qui prescrit, établit suffisamment sa possession trentenaire par des aveux qui lui ont été passés par les propriétaires et possesseurs de l'héritage, pourvu qu'il y en ait au moins deux, et qu'il se soit écoulé un temps de trente ans, ou plus, depuis le premier aveu jusqu'au dernier; comme aussi pourvu que ceux, qui les lui ont passés, n'aient pas pareillement reconnu leur véritable seigneur, comme nous l'avons dit.

271. Un seigneur, pour acquérir par prescription le droit de seigneurie directe sur un héritage qui relevait d'un autre seigneur, devant avoir eu, pendant trente ans, par les aveux ou reconnaissances que lui ont passés les propriétaires de cet héritage, une possession de ce droit de seigneurie directe, qui n'ait point été contredite pendant tout ce temps, par des actes contraires, de la part du véritable seigneur; il s'ensuit que si, pendant ce temps, le véritable seigneur, qui relève de l'héritage, a passé à son seigneur un aveu, dans lequel il ait compris cet héritage comme relevant de sa seigneurie, pour laquelle il porte la foi à ce seigneur; cet aveu étant un acte, qui contredit les aveux et reconnaissances passés par les propriétaires de l'héritage au seigneur qui allègue la prescription, la possession, qu'il prétend de la seigneurie directe de l'héritage par ces aveux et reconnaissances, n'est point une possession, qui ait été sans contradiction pendant le temps qu'elle a duré, ni par conséquent une possession, qui ait été capable de faire acquérir par droit de prescription la seigneurie directe sur cet héritage.

272. Observez, à l'égard de l'effet de la prescription, qui fait acquérir la seigneurie directe d'un héritage à un seigneur contre un autre seigneur, que cet effet n'est pas de transférer le même droit de seigneurie directe qu'avait le seigneur contre qui la prescription est acquise, de sa personne en celle du seigneur qui a prescrit, mais de créer et de former, par la possession trentenaire,

un nouveau droit de seigneurie directe de l'héritage, au profit du seigneur qui a prescrit, tel et de la nature qu'il a été reconnu pendant ce temps, par les aveux ou reconnaissances passés pendant ledit temps par les propriétaires de l'héritage; lequel nouveau droit de seigneurie directe de l'héritage, acquis par la prescription au seigneur qui a prescrit, prévaut, et détruit l'ancien droit de seigneurie directe, qu'avait l'ancien seigneur contre qui la prescription a été acquise; la seigneurie directe ou domaine de supériorité d'un même héritage ne pouvant pas être pardevers deux différens seigneurs, de même que deux différentes personnes ne peuvent avoir chacune pour le total le domaine de propriété d'une même chose : *Duo non possunt esse domini in solidum.*

273. Le nouveau droit de seigneurie directe de cet héritage, qui est acquis au seigneur qui a prescrit, est uni et incorporé à sa seigneurie, de laquelle les propriétaires de l'héritage ont reconnu qu'il relevait; il en devient une partie intégrante, et il relève, comme la seigneurie à laquelle il est uni, du seigneur de qui relève cette seigneurie, et non de celui duquel relevait l'ancien droit de seigneurie directe, qui a été éteint par la prescription.

Par exemple, si les propriétaires de l'héritage Z, qui relevait en fief du seigneur de Villepion, vassal du chapitre de Sainte-Croix d'Orléans, ont reconnu en fief, pendant le temps requis pour la prescription, le seigneur de Montpipeau, vassal de l'évêché d'Orléans; la seigneurie directe, que le seigneur de Montpipeau a acquise par la prescription sur l'héritage Z, et qui a été unie et incorporée à sa seigneurie de Montpipeau, relèvera, comme ladite seigneurie de Montpipeau, de l'évêché d'Orléans; et ledit héritage Z, qui était auparavant un arrière-fief du chapitre de Sainte-Croix, deviendra désormais un arrière-fief de l'évêché. Le chapitre de Sainte-Croix doit s'imputer de ne s'être pas fait servir par les seigneurs de Villepion, et de n'avoir pas fait comprendre dans les aveux qu'ils devaient lui porter, l'héritage parmi ses arrière-fiefs.

274. Le nouveau droit de seigneurie directe, qu'acquiert par la prescription, le seigneur, sur un héritage qui relevait d'un autre seigneur, est si bien un droit différent de celui qu'avait le seigneur, contre qui la prescription a été acquise, qu'il est souvent d'une nature toute différente. Par exemple, si un seigneur s'est fait reconnaître en fief pendant le temps requis pour la prescription, par les propriétaires d'un héritage qui relevait en censive d'un autre seigneur, il acquiert, par la prescription, un droit de seigneurie féodale sur cet héritage, au lieu du droit de seigneurie censuelle, qu'avait le seigneur contre qui la prescription a été acquise : et, *vice versâ*, si un seigneur s'est fait reconnaître à cens, pendant le temps requis pour la prescription, par les pro-

priétaires d'un héritage qui relevait en fief d'un autre seigneur, il acquiert, par la prescription, un droit de seigneurie censuelle, à la place du droit de seigneurie féodale qu'avait l'ancien seigneur, et que la prescription a éteint.

Notre Coutume d'Orléans, *art.* 86, a cela de particulier, par rapport à cette prescription, qu'elle demande un temps de quarante ans.

§ II. De la prescription, par laquelle les gens de main-morte acquièrent l'affranchissement du droit qu'ont les seigneurs de leur faire vider les mains des héritages qu'ils acquièrent dans leur seigneurie.

275. On appelle gens de main-morte, les titulaires de bénéfices, les hôpitaux, les fabriques, et toutes les communautés, tant ecclésiastiques que séculières. Ils sont ainsi appelés, parce que, ne leur étant pas permis d'aliéner leurs héritages, les héritages, qui tombent entre leurs mains, sont morts pour le commerce.

C'est pour cette raison, que les Coutumes donnent aux seigneurs le droit de contraindre les gens de main-morte qui ont acquis des héritages dans leur seigneurie, d'en vider leurs mains, parce que, s'il leur était permis de les retenir, les seigneurs seraient privés des droits utiles de leurs seigneuries par rapport à ces héritages, lesdits droits consistant dans les profits féodaux ou censuels, auxquels donnent ouverture les mutations de propriétaires qui surviennent dans lesdits héritages, lorsqu'ils sont dans le commerce.

Les gens de main-morte, qui ont acquis quelque héritage, acquièrent, par la prescription trentenaire, l'affranchissement du droit qu'a le seigneur de leur en faire vider les mains, lorsqu'ils l'ont possédé pendant trente ans consécutifs, sans être interpellés par le seigneur d'en vider leurs mains : le seigneur ne peut plus même leur demander aucune indemnité, le laps du temps la faisant présumer acquittée.

276. Il faut, pour cette prescription, que la possession n'ait pas été interrompue. Si les gens de main-morte avaient, avant l'expiration du temps de la prescription, aliéné sous quelque condition résolutoire l'héritage qu'ils ont acquis, dans lequel ils fussent depuis rentrés par l'accomplissement de la condition résolutoire, ils ne pourraient compter pour le temps de la prescription, le temps de la possession qu'ils ont eue de cet héritage avant l'aliénation qu'ils en ont faite : cette possession ayant été interrompue par cette aliénation, il faut, pour acquérir la prescription, qu'ils le possèdent de nouveau pendant trente années.

Si les gens de main-morte n'avaient aliéné de cette manière l'héritage qu'ils ont acquis, qu'après l'accomplissement du temps de la prescription, et qu'ils y fussent rentrés par la résolution de cette aliénation, les seigneurs ne pourraient plus leur en faire vider les mains ; car, en rentrant dans cet héritage, ils n'en font pas une nouvelle acquisition : ils le tiennent en vertu de l'acquisition originaire qu'ils en ont faite, dans laquelle l'accomplissement du temps de la prescription les a maintenus contre le droit qu'avaient les seigneurs de les empêcher de jouir de cette acquisition, et de leur en faire vider les mains.

277. L'interruption civile arrête aussi le cours de cette prescription : c'est pourquoi, si, avant l'accomplissement du temps de la prescription, le seigneur a fait sommation aux gens de main-morte de vider leurs mains de l'héritage ; quoique le seigneur n'ait fait aucune poursuite en exécution de la sommation, la possession des gens de main-morte ayant été interrompue par cette sommation, ils ne peuvent acquérir la prescription, qu'en continuant de posséder l'héritage encore pendant trente ans depuis la sommation, sans que le seigneur, pendant tout ce temps, fasse contre eux aucune poursuite en exécution de la sommation.

Notre Coutume d'Orléans, *art.* 41 et 120, a une disposition, par rapport à cette prescription, qui lui est particulière, en ce qu'elle exige, pour le temps de cette prescription, un temps de soixante ans.

### ARTICLE VIII.

### *De la possession centenaire, ou immémoriale.*

278. Lorsque quelqu'un a pu justifier avoir possédé une certaine chose, ou avoir joui d'un certain droit, pendant cent ans et plus, cette possession centenaire, qu'on appelle aussi *possession immémoriale*, équivaut à un titre, et établit le domaine de propriété, qu'il a de cette chose, aussi pleinement et aussi parfaitement que s'il rapportait un titre d'acquisition en bonne forme, par lequel quelqu'un de ses auteurs aurait acquis la chose de ceux qui avaient le droit d'en disposer.

C'est ce qu'enseigne Dumoulin, *in Consuet. Par.* § 12, *gl.* 7, *n.* 14, en ces termes : *Hujusmodi præscriptio* ( *centum annorum sive temporis immemorialis* ) *habet vim constituti.* Il se fonde sur ce qui est dit en la loi 3, § 4, ff. *de aq. quotid. Ductus aquæ cujus origo memoriam excessit, jure constituti loco habetur :* c'est-à-dire que la possession immémoriale, en laquelle quelqu'un est d'avoir un aqueduc sur l'héritage voisin, pour y passer les eaux dont il a besoin, tient lieu de titre constitutif de ce droit.

Ce principe a lieu à l'égard de certaines choses, et de certains droits, que les lois déclarent n'être sujets à aucune prescription, par quelque laps de temps que ce soit. Ces lois ne s'étendent point à la possession centenaire ou immémoriale, et n'empêchent point que celui, qui peut établir cette possession, ne soit fondé à se prétendre propriétaire desdites choses ou desdits droits, de même que s'il en rapportait le titre d'acquisition. C'est ce qu'enseigne Dumoulin, au lieu cité, en ces termes : *Undè nunquam censetur exclusa, etiam per legem prohibitivam, et per universalia negativa et geminata verba, quamcumque præscriptionem excludentia.* La raison est, dit cet auteur ailleurs, en son conseil 26, que la possession centenaire doit être regardée plutôt comme un titre, que comme une prescription : *Non tàm est præscriptio quàm titulus.*

279. On peut faire l'application de ce principe aux droits de bannalité, soit de moulin, soit de four, soit de pressoir, et aux droits de corvées. La Coutume de Paris, *art.* 71 *et* 72, veut qu'un seigneur ne puisse établir ces sortes de droits, que par le rapport d'un titre valable. Notre Coutume d'Orléans, *art.* 100, ajoute ces termes, *par quelque temps que ce soit.* Néanmoins, comme, suivant le principe que nous venons d'exposer, la possession centenaire équivaut à un titre; si un seigneur justifie qu'il est en possession, depuis cent ans et plus, de quelques-uns de ces droits, il est censé l'avoir suffisamment établi, quoiqu'il n'en rapporte pas d'autre titre ; cette possession étant regardée comme un titre, et ayant la même force que si le titre constitutif du droit était rapporté : *habet vim constituti.*

280. Observez que, pour qu'un seigneur justifie la possession centenaire, en laquelle il est d'un droit de bannalité, il ne suffit pas qu'il justifie qu'il y a plus de cent ans que ses justiciables portent leurs grains à son moulin, leur pâte à son four, leur vendange à son pressoir; car ayant pu les y porter volontairement, de ce qu'ils les y ont portés, on n'en peut pas conclure que le seigneur ait joui du droit de les y contraindre, en quoi consiste le droit de bannalité. Il faut donc, pour établir cette possession, que le seigneur rapporte des actes, par lesquels il paraisse qu'il jouissait du droit de les y contraindre, tels que des jugemens rendus contre quelques justiciables, qui auraient contrevenu à la bannalité, des saisies faites en cas de contravention, ou d'autres actes semblables, qui remontent à cent ans et plus.

Les anciens aveux et dénombremens rendus par le seigneur au seigneur de qui il relève, dans lesquels il aurait compris ces droits de bannalité, s'ils ne sont soutenus par d'autres actes probatoires de la possession de ce droit, ne me paraissent pas suffisans; car il peut fort bien arriver qu'un seigneur, afin de se faire des titres pour l'avenir, comprenne, dans ses aveux et dénombremens, des droits dont il ne jouit pas : les justiciables, lorsqu'il les passe, n'y sont pas pour les contredire.

281. Le principe, que la possession centenaire équivaut à un titre, et suppose le titre, peut aussi s'appliquer aux dîmes inféodées. Les laïques n'étant pas capables de posséder d'autres dîmes

que celles qui sont inféodées, un laïque ne peut acquérir le droit de dîme sur une paroisse, par quelque long temps qu'il l'ait possédé, s'il ne justifie de son inféodation : mais s'il peut établir, par le rapport d'aveux, dont il y en ait quelqu'un qui remonte à plus de cent ans, qu'il possède cette dîme comme dîme inféodée, cette possession centenaire équivaut au titre d'inféodation, et dispense le possesseur de le rapporter.

282. La possession centenaire, qui équivaut à un titre, doit être une juste possession, une possession civile, c'est-à-dire, la possession d'une personne, qui, tant par elle que par ses auteurs, ait possédé la chose *tanquam rem propriam* : et cette possession est toujours présumée avoir cette qualité, tant que le contraire ne paraît pas, et tant qu'on ne produit de part et d'autre aucun titre qui fasse connaître l'origine de la possession.

283. Mais si le titre, d'où procède cette possession, est produit, et que ce titre soit un titre vicieux, c'est-à-dire qu'il ne soit pas de nature à transférer la propriété; comme, par exemple, si on produit un bail à ferme de l'héritage fait à quelqu'un des auteurs du possesseur centenaire, ou un contrat d'engagement, par lequel l'héritage aurait été donné à titre d'engagement à cet auteur, ou un titre, par lequel cet auteur aurait été mis en possession de l'héritage, pour en percevoir les revenus en déduction de ses créances, ou un acte, par lequel il en aurait été mis en possession en qualité de séquestre ou de précaire; dans tous ces cas, ce titre de la possession étant un titre vicieux, étant un titre qui n'est pas de nature à attribuer au possesseur la propriété de la chose, la possession, qu'a le possesseur, n'étant point en conséquence une possession civile, une possession de propriétaire, elle ne peut, quelque longue qu'elle soit, et quoiqu'elle excède cent ans, procurer aucun moyen de défense au possesseur contre la demande donnée contre lui par le propriétaire pour lui faire délaisser l'héritage : c'est le cas de la maxime, *Melius est non habere titulum quàm habere vitiosum.*

C'est sur le fondement de ces principes, que, par un arrêt que nous avons déjà rapporté *suprà*, l'évêque de Clermont fut condamné à vendre à la reine Catherine de Médicis la seigneurie de la ville de Clermont, quoiqu'il y eût plusieurs siècles que les évêques de Clermont en fussent en possession; parce qu'on produisit le titre originaire de cette possession, qui était un acte, par lequel cette seigneurie avait été donnée en garde à un évêque de Clermont, par Jean de Bourbon, au droit duquel était la reine.

284. Il faut faire une grande différence entre les titres absolument vicieux, tels que ceux qu'on vient de rapporter, dont la nature est contraire à la translation de la propriété, et ceux, qui sont seulement imparfaits et insuffisans pour la translation de la

propriété, s'ils ne sont revêtus de certaines formalités. La possession, qui procède des titres de la première espèce, fût-elle de plusieurs siècles, ne peut jamais établir la propriété du possesseur, le titre d'où elle procède y résistant. Il n'en est pas de même de ceux de la seconde espèce, tels que sont des contrats de vente, d'échange, des baux à rente de biens d'église, ou autres actes semblables, qui ne paraissent point revêtus ni accompagnés des formalités nécessaires pour l'aliénation des biens d'église, tels que sont des actes d'homologation en justice de ces contrats sur des enquêtes *de commodo et incommodo*. Ces contrats ne sont pas, comme les premiers, des titres qui soient contraires à la translation de propriété; au contraire, ils y tendent; ils sont seulement insuffisans pour la transférer, faute des formalités dont ils doivent être accompagnés : ils font en conséquence obstacle à la prescription de quarante ans, que le possesseur opposerait à l'église, lorsqu'ils seraient rapportés; mais ils ne font pas obstacle à la possession centenaire, l'effet de cette possession étant de suppléer à ce qui manque à la perfection du titre, en faisant présumer que toutes les formalités, requises pour la confirmation du titre, sont intervenues, et que ce n'est que l'injure des temps qui empêche de les rapporter.

285. Il y a certaines choses, qu'on ne peut acquérir par la possession, même centenaire; tels sont les droits seigneuriaux dont un héritage est chargé, dont le possesseur de l'héritage ne peut acquérir l'affranchissement par la possession plus que centenaire, en laquelle il serait, de ne reconnaître aucun seigneur pour cet héritage. La Coutume de Paris, en l'*art.* 12, en a une disposition; elle dit que le vassal ne peut prescrire l'affranchissement de la foi qu'il doit à son seigneur pour son fief, *pour quelque long temps* qu'il en ait joui, encore que ce fût par cent ans et plus.

Cette Coutume a une semblable disposition pour le cens, en l'*art.* 124, qui dit : « Le droit de cens ne se peut prescrire par le » détenteur de l'héritage contre le seigneur censier, encore qu'il » ait cent ans. »

La plupart des Coutumes ont de semblables dispositions. La raison est, que, pour acquérir par la possession l'affranchissement de quelque droit dont notre héritage est chargé, il faut que ce soit une possession par laquelle nous le possédions comme franc de ce droit, et comme ayant lieu de croire qu'il n'en est pas chargé; laquelle opinion se présume toujours, tant que le contraire ne paraît pas. Mais la maxime, *nulle terre sans seigneur*, qui a prévalu dans ces provinces, ne permet pas que nous puissions posséder nos héritages comme les croyant francs des droits seigneuriaux : c'est pourquoi, quand nous avons possédé un héritage par cent ans et plus, sans reconnaître le seigneur de qui il relève, nous ne pouvons, par cette possession, acquérir l'affranchissement des droits seigneuriaux dont il est tenu, parce que nous ne le possédions pas comme le croyant franc des droits seigneuriaux.

286. Dans la Coutume de Paris, les droits de servitude prédiale ne s'acquièrent point sans titres par la possession centenaire : elle en a une disposition en l'article 186, où il est dit : « Droit de servitude ne s'acquiert par longue jouissance, quelle « qu'elle soit, sans titre, encore que l'on ait joui par cent ans. » Plusieurs Coutumes ont une semblable disposition. La raison est, que la possession centenaire, qui équivaut à un titre, et qui établit la propriété de la chose ou du droit qu'on a possédé pendant ce temps, doit être une véritable possession : mais dans ces Coutumes, la jouissance, que quelqu'un a d'une servitude, dont il ne paraît aucun titre, ni constitutif, ni au moins recognitif, est présumée n'être qu'une jouissance de tolérance, une complaisance : or, une jouissance de tolérance n'est pas une véritable possession ; celui, qui jouit de cette manière, ne compte pas posséder, et ne possède pas effectivement un droit de servitude. Cette jouissance ne peut donc, quelque long temps qu'elle ait duré, fût-ce par cent ans et plus, faire acquérir le droit de servitude à celui qui en a eu la jouissance.

287. C'est une question, si, dans les Coutumes qui se sont contentées de dire que les droits de servitude ne peuvent s'acquérir par prescription, par quelque temps que ce soit, et qui n'ont pas ajouté, comme celle de Paris, *même par cent ans*, les droits de servitude peuvent s'acquérir par la possession centenaire. Pour la négative, on dit que, dans ces Coutumes, de même que dans celle de Paris, la jouissance qu'un voisin a d'une servitude sur l'héritage voisin, est présumée n'être qu'une jouissance de tolérance, et que ce n'est que par cette raison que les droits de servitude ne s'acquièrent pas dans ces Coutumes par la prescription ordinaire de trente ans, par laquelle tous les autres droits s'acquièrent. Or, dit-on, une jouissance de tolérance n'étant point une possession de droit, elle ne peut, même dans ces Coutumes, le faire acquérir, quelque long temps qu'ait duré cette jouissance, eût-elle duré plus de cent ans. Je réponds, en convenant du principe, qu'en supposant pour constant le fait que la jouissance de la servitude eût commencé par la tolérance, elle ne pourrait jamais faire acquérir le droit quelque long temps qu'elle eût duré, fût-ce plus de cent ans ; car une possession ou jouissance est censée avoir toujours continué dans la même qualité dans laquelle elle a commencé, tant qu'il ne paraît aucun nouveau titre ; personne ne pouvant se changer par le seul laps de temps la cause et la qualité de sa possession : *Nemo potest mutare sibi causam possessionis*. C'est pourquoi, si on rapportait une concession

précaire de la servitude faite à quelqu'un des auteurs de celui qui en jouit, on convient que celui, qui en jouit, ne serait pas fondé à prétendre avoir acquis le droit de servitude par la possession centenaire, sa possession n'étant censée être, en ce cas, qu'une possession précaire de la tolérance, telle qu'elle a commencé. Mais lorsqu'il est incertain comment a commencé la jouissance de la servitude, et qu'on n'en rapporte aucun titre; quoique nos Coutumes présument que la jouissance de cette servitude n'est qu'une jouissance de tolérance, lorsqu'elle a duré un certain temps, on ne doit pas en conclure qu'elles doivent présumer la même chose, lorsque la jouissance de la servitude a duré plus de cent ans, n'étant pas vraisemblable qu'une tolérance dure aussi long-temps : c'est pourquoi il y a lieu de soutenir que, dans les Coutumes, qui se sont bornées à dire que les droits de servitude ne s'acquièrent sans titre, par quelque temps que ce soit, sans ajouter, comme a fait celle de Paris, *même par cent ans*, ces droits s'acquièrent par la possession centenaire, qui tient lieu de titre. Ricard, en son commentaire sur la Coutume de Senlis, rapporte un arrêt du 11 février 1658, qui l'a jugé pour la Coutume de Crépy, qui porte : *Nulle servitude sans titre, par quelque temps que ce soit.* Il faut néanmoins convenir que la question souffre difficulté, la nouvelle jurisprudence inclinant beaucoup aujourd'hui à rapprocher les autres Coutumes de celle de Paris.

288. Il y a déjà long-temps qu'on a élevé la question, si on peut opposer au roi la possession centenaire. Cette question ne tombe pas sur les droits attachés essentiellement à la souveraineté, et qui sont incommunicables, tels que le droit de légitimer des bâtards, d'accorder des lettres d'abolition et de pardon pour des crimes, d'accorder des lettres d'émancipation à des mineurs, et autres semblables. Il est évident qu'un seigneur, qui se serait arrogé quelqu'un de ces droits dans l'étendue de sa justice, ne pourrait se défendre par la possession centenaire, de la demande du procureur du roi, pour qu'il lui fût fait défenses de se les attribuer : la jouissance, qu'un seigneur aurait eue de quelqu'un de ces droits, quelque long temps qu'elle eût duré, serait un abus *vetusti erroris*, plutôt qu'une possession.

La question ne tombe que sur des biens et droits utiles, que le procureur du roi revendiquerait comme appartenans au domaine, contre des particuliers qui s'en trouvent en possession. Ces particuliers sont-ils fondés à opposer et à établir, à défaut de titre, la possession centenaire en laquelle ils sont desdits biens et droits, tant par eux que par leurs auteurs, pour en exclure la demande du procureur du roi? ou, au contraire, le procureur du roi est-il fondé à soutenir qu'il lui suffit d'établir que lesdits biens et droits ont appartenu autrefois au domaine, pour que lesdits biens et droits soient censés lui appartenir encore, et pour qu'il soit fondé à en demander le délaissement, par quelque long temps que ces possesseurs les eussent possédés, fût-ce par cent ans, les biens du domaine étant inaliénables et imprescriptibles ?

Par une déclaration du roi François I^er, du 30 juin 1539, registrée en Parlement le 3 juillet suivant, le roi déclare que son domaine étant réputé sacré, il est hors du commerce des hommes; qu'en conséquence on n'en a jamais pu rien détacher ni aliéner légitimement, et que tout ce qui l'a été, y doit être remis, sans que, dans les causes où il en sera question, les juges puissent avoir aucun égard à quelque possession.... que ce fût, par quelque laps de temps qu'elle ait duré, ores qu'elle excédât cent ans, etc.

Néanmoins Chopin, *de Domanio*, *lib.* 3, *cap.* 9, *n.* 3, atteste que le Parlement a plus d'une fois jugé contre les termes de la déclaration du roi de 1539, que les particuliers, possesseurs de biens qu'on prétendait appartenir au domaine, y doivent être maintenus lorsqu'ils établissaient une possession centenaire.

Bacquet, en son *Traité du Droit de Déshérence*, *ch.* 7, *n.* 8, dit en termes formels : *Il est certain que la possession immémoriale est reçue contre le roi en tous héritages et droits domaniaux, nonobstant l'édit de* 1539.

Cet auteur apporte pour preuve de son opinion, un arrêt de la cour, du 10 décembre 1548, par lequel la cour a vérifié un édit, qui enjoint à tous prétendans droits de péage en la rivière de Loire, de vérifier leurs titres; par lequel arrêt de vérification la cour déclare qu'elle n'entend déroger aux permissions de la preuve de temps immémorial octroyées par édit du roi Louis XII, concernant les péages de ladite rivière.

Salvains, en son *Usage des Fiefs*, l. 1, *ch.* 14, pour prouver pareillement que la déclaration de 1539, qui rejette la possession centenaire, n'a pas été observée, rapporte une déclaration du roi Henri II, pour le Dauphiné, du 14 août 1556, par laquelle, sur les plaintes des habitans de cette province, que les officiers, chargés de la recherche des domaines, inquiétaient les possesseurs qui avaient en leur faveur la possession centenaire contre la disposition du droit écrit, observé dans la province, le roi ordonne que les procès seront jugés suivant le droit, ainsi que par ci-devant.

Loïsel en a fait une maxime, *l.* 5, *tit.* 3, *n.* 16, en ces termes : *Contre le roi n'y a prescription que de cent ans.*

M. Lefèvre de Laplanche, en son *Traité du Domaine*, *liv.* 12, *chap.* 7, soutient, au contraire, que la déclaration du roi, qui rejette la prescription centenaire en matière de domaine, a toujours dû être exécutée. Il prétend que, si les auteurs, que nous venons de rapporter, ont admis cette prescription, il y en a d'un autre côté plusieurs autres qu'il cite, qui ont été d'avis contraire.

Il cite, entre autres, Lebret, *Traité de la Souveraineté*, l. 3, *ch.* 2. Cet auteur, au lieu cité, convient *qu'il a toujours été tenu pour constant dans le palais.... que toutes les lois qui défendent l'aliénation d'un domaine de la couronne*, n'ont point rejeté la prescription de cent ans ; jusque-là que l'un des plus savans praticiens de ce temps, parlant de l'Ordonnance de 1539, qui exclut nommément la prescription de cent ans en matière de domaine, dit qu'elle n'a jamais été observée, *nec in consulendo, nec in judicando*. Cet auteur ajoute tout de suite : J'ai vu toutefois juger au contraire dans le conseil du roi, suivant cette Ordonnance, qui, bien qu'elle semble en apparence être trop rude.... néanmoins puisque la loi est écrite, et que sa rigueur se compense par l'utilité que le public en reçoit, il semble que nous sommes tenus de l'observer.

Quant à ce qu'ajoute M. Lebret, *Je serai toujours de cet avis pour le regard des terres qui ont été usurpées par force ou par surprise*, les partisans de la prescription centenaire conviendront volontiers, avec M. Lebret, qu'elle doit cesser, lorsqu'il paraît quelque vestige d'usurpation, ou même quelque autre vice dans l'origine de la possession ; et c'est dans ces espèces qu'on doit croire qu'étaient les arrêts qu'on rapporte, qui ont rejeté la prescription centenaire.

M. Lefèvre, pour achever de prouver que l'opinion des auteurs, qui ont admis la prescription centenaire en matière de domaine, ne doit point être suivie, se fonde sur l'édit du mois d'avril 1667. Il est porté par cet édit, que tous les domaines aliénés à quelques personnes, pour quelques causes ET DEPUIS QUELQUE TEMPS que ce soit, à l'exception des dons faits aux églises, apanages et échanges...., seront réunis, nonobstant toute prétention de prescription, et espace de temps, pendant lequel les domaines et droits en pourraient avoir été séparés.

Il reste encore une difficulté, qui est qu'on pourrait dire que l'édit n'a pas exclus en termes formels la possession centenaire. Il est bien dit, nonobstant toute prétention de prescription, et espace de temps, etc. ; mais l'édit n'ajoute pas, *même de cent ans*. Or, selon la doctrine de Dumoulin, rapportée *suprà*, n. 278, la possession de cent ans *nunquam videtur exclusa per legem prohibitivam et per universalia negativa et geminata verba quamcumque præscriptionem excludentia*.

# TRAITÉ
DE
# L'HYPOTHÈQUE.

## ARTICLE PRÉLIMINAIRE.

*Ce que c'est que l'hypothèque, et ses différentes espèces.*

L'HYPOTHÈQUE, ou droit de gage, est le droit qu'un créancier a dans la chose d'autrui, qui consiste à pouvoir la faire vendre, pour, sur le prix, être payé de sa créance. Ce droit d'hypothèque est un droit dans la chose, *jus in re*.

Il y a deux epèces d'hypothèques : celle, qu'on appelle nantissement, *pignus*, et celle, qu'on appelle proprement hypothèque.

Le nantissement est l'espèce d'hypothèque, qui se contracte par la tradition qui est faite de la chose au créancier, et qui lui donne droit de la retenir pour sûreté de sa créance jusqu'au parfait paiement, et même de la faire vendre à défaut de paiement. L'hypothèque proprement dite est celle qui se contracte sans tradition. Outre ces deux principales espèces de droit de gage, il y en a encore deux autres.

Il y a le droit de gage, que les seigneurs d'hôtel, de métairie, et de rente foncière ont, pour les obligations résultantes du bail, sur les effets qui garnissent leur hôtel ou métairie, et sur les fruits qui y sont nés. Nous en avons traité en traitant du *contrat de louage*, où nous renvoyons.

Il y a le droit de gage judiciaire, qu'un créancier acquiert par la saisie judiciaire qu'il fait faire des effets de son débiteur. Nous en parlerons dans notre *Traité de la procédure civile*, où nous renvoyons.

Nous nous proposons de traiter ici principalement du droit d'hypothèque proprement dit; nous ajouterons un chapitre sur le droit de nantissement.

On divise encore l'hypothèque en générale et spéciale. Lorsque quelqu'un hypothèque à un créancier tous ses biens, présens et à venir, l'hypothèque, qu'a ce créancier sur chacune des choses qui composent lesdits biens, est une hypothèque générale.

Que si on a hypothéqué nommément un certain héritage, l'hypothèque sur cet héritage est une hypothèque spéciale.

On distingue encore les hypothèques en conventionnelles, légales et tacites. Les hypothèques conventionnelles sont celles qui naissent des actes des notaires. Ces hypothèques peuvent être appelées conventionnelles, parce que la convention, par laquelle celui, qui, par cet acte, contracte quelque engagement envers un autre, convient de lui hypothéquer ses biens, présens et à venir, pour la sûreté de cet engagement, ou est exprimée par ces actes, ou y est sous-entendue.

L'hypothèque légale est celle qui n'a point été convenue par aucune convention, ni expresse, ni tacite, telle que celle qui naît des jugemens; l'hypothèque tacite, qui est aussi légale, est celle que la loi seule accorde en certains cas, et qui est appelée tacite, parce qu'elle ne résulte d'aucun titre, c'est-à-dire, ni d'aucun acte de notaire, ni d'aucun jugement, mais de la loi seule.

Enfin, on distingue les hypothèques en hypothèques privilégiées et hypothèques simples.

Les privilégiées sont celles qui sont accompagnées d'un privilége, qui donne le droit au créancier qui a cette hypothèque, d'être préféré sur le prix de l'héritage hypothéqué, aux autres créanciers hypothécaires, quoique antérieurs.

Les hypothèques simples sont celles qui ne sont accompagnées d'aucun privilége.

Pour traiter avec ordre ce qui concerne la matière de l'hypothèque, nous traiterons, en premier lieu, de ce qui concerne sa création; 2° de ses effets, et des actions qu'elle produit; 3° des manières dont elle s'éteint.

# CHAPITRE PREMIER.

## *De ce qui concerne la création de l'hypothèque.*

Les questions, qui ont rapport à la création de l'hypothèque, sont celles-ci : quelles sont les causes qui la produisent; les choses qui en sont susceptibles; les personnes qui la peuvent créer, et pour quelles dettes?

### SECTION PREMIÈRE.

Quelles sont les causes qui produisent l'hypothèque.

Les causes, qui produisent l'hypothèque, sont, 1° les actes pardevant notaires, les jugemens, et la loi seule en certains cas.

#### ARTICLE PREMIER.

*De l'hypothèque qui naît des actes devant notaires.*

§ I. Observations générales.

Par le droit romain, l'hypothèque ne pouvait s'acquérir par une simple convention. Ce droit n'avait été établi chez les Romains, que par l'édit du préteur contre les principes du droit, suivant lesquels l'hypothèque étant *jus in re*, ne pouvait, non plus que le domaine, et tous les autres droits *in re*, s'acquérir par la seule convention, mais seulement par la tradition, *non nudis conventionibus, sed traditionibus*. Le fréquent usage des hypothèques, l'incommodité qu'il y avait de ne pouvoir créer des hypothèques que par la tradition, avait engagé le préteur à s'écarter des principes rigoureux du droit civil.

Nous n'avons suivi ni le droit du préteur, ni les principes rigoureux du droit civil. Selon notre droit, la simple convention ne peut produire l'hypothèque : nous n'exigeons pas néanmoins la tradition; mais, lorsque la convention est munie du sceau de l'autorité publique, elle produit l'hypothèque; et la force de l'autorité publique supplée, en ce cas, à la tradition.

Suivant ces principes, les actes sous signature privée n'étant point munis de l'autorité publique, ne peuvent, parmi nous, produire d'hypothèque, quand même elle y serait expressément convenue, et quand même la date de ces actes serait constatée, soit par le contrôle, soit par le décès de quelqu'une des parties qui les aurait souscrits.

Au contraire, les actes reçus par un notaire compétent, et revêtus de toutes les formes dont ces actes doivent être revêtus, produisent une hypothèque sur tous les biens présens et à venir des personnes qui y ont été parties, pour toutes les obligations qu'elles y ont contractées; et ces actes produisent cette hypothèque, non-seulement lorsqu'elle y est expressément stipulée, mais quand même il n'y en aurait aucune mention. Cette convention d'hypothèque y étant toujours sous-entendue, l'autorité publique du sceau dont ces actes sont munis, est ce qui leur fait produire cette hypothèque.

### § II. Quels notaires sont compétens, pour que leurs actes puissent produire hypothèque.

Les notaires, pour que leurs actes puissent produire hypothèque sur les biens situés dans ce royaume, doivent être des notaires établis dans le royaume, ou dans quelqu'un des pays de l'obéissance du roi : ceux des notaires étrangers ne peuvent produire cette hypothèque; car l'autorité publique, dont les actes de ces notaires sont revêtus, étant une autorité étrangère, non reconnue dans le royaume, où on n'en reconnaît aucune autre que celle qui émane du roi, elle ne peut avoir aucun effet sur les biens du royaume, ni par conséquent produire aucun droit d'hypothèque sur ces biens.

La qualité de personnes publiques, qu'ont les notaires étrangers dans les lieux où ils sont établis, peut bien donner dans ce royaume, et partout ailleurs, à leurs actes, une espèce d'autorité de créance, qui doit faire ajouter foi à ce qui y est contenu, lorsque leur qualité est suffisamment constatée par l'acte de légalisation du juge des lieux où ils sont établis; mais leurs actes ne peuvent avoir une autorité de pouvoir et de juridiction nécessaire pour produire l'hypothèque.

Par la même raison, les actes des notaires apostoliques, tels qu'étaient ceux qui l'étaient avant l'établissement des notaires royaux-apostoliques, ne pouvaient produire d'hypothèque; car ces officiers étant des officiers purement ecclésiastiques, étant établis par la seule autorité ecclésiastique, qui ne s'étend point aux choses temporelles, les actes de ces notaires n'étaient point revêtus d'une autorité capable de produire hypothèque.

Mais, depuis que le roi a créé des notaires royaux-apostoliques, ces officiers étant établis par l'autorité royale, étant reçus par les juges royaux, leurs actes sont revêtus d'une autorité publique qui émane du roi, de qui ces officiers tiennent leur pouvoir, et par conséquent peuvent produire hypothèque. C'est ce qui est expressément porté par l'édit de décembre 1691, *art.* 2.

Les actes des notaires des justices subalternes, aussi bien que ceux des notaires royaux, produisent l'hypothèque de tous les biens des personnes qui s'obligent, par ces actes, en quelque endroit du royaume qu'ils soient situés. Toutes les justices seigneuriales ayant été concédées par le roi, et étant des émanations de l'autorité publique qui réside dans le roi, les officiers de ces justices sont revêtus d'une autorité qui émane du roi; c'est pourquoi leurs actes sont munis d'une autorité publique, suffisante pour produire cette hypothèque.

Les notaires, soit royaux, soit subalternes, n'ont caractère public que dans l'étendue de la justice où ils sont reçus; c'est pourquoi les actes, qu'ils passeraient hors le territoire de cette justice, seraient destitués de toute autorité, et ne pourraient par conséquent produire d'hypothèque.

Il y a néanmoins trois juridictions dans le royaume, qui sont les Châtelets de Paris, d'Orléans et de Montpellier, dont les notaires ont, par privilége, le droit de pouvoir passer des actes par tout le royaume. C'est pourquoi les actes de ces notaires, quelque part qu'ils soient passés, emportent hypothèque.

Ce privilége a été accordé aux notaires d'Orléans, par Philippe-le-Bel, en 1302, en considération de ce qu'en ce temps les notaires d'Orléans étaient des personnes lettrées, qui avaient étudié dans l'école de droit d'Orléans, qui était pour lors une des plus fameuses de l'Europe, et qui fut peu après érigée en université par le même roi.

Plusieurs anciens réglemens exigeaient, pour la validité des actes des notaires subalternes, et pour qu'ils pussent produire hypothèque, que ces actes fussent passés entre des personnes domiciliées dans l'étendue de la justice, et que les biens qui faisaient l'objet de ces actes y fussent situés; mais ces réglemens sont tombés en désuétude. Il nous reste à observer que les notaires sont les seuls officiers compétens pour dresser des actes des conventions extrajudiciaires des particuliers. Tous autres officiers, comme huissiers, greffiers, et même les juges, sont incompétens pour cette fonction; et les actes qu'ils dresseraient, seraient destitués de toute autorité. Les secrétaires du roi, quoiqu'ils aient la qualité de *notaires*, ne sont pas plus compétens.

Néanmoins, par la déclaration du 21 avril 1692, les contrats de mariage des princes et princesses du sang, passés par un secrétaire d'État, en présence du roi, produisent hypothèque, et ont la même autorité que les actes des notaires, sans qu'il soit besoin qu'ils y soient déposés.

### § III. Des formes dont doivent être revêtus les actes des notaires, pour produire hypothèque.

Les actes des notaires doivent contenir le lieu où ils sont passés; autrement, il ne serait pas constant que le notaire l'eût passé dans le lieu où il a droit de le passer.

Ils doivent aussi contenir la date; autrement, on ne pourrait dire de quand ils auraient produit hypothèque. Ils doivent être écrits sur papier ou parchemin timbré.

Il n'est pas nécessaire que l'acte soit écrit de la main du notaire; il peut le faire écrire par son clerc, ou par quelque autre personne; mais l'acte doit être signé par le notaire, et par toutes les parties, ou du moins il doit être fait mention de celles qui ne savent, ou n'ont pu signer.

Lorsque l'acte est reçu par un seul notaire, il doit être passé en présence de deux témoins. Il faut que l'un de ces témoins sache signer, et signe effectivement. Si l'autre témoin ne sait pas signer, il suffira d'en faire mention. Ordonnance de Blois, *art.* 166.

Ces témoins doivent être âgés au moins de vingt ans accomplis, si ce n'est dans les pays de droit écrit, ou autres lieux où la loi permet de tester avant cet âge, dans lesquels endroits il suffit que le témoin ait l'âge requis pour tester. Arrêt de réglement de la cour des 2 juillet 1708, et 25 avril 1709, qui n'a pas lieu pour les actes passés avant le réglement.

Il est fait aussi défense, par ce réglement, aux notaires, de se servir à l'avenir, pour témoins, de leurs enfans ou clercs. La présence des témoins n'est pas nécessaire, lorsque l'acte est reçu par deux notaires.

L'usage même a prévalu à l'égard des actes de commerce ordinaire. Il suffit que le second notaire signe l'acte quoiqu'il n'ait pas été présent.

Enfin, l'édit du contrôle porte que les actes des notaires ne pourront produire aucun droit d'hypothèque, s'ils ne sont contrôlés. Édit de mars 1693.

§ IV. Des actes sous signature privée, reconnus pardevant notaires, et en justice.

Les actes sous signature privée, lorqu'ils sont déposés chez un notaire, et reconnus par les parties qui les ont souscrits, produisent hypothèque du jour de l'acte de reconnaissance qu'en dresse le notaire; car, quoique ces actes sous signature privée ne soient pas eux-mêmes munis d'aucune autorité publique qui puisse produire l'hypothèque, ils le deviennent par l'acte de reconnaissance qui en est fait pardevant notaire.

Ils le deviennent pareillement, lorsque, sur l'assignation donnée aux débiteurs qui ont souscrit les actes sous signature privée, ou à leurs héritiers, le juge en prononce la reconnaissance; et conséquemment ils portent hypothèque du jour de ce jugement.

Si le débiteur assigné dénie sa signature, et que, sur la vérification faite par les experts nommés par le juge, la reconnaissance en soit prononcée, l'hypothèque a lieu, non pas seulement du jour du jugement, mais du jour de la dénégation. Ordonnance de 1529, *art.* 93.

ARTICLE II.

*De l'hypothèque des jugemens.*

Les jugemens de tous les juges du royaume, et des pays de l'obéissance du roi; des juges inférieurs, comme des juges souverains; des juges de justices de seigneurs, comme des juges royaux; des juges d'attribution, comme des juges ordinaires; même ceux des juges-consuls, emportent hypothèque sur tous les biens présens et à venir des parties, pour les condamnations qui y sont prononcées contre elles.

Il en doit être de même des jugemens rendus par le consul de France, dans les pays étrangers où les Français ont des établissemens.

A l'égard des jugemens rendus en pays étrangers, par des juges étrangers, ils ne peuvent produire hypothèque sur les biens que les parties condamnées ont dans le royaume, l'autorité, dont ces jugemens sont revêtus, étant une autorité étrangère, qui ne peut avoir aucun effet dans le royaume, où on n'en reconnaît d'autre que celle qui émane du roi.

Les jugemens des officiaux ne produisent point d'hypothèque, puisque l'autorité ecclésiastique ne s'étend point au temporel. Il est vrai que ces sentences sont exécutoires sur les biens du condamné, sans aucun *pareatis* du juge royal, suivant l'*art.* 44 de l'édit de 1695; mais elles tiennent ce droit d'être exécutoires, non de l'autorité du juge d'église qui les a rendues, mais de l'autorité du roi, qui, par cet édit, a bien voulu les rendre telles. Ainsi, par la même raison que les officiaux ne pourraient rendre des sentences exécutoires, s'il n'y avait une loi du prince qui leur eût accordé ce droit, ils ne pourraient pas rendre des sentences qui portent hypothèque, n'y ayant pas de loi du prince qui le leur permette.

Les sentences des arbitres ne portent hypothèque que du jour de l'homologation qui en est faite devant le juge; car ces arbitres étant des particuliers, leur sentence ne peut être revêtue d'aucune autorité publique qui puisse produire l'hypothèque, jusqu'à ce qu'elles aient reçu cette autorité par l'homologation du juge.

Il n'importe, pour qu'un jugement produise hypothèque, que la condamnation qu'il renferme soit liquide ou non; car l'hypothèque peut être contractée pour des dettes non liquidées; et, en cela, le droit d'hypothèque diffère du droit d'exécution.

Il n'importe contre qui le jugement ait été rendu, pour qu'il produise hypothèque sur les biens de la partie condamnée, pourvu néanmoins que la partie, contre qui il a été rendu, fût capable d'ester en jugement; car, si elle n'en était pas capable, la sentence rendue contre elle serait nulle, et ne pourrait par conséquent produire d'hypothèque sur ses biens.

Les jugemens rendus contre des tuteurs de mineurs, curateurs d'interdits, fabriciers, administrateurs d'hôpitaux, syndics de communautés, sont censés rendus contre les pupilles, interdits, fabriques, hôpitaux et communautés, et produisent par conséquent hypothèque sur les biens de tous ceux pour lesquels ils ont esté en jugement.

Ceux rendus à l'audience, lorsqu'ils sont contradictoires, portent hypothèque du jour qu'ils ont été prononcés: ceux rendus par défaut, du jour seulement qu'ils ont été signifiés à procureur. (*Ordonnance de* 1667, *tit.* 35, *art.* 11.)

Ceux rendus en procès par écrit ne portent pareillement hypothèque que du jour de leur signification à procureur. *Ibid.*

L'appel, qui en est rejeté, en suspendant son effet, suspend aussi l'hypothèque; mais, si, sur l'appel, il est confirmé, ce droit est censé acquis du jour de la sentence, et non pas seulement du jour de l'arrêt qui la confirme. (*Première Déclaration sur l'Ordonnance de Moulins*, du 10 *juillet* 1566.)

Lorsque l'arrêt a infirmé le jugement, en réduisant à une somme moindre la condamnation portée par ce jugement, il est confirmé jusqu'à concurrence de la somme à laquelle la condamnation a été réduite par l'arrêt; il n'est infirmé que pour le surplus, et par conséquent l'hypothèque doit avoir lieu du jour de la sentence, et non pas seulement du jour de l'arrêt.

L'opposition aux jugemens par défaut doit avoir le même effet que l'appel : elle doit suspendre pareillement l'hypothèque ; mais, si l'opposant est débouté de son opposition, l'hypothèque doit avoir lieu du jour de la signification de la première sentence rendue par défaut, de même que si on n'y avait pas formé d'opposition.

### ARTICLE III.

*De l'hypothèque que produit la loi seule.*

La loi seule, en certains cas, donne une hypothèque au créancier, sur les biens du débiteur, quoique l'obligation du débiteur ne soit portée par aucun acte devant notaire, ni qu'il soit intervenu aucun jugement de condamnation contre lui. Cette hypothèque est appelée *tacite*, parce que la loi seule la produit sans aucun titre.

Telle est, 1° l'hypothèque, que la loi donne à la femme, sur les biens de son mari, du jour de la célébration de son mariage, pour la restitution de sa dot, lorsqu'il n'y a point de contrat. *Leg. unic. cod. De rei uxor. act.*

2°. Telle est celle, que la loi donne aux mineurs, pour le reliquat du compte de leur tutelle, sur les biens de leur tuteur, du jour qu'a commencé la tutelle.

3°. La loi donne une pareille hypothèque sur les biens de tous les autres administrateurs, tels que sont les administrateurs d'hôpitaux, fabriciers, curateurs d'interdits, syndics de communautés, du jour qu'a commencé leur administration.

Un titulaire de bénéfice est regardé comme administrateur des biens de son bénéfice ; c'est pourquoi, s'il y fait des dégradations par sa faute, tous les biens de son patrimoine sont hypothéqués envers son bénéfice, du jour de sa prise de possession, pour les dommages et intérêts résultans desdites dégradations.

Quand même les administrateurs de biens des mineurs, d'église, de communauté ou de chose publique, n'auraient pas eu une vraie qualité pour les administrer, et qu'ils se seraient portés pour tuteurs et administrateurs, sans l'être véritablement, l'hypothèque ne laisserait pas d'avoir lieu sur leurs biens, du jour qu'ils auraient commencé de s'ingérer dans leur administration ; ces faux administrateurs ne devant pas être de meilleure condition que les véritables.

Suivant ces principes, les biens du beau-père, qui ne fait point pourvoir de tuteur les enfans du premier lit de sa femme, qui a perdu la tutelle en se remariant, sont hypothéqués, du jour de son mariage, aux dommages et intérêts desdits enfans et au compte de l'administration de leurs biens, quoiqu'il n'eût aucune qualité pour les administrer.

Ce droit d'hypothèque tacite sur les biens des tuteurs ou protuteurs des mineurs, curateurs d'interdits, fabriciers, administrateurs d'hôpitaux, syndics de communautés, ne doit pas s'étendre aux simples receveurs fondés de pouvoir, et intendans d'affaires des particuliers, sur les biens desquels les personnes dont ils ont géré les affaires, ne peuvent prétendre hypothèque que du jour des actes pardevant notaires, par lesquels ils ont contracté quelque obligation envers elles; ou, s'il n'y en a point, du jour des jugemens de condamnation obtenus contre eux.

Observez aussi que, quoique les biens des tuteurs et autres semblables administrateurs soient hypothéqués du jour que leur administration a commencé, lorsqu'ils sont débiteurs, ils ne peuvent pas, lorsqu'ils sont créanciers, prétendre une semblable hypothèque sur les biens de ceux dont ils ont été les administrateurs; ils ne l'ont que du jour de la clôture de leur compte.

La jurisprudence accorde aussi aux substitués une hypothèque tacite sur les biens des grevés de substitution, pour les dégradations qu'ils ont faites sur les biens substitués, du jour qu'ont été faites lesdites dégradations, et pareillement pour les sommes de deniers sujettes à la substitution, qu'ils ont reçues, du jour qu'ils les ont reçues.

Des lois donnent aussi une hypothèque tacite au fisc, sur les biens de ses débiteurs. *Fiscus semper habet jus pignoris*; l. 46, § 3, ff. *de jur. fisci. Certum est ejus, qui cum fisco contrahit, bona veluti pignoris titulo obligari, quamvis id specialiter non exprimatur*; l. 2, *cod. in quib. caus. pig.*

Le fisc n'a néanmoins ce droit d'hypothèque tacite, que lorsqu'il est créancier de son chef; que si le fisc a succédé aux créanciers de quelque particulier, *putà*, par droit d'aubaine ou de confiscation, il ne peut avoir plus de droit qu'en avait ce particulier; l. 25, ff. *de pig. et hypoth.*

Outre ces hypothèques tacites générales, il y en a qui sont limitées à de certains biens.

Telle est l'hypothèque tacite, qu'a un copartageant sur les biens échus au lot de ses copartageans, pour toutes les obligations résultantes du partage, quoiqu'il n'ait pas été fait par acte devant notaires.

Telle est celle que la loi donne aux légataires, sur la part des biens de la succession échue à chacun des héritiers du testateur, pour la part dont chacun des héritiers est tenu dans leurs legs; l. 1, *cod. comm. de leg.*

Mais les légataires n'ont aucune hypothèque sur les biens appartenans auxdits héritiers de leur chef, que du jour que lesdits légataires ont obtenu jugement de condamnation contre lesdits héritiers; ou du jour que lesdits héritiers se sont obligés envers eux, par acte devant notaires, à l'exécution du testament: car le testateur n'a pas pu hypothéquer les biens de ses héritiers, personne ne pouvant hypothéquer que ce qui est à lui.

Telle est l'hypothèque tacite que celui, qui a réparé un bâtiment, a sur ce bâtiment.

Telle est enfin celle, que le vendeur d'un héritage a sur cet héritage, pour le prix qui lui est dû. Les lois romaines ne donnaient point cette hypothèque au vendeur; elle est de notre droit.

## SECTION II.

### Quelles choses sont susceptibles d'hypothèque? Par qui peuvent-elles être hypothéquées? Et pour quelles dettes?

#### § I. Quelles choses sont susceptibles d'hypothèque?

Suivant le droit romain, toutes les choses, qui sont dans le commerce, soit meubles, soit immeubles, soit corporelles, soit incorporelles, sont susceptibles d'hypothèque.

Notre droit diffère en cela du droit romain. Il n'y a que les immeubles, qui soient susceptibles d'une véritable hypothèque; les meubles, ou n'en sont pas susceptibles, ou ne le sont que d'une hypothèque imparfaite.

Dans les Coutumes de Paris et d'Orléans, les meubles ne sont point susceptibles d'hypothèque, et les créanciers hypothécaires ne sont payés, sur le prix des meubles de leurs débiteurs, que concurremment avec les simples chirographaires, au sou la livre de leurs créances.

Dans quelques autres, telle que celle de Normandie, les meubles sont susceptibles d'hypothèque, et les créanciers hypothécaires sont colloqués, par ordre d'hypothèque, sur le prix des meubles de leurs débiteurs, comme sur le prix des immeubles.

Mais cette hypothèque des meubles, reçue dans ces Coutumes, n'est qu'une hypothèque imparfaite, qui ne dure que tant que les meubles sont en la possession du débiteur qui les a hypothéqués, et qui s'éteint lorsqu'ils ont été aliénés, et ont passé en la main d'un autre, suivant cette maxime générale du droit français, *meubles n'ont de suite par hypothèque*. Ce qui a été introduit pour la sûreté et facilité du commerce.

A l'égard des immeubles, ils sont partout susceptibles d'une véritable hypothèque, qui peut être poursuivie en quelques mains que la chose ait passé.

Non-seulement les immeubles corporels sont susceptibles de cette hypothèque, mais même les immeubles incorporels, tels que sont les droits réels, tels que les droits de rentes foncières, de censives, de fiefs, même les droits de justice.

Le droit d'hypothèque est lui-même susceptible d'hypothèque. *Pignus pignori dari potest.*

Les rentes constituées, dans les Coutumes telles que les nôtres, qui les réputent immeubles, sont aussi susceptibles d'hypothèque.

Les offices domaniaux et les offices vénaux de judicature et de finances, en sont aussi susceptibles; mais le sceau des provisions que le roi en donne, purge les hypothèques des créanciers qui n'ont pas eu la précaution d'y faire opposition.

La fin de l'hypothèque étant de vendre la chose hypothéquée, pour être payé sur le prix, il suit de-là que les choses, qui ne peuvent être vendues, n'étant pas dans le commerce, ne sont pas susceptibles d'hypothèque. *Eam rem, quam quis emere non potest....., jure pignoris accipere non potest* : l. 1, § 2, *quæ res pig. vel hyp. dat.*

Cela n'empêche pas que le droit d'usufruit ne soit susceptible d'hypothèque, car il peut se vendre. Si on dit qu'il ne peut passer d'une personne à une autre, *personam usufructuarii non egreditur;* c'est *subtilitate juris*, que l'étranger, qui en est acquéreur, ne jouit pas de ce droit, *proprio jure*, comme d'un droit subsistant en sa personne; mais du chef et pendant la vie seulement de celui sur la tête de qui il a été constitué.

On considère, dans le droit d'usufruit, le droit même attaché à la personne de l'usufruitier, et l'émolument de ce droit, qui consiste en la perception des fruits de la chose sujette à ce droit; cet émolument est séparable de la personne de l'usufruitier en qui réside le droit; il peut se vendre, et est par conséquent susceptible d'hypothèque.

Les biens grevés de substitution ne sont pas absolument inaliénables; ils peuvent se vendre *cum causâ et onere fidei-commissi*; ils sont donc par conséquent susceptibles d'hypothèque, c'est-à-dire, d'une hypothèque qui s'éteindra par l'ouverture de la substitution, si elle a lieu.

Les offices de la maison du roi n'étant point des choses qui soient *in commercio nostro*, ne peuvent être susceptibles d'hypothèque.

### § II. Par qui les choses peuvent-elles être hypothéquées?

L'hypothèque étant un droit dans la chose, c'est une conséquence qu'il ne peut être accordé que par celui à qui la chose appartient, et qui en est le propriétaire; celui, qui ne l'est pas, ne pouvant pas transférer à un autre un droit dans une chose, qu'il n'a pas lui-même.

On dira peut-être que le propriétaire d'une chose n'a pas le droit d'hypothèque dans sa chose, *cùm nemini res sua pignori esse possit*, comment peut-il donc le donner à un autre? La réponse est facile. Le propriétaire d'une chose n'a pas, à la vérité, un droit d'hypothèque dans sa chose; dans la forme du droit d'hypothèque, il ne l'a pas *formaliter;* mais il a *eminenter*, c'est-à-dire, *non quidem jure hypothecæ, sed jure dominii*, tout ce en quoi le droit d'hypothèque consiste : car le droit d'hypothèque consiste dans le droit de tenir la chose hypothéquée, et de la vendre. Or, ce droit se trouve renfermé dans le *dominium* qu'a le propriétaire, qui contient principalement le droit de disposer de la chose, et par conséquent de la vendre. Puis donc qu'il a le droit de vendre la chose, il peut transférer ce droit à son créancier qui l'aura, non pas comme le propriétaire l'avait, *jure dominii et in re propriâ;* mais *jure hypothecæ et in re alienâ.*

Pour pouvoir hypothéquer une chose, il ne suffit pas d'en être propriétaire, il faut avoir la faculté d'en disposer; c'est pourquoi les interdits, les femmes sous puissance de mari, lorsqu'elles ne sont pas autorisées, les mineurs, ne peuvent pas hypothéquer leurs biens; parce que, quoiqu'ils en soient les propriétaires, ils n'ont pas la faculté d'en disposer.

De-là naît la question de savoir si, lorsqu'un mineur a contracté quelque engagement par acte devant notaires, sous l'hypothèque de tous ses biens; et qu'il le ratifie en majorité, le créancier a hypothèque du jour de l'acte, ou seulement du jour de la ratification; il semblerait que le créancier ne devrait avoir hypothèque que du jour de la ratification, et non du jour de l'acte fait en minorité, puisque, suivant ce que nous venons de dire, le mineur, n'ayant pas en ce temps la faculté de disposer de ses biens, ne pouvait pas les hypothéquer. Néanmoins, il faut décider que le créancier aura hypothèque du jour de l'acte fait en minorité; la raison est, que la loi n'interdisant aux mineurs la faculté de disposer de leurs biens, et de les hypothéquer que pour leurs propres intérêts, cette incapacité, en laquelle ils sont, d'en disposer et de les hypothéquer, n'est pas une incapacité absolue, mais relative à leurs intérêts : ils sont seulement incapables de disposer de leurs biens, et de contracter sous l'hypothèque de ces mêmes biens, en tant que la disposition qu'ils auraient faite, et l'engagement qu'ils auraient contracté, leur seraient désavantageux; mais, lorsqu'en ratifiant en majorité cet engagement, soit expressément, soit tacitement, par le laps de dix ans, sans prendre de lettres contre, ils ont reconnu qu'il ne leur était point préjudiciable; l'acte, et l'hypothèque dont il est accompagné, doivent être regardés comme ayant été véritablement contractés, et, par conséquent, le créancier doit avoir hypothèque du jour de l'acte.

Il faudrait décider autrement à l'égard d'une femme mariée, qui, pendant son mariage, se serait obligée par acte devant notaire, sans être autorisée, et depuis son veuvage, aurait ratifié cet acte : le créancier n'aurait hypothèque que du jour de la ratification; encore faut-il que cette ratification se fasse aussi par acte devant notaire : il ne pourrait la prétendre du jour de l'acte passé par la femme durant son mariage, parce que l'incapacité, en laquelle est une femme mariée, de contracter sans autorisation, est une inhabileté et une incapacité absolues, qui ne permettent pas que l'acte puisse être valide par la ratification, laquelle ne vaut que comme une nouvelle obligation; ce qui est absolument nul, ne pouvant pas être confirmé.

Quoiqu'il n'y ait que le propriétaire de la chose, qui la puisse hypothéquer, néanmoins, lorsqu'un tuteur de mineur, un curateur d'interdits, des fabriciers, des administrateurs d'hôpitaux, des syndics de communautés, contractent en ces qualités, pourvu qu'ils n'excèdent point les bornes de leur administration, ils hypothèquent les biens de ces personnes dont ils ont l'administration; ce qui n'est point contraire à notre proposition, car, lorsque ces tuteurs, curateurs et autres semblables administrateurs, contractent dans lesdites qualités, ce ne sont pas tant eux qui contractent, que les personnes ou communautés dont ils ont l'administration, qui sont censées elles-mêmes contracter par leur ministère, et hypothéquer elles-mêmes, par le ministère de ces tuteurs, curateurs, leurs biens : c'est pourquoi, même en ce cas, c'est le propriétaire de la chose qui en constitue l'hypothèque.

Il en est de même lorsque mon fondé de procuration, sans sortir des bornes de cette procuration, contracte, en cette qualité, par acte devant notaire; il n'est pas douteux qu'il hypothèque mes biens aux engagemens qu'il contracte en mon nom dans cette qualité; mais c'est moi-même qui suis censé, par son ministère, contracter l'engagement, et hypothéquer mes biens, en lui donnant ma procuration : j'ai par-là, dès-lors, consenti à l'engagement et à l'hypothèque qui en est l'accessoire.

*Quid?* si quelqu'un, sans procuration et se faisant fort de moi, avait contracté en mon nom quelque engagement par acte devant notaire, et que par la suite je ratifiasse, le créancier pourrait-il prétendre hypothèque sur mes biens, du jour du contrat, au préjudice de ceux qui auraient acquis des hypothèques sur mes biens, dans le temps intermédiaire entre le contrat et la ratification, ou s'il n'aurait hypothèque que du jour de la ratification? Il faut décider qu'il ne l'aura que du jour de la ratification. *Nec obstat* que les ratifications ont un effet rétroactif, suivant cette règle de droit : *Ratihabitio mandato comparatur. Qui mandat ipse fecisse videtur;* et qu'en conséquence, ayant ratifié, c'est tout comme si le contrat avait été fait en vertu de ma procuration, et comme si j'avais contracté moi-même par le ministère de celui qui a contracté en mon nom; car cet effet rétroactif n'a lieu qu'entre le créancier et moi, qui ai ratifié ce qui a été fait en mon nom; mais il ne peut avoir lieu au préjudice des tiers, qui ont acquis un droit d'hypothèque sur mes biens, dans le temps intermédiaire; car celui, qui a contracté en mon nom, n'ayant aucune qualité pour pouvoir m'engager et hypothéquer mes biens; ils ne l'étaient point avant que j'eusse ratifié, et par conséquent je les ai valablement hypothéqués à ces créanciers intermédiaires, et il n'a pas dû dépendre de moi de les priver de ce droit d'hypothèque qui leur était acquis, en ratifiant un acte que j'étais le maître de ne pas ratifier.

Dans le cas de la convention d'hypothèque de biens présens et à venir, il est évident qu'il suffit que le débiteur, qui est convenu d'accorder cette hypothèque, soit devenu propriétaire des choses, depuis la convention, pour qu'elles soient valablement hypothéquées; mais, lorsque la convention d'hypothèque était d'une chose certaine et spéciale, il fallait, suivant les principes du droit romain, pour que la convention fût valable, que le débiteur, qui en accordait l'hypothèque, en fût le propriétaire au temps de la convention, à moins que la convention n'eût été faite sous la condition, et au cas qu'il en deviendrait un jour le propriétaire; *l.* 15, § 1; *l.* 1, § 7, ff. *de pig. et hypoth.*

Quoique la convention d'hypothèque pure et simple d'une certaine chose, ne fût pas valable, et que, lorsque le débiteur en devenait par la suite le propriétaire, l'hypothèque n'en était pas pour cela validée : néanmoins, les lois subvenaient de différentes manières au créancier contre le débiteur, soit en accordant à ce créancier la rétention de la chose, lorsqu'il s'en trouvait en possession, soit même en lui accordant une action utile contre ce débiteur qui l'avait trompé; sur quoi, les lois font plusieurs distinctions dans lesquelles nous n'entrerons pas, parce qu'elles ne peuvent avoir d'application dans notre droit, suivant lequel toute convention d'hypothèque comprend toujours tous les biens présens et à venir. C'est pourquoi, dans notre droit, il faut tenir que, toutes les fois que j'ai contracté par acte devant notaire, il suffit, pour qu'un héritage soit hypothéqué, que j'en sois devenu propriétaire depuis que j'ai contracté, quoique je ne le fusse pas dans ce temps.

Mais, quoique la convention d'hypothèque fût valable auparavant que je fusse propriétaire, néanmoins elle n'a son effet, et elle n'acquiert au créancier un droit d'hypothèque sur les biens que j'ai pu acquérir depuis, que du jour que je les ai acquis : car je ne peux transférer de droit que dans les choses qui m'appartiennent.

De-là naît une question : J'ai contracté différens engagemens envers trois différens créanciers, en différens temps, sous l'hypothèque de mes biens présens et à venir, et j'ai ensuite acquis un certain héritage : ces trois différens créanciers viendront-ils par concurrence d'hypothèque sur cet héritage, ou suivant l'ordre des dates de leurs contrats? Il semblerait qu'ils devraient venir par concurrence; car ces trois différens créanciers ont acquis tous les trois leur hypothèque sur cet héritage, dans le même instant; savoir, lors de l'acquisition qui en a été faite, n'ayant pas pu l'acquérir plus tôt, *concurrunt tempore*, et par conséquent ils paraissent avoir un droit égal, et il semble que les jurisconsultes romains le pensaient ainsi. *Arg.*, l. 28, ff. *de jure fisc. Vid. Cujac. ad hanc legem.* Nonobstant ces raisons, la jurisprudence est constante parmi nous, que ces créanciers ne doivent pas concourir, mais qu'ils doivent être colloqués selon l'ordre des dates de leur contrat; la raison est, que le débiteur, en contractant avec le premier créancier, sous l'hypothèque de ses biens à venir, s'est interdit le pouvoir de les hypothéquer à d'autres, au préjudice de ce premier créancier; par conséquent, quoique ces créanciers acquièrent le droit d'hypothèque dans le même instant, le premier est cependant préféré au second, et le second au troisième, parce que le débiteur n'a pu accorder d'hypothèque à ce second créancier, ni ce second créancier en acquérir que sur ce qui resterait après la créance du premier acquittée; et il en faut dire de même du troisième à l'égard du second.

Il nous reste à observer que lorsque mon débiteur, qui a contracté avec moi, sous l'hypothèque de tous ses biens, a possédé un héritage qui a depuis passé en d'autres mains, par la vente qu'il en a faite, il suffit, pour fonder mon hypothèque, que je prouve que mon débiteur l'a possédé, parce que tout possesseur est présumé propriétaire, et par conséquent avoir pu valablement hypothéquer la chose par lui possédée, tant qu'il n'en paraît pas d'autre qui en réclame la propriété.

### § III. Pour quelles dettes peut-on hypothéquer?

Il ne peut y avoir d'hypothèque, s'il n'y a une dette qui subsiste, pour laquelle l'hypothèque ait été contractée; c'est ce qui résulte de la notion et de la définition que nous avons donnée de l'hypothèque.

Il suit de-là, que les contrats, que la loi déclare nuls, ne peuvent être accompagnés d'aucune hypothèque, parce qu'il ne résulte de ces contrats aucun engagement valable, aucune dette, et qu'il en faut une qui puisse leur servir de fondement, puis qu'elles ne peuvent subsister sans une dette dont elles soient un accessoire.

Suivant ces principes, il est décidé, par la loi 2, ff. *quæ res pig.*, que si quelqu'un a hypothéqué quelque chose pour l'emprunt qu'un fils de famille a fait contre le sénatus-consulte macédonien, ou pour l'obligation qu'une femme a subie pour autrui contre le sénatus-consulte velléien, telle hypothèque est nulle, parce que l'engagement de ce fils de famille, aussi bien que celui de cette femme est nul.

Suivant ces mêmes principes, on doit décider parmi nous, que si une femme, sous puissance de mari, a contracté sans être autorisée, les hypothèques qui auraient été accordées, soit par elle, soit par des tiers, pour raison de ce contrat qui est nul, le sont aussi.

On dira peut-être qu'il y a dans cette espèce une obligation de la femme dans le for de la conscience, et qu'une telle obligation doit être un fondement suffisant pour les hypothèques, puisque, suivant la loi 5, ff. *de pig. et hyp.*, on peut constituer des hypothèques pour des obligations purement naturelles; *et vel pro civili obligatione vel tantùm naturali.*

La réponse est, que les obligations naturelles, pour lesquelles cette loi permet de constituer hypothèque, sont celles qui naissaient des simples conventions, *ex nudis pactis*, qui n'étaient point revêtues de la forme de la stipulation, qui, selon les principes du droit romain, que nous ne suivons point, était nécessaire pour donner le droit d'action et de demande en justice. Ces obligations étaient appelées purement naturelles, parce qu'elles étaient insuffisantes pour donner le droit d'action; mais la loi ne les désapprouvait pas, elle ne les déclarait pas nulles; elles pouvaient donc servir de fondement à des hypothèques, mais celles, que la loi improuve et déclare nulles, ne peuvent y servir de fondement; ce qui est nul ne pouvant produire d'effet.

On peut constituer des hypothèques pour quelque dette que ce soit. Il n'importe quel soit l'objet de la dette : *Non tantùm ob pecuniam, sed et ob aliam causam pignus dari potest;* l. 9, § 1, ff. *de pig. act.*

On peut constituer des hypothèques, non-seulement pour sa propre dette, mais pour celle d'autrui, *sive pro suâ obligatione, sive pro alienâ;* l. 5, § 2, *de pig. et hyp.*

On peut constituer des hypothèques, même pour une dette qui n'est contractée que sous une condition qui n'est point encore arrivée : *Rem hypothecæ dari posse sciendum est...... Sive pura est obligatio vel in diem, vel sub conditione, dict. l.* 5.

Mais, de même que la dette est en suspens jusqu'à l'échéance de la condition, l'hypothèque sera aussi en suspens. Si la condition vient à défaillir, il n'y aura point eu d'hypothèque, ne pouvant y en avoir sans dette; que si la condition existe, la dette étant censée, en ce cas, valablement contractée dès le temps du contrat, par l'effet rétroactif qu'on donne aux conditions, l'hypothèque aura aussi effet du jour qu'elle a été constituée.

On peut même constituer des hypothèques pour une dette qui n'a point été contractée, mais qu'on contractera, *et futuræ obligationis nomine. Dict. leg.* 5; mais, comme il ne peut y avoir d'hypothèque qu'il n'y ait une dette, cette hypothèque n'aura lieu que du jour que la dette aura été contractée.

C'est pourquoi si, aujourd'hui, premier d'avril, je suis convenu que tel héritage vous serait spécialement hypothéqué pour une somme de 10,000 liv. que vous me prêteriez, et que vous ne m'ayez compté cette somme que le premier septembre suivant, l'hypothèque n'aura lieu que du premier septembre, parce que n'ayant commencé à être débiteur envers vous de cette somme, que du jour que je l'ai reçue, l'hypothèque n'a pu naître plus tôt, ne pouvant pas y avoir d'hypothèque avant qu'il y ait une dette.

De-là il suit que, pour que l'hypothèque soit valablement contractée, il faut que j'aie été propriétaire de la chose, non pas précisément au temps que je suis convenu de vous accorder cette hypothèque, mais au temps que la dette a été contractée par la numération qui m'a été faite de l'argent; car, comme ce n'est qu'en ce temps que le droit d'hypothèque a pu être acquis au créancier, il faut que, dans ce même temps, la chose m'ait appartenu, pour pouvoir lui faire acquérir ce droit; *l.* 4, *ff. quæ res pig.*

# CHAPITRE II.

## *Des effets de l'hypothèque, et des actions qui en naissent.*

L'EFFET de l'hypothèque est d'affecter au total de la dette, la chose hypothéquée et chacune de ses parties, d'où il suit que, si mon débiteur aliène une partie de l'héritage qu'il m'a hypothéqué, j'ai hypothèque pour le total de ma dette sur la partie qu'il a aliénée, comme je l'ai pour le total sur la partie qu'il a conservée.

Par la même raison, si mon débiteur est mort, et a laissé quatre héritiers, entre lesquels l'héritage, qu'il m'a hypothéqué, a été partagé, j'ai hypothèque pour le total de ma dette, sur la part de chacun de ces quatre héritiers.

En cela, l'hypothèque est différente de l'obligation personnelle; car l'obligation de la personne se divise entre les héritiers du débiteur, au lieu que l'hypothèque, que le créancier a sur les biens, ne se divise point par le partage qui se fait de ces biens, parce qu'ils sont hypothéqués au total de la dette, non-seulement dans leur totalité; mais dans chacune de leurs parties, divisées ou indivisées.

La fin de l'hypothèque étant d'assurer au créancier sa dette, et de lui en procurer le paiement, par la vente de la chose hypothéquée, lorsque le débiteur est en demeure de satisfaire, le créancier a différens moyens pour parvenir à cette fin.

Lorsque la chose hypothéquée est en la possession du débiteur, et que le créancier, outre son droit d'hypothèque, a contre son débiteur un titre exécutoire, il peut, après avoir mis en demeure le débiteur, saisir réellement l'héritage hypothéqué, et en poursuivre la vente judiciaire.

Nous traiterons amplement de cette saisie-réelle dans notre *Traité de la procédure civile*, où nous renvoyons.

On appelle titre exécutoire un acte pardevant notaire, portant obligation, ou un jugement de condamnation.

Lorsque le créancier n'a point de titre exécutoire contre son débiteur qui possède les biens hypothéqués, soit parce que l'hypothèque, qu'il a contre ce débiteur, est une hypothèque tacite, qui ne résulte d'aucun titre exécutoire, soit parce que ce débiteur n'est que l'héritier de celui qui s'est obligé ou a été condamné envers le créancier, le créancier ne peut saisir les biens hypothéqués, qu'il n'ait assigné le débiteur, et obtenu contre lui un jugement de condamnation; ou qu'il ne se soit obligé au paiement de la dette, par acte devant notaire.

Le créancier a, pour cet effet, l'action personnelle hypothécaire contre les héritiers de son débiteur, qui sont en possession des biens hypothéqués.

Lorsque la chose hypothéquée n'est pas en la possession du débiteur, mais d'un tiers, le créancier ne la peut saisir sur ce tiers, qui n'est ni son obligé ni son condamné; il n'a que la voie d'action pour la lui faire délaisser, et, après le délais fait, le créancier la saisira sur un curateur qu'il fera établir au délais.

C'est de cette action et des autres, qui naissent de l'hypothèque, dont nous nous proposons principalement de traiter en ce chapitre.

On a coutume de distinguer trois actions, qui naissent de l'hypothèque : l'action hypothécaire simplement dite; l'action personnelle hypothécaire; et l'action d'interruption.

## SECTION PREMIÈRE.

### De l'action hypothécaire simplement dite.

L'action hypothécaire simplement dite, est celle, qu'a le créancier contre le tiers détenteur de l'héritage ou autre immeuble hypothéqué, aux fins que ce détenteur soit condamné à le délaisser, si mieux il n'aime satisfaire aux causes de l'hypothèque.

#### ARTICLE PREMIER.

#### *De la nature de l'action hypothécaire simplement dite. Par qui, et contre qui s'intente-t-elle?*

L'action hypothécaire n'est point une action personnelle, mais une action réelle, puisqu'elle ne naît d'aucune obligation que le défendeur ait contractée envers le demandeur, ces parties n'ayant jamais eu aucune affaire ensemble; mais elle naît du droit d'hypothèque, que le demandeur a dans la chose hypothéquée, et cette action contient la poursuite de ce droit contre le possesseur de la chose.

Cette action ne peut être intentée que par le créancier à qui ce droit appartient; et, comme toutes les autres actions réelles, elle ne peut être intentée que contre le possesseur de l'héritage ou d'autre immeuble sujet à ce droit, que le demandeur poursuit.

Le détenteur, contre qui doit s'intenter cette action est celui qui le possède comme propriétaire, *animo domini*, soit qu'il le soit effectivement, soit qu'il se déclare tel.

Si la demande a été donnée contre un fermier ou locataire, que le demandeur aurait trouvé en possession de l'héritage, ce fermier ou locataire doit être renvoyé de la demande, en indiquant le nom de celui, de qui il tient à ferme ou loyer; car ce n'est pas proprement le fermier ou locataire qui est le possesseur, c'est celui, de qui il tient à ferme ou loyer, qui possède par lui : *Possidemus per colonos nostros aut inquilinos*.

Lorsque le propriétaire d'un héritage hypothéqué a créé un droit d'usufruit sur l'héritage, l'action hypothécaire doit être donnée contre le propriétaire; car c'est lui qui possède l'héritage : l'usufruitier possède ou est en quasi-possession de son droit d'usufruit dans l'héritage, plutôt qu'il ne possède l'héritage même; c'est pourquoi, si le créancier avait donné l'action contre l'usufruitier qu'il trouve en possession, il faudrait, sur l'indication qu'il donnerait du nom du propriétaire, mettre ce dernier en cause; mais l'usufruitier ne serait pas mis hors de cause, et le créancier pourrait conclure tant contre l'usufruitier, que contre le propriétaire, parce que l'usufruitier a un droit dans la chose, en quoi il est différent du simple fermier.

Loyseau, néanmoins, *liv.* 3, *ch.* 3, *n.* 2, décide, contre notre opinion, que l'action hypothécaire ne doit pas être donnée contre le propriétaire de l'héritage chargé d'usufruit, mais contre l'usufruitier : ce que je ne pense pas véritable.

Que si le propriétaire de l'héritage hypothéqué, depuis la création de l'hypothèque, l'a donné à titre de cens, d'emphytéose, ou de rente foncière, l'action doit être donnée contre le détenteur, qui le tient à quelqu'un desdits titres, de cens, d'emphytéose ou de rente foncière, et non contre le seigneur dudit cens ou rente; car c'est celui, qui le tient à ces titres, qui est vraiment propriétaire et possesseur de l'héritage dont il a le domaine utile; le seigneur de cens, d'emphytéose ou de rente foncière, ne possède pas proprement l'héritage, mais le droit qu'il s'est retenu dessus.

Lorsque l'héritage hypothéqué appartient à une femme mariée, l'action doit être donnée contre le mari et la femme; elle ne peut être donnée contre la femme seule, parce qu'on ne peut donner d'action contre une femme seule, lorsqu'elle est en puissance de mari, ni contre le mari seul, parce que le mari est à la vérité possesseur des héritages propres de sa femme, car il ne l'est pas *nomine proprio*, mais en sa qualité de mari et du chef de sa femme; ainsi la propriété en appartient à sa femme. Or, toutes les actions, pour raison de la propriété des propres de la femme, qui tendent à la dépouiller de sa propriété, ne peuvent être données contre le mari seul.

L'action hypothécaire ne peut être intentée, avant que le terme de paiement de la dette, pour laquelle l'héritage est hypothéqué, soit échu, en quoi elle diffère de l'action d'interruption, qui peut s'intenter même avant l'échéance de la condition.

### ARTICLE II.

### *De l'exception de discussion et des autres qui peuvent être opposées contre l'action hypothécaire.*

Le tiers détenteur de l'héritage hypothéqué, qui est assigné en action hypothécaire, peut ordinairement, avant contestation en cause, opposer au demandeur l'exception de discussion.

#### § I. De la nature de cette exception, et en quel temps peut-elle être opposée?

Cette exception arrête la demande, jusqu'à ce que le demandeur en action hypothécaire ait discuté les biens de son débiteur et des cautions de ce débiteur, pour se procurer le paiement de sa créance.

Cette exception est dilatoire et non pas péremptoire, car elle ne fait que différer l'action hypothécaire; elle ne la détruit pas; et le demandeur, après la discussion par lui faite des biens de son débiteur et de ses cautions, pourra suivre son action hypothécaire, si cette discussion ne lui a point procuré le paiement de sa dette.

De-là il suit que, suivant la règle commune à toutes les exceptions dilatoires, cette exception doit être opposée avant la contestation en cause. Loyseau le décide ainsi, *l. 3, ch. 8, n. 26*, et il dit que, lorsque cette exception n'a été proposée qu'après contestation, le juge ne doit pas surseoir à faire droit sur la demande jusqu'après la discussion ; mais il veut que le juge, en ce cas, condamne à délaisser, en ajoutant : *après discussion faite des biens du débiteur*.

Il y a néanmoins quelques auteurs, qui prétendent qu'elle peut être opposée depuis la contestation en cause, et même depuis la sentence rendue sur l'action hypothécaire; mais je ne vois pas quel peut être le fondement de cet avis.

§ II. Par qui, et à l'égard de quelles créances cette exception peut-elle être opposée ?

Cette exception ne s'oppose que par les tiers détenteurs, qui ne sont point obligés personnellement à la dette, n'ayant point acquis à cette charge.

Au reste, ils ne sont pas censés y être personnellement obligés, pour en avoir eu connaissance, ou même pour avoir été chargés de l'hypothèque seulement, et non de la dette, comme l'observe fort bien Loyseau, en son *Traité du déguerpissement*, liv. 3, chap. 8, n. 14. C'est pourquoi, ils ne laissent pas, en ces cas, de pouvoir opposer la discussion.

Cette exception ne peut s'opposer par ceux qui sont personnellement tenus de la dette, pour quelque petite partie que ce soit.

Dans certaines Coutumes, les simples tiers détenteurs n'ont pas même le droit d'opposer cette exception contre certaines créances hypothécaires.

Dans la Coutume de Paris, elle n'a lieu qu'à l'égard des créances hypothécaires de sommes exigibles; elle ne s'oppose point contre les créanciers de rentes, soit que le créancier ait une hypothèque spéciale sur l'héritage pour lequel l'action hypothécaire est donnée, soit qu'il n'ait qu'une hypothèque générale : c'est ce qui est dit en termes formels, par l'*art.* 101. *Les détenteurs et propriétaires d'aucuns héritages obligés ou hypothéqués à aucunes rentes, sont tenus hypothécairement icelles payer..... sans qu'il soit besoin d'aucune discussion.*

Cet article ne distingue point si l'hypothèque est spéciale ou seulement générale. Il dit en termes généraux : *d'aucuns héritages obligés ou hypothéqués à aucunes rentes;* d'où il suit qu'aux termes de cet article, on ne peut opposer la discussion aux créanciers de rentes, quand même ils n'auraient qu'une hypothèque générale.

Laurière, contre le texte formel de cet article, n'a pas laissé d'avancer que les créanciers de rentes étaient obligés à la discussion dans la Coutume de Paris ; la raison, sur laquelle il se fonde, est que la Coutume n'a dispensé de la discussion les créanciers des rentes, que parce qu'autrefois les rentes constituées étaient regardées comme des charges réelles des héritages, et de la même nature que les rentes foncières; qu'aujourd'hui qu'elles sont considérées différemment, les créanciers de ces rentes devaient être sujets à la discussion. Cet avis de Laurière n'est pas suivi, et est contredit par tous les commentateurs, Duplessis, Lemaître, etc., et avec raison; car, quoique les rentes constituées soient considérées différemment de ce qu'elles étaient autrefois, la disposition de la Coutume, qui dispense de la discussion les créanciers de rentes, n'en subsiste pas moins.

Dans notre Coutume, les tiers détenteurs peuvent opposer la discussion aux créanciers de rentes, lorsqu'ils n'ont qu'une hypothèque générale : pour qu'ils ne puissent l'opposer, il faut que deux choses concourent : 1° que la créance hypothécaire soit une rente; 2° que l'hypothèque soit une hypothèque spéciale. C'est ce qui résulte de l'*art.* 436 de la Coutume d'Orléans.

Dans les Coutumes, qui ne s'en expliquent pas, les tiers détenteurs peuvent opposer la discussion contre toutes les actions hypothécaires, quelle que soit la créance hypothécaire, créance exigible ou rente, et quelle que soit l'hypothèque générale et spéciale; car l'exception de discussion est de droit commun, et par conséquent elle doit avoir lieu tant qu'il n'y a quelque loi ou Coutume qui contienne quelque cas d'exception. C'est le sentiment de Loyseau, *liv.* 3, *chap.* 8, *n.* 5, 6, 7, qui prétend même qu'il y aurait lieu à la discussion dans les Coutumes qui ne s'en expliquent pas, quand même l'héritage n'aurait pas été spécialement hypothéqué à la rente, mais qu'il y aurait clause d'assignat, par laquelle la rente aurait été créée spécialement à prendre sur les revenus de l'héritage, cette clause d'assignat n'empêchant pas que l'obligation de l'héritage ne soit qu'accessoire à la personnelle.

Si le créancier avait été nanti de l'héritage, quand même la possession, en laquelle on l'aurait mis de cet héritage, ne serait qu'une possession feinte et civile, l'acquéreur, qui aurait acquis cet héritage du débiteur, et s'en trouverait en possession réelle, ne pourrait opposer la discussion, le créancier n'ayant pas dû être dépossédé. C'est le sentiment de Loyseau, au même droit.

On doit suivre, sur les cas auxquels la discussion doit avoir lieu ou non, la Coutume du lieu où est situé l'héritage hypothéqué; car l'exemption ou la nécessité de la discussion dans certains cas, sont des effets de la plus grande ou de la moindre vertu de l'hypothèque. Or, il est évident que c'est à la Coutume, qui régit l'héritage, à régler la nature et l'étendue des différens droits qu'on peut avoir dans l'héritage; quand même il serait expressément porté par le contrat, que le créancier aurait une hypothèque sur tous les biens ou certains biens du débiteur, contre laquelle l'exception de discussion ne pourrait être opposée, les tiers détenteurs de ces biens ne laisseraient pas de pouvoir l'opposer : car cette clause, dans un contrat où ce tiers détenteur n'était point partie, ne peut lui préjudicier, ni lui ôter un droit qui lui est accordé par la loi : *Privatorum pactis juri publico derogari non potest.*

§ III. Quels biens le créancier est-il obligé de discuter, et aux frais de qui?

Le créancier, à qui on oppose la discussion, doit faire vendre les meubles de son débiteur principal et des cautions, ou rapporter un procès-verbal de *carence* des meubles.

Il est obligé aussi de discuter leurs immeubles, mais seulement ceux, qui lui sont indiqués par celui qui lui oppose la discussion; car il n'est point obligé de les connaître.

Il en est de même des dettes actives de son débiteur, et même des meubles corporels qui seraient ailleurs qu'en la maison de son débiteur; le créancier, n'étant point obligé de les connaître, n'est obligé de les discuter qu'autant qu'ils lui sont indiqués.

Le créancier n'est point obligé de discuter les biens de ses débiteurs et cautions qui sont hors le royaume.

Il n'est point obligé de discuter ceux qui sont litigieux, et dont la propriété est contestée à son débiteur; car il ne doit pas être obligé d'attendre la fin d'un procès, ni à soutenir le procès.

Enfin, le tiers détenteur, contre qui le créancier a donné son action, ne peut obliger le créancier à discuter les biens d'autres que de ses débiteurs et cautions, et il ne peut le renvoyer contre les autres tiers détenteurs d'héritage, pareillement obligés à sa créance, soit qu'ils aient été aliénés les premiers ou les derniers.

Loyseau, *liv.* 3, *chap.* 8, *n.* 29, dit néanmoins que, lorsque le créancier a une hypothèque spéciale sur un héritage possédé par un tiers détenteur, et qu'il a donné sa demande contre le détenteur d'un héritage sur lequel il n'a qu'une hypothèque générale, ce détenteur peut le renvoyer à la discussion de l'héritage spécialement hypothéqué. Ce qui est fondé sur la loi 9, *cod. de dist. pig.*, et d'autres, qui décident que le créancier doit commencer par vendre les hypothèques spéciales, avant que de venir aux générales; mais cette décision de Loyseau ne reçoit plus d'application, au moyen de la clause, que l'on ne manque jamais d'insérer, que la spéciale hypothèque ne nuira point à la générale, laquelle clause donne le pouvoir au créancier de discuter les hypothèques générales, si bon lui semble, avant les spéciales; et cette clause est devenue tellement de style, et passée en usage, que plusieurs auteurs disent, que quand elle aurait été omise, elle devrait être sous-entendue.

Il nous reste à observer que la discussion doit se faire aux frais de celui qui l'oppose, et que le créancier, à qui on indique des héritages du débiteur à discuter, est fondé à demander que celui, qui oppose la discussion, lui fournisse une somme de deniers pour frayer à la saisie réelle qu'il en fera, faute de quoi il doit être dispensé de la discussion des immeubles.

§ IV. De l'exception qui peut être opposée contre l'action hypothécaire, pour raison des impenses faites à l'héritage.

Le tiers détenteur peut opposer par exception contre l'action hypothécaire, qu'il a fait des impenses nécessaires à l'héritage hypothéqué, et qu'il ne peut être contraint à le délaisser, qu'il ne soit remboursé desdites impenses, ou du moins que le créancier ne lui donne caution de faire monter l'héritage à si haut prix, qu'il en soit remboursé sur le prix.

Cette exception est fondée sur cette règle de l'équité naturelle, que personne ne doit s'enrichir aux dépens d'autrui : *Neminem æquum est cum alterius detrimento locupletari.* Le détenteur ayant conservé le gage par les impenses nécessaires qu'il a faites, le créancier n'en doit pas profiter aux dépens de ce détenteur, et doit par conséquent les lui rembourser.

Nous ne comprenons point, dans ces impenses nécessaires, les impenses de simple entretien : le tiers détenteur ayant joui et perçu les fruits de l'héritage, n'a pas de répétition de ces impenses, qui sont une charge des fruits qu'il a perçus; il ne serait pas même recevable à les demander, en offrant de compter des fruits, s'il prétendait qu'elles excédassent les fruits : car, comme ces impenses sont faites pour les fruits dont il aurait eu le bénéfice, s'ils eussent excédé les impenses, la charge de ces impenses doit le regarder, n'ayant été faites que *propter ipsius negotium, et non propter negotium creditoris hypothecarii,* à qui il ne devait point compte des fruits. C'est de ces impenses qu'il est parlé en la loi 40, § 1, ff. *de damno inf.*, suivant le sentiment de Cujas et de Loyseau.

Suivant les principes du droit romain, le détenteur n'était point obligé à délaisser l'héritage, qu'on ne lui en eût au préalable remboursé, non-seulement les impenses nécessaires, mais même les utiles; avec cette seule différence entre les nécessaires et les utiles, que ces dernières ne lui devaient être remboursées que jusqu'à concurrence de ce que l'héritage s'en trouverait plus précieux. C'est la décision de la loi 29, § 2, ff. *de pig. et hypoth.*

Suivant notre droit, le détenteur doit aussi être remboursé des impenses nécessaires, et même des impenses utiles, eu égard à ce que lesdites impenses utiles ont rendu l'héritage plus précieux, c'est-à-dire, eu égard à ce qu'il sera vendu de plus; autrement le créancier profiterait aux dépens de ce détenteur, ce que l'équité naturelle ne permet pas; mais Loyseau prétend que la loi 29, qui accorde à ce débiteur le droit de retenir l'héritage jusqu'à ce remboursement, ne doit point être suivie dans notre droit, et qu'on doit seulement lui accorder le droit d'être payé à l'ordre des impenses nécessaires, par privilége, sur tout le prix; et des utiles, par privilége, sur la plus value du prix, par rapport auxdites impenses. La raison de différence entre le droit romain et le nôtre, est que, par le droit romain, un créancier n'avait pas droit de vendre le gage, avant qu'il eût satisfait les créanciers antérieurs ou plus privilégiés que lui; mais, suivant notre droit, le dernier créancier pouvant vendre le gage, ce détenteur, quoique privilégié pour ses impenses, ne peut se dispenser de délaisser au créancier l'héritage pour être vendu, sauf à ce détenteur à exercer à l'ordre son privilége sur le prix, pour les impenses qui lui sont dues.

Néanmoins, comme il ne serait pas juste que ce détenteur perdît ses impenses, si les frais du décret absorbaient le prix de l'héritage, je pense que, si le demandeur n'est pas condamné à lui rendre préalablement le prix de ses impenses, au moins il doit être condamné à lui donner caution que l'héritage montera à si haut prix qu'il en sera payé, sans encourir les risques d'aucuns frais de saisie et de criées.

Comme la saisie réelle peut durer fort long-temps, il est juste aussi que le détenteur soit payé à l'ordre, non-seulement du prix principal de ses impenses, mais des intérêts.

Le détenteur doit, à cet effet, demander, dès avant le délais, l'estimation desdites impenses, par experts nommés tant par le demandeur que par lui.

Si les impenses utiles étaient de nature à pouvoir s'enlever, et que le détenteur, pour éviter la discussion de leur liquidation, voulût les enlever, on ne pourrait le lui refuser.

A l'égard des impenses voluptuaires, le détenteur n'en peut demander le remboursement; mais on ne peut lui refuser la faculté de les enlever, si cela se peut sans détérioration.

§ V. De l'exception qui résulte de la garantie.

Lorsqu'un créancier, qui a un droit d'hypothèque sur un héritage possédé par un tiers détenteur, se trouve, de quelque manière que ce soit, personnellement obligé envers ce tiers détenteur, à la garantie de cet héritage, cette obligation de garantie résiste à l'action hypothécaire qu'il a contre ce détenteur, et fournit à ce détenteur une exception qui détruit cette action.

*Par exemple :* si Pierre m'a vendu un héritage hypothéqué à une créance que Jacques a contre Jean, à qui cet héritage a autrefois appartenu, et que Jacques devienne par la suite héritier de Pierre qui me l'a vendu ; quoique Jacques, de son chef, ait une hypothèque sur cet héritage que je possède, et en conséquence ait droit de donner l'action hypothécaire contre moi, néanmoins il ne pourra utilement la donner, parce qu'en sa qualité d'héritier de Pierre mon vendeur, il se trouve obligé envers moi, ainsi que l'était Pierre, à me défendre de tous troubles par rapport à cet héritage, et par conséquent à faire cesser la propre demande qu'il avait droit, de son chef, d'intenter contre moi ; de même que cette obligation de garantie, dont Jacques, comme héritier de Pierre mon vendeur, est tenu envers moi, m'aurait donné une action de garantie contre lui pour faire taire et cesser les actions hypothécaires, qui auraient pu être données contre moi par d'autres créanciers ; de même elle me donne une exception péremptoire contre sa propre demande : car, *qui habet actionem, multò magis debet habere exceptionem*.

Lorsque le créancier, qui a donné contre moi l'action hypothécaire, n'est héritier que pour partie, de mon vendeur, *par exemple,* pour un quart, il ne doit être exclus de son action hypothécaire, que pour la partie dont il est héritier ; c'est pourquoi je dois être condamné, en ce cas, à lui délaisser l'héritage pour les trois quarts, si mieux je n'aime payer les causes de l'hypothèque pour ces trois quarts ; car, n'étant obligé à la garantie envers moi, que pour le quart dont il est héritier de mon vendeur, il ne peut être obligé de m'acquitter que pour cette partie, soit du délais de l'héritage, soit du paiement des causes de l'hypothèque, si je voulais le conserver.

Si ce créancier, en même temps qu'il est héritier pour un quart de mon vendeur, est aussi *biens-tenant,* c'est-à-dire, possesseur d'immeubles de la succession de mon vendeur, hypothéqués à ma garantie, il doit être déclaré personnellement pour la part dont il est héritier de mon garant, et hypothécairement comme biens-tenant de mon garant, non recevable en sa demande, sauf à lui à se faire faire raison par ses cohéritiers, pour chacun leur part, de ce qu'il souffre d'être exclus de la demande qu'il avait de son chef contre moi.

Suivant ces principes, quoiqu'une femme ait, pour ses reprises et conventions matrimoniales, hypothèque sur les biens de son mari, du jour de son contrat de mariage, et qu'elle ait en conséquence l'action hypothécaire contre les tiers détenteurs, qui auraient acheté quelques biens de son mari, pendant le mariage : néanmoins, si elle accepte la communauté, comme, en sa qualité de commune, elle est tenue, pour sa part en la communauté, de l'obligation de garantie que son mari a contractée durant le mariage envers ces acquéreurs, et qui est, par conséquent, une dette de la communauté, elle doit être, pour cette part, non recevable en son action hypothécaire.

L'exception, qui résulte de la garantie, a lieu, non-seulement lorsque le demandeur en action hypothécaire se trouve personnellement obligé à la garantie de l'héritage, mais encore lorsqu'il se trouve seulement possesseur d'héritages hypothéqués à cette garantie, comme si Pierre m'a vendu un héritage hypothéqué à Jacques, pour une dette de Paul, à qui cet héritage avait auparavant appartenu; qu'ensuite ledit Pierre vende audit Jacques, d'autres héritages, hypothéqués par conséquent à la garantie que Pierre est tenu de me prêter pour celui qu'il m'a précédemment vendu, si ce Jacques donne contre moi l'action hypothécaire, je lui opposerai pour exception contre sa demande, qu'il est possesseur d'héritages sujets à la garantie de celui dont il veut m'évincer.

Mais il y a cette différence entre l'exception que l'on a contre celui qui est personnellement tenu à la garantie, et celle que l'on a contre celui qui est seulement possesseur d'héritages hypothéqués à cette garantie, que la première l'exclut absolument de son action; ou pour le total, s'il est obligé pour le total à la garantie, ou pour partie, s'il n'est tenu de la garantie que pour partie : au lieu que l'autre ne l'exclut pas absolument de son action, mais lui laisse la faculté de la suivre, après qu'il aura abandonné les héritages sujets à la garantie qui est due au tiers détenteur, pour raison de l'héritage qu'il veut lui évincer par son action hypothécaire, pour, par ce tiers évincé, vendre lesdits héritages sujets à la garantie, pour les dommages et intérêts qui lui sont dus, résultans de l'éviction qu'il a soufferte.

### § VI. De l'exception *cedendarum actionum*.

Le tiers détenteur, en payant le créancier, qui a donné l'action hypothécaire contre lui, a droit de se faire subroger à tous les droits, actions et hypothèques de ce créancier.

Il peut les exercer, non-seulement contre le débiteur et autres personnellement obligés, mais aussi contre les autres détenteurs d'héritages pareillement hypothéqués à la dette qu'il a payée.

Il ne peut pas néanmoins les exercer solidairement contre ces tiers détenteurs, car il se ferait un circuit d'actions; le détenteur, qui paierait le total de la dette à ce premier cessionnaire des actions du créancier, devrait à son tour être subrogé aux actions et hypothèques du créancier; et, en vertu de la subrogation, il exercerait les mêmes actions contre le détenteur, à qui il a payé la dette, que ce détenteur a exercée contre lui, et lui ferait rendre ce qu'il a reçu de lui.

Pour éviter cet inconvénient, le tiers détenteur, qui a payé le créancier, et s'est fait céder ses actions, ne doit pas agir solidairement contre les autres détenteurs, mais les faire contribuer avec lui à la dette qu'il a payée, au *prorata* de ce que chacun possède d'héritages hypothéqués à cette dette.

Il ne peut y avoir lieu à cette contribution, lorsque le détenteur, qui a payé le créancier, et les détenteurs des autres héritages, les ont acquis du même vendeur; car, en ce cas, ou le détenteur, qui a payé le créancier, a acquis avant les autres, ou depuis : s'il a acquis depuis, son héritage étant hypothéqué à la garantie des héritages acquis par les précédens acquéreurs, il ne peut exercer aucun recours contre eux, parce que, comme possesseur d'un héritage hypothéqué à la garantie des leurs, il est tenu hypothécairement de faire cesser sa propre demande qu'il donnerait contre eux. S'il a acquis au contraire avant eux, les héritages des autres détenteurs se trouvant hypothéqués à la garantie du sien, il a de son chef, contre eux, une action hypothécaire pour être acquitté en total de celle qui a été donnée contre lui par le créancier du vendeur, et il n'a pas, par conséquent, besoin de la subrogation aux actions de ce créancier, pour les faire contribuer à la dette de ce créancier, qu'il a acquittée.

Le cas de la contribution entre le détenteur, qui a payé le créancier, et les détenteurs des autres héritages hypothéqués à la même dette, est lorsque ces détenteurs ont acquis de différens vendeurs. *Finge :* un débiteur, qui possédait quatre héritages hypothéqués à Pierre, a laissé quatre héritiers, Mathieu, Marc, Luc et Jean, qui ont chacun un de ces héritages dans leur lot de partage; chacun de ses héritiers a vendu l'héritage qui lui était échu, à quatre différens particuliers. Dans cette espèce, si celui, qui a acquis de Mathieu, est assigné par le créancier en action hypothécaire, après avoir payé, il agira en recours contre ceux qui ont acquis de Marc, Luc et Jean. C'est le cas de la contribution.

*Quid?* si le créancier, qui a donné l'action hypothécaire contre le détenteur qui a acquis de Mathieu, avait acquis lui-même un héritage hypothéqué à sa créance, de l'un des autres héritiers, le détenteur assigné pourrait-il opposer, par exception, que ce créancier, comme détenteur lui-même de l'un des héritages hypothéqués à sa dette, y doit contribuer et en doit faire sur lui confusion d'une partie, au *prorata* de ce qu'il possède? La raison de douter, est, que ce créancier pourrait alléguer, pour s'en défendre, que cet héritage n'est plus hypothéqué à sa dette, ayant cessé de l'être lorsqu'il en est devenu propriétaire, *cùm res sua nemini pignori esse possit*. Nonobstant cette raison, Dumoulin et Loyseau décident que le créancier doit faire confusion d'une partie de sa dette, au *prorata* de cet héritage qu'il possède, parce qu'en l'acquérant, il s'est mis, par son fait, hors d'état de céder au défendeur son hypothèque qu'il était tenu de lui céder sur cet héritage; c'est pourquoi, comme il ne peut, par son fait, préjudicier au défendeur, il doit confondre sur lui la même portion de sa dette, pour laquelle le défendeur aurait pu avoir recours, si cette hypothèque eût subsisté; l'exception, que le défendeur a pour cet effet contre le créancier, s'appelle exception *cedendarum actionum*, parce qu'elle a pour fondement la cession du droit qu'il avait d'exiger de l'hypothèque sur cet héritage acquis par le créancier, que le créancier a éteint en acquérant, et qu'il ne peut plus céder.

Cette exception *cedendarum actionum*, qui milite contre le créancier demandeur en action hypothécaire, n'a lieu que lorsque le créancier a acquis l'héritage hypothéqué à sa dette, depuis que le défendeur a acquis le sien. Si le créancier l'avait acquis auparavant, l'hypothèque sur l'héritage acquis par le créancier, ayant été éteinte avant que le défendeur eût acquis le sien, le défendeur n'aurait jamais eu de recours à espérer sur l'héritage acquis par le créancier, et par conséquent il ne pourrait lui imputer qu'il en avait éteint l'hypothèque en l'acquérant.

### ARTICLE III.

### *De l'effet de l'action hypothécaire.*

L'effet de cette action est de faire condamner le tiers détenteur à délaisser l'héritage hypothéqué.

Le tiers détenteur peut néanmoins éviter ce délais, soit avant la sentence, soit même après qu'il y a été condamné, en offrant au créancier le paiement de sa créance, si c'est une créance d'une somme exigible : mais il faut que le paiement, qu'offre le détenteur, pour éviter le délais, soit le paiement de toute la dette à laquelle l'héritage est hypothéqué, et de tous les accessoires de cette dette; c'est-à-dire, de tous les intérêts et frais. Pour peu qu'il restât quelque chose de dû, il serait tenu au délais de tout ce qu'il possède; les biens hypothéqués étant hypothéqués en total, non-seulement à toute la dette, mais à tout ce qui peut en rester dû, quelque peu qu'il en reste.

Lorsque c'est une rente, à laquelle l'héritage est hypothéqué, le tiers détenteur, pour éviter le délais, doit non-seulement offrir de payer tous les arrérages qui en sont dûs, et les frais qui peuvent être dûs au créancier, pour raison de ladite rente, mais il doit encore offrir au créancier de passer un titre nouvel pardevant notaire, par lequel il s'oblige à continuer la rente, tant qu'il sera détenteur de l'héritage hypothéqué.

Le tiers détenteur d'un héritage hypothéqué à une rente, ne devant, pour éviter le délais, s'obliger à la rente que tant qu'il est détenteur, si, par l'erreur du notaire (comme il arrive assez souvent), il était dit purement et simplement qu'il s'oblige à la rente, il serait néanmoins présumé s'y être obligé seulement pour le temps qu'il serait détenteur.

Il y a plus : quand même le titre nouvel porterait formellement qu'il s'est obligé à la continuation de la rente pour toujours, et tant qu'elle aurait cours, on présumerait encore favorablement que ces termes se seraient glissés par erreur et par style de notaire, parce qu'on croit difficilement qu'un homme ait voulu s'obliger à plus qu'il ne doit, à moins qu'il ne parût quelque cause, pour laquelle il aurait augmenté son obligation, et se serait ainsi obligé à payer la rente indéfiniment, et tant qu'elle aurait cours. *Putà,* s'il avait reçu quelque chose pour cela, qu'on lui eût remis des arrérages. C'est le sentiment de Loyseau, *liv.* 4, *chap.* 4, *n.* 15 *et* 16.

Le détenteur ayant la faculté d'éviter le délais, en offrant de payer, ou de passer titre nouvel; dans les sentences qui interviennent sur des actions hypothécaires, et qui condamnent le détenteur à délaisser les héritages hypothéqués, il y a toujours la clause : *Si mieux n'aime payer,* ou, *si mieux n'aime passer titre nouvel, etc.*

Quand même cette clause ne serait pas dans la sentence, elle y doit être toujours sous-entendue, car elle est de la nature de l'action hypothécaire, le créancier n'ayant aucun autre intérêt au délais des héritages hypothéqués, que de se procurer le paiement de sa dette, en les faisant vendre ; il est mis hors d'intérêt, et ne peut plus prétendre ce délais, lorsqu'on offre de le payer.

Observez que le paiement de la dette hypothécaire n'est, de la part du détenteur de l'héritage hypothéqué, que *in facultate solutionis,* pour éviter le délais : il n'est pas *in obligatione;* car le tiers détenteur n'est point débiteur de cette dette, il ne l'a point contractée, ni succédé ou participé aux obligations personnelles de ceux qui l'ont contractée. On ne laisse pas néanmoins de conclure assez souvent contre le tiers détenteur, qu'il soit tenu de payer la dette hypothécaire, si mieux il n'aime délaisser, et de rendre des sentences conformes à ces conclusions; mais ces conclusions et ces prononciations ne sont pas exactes dans l'élocution : c'est mettre la charrue devant les bœufs. Loyseau, *liv.* 3, *chap.* 4. Au reste, elles n'en sont pas moins valables; et, nonobstant le renversement d'ordre dans l'élocution, c'est le délais qui est considéré comme l'objet, et des conclusions, et de la prononciation; le paiement de la dette n'est qu'une faculté accordée au détenteur, pour éviter le délais.

Le tiers détenteur ne peut être condamné à autre chose qu'au délais de l'héritage, en l'état qu'il se trouve : il n'est point tenu des dégradations qu'il y a faites avant la demande; car il a pu négliger un héritage qui lui appartenait, et le dégrader.

Cette décision a lieu, quand même ce tiers détenteur aurait eu connaissance de l'hypothèque, et même dans le cas auquel il aurait été déjà assigné en interruption, et que l'héritage aurait été déclaré hypothéqué; car, tant qu'on ne donne pas contre lui de demande hypothécaire, aux fins de délaisser l'héritage, il demeure maître de faire de son héritage ce que bon lui semble; et il peut penser que le créancier trouve son débiteur personnel suffisant.

Elle a aussi lieu, quand même il aurait retiré du profit de ces dégradations. Par exemple, si le tiers détenteur a abattu des bois de haute futaie, et les a vendus, il n'est point obligé à rapporter le prix qu'il en a touché.

Il y a plus : quand même ces bois abattus seraient encore sur la place, le créancier ne pourrait les prétendre; car, étant devenus meubles, ils n'ont plus de suite par hypothèque.

A plus forte raison, le tiers détenteur n'est point tenu au rapport des fruits qu'il a perçus avant la demande.

Mais il est tenu du rapport des fruits, et des dégradations qu'il a faites depuis la demande; car il devait délaisser aussitôt que la demande a été donnée contre lui; et le créancier ne doit pas souffrir de la demeure en laquelle le détenteur a été de délaisser.

Lorsque l'héritage est hypothéqué, soit généralement, soit même spécialement, à une rente constituée, le tiers détenteur n'est point obligé à payer les arrérages courus pendant le temps de sa détention, pour qu'il puisse délaisser, soit qu'il délaisse avant ou depuis la contestation en cause. Les *articles* 102 et 103 de la Coutume de Paris, et les *articles* 409 et 410 de la nôtre, qui obligent le détenteur d'un héritage sujet à la rente foncière, qui ne déguerpit qu'après contestation en cause, à payer des arrérages de son temps, ne doivent point s'étendre à l'action hypothécaire qui a lieu pour rentes constituées. C'est le sentiment de Loyseau, *liv.* 5, *chap.* 15, *n.* 8. La raison est, que les peines ne s'étendent point d'un cas à un autre; c'est pourquoi la peine de la contestation en cause, prononcée par ces Coutumes dans le cas de l'action en reconnaissance et paiement de rente foncière, ne doit pas s'étendre à l'action hypothécaire.

Cette décision, que le tiers détenteur qui délaisse n'est pas obligé de payer les arrérages de la rente constituée, courus pendant son temps, a lieu, quand même il aurait eu connaissance de la rente, et quand même il aurait été expressément chargé, non de la rente, mais de l'hypothèque, suivant que l'enseigne Loyseau. Et, en cela, la rente constituée est différente de la rente foncière. La raison de différence vient de la différente nature du droit de rente foncière et du droit d'hypothèque. La rente foncière étant due par l'héritage plutôt que par la personne, ce droit consiste à exiger du possesseur de l'héritage la prestation de la rente; par conséquent, celui, qui achète l'héritage, avec la connaissance de cette charge, est censé s'y soumettre, et ainsi s'obliger à la prestation de la rente. Au contraire, le droit d'hypothèque, même spéciale, qu'a sur un héritage le créancier d'une rente constituée, ne consiste pas dans le droit d'exiger du possesseur de l'héritage la prestation de la rente qui est due par la personne qui l'a constituée. Ce droit d'hypothèque consiste seulement, suivant qu'il résulte de la définition de l'hypothèque, dans le droit qu'a le créancier de se faire délaisser l'héritage, et de le faire vendre lorsqu'il ne sera pas payé par son débiteur. De-là il suit, que celui, qui achète l'héritage, quoiqu'avec connaissance de la rente, et quoiqu'on le charge de l'hypothèque, pourvu qu'on ne le charge pas de la rente, n'est pas, pour cela, censé s'obliger à la prestation de la rente, mais seulement se charger d'abandonner l'héritage, au cas que le créancier demande qu'on le lui délaisse, et par conséquent il n'est point tenu des arrérages courus pendant le temps de sa détention.

Si le tiers détenteur a été chargé par le débiteur, de qui il a acquis, de continuer la rente, il n'est pas douteux qu'il est personnellement tenu des arrérages courus pendant sa détention; et, s'il y avait avant sa détention d'anciens arrérages dont il n'eût pas été chargé, il pourrait délaisser, pour éviter de payer lesdits arrérages, mais il demeure obligé à ceux courus pendant le temps de sa détention.

S'il n'a pas été chargé de la rente, mais que, pour éviter le délais, il ait passé titre nouvel, et que par la suite, *meliùs consultus,* il veuille délaisser, il demeure obligé aux arrérages courus pendant sa détention, il est même obligé à ceux courus auparavant, s'il s'est obligé à les payer par le titre nouvel, comme il est d'usage; le créancier ne pouvant être obligé d'accepter son titre nouvel, qu'il ne s'y soit obligé; Loyseau, *liv.* 5, *chap.* 15, *n.* 19. Mais, quoiqu'en délaissant, il demeure obligé au paiement des arrérages courus pendant sa détention et auparavant, il n'est pas absolument nécessaire, pour que son délaissement soit valable, et qu'il soit déchargé de la rente pour l'avenir, qu'il les ait préalablement payés avant que de délaisser, et, en cela, le délais pour hypothèque est moins rigoureux que le déguerpissement pour rente foncière, comme l'observe Loyseau.

Si le détenteur ne s'est chargé de la rente, ni par son contrat d'acquisition, ni par un titre nouvel, ni en entrant en paiement depuis la condamnation, je penserais qu'il ne serait tenu d'aucuns arrérages, pas même de ceux courus depuis la condamnation, mais qu'il est seulement tenu de rendre compte des fruits depuis la demande. Loyseau paraît d'avis différent.

Le tiers détenteur n'est pas non plus obligé, pour délaisser, d'acquitter les hypothèques, servitudes et autres charges réelles qu'il a lui-même imposées.

Il n'est pas non plus obligé absolument de sommer en cause son garant avant que délaisser; mais il est beaucoup de son intérêt de le faire, car, si le garant n'a pas été sommé, il peut dire, lorsqu'il sera par la suite assigné en garantie, que, s'il l'eût été d'abord, il eût payé ce qu'il doit, et fait cesser la demande. Par conséquent, en payant le créancier, il sera renvoyé de la demande du détenteur évincé; sauf à ce détenteur, si l'héritage n'a pas encore été adjugé, à rentrer dans l'héritage, mais en payant tous les frais faits sur le délais et la saisie, sans aucun recours contre le garant, faute de l'avoir sommé. Et si l'héritage est déjà adjugé, par la même raison, le garant devra être renvoyé de l'assignation, en offrant de tenir compte au détenteur de la partie, du prix de l'adjudication, pour laquelle le créancier du garant a été mis en ordre après tous les frais; au lieu que, si le détenteur avait mis en cause d'abord son garant, il l'aurait fait condamner en tous ses dommages et intérêts, résultans de l'éviction, faute par lui de lui avoir manqué de garantie, et de n'avoir pas fait cesser la demande en payant.

Le délais que fait le détenteur, n'est que le délais de la possession de l'héritage, auquel héritage on crée un curateur, sur lequel le créancier doit le faire saisir et vendre par décret; le détenteur, qui en fait le délais, en demeure propriétaire jusqu'à l'adjudication; il est toujours recevable à y rentrer, en offrant de payer la dette, ou de s'obliger à la rente, si c'est une rente, et en offrant de payer tous les frais qui se sont faits depuis le délais.

Par la même raison, les hypothèques, servitudes et autres droits réels, qui ont été imposés par le détenteur qui a délaissé l'héritage, ne laissent pas de subsister nonobstant le délais, ils ne sont purgés que par l'adjudication; et ceux, à qui ils appartiennent, et qui se sont opposés, peuvent être mis en ordre sur le prix, s'il en reste quelque chose, après que le créancier, qui a fait délaisser l'héritage, aura été entièrement acquitté.

Si l'héritage n'est pas d'une assez grande valeur pour mériter les frais d'un décret solennel, le créancier, en vertu d'une permission, que le juge accorde, eu égard à la modicité de la valeur de l'héritage, peut en poursuivre la vente sur une simple affiche et trois publications. Régulièrement le créancier ne doit pas prendre en paiement de sa dette, l'héritage qui est délaissé, mais il doit le faire vendre; néanmoins, on le lui permet quelquefois.

Parmi nous, on ne s'adresse pas au prince, et le juge permet quelquefois au créancier de prendre en paiement de ses créances, et pour l'estimation qui en sera faite, l'héritage qui sera délaissé, lorsqu'il est évident que ses créances absorbent, et audelà, le prix que pourrait être vendu l'héritage, et surtout lorsque ses créances sont privilégiées ou favorables, ou lorsque l'héritage est de si peu de valeur, que les frais absorberaient la plus grande partie du prix.

## SECTION II.

### Des autres actions qui naissent de l'hypothèque.

#### § 1. De l'action personnelle hypothécaire.

L'action personnelle hypothécaire est celle, qui a lieu contre l'héritier du débiteur, qui est en même temps biens-tenant, c'est-à-dire, qui possède des biens de la succession, susceptibles d'hypothèque, et par conséquent hypothéqués à la dette.

Il n'importe qu'il soit héritier pur et simple, ou sous bénéfice d'inventaire. Cette action est personnelle, parce que l'héritier du débiteur, en sa qualité d'héritier, est personnellement débiteur de la dette, puisqu'il succède, en cette qualité, à toutes les obligations personnelles du défunt; elle est en même temps hypothécaire, parce que, comme biens-tenant, il est sujet à l'action hypothécaire.

Cette action personnelle hypothécaire s'intente, pour le total de la dette, contre l'héritier qui est biens-tenant, quoiqu'il ne soit héritier du débiteur que pour partie.

La formule des conclusions et de la condamnation, dans cette espèce d'action hypothécaire, est différente de celle qu'on emploie dans la simple action hypothécaire.

Dans celle-ci, on conclut à ce que le défendeur soit tenu de délaisser l'héritage, si mieux il n'aime payer; mais, dans l'action personnelle hypothécaire, on conclut directement à ce que le défendeur soit condamné de payer.

Loyseau, *liv.* 4, *chap.* 4, *n.* 17 *et* 18, prétend que ce n'est qu'une seule et même action, et que l'héritier, qui a été une fois tenu de cette action personnelle hypothécaire, en est toujours tenu, quand même il cesserait de posséder les biens hypothéqués à la dette; parce que cette action ayant tous les avantages de la personnelle et de l'hypothécaire, comme hypothécaire, a lieu pour le total de la dette; et, comme personnelle, a lieu tant que l'obligation personnelle subsiste.

Suivant le même principe, il soutient que l'héritier, qui est tenu de cette action personnelle hypothécaire, pour une rente due par le défunt, doit, par le titre nouvel de la rente, s'obliger à la continuer toujours, et non pas seulement tant qu'il sera détenteur.

Comme aussi qu'il ne peut éviter de payer le total de la dette hypothécaire, en offrant de délaisser tous les biens hypothéqués qu'il possède, sauf que, s'il n'est héritier que sous bénéfice d'inventaire, il peut se décharger, tant de l'obligation personnelle que de l'hypothécaire, en abandonnant non-seulement tous les biens hypothéqués, mais en comptant de tous ceux de la succession.

J'aurais de la peine à acquiescer à ces décisions. L'action personnelle hypothécaire renferme deux actions véritablement distinctes l'une de l'autre; quoique ces actions s'intentent conjointement et sous le nom d'une unique action qu'on appelle *personnelle hypothécaire*, elles conservent néanmoins leur nature distincte et séparée, et, quoique réunies par un même exploit, elles ont leurs conclusions différentes ainsi que leur condamnation. Car je vois que, dans l'usage, on conclut contre l'héritier, à ce qu'il soit tenu personnellement pour la part dont il est héritier, et hypothécairement pour le total; et pareillement les sentences portent : *condamnons le défendeur personnellement pour la part dont il est héritier, et hypothécairement pour le total, etc.*

Ces condamnations différentes ne doivent donc pas avoir le même effet, l'héritier et biens-tenant étant condamné hypothécairement pour le total, et personnellement pour sa part, il n'y a que cette condamnation personnelle qui doive être absolue; la condamnation pour le surplus n'étant qu'une condamnation hypothécaire, il doit avoir la faculté de délaisser les biens hypothéqués qu'il possède, pour en éviter l'exécution; autrement, en vain distinguerait-on dans la sentence la condamnation personnelle et la condamnation hypothécaire.

Par la même raison, l'héritier et biens-tenant d'un défunt, passant titre nouvel des rentes de la succession, ne doit s'obliger à toujours, que pour la part dont il est héritier, et pour le surplus, que tant qu'il sera biens-tenant, puisque ce n'est qu'en qualité de biens-tenant qu'il est obligé pour le surplus. Il ne peut jamais cesser d'être débiteur de sa part, que par le paiement, parce qu'il ne peut cesser d'être héritier; mais, comme il peut cesser d'être biens-tenant, c'est-à-dire, de posséder des biens hypothéqués à la dette, il peut donc cesser d'être débiteur du surplus, qu'il doit comme biens-tenant, lorsqu'il cessera de l'être.

Par la même raison, un héritier en partie, dans le lot duquel sont tombés des immeubles hypothéqués à la dette du défunt, ne devrait plus, si depuis il a cessé de les posséder, être tenu de cette action personnelle hypothécaire, n'ayant plus d'autre qualité que celle d'héritier, et n'étant plus biens-tenant.

Néanmoins, il faut convenir que ce qu'enseigne Loyseau, était de son temps la pratique constante du Palais.

Au reste, Loyseau, *liv.* 4, *chap.* 4, *n.* 19, observe que cette action personnelle hypothécaire, qui, selon lui, n'est qu'une seule et même action, n'a lieu que contre l'héritier biens-tenant de la succession, c'est-à-dire, qui, en sa qualité d'héritier, possède ou a possédé des biens de la succession hypothéqués à la dette. Si l'héritier du débiteur, qui n'aurait eu dans son lot aucuns biens de la succession du débiteur qui fussent susceptibles d'hypothèque, venait par la suite à acquérir, à un autre titre, quelques biens hypothéqués à la dette, ou s'il en était détenteur avant qu'il eût été héritier, Loyseau convient, qu'en ce cas, cet héritier pourrait, pour éviter de payer au-delà de la part dont il est tenu personnellement en sa qualité d'héritier, délaisser les biens hypothéqués qu'il possède, de même qu'il cesserait d'être sujet à l'action hypothécaire, s'il cessait de posséder ces biens.

La femme commune, qui, comme détentrice de conquêts, est tenue hypothécairement des dettes de la communauté, doit aussi être reçue à les délaisser, pour éviter de payer au-delà de la part dont elle est tenue personnellement comme commune.

Il nous reste à observer que l'exception de discussion ne peut jamais être opposée contre l'action d'interruption.

## § II. De l'action d'interruption.

L'action d'interruption est celle qu'un créancier hypothécaire a contre les détenteurs des choses hypothéquées à sa dette, pour leur faire reconnaître le droit d'hypothèque dont les choses par eux possédées sont chargées, et interrompre, par ce moyen, le temps de la prescription qui aurait pu être opposée contre son hypothèque, s'il l'eût laissé accomplir.

Comme le créancier, par cette action, ne demande ni le paiement de sa dette, ni le délais de l'héritage qui y est hypothéqué, et qu'elle n'a d'autre fin que la conservation du droit d'hypothèque, il suit de-là, 1° qu'il ne peut y avoir d'exception de discussion à opposer contre cette action; 2° qu'elle peut être donnée auparavant que le terme du paiement de la dette soit échu, et, si elle est conditionnelle, même avant l'existence de la condition; et, en cela, cette action diffère de l'action hypothécaire.

Le détenteur, sur cette action, doit être condamné à passer titre nouvel de reconnaissance ou déclaration d'hypothèque, et ce titre doit contenir la description détaillée des héritages hypothéqués à la dette, avec leurs nouveaux tenans et aboutissans, une déclaration qu'ils sont hypothéqués à la dette du créancier, et une promesse de payer, lorsque le terme du paiement ou la condition seront échus, et seulement après la discussion du débiteur et autres personnellement obligés à la dette.

Ce titre est dû, par chaque nouveau détenteur, à toutes mutations.

## SECTION III.

### De l'exécution des hypothèques ; de leur subrogation d'une créance à une autre, et de l'ordre entre les créanciers hypothécaires.

L'exécution de l'hypothèque se fait par la saisie que le créancier fait de la chose hypothéquée, et la vente judiciaire qui en est ordonnée. Nous en avons fait un traité séparé, où nous renvoyons.

Nous avons aussi traité ailleurs de la subrogation des hypothèques d'une créance à une autre, et de la vente des immeubles affectés à ces sortes de créances.

Il nous reste seulement à traiter ici de l'ordre des créanciers hypothécaires.

Lorsqu'un héritage ou autre immeuble a été vendu par décret, et que plusieurs créanciers se sont opposés, le prix est distribué entre eux selon l'ordre de leurs hypothèques.

On ne suit pas, à l'égard de tous les créanciers, l'ordre de la date de leurs hypothèques, cet ordre n'a lieu qu'entre les simples créanciers hypothécaires.

Il y a certaines créances et certaines hypothèques privilégiées, qui ne s'estiment pas par leur date, mais par leur cause, et qui précèdent les autres créanciers, quoique antérieurs. On les appelle priviléges.

C'est une règle en fait de privilége, que la créance, qui a profité et tourné à l'utilité commune des créanciers, doit être privilégiée, et que, lorsqu'elle a profité, même aux créanciers privilégiés, ce privilége doit l'emporter. Nous ferons l'application de cette règle, en donnant le détail des différens priviléges.

Le receveur des consignations commence par retenir, sur les deniers consignés, les frais de consignation (*Edit de février* 1689, *art.* 28).

Après lui, le créancier, qui a poursuivi la saisie réelle, est le premier colloqué en ordre, pour les frais extraordinaires de criées. A l'égard des frais ordinaires, l'adjudicataire en est tenu (*Edit de* 1551, *art.* 12).

On appelle frais ordinaires, tous les frais de procédure, qui, indépendamment d'aucun incident, sont nécessaires pour parvenir à l'adjudication, depuis le commencement qui précède la saisie réelle, jusqu'à l'adjudication inclusivement.

De même que, dans les ventes volontaires, c'est l'acquéreur qui porte les frais du contrat d'adjudication; de même, dans les ventes judiciaires, l'acquéreur doit être tenu de ces frais, qui sont frais nécessaires de l'adjudication, qui tient lieu de contrat.

On appelle frais extraordinaires, ceux que le poursuivant a été obligé de faire sur les incidens survenus pendant le cours de la saisie réelle. *Par exemple :* ceux faits sur l'appel de la saisie réelle, ou pour avoir congé des oppositions à fin d'annuler, de distraire, ou de charge, les frais d'ordre, les incidens sur l'ordre.

Le privilége de cette créance se tire du principe ci-dessus établi. Tous les créanciers, même les privilégiés, ne pouvaient parvenir à être payés de leur créance, que par la vente de l'héritage hypothéqué; par conséquent, ces frais, que le poursuivant a été obligé de faire pour parvenir à cette vente, et sans lesquels il n'aurait pu y parvenir, sont des frais faits pour l'affaire commune de tous les créanciers, même des privilégiés, et par conséquent, suivant le même principe, elle doit l'emporter sur leur privilége.

Il semble que cette raison cesse à l'égard des seigneurs féodaux ou censuels, créanciers de leurs redevances seigneuriales et profits féodaux ou censuels, car ces seigneurs n'avaient pas besoin de la procédure d'une saisie réelle, pour être payés; ils pouvaient même l'empêcher, et demander à rentrer dans leurs héritages, à défaut de paiement, si mieux n'aimaient les créanciers se charger de leur dû. Sur ces raisons, Lemaître, en son *Traité des criées*, suivi par Duplessis et d'Héricourt, pense que les seigneurs doivent être colloqués avant les frais de criées; néanmoins, on m'a assuré que l'usage est contraire, et cet usage est fondé en raison; car on peut dire que les seigneurs, n'ayant pas usé du droit qu'ils avaient, étaient censés avoir préféré la voie de la saisie réelle, pour parvenir au paiement de leur dû; par conséquent, cette saisie réelle s'étant faite aussi bien pour eux que pour les autres créanciers, ils doivent, comme eux, souffrir que les frais de poursuite soient prélevés, comme faits pour l'affaire commune.

En vain oppose-t-on l'*art.* 358 de la Coutume de Paris, qui porte que *les seigneurs seront préférés à tous autres créanciers*; car il doit s'entendre des créanciers ordinaires, et non des créanciers qui ont travaillé pour l'intérêt commun, tant des autres créanciers que des seigneurs.

Le poursuivant ne laisse pas de retenir ses frais, quoiqu'il ait obtenu des condamnations de dépens contre ceux qui ont formé des incidens dont il a eu congé; il ne doit pas être obligé à se contenter du recours que lui donnent lesdites condamnations, qui souvent lui seraient infructueuses par l'insolvabilité des condamnés; mais il doit céder ses actions, qui résultent desdites condamnations, aux créanciers sur qui le fonds à distribuer manquera, pour, par eux, les exercer à leur risque et si bon leur semble, et même sans qu'il y ait de cession expresse de ces actions; ces créanciers doivent être admis à exercer ce recours contre ceux qui ont été condamnés aux dépens des incidens, cette cession devant facilement se suppléer.

Après les frais de poursuite, on met en ordre, avant tous les autres créanciers, les frais funéraires et de la dernière maladie du défunt, dont les biens vendus sont tenus, lorsqu'il n'a laissé aucun mobilier sur lequel ils aient pu être acquittés. Quoique cette créance ne soit point hypothécaire, elle a ce privilége, qui est fondé sur une raison de piété et de faveur, et sur ce qu'on présume que les créanciers du défunt ont consenti ou dû consentir à ces frais, que l'humanité exigeait, même au préjudice de leurs créances.

Ensuite, on met en ordre la créance de celui, qui a tellement conservé l'héritage, qu'il serait totalement péri sans le travail qu'il a fait. Telle est la créance de celui, qui aurait construit ou réparé une digue, sans laquelle la mer ou la rivière aurait emporté l'héritage. Telle est la créance des ouvriers, qui ont fait des réparations nécessaires à une maison. Il est évident que ces créanciers doivent être préférés à tous les autres, même aux seigneurs féodaux et censuels; car ils ont conservé la chose à tous les autres créanciers, ils ont agi *ut res esset in bonis debitoris*, ils ont travaillé pour l'affaire de tous les créanciers, en leur conservant leur gage; et, par conséquent, ils doivent être préférés à tous les créanciers, suivant le principe que nous avons établi ci-dessus.

Observez une différence entre celui, qui a réparé des bâtimens, et celui, qui a réparé une digue qui a empêché la mer ou la rivière d'emporter tout l'héritage. Celui-ci ayant conservé tout l'héritage, a privilége sur tout le prix, après les frais de justice; au lieu que celui, qui a réparé les bâtimens, n'a proprement privilége que sur le prix de la superficie qu'il a conservée, et non sur le prix du sol ou terrain, pourquoi il y a lieu à la ventilation. (*Arrêt du 14 juin 1721, tom. VII du journal des audiences.*)

Si les créanciers, qui ont conservé le gage, doivent être préférés aux autres, parce qu'ils l'ont conservé, et par conséquent fait l'affaire des autres créanciers, les frais de justice doivent être préférés même à ces créanciers qui ont conservé le gage, puisqu'ils ont servi à l'affaire commune, tant de ces créanciers que des autres, puisqu'en vain l'héritage aurait-il été conservé, s'il n'eût été vendu.

Observez qu'entre plusieurs créanciers, même hypothécaires, dont les créances ont pour objet différentes espèces de réparations faites pour la conservation de l'héritage, le plus ancien d'entre eux ne doit point être préféré aux autres; car les priviléges s'estiment par la cause, et non par le temps : *Privilegia æstimantur non ex tempore, sed ex causâ.* Ayant également contribué à la conservation du gage commun, ils doivent avoir un droit et un privilége égal.

Les créanciers, qui ont rendu l'héritage plus précieux, tel qu'un entrepreneur, qui a construit de nouveaux bâtimens, un jardinier, qui y a planté des vergers, etc., ont aussi un privilége sur tous les autres créanciers, non pas sur la totalité de l'héritage, mais sur sa plus value, par rapport à ce qu'ils y ont fait.

*Par exemple :* si on estime que l'héritage, qui a été adjugé pour 10,000 liv., n'aurait été porté qu'à 8,000 liv., sans les améliorations qui y ont été faites par ces créanciers, ils n'auront de privilége que sur ce qui restera des 2,000 liv., prix de la plus value, déduction faite des frais de consignation et de justice sur le total du prix : ils ne doivent pas avoir privilége sur tout le prix, car ils n'ont pas fait *ut res esset in bonis debitoris*; mais ils doivent avoir privilége sur tous les autres créanciers, sur cette plus value, car ils ont fait que cette plus value fût *in bonis debitoris.*

Observez, à l'égard de ces créanciers, qui ont conservé ou amélioré l'héritage, que, pour qu'ils puissent exercer leur privilége, il faut, ou qu'ils aient donné leur demande dans l'année de la perfection de leurs ouvrages, parce qu'autrement il y aurait une fin de non recevoir acquise contre leur créance; ou qu'ils soient fondés dans un marché fait par acte devant notaire, ou du moins dans une obligation par-devant notaire, passée dans ladite année. Un titre de créance sous signature privée est bien valable vis-à-vis du débiteur, et pareillement une obligation passée depuis l'année; mais ces actes ne doivent point donner de préférence au créancier contre des tiers, parce qu'autrement des débiteurs pourraient, en fraude de leurs légitimes créanciers, ressusciter des créances déjà acquittées.

Les créanciers, qui ont prêté leurs deniers, pour payer les entrepreneurs ou ouvriers qui ont aussi conservé ou amélioré l'héritage, peuvent aussi user du même privilége, pourvu qu'ils aient observé tout ce qui est prescrit pour acquérir la subrogation aux hypothèques du créancier qui est payé de leurs deniers. Voyez ce que nous en avons dit, en traitant des subrogations, et au Titre du contrat de vente.

Ces créanciers privilégiés sont préférés à tous créanciers, non-seulement à ceux du dernier propriétaire, sur qui les héritages ont été vendus, mais même à ceux de tous ses auteurs.

Les seigneurs féodaux ou censuels sont ensuite colloqués pour les anciens profits, et redevances seigneuriales, qui leur sont dus.

Si, néanmoins, il se trouvait des créanciers, à qui le seigneur ou ses auteurs eussent hypothéqué l'héritage dès avant l'inféodation, ou le bail à cens qui en a été fait, ils seront préférés au seigneur; car le seigneur n'a pu le donner à titre de fief ou de cens, qu'à la charge de ces hypothèques, dont il se trouvait déjà chargé.

Lorsqu'un opposant à fin de distraire, pour s'être opposé trop tard, a été renvoyé à l'ordre, et qu'il a justifié que la portion de biens, dont il a demandé la distraction, lui appartenait effectivement, il doit toucher la portion du prix, qui, par la ventilation qui en sera faite, se trouvera répondre à cette portion de biens, et être, à cet égard, préféré aux autres créanciers, qui se trouvent par-là n'avoir aucune hypothèque sur cette portion, puisqu'elle n'appartient pas à leurs débiteurs; mais il ne doit venir qu'après les frais de justice, ceux qui ont conservé l'héritage, et les seigneurs.

Lorsqu'un opposant à fin de charge, a été renvoyé à l'ordre, pour s'être opposé trop tard, il est, pour le prix du droit qu'il avait, préféré aux autres créanciers, sur la plus value qu'a donné à l'héritage la libération de ce droit.

Après les créanciers privilégiés acquittés, on doit colloquer, avant tous les créanciers du dernier propriétaire et possesseur, quelque privilégiés qu'ils soient, tous les créanciers, chacun selon leur rang, du précédent propriétaire à qui ce dernier a succédé, soit à titre universel, soit à titre particulier, de qui il tient son droit; car ce dernier propriétaire n'a pu succéder à son auteur à l'héritage, qu'avec la charge de toutes les hypothèques dont il se trouvait déjà chargé par son auteur; et, comme il n'a pas pu transférer sur cet héritage, à ses propres créanciers, plus de droit qu'il n'y en avait lui-même, il n'a pu le leur hypothéquer qu'à la charge, et après toutes les hypothèques de son auteur.

D'ailleurs, les hypothèques des créanciers du dernier propriétaire, quelqu'ancienne que soit la date de leurs créances, n'ont pu naître que depuis que leur débiteur est devenu propriétaire; et, par conséquent, elles sont postérieures à celles des créanciers du précédent propriétaire.

Par la même raison, s'il se trouvait encore des créanciers d'un premier propriétaire, auxquels l'auteur du dernier eût lui-même succédé, tous les créanciers de ce premier devraient être colloqués avant ceux du second, comme ceux du second le doivent être avant ceux du dernier, *et sic in infinitum*.

Lorsque le dernier propriétaire a succédé à titre d'héritier à l'héritage, non-seulement les créanciers du défunt sont préférés à tous les siens, mais les légataires le sont aussi pour la part dont il est tenu de leurs legs; car il ne succède à l'héritage, qu'à la charge de cette hypothèque que la loi donne aux légataires; et, par conséquent, il n'a pu hypothéquer cet héritage à ses propres créanciers, qu'après cette hypothèque.

Entre les créanciers d'un même propriétaire, celui, qui lui a vendu l'héritage, doit être préféré à tous ses autres créanciers; car ce propriétaire n'ayant acquis l'héritage, qu'à la charge de l'hypothèque que son vendeur s'était réservée dessus en l'aliénant, il n'a pu l'hypothéquer à ses autres créanciers, qu'à la charge de cette hypothèque, n'ayant pas pu leur transférer plus de droit qu'il n'en avait lui-même.

Ce que nous disons de la vente, peut s'appliquer à tous les autres titres d'aliénation: celui, qui a aliéné un héritage à quelque titre que ce soit, a, pour toutes les charges de cette aliénation, dont l'acquéreur peut être tenu envers lui, une hypothèque privilégiée sur cet héritage, semblable à celle du vendeur; il y a entière parité de raison.

Pareillement, lorsqu'il est échu à quelqu'un un héritage par partage, les copartageans ont, pour toutes les obligations résultantes du partage dont il est tenu envers eux, une hypothèque privilégiée sur cet héritage, semblable à celle d'un vendeur, et qui les rend préférables à tous les créanciers de ce propriétaire; car l'héritage n'étant échu à ce propriétaire, par le partage, qu'à la charge de ces hypothèques résultantes du partage, il n'a pu l'hypothéquer à ses propres créanciers, qu'à la charge desdites hypothèques, et pour ce qui pourrait rester après qu'elles seraient acquittées.

Après le vendeur et ceux dont le privilége est semblable au sien, le roi a un privilége sur les héritages du comptable, acquis par lui depuis qu'il a commencé à manier les deniers royaux. (*Edit de 1669, art.* 3.) La raison de ce privilége est, qu'il y a présomption que le comptable les a acquis des deniers du roi.

Par le droit romain, suivant la constitution de Justinien, la femme avait, pour la restitution de sa dot, une hypothèque privilégiée sur celle des autres créanciers de son mari. Notre droit coutumier n'a point admis ce privilége, et ne donne à la femme qu'une simple hypothèque, du jour du contrat de mariage, ou de la célébration, s'il n'y a pas de contrat.

Après les créanciers privilégiés, on met en ordre les créanciers simples, chacun selon l'ordre de la date de son hypothèque, suivant cette maxime, *qui prior est tempore, potior est jure.*

Quoique les hypothèques des créanciers d'un même débiteur, dont les créances ont précédé l'acquisition de l'héritage faite par ce débiteur, soient toutes nées en même temps, savoir lors de cette acquisition, n'ayant pas pu naître plus tôt; néanmoins, dans notre droit, ces créanciers ne viennent pas par concurrence, mais chacun selon l'ordre de la date de leur titre de créance, comme nous l'avons déjà observé, *chap.* 2, *sect.* 2, § 2, parce que le débiteur, en hypothéquant au premier ses biens à venir, s'était interdit le pouvoir de les hypothéquer à d'autres à son préjudice, *et sic deinceps.*

Entre des créanciers du même jour, celui, dont le titre porte *avant midi*, doit être préferé à celui, dont le titre ne fait mention que du jour : car, l'acte de ce dernier, ayant pu n'être fait qu'à la dernière heure du jour, n'a de date certaine et constante que de cette dernière heure, et par conséquent est postérieur à celui, qui a une date avant midi.

Lorsque les titres de deux différens créanciers sont l'un et l'autre du même jour, sans mention du temps d'avant ou d'après midi, et passés par le même notaire, il y a quelques arrêts, qui ont donné la préférence à celui qui se trouvait inscrit le premier sur le répertoire du notaire. D'Héricourt décide avec raison que ces arrêts ne doivent pas être suivis : car, cette circonstance ne forme qu'une légère présomption, et non pas une preuve certaine que l'acte, qui est inscrit le premier sur le répertoire, ait été passé le premier, n'étant point impossible que le notaire, en les inscrivant l'un et l'autre sur son répertoire, eût commencé par celui qui avait été passé le dernier; c'est pourquoi, dans l'incertitude lequel des deux actes a été passé le premier, ces créanciers doivent être colloqués par concurrence.

Suivant une jurisprudence reçue au parlement de Paris, le créancier, qui ne produit qu'une seconde expédition de son titre de créance, n'est colloqué entre les créanciers du même débiteur, que du jour de la date de cette expédition, et non du jour de celle de l'acte. Cette jurisprudence a été établie pour empêcher la fraude des débiteurs, qui, pour tromper leurs créanciers, faisaient, par collusion, paraître d'anciens créanciers dont les créances avaient été acquittées, et dérobaient la connaissance du paiement, en représentant une seconde expédition à la place de la première qu'ils avaient rendue au débiteur, et sur laquelle était inscrite la quittance du paiement.

Au reste, le créancier du défunt ne laisse pas d'être préféré au créancier de l'héritier, quoique sa seconde expédition ne soit que depuis la mort du défunt. La présomption, dont nous avons parlé ci-dessus, ne pouvant avoir lieu dans l'espèce présente.

Lorsque plusieurs créanciers sont subrogés aux hypothèques d'un même créancier, dont ils ont, chacun en différens temps, acquitté partie de la créance, ils sont tous colloqués concurremment à la place de ce créancier, à qui ils sont subrogés, sans qu'on ait aucun égard à la priorité ou postériorité de leur chef; car, comme ce n'est pas de leur chef qu'ils sont colloqués, on n'y doit avoir aucun égard.

*Par exemple* : si Jacques a prêté au débiteur commun, en 1760, 1,000 liv., pour rembourser à Pierre, créancier de 1740, pareille somme de 1,000 liv., faisant partie de 3,000 liv. qui étaient dues à Pierre; qu'en 1761, Jean ait prêté une autre somme de 1,000 liv., aux mêmes fins, et qu'en 1762, Jude ait prêté pareillement 1,000 liv., pour rembourser à Pierre les 1,000 liv. restantes, et qu'ils aient tous acquis la subrogation aux hypothèques de Pierre, ils seront tous les trois placés concurremment en ordre, du jour de la date de l'hypothèque de Pierre, parce qu'ils sont tous subrogés à l'hypothèque d'une même créance.

Il semblerait qu'on devrait décider pareillement que, dans le cas, auquel Pierre serait demeuré créancier de 1,000 liv., pour restant de sa créance, Jacques et Jean devraient être colloqués concurremment avec lui, puisqu'ils sont subrogés à la même créance, du restant de laquelle Pierre est demeuré créancier: néanmoins, l'usage est constant que Pierre doit, en ce cas, leur être préféré. La raison est, que le créancier, qui est payé des deniers d'un autre, n'est obligé de le subroger qu'autant que la subrogation ne pourra lui préjudicier; et, par conséquent, en subrogeant aux hypothèques de sa créance, celui des deniers duquel il est payé en partie, il est censé se réserver une préférence pour ce qui lui reste dû.

Au reste, cette préférence ne passe pas à un tiers; c'est pourquoi Jude, qui aura prêté ses deniers, pour acquitter ce restant, quoiqu'il ait acquis la subrogation aux droits et hypothèques de Pierre, ne pourra pas prétendre être préféré à Jacques et à Jean, comme Pierre l'eût été; mais ils viennent tous concurremment, comme nous l'avons dit, comme étant tous subrogés aux hypothèques d'une même créance.

S'il y a plusieurs créances, qui ont leur hypothèque du contrat de mariage : il semble qu'ayant tous une même date, elles devraient concourir; néanmoins, la jurisprudence a établi un ordre entre elles, la créance de la femme, pour la restitution de sa dot, est colloquée la première; le douaire ne vient qu'après: on place, après le douaire, les autres conventions de la femme, et le remploi de ses propres aliénés. L'indemnité de la femme, pour les dettes auxquelles elle s'est obligée, ne tient que le dernier rang.

Cette préférence de la dot sur le douaire, est établie par plusieurs arrêts rapportés par Louet et Brodeau; l. 2, *chap.* 40. Il y en a un rendu en forme de réglement.

Les raisons, que ces auteurs rapportent de cette préférence, sont que la dot est la première et la principale convention du mariage : *Nullum sine dote matrimonium;* et, par conséquent, l'obligation, que contracte le mari, de conserver à sa femme la dot qu'elle lui a apportée, *est ordine naturæ*, la première et principale obligation qu'il contracte, et, par conséquent, doit précéder, *saltem ordine naturæ*, l'obligation du douaire que le mari ne contracte que *in consequentiam matrimonii*. D'ailleurs, le douaire est un titre lucratif.

Louet apporte une exception à cette préférence, au cas auquel la convention de douaire se trouverait énoncée dans le contrat de mariage avant l'article de la dot. Il prétend que la priorité qu'a, en ce cas, le douaire sur la dot, *ordine scripturæ*, doit opérer quelque chose, et faire marcher, en ce cas, d'un pas égal et par concurrence, le douaire avec la dot, cette priorité *in ordine scripturæ* devant se compenser avec ce que la dot a de préférable *in ordine naturæ, et ratione causæ*. J'aurais de la peine à être de cet avis, l'ordre de l'écriture ne paraissant être de nulle considération.

Cette préférence de la dot sur le douaire, a lieu non-seulement lorsque la contestation est entre la femme elle-même et ses enfans, qui demandent à être colloqués pour le fonds du douaire qui leur appartient; elle a lieu aussi en faveur des créanciers de la femme, puisqu'ils exercent ses droits, et sont placés en sous-ordre à la place de la femme, pour la restitution de sa dot: ces créanciers sont donc, pour la somme à laquelle monte la restitution de la dot de leur débitrice, préférés au douaire dû aux enfans.

Cette préférence a aussi lieu contre la femme elle-même. *Finge*, un parent du mari s'est rendu, envers la femme, caution de sa dot, et non de ses autres conventions matrimoniales; ce parent, en payant à la femme sa dot, et se faisant subroger aux droits et hypothèques de la femme, pour raison de cette dot qu'il a acquittée, doit être mis en ordre pour la somme à laquelle monte la dot qu'il a acquittée avant le douaire dû à la femme, et ses autres créances et conventions matrimoniales. C'est l'espèce de quelques arrêts rapportés par Louet et Brodeau.

On fait plusieurs questions au sujet de cette préférence de la dot sur le douaire; et on demande qu'est-ce qui doit être censé faire partie de cette dot, dont la restitution est préférée au douaire.

On demande, 1° si la somme apportée en communauté, dont la reprise a été stipulée en cas de renonciation, doit être censée faire partie de la dot, aussi bien que ce qui a été réservé propre, et si, en conséquence, cette reprise doit avoir la même préférence sur le douaire? Je le pense; car, dans notre pays coutumier, tous les biens de la femme sont dotaux. Il est vrai que ceux, qu'elle a mis en communauté, quand elle n'en a point de reprise, n'ont aucun des priviléges de la dot, parce que ces priviléges ne sont accordés qu'à la créance, et à la reprise que la femme a de sa dot; mais, lorsqu'elle s'en est stipulé la reprise en cas de renonciation, et que ce cas est arrivé, cette reprise doit avoir la même préférence que celle de ce qu'elle s'est réservé propre, cette reprise étant également une reprise de sa dot.

On demande, 2° si cette préférence a lieu seulement pour la reprise de ce que la femme a apporté lors de son mariage, ou si elle doit s'étendre au mobilier qui lui est échu depuis, et qui a été exclus de la communauté, par une clause du contrat? Brodeau sur Louet pense que la préférence ne doit pas avoir lieu pour la reprise de ce qui n'est échu à la femme que depuis le mariage, parce que, le mari n'ayant été véritablement débiteur de ces sommes, que depuis qu'elles sont advenues à sa femme, ce n'est que par fiction, *et contra rationem juris*, qu'on en fait remonter l'obligation et l'hypothèque du jour du contrat de mariage; et cette hypothèque, qui n'a lieu que *contra rationem juris*, ne doit pas prévaloir sur celle du douaire, qui a lieu de ce jour, *secundùm veram rationem juris*. Néanmoins, je crois que ce sentiment de Brodeau n'a pas prévalu, et que la reprise de ce qui est échu à la femme durant le mariage, de même que celle de ce qu'elle y a apporté, prévaut sur celle du douaire. Le mari, devenant administrateur des biens présens et à venir de la femme qu'il épousait, s'est obligé, du jour de son contrat de mariage, sous l'hypothèque de ses biens, à lui restituer les biens qui lui adviendraient durant le mariage, aussi bien que ceux qu'elle a apportés en se mariant, de même qu'un tuteur s'oblige, du jour que commence sa tutelle, à conserver et à restituer à ses mineurs tous les biens qui leur adviendront durant la tutelle, aussi bien que ceux qu'ils avaient lorsqu'elle a commencé.

On demande, 3° si le remploi du prix des rentes propres de la femme, rachetées durant la communauté, et des autres aliénations nécessaires, avait cette préférence? On peut apporter pour raison de douter celle qui a déjà été apportée en la question précédente; mais l'arrêt de Gallard, du 7 avril 1677, rapporté par Basnage, a jugé pour la préférence.

Après la dot vient le douaire. Entre la femme, créancière des arrérages de son douaire, et les enfans, créanciers du fonds, il a été décidé que la femme devait être préférée pour les arrérages qui lui en étaient dûs, à ses enfans, créanciers du fonds du douaire.

La raison est, que la femme, en stipulant un douaire pour elle, et pour ses enfans qui naîtraient de son mariage, doit être présumée avoir voulu pourvoir à sa propre subsistance, avant que de penser à celle de ses enfans.

Comme la loi, par le douaire coutumier, ne fait que suppléer à ce que la femme a manqué de faire, elle doit être censée avoir suivi le même ordre, et, par conséquent, avoir préféré la femme à ses enfans.

Les autres conventions matrimoniales ne viennent qu'après le douaire, non plus que le remploi du prix des propres de la femme, aux aliénations volontaires desquelles elle a consenti, car elle doit s'imputer d'y avoir consenti; et ses enfans, créanciers de leur douaire, ne doivent pas souffrir de la faute qu'a faite leur mère, en consentant à ces aliénations.

A plus forte raison, ne doivent-ils pas souffrir de ce que leur mère a bien voulu accéder aux obligations contractées par son mari durant le mariage; c'est pourquoi l'hypothèque des indemnités de la femme, pour lesdites obligations, ne peut être placée qu'après le douaire: on ne la place même qu'après toutes les autres créances de la femme.

Il nous reste à observer, à l'égard de l'ordre des hypothèques, que chaque créancier est colloqué dans son rang, non-seulement pour le principal de sa créance, mais pour tous les arrérages et intérrêts, et pour les frais qu'il a légitimement faits pour parvenir au paiement: ces intérêts et frais étant des accessoires de son principal.

Tous les créanciers, soit simples hypothécaires, soit même privilégiés, ne sont colloqués dans leur rang, sur le prix des biens adjugés par décret, que lorsqu'ils ont fait leur opposition au décret.

Cette opposition peut se faire pendant tout le temps de la saisie réelle, et jusqu'à ce que le décret, c'est-à-dire, le jugement d'adjudication, ait été scellé; après, il n'est plus temps.

Les créanciers, qui ont manqué de faire leur opposition, ne peuvent espérer, en faisant arrêt sur le prix, d'être payés, si ce n'est sur ce qui pourrait rester, après toutes les créances des opposans acquittées, et, s'il reste quelque chose, tous ceux, qui n'ont pas fait opposition, le partagent entre eux au sou la livre de leurs créances, comme un simple mobilier qui appartient à leur débiteur commun.

Il en est autrement, lorsque plusieurs créanciers ont saisi et arrêté la somme due à leur débiteur commun, pour le prix de quelque immeuble, sur l'acheteur qui ne l'a point fait décréter, quoique cette somme soit un effet mobilier; néanmoins, elle se distribue entre eux selon le rang et l'ordre des hypothèques, ce qui se fait pour éviter le circuit d'actions; car, si la distribution ne se faisait de cette manière, les premiers créanciers, qui conservent leur hypothèque sur l'héritage dont le prix est dû, qui n'a point été décrété, le feraient délaisser à l'acheteur, par action hypothécaire, et le feraient vendre pour être payés sur le prix, dans l'ordre de leurs hypothèques.

Tout ce que nous avons dit de l'ordre et du rang des hypothèques sur les héritages, a lieu à l'égard des autres immeubles. Il y a quelque chose de particulier à l'égard des offices dont nous allons traiter.

## APPENDICE.

*De ce qu'il y a de particulier touchant l'ordre et le rang des hypothèques sur les offices.*

Les créanciers hypothécaires sont payés sur le prix de l'office, par ordre et rang d'hypothèque, comme sur le prix des autres immeubles. (*Edit de février* 1683.)

Lorsque l'office rend comptable celui qui en était pourvu, le roi, après les frais de justice, est payé par préférence à tous les autres créanciers, pour ce qui peut lui être dû par le comptable, pour raison des fonctions dudit office. (*Edit de* 1669.)

Entre les particuliers, ceux, qui se sont opposés au sceau des provisions de l'adjudicataire, sont colloqués les premiers. Ceux, qui n'y ont point formé d'opposition, quoiqu'ils l'aient formée au décret, ne viennent qu'après, quelque privilége qu'ils aient.

Entre les opposans au sceau, le créancier, qui a acquitté de ses deniers la paulette de l'office du dernier bail, est préféré à tous les autres créanciers, car il leur a conservé l'office.

Ce privilége n'a lieu que pour la paulette du dernier bail; car ce n'est pas le paiement de la paulette des précédens baux qui a conservé l'office, puisqu'il suffit, pour le conserver, de payer celle du dernier bail.

Après cette créance, viennent celles de tous ceux qui sont créanciers du titulaire, pour raison des fonctions de son office. Ces créanciers ont un privilége sur l'office qui précède celui du vendeur, mais ils ne doivent venir qu'après celui qui a payé la paulette du dernier bail, puisque (comme nous venons de le dire) celui-ci leur a conservé l'office aussi bien qu'aux autres créanciers.

Enfin, le vendeur de l'office est préféré, après tous ces priviléges, à tous les autres créanciers de l'acheteur.

On suit au surplus, entre les opposans au sceau, le même ordre d'hypothèque que sur le prix des autres immeubles.

S'il reste quelque chose, tous les créanciers opposans au sceau, acquittés, ceux, qui n'y ont point formé d'opposition, mais qui ont seulement formé opposition au décret, sont colloqués sur le restant, dans le même rang et ordre de privilége et hypothèque.

# CHAPITRE III.

## *Des manières dont s'éteint l'hypothèque.*

L'HYPOTHÈQUE s'éteint, 1° par l'extinction de la chose hypothéquée.

2°. Lorsque le créancier hypothécaire acquiert la propriété de la chose hypothéquée; ce qui s'appelle *confusion* ou *consolidation*.

3°. Par la résolution et extinction du droit de propriété de celui qui a constitué l'hypothèque.

4°. Par l'extinction de la dette pour laquelle l'hypothèque a été constituée.

5°. Par la remise expresse ou tacite de l'hypothèque.

6°. Par la prescription et autres manières introduites par les lois, pour purger les hypothèques.

### § I. De l'extinction de la chose hypothéquée.

L'hypothèque étant un droit dans la chose hypothéquée, il est évident qu'elle ne peut subsister, lorsque cette chose ne subsiste plus.

C'est pourquoi, si j'avais un droit d'hypothèque sur un champ que la rivière ait emporté, ce champ ne subsistant plus, il est évident que mon droit d'hypothèque est éteint.

Cette règle a également lieu à l'égard de l'hypothèque que nous avons sur des immeubles incorporels ou sur des rentes.

*Par exemple :* le droit d'hypothèque, que j'avais sur un droit d'usufruit qui appartenait à mon débiteur, s'éteint, lorsque ce droit d'usufruit vient à s'éteindre.

Par la même raison, lorsqu'une rente, sur laquelle j'avais un droit d'hypothèque, est rachetée; comme le rachat, qui s'en fait, éteint la rente, il éteint aussi mon droit d'hypothèque sur cette rente.

Il n'importe que ce rachat ait été nécessaire, tel qu'est le rachat d'une rente constituée; ou qu'il ait été volontaire, tel qu'est le rachat d'une rente foncière que le créancier de cette rente, mon débiteur, a volontairement acceptée, quoiqu'elle ait été créée sans faculté de rachat, ou que celle, qui en avait été accordée, fût prescrite : car, de quelque manière que le rachat ait été fait, il a éteint la rente, et l'hypothèque ne peut plus subsister, puisque cette rente ne subsiste plus.

Le créancier, qui a une hypothèque sur une rente, a néanmoins un moyen pour empêcher que le rachat, qui pourrait en être fait, n'éteigne son droit d'hypothèque; ce moyen consiste à faire un arrêt du fonds de cette rente; et l'effet de cet arrêt sera que le débiteur ne pourra la rembourser à celui à qui elle est due, sans y appeler le créancier arrêtant, et à la charge qu'il sera fait emploi des deniers du rachat, en l'acquisition d'un autre immeuble sur lequel ce créancier aura le même droit d'hypothèque qu'il avait sur la rente qui a été rachetée.

Pour que l'hypothèque soit éteinte par l'extinction de la chose hypothéquée, il faut qu'il n'en reste rien; s'il en reste quelque partie, quelque petite qu'elle soit, l'hypothèque demeure pour le total de la créance, sur cette partie. *Par exemple :* si une maison, sur laquelle j'avais droit d'hypothèque, a été consumée par le feu, mon droit d'hypothèque demeure sur la place qui reste de cette maison. Demeure-t-il aussi sur les matériaux échappés aux flammes? Tant que ces matériaux paraissent destinés à la reconstruction de la maison, comme cette destination leur conserve la qualité d'immeubles et de partie de maison, elle me conserve aussi mon droit d'hypothèque sur ces matériaux; mais lorsqu'il paraît que le dessein de la reconstruction a été abandonné, que ces matériaux ont été dispersés, ces matériaux n'étant plus que de simples meubles non susceptibles d'hypothèque, je ne peux plus la conserver dessus.

Le changement de forme accidentelle, qui survient à une chose, ne l'éteint pas, ni par conséquent l'hypothèque sur cette chose. *Par exemple :* si une terre labourable que j'ai vendue, sur laquelle j'ai un droit d'hypothèque privilégiée, est mise en pré, *aut vice versâ*, je conserve mon droit d'hypothèque; car c'est le même fonds de terre qui n'a fait que changer de forme, et qui peut être remis dans celle qu'il avait auparavant.

Il en est autrement du changement qui arrive dans la forme substantielle de la chose, c'est-à-dire, lorsque la forme, qui est détruite, constituait l'essence de la chose, et que ce changement produit une nouvelle chose à la place de l'autre qui est totalement détruite, et ne peut plus être rétablie dans sa forme. *Cùm non potest materia ad pristinam formam reverti. Par exemple :* si un marchand de laine a vendu de la laine à un fabricant qui l'ait convertie en étoffes, c'est un changement de la forme substantielle de la laine. Elle est censée ne plus subsister, et le privilége, qu'avait ce marchand, sur cette laine, est éteint par l'extinction de la chose, et ne peut plus s'exercer sur l'étoffe qui en a une autre.

Cette distinction est tirée des lois romaines. Les jurisconsultes romains ne pensaient pas que la chose était détruite, lorsque, sur une terre nue, on bâtissait une maison, *aut vice versâ*, mais bien lorsque de la laine on en faisait un habit : *Lanâ legatâ vestem quæ ex eâ facta sit deberi non placet* : l. 88, ff. *de leg.* 3°. *Si areæ legatæ domus imposita sit debebitur....* l. 44, § 4, ff. *de leg.* 2°.

Il y a une autre raison de différence ; c'est qu'un fonds de terre, quoiqu'il ait changé de forme, peut toujours se reconnaître pour le même fonds de terre, il occupe toujours le même lieu, il a les mêmes tenans et aboutissans ; au lieu que la laine, dont on a fait de l'étoffe, quand on voudrait soutenir qu'elle subsiste encore, au moins elle n'est plus reconnaissable ; et, comme le créancier, qui aurait sur cette laine un privilége, ne pourrait l'exercer qu'en la faisant reconnaître pour être celle qu'il a vendue, son privilége ne peut subsister, sans qu'il soit besoin, pour cela, d'entrer dans la subtile question que faisaient les jurisconsultes romains : *An lana quæ in vestem transiit extincta dici debeat nec-ne ?*

Le droit d'hypothèque ne peut avoir lieu que dans les choses qui sont dans le commerce, et non sur celles qui sont *aut publici, aut divini juris*, comme nous l'avons vu au chapitre premier, section 2, § 1, d'où il suit que, si le fonds de terre, sur lequel j'avais un droit d'hypothèque, est mis hors le commerce; *putà*, si on a pris, par autorité publique, un terrain sur lequel j'avais droit d'hypothèque, pour en faire un grand chemin, une église, ou un cimetière, le droit d'hypothèque, que j'avais sur ce terrain, ne peut plus subsister.

### § II. Du cas auquel le créancier hypothécaire acquiert la propriété de la chose hypothéquée, et de la confusion.

L'hypothèque s'éteint, lorsque le créancier acquiert la propriété de la chose sur laquelle il avait hypothèque : ce qui s'appelle *confusion* ; car il est de l'essence du droit d'hypothèque, suivant la définition et les notions que nous en avons données, que ce soit un droit dans la chose d'autrui. On ne peut avoir un droit d'hypothèque dans sa propre chose, *res sua nemini pignori esse potest* ; d'où il suit nécessairement que, lorsque le créancier, qui avait un droit d'hypothèque dans une chose, devient le propriétaire de cette chose, le droit d'hypothèque qu'il avait ne peut plus subsister, et il se perd et se confond nécessairement dans le droit de propriété qu'a acquis le créancier.

Pour que l'acquisition, que fait le créancier de la chose hypothéquée, opère une extinction absolue de son droit d'hypothèque, sans espérance que ce droit puisse revivre, il faut que l'acquisition qu'il a faite soit irrévocable.

Si elle n'a pas été irrévocable, soit parce que celui, de qui j'ai acquis, n'étant pas lui-même propriétaire incommutable, n'a pu me transférer qu'un droit de propriété révocable, sous une certaine condition, tel qu'il l'avait lui-même; soit parce que l'acquisition, que j'ai faite de lui, a été faite à la charge de révocation, en certain cas convenu ou sous-entendu, cette acquisition suspend plutôt le droit d'hypothèque qu'avait le créancier dans cette chose, tant qu'il en sera propriétaire, qu'elle ne l'éteint; c'est pourquoi, si son droit de propriété vient à se résoudre *ex causâ antiquâ, necessariâ, et inexistenti contractui,* le droit d'hypothèque, qu'il avait sur la chose avant qu'il en eût acquis la propriété, revivra. La raison est, que l'effet ne doit pas avoir plus d'étendue que la cause, *limitata causa limitatum producit effectum.* C'est pourquoi l'acquisition, que le créancier fait de la propriété de la chose hypothéquée, étant la cause de l'extinction de l'hypothèque, si cette acquisition qu'il a faite n'est pas absolue et irrévocable, elle ne peut pas produire une extinction absolue et irrévocable du droit d'hypothèque; elle dort, en quelque sorte, pendant le temps que l'acquisition durera, et elle se réveillera dès l'instant de la révocation de l'acquisition.

*Par exemple :* si j'ai acheté un héritage sujet au retrait lignager, et qu'on l'ait exercé sur moi; si on m'a donné un héritage, et que la donation ait été révoquée par la survenance d'enfans au donateur; si on me l'a vendu sous faculté de réméré, et que le réméré ait été exercé; si l'héritage, que j'ai acquis, était grevé de substitution, et qu'il y ait eu depuis ouverture à la substitution; s'il m'a été évincé par un créancier hypothécaire; en tous ces cas, le droit d'hypothèque, que j'avais sur cet héritage, se réveillera, parce que l'acquisition, que j'avais faite de la propriété de l'héritage, n'a point été irrévocable, et qu'elle a été effectivement révoquée *ex causâ antiquâ, necessariâ et inexistenti contractui.*

A plus forte raison, mon droit d'hypothèque revivra-t-il, si mon titre d'acquisition de la propriété de la chose hypothéquée a été rescindé par des lettres de rescision, qu'a obtenues celui de qui j'ai acquis, contre l'aliénation qu'il en avait faite.

Si le créancier a acquis un droit de propriété irrévocable, sur la chose qui lui était hypothéquée, quoique, par la suite, par une cause nouvelle, l'acquisition qu'il a faite ait été révoquée, son droit d'hypothèque ne revivra pas. *Par exemple :* s'il a pris à rente un héritage, sur lequel il avait un droit d'hypothèque, et qu'il l'ait déguerpi volontairement, pour se libérer de la rente; s'il lui a été donné, et que la donation ait été révoquée pour cause d'ingratitude; en ce cas, et autres semblables, le droit d'hypothèque qu'il avait ne revivra pas; car il avait acquis un droit de propriété irrévocable; il ne tenait qu'à lui de le conserver, en ne le déguerpissant pas, ou en ne commettant pas les excès qui ont donné lieu à la révocation pour cause d'ingratitude. L'acquisition qu'il a faite ayant été parfaite et irrévocable, elle a dû opérer une confusion et une extinction absolue du droit d'hypothèque qu'il avait sur cet héritage, lequel droit par conséquent ne peut plus revivre.

§ III. De l'extinction de l'hypothèque, par la résolution et extinction du droit du propriétaire qui l'a constituée.

C'est une règle de droit, puisée dans la raison naturelle, que personne ne peut transférer à un autre plus de droit dans une chose, qu'il n'en a lui-même : *Nemo plus juris ad alium transferre potest quàm ipse haberet ;* l. 54, ff. *de reg. jur.*

De-là il suit que celui, qui n'a qu'un droit de propriété révocable dans une chose, ne peut donner à un créancier qu'un droit d'hypothèque sur cette chose, qui soit pareillement révocable dans les mêmes cas que doit se révoquer son droit de propriété.

C'est pourquoi, si celui, qui a constitué à son créancier une hypothèque sur un héritage, était propriétaire de cet héritage, en vertu d'une donation sujette à la révocation, pour cause de survenance d'enfans ; s'il l'avait acheté avec la clause de réméré, si l'héritage était sujet à être retiré sur lui par retrait lignager ou autre espèce de retrait ; s'il était grevé de substitution, etc. ; en tous ces cas, et autres semblables, lorsque le droit du propriétaire, qui a constitué l'hypothèque, viendra à s'éteindre, soit par la survenance d'enfans, soit par l'exercice du réméré ou du retrait, soit par l'ouverture de la substitution, l'extinction du droit de ce propriétaire entraînera aussi celle des hypothèques qu'il a constituées.

Cette règle reçoit une exception à l'égard de l'hypothèque de la dot et du douaire sur les biens substitués. Lorsqu'un homme grevé de substitution par quelqu'un de ses ascendans, ou, même, en certains cas, par quelqu'autre personne que ce soit, s'est marié, si les biens libres qu'il avait ne sont pas suffisans pour acquitter la dot et le douaire, sa veuve, créancière de sa dot et de son douaire, et ses enfans, créanciers de leur douaire, conservent un droit d'hypothèque subsidiaire sur les biens substitués, nonobstant que le droit de celui, qui l'a constituée, soit éteint par l'ouverture de la substitution. La raison de cette exception est fondée sur ce que l'auteur de la substitution est présumé avoir permis cette hypothèque, au préjudice de sa substitution.

Nous avons traité tout ce qui concerne cette exception, en notre *Traité des substitutions*, où nous renvoyons.

Pour que l'extinction du droit de propriété de celui qui a constitué les hypothèques, entraîne l'extinction des hypothèques qu'il a constituées, il faut que cette extinction de son droit de propriété arrive *ex causâ antiquâ et necessariâ*, c'est-à-dire, que, dès le temps qu'il a constitué l'hypothèque, son droit de propriété fût résoluble *in aliquem certum casum qui ab ipso non penderet*. Si, au contraire, celui, qui a constitué l'hypothèque, avait alors un droit de propriété irrévocable, et que son droit n'ait été éteint que par quelque cause nouvelle et procédant de son fait, cette extinction de son droit de propriété n'entraînera pas celle des hypothèques qu'il a constituées. *Par exemple* : lorsque le donataire d'un héritage l'a hypothéqué, la révocation de la donation, pour cause d'ingratitude, qui survient depuis, n'éteint pas l'hypothèque.

Pareillement, lorsque celui, qui a pris un héritage à titre de rente foncière, l'a hypothéqué, et le déguerpit ensuite, le déguerpissement n'éteint pas l'hypothèque du créancier, qui peut le faire vendre, à la charge de la rente pour laquelle il a été déguerpi.

### § IV. De l'extinction de l'hypothèque, par l'extinction de la dette pour laquelle elle a été constituée.

L'hypothèque ne peut subsister sans une dette pour laquelle elle ait été constituée, suivant qu'il résulte des notions que nous avons données au *chap.* 1, *sect.* 2, § 3. D'où il suit que l'extinction de la dette, pour laquelle l'hypothèque a été constituée, entraînera nécessairement l'extinction des hypothèques.

Il n'importe que la dette ait été éteinte par le paiement ou par quelqu'une des autres manières dont les dettes s'éteignent, comme par la remise que le créancier aurait faite de sa dette, par la novation, la compensation.

Pour que le paiement de la dette éteigne les hypothèques, il faut qu'il soit entier; pour peu qu'il reste quelque chose de dû, soit de son principal, soit même des intérêts, il ne se fait aucune extinction des hypothèques, et tous les biens, qui étaient hypothéqués au total de la dette, demeurent hypothéqués à ce qui en reste dû; *l.* 13, § 6, ff. *de pig. et hyp.* C'est pourquoi, quoiqu'on ait payé à l'un des héritiers du créancier, tout ce qui était dû à cet héritier pour sa portion, il ne se fait aucune extinction des hypothèques, et tous les biens demeurent hypothéqués à ce qui reste dû aux autres héritiers; *et vice versâ*, si l'un des héritiers du débiteur a payé sa portion entière, tous les biens, même ceux échus dans le lot de ce débiteur qui a payé sa portion, demeurent hypothéqués à ce qui reste dû par les autres héritiers; *l.* 1, *cod. si un. ex plur.*; *l.* 1, *cod. de luit. pig. et passim.*

Quelquefois le paiement entier de la dette transfère l'hypothèque du créancier, qui est payé, à un autre créancier, plutôt qu'il ne l'éteint; cela arrive, lorsque le paiement se fait avec la clause de subrogation au profit de celui des deniers duquel le paiement se fait ; la raison est, qu'on feint que la créance du créancier, qui est payé avec la clause de subrogation, n'est pas tant censée payée que vendue au nouveau créancier, des deniers duquel le paiement s'est fait, *magis emisse nomen quàm solvisse intelligitur.* Nous avons traité des subrogations à la fin du contrat de vente, où nous renvoyons.

La novation transfère aussi quelquefois l'hypothèque de la nouvelle créance à l'ancienne, plutôt qu'elle ne l'éteint; cela arrive toutes les fois qu'on en convient par la novation.

Lorsque le débiteur devient héritier, pour le total, du créancier, ou que, *vice versâ*, le créancier devient héritier, pour le total, du débiteur, la dette se trouvant en ces deux cas confuse et éteinte par la réunion des deux qualités de créancier et de débiteur, qui se détruisent réciproquement en une même personne, cela entraîne l'extinction des hypothèques, à moins que la succession n'ait été acceptée sous bénéfice d'inventaire ; car un des effets du bénéfice d'inventaire étant d'empêcher la confusion des droits de l'héritier et de la succession, la dette subsiste, et par conséquent les hypothèques, qui en sont les accessoires, subsistent aussi.

Lorsque le créancier n'est devenu héritier que pour partie de son débiteur, *aut vice versâ*, quoique l'acceptation ait été pure et simple, il ne se fait aucune confusion des hypothèques, parce que la dette n'étant éteinte que pour la partie pour laquelle le créancier a été héritier de son débiteur, ou le débiteur de son créancier, les hypothèques sont entières pour ce qui reste de cette dette.

Lorsqu'il y a plusieurs créanciers d'une même dette, quoique l'un de ces créanciers devienne héritier, pour le total, du débiteur, il ne se fait aucune extinction des hypothèques, parce qu'elles restent entières pour les parts qui sont dues aux autres créanciers.

Lorsqu'il y a plusieurs débiteurs, et que l'un d'eux devient héritier, pour le total, du créancier, les hypothèques des biens de ses co-débiteurs doivent donc aussi subsister.

La prescription de 30 ans, qui résulte de ce que le créancier ne s'est pas fait reconnaître ni servir pendant ce temps, n'éteint pas l'hypothèque ; car, comme cette prescription opère plutôt une fin de non-recevoir contre l'action du créancier, qu'elle n'éteint la dette, et que la dette subsiste, quoique sans action, cela suffit pour conserver l'hypothèque : *Cùm hypotheca possit accedere obligationi etiam naturali.* C'est pourquoi l'hypothèque, et l'action qui en naît, demeurent contre le débiteur jusqu'à ce qu'il ait acquis la prescription contre l'hypothèque, qu'il ne peut acquérir que par le laps de 40 ans.

Quoique l'autorité de la chose jugée et du serment décisoire opèrent plutôt une fin de non-recevoir contre la demande du créancier, qu'elles n'éteignent, dans la vérité, la dette du débiteur, qui a été injustement renvoyé de la demande de son créancier, ou qui a faussement juré qu'il ne devait rien ; néanmoins, comme elle renferme une présomption, *juris et de jure*, qu'il n'y a point de dette, elle éteint indirectement l'hypothèque, en la rendant de nul effet.

### § V. De l'extinction de l'hypothèque, par la remise expresse ou tacite que fait le créancier de son droit d'hypothèque.

L'hypothèque s'éteint par la remise expresse ou tacite, que fait le créancier, de son droit d'hypothèque.

Pour que cette remise soit valable et éteigne l'hypothèque, il faut que le créancier soit une personne usante de ses droits, et qui ait le pouvoir d'aliéner.

C'est pourquoi un interdit ne peut remettre les droits d'hypothèque qui lui appartiennent.

Une femme mariée ne le peut, sans être autorisée de son mari. Un mineur ne le peut : je pense pourtant, à l'égard du mineur, que, s'il l'avait fait, il devrait obtenir des lettres de rescision dans les dix ans de sa majorité ; car, ce que fait un mineur est plutôt sujet à rescision, qu'il n'est absolument nul.

Si un tuteur, en sa qualité de tuteur, avait fait gratuitement une remise des droits d'hypothèque qui appartiennent à son mineur, je pense que cette remise est absolument nulle, sans qu'il soit besoin de lettres ; car, ce que fait un tuteur, en sa qualité de tuteur, ne peut être valable et réputé pour le fait du mineur, qu'autant que ce qu'il fait n'excède point les bornes de l'administration ; sa qualité de tuteur ne lui donnant que le droit d'administrer les biens de son mineur, et non pas d'en disposer à son gré. Or, toute aliénation gratuite passe les bornes de l'administration, par conséquent le pouvoir du tuteur.

Il faut décider la même chose à l'égard d'un curateur.

Par la même raison, un fondé de pouvoir, quelque générale que soit sa procuration, ne peut remettre gratuitement les droits d'hypothèque qui appartiennent à celui de qui il a la procuration ; il en faut une *ad hoc*.

Un mari ne peut pas non plus faire remise des droits d'hypothèque qui dépendent des rentes propres de sa femme, car il n'a que l'administration de ses propres ; mais il peut remettre les hypothèques des dettes actives mobilières de sa femme, quoique réservées propres, parce que la réserve des propres n'empêche pas qu'il ne soit seigneur des droits mobiliers de la femme : cette réserve ne donnant à la femme qu'une action de reprise, comme on peut le voir au *Traité de la Communauté*.

La remise, qu'un créancier, qui a le pouvoir de disposer, fait des droits d'hypothèque qui lui appartiennent, éteint l'hypothèque, soit que cette remise soit expresse, soit qu'elle soit seulement tacite.

Le consentement, que donne le créancier, à l'aliénation, ou même à l'obligation de la chose hypothéquée, renferme une remise tacite de son droit d'hypothèque.

Le créancier est censé avoir tacitement remis le droit d'hypothèque qu'il a sur un héritage, lorsqu'il a consenti à l'aliénation de son héritage, sans faire réserve de son droit d'hypothèque : *Creditor, qui permittit rem vænire, pignus dimittit* ; l. 158, ff. *de reg. jur.* ; l. 4, § 1, ff. *quib. mod. pig. solv.* La raison est, que le débiteur n'ayant pas besoin du consentement de son créancier, pour aliéner ses héritages avec la charge des hypothèques, le consentement du créancier ne peut paraître requis et donné pour une autre fin que pour remettre son hypothèque.

Il en est de même, lorsque le créancier a consenti que le débiteur obligeât à un nouveau créancier la chose hypothéquée ; car le débiteur n'ayant pas besoin du consentement du premier créancier, pour constituer à un nouveau une hypothèque qui n'aurait lieu qu'après la première, le consentement du premier créancier ne peut guère paraître donné et requis à d'autre fin, que pour remettre son hypothèque.

On pourrait néanmoins, en ce dernier cas, rechercher l'intention des parties, et examiner, par les circonstances, si l'intention de l'ancien créancier, en consentant qu'on obligeât au nouveau la chose qui lui était hypothéquée, a été de remettre absolument son droit d'hypothèque, ou seulement de céder son rang au nouveau créancier, sans néanmoins remettre son hypothèque : *l.* 12, § 4, ff. *qui pot. in pig.*

Mais, régulièrement, la présomption est que le créancier, qui a consenti à la nouvelle hypothèque, a remis la sienne. *Paulus respondit : Sempronium antiquiorem creditorem consentientem quùm debitor eamdem rem tertio creditori obligaret, jus suum pignoris remisisse videri, non etiam tertium in locum ejus cepisse* ; l. 12, ff. *quib. mod. pig. solv.*

Pour que le consentement, que le créancier donne à l'aliénation ou à une nouvelle obligation de la chose qui lui est hypothéquée, renferme une remise tacite de son droit d'hypothèque, il faut que ce consentement soit formel.

La connaissance de la vente que faisait le débiteur, qu'a eue le créancier, ou de la nouvelle hypothèque qu'il constituait à un autre, ne peut pas passer pour consentement, quoiqu'il n'ait pas réclamé : *Non videtur consensisse creditor, si sciente eo, debitor rem vendiderit, quùm ideò passus est vænire, quod sciebat, ubique pignus sibi durare* ; *l.* 8, § 15, ff. *eod.*

C'est pourquoi, si le créancier a reçu, comme notaire, l'acte de vente ou d'obligation que le débiteur a fait de la chose hypothéquée, ou s'il y a souscrit comme témoin, il ne sera pas, pour cela, présumé avoir consenti à la vente ou à la nouvelle obligation, et avoir remis son hypothèque.

*Quid?* si l'acte portait que l'héritage est franc d'hypothèque, le créancier, qui, en recevant l'acte comme notaire, ou en le souscrivant comme témoin, aurait souffert cette clause sans réclamation, serait-il censé avoir remis son hypothèque? Il y a lieu de le penser. Il paraît que la loi 9, § 1, ff. *quid. mod. pig. solv.* le décide: *Mævius.... dicebat antè rempublicam feudum sibi obligatum fuisse; inveniebatur autem Mævius, instrumento cautionis cum republicâ facto à Seio, interfuisse, et subscripsisse: quo caverat Seius feudum nulli alii obligatum...... Modestinus respondit, pignus, cui is, de quo quæritur, consensit, minimè eum retinere posse.*

Si on doutait que le créancier dût être présumé avoir absolument remis son hypothèque, en souscrivant à l'acte où était cette clause, au moins il n'est pas douteux qu'il ne pourrait l'exercer contre l'acquéreur, à qui l'héritage aurait été vendu, ou contre le nouveau créancier, à qui il aurait été hypothéqué par cet acte; car, s'il n'a pas voulu remettre son hypothèque, il ne peut se disculper d'avoir, par sa dissimulation, concouru, avec le débiteur, à tromper cet acquéreur ou ce nouveau créancier: c'est pourquoi ils auront contre lui l'exception de dol.

La signature du créancier, à un acte qui énonce qu'un certain héritage de son débiteur n'est chargé d'aucune hypothèque, peut quelquefois ne préjudicier en aucune manière à son droit d'hypothèque; savoir, lorsqu'il y a lieu de présumer qu'il a pu apposer sa signature sans prendre la lecture de l'acte; *putà*, lorsqu'il a signé, *honoris causâ*, à un contrat de mariage, en la seule qualité de parent ou d'ami.

Le créancier, qui consent à l'aliénation de la chose hypothéquée, n'est censé remettre son droit d'hypothèque, qu'autant et sous la condition que l'aliénation, à laquelle il a consenti, aura effectivement lieu: c'est pourquoi, si le créancier a permis, par écrit, à son débiteur, de vendre son héritage, et qu'il ne l'ait pas vendu, l'hypothèque du créancier, sur cet héritage, ne laissera pas de subsister: *Si non vænierit, non est satis ad repellendum creditorem, quod voluit vænire;* l. 8, § 6, ff. *dict. tit.*

La remise, qu'opère le consentement du créancier à l'aliénation de la chose hypothéquée, n'a pas lieu, non-seulement lorsque le débiteur n'a pas vendu la chose, mais encore lorsque la vente, qu'il en a faite, est nulle ou simulée; l. 4, § 2, ff. *eod.*

Il y a plus: si le débiteur, en conséquence de la permission du créancier, a aliéné, à la vérité, son héritage, mais sous quelque condition résolutoire, ou convenue, ou inhérente au contrat, l'hypothèque du créancier est plutôt suspendue qu'éteinte, et elle revit, si le contrat vient à se résoudre *ex causâ necessariâ et inhærenti contractui*.

*Par exemple :* si le débiteur avec la permission de son créancier, a vendu son héritage avec faculté de réméré, et qu'il l'exerce par la suite; ou si, avec la permission de son créancier, il en a disposé par donation entre vifs, et qu'elle ait été révoquée par survenance d'enfans : en ces cas, et autres semblables, l'hypothèque revivra.

Ainsi, quoique la vente ne contînt aucune clause résolutoire, si les parties s'en sont volontairement désistées avant qu'elle eût eu son entière exécution, le créancier, qui a consenti à cette vente, conservera son hypothèque : *l.* 10, ff. *quib. mod. pig. solv.* Car il n'est censé, par ce consentement, avoir remis son hypothèque, qu'autant que la vente, en faveur de laquelle il voulait bien la remettre, aurait son entière exécution.

Au contraire, si le débiteur, qui a aliéné son héritage, du consentement du créancier, en redevient propriétaire, non par la résolution de l'aliénation qu'il en avait faite, mais par un nouveau titre d'acquisition, il ne recouvrera pas la même hypothèque qu'il avait et qu'il a remise; l'héritage se trouvera seulement compris dans le droit d'hypothèque générale qu'il a sur tous les biens présens et à venir de son débiteur, s'il est créancier en vertu d'un titre authentique; mais, s'il avait, outre cette hypothèque générale, une hypothèque spéciale ou un privilége sur cet héritage, il ne pourra plus rien prétendre, tous ses droits ayant été éteints par la remise qu'il est censé en avoir faite, en consentant à l'aliénation; *l. fin. cod. de remiss. pig.*

Lorsque le consentement, que le créancier a donné à l'aliénation de la chose hypothéquée, est limité à certain titre d'aliénation, à certaines conditions, ou à certaines personnes, l'aliénation n'éteint l'hypothèque, qu'autant que l'aliénation est faite au même titre et sous les mêmes conditions, auxquelles le créancier a consenti à l'aliénation, et à la même personne, à qui il a consenti qu'elle fût faite.

C'est pourquoi, si le créancier a permis à son débiteur de vendre la chose hypothéquée, et que le débiteur l'ait donnée par donation entre vifs, on doit, en ce cas, décider que l'hypothèque n'est pas éteinte; car il y a lieu de présumer que le créancier, en permettant la vente de la chose hypothéquée, a eu en vue que le débiteur en emploierait le prix à le payer, ou à acquérir d'autres biens qui lui répondraient de sa dette, et qu'en conséquence, en permettant de vendre, il n'a pas entendu permettre de donner.

Au contraire, lorsque le créancier a permis à son débiteur de disposer, par donation entre vifs, de la chose hypothéquée, on doit ordinairement présumer qu'il lui a permis, à plus forte raison, d'en disposer à titre onéreux, suivant cette règle de droit : *Non debet, cui plus licet, quod minus est, non licere*; l. 21, ff. *de reg. jur.*

Si, néanmoins, le créancier avait permis à son débiteur, de donner à une certaine personne, amie de ce créancier, on ne pourrait pas dire qu'il lui aurait permis de vendre : *Si concessit donare et vendiderit debitor, repelletur creditor; nisi si quis dicat, ideò concessisse donari, quod amicus erat creditori is, cui donabatur*; *dict. l.* 8, § 13, *in fine.*

Si le créancier a permis à son débiteur de vendre, pour un certain prix, la chose hypothéquée, ou de la vendre à certaines conditions, et que le débiteur l'ait vendue à un moindre prix, ou n'ait pas suivi les conditions prescrites par le créancier; ou s'il lui a permis de vendre dans l'espace d'un certain temps, et que le débiteur n'ait vendu qu'après l'expiration de ce temps : dans tous ces cas, l'hypothèque ne sera pas éteinte, car le créancier n'est censé l'avoir remise, qu'autant que la vente se ferait pour le prix, aux conditions et dans le temps qu'il l'avait permis.

Mais, si le débiteur l'a vendue pour un prix plus fort, l'hypothèque n'en sera pas moins éteinte; car le créancier, en fixant le prix pour lequel il lui permet de vendre, ne lui permet pas de vendre à un moindre prix, mais il ne l'empêche pas de vendre plus, s'il peut; *l.* 8, § 14 et 18; *argum. dict. l.* 21, ff. *de reg. jur.*

Au reste, lorsque le créancier a permis à son débiteur, de vendre l'héritage hypothéqué, pourvu que la vente se soit effectivement faite, et de la manière et aux conditions que le créancier l'a permise, il n'importe que cette vente ait été faite par la personne même du débiteur, ou par son héritier ou autre successeur universel; *dict. l.* 8, § 16.

Mais le consentement du créancier n'aurait aucun effet, si c'était un tiers qui vendît : *dict. l.* 8, § 17.

### § VI. De la prescription de l'hypothèque, et de quelques autres manières introduites par les lois, pour purger les hypothèques.

L'hypothèque s'éteint par la prescription. Il faut, à cet égard, faire une différence entre le tiers détenteur de l'héritage hypothéqué, et le possesseur personnellement obligé.

A l'égard du tiers détenteur, dans les pays régis par le droit écrit, et dans les Coutumes, telle que celle de Paris, qui admettent la prescription de dix ans entre présens, et vingt ans entre absens, avec titre et bonne foi; le tiers acquéreur, qui n'a pas en connaissance de l'hypothèque par son titre d'acquisition ni d'ailleurs, et a possédé l'héritage comme franc, acquiert la libération de l'hypothèque, par dix ans de possession, contre le créancier qui demeure en même province que lui, ou par vingt ans, s'il demeure en une province différente.

Le tiers détenteur, qui possède sans pouvoir produire de titre de son acquisition, ne peut prescrire que par trente ans de possession.

Dans notre Coutume, qui n'a point admis la prescription de dix ou vingt ans, le tiers détenteur, soit qu'il ait titre ou non, ne peut acquérir la libération de l'hypothèque, que par la prescription de trente ans.

Cette prescription, non plus que celle de dix ou vingt ans, ne court point contre le créancier, pendant qu'il est mineur.

Elles n'ont pas lieu non plus contre l'Eglise, contre qui on ne prescrit que par quarante ans.

Elle ne laisse pas de courir contre le créancier, quoique la condition de la dette, pour laquelle l'héritage est hypothéqué, ne fût pas encore échue; et le créancier ne peut alléguer en sa faveur la maxime, *contra non valentem agere, non currit præscriptio*. Car, si, avant l'échéance de la condition, il ne pouvait pas intenter contre le détenteur de la chose hypothéquée l'action hypothécaire, au moins pouvait-il intenter l'action en interruption; et, faute de l'avoir fait, il doit s'imputer à lui-même s'il perd son hypothèque.

Nous avons traité plus amplement de ces prescriptions, en traitant du droit de propriété, où nous renvoyons.

A l'égard du débiteur, de ses héritiers et autres, personnellement obligés, suivant les principes de l'ancien droit romain, ils ne pouvaient acquérir la libération de l'hypothèque, par quelque temps qu'ils eussent possédé la chose hypothéquée. La raison est, que le débiteur, qui a constitué l'hypothèque, possède lui-même la chose hypothéquée à la charge de l'hypothèque. Or, cette possession résiste à la prescription; il ne peut donc pas prescrire par quelque temps qu'il possède, et ses héritiers ne le peuvent pas non plus, parce que la possession de ses héritiers est la même que la sienne, qui continue en leur personne, puisqu'ils succèdent *in virtutes et vitia possessionis defuncti*, comme nous l'avons vu, en traitant du droit de propriété.

Il en est de même de tout autre possesseur, qui a reconnu l'hypothèque, quoique l'empereur Théodose eût établi la prescription de trente ans contre l'action personnelle, par le défaut du créancier d'en avoir usé pendant ce temps; néanmoins le débiteur ou ses héritiers, qui avaient acquis cette prescription contre l'action du créancier, et qui possédaient des biens hypothéqués à la dette, ne laissaient pas d'être sujets à l'action qui résultait de cette hypothèque, et ils ne pouvaient en acquérir la prescription de trente ans contre l'action personnelle, qui opère seulement une fin de non-recevoir contre l'action, et n'éteint pas l'action personnelle; cette obligation personnelle, quoique destituée d'action, était suffisante pour que l'hypothèque pût y accéder et se conserver par quelque temps que ce fût.

Depuis, l'empereur Justin a ordonné que le débiteur et autres, personnellement obligés, possesseurs de la chose hypothéquée, pourraient opposer contre l'action hypothécaire la prescription de quarante ans, contre le créancier qui n'aurait point usé de son droit pendant ce temps.

Plusieurs Coutumes, du nombre desquelles est la nôtre, ont adopté la constitution de l'empereur Justin, à l'égard des hypothèques contractuelles, c'est-à-dire, qui naissent des contrats devant notaires; et, en conséquence, elles décident que le débiteur et autres, personnellement obligés, prescrivent par quarante ans contre l'action personnelle hypothécaire, dont ils sont tenus envers le créancier.

A l'égard des hypothèques légales, et de celles qui naissent des jugemens, elles sont, même dans ces Coutumes, sujettes à la même prescription que l'obligation personnelle, c'est-à-dire, à la prescription de trente ans.

Dans les Coutumes, qui ne se sont pas expliquées, telles que celles de Paris, on a jugé que la prescription contre l'action personnelle hypothécaire, résultante de contrat pardevant notaires, devait aussi se proroger jusqu'à quarante ans, et que la loi de Justin devait y être adoptée.

---

# CHAPITRE IV.

## *Du nantissement.*

### ARTICLE PREMIER.

*De la substance, de la nature, et de la forme du nantissement; des choses qui en sont susceptibles; des personnes qui peuvent constituer cette espèce de gage, et pour quelles dettes.*

§ I. De la substance, de la nature, et de la forme du nantissement.

Le nantissement est une espèce de gage, qui se contracte par la tradition qui est faite au créancier, de la chose qu'on lui engage; *l.* 9, § 2, ff. *de pignerat. act.*

En cela, il diffère de l'hypothèque proprement dite, qui se contracte par la seule convention, sans faire passer la possession de la chose au créancier.

Le nantissement est du droit des gens; car, selon le pur droit des gens, on ne peut acquérir de droit dans une chose, que par la tradition; ce n'est donc que par la force de la loi civile, qu'on peut acquérir un droit d'hypothèque dans une chose, sans tradition : l'hypothèque est donc du droit civil.

Le nantissement étant du droit des gens, n'est sujet à aucune forme, et il est valable entre les parties contractantes, par leur seul consentement, suivi de la tradition de la chose engagée.

Mais, pour qu'il ait effet contre des tiers, c'est-à-dire, pour qu'il donne au créancier, à qui la chose mobilière a été donnée en nantissement, un privilége sur cette chose, contre les autres créanciers du débiteur, en cas de déroute des affaires de ce débiteur, il faut qu'il ait été passé un acte pardevant notaire, dont il reste une minute (*Ordonnance de* 1673, *tit.* 6, *art.* 8) du contrat de nantissement, et que la date précède au moins de dix jours la faillite du débiteur; puisqu'un débiteur ne peut plus, pendant ce temps, faire aucun transport, ni accorder des droits de gage et d'hypothèque à quelqu'un, au préjudice de ses autres créanciers.

§ II. Quelles choses sont susceptibles du nantissement? Des personnes qui peuvent constituer cette espèce de gage, et pour quelles dettes?

Le nantissement diffère encore de l'hypothèque proprement dite, touchant les choses qui en sont susceptibles; car, au lieu qu'il n'y a que les immeubles, qui soient susceptibles de l'hypothèque proprement dite dans la plupart de nos Coutumes, au contraire, ce sont principalement les meubles qui sont susceptibles du nantissement.

Les choses incorporelles, comme sont les dettes actives, sont-elles susceptibles du nantissement? La raison de douter est, que les choses incorporelles ne sont pas susceptibles de possession, ni de tradition, ni par conséquent du nantissement, qui ne se contracte que par la tradition, et en mettant le créancier en possession de la chose. Néanmoins, comme la tradition, dont les dettes actives ne sont pas susceptibles, peut se suppléer en remettant à celui, à qui on la donne en nantissement, le billet ou obligation du débiteur, qui est l'instrument de cette dette active, et en faisant, par le créancier, à qui la dette active a été donnée en nantissement, signifier au débiteur de cette dette l'acte par lequel elle a été donnée en nantissement, avec défense de payer en d'autres mains qu'en celles de celui à qui elle a été donnée en nantissement, il y a lieu de soutenir que les dettes actives en sont aussi susceptibles.

Il est évident que les biens à venir, quoique susceptibles de l'hypothèque, ne le sont pas du nantissement, puisqu'il ne se contracte que par la tradition.

A ces différences près, le nantissement et l'hypothèque conviennent, soit par rapport aux personnes, par qui l'une ou l'autre espèce de gages peuvent être constituées, soit par rapport aux dettes, pour lesquelles elles peuvent l'être.

Observez néanmoins que, lorsque quelqu'un a donné en nantissement une chose qui ne lui appartenait pas, quoique le nantissement ne soit pas valable, à l'effet de donner aucun droit dans la chose au créancier à qui elle a été donnée en nantissement, néanmoins le contrat de nantissement est valable pour produire, entre les parties contractantes, des engagemens respectifs.

### ARTICLE II.

### *Des effets du nantissement.*

Les effets du nantissement sont le droit, qu'acquiert le créancier, dans la chose qui lui a été donnée en nantissement, et les obligations respectives qui naissent du contrat de nantissement;

savoir, du créancier envers le débiteur qui lui a donné la chose en nantissement, et du débiteur envers le créancier à qui il l'a donnée.

## § I. Du droit du créancier, dans la chose qui lui a été donnée en nantissement.

Le créancier acquiert, dans la chose qui lui a été donnée en nantissement, le droit de la posséder et retenir, pour la sûreté de sa dette, et celui de la vendre, pour être payé sur le prix.

Ce droit, selon la nature du droit d'hypothèque, est individuel; la chose donnée en nantissement, ainsi que la chose hypothéquée, est, non-seulement dans sa totalité, mais dans chacune de ses parties, affectée au total de la dette, et non-seulement au total de la dette, mais à ce qui en reste dû, quelque peu qu'il en reste.

Ce droit, qu'a le créancier, de posséder la chose qui lui a été donnée en nantissement, non-seulement lui donne, pour la retenir, une exception contre le propriétaire de la chose qu'il a donnée en nantissement, ou ses héritiers qui la revendiqueraient; elle lui donne aussi, au cas que la chose lui ait été soustraite ou ravie, une action réelle pour se la faire rendre, contre quiconque se trouverait l'avoir par-devers lui, fût-ce le propriétaire de qui il l'a reçue en nantissement.

A l'égard du droit, qu'a le créancier, de vendre la chose qui lui a été donnée en nantissement, il est évident qu'il ne peut exercer ce droit avant que le débiteur ait été en demeure de payer, et, à plus forte raison, avant que le terme de paiement soit échu : *Nam ibì nulla intelligitur mora fieri, ubì nulla petitio est* : l. 88, ff. *de reg. jur.*

Il ne suffit pas, même après que le terme de paiement est échu, de constituer le débiteur en demeure, par un simple commandement de payer le créancier, pour pouvoir vendre la chose qui lui a été donnée en nantissement; mais il faut assigner le débiteur, et obtenir, sur cette assignation, une sentence, qui ordonne que, faute par le débiteur de payer, dans un certain délai qui lui sera prescrit par la sentence, il sera permis au créancier, sans qu'il soit besoin d'obtenir d'autre sentence, de vendre la chose.

Il doit la faire vendre par un sergent, avec les mêmes formalités qui s'observent pour la vente des meubles pris par exécution, et il doit dénoncer au débiteur, à son domicile ou à celui de son procureur, s'il en a un, le jour et l'heure auxquels la chose sera exposée en vente. On peut convenir, par le contrat de nantissement, que le créancier pourra, faute de paiement, après un certain temps convenu, vendre le gage, sans obtenir, pour cet effet, aucune permission du juge. Je pense, néanmoins, qu'en ce cas le créancier devrait, après le temps expiré, dénoncer la vente au débiteur, et faire faire cette vente publiquement par un huissier; à moins que, par le contrat, il ne soit expressément déchargé de dénoncer la vente. On pourrait aussi, par le contrat, lui permettre de vendre la chose de gré à gré, et convenir qu'il serait cru du prix, à sa déclaration. Car toutes ces conventions, n'ayant rien d'illicite et de contraire aux bonnes mœurs, doivent être exécutées.

Si on convenait que, faute par le débiteur de payer dans un certain temps marqué, le créancier demeurerait propriétaire de la chose qui lui a été donnée en nantissement, la convention serait nulle. Cette convention a été défendue par la constitution de Constantin, *l. fin., cod. de pact. pig.,* pour réprimer l'injustice des créanciers, qui, par cette convention, s'appropriaient les biens de leurs misérables débiteurs, pour un prix au-dessous de leur valeur. Et cette loi, comme très-équitable, est suivie parmi nous.

Mais, si la convention a été que, faute par le débiteur de payer dans un certain temps, le créancier demeurerait propriétaire de la chose, pour le prix qu'elle serait pour lors estimée par experts, dont les parties conviendraient à frais communs, la convention, en ce cas, n'a rien d'illicite, et doit être exécutée: *l.* 16, § *fin.*, ff. *de pig. et hyp.; l.* 81, ff. *de contrah. empt.* L'estimation remédie à l'iniquité qui aurait pu se trouver dans la clause précédente.

Dans le cas de cette clause, selon nos usages, le créancier, faute de paiement, ne devient pas propriétaire de plein droit, de la chose; il faut qu'il fasse ordonner par le juge, que, conformément à la clause, il demeurera propriétaire pour l'estimation, et qu'il le fasse consentir par le débiteur. Jusque-là, quoique le temps limité pour le paiement soit expiré, le débiteur sera toujours recevable à reprendre sa chose, en offrant de payer.

Le droit, qu'a le créancier, sur la chose qui lui a été donnée en nantissement, s'éteint comme le droit d'hypothèque: 1° par l'extinction de la chose; mais, pour peu qu'il en reste quelque chose, le droit demeure sur ce qui en reste.

2°. Lorsque le créancier en devient propriétaire, *cùm res sua nemini pignori esse possit.*

3°. Par la résolution et extinction du droit de propriété de celui qui me l'a donnée en nantissement. *Putà,* si l'héritier d'une personne, qui avait légué à quelqu'un sa bibliothèque, sous une condition, me la donne en nantissement, avant l'échéance de la condition? Comme il en était pour lors propriétaire, le nantissement était valable; mais, lorsque la condition viendra à échoir, le droit de propriété, qu'il avait dans cette bibliothèque, venant à s'éteindre, le droit de nantissement, qu'il m'avait donné, s'éteindra aussi.

4°. Le droit de nantissement s'éteint aussi, comme l'hypothèque, par l'extinction de la dette pour laquelle la chose a été donnée en nantissement; mais il faut qu'elle soit entièrement acquittée; quelque peu qu'il reste de dû, soit du principal, soit des intérêts, le droit de nantissement subsiste en son entier; il subsiste même, en quelque façon, pour les frais que le créancier aurait faits pour la chose.

5°. Enfin, il s'éteint par la remise qu'en fait le créancier, en rendant volontairement la chose au débiteur, qui la lui avait donnée en nantissement.

### § II. De l'engagement du créancier envers le débiteur, produit par le contrat de nantissement.

Le créancier, à qui le débiteur a donné une chose en nantissement, contracte, envers le débiteur, l'obligation de la lui rendre saine et entière, après que la dette aura été entièrement acquittée.

De cette obligation naît l'action personnelle qu'on appelle *actio pigneratitia directa*, qu'a le débiteur contre le créancier, pour répéter la chose qu'il a donnée en nantissement, après qu'il a acquitté la dette, ou pour rendre compte du prix de la vente, lorsqu'elle a été vendue à la requête du créancier.

Cette action appartient à celui qui a donné la chose en nantissement; il n'importe qu'il en soit ou non le propriétaire; le créancier, qui la reçoit de lui à titre de nantissement, n'en contracte pas moins envers lui l'obligation de la lui rendre.

Le débiteur, ou autre, qui a donné la chose en nantissement, ne peut intenter cette action, qu'après que la dette, pour laquelle la chose a été donnée en nantissement, a été entièrement acquittée en principal et intérêts.

C'est pourquoi, si l'un des héritiers du débiteur a payé la part du prix dont il était personnellement tenu de la dette pour laquelle le défunt avait donné certaines choses en nantissement à son créancier, il ne pourra pas, pour cela, intenter cette action, pour sa part dans les choses données en nantissement, tant qu'il restera quelque chose de dû par quelqu'un de ses cohéritiers; car chaque partie des choses données en nantissement est affectée à tout ce qui peut rester de la dette, comme il a été observé ci-dessus.

Lorsque la chose donnée en nantissement produit des fruits; ceux, que le créancier en perçoit, s'imputent sur sa dette; et si, par ceux qu'il a perçus, elle se trouve acquittée, il y a lieu à cette action.

Elle a lieu quelquefois, quoique la dette n'ait pas été acquittée: 1° Lorsque le créancier a bien voulu se désister du nantissement, soit au moyen d'autres sûretés qu'on lui a données, ou à certaines conditions, soit qu'il s'en soit désisté sans autres sûretés ni conditions; c'est pourquoi Ulpien dit : *Omnis pecunia exsoluta esse debet, aut eo nomine satisfactum esse, ut nascatur pigneratitia actio; satisfactum autem accipimus, quemadmodùm voluit creditor, licèt non sit solutum: sive aliis pignoribus sibi caveri voluit, ut ab hoc recedat, sive fidejussoribus, sive reo dato, sive pretio aliquo, vel nudâ conventione, nascitur pigneratitia actio; et generaliter dicendum erit, quoties recedere voluit creditor à pignore, videri ei satisfactum; si, ut ipse voluit, sibi cavit, licèt in hoc deceptus sit;* l. 9, § 3, ff. *de pigner. act.*

2°. Lorsque le créancier, à qui une chose a été donnée en nantissement, mésuse de cette chose; l. 3, *in fine codic. h. t.*

Lorsqu'une chose a été donnée en nantissement à quelqu'un, pour une somme que celui, qui la lui a donnée, comptait emprunter de lui, la somme n'ayant point été comptée, il est évident que celui, qui a donné la chose en nantissement, peut la répéter par cette action; l. 11, § 2, ff. *dict. tit.*

L'objet de cette action, lorsque la dette a été acquittée sans qu'il ait été passé à la vente de la chose donnée en nantissement, est que le créancier, à qui elle a été donnée en nantissement, soit tenu de la rendre.

S'il avait perçu quelques fruits ou quelqu'utilité de cette chose, il est aussi obligé, par cette action, d'en faire raison au débiteur qui la lui a donnée.

Si, par sa faute, la chose avait été détériorée, il doit aussi faire raison au débiteur, à qui elle appartient, de ce dont la chose s'est trouvée dépréciée; l. 24, § 3; l. 13, § 1, ff. *de pigner. act.* Il est tenu, à cet égard, de la faute commune, *de levi culpâ. Arg.*, l. 14, ff. *eod.*; le contrat de nantissement étant un contrat qui concerne l'intérêt de l'une et l'autre des parties contractantes.

Si la chose a été perdue, ou a péri sans sa faute, il est libéré; ce qui est commun à tous les débiteurs de corps certains; l. 6, 8 et 9, *cod. eodem.*

Lorsque le créancier, faute de paiement, a fait procéder à la vente de la chose qui lui a été donnée en nantissement, l'objet de l'action, qu'a le débiteur en ce cas, est de lui faire rendre compte du prix; et si, par ce compte, il se trouve qu'après la dette en principal, intérêts et frais, acquittée, le créancier est reliquataire de quelque somme, il doit être condamné à la rendre.

Si, au contraire, le prix n'avait pas suffi à acquitter la dette en principal, intérêts et frais, il demeurera créancier de ce qui s'en manquera.

§ III. De l'obligation du débiteur qui a donné une chose en nantissement, envers le créancier à qui il l'a donnée.

Le débiteur, qui donne une chose en nantissement, contracte aussi des engagemens avec le créancier à qui il la donne, d'où naît une action personnelle qu'a le créancier contre lui, qu'on appelle *actio pigneratitia contraria*.

Le principal objet de cet engagement et de cette action, est l'indemnité des impenses, que le créancier a faites pour la conservation de la chose qui lui a été donnée en nantissement.

Celui, qui la lui a ainsi donnée, est obligé de lui rembourser ce qu'il lui en a coûté, et le créancier a cette action contre lui, pour s'en faire rembourser; l. 8, ff. *de pigner. act.*

L'action *pigneratitia contraria* a encore lieu en quelques autres cas.

1°. Si celui, qui a donné une chose en nantissement au créancier, l'a depuis retirée de lui, ou par surprise ou précairement, à la charge de la lui remettre lorsqu'il la lui redemanderait, le créancier a contre lui cette action pour se la faire rendre, l. 3; l. 22, § 3, ff. *de pigner. act.*

2°. Si le créancier a été trompé dans le nantissement. *Putà*, si on lui a donné en nantissement un bijou, qu'on lui disait être d'or, et qu'il se trouve n'être que de similor; ou si quelqu'un lui a donné en nantissement une chose qui ne lui appartenait pas, et qui a été réclamée par le véritable propriétaire, le créancier, qui, sur la foi du nantissement, a prêté son argent, a cette action, pour ses dommages et intérêts, contre celui, qui lui a donné cette chose en nantissement, quoique celui, qui la lui a donnée, ait été de bonne foi; l. 16, § 1, ff. *de pigner. act.*

Il y a néanmoins cette différence que, lorsque celui, qui l'a donnée en nantissement, a été de bonne foi, il est simplement condamné aux dommages et intérêts du créancier; mais, lorsqu'il a été de mauvaise foi, qu'il a su que la chose, qu'il donnait en nantissement, ne lui appartenait pas, ou que ce qu'il donnait pour de l'or, n'était que du similor, il est, en ce cas, condamné par corps, comme stellionataire.

3°. Lorsque cette chose avait quelque vice, dont le créancier a souffert quelque préjudice, par la faute de celui qui l'a donnée en nantissement, qui, ayant connaissance de ce vice, n'en a pas averti le créancier, il y a lieu, en ce cas, à cette action, pour les dommages et intérêts du créancier. *Par exemple :* si vous m'avez donné en nantissement une vache attaquée d'une maladie contagieuse qu'elle a communiquée aux miennes, j'ai action contre vous, pour mes dommages et intérêts, si en ayant connaissance, vous ne m'en avez pas averti. *Dict. l. dict.* §, ff. *eod.*

# CHAPITRE V.

## De l'antichrèse, et du contrat pignoratif.

### ARTICLE PREMIER.

### De l'antichrèse.

L'ANTICHRÈSE est un contrat, qui était en usage chez les Romains, et qui nous est décrit de cette manière en la loi 11, § 1, *de pignor. et hyp. Si antichresis, id est, mutuus pignoris usus pro credito, facta sit, et in fundum aut in ædes aliquis inducatur; eò usque retinet possessionem pignoris loco, donec illi pecunia solvatur, cùm in usuras fructus percipiat, aut locando, aut ipse percipiendo habitandoque; itaque, si amiserit possessionem, solet in factum actione uti.*

Il résulte de ce texte, que l'antichrèse peut être définie la convention, par laquelle un débiteur convient avec son créancier, de lui accorder, et à ses successeurs, le droit de jouir d'un certain héritage, jusqu'au paiement de la somme qui lui est due, pour lui tenir lieu des intérêts de cette somme.

Lorsque le créancier, en exécution de cette convention, a été mis en possession de l'héritage, il acquiert, sur cet héritage, le droit d'antichrèse, qui consiste dans le droit de jouir de tout l'héritage, et d'en percevoir tous les fruits, pour lui tenir lieu d'intérêts de la somme qui lui est due jusqu'au paiement.

Ce droit est un droit dans la chose, aussi bien que le droit d'hypothèque. Il est différent du droit de nantissement; il peut, à la vérité, quelquefois concourir avec lui, lorsque le débiteur, après avoir hypothéqué son héritage à son créancier, convient qu'il en jouira et percevra les fruits, pour lui tenir lieu d'intérêts jusqu'au paiement; mais il peut subsister séparément et sans aucun droit d'hypothèque, ce qui arrive, lorsque le débiteur a accordé à son créancier ce droit sur un de ses héritages, sans le lui hypothéquer.

Ce droit a quelqu'affinité avec celui du nantissement, en ce que le créancier a droit de retenir et de posséder l'héritage jusqu'au paiement de sa dette, comme l'a le créancier hypothécaire, à qui on a donné un héritage en nantissement; mais il en diffère en ce qu'il n'a pas le droit de vendre l'héritage, comme l'a le créancier hypothécaire; c'est pourquoi la loi dit, *retinet possessionem pignoris loco;* elle ne dit pas *pignoris jure.*

Le créancier n'acquiert ce droit sur l'héritage, que par la tradition qui lui en est faite : *Si antichresis facta sit,* dit la loi 11, *et in fundum aut in ædes aliquis inducatur.* Ce qui est commun à la règle générale, que les droits *in re* ne s'acquièrent pas par la seule convention, mais par la tradition, ou par quelqu'acte équipollent à la tradition : *Non nudis conventionibus, sed traditionibus.* Il n'y a que le droit d'hypothèque, qui, par une exception à la règle générale, s'acquiert sans tradition, comme nous l'avons vu.

Lorsqu'un créancier a acquis une fois le droit d'antichrèse sur un héritage, comme ce droit est dans la chose, le débiteur ne peut plus dès-lors aliéner l'héritage à qui que ce soit, ni l'hypothéquer à un second créancier, qu'à la charge du droit d'antichrèse du créancier à qui il l'a accordé.

Le droit d'antichrèse, selon les principes du droit romain, donne tellement au créancier le droit de jouir de l'héritage, pour lui tenir lieu des intérêts de la somme qui lui est due, que le débiteur, qui aurait soutenu que ces revenus surpassent le taux des intérêts, n'eût pas été recevable à demander compte au créancier des revenus, sous la déduction des intérêts. L'événement incertain desdits revenus faisait tolérer que le créancier pût, en ce cas, retirer quelque chose pour ses intérêts, au-delà du taux légitime, en compensation de ce qu'il aurait pu arriver qu'en cas de stérilité, il aurait pu en retirer moins. C'est la décision de la loi 17, *cod. de usur. Obtentu majoris percepti emolumenti propter incertum fructuum proventum rescindi placita non possunt.*

La loi 14, *in fin., cod. dict. tit.,* décide pareillement que l'antichrèse d'une maison ne laisse pas d'être valable, quoique son loyer soit d'un prix plus considérable que le taux des intérêts de la somme due au créancier, parce qu'en ce cas il est plutôt censé tenir la maison à loyer, pour un vil prix, que retirer un intérêt excessif : *Non illicitum fœnus esse contractum, sed vilius conducta habitatio videtur.*

Le créancier, qui jouit par antichrèse, doit être tenu des charges réelles annuelles de l'héritage, qui sont des charges de la jouissance annuelle qu'il a; il doit aussi être tenu des réparations locatives; mais, comme sa jouissance n'est que momentanée, et doit finir lorsque le débiteur aura payé, je ne crois pas qu'il doive être tenu de toutes autres espèces de réparations, ni des charges extraordinaires qui surviendraient pendant le temps de l'antichrèse.

Il naît de ce droit d'antichrèse une action réelle, qu'a le créancier qui aurait perdu la possession de l'héritage sur lequel il a ce droit, pour s'en faire remettre en possession. La loi 11, § 1, ff. *de pig. et hyp.*, dont nous avons rapporté les termes, l'appelle *actio in factum*, parce que, comme le remarque le Scholiaste grec, le droit d'antichrèse n'étant pas le même que celui d'hypothèque, le créancier ne peut pas, en ce cas, avoir l'action servienne ou hypothécaire, mais une autre action réelle, *ad instar*, que la loi appelle *actio in factum defectu alterius nominis*.

Cette action a lieu contre tous ceux, que le créancier trouve en possession de l'héritage sur lequel il a ce droit, soit le débiteur, soit des tiers.

Ce droit d'antichrèse s'éteint des mêmes manières que celui de gage ou nantissement.

Il nous reste à observer que Justinien a réprouvé la convention d'antichrèse à l'égard des laboureurs, et a défendu à leurs créanciers, de dépouiller, par l'antichrèse, lesdits laboureurs, de leurs champs ou de leurs animaux, et autres effets servant à la culture des terres. *Vide authent. nullum credentem agricolæ tenere ; § sancimus itaque, etc., coll. 4, tit. 13, cap. 5; novell. 24, cap. 1, l. 17, cod. de usur.*

En France, il est évident que la convention d'antichrèse ne peut avoir lieu dans le prêt d'argent, car nos lois ne permettant pas aux créanciers de stipuler un intérêt des sommes qu'ils prêtent, c'est une conséquence que, dans notre droit, la convention d'antichrèse est illicite entre ces sortes de créanciers et leurs débiteurs.

Il semblerait qu'elle pourrait l'être entre le créancier et le débiteur d'une rente, ou même d'une dette exigible qui produit des intérêts, telle que celle d'une somme promise pour dot de mariage. Néanmoins, Loyseau, en son *Traité de la distinction des rentes*, liv. 1, chap. 1, n. 12, regarde indistinctement, et, par conséquent même en ces cas, la convention d'antichrèse comme réprouvée en France. La raison est, que nous sommes bien plus exacts que n'étaient les Romains sur tout ce qui peut favoriser l'usure, et tous les moyens par lesquels les créanciers de rentes ou de sommes qui produisent intérêts, pourraient se procurer un intérêt plus fort que celui qui est permis par nos Ordonnances. C'est dans cette vue que Charles IX, par son édit du 29 novembre 1565, a ordonné que les rentes créées en blé, fussent réduites et commuées en rentes en argent, au denier douze de leur principal, qui était, en ce temps, le taux des intérêts. Par la même raison, l'antichrèse ne doit pas être permise parmi nous, même à l'égard des créanciers de rentes et de sommes qui peuvent produire intérêts, de peur que, par ce moyen, le créancier ne retirât un intérêt plus fort que l'intérêt légitime, dans le cas auquel le revenu de l'héritage, qui lui aurait été donné à titre d'antichrèse, à laquelle on ne doit point avoir égard, excéderait les arrérages ou intérêts; c'est pourquoi le débiteur est toujours recevable à demander au créancier compte des fruits et jouissances de l'héritage dont il l'aurait mis en possession, en lui offrant de lui faire déduction, sur lesdits revenus, des arrérages et intérêts légitimes qui pourraient lui être dus.

Au reste, comme ce n'est qu'en faveur du débiteur, que la convention d'antichrèse est regardée comme illicite, pour empêcher que les créanciers ne tirent un intérêt plus fort que les arrérages de rente ou intérêts qu'ils ont droit de prétendre, il suit de-là qu'il n'y a que le débiteur qui soit recevable à opposer le vice de cette convention; c'est pourquoi, si un héritage a été donné par antichrèse, à un créancier de rente, pour un certain temps, pour lui tenir lieu des arrérages de sa rente, le créancier ne sera pas recevable à demander les arrérages de sa rente, en offrant de compter des fruits.

Quoique Loyseau regarde la convention d'antichrèse comme réprouvée en France, il observe néanmoins qu'elle s'y pratiquait anciennement en certain cas, dont il est fait mention en la somme rurale de Boutillier, et qu'elle s'appelait *mort-gage*, à la différence de *vif-gage*, qui s'acquitte de ce que le créancier perçoit de la chose engagée.

Ces cas sont lorsque, par exemple, un père, en apparant sa fille d'une certaine somme pour toute part en sa succession, ordonne qu'elle jouira d'un certain héritage, jusqu'à ce que l'héritier lui ait payé cette somme. Loyseau pense que cela pourrait encore se pratiquer à présent. La Coutume de Lille en a même une disposition. Elle porte, *art.* 17, *qu'on peut disposer, par testament, de ses héritages à titre de* mort-gage, *et sans desconter en ligne directe en descendant seulement.*

## ARTICLE II.

### *Du contrat pignoratif.*

Le contrat pignoratif est un contrat, par lequel le propriétaire d'un héritage l'engage à quelqu'un, moyennant une certaine somme d'argent, et lui accorde, et à ses successeurs, le droit d'en jouir jusqu'au remboursement de la somme qu'il a donnée, qu'il sera permis au propriétaire de faire, toutes fois et quantes il voudra rentrer dans son héritage.

Le contrat pignoratif est différent de l'antichrèse. Celui, à qui un héritage a été donné à titre d'antichrèse, demeure véritablement créancier de la somme, en compensation des intérêts de laquelle la jouissance de cet héritage lui a été accordée, et il peut l'exiger de son débiteur qui lui a donné à titre d'antichrèse; au contraire, celui, à qui un héritage a été donné à titre de contrat pignoratif, n'est point créancier de la somme qu'il a donnée à celui qui lui a engagé son héritage; il ne peut le poursuivre pour le paiement de cette somme, puisqu'il n'est obligé de la rendre, qu'autant et quand il lui plaira de dégager son héritage.

Il est aussi différent de la vente d'un héritage avec faculté de réméré perpétuel ou limité à un certain temps. Cette vente transfère véritablement la propriété de l'héritage à l'acquéreur; le vendeur ne conserve qu'un droit et une action pour rentrer dans l'héritage, en rendant ce qu'il en a coûté à l'acquéreur, et ce droit, quoique illimité, ou même expressément retenu à perpétuité, s'éteint par la prescription ordinaire de trente ans, lorsque le vendeur, qui se l'est retenu, n'en a pas usé : au contraire, le contrat pignoratif ne transfère point la propriété de l'héritage, qui demeure toujours pardevers celui qui l'a engagé. Celui, à qui il a été engagé, n'en a que la possession et le droit d'en jouir jusqu'à ce qu'il plaise au propriétaire de l'héritage de le dégager; et, comme personne ne peut changer le titre de sa possession, il suit de-là que l'engagiste et ses héritiers, non plus que ceux qui ont acquis ces héritages comme héritages engagés, ne peuvent, par quelque laps de temps que ce soit, prescrire contre le droit, qu'a le propriétaire, de dégager son héritage, ni acquérir contre lui, par prescription, le droit de propriété; car le titre et la cause de la possession de l'engagiste, résiste à cette prescription, et réclame pour le droit du propriétaire. Si l'engagiste avait vendu à quelqu'un l'héritage engagé, comme un héritage dont il se disait le vrai propriétaire, l'acquéreur, qui l'aurait acquis sans connaissance de l'engagement, pourrait prescrire le droit de propriété contre le vrai propriétaire de l'héritage, par le temps requis par les Coutumes, à-moins que l'héritage ne fût engagé du domaine du roi, les biens domaniaux n'étant sujets à aucune prescription.

L'engagiste n'étant point propriétaire de l'héritage engagé, ne peut exercer les actes domaniaux; c'est pourquoi l'Ordonnance de Moulins, *art.* 15, porte : « Que les engagistes des » seigneuries des domaines du roi, ne peuvent recevoir les foi » et hommages des vassaux desdites seigneuries, et ne peuvent » nommer aux offices et bénéfices qui en dépendent. » Ce qui est aussi ordonné par l'Ordonnance de Blois.

Il y a un grand nombre d'exemples de contrats pignoratifs entre le roi et les particuliers qui tiennent, par engagement, différens biens du domaine, non-seulement des héritages et des seigneuries, mais différens droits. *Par exemple :* tous les offices domaniaux sont des droits du domaine, engagés à des particuliers, par contrat pignoratif.

A l'égard des particuliers, Loyseau, *liv*. 1, *chap*. 7, *n*. 13, nous apprend que le contrat pignoratif se pratique aussi entre les particuliers, dans les provinces d'Anjou et du Maine; mais que, hors ces provinces, nous le regardons comme illicite, de peur qu'on ne se serve de ce contrat, pour tirer un plus gros intérêt de l'argent, qu'on n'en tirerait d'une constitution de rente.

---

# TRAITÉ

## DU

# CONTRAT DE NANTISSEMENT.

---

## ARTICLE PRÉLIMINAIRE.

Après avoir traité des différentes espèces de contrats, qui se font principalement et pour eux-mêmes, tant des contrats intéressés de part et d'autre, soit commutatifs, soit aléatoires, que des contrats de bienfaisance, l'ordre est de venir aux contrats accessoires qui ne se contractent pas principalement et pour eux-mêmes, mais qui accèdent à un autre contrat ou à une autre obligation. Ces contrats sont le cautionnement et le contrat de nantissement. Nous avons traité assez au long du cautionnement dans notre *Traité des Obligations, partie* 2, *chap.* 6, pour qu'il ne soit pas nécessaire d'en faire un Traité particulier. Nous traiterons donc seulement du contrat de nantissement.

1. On peut définir le contrat de nantissement, un contrat, par lequel un débiteur, ou un autre pour lui, donne au créancier une chose pour la détenir pardevers lui pour la sûreté de sa créance; et le créancier s'oblige de la lui rendre après que sa créance aura été acquittée.

2. La chose, qui est donnée par ce contrat au créancier, s'appelle *nantissement;* elle s'appelle aussi *gage,* et en latin *pignus.*

Le nantissement diffère de l'hypothèque, en ce que le nantissement se fait par la tradition de la chose qui est remise entre les mains du créancier; au lieu que l'hypothèque est un droit, que le créancier acquiert dans les biens de son débiteur, qui en sont susceptibles, sans que son débiteur lui en fasse aucune tradition.

3. La seule convention n'est pas néanmoins suffisante dans notre droit français pour établir l'hypothèque; elle ne peut naître que d'un acte pardevant notaires, par lequel le débiteur se soit obligé; ou d'un jugement de condamnation rendu contre lui.

A l'égard du contrat de nantissement, nous verrons, dans un

premier chapitre, ce qui est de l'essence de ce contrat, à quelles classes de contrats il appartient, et quelles sont les clauses que les lois réprouvent dans ce contrat. Nous traiterons, dans un second chapitre, du droit qu'acquiert le créancier dans la chose qui lui a été donnée en nantissement; des obligations qu'il contracte, et de l'action *pigneratitia directa*, qui en naît. Nous parlerons, dans le troisième, des obligations que contracte celui qui a donné la chose en nantissement, et de l'action *pigneratitia contraria*, qui en naît.

---

# CHAPITRE PREMIER.

## *De ce qui est de l'essence du contrat de nantissement; à quelles classes de contrats il appartient, et des clauses que les lois réprouvent dans ce contrat.*

### ARTICLE PREMIER.

*De ce qui est de l'essence du contrat de nantissement.*

4. Il est de l'essence du contrat de nantissement, 1° qu'il y ait une chose qui en soit l'objet; 2° qu'il intervienne une tradition réelle de cette chose, si elle n'est déjà pardevers le créancier à qui elle est donnée en nantissement; 3° qu'elle lui soit donnée afin qu'il la détienne pour sûreté de sa créance.

§ I. Des choses qui peuvent être l'objet du contrat de nantissement.

5. Ce sont les meubles corporels qui sont ordinairement l'objet du contrat de nantissement. C'est pourquoi Gaïus dit : *Pignus appellatum à pugno, quia res quæ pignori dantur, manu traduntur : undè etiam videri potest verum esse quod quidam putant, pignus propriè rei mobilis constitui; l.* 238, § 2, ff. *de verb. signif.* Néanmoins les héritages peuvent être aussi l'objet de ce contrat; *l.* 34; *l.* 39, ff. *de pign. act.; l.* 2; *l.* 3, *Cod. dict tit.; l.* 50, § 1, ff. *de jur. dot. et passim.* C'est ce qui arrive, lorsqu'on met un créancier en possession d'un héritage, pour qu'il en perçoive les fruits en déduction de ses créances, jusqu'au parfait paiement, dont il doit rendre compte à celui qui le lui a donné en nantissement. Ce nantissement procure au créancier la facilité de se payer par ses mains sans frais, sans être obligé d'en venir à des saisies de l'héritage ou des fruits, qui sont des voies très-coûteuses.

6. On peut donner en nantissement de l'argent comptant : on trouve un exemple de cette espèce de nantissement dans des statuts de bibliothèques publiques, qui permettent aux bibliothé-

caires de prêter des livres à des étudians, à la charge qu'ils remettront au bibliothécaire une somme de deniers du double de la valeur des livres en nantissement, et pour sûreté de la restitution des livres prêtés.

A l'égard des choses incorporelles, telles que sont des dettes actives, elles ne sont pas susceptibles du contrat de nantissement, puisqu'elles ne sont pas susceptibles d'une tradition réelle qui est de l'essence de ce contrat (1) : *Incorporales res traditionem non recipere manifestum est; l.* 43, § 1, ff. *de adq. rer. dom.*

---

(1) Cela est conforme aux principes du droit romain. Le contrat de nantissement est de la classe des contrats réels, qui se forment par la tradition réelle de la chose qui en fait l'objet. Il est de la substance de ce contrat, que la chose donnée en nantissement soit remise entre les mains du créancier à qui elle est donnée en nantissement. C'est ce qui a fait donner le nom de *pignus* aux choses données en nantissement : *Pignus appellatum* à *pugno, quia res quæ pignori dantur, manu traduntur* ; l. 238, § 2, ff. *de verb. sign.* Les choses incorporelles, telles que sont les dettes actives, n'étant pas susceptibles de la tradition réelle : *Incorporales res traditionem et usucapionem non recipere manifestum est;* l. 43, § 1, ff. *de adq. rer. dom.*, c'est une conséquence qu'elles ne peuvent être susceptibles du contrat de nantissement.

En vain, pour soutenir que les choses incorporelles, telles que sont les dettes actives, sont susceptibles du contrat de nantissement, opposerait-on la loi 9, § 1, ff. *de pign. et hypoth. Quod emptionem venditionemque recipit, etiam pignerationem recipere potest.* Car quoique ces termes, *pignus, pigneratio,* se disent *proprié et stricté* de l'espèce de gage qui se contracte par le contrat de nantissement, ils se prennent aussi communément, *lato sensu,* pour des termes généraux qui comprennent l'une et l'autre espèce de gage, tant celle qui se contracte, *jure civili,* par le contrat de nantissement, que celle qui se contracte, *jure prætorio,* par la simple convention, sans tradition. C'est en ce sens qu'est pris ce terme *pignus*, par Ulpien, lorsqu'il dit : *Pignus contrahitur non solâ traditione, sed etiam nudâ conventione, etsi traditum non est;* l. 1, ff. *de pign. act.* C'est aussi en ce sens général que le terme *pignerationem* est pris dans la loi opposée. On ne doit donc pas conclure de cette loi que les choses incorporelles, telles que sont les dettes actives, *quæ emptionem venditionemque recipiunt,* fussent susceptibles du contrat de nantissement; on doit inférer seulement qu'elles étaient, par le droit romain, susceptibles de l'espèce de gage qui se formait, *jure prætorio,* par une simple convention.

Néanmoins j'ai appris, depuis l'impression de mon Traité, qu'on avait introduit dans notre jurisprudence française une espèce de nantissement de dettes actives, qui se fait de cette manière : Le propriétaire de dettes actives, qu'on veut donner en nantissement, en fait, par acte devant notaires, transport à titre de nantissement, au créancier à qui on les veut donner en nantissement, et lui remet en mains les titres desdites dettes actives, qui consistent en billets ou brevets d'obligation. Ce transport est ensuite signifié aux débiteurs desdites dettes actives. Cette espèce de nantissement de dettes actives a été autorisée par un arrêt de la cour des aides, du 18 mars 1769, au profit du marquis de Girardin, contre les directeurs des créanciers du sieur Roussel, fermier-général. Ledit sieur Roussel, débiteur envers le marquis de Girardin d'une somme de quatre cent mille livres, lui avait donné

Il est évident que les choses, qui sont hors de commerce, ne sont pas susceptibles du contrat de nantissement, comme elles ne le sont pas des autres contrats.

7. Mais il n'est pas nécessaire, pour la validité du contrat de nantissement, que la chose appartienne au débiteur qui l'a donnée en nantissement, ni même que le propriétaire de cette chose ait consenti au contrat.

Il est bien vrai que cette chose ne peut pas, sans le consentement du propriétaire à qui elle appartient, être obligée au créancier, à qui elle est donnée en nantissement, et que le propriétaire peut la réclamer entre les mains du créancier, à qui elle a été donnée en nantissement, et le faire condamner à la lui rendre, quoiqu'il n'ait pas été payé de sa dette. Mais quoique la chose, en ce cas, ne soit pas obligée au créancier par le contrat de nantissement, quoiqu'il n'acquière pas dans cette chose *jus pignoris*, celui, qui la lui a donnée en nantissement, n'ayant pu lui donner un droit dans une chose dans laquelle il n'en avait lui-même aucun, le contrat de nantissement ne laisse pas d'être valable comme contrat de nantissement, et de produire entre les parties contractantes les obligations réciproques qui naissent des contrats de nantissement.

C'est pourquoi Ulpien dit : *Is quoque, qui rem alienam pignori dedit, solutâ pecuniâ potest pigneratitiâ experiri;* l. 9, § 4, ff. *de pign. act.* Et ailleurs : *Si prædo rem pignori dederit, competit ei et de fructibus pigneratitia actio;* l. 22, § 2, ff. *dict. tit.*

### § II. De la tradition.

8. Il est de l'essence du contrat de nantissement que le créancier soit mis en possession réelle de la chose qui lui est donnée en nantissement.

C'est pourquoi il est de l'essence de ce contrat qu'il intervienne une tradition réelle de cette chose; à moins qu'elle ne se trouvât déjà pardevers le créancier à un autre titre, *putà*, de prêt ou de dépôt : en ce cas, étant impossible de faire à quelqu'un la tradi-

---

en nantissement, dans la forme telle que nous venons de l'exposer, une créance de trois cent dix mille livres qu'il avait sur les fermes générales, pour avances par lui faites, contenue en quatre récépissés du receveur des fermes. La cour a jugé valable ce nantissement, et a accordé au marquis de Girardin le même privilége sur cette créance de trois cent dix mille livres, dont on l'avait nanti, que celui que des créanciers, à qui on aurait donné en nantissement une chose corporelle, auraient sur cette chose.

C'est à M. Collet, avocat au Parlement, que je suis redevable de cette observation. Il a eu la bonté de me faire part de l'arrêt rendu au profit du marquis de Girardin, dont il avait été le défenseur. Je n'ai pu, faute de savoir son adresse, lui en faire par lettres mes remerciemens : je les lui fais ici publiquement.

tion réelle d'une chose qu'il a déjà pardevers lui, le contrat de nantissement se fait en convenant que la chose, que le créancier a déjà pardevers lui, à titre de prêt ou de dépôt, lui demeure dorénavant à titre de nantissement. Cette convention renferme, selon les docteurs, une espèce de tradition qu'ils appellent *brevis manûs*, par laquelle on feint que le créancier a rendu la chose, qu'il tenait à titre de prêt ou de dépôt, et qu'il l'a incontinent reçue de nouveau à titre de nantissement.

Hors ce cas, le contrat de nantissement ne peut se faire absolument sans une tradition réelle de la chose qui est donnée en nantissement.

9. Il est vrai que je puis convenir avec mon créancier que je lui donnerai des gages, et que cette convention est valable et obligatoire par le seul consentement; mais cette convention n'est pas le contrat de nantissement; elle le précède, et en est différente, comme la promesse de vendre est différente du contrat de vente. *Traité du contrat de vente, part.* 5.

§ III. Il faut que la fin, pour laquelle la chose est donnée, soit pour que celui, à qui elle est donnée, la détienne pour sûreté de sa créance.

10. Cette fin est de l'essence du contrat de nantissement; c'est elle qui le caractérise, et le différencie des autres contrats réels. Dans le contrat de prêt, la chose est donnée pour que celui, à qui elle est donnée, en fasse un certain usage: elle est donnée, dans le contrat de dépôt, pour que celui à qui elle est donnée, rende à celui qui la lui a donnée en dépôt, le bon office de la lui garder: dans le contrat de nantissement, elle est donnée pour que celui, à qui elle est donnée, la détienne pour sûreté de sa créance. Ce sont ces différentes fins qui caractérisent ces différens contrats.

11. Il n'importe quelle soit la créance pour sûreté de laquelle la chose soit donnée en nantissement.

De même qu'on peut donner des cautions pour toutes sortes d'obligations, comme nous l'avons vu en notre *Traité des Obligations*, on peut aussi donner des gages pour toutes sortes d'obligations.

12. Il suffit même, pour que le contrat de nantissement subsiste, que la chose ait été donnée à quelqu'un, afin qu'il la détienne pour sûreté d'une créance qu'on se proposait de contracter envers lui, quoiqu'elle n'ait pas été contractée; ou d'une créance qu'on croyait exister, et qui n'existait pas.

Il est vrai qu'il ne peut y avoir de gage sans une créance à laquelle le gage accède: mais, dans ce cas, quoique la chose, qui a été donnée en nantissement, ne devienne pas obligée à celui à qui elle a été donnée en nantissement, faute de créance à laquelle cette chose puisse être obligée, néanmoins le contrat, par lequel elle a été donnée en nantissement, ne laisse pas d'être valable comme contrat de nantissement, de produire entre les parties contractantes les actions qui naissent des contrats de nantissement. C'est ce que nous apprend Ulpien : *Si quasi daturus tibi pecuniam pignus accepero nec dedero, pigneratitiâ actione tenebor, et nullâ solutione factâ;* l. 11, § 2, ff. *de pign. act.*

### ARTICLE II.

### *A quelles classes de contrats appartient le contrat de nantissement.*

13. Le contrat de nantissement est de la classe des contrats réels, puisqu'il ne se peut faire que par la tradition de la chose qui est donnée en nantissement, comme nous l'avons vu en l'article précédent, § 2.

14. Il est de la classe des contrats synallagmatiques; car il produit des obligations réciproques. Il est de celle des synallagmatiques imparfaits; car, dans ce contrat, il n'y a que l'obligation, que le créancier, qui a reçu la chose, contracte de rendre cette chose, lorsque la dette aura été acquittée, qui soit l'obligation principale de ce contrat, et qui est, pour cela, appelée *obligatio pigneratitia directa*. Les obligations, que contracte celui qui a donné la chose en nantissement, ne sont qu'incidentes au contrat, et ne lui sont pas essentielles; et c'est pour cela qu'on les appelle *obligatio pigneratitia contraria*.

15. Le contrat de nantissement est de la classe des contrats intéressés de part et d'autre; il intervient pour l'intérêt réciproque des parties. Le créancier, à qui la chose est donnée en nantissement, trouve, dans ce contrat, la sûreté de sa créance; et celui, qui donne la chose en nantissement, trouve, dans ce contrat, le crédit dont il a besoin, qu'on ne lui ferait pas sans le nantissement. Ce n'est que dans la vue de se procurer ce crédit, qu'il n'aurait pas sans cela, et non dans la vue de faire un bienfait à son créancier, que le débiteur lui donne, par ce contrat, sa chose en nantissement : d'où il suit que le contrat n'est pas un contrat de bienfaisance, mais un contrat intéressé de part et d'autre.

16. Lorsque c'est un tiers, qui, par pure amitié pour le débiteur, et à sa prière, a donné pour lui la chose en nantissement, il y a, en ce cas, deux contrats : un contrat de nantissement, qui intervient entre le créancier et celui qui lui donne la chose en nantissement; et un contrat de mandat, qui intervient entre celui, qui a donné la chose en nantissement pour le débiteur, et

le débiteur à la prière duquel il l'a donnée. Il n'y a que ce dernier contrat, qui renferme un bienfait, que celui, qui a donné sa chose en nantissement, fait au débiteur pour qui il l'a donnée; le contrat de nantissement n'en renferme aucun; le créancier ne reçoit pas la chose qui lui est donnée en nantissement, à titre de bienfait, mais pour la sûreté du crédit qu'il n'aurait pas accordé sans cela.

17. Enfin le contrat de nantissement est de la classe de ceux qui se régissent par les règles du pur droit naturel; le droit civil ne l'a assujetti à aucunes formes. Celles prescrites par l'Ordonnance de 1673, *tit.* 6, *art.* 8 *et* 9, ne concernent pas la substance de ce contrat. Voici les termes de ces articles : « Aucun » prêt ne sera fait sous gages, qu'il n'y en ait un acte pardevant notaires, dont sera retenu minute, qui contiendra la » somme prêtée et les gages qui auront été délivrés; à peine de » restitution des gages, à laquelle le prêteur sera contraint par » corps, sans qu'il puisse prétendre de privilége sur les gages, » sauf à exercer ses autres actions, *art.* 8. Les gages, qui ne » pourront être exprimés dans l'obligation, seront énoncés dans » une facture ou inventaire, dont sera fait mention dans l'obligation; et la facture ou inventaire contiendra la quantité, qualité, poids et mesures des marchandises ou autres effets donnés en gage; sous les peines portées par l'article précédent, » *art* 9. »

M. Jousse a fort bien remarqué, dans son commentaire sur ces articles, que les formalités, requises par ces articles, ne le sont qu'à l'égard des tiers, et non entre les parties contractantes, qui ne sont pas reçues à en opposer l'inobservation. Elles ne touchent donc pas la substance du contrat; elles ne sont requises que pour empêcher les fraudes, qu'on pourrait commettre envers des tiers, et surtout pour assurer, en cas de faillite du débiteur, la date des nantissemens. C'est principalement en ce cas que le créancier, qui n'a pas observé les formalités prescrites par ces articles, peut être contraint à rapporter les choses qu'il a reçues en nantissement, sans pouvoir exercer aucun privilége. On présume qu'elles ont pu lui avoir été données en nantissement dans le temps de la faillite, et par conséquent dans un temps, auquel il n'était plus permis au débiteur de les donner en nantissement à un de ses créanciers, au préjudice des autres.

### ARTICLE III.

*Des clauses que les lois ont réprouvées dans le contrat de nantissement.*

18. Constantin, en la loi dernière, *Cod. de pact. pign.*, pros-

crit, dans les contrats de nantissement, la clause appelée *lex commissoria*, ou pacte commissoire.

C'est un pacte, par lequel les parties convenaient que si le débiteur, dans un certain temps, ne retirait pas la chose donnée en nantissement, en acquittant entièrement la dette, ledit temps passé, la chose serait de plein droit acquise irrévocablement au créancier en paiement de la dette.

Cette loi a été adoptée dans notre jurisprudence. Elle est nécessaire pour empêcher les fraudes des usuriers, lesquels trouveraient, dans cette clause, un moyen ouvert de tirer un profit excessif des sommes d'argent qu'ils prêteraient, en prêtant de l'argent sur des gages de valeur du double de la somme prêtée, à des personnes qu'ils prévoyaient ne devoir pas être en état de rendre la somme au temps convenu.

19. Il ne faut point comprendre avec le pacte commissoire, celui, par lequel les parties conviennent que, faute par le débiteur de payer dans un certain temps la somme pour laquelle la chose a été donnée en nantissement, ledit temps passé, la chose demeurerait acquise au propriétaire en paiement de la dette, non pas *simpliciter*, comme dans le pacte commissoire, mais suivant l'estimation qui en serait alors faite par personnes dont les parties conviendraient, et sauf à elles à se faire respectivement raison de ce que la chose serait estimée plus ou moins que la chose due. Ce pacte ne renferme aucune injustice, et il est très-permis : *Potest ità fieri pignoris datio hypothecæve, ut si intrà certum tempus non sit soluta pecunia, jure emptoris possideat rem justo pretio tunc æstimandam ; hoc enim casu videtur quodammodò conditionalis venditio ;* l. 16, § *fin.*, ff. *de pign. et hyp.*

Le créancier, à qui la chose a été donnée en nantissement, doit, en exécution de cette clause, après l'expiration du temps dans lequel la dette devait être acquittée, assigner le débiteur, qui la lui a donnée en nantissement, pour convenir d'experts qui fassent l'estimation de cette chose, et pour voir dire que la chose lui demeurera en paiement de sa créance, pour l'estimation qui en aura été faite.

Sur cette assignation, intervient une première sentence qui ordonne l'estimation. Ce n'est que par la sentence définitive, qui, en homologuant le rapport, ordonne que, conformément à la convention, la chose appartiendra au créancier pour la somme portée au rapport, que le créancier est fait propriétaire de cette chose.

Lorsque l'estimation monte plus haut que ce qui est dû au créancier, il faut, outre cela, pour que le créancier soit fait propriétaire de la chose, qu'il ait payé l'excédant au débiteur, ou que, sur son refus, il l'ait consigné.

Jusqu'à la sentence définitive, et jusqu'au paiement ou consignation de l'excédant, le débiteur, en faisant des offres réelles de payer tout ce qu'il doit, et les dépens faits jusqu'au jour de ses offres, est recevable à demander la restitution de la chose donnée en nantissement.

20. L'antichrèse était un pacte usité parmi les Romains, par lequel on convenait que le créancier, à qui on donnait une chose en nantissement, percevrait à son profit les fruits de cette chose pour lui tenir lieu des intérêts de la somme qui lui était due; l. 11, § 1, ff. *de pig. et hyp.*

Notre jurisprudence française a réprouvé cette convention. Non-seulement elle n'est pas permise dans le contrat de prêt, dans lequel nos lois ne permettent pas d'exiger des intérêts de la somme prêtée; elle ne l'est pas non plus dans un contrat de constitution; et nonobstant cette clause, et sans y avoir égard, le débiteur de la rente est fondé à demander au créancier un compte des fruits qu'il a perçus, et à exiger de lui la somme dont ils se trouveraient excéder celle qu'il peut licitement exiger pour les arrérages de la rente: sans cela, un créancier de rente aurait, par ce pacte d'antichrèse, une voie ouverte de se faire payer une rente plus forte que les lois ne le permettent.

---

# CHAPITRE II.

## *Du droit qu'acquiert le créancier dans les choses qui lui sont données en nantissement; des obligations qu'il contracte par le contrat de nantissement, et de l'action* pigneratitia *qui en naît.*

### ARTICLE PREMIER.

#### *Du droit qu'acquiert le créancier dans les choses qui lui sont données en nantissement.*

21. Le créancier, à qui une chose a été donnée en nantissement par celui qui avait le droit d'en disposer, acquiert dans cette chose un droit de gage, *jus pignoris.*

Ce droit renferme, en premier lieu, celui de détenir la chose pardevers lui, pour sûreté de sa créance.

De-là il suit que, si le débiteur emportait, à l'insu et contre le gré de son créancier, la chose qu'il lui a donnée en nantissement, il commettrait un vol; non pas à la vérité un vol de la chose même, car on ne peut pas être voleur de sa propre chose: *Rei nostræ furtum facere non possumus;* Paul, *sent.* 11, 32, 20; mais il commettrait un vol de la possession de cette chose, laquelle possession appartient au créancier; le débiteur, par le contrat de nantissement, s'en étant dépouillé, et l'ayant transférée au créancier. C'est ce que nous enseigne Ulpien : *Qui rem pignori dat, eamque subripit, furti actione tenetur;* l. 19, § 5, ff. *de furt.*

22. Observez que le créancier n'acquiert que le droit de détenir la chose. Le débiteur, qui l'a donnée en nantissement, en conserve la propriété : *Pignus, manente proprietate debitoris, solam possessionem transfert ad creditorem;* l. 35, § 1, ff. *de pign. act.*

23. Le créancier, à qui la chose a été donnée en nantissement, n'a que le droit de la détenir; il n'a pas le droit de s'en servir, ni, lorsque la chose est frugifère, d'en appliquer à son profit les

fruits; mais il doit les percevoir en paiement et déduction de sa créance, et il en doit compter au débiteur, comme nous le verrons *infrà, art.* 2.

24. Le droit, qu'acquiert le créancier dans la chose qui lui est donnée en nantissement, renferme, en second lieu, celui de la vendre, pour se payer, sur le prix, de ce qui lui est dû.

Il faut, pour cela, qu'il obtienne sentence contre le débiteur, qui ordonne que, faute par le débiteur de payer, le créancier pourra faire vendre les effets donnés en nantissement.

25. Cette vente doit se faire par un huissier, au lieu accoutumé où se font les ventes judiciaires; et l'on y doit observer, si ce sont des meubles, les formalités requises par l'Ordonnance de 1667, pour la vente des meubles saisis. Lorsque ce sont des héritages qui ont été donnés en nantissement, il faut les vendre avec les formalités requises pour les saisies réelles. Le juge, néanmoins, lorsque l'héritage n'est pas de grande valeur, peut permettre qu'il sera vendu sur une affiche et trois publications.

26. Enfin le droit, qu'acquiert le créancier dans les choses qui lui ont été données en nantissement, est que, lorsqu'il les fait vendre, il est préféré sur le prix à tous les autres créanciers du débiteur qui les lui a données en nantissement.

Cela a lieu, lorsque les choses, qui ont été données en nantissement, sont des meubles; ces choses, ou n'étant pas susceptibles d'hypothèque, ou du moins, dans les provinces où elles en sont susceptibles, n'ayant pas de suite par hypothèque, lorsqu'elles ne sont pas en la possession du débiteur.

Lorsque ce sont des héritages qui ont été donnés en nantissement, le créancier, à qui ils ont été donnés en nantissement, ne peut y avoir de droit au préjudice des hypothèques des autres créanciers. C'est pourquoi, lorsqu'ils sont vendus, il ne peut être colloqué dans l'ordre, que selon la date de son hypothèque.

Observez encore que, pour que le créancier, qui a reçu des meubles en nantissement, jouisse du privilége que le nantissement donne sur les autres créanciers, il faut surtout, en cas de faillite, qu'il se soit conformé aux dispositions de l'Ordonnance de 1673, *tit.* 6, *art.* 8 *et* 9. Voyez *suprà, n.* 17.

27. Il nous reste à observer que, pour qu'un créancier puisse acquérir un droit de gage sur les choses qui lui ont été données en nantissement, il faut qu'elles lui aient été données par celui à qui elles appartiennent, ou de son consentement.

Il est évident que, si le débiteur n'a aucun droit dans les choses qu'il donne en nantissement, il ne peut pas, en les donnant en nantissement, transférer aucun droit de *gage* dans ces choses au créancier à qui il les donne en nantissement, suivant cet axiome : *Nemo potest plus juris in alium transferre quàm ipse haberet ;* l. 54, ff. *de Reg. Jur.* Le créancier, qui les a reçues en nantissement, sera donc sujet à en être évincé par le propriétaire de ces choses, qui n'a pas consenti au nantissement.

Mais quoique le créancier n'ait acquis aucun droit de gâge, tant que le propriétaire ne les réclame pas, le débiteur ne peut pas les répéter avant que la dette ait été entièrement acquittée : il ne serait pas recevable à alléguer, pour cela, que le créancier n'a aucun droit de gage dans la chose qu'il lui a donnée en nantissement, n'ayant pu par lui-même lui transférer aucun droit de gage dans cette chose; car il n'est pas recevable à dire qu'il n'est pas propriétaire, après s'être porté pour tel, en donnant la chose en nantissement; et tant que le véritable propriétaire ne se présente pas, c'est de sa part exciper du droit d'autrui.

28. Il y a plus : quand même ce débiteur, qui a donné en nantissement une chose qui ne lui appartient pas, serait devenu depuis héritier de celui qui en était le propriétaire, il ne serait pas recevable à intenter, en sa qualité d'héritier, l'action en revendication qu'aurait pu intenter le défunt contre le créancier qui la détient à titre de nantissement; car l'obligation que contracte celui qui donne une chose en nantissement, de défendre le créancier à qui il la donne, de tous troubles en la possession de cette chose (comme nous le verrons au chapitre suivant), donne, en ce cas, au créancier une exception contre cette action.

### ARTICLE II.

*Des obligations du créancier à qui la chose a été donnée en nantissement.*

29. La principale obligation, qui naît du contrat de nantissement, est l'obligation, que contracte le créancier, de rendre la chose qui lui a été donnée en nantissement, à celui qui la lui a donnée, après que la dette aura été entièrement acquittée.

30. Cette obligation, de même que toutes les obligations de corps certains, s'éteint lorsque, sans sa faute, la chose est périe : *Pignus in bonis debitoris permanere, ideòque ipsi perire in dubium non venit*; l. 9, *Cod. de pignerat. act. Creditor pignora, quæ casu interierunt, præstare non compellitur, nec à petitione debiti summovetur, nisi inter contrahentes placuerit, ut amissio pignorum liberet debitorem*; l. 6, *Cod. dict. tit.*

31. Il en est de même lorsque la chose est perdue sans la faute du créancier qui l'a reçue en nantissement : *Si creditor sine vitio suo argentum pignori datum perdiderit, restituere id non cogitur*; l. 5, *Cod. dict. tit.*

Mais il ne lui suffit pas, pour être déchargé de son obligation, d'alléguer que la chose est perdue; il faut qu'il ait la preuve de l'accident qui a causé cette perte, et qu'il n'a pu l'empêcher. C'est pourquoi la loi ajoute : *Sed si culpæ reus deprehenditur, vel non probat manifestis rationibus se perdidisse, quanti debitoris interest condemnari debet.*

Tous les principes généraux, que nous avons rapportés en notre *Traité des Obligations, part.* 3, *chap.* 6, sur l'extinction ou la perte de la chose due, reçoivent ici application. J'y renvoie.

32. Une seconde obligation du créancier, qui a reçu la chose en nantissement, est celle d'apporter à la conservation de cette chose un soin convenable. C'est une suite de la première obligation. Tout débiteur, qui est obligé à rendre une chose, est obligé à la conserver pour la rendre; l'obligation de la fin renferme celle des moyens nécessaires pour y parvenir.

Quel est le degré de soin que doit apporter le créancier qui a reçu la chose en nantissement, et de quel degré de faute est-il tenu? Cette question se décide par le principe tiré de la loi 5, ff. *commod.*, que nous avons rapporté en notre *Traité des Obligations, n.* 142. Le contrat de nantissement étant un contrat, qui se fait pour l'intérêt réciproque des parties contractantes, le créancier, qui a reçu une chose en nantissement, doit, suivant ce principe, apporter à cette chose un soin ordinaire; et il est en conséquence tenu de la faute qu'on appelle légère : *Ea, quæ diligens paterfamiliâs in rebus suis præstare solet, à creditore exiguntur*; l. 14, ff. *de pign. act.*

33. La faute, dont le créancier est tenu, est non-seulement celle, qui se commet *in admittendo*, comme si, par imprudence, il a cassé un miroir qui lui avait été donné en nantissement, mais pareillement celle, qui se commet *in omittendo*, comme si la chose, qui lui a été donnée en nantissement, s'est égarée ou a été volée chez lui, faute par lui d'avoir apporté le soin qu'il devait pour la garder : *Sicut vim majorem pignorum præstare creditor non habet necesse; ità dolum et culpam, sed et custodiam exhibere cogitur*; l. 19, *Cod. de pign. et hyp.*

34. Le soin, auquel le créancier est obligé, n'est que le soin ordinaire qu'ont coutume d'apporter les bons pères de famille à leurs affaires; on ne doit pas exiger de lui *exactissimam diligentiam*, dont peu de personnes sont capables, et il n'est tenu que de la faute qu'on appelle *légère, de levi culpâ*; il n'est pas tenu *de levissimâ culpâ*. C'est ce qui est très-clairement décidé par la loi 5, § 2, ff. *commod.*, où le contrat de nantissement est rapporté expressément entre les contrats qui se font pour l'utilité réciproque des parties contractantes, dans lesquels le débiteur est tenu de la faute ordinaire; et on les distingue en cela du contrat *de prêt, commodatum*, lequel étant pour l'utilité seule de celui qui a reçu la chose, exige de lui un plus grand soin que le soin ordinaire que demandent ces contrats, qui sont faits pour

l'utilité réciproque des parties : *Ubi utriusque utilitas vertitur* (y est-il dit), *ut in empto, ut in locato, ut in dote,* UT IN PIGNORE, *ut in societate, et dolus et culpa præstatur. Commodatum autem plerumquè solam utilitatem continet ejus cui commodatur; et ideò verior est Q. Mutii sententia, existimantis et culpam præstandam et diligentiam.* Ces termes *et diligentiam*, qui sont ici pour enchérir sur la faute *quæ præstatur in superioribus contractibus*, signifient évidemment que le contrat de prêt, *commodatum*, demande de l'emprunteur un plus grand soin, que celui auquel on est obligé dans les autres contrats dont il venait de parler, et qu'il demande le soin le plus exact; *non solùm præstare debet culpam ut in superioribus contractibus, sed et diligentiam;* et qu'au contraire les autres contrats, parmi lesquels le contrat de nantissement est rapporté, ne demandent qu'un soin ordinaire, et que le débiteur n'y est en conséquence tenu que *de levi culpâ*, et non *de levissimâ culpâ.*

La loi 19, *Cod. de pign. et hyp.*, peut paraître contraire à ces principes. Le créancier paraît n'y être déchargé de la perte de la chose, qui lui a été donnée en nantissement, qu'en cas de force majeure : *sicut vim majorem pignorum creditor præstare non habet necesse :* d'où il paraît suivre qu'il est tenu de toutes les espèces de fautes, *etiam de levissimâ culpâ.*

La réponse est, que la loi 19 décide seulement que le créancier n'est déchargé que des cas fortuits, et qu'il est tenu de la faute; mais elle laisse à examiner comment, dans le contrat de nantissement, doit s'estimer la faute.

Elle s'estime différemment dans les différens contrats. Dans ceux, qui, comme celui du prêt à usage, *commodatum*, demandent du débiteur le soin le plus exact, le débiteur est estimé en faute toutes les fois qu'il y a manqué : mais dans les contrats, qui ne demandent qu'un soin ordinaire, il n'y a que le défaut de ce soin qui soit estimé être une faute. Le défaut d'un soin plus exact, et d'une prévoyance dont quelques personnes peuvent être capables, mais dont le commun des hommes n'est pas capable, n'est pas regardé comme une faute; il est mis au rang des cas fortuits.

La loi 13, § 1, ff. *de pign. act.*, paraît encore plus opposée à nos principes, le contrat de nantissement y étant assimilé au contrat de prêt, *commodatum;* il y est dit : *Venit in hâc actione (pigneratitiâ) et dolus et culpa, ut in commodato; venit et custodia, vis major non venit.*

A ce texte deux réponses. La réponse commune est, qu'Ulpien, dans ces termes, *ut in commodato*, n'entend dire autre chose, sinon que, dans l'un et dans l'autre contrat, le créancier, comme l'emprunteur, est tenu à la garde de la chose; mais il n'entre point dans l'examen des différens degrés de soin qu'ils sont tenus d'apporter à cette garde, selon la différente nature de ces contrats.

Noodt donne une autre réponse. Il soupçonne une erreur dans la leçon du texte; il pense qu'on a pu, par erreur, écrire ou lire *ut* pour *at*, et il croit qu'on doit lire, *venit in hâc actione et dolus et culpa; at in commodato venit et custodia, vis major non venit*. Je crois que la première réponse peut suffire, et que la correction du texte n'est pas nécessaire.

35. Une troisième obligation du créancier, à qui on a donné une chose en nantissement, est celle de rendre compte à celui, qui la lui a donnée, des fruits qu'il a perçus de cette chose, et généralement de tout ce qui en est provenu : car tout cela doit venir en déduction et paiement de la dette pour laquelle la chose lui a été donnée en nantissement; il est juste que le créancier lui en compte, sous la déduction des fruits.

36. Doit-il compter non-seulement des fruits qu'il a perçus de la chose qui lui a été donnée, mais de même de ceux qu'il a manqué par sa faute de percevoir? Je pense qu'il en est tenu; car lorsqu'on donne en nantissement à un créancier une chose frugifère, on la lui donne non-seulement pour la détenir pour sûreté de sa créance, mais pour en percevoir les fruits en paiement de sa créance. Il est donc censé chargé, par le contrat, de faire cette perception à la place et au profit de son débiteur, qui ne peut plus la faire valoir, ne la possédant plus : étant donc censé chargé, par le contrat, de la perception des fruits de cette chose, il doit apporter le soin qu'elle demande, et par conséquent il doit tenir compte des fruits qu'il a manqué de percevoir par sa faute et par sa négligence.

37. Enfin, une quatrième obligation du créancier, à qui on a donné une chose en nantissement, est, lorsqu'il l'a fait vendre faute de paiement, de rendre au débiteur, qui la lui a donnée, compte du prix de cette chose, et généralement de tout ce qui lui est parvenu de cette chose, pour venir en paiement et déduction de la dette, sous la déduction des frais.

### ARTICLE III.

### *De l'action* pigneratitia directa.

Nous verrons, sur cette action, 1° quels en sont les objets; 2° quand il y a ouverture à cette action; 3° si elle est sujette à prescription.

#### § I. Quels sont les objets de l'action *pigneratitia directa*.

38. Des obligations, que contracte le créancier à qui on a

donné une chose en nantissement, naît une action qu'on appelle *actio pigneratitia directa*, qu'a contre lui la personne qui les lui a données, et envers qui il a contracté lesdites obligations.

Le principal objet de cette action est la restitution de la chose donnée en nantissement, que le créancier, à qui elle a été donnée, s'est obligé de rendre après qu'il aurait été payé ou satisfait de sa dette.

Lorsque la chose est périe ou perdue par la faute du créancier, à qui elle a été donnée en nantissement, le débiteur, qui la lui a donnée, peut conclure à ce que le créancier, faute de rendre la chose, sera condamné à rendre la valeur, suivant l'estimation qui en sera faite par personnes qui l'auront connue.

39. Les objets accessoires de cette action sont, 1° les dommages et intérêts, que le débiteur, qui a donné la chose en nantissement, peut prétendre contre le créancier à qui il l'a donnée, pour raison des détériorations de cette chose, arrivées par le fait ou la faute de ce créancier, suivant le réglement qui en sera fait par experts.

Lorsque la chose a été si considérablement détériorée, qu'elle est devenue inutile à celui qui l'a donnée en nantissement, il peut conclure contre le créancier à la condamnation du prix que vaudrait cette chose si elle n'était pas détériorée, suivant l'estimation qui en sera faite; lequel prix viendra jusqu'à concurrence en compensation de la dette. En ce cas le débiteur, qui a donné la chose en nantissement, doit faire offre de l'abandonner à celui à qui il l'a donnée.

40. 2°. Un autre objet accessoire de cette action est le compte des fruits, et de tout ce qui est provenu de la chose donnée en nantissement; le créancier, à qui elle a été donnée, doit ce compte à celui qui la lui a donnée.

Ce compte peut devenir l'objet principal de l'action; car si la chose était périe ou perdue sans aucune faute du créancier à qui elle a été donnée en nantissement, l'action *pigneratitia directa* ne pouvant pas, en ce cas, être donnée pour la restitution de la chose dont le créancier se trouve déchargé, l'action pourrait, en ce cas, être principalement donnée pour demander ce compte.

41. Lorsque le créancier, faute de paiement, a fait vendre la chose qui lui a été donnée en nantissement, il est évident que l'action *pigneratitia directa* ne peut plus avoir pour objet la restitution de la chose; elle a pour objet, en ce cas, le compte que le créancier doit rendre du prix, et de ce qu'il peut d'ailleurs avoir perçu de cette chose, sous la déduction des frais.

Si la chose, que le créancier a fait vendre, avait été auparavant détériorée par sa faute, le débiteur peut conclure à ce qu'il soit tenu d'ajouter au prix de la vente ce qu'elle aurait pu être vendue de plus, si elle n'eût pas été détériorée; pour l'estimation de laquelle plus-value le juge ordonnera que les parties conviendront d'experts.

§ II. Quand y a-t-il ouverture à l'action *pigneratitia directa?*

42. Il n'y a ouverture à l'action *pigneratitia directa*, pour la restitution de la chose donnée en nantissement, que lorsque le créancier, à qui elle a été donnée, a été entièrement payé de la dette, ou qu'il a été satisfait : *Omnis pecunia exsoluta esse debet, aut eo nomine satisfactum esse, ut nascatur pigneratitia actio*; l. 9, § 3, ff. *de pign. act.*

43. La loi dit *omnis*; pour peu qu'il reste quelque chose de dû de la créance pour laquelle la chose a été donnée en nantissement, il n'y a pas ouverture à l'action *pigneratitia directa*; et le débiteur n'est pas encore recevable à demander la restitution, ni de ce qu'il a donné, ni même de la moindre partie de ce qu'il a donné en nantissement. La raison est, que le droit de gage ou nantissement est quelque chose d'indivisible : *Individua est pignoris causa.* Le créancier acquiert, par le contrat, le droit de gage pour toute sa dette, et pour chaque partie de sa dette, sur tout ce qui lui est donné, et sur chaque partie de ce qui lui est donné en nantissement.

C'est pourquoi, si on a donné douze paires de draps en nantissement pour une créance de trente pistoles; quand même elle aurait été depuis acquittée pour la plus grande partie, pour peu qu'il en reste encore quelque chose de dû, le débiteur ne sera pas recevable à demander la restitution d'un seul des draps qu'il a donnés en nantissement.

44. Par la même raison, si le débiteur, qui les a donnés en nantissement, a laissé quatre héritiers, entre lesquels la dette s'est divisée, l'un des héritiers, qui aurait acquitté la dette pour toute la part dont il en est tenu, n'est pas recevable à demander la restitution de la part qui lui appartient dans les draps qui ont été donnés en nantissement, jusqu'à ce que le créancier ait été entièrement payé des parts des autres héritiers; car quoique, par la mort du débiteur, la dette ait été divisée entre ses héritiers, le droit de gage, qui est indivisible, ne s'est pas de même divisé, et le créancier le conserve sur tout et sur chaque partie de ce qui lui a été donné en nantissement, jusqu'à ce qu'il ait été entièrement payé de toute la dette par tous les héritiers du débiteur.

45. *Vice versâ*, si c'est le créancier qui est mort, et qui a laissé quatre héritiers, quoique la créance se divise entre eux, le nantissement, que le défunt a reçu, ne se divise pas; et celui des héritiers, qui a été payé entièrement de sa part dans sa créance,

ne peut, au préjudice de ses cohéritiers, rien rendre des choses qui ont été données en nantissement, jusqu'à ce qu'ils aient été tous entièrement payés.

46. Pour qu'il y ait ouverture à l'action *pigneratitia directa*, il ne suffit pas que le sort principal de la créance, pour laquelle la chose a été donnée en nantissement, soit acquitté; il faut que les intérêts de cette créance, et tous les frais faits pour en avoir le paiement, qui en sont des accessoires, le soient aussi; à moins qu'il n'ait été expressément convenu que la chose n'était donnée en nantissement que pour le sort principal de la créance : autrement le nantissement est censé fait tant pour le principal, que pour toutes les dépendances de la créance.

47. Il y a plus : si le débiteur, qui a donné à son créancier une chose en nantissement pour une certaine dette, avait depuis contracté une nouvelle dette envers le créancier, sans engager à la nouvelle dette la chose qu'il avait donnée en nantissement pour la première; ce débiteur, après avoir acquitté entièrement la dette pour laquelle il avait donné la chose en nantissement, pourrait être exclus, par l'exception de dol, de l'action *pigneratitia directa*, pour la répétition de la chose donnée en nantissement, jusqu'à ce qu'il eût payé aussi l'autre dette, quoique la chose donnée en nantissement n'y fût pas obligée. C'est ce que décide l'empereur Gordien : *Si in possessione fueris constitutus, nisi ea quoque pecunia tibi à debitore reddatur, vel offeratur, quæ sine pignore debetur, eam restituere, propter exceptionem doli mali, non cogeris; jure enim contendis, debitores eam solam pecuniam cujus nomine pignora obligaverunt offerentes, audiri non oportere, nisi pro illâ satisfecerint quam mutuam simpliciter acceperunt;* l. un. *Cod. etiam ob chirogr.*

Ce que dit Ulpien, en la loi 11, § 3, ff. *de pig. act.*, paraît contraire à cette décision. Il y est dit : *Si in sortem duntaxat, non* (1) *in usuras obstrictum est pignus, eo soluto propter quod obligatum est, locum habet pigneratitia.* La réponse est que lorsque, par le contrat de nantissement, les parties se sont expliquées que la chose n'était donnée en nantissement que pour le principal, et non pour les intérêts, il paraît que leur intention est que la chose doive être restituée aussitôt que le principal sera acquitté, quand même les intérêts ne le seraient pas encore; car elles ne peuvent avoir eu d'autre vue en distinguant, comme elles ont fait, les intérêts du principal. Mais lorsque la créance, qui a été contractée sans nantissement, a été créée par un acte différent, et dans un temps différent que celle pour laquelle on a donné

(1) La leçon ordinaire est *vel in usuras*. La correction de Cujas, qui pense qu'on doit lire *non* au lieu de *vel*, est plausible.

un nantissement, le créancier, en contractant cette créance sans nantissement, n'est pas censé s'être interdit le pouvoir de saisir et arrêter entre ses mains, pour cette créance, les choses qu'il pourrait avoir entre ses mains en nantissement pour une autre créance.

Cette décision de l'empereur Gordien a lieu dans notre jurisprudence. Quoique la dette, pour laquelle une chose m'avait été donnée en nantissement, ait été entièrement acquittée; si je me trouve encore créancier d'une autre somme certaine et liquide du débiteur qui m'a donné la chose en nantissement, je pourrai la retenir pour cette autre créance, quoique ce ne soit point pour cette créance qu'elle m'ait été donnée en nantissement: car cette créance étant certaine et liquide, de même que je pourrais obtenir du juge la permission d'arrêter pour cette créance ses biens entre ses mains, et entre celles des tiers, par la même raison, lorsque je suis assigné par mon débiteur pour lui rendre la chose que je me trouve avoir entre les mains, le juge doit me permettre de la retenir arrêtée entre mes mains pour cette dette.

Il en serait autrement, si la créance, pour laquelle je voudrais retenir la chose, ou n'était pas certaine, ou n'était pas liquide; je ne pourrais, en ce cas, la retenir.

48. Pour qu'il y ait ouverture à l'action *pigneratitia directa* pour la restitution de la chose donnée en nantissement, il n'importe comment la dette, pour laquelle elle a été donnée en nantissement, ait été acquittée, ni par qui; soit qu'elle l'ait été par le débiteur, qui l'a donnée en nantissement, ou par quelque autre pour lui; soit que le créancier, à qui elle a été donnée en nantissement, s'en soit payé lui-même entièrement par les fruits de la chose qu'il a perçus; auquel cas le débiteur peut donner l'action *pigneratitia* contre lui; non-seulement pour la restitution de la chose donnée en nantissement, mais encore pour la restitution de ce dont les fruits qu'il a perçus se trouveraient excéder la somme qui lui était due: *Ex pignore percepti fructus imputantur in debitum; qui si sufficiunt ad totum debitum, solvitur actio et redditur pignus; si debitum excedunt, qui supererunt redduntur, videlicet motâ actione pigneratitiâ*; l. 1, *Cod. de pign. act.*

49. Il y a ouverture à l'action *pigneratitia* pour la restitution de la chose donnée en nantissement, non-seulement lorsque la dette est entièrement acquittée, mais encore, comme nous l'avons dit *suprà*, *n.* 42, lorsque le créancier est satisfait, c'est-à-dire, lorsqu'il a bien voulu accepter, à la place du nantissement, d'autres sûretés, et s'en contenter, et en général toutes les fois qu'il a bien voulu faire remise de ses droits de gage dans la chose qu'on lui a donnée en nantissement: *Satisfactum accipimus quemadmodùm voluit creditor, licèt non sit solutum; sive aliis pignoribus sibi caveri voluit, ut ab hoc recedat; sive fidejussoribus, vel*

*nudâ conventione, nascitur pigneratitia actio : et generaliter dicendum erit, quoties recedere voluit creditor à pignore, videri satisfactum, si ut ipse voluit sibi cavit, licèt in hoc deceptus sit;* l. 9, § 3, ff. *de pign. act.; adde* l. 50, § 1, ff. *de Jur. dot.*

50. Observez une différence entre le paiement et la satisfaction. Le débiteur a le droit de contraindre le créancier à recevoir le paiement de la somme pour laquelle la chose lui a été donnée en nantissement : faute par le créancier de vouloir recevoir le paiement qui lui est offert, le débiteur, qui l'a mis en demeure de recevoir, peut donner contre lui l'action *pigneratitia* pour la restitution de la chose donnée en nantissement: *Si per creditorem stetit quominùs ei solvatur, rectè agitur pigneratitiâ;* l. 20, § 2. Au contraire, on ne peut satisfaire au créancier qui n'est pas payé, qu'autant qu'il y consent, et qu'il veut bien accepter les sûretés qu'on lui offre; à la place du droit qu'il a acquis par le contrat dans la chose qui lui a été donnée en nantissement. Mais quelque grandes que soient les sûretés qu'on lui offre, quoiqu'elles soient plus grandes que celle qui résulte de son droit de gage, s'il ne veut pas remettre son droit, ni accepter à la place les sûretés qui lui sont offertes, on ne peut l'y contraindre.

De-là naît une autre différence entre le paiement et la satisfaction. Lorsque le débiteur a intenté prématurément l'action *pigneratitia* contre le créancier, qui n'était ni payé ni satisfait, il peut, dans le cours de l'instance, même sur l'appel, rectifier sa demande, et faire condamner le créancier à la restitution du gage, en lui offrant le paiement de la dette en principal et intérêts, et les dépens faits jusqu'au jour de ses offres : au contraire, le débiteur ne peut rectifier sa demande en offrant au créancier des sûretés, s'il ne veut pas les accepter : *Qui antè solutionem egit pigneratitiâ, licèt non rectè egit, tamen si offerat in judicio pecuniam, debet rem pigneratam, et quòd suâ interest consequi;* l. 9, § *fin.*, ff. *de pig. act. Quòd si non solvere, sed aliâ ratione satisfacere paratus est.... nihil ei prodest;* l. 10, ff. *dict. tit.*

51. Il y a un cas, auquel l'action *pigneratitia* est ouverte, et peut être intentée pour la restitution de la chose donnée en nantissement, quoique le créancier ne soit encore ni payé ni satisfait; c'est celui, auquel il mésuserait de la chose qui lui a été donnée en nantissement. Ulpien nous en donne cet exemple : *Si prostituit ancillam, vel aliud improbatum facere coegit, illius pignus ancillæ solvitur;* l. 24, § 3, ff. *dict. tit.*

Il en est de même d'un héritage que j'aurais donné en nantissement à mon créancier, pour qu'il en perçût les fruits en paiement de la somme qu'il me doit. Si mon créancier, qui est en possession de mon héritage, en abandonne la culture et le laisse en friche, je puis, *actione pigneratitiâ*, demander à y rentrer, quoique je n'aie pas encore payé ce créancier : car en contrevenant à l'obligation, qu'il a contractée envers moi, d'apporter le soin convenable à la conservation de la chose que je lui ai donnée en nantissement, il me délie de celle que j'avais contractée de la lui laisser en nantissement.

52. Lorsque le créancier, en exécution d'une sentence, a fait vendre la chose qui lui a été donnée en nantissement, l'action *pigneratitia*, qui a lieu, en ce cas, contre lui pour rendre compte du prix, est ouverte aussitôt après la vente.

§ III. Si l'action *pigneratitia directa* est sujette à prescription.

53. Il nous reste à observer que l'action *pigneratitia*, pour la restitution de la chose donnée en nantissement, n'est sujette à aucune prescription, pour quelque laps de temps que ce soit; *Quominùs fructuum, quos creditor ex rebus obligatis accepit, habitâ ratione ac residuo debito soluto, vel, si per creditorem factum fuerit quominùs solveretur, oblato et consignato, et deposito, pignora, quæ in eâdem causâ durant, restituat debitori, nullo spatio longi temporis defenditur*; l. 12, *Cod. de pign. act.* La loi 10, *Cod. dict. tit.*, décide la même chose.

La raison est, que le créancier, qui a commencé à tenir la chose à titre de nantissement, est censé avoir toujours continué de posséder à ce titre, tant qu'il ne paraît pas qu'il soit survenu un nouveau titre: *Quùm nemo ipse sibi mutare possit causam possessionis suæ*; l. 3, § 19, ff. *de adquir. poss.*; l. 2, § 1, ff. *pro hærede*. Or ce titre de nantissement, auquel il possède, réclame perpétuellement pour la restitution de la chose, étant de l'essence de ce titre de posséder à la charge de rendre après la dette payée; et cette réclamation empêche la prescription.

Mais lorsque le créancier ne possède plus la chose qui lui a été donnée en nantissement, quand même ce serait par sa faute qu'il aurait cessé de la posséder, l'action se prescrit par la prescription ordinaire.

Nous avons décidé la même chose dans nos Traités du Prêt à usage, *n.* 47, et du Dépôt, *n.* 67, au sujet des actions *commodati et depositi*: il y a même raison.

# CHAPITRE III.

## *Des obligations que contracte, par le contrat de nantissement, celui qui donne la chose en nantissement; et de l'action* contraria pigneratitia *qui en naît.*

54. Celui, qui donne une chose en nantissement, contracte envers le créancier, à qui il l'a donnée, l'obligation de lui faire avoir dans cette chose un droit de gage, qui lui donne le droit de pouvoir la détenir pour sûreté de sa créance.

De-là il suit que ce débiteur contrevient à cette obligation, lorsqu'il donne en nantissement à son créancier une chose dans laquelle il ne peut procurer ce droit de gage. Cela arrive, lorsqu'il donne en nantissement, sans le consentement du propriétaire, une chose qui ne lui appartient pas : car il ne peut pas donner à son créancier un droit de gage dans une chose, sur laquelle il n'a lui-même aucun droit, suivant la règle de droit : *Nemo plus juris, etc.*

55. De cette obligation, à laquelle contrevient le débiteur qui donne en nantissement une chose qui ne lui appartient pas, et dans laquelle par conséquent il ne peut procurer un droit de gage au créancier à qui il la donne, naît une action qu'on appelle *actio pigneratitia contraria*, ou *contrarium judicium pigneratitium*, qu'a le créancier contre le débiteur, pour qu'il soit condamné à substituer à la place des choses qu'il a données en nantissement, d'autres choses d'égale valeur qui lui appartiennent ; sinon, qu'il sera déchu des termes qui lui avaient été accordés pour le paiement de la dette, et contraint au paiement.

Cette décision a lieu, quand même le créancier paraîtrait n'avoir pas d'intérêt à avoir un droit de gage, le débiteur étant très-solvable : *Cum debitore, qui alienam rem pignori dedit, potest creditor contrariâ pigneratitiâ agere, etsi debitor solvendo sit*; l. 32, ff. *de pign. act.*

Il y a lieu à cette action, non-seulement lorsque le débiteur, qui a donné une chose en nantissement, avait connaissance qu'elle ne lui appartenait pas, mais même dans le cas auquel il l'a donnée en nantissement de bonne foi, croyant qu'elle lui appartenait. La seule différence qu'il y a entre l'un et l'autre cas, est que, lorsque le débiteur sait que les choses qu'il donne en nantissement ne lui appartiennent pas, il commet le crime de stellionat; et est en conséquence contraignable par corps au paiement de la somme pour laquelle il avait donné la chose en nantissement: au lieu que, dans notre cas, lorsque le débiteur a donné de bonne foi en nantissement une chose qui ne lui appartenait pas, il ne commet pas de stellionat qui le rende sujet à la contrainte par corps; mais le créancier n'en a pas moins contre lui l'action *contraria pigneratitia.*

C'est ce qu'enseigne Paul : *Contrariam pigneratitiam creditori actionem competere certum est. Proindè si rem alienam vel alii pigneratam, vel in publicum obligatam dedit, tenebitur, quamvis et stellionatûs crimen committat. Sed utrùm ità demùm si scit, an etsi ignoravit? et quantùm ad crimen pertinet excusat ignorantia. Quantùm ad contrarium judicium, ignorantia eum non excusat*; l. 16, § 1, ff. *de pign. act.*

56. Lorsque le débiteur a donné en nantissement à son créancier une chose qui était déjà obligée à un autre, s'il n'y a pas, dans ce qu'elle vaut de plus que la somme pour laquelle elle est obligée au créancier, de quoi procurer un droit de gage à ce second créancier à qui elle est donnée en nantissement, ce second créancier a l'action *pigneratitia contraria* contre son débiteur qui la lui a donnée, comme il est décidé en la loi ci-dessus mentionnée.

Il en serait autrement si la chose était d'une valeur plus que suffisante pour répondre des deux créances : *Si ea res ampla est, et ad modicum æris fuerit pignerata, dici debebit cessare non solùm stellionatûs crimen, sed etiam pigneratitiam et de dolo actionem, quasi in nullo captus sit qui pignus secundo loco accepit*; l. 36, § *fin.*, ff. *de pig. act.*

57. Lorsque la chose donnée en nantissement a un vice inconnu au créancier, qui la rend de nulle valeur, le créancier ne pouvant, en ce cas, acquérir dans cette chose qu'un droit de gage qui sera de nulle valeur, il a l'action *pigneratitia contraria* pour se faire donner en nantissement une autre chose à la place.

58. Observez que, dans tous les cas ci-dessus rapportés, le créancier n'a l'action *pigneratitia contraria* que lorsqu'il a été trompé; mais s'il avait connaissance que la chose n'appartenait pas à celui qui la lui donnait en nantissement, ou qu'elle était déjà obligée à un autre, ou s'il avait connaissance du vice qui la rend de nulle valeur, il n'est pas, dans tous ces cas, recevable à s'en plaindre : *Si sciens creditor accipiat vel alienum, vel obligatum, vel morbosum, contrarium (judicium) ei non competit; dict. l.* 16, § 1. La raison est que *volenti non fit injuria.*

59. La bonne foi devant régner dans les contrats de nantissement comme dans tous les autres contrats, toutes les friponneries, que le débiteur peut commettre dans ce contrat, pour tromper le créancier, donnent ouverture à l'action *pigneratitia contraria*; par exemple, si le débiteur a donné en nantissement du cuivre pour de l'or : *Si quis in pignore pro auro æs subjecisset creditor, qualiter teneatur?.... Si quidem dato auro æs subjecisset, furti teneri : quodsi in dando æs subjecisset, turpiter fecisse, non furem esse : sed hic puto pigneratitium judicium locum habere*; l. 36, ff. *de pign. act.*

60. Celui, qui a donné une chose en nantissement, contracte, envers le créancier à qui il l'a donnée, une autre obligation, qui est celle de le rembourser des impenses nécessaires qu'il a faites pour la conservation de cette chose.

De cette obligation naît une action *pigneratitia contraria*, qu'a le créancier pour s'en faire rembourser, quand même, depuis, par quelque accident de force majeure, celui, qui lui a donné la chose en nantissement, n'en aurait pas profité. C'est ce qu'enseigne Papinien : *Si necessarias impensas fecerim in servum, aut in fundum, quem pignoris causâ acceperim, non tantùm retentionem, sed contrariam pigneratitiam habeo : finge enim medicis, quùm ægrotaret servus, dedisse me pecuniam, et eum decessisse; item insulam fulsisse, vel refecisse, et posteà deustam esse, nec habere quod possim retinere*; l. 8, ff. *de pign. act.*

61. A l'égard des impenses, qui n'étaient pas nécessaires, mais qui étaient seulement utiles, si le créancier les a faites du consentement de celui, qui lui a donné la chose en nantissement, il n'est pas douteux que le créancier a contre lui l'action *pigneratitia contraria*, pour s'en faire rembourser comme pour les nécessaires; et il est facilement présumé les avoir faites du consentement de celui, qui la lui a donnée en nantissement, lorsque le créancier n'a fait que parachever ce que ce débiteur avait déjà commencé avant de donner cette chose en nantissement : *Si servos pigneratos artificiis instruxit creditor; si quidem jam imbutos, vel voluntate debitoris, erit actio contraria*; l. 25, ff. *dict. tit.*

Lorsque les impenses, non nécessaires, mais seulement utiles, ont été faites sans le consentement du débiteur qui a donné la chose en nantissement, quoiqu'elles subsistent, et que le débiteur se trouve en profiter au temps auquel la chose doit lui être rendue, c'est-à-dire, après que la dette a été acquittée, on ne doit pas toujours l'obliger à les rembourser au créancier qui les a faites; car si elles sont si considérables qu'il lui fallût vendre son bien ou s'endetter pour pouvoir les rembourser, il ne doit pas y être obligé : on doit seulement permettre, en ce cas, au créancier qui a fait des augmentations à ses frais, d'emporter ce qui peut se détacher. Mais si les impenses, quoique seulement utiles, sont modiques, et que le débiteur puisse commodément les rembourser, il doit être condamné à les rembourser jusqu'à concurrence de ce qu'il se trouve en profiter. Tout cela doit être laissé à la prudence et à l'arbitrage du juge : *Sicut negligere creditorem dolus, et culpa, quam præstat, non patitur, ità nec talem efficere rem pigneratam, ut gravis sit debitori ad recuperandum. Putà, saltum grandem pignori datum ab homine qui vix luere potest, nedum excolere, tu acceptum pignori excoluisti sicut magni pretii faceres : alioquin non est æquum aut quærere me alios creditores, aut cogi distrahere quod velim receptum, aut tibi, penuriâ, coactum derelinquere : mediè igitur hæc à judice erunt dispicienda, ut neque delicatus debitor, neque onerosus creditor audiatur; dict. l.* 25.

---

# TRAITÉ DES CENS.

## CHAPITRE PRÉLIMINAIRE.

Le contrat de bail à cens est un contrat, par lequel le propriétaire d'un héritage ou d'un autre droit immobilier, l'aliène, sous la réserve qu'il fait de la seigneurie directe, et d'une redevance annuelle en argent ou en fruits, qui doit lui être payée par le preneur ou ses successeurs, en reconnaissance de ladite seigneurie.

Cette redevance annuelle s'appelle *cens.*

L'héritage chargé de cette redevance, à la charge de laquelle il a été concédé, est ce qu'on appelle un héritage *censuel.*

Le possesseur de cet héritage s'appelle *censitaire.*

Celui, à qui est due cette redevance recognitive de la seigneurie directe qui est pardevers lui, est ce qu'on appelle *le seigneur de censive.*

On appelle *censive* le droit de seigneurie directe, qu'a le seigneur sur les héritages donnés à titre de *cens.*

Il résulte de la définition que nous avons donnée, qu'il est de l'essence de contrat de bail à cens, qu'il contienne la réserve, de la part du bailleur, de la seigneurie directe, et d'un droit de redevance annuelle recognitive de ladite seigneurie.

En cela, le bail à cens diffère du simple bail à rente foncière, lequel ne contient la réserve d'aucune seigneurie directe de l'héritage, mais d'une simple charge et redevance foncière.

En cela aussi, le cens diffère de la simple rente foncière. Le cens est une redevance seigneuriale, c'est-à-dire, recognitive de la seigneurie directe qui est pardevers celui à qui il est dû; et, en conséquence, le cens est imprescriptible. Au contraire, la rente foncière n'est point seigneuriale, mais une simple charge de l'héritage; et, en conséquence, cette rente est prescriptible.

De ce que nous venons de dire, il suit qu'il n'y a que le propriétaire de l'héritage, dont le droit de propriété renferme quelque seigneurie honorifique de l'héritage, qui puisse le donner à cens.

Il n'est pas douteux que celui, qui tient un héritage en franc-aleu, ne le puisse donner à cens; car, ne reconnaissant aucun seigneur, il a pardevers lui toute la seigneurie de l'héritage; et, par conséquent, il peut, en le donnant à cens, s'en réserver la seigneurie directe et honorifique.

Le propriétaire d'un héritage, qui le tient à titre de fief, peut aussi le donner à cens; car, quoiqu'il ne soit lui-même qu'un seigneur utile vis-à-vis de celui, de qui il tient son héritage en fief, néanmoins cette seigneurie utile, qu'il a, n'est pas bornée à ce qu'il y a de purement utile dans la seigneurie; elle renferme aussi une seigneurie honorifique de l'héritage, quoique subordonnée à celle du seigneur de qui il relève en fief. Il peut en conséquence se qualifier seigneur de l'héritage qu'il tient en fief; il jouit de tous les honneurs et droits honorifiques qui peuvent y être attachés; il y a le droit de chasse, qui est un des droits, *quæ in honore magis quàm in utilitate consistunt*. Cette seigneurie honorifique, qu'il a, peut faire la matière de la seigneurie directe, qu'il doit se réserver en donnant son héritage à cens.

Au contraire, le propriétaire d'un héritage, qui le tient lui-même à cens, ne peut pas en faire un bail à cens, selon la maxime : *Cens sur cens n'a lieu*. Coutume d'Orléans, *art.* 122. La raison est, que son droit de propriété ne contenant rien d'honorifique, mais seulement ce qu'il y a de purement utile, il n'a aucune seigneurie honorifique et directe, qu'il puisse se retenir sur le cens; et, par conséquent, il ne peut le donner à cens, ne pouvant y avoir de bail à cens, sans réserve de la seigneurie directe de la part du bailleur.

Si, dans le fait, le propriétaire d'un héritage censuel avait fait un bail de cet héritage, pour une certaine redevance annuelle et perpétuelle, qui, par le bail, aurait été qualifiée de cens, ce bail ne serait qu'un simple bail à rente foncière; et cette redevance, quoique qualifiée de cens, ne serait qu'une simple rente foncière, non seigneuriale et sujette à prescription.

Un tel bail ne ferait point encourir de droits de ventes aux mutations, à moins qu'ils n'eussent été expressément stipulés; et, s'ils avaient été stipulés, ils seraient dus, non comme droits seigneuriaux, mais comme simples charges foncières.

Nous traiterons séparément du cens annuel, et des autres différens droits dont les censitaires sont tenus, tels que le défaut, faute de paiement du cens au jour et au lieu nommés; les profits, qui sont dus en cas de vente; le dépri, auquel est obligé l'acquéreur d'un héritage censuel, et l'amende, faute de dépri; la reconnaissance censuelle. Nous traiterons ensuite de la saisie censuelle, et des autres actions qu'ont les seigneurs de censive pour être payés de leurs droits censuels. Enfin, nous traiterons de quelques espèces particulières de censives dans la Coutume d'Orléans.

# SECTION PREMIÈRE.

## *Du cens, et du défaut faute de paiement du cens.*

### ARTICLE PREMIER.

#### *De la nature du cens.*

Le cens est une redevance annuelle en argent ou en fruits, imposée sur l'héritage lors du bail à cens, qui est due par le possesseur de l'héritage censuel au seigneur de censive, en reconnaissance de sa seigneurie.

§ I. De la foncialité du cens, et si les possesseurs en sont tenus personnellement.

Le cens étant une redevance imposée sur l'héritage, est une charge de l'héritage; il est dû principalement par l'héritage, le possesseur de l'héritage ne le doit qu'en sa qualité de possesseur de l'héritage; d'où il suit qu'il peut s'en libérer pour l'avenir, en aliénant ou déguerpissant l'héritage.

Mais, quoique le cens soit principalement dû par l'héritage, le possesseur ne laisse pas d'être débiteur personnel des arrérages de cens courus pendant le temps de sa détention, et celle de ceux dont il est héritier; car celui, qui prend un héritage à cens, s'oblige envers le bailleur, par le contrat de bail à cens, à la prestation du cens, pour tout le temps que lui ou ses héritiers seront possesseurs de l'héritage; et pareillement le tiers détenteur s'oblige, *ex quasi contractu*, en acquérant l'héritage, à la prestation du cens, pendant que lui et ses héritiers seront détenteurs.

Il n'y a pas lieu à cet égard, comme à l'égard des rentes foncières, à la distinction si le détenteur a acquis ou non à la charge du cens; car, n'y ayant nulle terre sans seigneur, la charge de la prestation des droits seigneuriaux est toujours sous-entendue.

§ II. Si le cens est indivisible ou divisible.

Le cens, comme les rentes foncières, est dû pour le total,

non-seulement par la totalité de l'héritage, qui a été donné à la charge de ce cens, mais par toutes et chacune des parties dont cet héritage est composé.

C'est pourquoi, de droit commun, lorsqu'un héritage donné à quelqu'un à cens, est par la suite divisé entre plusieurs personnes, les détenteurs de chaque partie de l'héritage sont tenus chacun solidairement du cens envers le seigneur de censive.

Il en est autrement dans la Coutume d'Orléans, *art.* 121; de Blois, *art.* 129, et de Dunois, *art.* 46. Le cens y est divisible, et il se divise en effet, lorsque l'héritage chargé du cens vient à se diviser entre plusieurs personnes : chaque détenteur de chaque partie de l'héritage n'est tenu que d'une portion du cens proportionnée à la part qu'il a dans l'héritage : et, en cela, le cens, dans ces Coutumes, est différent de la rente foncière. La raison de différence est, que la rente foncière n'ayant d'autre objet que la somme due, le seigneur de rente foncière, à qui elle est due, souffrirait préjudice de la division, s'il était obligé de recevoir cette somme par parcelles, et de s'adresser à plusieurs pour en être payé.

Au contraire, le cens étant plus honorifique qu'utile, l'objet du cens, et l'intérêt principal du seigneur de censive consistant plutôt dans la reconnaissance de sa seigneurie, que dans la somme modique qui est payée en reconnaissance d'icelle, cet intérêt du seigneur n'est point blessé par la division du cens; au contraire, il se trouve avoir plus d'honneur de pouvoir obliger un grand nombre de censitaires à le reconnaître, que d'être reconnu par un seul.

Comme c'est la division de l'héritage censuel, qui opère cette division du cens, si cette division cesse, et que toutes les parties de l'héritage, qui avait été divisé entre plusieurs personnes, se réunissent par la suite en une seule, la division du cens cessera; et cette personne, devenue propriétaire de tout l'héritage, ne sera pas recevable à payer le cens par parties, pour les différentes parties de l'héritage qu'elle a acquises successivement.

Si plusieurs possèdent par indivis l'héritage censuel, chacun d'eux est tenu solidairement du cens; car ce n'est que la division de l'héritage qui opère la division du cens.

### § III. De l'imprescriptibilité du cens.

Le cens étant une redevance seigneuriale, est imprescriptible : car c'est un principe avoué de tous, que les devoirs seigneuriaux sont imprescriptibles.

Selon la maxime, *nulle terre sans seigneur,* qui a lieu dans ces provinces, le possesseur d'un héritage est censé le posséder comme le tenant du seigneur connu ou inconnu duquel il relève;

c'est pourquoi le seigneur possède en quelque façon l'héritage par son censitaire, qui ne peut conséquemment lui opposer aucune prescription contre sa seigneurie directe, ni par conséquent contre les devoirs dans lesquels elle consiste.

Le cens est à la vérité imprescriptible, parce que c'est dans le cens que réside la seigneurie directe du seigneur, qui, comme nous venons de le voir, est imprescriptible ; mais la quotité du cens est prescriptible. Par exemple, si on a payé, pendant trente ans, deux sous de cens, pour un héritage qui avait été donné pour quatre sous de cens, le censitaire aura acquis la libération de deux sous, parce que cette quotité ne touche point à la seigneurie directe, qui est aussi bien reconnue par une prestation de deux sous de cens, comme par une prestation de quatre. La Coutume d'Orléans en a une disposition : *Droits censuels, et autres droits seigneuriaux ne se peuvent prescrire pour le tout, mais bien pour la quotité.* Orléans, *art.* 263; Paris, *art.* 124. Cette prescription de la quotité du cens s'acquiert par la possession en laquelle a été le censitaire, pendant tout le temps requis pour la prescription, de payer une certaine somme moindre que celle portée par les titres, laquelle possession fait présumer une réduction du cens à cette somme, et une remise du surplus; mais il faut, pour cela, que la prestation ait été uniforme. Si le censitaire eût payé tantôt une somme, tantôt une autre, il ne serait point en possession de payer aucune somme certaine et déterminée; et, par conséquent, il n'y aurait point de prescription, et il en faudrait revenir au titre.

Le censitaire peut-il, par la prescription, être déchargé de la prestation d'une espèce plus précieuse pour une autre moins précieuse? Par exemple, si, pendant plus de trente ans, j'ai payé un boisseau d'orge pour cens, à la place d'un boisseau de blé, dont mon héritage était chargé : il a été jugé pour la négative par un arrêt célèbre de 1581, rendu au profit du roi de Navarre. La raison est, que la Coutume ne permettant la prescription du cens, que pour la quotité et non pour le tout, le censitaire ne peut se libérer par prescription, que de quelque partie du boisseau de blé, et non pas de tout le boisseau de blé.

Il n'y a que le fonds du cens qui soit imprescriptible; les arrérages sont sujets à la prescription ordinaire ; et le seigneur, lorsqu'elle n'a point été interrompue, n'en peut demander que vingt-neuf années; car ces arrérages, lorsqu'ils sont échus, ne sont plus qu'une créance, la seigneurie directe consiste dans le droit de se faire servir du cens à l'avenir.

### § IV. Si le cens est sujet à compensation.

De ce que le cens est recognitif de la seigneurie directe, i.

suit qu'il n'est pas sujet à compensation, et que le censitaire, quoique créancier de son seigneur de censive d'une plus grosse somme que n'est le cens qu'il lui doit, n'est pas dispensé, pour cela, d'aller, ou d'envoyer de sa part vers le seigneur de censive, aux jour et lieu nommés pour la réception des cens : car le cens ne consiste pas seulement dans l'utilité de la somme qui est due pour le cens, pour laquelle il pourrait y avoir lieu à la compensation, si le cens ne consistait que dans cette utilité; mais il consiste principalement dans la reconnaissance de la seigneurie directe qui se fait par ce paiement; et, comme cette reconnaissance est quelque chose d'honorifique et d'inestimable, elle ne peut tomber en compensation.

*Quid?* si mon seigneur de censive était lui-même mon censitaire, pour raison d'autres héritages chargés envers moi d'une somme de cens pareille à celle que je lui dois, et payable à pareil jour, mais sans amende, ou sous moindre amende, serions-nous déchargés l'un envers l'autre d'aller payer le cens? Et pourrait-il prétendre contre moi le défaut, faute d'être allé lui payer le cens que je lui dois? Il y a une plus grande raison de douter, que dans l'espèce précédente; car ce que nous devons de part et d'autre est de même espèce, et consiste *in pari utilitate et in pari honore.* Or, la compensation a lieu lorsque les dettes dues de part et d'autre sont *in pari specie.* Néanmoins, Dumoulin, Coutume de Paris, *art.* 85, décide fort bien qu'il ne peut y avoir lieu dans cette espèce à la compensation, et que nous ne sommes point déchargés l'un envers l'autre d'aller payer le cens. La raison est que la compensation ne peut avoir lieu, qu'elle ne donne à chacun ce qui lui appartient. Lorsque mon créancier de dix écus me doit, *ex aliâ causâ,* dix écus, la compensation nous donne à chacun les dix écus qui nous appartiennent; car j'ai vraiment les dix écus qui me sont dus, par la décharge d'autant que je dois : mais, dans cette espèce, la compensation ne donnerait pas à chacun ce qui lui appartient; car je ne suis pas reconnu, pour l'héritage qui relève de moi, par la décharge de reconnaître de ma part le seigneur duquel le mien relève. C'est pourquoi cette compensation ou décharge réciproque de nous reconnaître, ne nous donnant point à chacun ce qui nous appartient, ne peut avoir lieu : d'ailleurs, *monumenta censuum interturbarentur.*

Le cens n'est pas, à la vérité, sujet à compensation, en ce sens que le censitaire puisse être dispensé d'aller, ou d'envoyer quelqu'un de sa part, aux lieu et jour nommés, payer le cens, parce que la seigneurie ne serait pas reconnue; mais il pourrait y être sujet en ce sens, qu'en allant par lui-même ou par quelqu'un de sa part, il pourrait offrir, au lieu de la somme d'argent qu'il doit pour le cens, une quittance de pareille somme sur ce qui lui est dû par le seigneur de censive ; car cette offre équipolle au paiement réel de la somme de deniers due pour le cens, et paraît pouvoir renfermer une reconnaissance de la seigneurie, comme le paiement réel du cens.

§ V. Si la saisie-arrêt, faite par les créanciers du seigneur de censive sur les censitaires, de ce qu'ils doivent et devront à leur seigneur, les dispense d'aller porter le cens.

De ce que le cens est payé en reconnaissance de la seigneurie directe, et est plus honorable qu'utile, il suit que la saisie-arrêt, que les créanciers d'un seigneur de censive font sur les censitaires de ce qu'ils devront à leur seigneur de censive, ne peut dispenser les censitaires d'aller, ou d'envoyer pardevers le seigneur de censive, aux jour et lieu nommés pour la réception des cens; car ce devoir de reconnaître leur seigneur ne peut être censé compris dans la saisie-arrêt qu'ont faite les créanciers, les choses, qui consistent *in honore*, n'en étant pas susceptibles.

Mais comme, dans la prestation du cens, il y a deux choses ; la reconnaissance de la seigneurie, qui se fait par cette prestation, qui est quelque chose d'honorifique et non sujette à la saisie, et la somme de deniers, qui se paie pour le cens, et qui est quelque chose d'utile, et qui en conséquence pourrait être saisie, on pourrait peut-être penser que le censitaire, en ce cas, serait tenu seulement d'aller aux jour et lieu nommés, dire qu'il est prêt à payer le cens, lorsque le seigneur lui rapportera main-levée de la saisie.

On peut aussi dire, surtout lorsque le cens est modique, qu'on ne doit point considérer, dans le cens, la somme, à cause de sa modicité, et que le cens indistinctement n'est point susceptible de saisie, devant être considéré comme honorable plutôt qu'utile; et qu'en conséquence les censitaires, nonobstant la saisie, doivent le payer.

## ARTICLE II.

## *Des différentes espèces de cens.*

### § I. Différentes divisions.

On distingue ordinairement le cens en *chef-cens* et *sur-cens*. Le *chef-cens* est le cens proprement dit, la première redevance imposée à l'héritage, recognitive de la seigneurie directe Le *sur-cens* est celle qui y est ajoutée ; et ce sur-cens n'est pas proprement un cens, mais une simple rente foncière sujette à prescription.

On le distingue encore en *gros-cens* ou *cher-cens* et en *menu-cens*. Le gros-cens est celui pour lequel toute une métairie ou autre héritage a été donné en bloc, comme lorsqu'on a donné une métairie de cent arpens de terre, à la charge de cinquante sous de cens.

Si, par le bail à cens, le cens a été distribué et réparti sur chaque partie dont l'héritage est composé, comme si un héritage a été donné à cens, à la charge de deux sous de cens pour la maison, et de six deniers de cens pour chaque arpent, ce sens ainsi distribué est ce qu'on appelle *menu-cens*.

Dans la Coutume d'Orléans, le *cher-cens* est pris dans une autre signification pour celui qui excède dix sous : *art.* 135.

Enfin, on distingue le cens en cens portable et en cens requérable.

### § II. Du cens portable.

Le cens portable est celui, que le censitaire, ou quelqu'un de sa part, doivent porter au seigneur de censive, à certain jour et lieu nommés par le bail à cens ou par les reconnaissances censuelles : lorsqu'il n'y a aucun lieu marqué par les titres, et que le seigneur demeure dans l'étendue de sa censive, c'est au lieu de sa demeure que le cens doit être porté. S'il n'y demeure pas, il doit choisir un lieu dans l'étendue de sa censive où les cens doivent être portés, et le notifier à ses censitaires; et, jusqu'à ce qu'il le leur ait notifié, il ne peut faire contre eux aucune poursuite (*Coutume de Tours ; art.* 6), ni prétendre aucune amende, faute de paiement.

Le censitaire n'est pas obligé d'aller payer le cens en personne; il suffit que quelqu'un le paie de sa part : et, en cela, le cens est différent de la foi, qui doit être portée par le vassal en personne. La raison de différence est, que la foi consistant dans un hommage personnel, le cens est présumé portable. Il n'est pas même nécessaire que celui, qui va le payer de sa part, fasse apparoir d'un pouvoir de lui; le seigneur ne peut le refuser, faute de ce pouvoir. Le censitaire est présumé approuver ce qui se fait en son nom, et le seigneur est par-là suffisamment reconnu.

Si, néanmoins, le censitaire était en procès contre le seigneur sur le fonds du cens que le censitaire conteste, le seigneur serait bien fondé à refuser le cens qu'un tiers sans pouvoir viendrait offrir au nom du censitaire; car le procès, qu'a le censitaire, dément ce qui se fait en son nom.

### § III. Du cens requérable.

Le cens requérable est celui, que le seigneur doit envoyer demander en la maison du censitaire, selon notre Coutume d'Orléans, *art.* 133. Le censitaire, lorsque le cens est requérable, a terme de vingt-quatre heures pour le payer, depuis qu'il en est requis.

Lorsqu'il y a plusieurs possesseurs par indivis de l'héritage sujet à un cens requérable; comme ils sont débiteurs solidaires de ce cens, il suffit que l'interpellation soit faite à l'un d'eux, pour constituer tous les autres en demeure.

ARTICLE III.

## *Du défaut.*

Le défaut est une amende, qu'encourt le censitaire, faute de paiement du cens.

### § I. En quoi consiste l'amende.

L'amende, faute de paiement du cens, est, selon la Coutume de Paris, de cinq sous parisis, qui valent six sous trois deniers de la monnaie ordinaire, le sou parisis valant un quart en sus du sou ordinaire. Elle en excepte les héritages situés dans la ville et banlieue de Paris, qui ne sont point sujets à cette amende, s'il n'y a titre au contraire.

Dans notre Coutume d'Orléans, cette amende est de *cinq sous tournois* (qui sont les sous ordinaires), *ou de moins, selon la nature des censives, art.* 102; c'est-à-dire, que si le bail à cens et la reconnaissance portent une moindre amende, il n'est dû que celles portées par lesdits titres.

Si les titres ne faisaient mention d'aucune, celle de cinq sous, qui est l'amende coutumière, serait due : *Nam in contractibus tacitè veniunt ea quæ sunt moris et consuetudinis.*

Si les titres portaient une amende plus forte que celle de la Coutume, serait-elle due? Il semblerait, par les termes dont la Coutume s'est servie, *ou de moins, selon la nature des censives*, qu'elle n'aurait admis que les amendes moindres de cinq sous, et qu'elle aurait rejeté et condamné celles qui seraient de plus grande somme.

### § II. Quand le défaut est-il encouru.

Lorsque le cens est portable aux jour et lieu nommés, cette amende est encourue de plein droit par le censitaire, lorsqu'il a manqué de payer le cens aux jour et lieu nommés; quand même il viendrait le lendemain, il n'éviterait pas la peine du défaut. S'il n'y avait pas de lieu, où le cens dût être payé, les censitaires n'encourraient aucune amende, faute de paiement, au jour nommé; mais, lorsque le seigneur leur aura notifié un lieu dans l'étendue de sa censive pour la réception des cens, si, depuis ladite notification, ils manquent de se trouver audit lieu, au jour auquel les cens doivent se payer, ils encourront l'amende.

S'il y a un lieu certain pour la réception des cens, mais qu'au jour, auquel ils doivent se payer, l'abord en ait été fermé aux censitaires par quelque force majeure, comme par un débordement de rivière, peste, ou guerre, ils n'encourront point l'amende; car l'impossibilité fait cesser toutes les obligations. La maladie du censitaire ne l'excuse pas; car il pourrait, quoique malade, envoyer quelqu'un payer le cens de sa part.

Sa minorité ne l'excuse pas non plus; elle ne doit pas empêcher que le seigneur ne doive être reconnu, et il doit suffire à ce mineur qu'il ait, pour l'amende qu'il a encourue faute de paiement du cens, un recours contre son tuteur; ou, s'il n'en avait point, contre ceux qui étaient obligés de lui en faire nommer un. Pareillement on peut dire que, lorsque la succession du censitaire est vacante, le défaut ne laisse pas d'être encouru, faute de paiement du cens, aux jour et lieu nommés, sauf le recours de cette succession contre le curateur qui était obligé de l'envoyer payer; et, s'il n'y avait point de curateur, ceux, qui ont intérêt à la conservation des biens et droits de cette succession vacante, doivent s'imputer de n'en avoir pas fait élire un.

Le censitaire, qui a offert le cens au jour et au lieu où il est dû, n'encourt pas l'amende de cens non payé, dans le cas où le seigneur aurait refusé de recevoir ses offres; il paraît même qu'il n'est pas nécessaire que le censitaire fasse suivre ses offres d'une consignation, le cens formant un objet trop modique.

L'on demande si le censitaire éviterait l'amende, dans le cas où il se présenterait à son seigneur au jour et au lieu fixés, non pour payer le cens, mais pour demander un délai de huitaine pour le paiement? Il paraît qu'il encourrait l'amende, le jour ayant été fixé pour le paiement, et non pour demander terme, et l'amende s'encourant faute de paiement. Si cependant le seigneur avait consenti à la demande, le censitaire n'encourrait l'amende que dans le cas où il n'aurait pas payé le cens au nouveau terme.

L'on demande si le seigneur peut demander autant d'amendes qu'il y a de cessations de paiement? Il paraît qu'il n'est dû qu'une seule amende pour la cessation de plusieurs années de paiement. Cet usage forme le droit commun du pays coutumier, dont l'on ne peut s'écarter que dans les Coutumes qui ont des dispositions contraires. Le seigneur censuel a néanmoins un moyen de multiplier les amendes, suivant le nombre des années où le cens n'a pas été payé, c'est d'en former tous les ans la demande en justice, ou de saisir tous les ans les fruits de l'héritage censuel.

La créance du censitaire contre le seigneur de censive, et les saisies et arrêts faites entre ses mains, ne le dispensant pas d'aller ou d'envoyer aux jour et lieu nommés pour la réception des cens, suivant que nous l'avons vu ci-dessus, il encourt le défaut s'il y manque.

L'on demande si le censitaire peut demander la remise de la totalité, ou d'une partie du cens, dans le cas de stérilité ou de quelque autre accident semblable. Dumoulin distingue trois cas : le premier, où le cens est très-modique, le second, où il est très-considérable, le troisième, où il tient un milieu entre ces deux extrémités. Dans le premier cas, lorsque l'objet du cens n'est pas de tenir lieu des fruits, mais seulement de former une reconnaissance de la directe, Dumoulin décide que le censitaire ne peut demander aucune remise. Cet auteur se fonde sur deux raisons ; la première, c'est que le cens n'étant pas regardé comme une compensation des fruits, il paraît inutile de considérer la quantité de ceux que le censitaire a perçus. La deuxième, c'est que le cens n'étant établi que comme une marque de la directe émanée de celui qui a la propriété utile, il suffit, pour que ce dernier soit obligé d'acquitter le cens, qu'il conserve cette propriété utile : c'est donc le cas d'appliquer au censitaire ce que les lois décident du preneur à bail emphythéotique, qu'il ne peut demander de remise pour cause de stérilité. Dans le second cas, où la redevance est si considérable, que l'on peut la regarder comme une compensation des fruits, Dumoulin prétend que la récolte venant à manquer par un cas fortuit, il est juste d'accorder au censitaire une remise, si l'on estime que l'abondance des récoltes précédentes ne puisse pas l'indemniser de la stérilité présente ; remise dont il devrait pareillement tenir compte, si l'abondance des années subséquentes pouvait compenser la stérilité qui y a donné lieu. La raison, sur laquelle Dumoulin se fonde, est de dire que l'équité veut que, dès que l'on s'est écarté des règles ordinaires du bail à cens, pour fixer la quotité des redevances, l'on s'écarte pareillement de ce qui était une conséquence de ces règles. Or, les lois n'ont exclu la remise dans le bail à cens, qu'à cause de la modicité de cette redevance ; il en résulte donc que ces remises doivent être autorisées toutes les fois que la quotité du cens est considérable.

Dans le troisième cas, lorsque la redevance est telle qu'on ne peut la regarder ni comme une juste compensation des fruits, ni comme un simple droit honorifique, Dumoulin est d'avis que, comme cette redevance participe aux deux extrémités, l'on prenne aussi un juste milieu en ne refusant pas indistinctement la remise, et en ne l'accordant pas aussi trop facilement ; de manière que, si la stérilité a continué pendant un long temps, ce sera le cas de la remise. Dumoulin dit que l'on doit regarder comme un long temps l'espace de cinq ans.

Quelle que soit la quotité du cens, le censitaire doit en être déchargé, si la chose vient à périr entièrement : c'est ce que les lois décident à l'égard du preneur à bail emphytéotique ; il faut regarder la chose comme périe lorsque les ennemis s'en sont emparés.

L'on demande, qui doit payer le cens, ou du possesseur de l'héritage censuel, ou de celui qui en est le véritable propriétaire, quoiqu'il n'en ait pas la possession ? Nous dirons que ce doit être le possesseur, parce que, vis-à-vis de tous les tiers, il est censé le véritable propriétaire.

§ III. Est-il dû plusieurs, ou une seule amende, lorsqu'il y a plusieurs héritages possédés par une même personne, ou lorsque le cens est dû par plusieurs possesseurs, par indivis, ou à plusieurs coseigneurs.

Lorsqu'une même personne possède plusieurs héritages, dans la censive d'un même seigneur, chargés de cens distincts et séparés, doit-il autant d'amendes qu'il possède d'héritages, faute d'être venu payer lesdits cens aux jour et lieu nommés ? Il semblerait qu'oui ; car chacun des héritages qu'il possède, est chargé d'un certain cens, à peine d'une telle amende, à défaut de le payer : néanmoins, on décide qu'il ne doit qu'une amende pour tous les héritages qu'il possède. La raison est, que l'amende est la peine de la demeure : or, la demeure étant personnelle et non réelle, une même personne, quoique pour raison de plusieurs héritages, ne contracte qu'une demeure, et par conséquent ne doit être sujette qu'à une amende.

Cette décision a lieu, quand même les héritages procéderaient de différens baux, pourvu que les cens fussent payables au même seigneur, au même jour et au même lieu.

S'ils étaient payables en différens jours, quoiqu'au même seigneur, ou en différens lieux, le censitaire encourrait plusieurs amendes ; car, à chaque jour qu'il aurait dû aller payer le cens, et qu'il n'y serait pas allé, il aurait été autant de fois en demeure.

De ce que la demeure est personnelle, doit-on en conclure que si plusieurs possesseurs par indivis d'héritages, manquent d'aller payer le cens, chacun encourt l'amende ? Il semblerait qu'oui ; car chacun est en demeure : néanmoins comme tous, *unius locum obtinent*, ils n'encourent tous ensemble qu'une amende.

Lorsque l'un d'eux vient aux jour et lieu nommés offrir seulement sa part, le défaut est encouru, non-seulement contre les copropriétaires qui n'y sont pas venus, mais même contre lui ; car, par ces offres insuffisantes de sa portion, il n'a pas satisfait à son obligation pour lui-même, puisqu'il devait le total ; mais il a son recours contre ses copropriétaires qui ne sont pas venus apporter leur part.

Lorsqu'il y a plusieurs coseigneurs de censive, il n'est dû qu'une amende à eux tous. Si l'un d'eux avait reçu sa part du cens qui est dû, le censitaire, qui lui aurait payé sa part et ne l'aurait pas payée aux autres, n'encourrait l'amende que pour la part des autres; car le coseigneur, qui a reçu sa part, est censé, en la recevant, lui avoir remis cette amende pour la part qui lui en appartient.

### § IV. Quand l'amende encourue par défaut est-elle censée remise.

1°. Le défaut est censé remis, lorsque le seigneur a depuis reçu les arrérages de cens, sans faire aucune réserve du défaut : *Creditor accipiendo pecuniam remisisse pœnam videtur ;* l. *fin.* ff. *de eo quod cert. loc.*

*Quid ?* si c'était le procureur du seigneur qui eût ainsi reçu sans réserve? Il semble d'abord qu'on ne peut pas dire la même chose, parce qu'un procureur, quelque générale et étendue que soit sa procuration, n'a que le pouvoir d'administrer et non pas de donner, d'où il semble suivre qu'il ne peut pas remettre l'amende du défaut, une remise étant une donation. Néanmoins, Dumoulin décide que non-seulement le procureur du seigneur peut remettre le défaut, mais qu'il est censé l'avoir remis, lorsqu'il a reçu sans réserve les arrérages du cens; car la règle, qu'un procureur ne peut donner, souffre exception à l'égard des donations modiques, qui sont de bienséance et d'usage, lorsqu'il y a tout lieu de présumer que celui, qui a donné la procuration, les aurait faites lui-même. Or, telle est la remise du défaut que la plupart des seigneurs ont coutume de remettre.

S'il y avait des circonstances, qui donnassent lieu de présumer que le seigneur n'aurait pas fait la remise, comme si le censitaire était en procès avec son seigneur, en ce cas, Dumoulin décide que le procureur ne peut pas la faire.

2°. Selon notre Coutume, le défaut est censé remis par le laps d'un an, lorsqu'il n'y a aucune interpellation judiciaire, car notre Coutume, *art.* 102, dit : *Si le seigneur laisse courir plusieurs années d'arrérages, ne pourra néanmoins faire payer que l'amende d'un seul défaut.*

### § V. Du défaut dans les censives requérables.

La Coutume d'Orléans, *art.* 133, porte que, dans les censives requérables, le censitaire, qui a laissé passer le temps de vingt-quatre heures, depuis qu'il a été requis de payer le cens, encourt de plein droit l'amende de cinq sous après ledit temps passé, s'il n'a pas payé le cens.

Lorsqu'il y a plusieurs possesseurs par indivis de l'héritage sujet à ce cens, comme ils le doivent chacun solidairement, l'interpellation, faite à l'un d'eux, fait encourir l'amende entière de cinq sous qui est due par tous.

Lorsqu'il y a plusieurs coseigneurs, on présume facilement que l'interpellation, que l'un d'eux fait au censitaire de payer le cens, est faite tant pour lui que pour ses coseigneurs ; c'est pourquoi elle fait encourir au censitaire l'amende entière, s'il ne paie dans les vingt-quatre heures.

La Coutume ajoute que le seigneur, qui a requis le cens, peut, après les vingt-quatre heures, s'il n'est payé, procéder par saisie censuelle, et que si, dans les vingt-quatre heures après la saisie censuelle, le censitaire n'a pas payé, il encourt l'amende de cinq sous.

C'est une seconde amende qu'encourt le censitaire, faute du paiement du cens, car il en avait déjà encouru une, faute d'avoir payé dans les vingt-quatre heures depuis la réquisition.

En cela, le censitaire est plus puni dans les censives à cens requérable, que dans celles où le cens est portable, dans lesquelles le censitaire ne peut encourir qu'une amende.

Si le seigneur, au lieu de procéder par saisie, avait procédé par voie d'action, le censitaire encourrait-il pareillement une seconde amende, faute d'avoir payé dans les vingt-quatre heures depuis l'action donnée ? On dira pour l'affirmative qu'il y a même raison : que le censitaire ne doit pas être plus excusé, ni moins mériter l'amende, parce que son seigneur a usé envers lui d'une voie moins rigoureuse que n'est la saisie; cependant, il faut décider le contraire ; la raison en est que les dispositions des Coutumes, surtout celles qui sont pénales, sont de droit très-étroit, et ne doivent point être étendues d'un cas à l'autre ; d'où il suit que la Coutume n'ayant prononcé cette seconde amende que dans le cas auquel le seigneur a procédé par saisie, elle ne doit pas être étendue au cas auquel il a procédé par action.

---

# SECTION II.

## *Des profits censuels, et de l'amende pour ventes recélées.*

### ARTICLE PREMIER.

### *Des profits censuels.*

§ I. De la nature des profits censuels, et en quoi ils consistent.

Les profits censuels ne sont pas de l'essence du contrat de bail à cens, comme l'est le cens ; car il ne peut y avoir de contrat de bail à cens, il ne peut y avoir de censive, qu'il n'y ait un cens annuel, que le seigneur de censive se soit réservé sur l'héritage par le bail à cens qu'il en a fait ; mais il peut y avoir des censives, dans lesquelles il ne soit dû aucun profit pour les ventes et les mutations qui se feront des héritages, et on peut convenir par le bail à cens, que cela sera ainsi.

Les profits ne sont pas, à la vérité, de l'essence du contrat de bail à cens ; c'est pourquoi, quoiqu'on ne soit pas expressément convenu par le contrat de bail à cens, qu'il sera dû profit au seigneur par les ventes qui se feront de l'héritage censuel, ces profits ne laisseront pas de lui être dus selon la disposition des Coutumes, et les parties sont censées en être tacitement convenues par le bail à cens, selon cette règle : *In contractibus tacitè veniunt ea quæ sunt moris et consuetudinis.*

Ces profits censuels s'appellent profits de vente, parce que c'est la vente de l'héritage censuel qui y donne ouverture. Ce profit de vente est différemment réglé par les Coutumes. Dans la Coutume de Paris, et dans la plupart des Coutumes, le profit de vente est de la douzième partie du prix pour lequel l'héritage est vendu. Le profit de vente est aussi, dans la Coutume d'Orléans, de la douzième partie. Nos anciens appelaient ce profit le profit du *franc quatre blancs*, parce que, pour chaque franc, c'est-à-dire, pour chaque vingt sous du prix de la vente, il est dû quatre blancs, qui font vingt deniers, et par conséquent le douzième. Outre la douzième partie du prix, il est dû dans certaines censives, dans la Coutume d'Orléans, en cas de vente, une paire de gants; et dans d'autres, une jallaye de vin, qui contient seize pintes. On appelle ces censives, censives à gants et ventes, censives à vin et ventes; mais il faut que le seigneur de censive ait titres, ou, à défaut de titres, ait une possession établie par des reconnaissances censuelles, pour prétendre cette paire de gants, ou cette jallaye de vin.

La Coutume d'Orléans reconnaît aussi des censives qu'elle appelle de lods et ventes, dans lesquelles il est dû, par la vente de l'héritage censuel, double profit de vente, c'est-à-dire, deux douzièmes du prix de la vente, ce qui fait un sixième.

Delalande pense que, dans la grande antiquité de notre droit, il était dû, dans ces censives, un profit par l'acheteur, qui s'appelait lods, et un par le vendeur, qui s'appelait profit de vente, comme cela s'observe encore dans quelques Coutumes; mais, lors de la rédaction de la nôtre, en 1509, l'acheteur a été chargé de tout.

Nous avons, dans notre Coutume, des censives dans lesquelles il y a lieu à une autre espèce de profit que le profit de vente: on appelle ce profit *relevoisons ;* il y en a de différentes espèces. Nous parlerons de ces censives dans la section dernière.

Nous observerons seulement, que régulièrement une censive n'est pas à divers droits. Néanmoins, il y en a plusieurs du côté de Meung et de Beaugenci, dans lesquelles il y a lieu au profit de vente en cas de vente, et au profit de relevoisons, dans le cas des autres mutations.

### § II. En quel cas y a-t-il lieu au profit de vente.

Il faut tenir pour règle qu'il y a lieu au profit de vente, à l'égard des héritages censuels, toutes les fois qu'il y a lieu au profit de quint à l'égard des héritages féodaux; c'est pourquoi, tout ce que nous avons dit à cet égard, dans notre Traité des fiefs, du profit de vente qu'on appelle, dans les Coutumes de Paris et d'Orléans, profit de quint, reçoit application à l'égard du profit de vente, qui est dû pour les héritages censuels, etc. Nous y renvoyons.

Il y a néanmoins, dans les Coutumes de Paris et d'Orléans, une différence entre le profit de quint, qui a lieu dans les fiefs, et le profit de vente, qui a lieu dans les censives, qui est que, lorsqu'un fief a été donné à rente non rachetable, avec démission de foi, il n'y a que les ventes, qui se font de l'héritage, qui donnent lieu au profit de quint, et non celles qui se font de la rente; et, lorsqu'il a été donné à rente avec rétention de foi, de la manière dont les Coutumes le permettent, il n'y a que les ventes de la rente qui y donnent lieu, et non celles de l'héritage, comme nous l'avons vu au Traité des fiefs. Au contraire, lorsqu'un héritage censuel a été donné à rente, il y a lieu au profit de vente, lorsque l'héritage se vend, et lorsque la rente se vend; mais, comme il est dû profit par les ventes de la rente, le profit, qui est dû par les ventes de l'héritage, n'est qu'à raison du prix que l'héritage est vendu outre et par-dessus la rente.

En cela, les Coutumes de Paris et d'Orléans sont semblables; mais elles diffèrent en ce que, dans la Coutume de Paris, le bail à rente non rachetable d'un héritage censuel, ne donne pas ouverture au profit de vente; au lieu que, dans celle d'Orléans, le bail à rente, quoique non rachetable, donne, à l'égard des héritages censuels, ouverture au profit de vente, quoiqu'il ne donne pas lieu au profit de quint à l'égard des fiefs.

Pour régler ce profit, notre Coutume, *art.* 108, évalue le capital de la rente sur le pied du denier dix; et le profit de vente est la douzième partie de ce capital ainsi évalué. Par exemple, si un héritage a été baillé à rente pour douze livres de rente, le capital de cette rente est évalué à douze pistoles; et, par conséquent, il est dû pour le profit de vente une pistole. Notre Coutume a, par ledit article, évalué pareillement le capital des rentes en blé ou en autres espèces; elle évalue celle en blé-froment sur le pied de vingt livres pour le capital de chaque muid de blé de rente. Par exemple, si un héritage a été donné pour six muids de blé-froment de rente, le capital de cette rente s'évalue à cent vingt livres; et le profit sera par conséquent de dix livres. Le capital de chaque muid de seigle de rente est estimé quinze livres. La Coutume ne parle pas du méteil; mais le prix du méteil étant le prix mitoyen entre le froment et le seigle, on doit évaluer le capital de chaque muid de blé-méteil à dix-sept livres dix sous. Elle évalue le capital de chaque muid d'avoine ou d'orge à dix francs; les pois et les fèves sont évalués au prix du froment, et le mil au prix du seigle. Le capital de chaque tonneau de vin de rente est évalué à quarante livres; de chaque porc de rente, à quinze livres; de chaque chapon, à quinze sous; de chaque poule ou de chaque fromage, à dix sous.

Les praticiens ignorans s'imaginent que, par cet article, la Coutume estime un chapon quinze sous, une poule dix sous, etc.; au lieu que c'est le capital d'une rente d'un chapon, ou le capital d'une rente d'une poule, que la Coutume estime. Ces évaluations sont faites sur le pied de ce que les choses valaient en 1509, temps de la rédaction de notre Coutume, auquel l'argent était extrêmement rare, et sur le pied ou fur du denier dix, qui est celui qui avait lieu en ce temps. Quoique le prix de ces choses fût déjà bien augmenté en 1583, temps de la réformation, néanmoins cette évaluation a été conservée, parce que les profits ne sont pas favorables. C'est pourquoi il n'est pas douteux que les profits d'un bail à rente non rachetable, doivent se régler encore aujourd'hui suivant cette évaluation, quelque disproportion qu'il y ait entre le prix, que valent les choses aujourd'hui, et celui qu'elles valaient dans ce temps.

Le bail à rente à vie, ou pour un certain nombre d'années, doit-il donner, dans notre Coutume, ouverture au profit de vente? Je ne le pense pas; car notre Coutume ne parle que d'un bail à rente perpétuelle : sa disposition, qui contient un droit exorbitant, doit être restreinte dans son cas, qui est celui du bail à rente perpétuelle, et ne doit pas être étendue aux baux à rente à vie ou à temps. On l'a ainsi jugé au bailliage en 1660, pour un bail de vingt et un ans.

Notre Coutume d'Orléans diffère encore de celle de Paris, à l'égard du contrat d'échange. Dans celle de Paris, on ne fait aucune distinction entre les héritages féodaux et les héritages censuels, à l'égard du contrat d'échange. Ce contrat, dans cette Coutume, ne donne ouverture au profit de vente, soit pour le fief, soit pour la censive, que lorsqu'il y a un retour en denier; et, pour raison de ce retour seulement, on n'y distingue point non plus si les héritages échangés sont en même censive ou en différentes.

Au contraire, la Coutume d'Orléans fait une différence entre les fiefs et les héritages censuels, quoique, par l'*article* 13, l'échange en héritages féodaux ne donne pas lieu au profit de quint, sinon lorsqu'il y a un retour en deniers, et pour raison de ce retour seulement. Au contraire, l'échange des héritages censuels, quoique fait but à but, donne lieu au profit de vente, pourvu néanmoins que les héritages échangés soient en différentes censives; *art.* 110.

Si les héritages étaient en une même censive, il n'y aurait pas lieu au profit de vente, sinon pour le retour, s'il y en avait un.

La Coutume dit : *en une même censive*. Donc, s'ils sont en différentes censives, quoique ces censives appartiennent au même seigneur, il y a lieu au profit.

Depuis les édits pour les droits d'échange, tous les contrats d'échange indistinctement donnent lieu au profit de vente; mais, dans les cas auxquels il n'y a pas lieu au profit par les Coutumes, ce profit, dans lesdits cas, n'appartient pas au seigneur, s'il n'a acquis du roi les droits d'échange; mais il appartient, en ce cas, au traitant.

Les donations et legs ne donnent aucune ouverture au profit de vente, non plus qu'au profit de quint : *voyez* ce que nous en avons dit au *Traité des fiefs*.

### ARTICLE II.

*De l'amende pour ventes recélées.*

Celui, qui a acquis un héritage censuel à un titre qui donne lieu au profit de ventes, doit, dans le temps porté par la Coutume, payer le profit au seigneur, ou déprier; c'est-à-dire, demander terme pour le paiement du profit. Faute par l'acquéreur de satisfaire dans ledit temps à cette obligation, il est présumé avoir voulu celer le profit de vente qu'il devait au seigneur; en punition de quoi, il encourt de plein droit l'amende d'une somme réglée par les Coutumes. Cette amende s'appelle amende pour les ventes recélées.

#### § I. Comment se fait le dépri? Dans quel temps doit-il être fait? Et quelle est l'amende encourue faute de dépri?

Le dépri n'est assujetti à aucune formalité. Il n'est pas nécessaire que ce soit l'acquéreur qui aille lui-même trouver le seigneur, il suffit que quelqu'un y aille de sa part.

Ce dépri peut se faire verbalement, ou même par lettres missives; et, si le seigneur disconvenait de ce dépri, l'acquéreur pourrait, à défaut de preuves, s'en rapporter à l'affirmation du seigneur. Lorsque le seigneur n'a point de maison dans l'étendue de sa censive; et, pareillement, lorsqu'il en a une, mais que l'acquéreur ne l'a point trouvé chez lui, ni aucun procureur-receveur, ou autre personne chargée de ses affaires, l'acquéreur peut, en ce cas, pour éviter l'amende, faire le dépri devant le juge du territoire dans lequel est assis l'héritage. Suivant l'ancien droit français, l'acquéreur n'avait que huit jours pour faire le dépri, suivant que nous l'apprend l'Auteur du grand Coutumier. La nouvelle Coutume de Paris, *art.* 77, lui accorde vingt jours; celle d'Orléans, *art.* 107, lui en accorde quarante.

Ce temps court du jour du contrat d'acquisition : néanmoins, si le contrat était suspendu par une condition, il ne courrait que depuis l'échéance de la condition; car le profit de vente n'ayant, en ce cas, commencé à être dû que du jour de l'échéance de cette condition, le temps de satisfaire à l'obligation de le payer ou de déprier, n'a pas pu commencer plus tôt.

L'amende, que l'acquéreur encourt faute d'avoir déprié, est, dans la Coutume de Paris, d'un écu et un quart d'écu, qui font soixante sous parisis. Dans notre Coutume d'Orléans, elle est d'un écu, ou soixante sous tournois.

*Quid?* Si le profit de vente ne montait pas à cette somme d'un écu, Dumoulin décide qu'en ce cas l'amende ne serait que de la somme à laquelle monte le profit de vente. Il fonde son opinion sur ce qui est décidé en droit, que la peine, faute de satisfaire à une obligation, ne doit jamais excéder le prix de la chose due, outre la chose due; *l. un. cod. de sent., quæ pro eo quod interest prof. Nec obstat* que, pour le défaut de paiement d'un seul denier de cens, il est dû une amende de cinq sous; car, dans le cens, ce n'est pas tant le denier qu'on considère, que la reconnaissance de la seigneurie directe, qui est quelque chose d'inestimable.

## § II. En quel cas l'amende est-elle encourue.

L'amende étant due pour ventes recélées, il s'ensuit qu'il ne peut y avoir lieu à cette amende, qu'il n'y ait eu un profit de vente dû, que l'acquéreur ait caché au seigneur.

Donc, 1° si le contrat, par sa nature, ne donne pas ouverture au profit de vente, comme si c'est un contrat de donation, il ne peut y avoir lieu à aucune amende, faute d'avoir donné avis de ce contrat au seigneur.

2°. Si l'acquéreur est par privilége exempt du profit de vente, comme lorsqu'un secrétaire du roi a acquis un héritage dans la censive du roi, il ne peut y avoir lieu à aucune amende, faute par lui d'avoir donné avis de son contrat au receveur du domaine.

3°. Lorsque le contrat de vente est nul, ce contrat, en conséquence de ce qu'il a été jugé être nul, n'ayant donné lieu à aucun profit de vente, il ne peut y avoir lieu à l'amende pour ventes recélées.

Si le contrat de vente a été valable, et si par conséquent le profit de vente a été dû, quoique, par la suite, et après l'expiration du temps réglé par la Coutume pour le dépri, ce contrat soit annulé, et soit regardé comme non avenu, l'amende encourue pour vente recelée ne laissera pas d'être due, quoique le profit de vente cesse d'être dû. Par exemple, si le vendeur et l'acheteur, *re integrâ*, avant aucune tradition de l'héritage, avant aucune demande du seigneur, et après l'expiration du temps réglé pour le dépri, se désistent réciproquement du contrat, il n'y aura aucun profit de vente dû pour raison de ce contrat, selon la doctrine de Dumoulin; parce que ce contrat, qui y donnait lieu, et qui avait été formé par le seul consentement des parties, est entièrement détruit, et réduit *ad non causam*, par un consentement contraire: mais, quoique les ventes cessent d'être dues pour ce contrat qui est détruit, l'amende encourue pour ne les avoir pas dépriées dans le temps de la Coutume, ne laisse pas de continuer à être due; car le désistement du contrat de vente détruit bien le contrat de vente, et par conséquent la dette du profit de vente qui résulte de ce contrat; mais ce désistement ne détruit pas la faute et le recel commis par l'acquéreur, et par conséquent ne détruit point l'obligation de l'amende qui résulte de ce recel, et non du contrat. C'est l'opinion de Dumoulin sur l'*art.* 77 de la Coutume de Paris, gl. 1, n 29 et seq. *Si post mulctam tempore medio acquisitam domino, resolvatur contractus, mulcta non annulatur, quia jam per se substitit, et non fundatur in contractu nec in laudimiis, nec ampliùs ab illis dependet; sed fundatur in culpâ vel negligentiâ semel commissâ*, etc.; et au n. suiv. : *Et sic est casus in quo debetur mulcta, sed non laudimia.*

Si le contrat avait été annulé avant l'expiration du terme accordé pour le dépri, en ce cas, il n'est pas douteux qu'il n'y aurait pas lieu à l'amende; car elle ne pourrait pas s'encourir, faute de dépri de ventes qui ne sont plus dues.

Nous avons vu que, pour qu'il y eût lieu à l'amende, il fallait 1° qu'il y eût un profit de vente dû. 2°. Il faut qu'il ait été recélé.

Il est censé l'avoir été, non-seulement lorsque l'acheteur n'a point déprié du tout, mais lorsqu'il a déprié frauduleusement, en cachant au seigneur une partie du prix de la vente. En ce cas, l'amende est-elle encourue pour le total? Dumoulin, *D. glos.*, *n.* 41, décide qu'elle ne l'est que pour la partie du profit dû que l'acquéreur a caché au seigneur; car l'amende étant due pour le profit des ventes non dépriées, elle ne peut être due que pour la partie qui n'a pas été dépriée, et non pour celle qui l'a été. J'inclinerais néanmoins au sentiment contraire, que l'amende doit, en ce cas, être encourue pour le total; car le dépri frauduleux, qui renferme une fraude et un mensonge, est plus criminel, et ne doit pas être moins puni que le défaut de dépri, qui ne part le plus souvent que de négligence. La raison, sur laquelle se fonde Dumoulin, paraît plus subtile que solide. On doit distinguer dans l'acquéreur, par rapport au profit qu'il doit, deux obligations : l'obligation primitive, qui est celle de payer ce profit; et l'obligation secondaire, qui est celle de la prestation de la bonne foi, par rapport à la dette de ce profit, qui consiste à obliger l'acquéreur à informer le seigneur de la somme qu'il lui doit pour le profit : si l'obligation primitive de payer le profit est divisible, l'obligation secondaire de la prestation de la bonne foi, par rapport à ce profit, est, suivant la doctrine de Dumoulin lui-même, en son Traité *de individ.*, une obligation indivisible. L'acquéreur, en dépriant pour partie, ou même en payant partie du profit, dont il cache au seigneur l'autre partie, satisfait pour partie à l'obligation primitive; mais il contrevient, pour le total, à la prestation de la bonne foi, à laquelle on ne peut contrevenir pour partie seulement, cette obligation étant indivisible : cette contravention étant donc une contravention entière, et non une contravention partielle, doit faire encourir l'amende entière.

L'amende étant due pour la vente recélée, il ne peut pas y avoir lieu à l'amende, lorsque le seigneur a assisté au contrat de vente, soit comme notaire, soit comme témoin, soit comme partie intervenante, soit comme caution de l'un des contractans; car l'acquéreur ne peut pas être censé avoir celé au seigneur ce qu'il savait que le seigneur ne pouvait ignorer. C'est la décision de Dumoulin, *art.* 77, *gl.* 1, § 23.

*Quid?* Si le seigneur n'a pas été présent au contrat, mais qu'il en ait été informé avant l'expiration du terme, par d'autres que par l'acquéreur? Il semblerait qu'en ce cas l'acquéreur ne devrait pas être censé avoir recélé la vente, suivant cette règle de droit: *Nemo potest videri celatus qui scit,* et qu'il ne devrait point par conséquent encourir d'amende faute de dépri. Néanmoins, Dumoulin, *dict. gl., n.* 10 *et seq.,* décide qu'il encourt l'amende, parce que l'acquéreur ne sachant pas, en ce cas, si le seigneur est instruit ou non de la vente, il doit l'en instruire. La Coutume l'oblige, non-seulement à ne la pas cacher au seigneur, mais à l'en instruire.

Lorsqu'il y a lieu de présumer que l'acquéreur n'a pu connaître le seigneur d'où relève l'héritage, il n'encourt pas l'amende, faute d'avoir déprié dans le temps de la Coutume.

C'est sur ce fondement que notre Coutume, *art.* 107, décide que l'adjudicataire d'un héritage par décret, n'encourt point l'amende faute de dépri, à moins que l'affiche n'indiquât le seigneur de qui l'héritage relève. La raison est que, dans ces ventes forcées, on ne remet ordinairement aucuns titres à l'adjudicataire, qui puissent lui donner connaissance des seigneurs de qui l'héritage relève.

Cette décision de notre Coutume doit être restreinte aux décrets forcés : la raison, sur laquelle elle est fondée, ne milite pas à l'égard des décrets volontaires.

### § III. Contre quelles personnes cette amende peut-elle être demandée? Et quand est-elle censée remise?

Cette amende peut être demandée contre l'acquéreur, qui n'a pas payé ou déprié dans le temps de la Coutume.

Est-elle due par un mineur, au nom duquel l'acquisition aurait été faite? Il semble que non, cette amende étant la peine d'un recel, et d'une faute dont le mineur n'est pas capable : néanmoins Dumoulin, *art.* 77, *gl.* 1, *n.* 27, décide que le mineur est tenu de cette amende, et que la faute du tuteur, qui manque à déprier, oblige le mineur, sauf le recours de ce mineur contre son tuteur.

Il faut dire la même chose à l'égard d'un insensé, dont le curateur n'aurait pas déprié.

Par la même raison, si mon fondé de procuration fait pour moi une acquisition, je suis tenu de l'amende s'il ne déprie pas, et j'ai un recours contre lui : car, s'étant chargé de faire pour moi cette acquisition, il s'est chargé de tout ce qui en est une suite, et par conséquent du dépri. Dumoulin, *eod. loco.*

Lorsque plusieurs ont acquis par indivis un héritage censuel, il n'est dû qu'une seule amende par tous ces acquéreurs, puisqu'il n'y a qu'un seul contrat de vente, et un seul profit de vente qui ait été recélé.

Ils sont tous tenus solidairement de cette amende ; car cette amende naît du recel de la vente qui est un quasi-délit. Or, toute obligation, qui naît *ex delicto, aut quasidelicto plurium personarum*, est solidaire.

Si le dépri avait été fait par un seul d'entre eux, il n'y aurait lieu à aucune amende.

Cette amende est censée remise, de même que le défaut, par le paiement du profit reçu sans réserve du reste : elle ne se prescrit que par trente ans.

L'amende peut être demandée non-seulement à l'acquéreur qui l'a encourue, mais même à des tiers détenteurs de l'héritage ; car, lorsqu'elle a été encourue par l'acquéreur, comme c'est en sa qualité de possesseur de l'héritage qu'il l'encourt, cette demande devient une charge du fonds qui y est affecté. C'est la décision de Dumoulin, *dict. gl.*, *n.* 28.

---

# SECTION III.

## *De l'action afin d'exhiber les titres, la reconnaissance censuelle, et de la saisie.*

§ I. De l'action du seigneur de censive, afin d'exhibition des titres.

Par l'*art.* 73 de la Coutume de Paris, il est dit : « Il est loisible à un seigneur foncier ou censier de poursuivre l'acquéreur » nouvel détempteur d'aucun héritage étant en la censive ou seigneurie foncière, afin d'exhiber les lettres d'acquisition, si » aucunes y en a, pour être payé des droits de vente, saisines et » amendes. »

Notre Coutume, *art.* 108, en a aussi une disposition : elle porte : « Est tenu le preneur ou acheteur d'exhiber les lettres de » la prinse ou achapt au seigneur censier, s'il en est requis. »

De ces dispositions de Coutumes naît une action, qu'ont les seigneurs de censive contre les acquéreurs des héritages situés en leur censive, pour les obliger à leur exhiber leurs titres.

Cette action est une action personnelle, qui naît de la disposition des Coutumes, qui oblige les acquéreurs à cette exhibition, *condictio ex lege*. Cette action doit durer trente ans, comme les autres actions personnelles.

Les Coutumes ont accordé aux seigneurs cette action, pour qu'ils puissent avoir connaissance des profits qui leur sont dus, sans être obligés d'avoir recours à la voie du compulsoire, qui est coûteux et souvent très-difficile, et presque impossible, faute par le seigneur de savoir le temps de l'acquisition, et le notaire qui a passé le contrat.

§ II. Contre quels acquéreurs a-t-elle lieu ?

Cette action ayant été accordée au seigneur, pour avoir connaissance des profits de vente qui peuvent lui être dus, il semblerait qu'elle ne devrait avoir lieu que contre les acquéreurs qui ont acquis à un titre qui donne ouverture au profit de vente. Néanmoins, Dumoulin décide qu'elle a lieu contre tous les nouveaux acquéreurs, à quelque titre que ce soit qu'ils aient acquis. La raison est, que la Coutume de Paris ne distingue point : elle dit en termes généraux, *l'acquéreur nouvel détenteur.* La raison ultérieure est, que le seigneur n'est pas obligé à s'en rapporter à ce que lui déclare son censitaire, que le titre auquel il a acquis n'est pas un titre qui donne ouverture au profit de vente; le seigneur doit en prendre connaissance par lui-même, par l'examen qu'il doit avoir la liberté de faire de ce titre, et il doit pour cela lui être exhibé.

La question pourrait faire plus de difficulté dans notre Coutume d'Orléans; car elle dit : *Et est tenu le preneur ou acheteur;* d'où il semble qu'on peut conclure que notre Coutume n'oblige à cette exhibition, que les acquéreurs qui ont acquis l'héritage à un titre qui donne ouverture au profit, tel qu'est un preneur qui a acquis à titre de bail à rente, ou un acheteur. Néanmoins, on doit décider, même dans notre Coutume, que tout acquéreur est obligé à cette exhibition, parce que ce n'est pas lui qui doit être le juge si son titre donne ou non ouverture au profit de vente. Le seigneur doit être mis à portée de le connaître par lui-même, par l'exhibition que le censitaire lui en doit faire : si la Coutume s'est servie de ces termes, *le preneur ou acheteur,* cela peut s'entendre en ce sens : celui que le seigneur prétend pouvoir être preneur ou acheteur.

Un secrétaire du roi, ou autre privilégié, qui a acquis un héritage censuel dans la mouvance du roi, est-il tenu à l'exhibition de son titre? Il semble d'abord que non, et que le receveur du domaine est sans intérêt pour la demander, puisque cet acquéreur est exempt de profits. Néanmoins, on doit décider que ce privilégié est obligé d'exhiber son titre : le receveur du domaine a intérêt de l'examiner, pour connaître si ce privilégié a effectivement acquis pour lui, et s'il n'est pas en possession pour un autre non privilégié.

Celui, qui possède un héritage censuel à titre d'héritier, n'est obligé à l'exhibition d'aucun titre d'acquisition de cet héritage, qu'autant que le défunt, dont il est héritier, n'y aurait pas satisfait de son vivant, auquel cas il aurait succédé à cette obligation du défunt, autrement il n'est obligé à aucune exhibition. Le seigneur ne peut demander l'exhibition du partage de la succession : ces titres ne doivent pas être exhibés; *ne secreta familiarum pandantur;* et, d'ailleurs, les partages ne donnant point ouverture au profit de vente, le seigneur n'a aucun intérêt de les voir.

Quoique celui, qui possède un héritage censuel à titre d'héritier du dernier possesseur, ne soit régulièrement tenu à aucune exhibition de titres, néanmoins il pourrait être tenu de justifier au seigneur sa parenté, si le seigneur, qui serait en même temps seigneur-justicier, prétendait que l'héritage lui appartient à titre de déshérence, ou contestait à ce possesseur sa parenté avec le défunt.

§ III. En quoi consiste l'obligation d'exhiber.

Exhiber, suivant la définition des lois, est *legendi et describendi copiam facere;* d'où il suit que le nouvel acquéreur est tenu de remettre son titre d'acquisition à son seigneur, sous le récépissé, que le seigneur doit lui en donner, pour ledit titre rester pardevers le seigneur un temps suffisant pour qu'il puisse l'examiner, et en tirer copie si bon lui semble.

L'acquéreur n'est donc point obligé de lui en fournir une copie; les Coutumes ne l'obligent qu'à l'exhibition.

La Coutume de Paris dit : *Exhiber les lettres d'acquisition, si aucunes il y en a. Quid?* s'il n'y en avait point? *Putà,* si cet acquéreur alléguait que les minutes du notaire, qui a passé son contrat d'acquisition, ont été incendiées, et qu'il n'en a point d'expédition ; ou s'il alléguait qu'il a acquis par un acte sous signature privée, lequel est adiré, ou verbalement : en ces cas, l'acquéreur ne serait tenu à aucune exhibition, ne pouvant pas être obligé à l'impossible ; mais il serait obligé de se purger par serment, qu'il n'a point le contrat de son acquisition, d'en déclarer au seigneur la teneur, et d'attester par serment la sincérité de sa déclaration.

*Quid?* s'il y avait minute du contrat d'acquisition, l'acquéreur serait-il dispensé d'exhiber, en disant qu'il n'en a pas levé d'expédition? Non : il serait tenu d'en lever une, et de l'exhiber au seigneur. La Coutume, par ces termes : *si aucunes y en a,* ne les dispense de l'exhibition, que lorsque les lettres d'acquisition n'existent pas; mais, si elles existent chez le notaire qui en conserve la minute, il ne suffirait pas à l'acquéreur d'indiquer au seigneur le notaire, pour y en aller prendre communication : le seigneur n'est point obligé de se déplacer; cette exhibition doit lui être faite chez lui.

La Coutume ne parle que des lettres de l'acquisition de ce nouvel acquéreur : il n'est donc point obligé de communiquer au seigneur tous les anciens titres qu'il peut avoir de cet héritage ; cependant il est assez d'usage, lorsque le seigneur fait un terrier, d'obliger les censitaires à communiquer les anciens titres qu'ils peuvent avoir, pour parvenir à faire un terrier juste par la confrontation de ces anciens titres, et des reconnaissances que le seigneur a entre les mains.

§ IV. De la reconnaissance censuelle.

La reconnaissance censuelle est une description détaillée de l'héritage tenu à cens par nouveaux tenans et aboutissans, et des charges auxquelles il est sujet, que chaque nouveau censitaire doit faire par un acte pardevant notaires, et dont il doit donner une expédition au seigneur. Cette reconnaissance censuelle n'est point due aux mutations du seigneur, comme l'est le port de foi dans les fiefs, mais seulement aux mutations de censitaire.

Chaque nouveau censitaire doit cette reconnaissance, de quelque manière qu'il soit devenu propriétaire, soit par acquisition, soit par succession directe ou collatérale.

Lorsqu'un tuteur a passé reconnaissance pour ses mineurs, les mineurs devenus majeurs ne sont pas obligés d'en passer une nouvelle; car ils sont censés l'avoir passée eux-mêmes par le ministère de leur tuteur, le fait du tuteur étant le fait du mineur.

Mais lorsqu'une femme, qui a passé reconnaissance, se marie, son mari est obligé de passer reconnaissance; car il devient nouveau censitaire; à moins que le contrat de mariage ne portât, outre l'exclusion de communauté, la clause que chacun des conjoints jouirait séparément de son bien.

Le censitaire, qui doit la reconnaissance censuelle, doit les frais, tant de l'acte que de l'expédition qu'il doit fournir au seigneur; mais il n'est point obligé de se servir du notaire du seigneur; il peut prendre celui qu'il voudra.

### § V. De la saisine ou ensaisinement.

La saisine ou ensaisinement est un acte, par lequel le seigneur déclare solennellement qu'il met le censitaire en possession de l'héritage tenu à cens de lui.

Suivant la Coutume de Paris, le censitaire, qui se fait ensaisiner par le seigneur, lui doit pour cette saisine un droit de douze deniers.

Le seigneur est obligé d'accorder cette saisine au censitaire, lorsqu'il la demande, à la charge par le censitaire de lui payer préalablement tous les arrérages de cens, profits et amendes qu'il lui doit, et son droit de douze deniers; et, s'il refusait de l'accorder, le censitaire pourrait le poursuivre en justice, pour l'y faire condamner, à peine de tous dépens, dommages et intérêts.

Au contraire, le censitaire ne peut être obligé par le seigneur, à prendre cette saisine; car, suivant l'*art.* 82 de la Coutume de Paris, *ne prend saisine qui ne veut*.

Mais les nouveaux acquéreurs ont intérêt de prendre cette saisine, parce que, dans la Coutume de Paris, comme dans plusieurs autres, l'an du retrait lignager ne court que du jour de cette saisine. A Orléans, cette saisine n'est pas en usage.

# SECTION IV.

## *Des actions qu'a le seigneur pour être payé de ses cens et droits censuels, et de la saisie censuelle.*

### § I. Quelles actions a le seigneur.

Le seigneur a deux voies pour être payé de ses cens et droits censuels ; la voie d'action, et la saisie censuelle : il a l'action personnelle, *condictionem ex lege*, contre ses censitaires, pour les arrérages de cens courus de leur temps, et du temps de ceux dont ils sont héritiers, aussi bien que pour les profits, et autres droits censuels dus par lesdits censitaires de leur chef, ou du chef de ceux dont ils sont héritiers.

Cette action étant personnelle, il a cette action contre eux, même après qu'ils ont cessé de posséder l'héritage; il a l'action réelle contre ses censitaires, pour les arrérages de cens courus du temps de leurs prédécesseurs, dont ils ne sont pas héritiers, et pour les profits et amendes dus du chef de leursdits prédécesseurs; parce que l'héritage qu'ils possèdent y étant affecté, ils sont tenus de payer ce qui est dû au seigneur, ou de lui abandonner l'héritage. L'autre voie, qu'a le seigneur, est la saisie censuelle.

### § II. Ce que c'est que la saisie censuelle, et de sa nature.

On peut définir la saisie censuelle, la main mise du seigneur sur l'héritage qui relève de lui à cens, à l'effet d'empêcher le censitaire d'en jouir, jusqu'à ce qu'il ait satisfait à ses devoirs.

Cette saisie censuelle n'est proprement qu'un arrêt. La Coutume de Paris, *art.* 74, l'appelle *arrêt :* notre Coutume l'appelle *empêchement, obstacle* : *art.* 103.

Elle diffère totalement de la saisie féodale : celle-ci est un acte, par lequel le seigneur de fief réunit à son domaine l'héritage qu'il saisit féodalement, jusqu'à ce que la foi lui en ait été portée, et en devient, en quelque façon, jusqu'à ce temps, le propriétaire et le possesseur, suivant que nous l'avons vu au *Traité des fiefs.*

Au contraire, le seigneur de censive, par la saisie censuelle, ne réunit point à son domaine l'héritage qu'il saisit censuellement : il n'en devient, pendant que la saisie dure, ni propriétaire ni possesseur, il le tient seulement arrêté et empêché, à l'effet que le censitaire n'en puisse jouir. Cette saisie diffère aussi de la saisie-exécution, qu'un créancier, qui a un titre exécutoire, fait des fruits pendans par les racines sur les héritages de son débiteur; car ce créancier les saisit pour les vendre, à l'effet d'être payé de ce qui lui est dû sur le prix de la vente; et il peut, en conséquence, poursuivre la vente de ces fruits pendans par les racines devant le juge, et les faire vendre au marché par un huissier, avec les formalités ordinaires, après qu'il les a perçus. Au contraire, la saisie censuelle n'étant qu'un arrêt ou empêchement, le seigneur, qui a saisi censuellement, ne peut poursuivre la vente des fruits de l'héritage qu'il a saisi censuellement, ni avant, ni depuis qu'ils sont coupés, jusqu'à ce qu'il ait obtenu sentence de condamnation contre le censitaire, en vertu de laquelle sentence, qui est un titre exécutoire, il peut convertir cette saisie censuelle en saisie-exécution, et vendre.

Cette saisie censuelle étant d'une nature particulière, peut concourir avec la saisie des fruits pendans par les racines, faite par un créancier du censitaire; mais le créancier du censitaire, dont la saisie se trouve concourir avec celle du seigneur de censive, ne peut mettre la sienne à chef, et vendre, qu'il n'ait satisfait le seigneur de censive, et obtenu main-levée de sa saisie; car il ne peut avoir plus de droit sur les biens de son débiteur, que n'en a son débiteur lui-même : par conséquent, puisque son débiteur ne peut disposer des fruits de son héritage, tant que la saisie censuelle subsiste, ses créanciers ne le peuvent non plus.

Les créanciers du censitaire, dont l'héritage est saisi censuellement, et qui ont un titre exécutoire, doivent, comme nous le disons, faire une saisie, qui concoure avec celle du seigneur de censive, et non pas former opposition à celle du seigneur de censive, qui est une saisie d'une nature contraire à celle qu'ils ont droit de faire : mais, lorsqu'il y a plusieurs seigneurs de censives, et que l'un d'eux a saisi, les autres coseigneurs par indivis peuvent faire signifier au censitaire, qu'ils entendent se servir, pour leurs parts et portions, de la saisie faite par l'un d'eux.

### § III. Pour quelles choses la saisie censuelle peut-elle être faite.

Les Coutumes varient sur ce point. Celle de Paris, *art.* 74, n'accorde la voie de la saisie censuelle, que pour les arrérages de cens : elle décide, *art.* 81, que les ventes et amendes se poursuivent par action seulement.

Au contraire, à Orléans, le seigneur de censive peut saisir censuellement, non-seulement pour les arrérages des cens qui lui sont dus, mais pareillement pour les profits censuels et amendes, et généralement pour tous les droits qui lui sont dus. La Coutume s'exprime ainsi, *art.* 103 : *Le seigneur, pour les arrérages de son cens, et son défaut et droits censuels, peut empêcher*, etc., ce qui comprend tant les profits censuels, que les amendes même, la reconnaissance censuelle, et le droit de se faire exhiber le titre d'acquisition.

## § IV. Quelles personnes peuvent saisir censuellement.

Non-seulement le propriétaire de la censive peut saisir censuellement, l'usufruitier le peut aussi; et généralement, tout ce que nous avons dit, au Traité des fiefs, sur la question de savoir qui sont ceux qui peuvent saisir féodalement, reçoit application à l'égard de celle, qui sont ceux qui peuvent saisir censuellement.

## § V. De la forme de la saisie censuelle.

La saisie censuelle, si c'est une maison qui est saisie, se fait, aux termes de notre Coutume d'Orléans, en mettant un barreau aux portes de la maison, pour en fermer l'entrée, et la rendre inexploitable au censitaire.

Lorsque ce sont des terres qui sont saisies censuellement, la saisie se fait par des brandons, qui se mettent aux fruits pendans par les racines.

Ces brandons sont de petits piquets revêtus de petits tortillons d'herbe ou de paille qu'on fiche dans les champs saisis, où sont les fruits pendans par les racines.

La Coutume de Paris fait aussi mention de ces brandons pour la saisie des terres; mais l'obstacle des maisons par barreaux mis aux portes y est inconnu. Au lieu de cet obstacle, elle permet au seigneur de procéder, par voie de saisie-gagerie, sur les meubles étant dans la maison qui relève de lui à cens, pour trois années de cens et au-dessous. Quoique cet obstacle des maisons soit autorisé par la Coutume d'Orléans, il n'arrive guère dans l'usage, que le sergent, qui fait l'obstacle ou saisie censuelle, mette effectivement des barreaux aux portes. On ne met plus guère non plus de brandons, quoique le sergent fasse mention dans son procès-verbal qu'il en a mis.

Lorsque la maison, ou les autres héritages sont loués ou affermés, on se contente d'arrêter les loyers ou fermes entre les mains des locataires ou fermiers.

Au reste, on ne peut arrêter, en saisissant censuellement, que les fermes et loyers à échoir, de même qu'on ne peut saisir que les fruits pendans.

Le sentiment de Dumoulin, § 74, *gl.* 1, *n.* 50 *et* 51, qui pensait que le seigneur, qui saisissait censuellement, pouvait saisir les fruits déjà coupés, pourvu qu'ils fussent encore sur l'héritage, n'a pas été suivi, suivant que l'atteste Berroyer; car la Coutume de Paris ne parle que de ceux qui sont pendans en l'héritage.

Cela est encore plus indubitable dans la nôtre, qui permet seulement de saisir l'héritage; ce qui exclut les fruits coupés qui n'en font plus partie.

Il paraît qu'anciennement, dans notre Coutume d'Orléans, le seigneur de censive faisait de son autorité privée, par ses gens, la saisie censuelle, ou obstacle des maisons et héritages de sa censive; mais, depuis, on a jugé qu'il était plus convenable qu'elle se fît par le ministère d'un officier de justice, suivant cette règle de droit : *Non est singulis concedendum, quòd per magistratum publicè possit fieri, ne occasio sit majoris tumultûs faciendi;* l. 176, ff. *de reg. jur.*

C'est pourquoi, par la réformation de la Coutume, *art.* 103, qui était le 105 de l'ancienne, après ces mots, *le seigneur de censive peut empêcher et obstacler*, on a ajouté ceux-ci, *par un sergent.*

Au reste, il n'est pas nécessaire de prendre une commission du juge, pour saisir censuellement. En cela, la saisie censuelle diffère de la féodale.

Il n'est pas nécessaire non plus qu'elle soit précédée de commandement.

Le sergent, pour faire cette saisie, doit se transporter sur le lieu. L'exploit ou procès-verbal, qu'il doit dresser de cette saisie, doit faire mention du transport de ce sergent sur les héritages, qui doivent y être énoncés par le détail, et attenancés par orient, occident, septentrion et midi : il doit contenir le nom du seigneur, à la requête de qui la saisie est faite, les causes pour lesquelles elle est faite; et il doit être revêtu de toutes les formalités communes à tous les exploits, à peine de nullité. Par cette saisie, le sergent établit un ou plusieurs commissaires : c'est à ces commissaires à faire faire la récolte des fruits saisis, à les faire serrer, à les garder.

Enfin, le sergent doit signifier cette saisie au censitaire, à personne ou domicile : au reste, comme l'observe Dumoulin, il n'est pas nécessaire que ce soit au vrai domicile du censitaire, il suffit de le faire à la maison qui doit le cens, cette maison étant son domicile de censitaire, et le seul que le seigneur soit obligé de connaître.

§ VI. De l'infraction de la saisie censuelle.

Notre Coutume d'Orléans prononce une amende contre le censitaire, qui brise la main à lui dûment signifiée, c'est-à-dire, qui enfreint la saisie censuelle, en récoltant les fruits au préjudice de la saisie, ou en les enlevant après qu'ils ont été récoltés par les commissaires du seigneur ; en un mot, lorsqu'il apporte quelque trouble aux commissaires établis à la saisie censuelle.

Est-ce infraction à la saisie, lorsque le censitaire, qui a formé opposition, sur laquelle il a obtenu main-levée provisionnelle, succombe par la suite en définitif, et est déclaré mal fondé en son opposition ? Dumoulin, par le § 74, *gl.* 1, *n.* 172, décide pour l'affirmative : il prétend que celui, qui, en s'opposant mal à propos à la saisie, a injustement contesté à son seigneur la seigneurie, et obtenu en conséquence main-levée provisionnelle, a plus enfreint la saisie, que s'il avait de violence enlevé quelques fruits, ayant, autant qu'il était en lui, voulu soustraire à toujours son héritage au seigneur. Le sentiment de Dumoulin souffre difficulté : l'opposition à la saisie censuelle, bien ou mal fondée, est une voie de droit, et non une voie de fait, comme lorsque le censitaire enlève les fruits, de son autorité privée ; et il y a lieu de penser que les Coutumes n'ont entendu punir que les voies de fait, par l'amende qu'elles ont prononcée.

L'amende pour l'infraction de saisie, est, selon notre Coutume d'Orléans, de cinq sous tournois.

Toutefois, ajoute-t-elle, *art.* 103, si le seigneur est justicier, ou procède avec autorité de justice, il y a soixante sous d'amende.

C'est une question de savoir ce que notre Coutume entend par ces termes, *avec autorité de justice.* Delalande prétend que c'est par inadvertance que cette distinction entre les saisies faites avec, ou sans autorité de justice, a été transcrite en cet article ; qu'elle ne peut plus avoir lieu, et que toute saisie censuelle ne pouvant plus se faire que par le ministère d'un sergent, qui est un officier de justice, doit être censée faite avec autorité de justice.

D'autres pensent que la distinction peut encore avoir lieu aujourd'hui, et qu'on ne doit réputer faites avec autorité de justice les saisies censuelles, que lorsqu'elles sont faites en vertu d'une ordonnance du juge, au bas d'une requête ; que cette ordonnance rend l'infraction plus griève.

Observez que, sur l'amende de soixante sous, le seigneur de censive, *qui n'a justice que de censier*, c'est-à-dire, qui n'a d'autre droit que de saisir censuellement ses censitaires, et qui n'a d'ailleurs aucun droit de justice, prend seulement la somme de cinq sous ; et le surplus de l'amende appartient au seigneur de justice.

§ VII. De l'opposition à la saisie censuelle.

Le possesseur de l'héritage saisi censuellement peut s'opposer à la saisie ; ou, parce qu'il prétend que l'héritage ne relève point à cens du seigneur qui a fait la saisie ; ou, parce qu'en confessant la seigneurie, il prétend n'être pas débiteur des causes de la saisie.

Au premier cas, lorsque le possesseur de l'héritage s'oppose à la saisie, en prétendant que son héritage ne relève pas du seigneur qui l'a saisi, ce seigneur est obligé de justifier, au moins sommairement et imparfaitement, que cet héritage est dans sa censive ; faute de quoi, le possesseur doit avoir main-levée.

Cette main-levée s'accorde au moins par provision. Le propriétaire, à qui on l'accorde, n'est point obligé de donner caution pour cela ; il n'est pas même obligé de consigner aucuns arrérages de cens, comme il y est obligé dans le cas que nous verrons ci-après, car la saisie censuelle n'ayant aucun fondement apparent, lorsque le saisissant n'apporte aucune preuve de sa seigneurie, elle ne peut produire aucun effet.

Mais si le seigneur fait connaître par ses papiers censiers, ou autrement, que l'héritage est dans sa censive, la saisie doit tenir.

Cela ne doit pas néanmoins s'entendre d'une justification pleine et complète de la seigneurie ; il suffit, pour que la saisie tienne, que le seigneur de censive fasse apparoir de ses titres, sauf au propriétaire de l'héritage à les contredire pendant le cours du procès, la saisie tenant par provision.

Au second cas, lorsque le propriétaire de l'héritage ne disconvient pas que son héritage est dans la censive du seigneur qui a saisi, mais soutient n'être pas débiteur des arrérages de cens, pour lesquels la saisie est faite, pour quelque nombre d'années d'arrérages que la saisie soit faite, le censitaire en doit avoir main-levée par provision, en consignant trois années d'arrérages de cens ; ce qui est conforme à une Ordonnance de Charles IX, de 1563.

La Coutume d'Orléans oblige à consigner en outre l'amende pour le défaut ; ce qui n'a pas lieu à Paris, où les amendes ne peuvent se poursuivre que par action.

Cette main-levée provisionnelle s'accorde sans caution, la Coutume n'en demandant point.

Au reste, comme cette main-levée n'est que provisionnelle, s'il est jugé en définitif que le censitaire est débiteur d'une plus grande quantité d'arrérages, que ceux qu'il a consignés, il peut être contraint par corps, comme dépositaire de biens sous la main de justice, à représenter les fruits de l'héritage saisi, par lui perçus, à moins qu'il ne paie promptement ce qu'il doit en principal et frais.

Cette main-levée accordée au censitaire, en consignant trois années de cens, n'a pas lieu, lorsque la saisie est faite pour des profits censuels, pour lesquels notre Coutume permet de saisir : c'est ce qui résulte des termes de l'article 105, où notre Coutume accorde cette main-levée; il y est dit : *si le propriétaire saisi pour arrérages de cens*, etc.; elle n'ajoute pas, comme dans l'article précédent, *et droits censuels* : elle n'accorde donc la main-levée, que dans le cas d'une saisie faite seulement pour des arrérages de cens, qui est aussi le cas dans lequel l'Ordonnance de 1563, d'où la disposition de notre Coutume est tirée, l'accordait. Le seigneur, en ce cas, doit s'imputer d'avoir laissé accumuler trop d'arrérages de cens. La disposition de la Coutume ne doit donc pas s'étendre aux saisies faites dans un autre cas, pour profits censuels, les dispositions de Coutumes, qui sont de droit étroit, ne devant pas s'étendre d'un cas à un autre.

# SECTION V.

## *De quelques espèces particulières de censives dans la Coutume d'Orléans.*

### ARTICLE PREMIER.

#### *Des différentes espèces particulières de censives qui ont lieu dans la Coutume d'Orléans.*

On peut distinguer, dans la Coutume d'Orléans, quatre espèces de censives.

PREMIÈRE ESPÈCE.

La première espèce de censive est la censive à droit de ventes, dont il a été parlé dans les sections précédentes.

Cette espèce se subdivise en censive à droit de ventes simples, à droits de lods et ventes; de vin et ventes; de gants et ventes, dont nous avons parlé *suprà, sect.* 2, *art.* 1, § 1.

SECONDE ESPÈCE.

Les censives à droit de relevoisons forment une seconde espèce de censives.

On appelle *relevoisons*, un profit qui est dû au seigneur de censive à toutes mutations : il est appelé relevoison, à l'instar du profit de relief qui a lieu dans les fiefs.

Il y a différentes espèces de ces relevoisons, qui forment autant de différentes espèces de censives.

Il y a 1° les relevoisons de tel cens, telle relevoison, lorsque le profit est d'une somme pareille au cens.

2°. Les censives à relevoisons du denier six, ou du denier quatre : ce sont celles, pour lesquelles il est dû à chaque mutation, six fois autant ou quatre fois autant que la somme à laquelle monte le cens annuel.

Ces censives de relevoisons du denier six, se trouvent dans la ville d'Orléans et aux environs. On n'en trouve au denier quatre, qu'aux environs de Meung et de Baugenci.

Il y a 3° les relevoisons à plaisir. Ces relevoisons consistent dans le revenu de l'année de l'héritage sujet à ce droit, qui est dû à toutes mutations.

Ces censives ne sont connues que dans la ville d'Orléans.

Toutes censives à droit de relevoison, dont le territoire est au-dedans des anciennes barrières de la ville d'Orléans, sont présumées être à droit de relevoisons à plaisir, si le censitaire ne justifié le contraire par rapport de titres. *Orléans, art.* 124.

La Coutume ne dit pas simplement *toutes censives*, mais toutes censives à droit de relevoisons; d'où il s'ensuit que, pour que la présomption portée par cet article ait lieu, il faut qu'il soit porté par les titres que la censive est à droit de relevoisons; en ce cas, quoique les titres ne s'expliquent pas sur l'espèce de relevoisons, elle sera présumée être à droit de relevoisons à plaisir; mais, si le seigneur ne rapportait aucuns titres de cette censive, il ne pourrait pas prétendre qu'elle fût à droit de relevoisons à plaisir; on devrait décider qu'elle est à droit de vente, qui est le fur ordinaire des censives.

La présomption établie par cet article cesse: 1° lorsque le censitaire rapporte quelque titre contraire. Je pense qu'une seule reconnaissance, acceptée par le seigneur, peut suffire pour cela, pourvu qu'elle ne soit pas démentie par d'autres.

S'il y avait de part et d'autre des reconnaissances, dont les unes marquassent que le fur est à relevoisons à plaisir, les autres marquassent un autre fur, ces reconnaissances se détruiraient, en ce cas, les unes les autres: il devrait y avoir lieu à la présomption de la Coutume, à moins que les reconnaissances, qui portent la relevoison à plaisir, ne fussent nouvelles et en petit nombre, et que les reconnaissances, qui portent une autre espèce de relevoison, ne fussent anciennes et en grand nombre.

Cette présomption cesse: 2° à l'égard de celles qui sont à droit de *cher-cens*, lesquelles ne sont sujettes à aucun profit, comme nous le verrons ci-après.

3°. A l'égard de celles, dont le cens est requérable, elles sont présumées être à quelqu'autre droit que celui de relevoisons à plaisir, à moins que le seigneur ne justifie qu'elles sont à droit de relevoisons à plaisir. *Orléans, art.* 131, 135.

Les censives, dont le territoire est hors les anciennes barrières de la ville, ne sont point présumées être à relevoisons à plaisir, sinon qu'il y ait titre, comme bail à cens, convention entre le seigneur et les censitaires, sur le fur de la censive, ou prescription qui s'établit par une suite de plusieurs reconnaissances uniformes, pendant le temps de trente ans au moins; *art.* 136.

Enfin, les censives, qui sont à droit de ventes, ou à droit de relevoisons au denier six, ne sont point à droit de relevoisons à plaisir; une censive ne pouvant être à deux divers droits;

### TROISIÈME ESPÈCE.

Il y a quelques censives, aux environs de Meung et de Beaugenci, qui sont tout à la fois à droit de vente et à droit de relevoisons du denier quatre; non pas néanmoins à l'égard des mêmes espèces de mutations, mais qui sont à droit de vente, dans le cas des mutations qui donnent ouverture à ce profit, et à droit de relevoisons, dans le cas des autres espèces de mutation. Le seigneur de Prélefort a été maintenu à percevoir ces différens droits, par sentence du 8 juillet 1694, contre le sieur Terré.

### QUATRIÈME ESPÈCE.

Il y a des censives, dans lesquelles il n'y a lieu à aucun profit annuel, telles sont celles sur des héritages situés dans la ville d'Orléans, tenus à droit de cher-cens. La Coutume, *art.* 135, déclare que telles censives ne sont sujettes ni à ventes ni à relevoisons, *s'il n'y a titre au contraire*, ou une suite de reconnaissances qui équipollent à titre.

La Coutume, en faveur de la décoration des villes, a établi cette présomption, pour décharger les maisons de villes qui se trouvent déjà chargées par la grosseur du cens.

On appelle *cher-cens,* celui qui excède 20 sous; *art.* 135.

Les héritages de la campagne tenus à droit de champart (c'est-à-dire, chargés d'une redevance qui consiste dans une certaine portion des fruits qui s'y recueillent), lorsque ce droit de champart tient lieu de cens, ne sont sujets à aucun profit; *art.* 143.

Mais si ces héritages, outre le droit de champart, étaient chargés d'un cens, le champart n'étant pas, en ce cas, la redevance seigneuriale, ils ne laisseraient pas d'être sujets au droit de vente.

Tout ceci souffre exception, lorsqu'il y a titre au contraire.

## ARTICLE II.

### *En quoi consiste le profit de relevoisons à plaisir, et de la faculté de guesver?*

Le profit de relevoisons à plaisir consiste dans le revenu d'une année de la maison qui est sujette à ce droit.

En cela, ce profit est semblable au profit de rachat qui a lieu pour les fiefs.

Ces profits ont aussi cela de semblable, qu'ils consistent l'un et l'autre dans le revenu de l'année qui a suivi les offres du vassal ou du censitaire, ou la demande du seigneur. Le profit doit donc être estimé, non à ce que pouvait valoir de loyer la maison, lors de l'ouverture du profit, mais au prix qu'elle est actuellement louée, ou, si elle ne l'est pas, au prix qu'elle le pourrait être au temps des offres.

Ces profits conviennent encore en ce que le seigneur de censive, à qui la relevoison à plaisir est due, ne peut, non plus que le seigneur du fief, déloger le propriétaire qui occupe sa maison, ni expulser son locataire; mais il doit se contenter du loyer de la maison sur le pied du bail, lorsqu'elle est louée sans fraude, ou sur le pied de l'estimation qui doit en être faite par arbitres, lorsque le propriétaire l'occupe en personne.

Cette estimation doit se faire par arbitres, dont l'un doit être nommé par le seigneur, et l'autre par le censitaire; lesquels arbitres, lorsqu'ils sont d'avis contraire, peuvent se faire départager par un tiers que lesdits arbitres choisissent; *art.* 129.

Elle se fait aux dépens du censitaire, *art.* 129; car c'est pour son avantage qu'elle se fait, pour qu'il ne soit pas obligé de déloger.

Pourrait-il éviter les frais de cette estimation, en offrant auparavant au seigneur une somme suffisante? On pourrait soutenir que oui; le seigneur, qui ne l'a pas acceptée, ayant eu tort, lorsqu'il paraît par l'estimation faite depuis, qu'il a persisté outre la somme offerte, qui était suffisante ou même plus que suffisante.

Le profit de relevoison diffère du rachat, en ce que, pour le rachat, le vassal est ordinairement obligé d'offrir trois choses au seigneur : une somme, le dire d'experts, ou le revenu en nature; desquelles trois choses, le seigneur a le choix : au lieu que le seigneur de censive n'a aucun choix pour la relevoison à plaisir qui lui est due; il est au contraire au choix du censitaire, d'en payer au seigneur l'estimation, suivant le dire d'experts, ou d'abandonner au seigneur la jouissance de la maison, à commencer du prochain terme qui suit les offres, pour, par le seigneur, en jouir et disposer pendant une année, soit en l'habitant lui-même, soit en la louant.

Cet abandon, que le censitaire fait au seigneur, de la jouissance de la maison, s'appelle *guesvement*. Ce guesvement se fait pour le prochain terme qui suit les offres. Le jour et fête de Saint-Jean est le terme ordinaire auquel commence la jouissance des maisons de la ville d'Orléans; c'est pourquoi il n'est pas douteux que le censitaire peut guesver sa maison pour le terme de la Saint-Jean prochain.

On a douté si Noël était un terme. Effectivement les maisons de la ville d'Orléans n'ont coutume de se louer de Saint-Jean en Saint-Jean. On ne loue guère les maisons pour le terme de Noël;

et ce terme est plutôt un terme de paiement qu'un terme de délogement : néanmoins, Delalande et Martin décident qu'on peut guesver pour le terme de Noël, aussi bien que pour le terme de Saint-Jean ; et ils apportent des sentences qui l'ont ainsi jugé.

Il n'importe en quel temps se fasse ce guesvement, quoiqu'il semblât équitable que le censitaire ne pût le faire qu'un certain temps avant le terme pour lequel la maison est guesvée, afin que le seigneur, à qui elle est guesvée, eût le temps de trouver à la louer : néanmoins, l'usage autorise les guesvemens en quelque temps qu'ils soient faits, même ceux qui seraient faits la veille de la Saint-Jean, pour le terme de Saint-Jean.

Ce guesvement se fait par une signification, que le censitaire fait par un sergent au seigneur, par laquelle il déclare qu'il lui guesve la maison.

Cette signification doit se faire à personne ou domicile ; elle peut se faire, soit au vrai domicile du seigneur, soit au lieu où se paie le cens, ce lieu étant réputé le domicile du seigneur, pour tout ce qui concerne sa qualité de seigneur de censive, et le censitaire n'étant pas obligé d'en connaître d'autre.

Le censitaire, qui guesve, est aussi obligé, suivant l'*art.* 128, de bailler ou faire bailler les clefs au seigneur, dans le premier jour du terme, c'est-à-dire, le jour de Saint-Jean, si c'est pour le terme de Saint-Jean que le guesvement se fait.

Cette disposition n'est pas néanmoins suivie à la rigueur ; et, dans l'usage, on accorde au censitaire jusqu'au jour de Saint-Pierre inclusivement, pour remettre les clefs. La raison est, qu'il lui serait souvent impossible de les remettre plus tôt, le locataire, qui sort de la maison, n'étant pas obligé de les remettre plus tôt. D'ailleurs, on ne fait en cela aucun préjudice au seigneur à qui le guesvement est fait ; il n'en jouit pas moins une année entière, puisque, si on ne lui remet les clefs qu'à la Saint-Pierre, il n'est obligé de les remettre qu'à pareil jour l'année suivante.

Est-il nécessaire, pour que le guesvement soit valable, que le censitaire, qui guesve la maison, la mette en état de pouvoir être occupée ? L'auteur des notes de 1711, prétend qu'il n'y est pas obligé ; que guesver n'est pas s'obliger à faire jouir, comme s'oblige un locateur envers le locataire, mais que c'est seulement abandonner la jouissance de la maison telle qu'elle se trouve, permettre au seigneur d'en jouir comme il pourra. Je trouve plus raisonnable le sentiment de Delalande, qui décide que le censitaire doit mettre sa maison en état d'être exploitée, c'est-à dire, close et couverte, pour que son guesvement soit valable.

Il est faux que le guesvement du censitaire ne renferme pas l'obligation de faire jouir le seigneur pendant l'année, la relevoison à plaisir étant le revenu de l'année, la jouissance d'une année.

Le censitaire, qui doit au seigneur cette jouissance, *debet ei præstare frui licere* : ce n'est pas lui prêter la jouissance qu'il lui doit, que de lui abandonner pendant un an une maison, dont l'état, dans lequel elle se trouve, ne permet pas qu'on en puisse jouir.

Delalande apporte une exception à sa décision, qui est le cas auquel la maison serait échue à un pauvre homme qui n'aurait pas le moyen d'y faire les réparations ; il cite, pour fondement de cette exception, la loi 38, ff. *de rei vend.*, qui n'a aucune application. Je pense que cette exception ne doit pas être suivie. Si ce pauvre homme n'a pas le moyen de réparer sa maison, il ne doit pas la guesver, mais la louer, et déléguer les loyers aux ouvriers qui la répareront : ces ouvriers seront préférés au seigneur, sur les loyers; et le seigneur attendra à l'année suivante, si son censitaire n'a pas moyen de le payer.

S'il survient, pendant l'année, des réparations qui rendent la maison inexploitable, le censitaire peut, par la même raison, être obligé par le seigneur à les faire.

Le propriétaire d'une partie indivise d'une maison, peut la guesver au seigneur, pour la portion qui lui en appartient ; soit qu'il n'y ait eu ouverture à la relevoison que pour sa portion, soit qu'y ayant eu ouverture pour le total, ses copropriétaires aient composé pour leurs portions.

Mais, pour que ce propriétaire puisse valablement guesver pour sa portion, il faut qu'il laisse au seigneur la maison vacante, et qu'il lui en remette les clefs, pour, par le seigneur, en partager la jouissance avec les propriétaires des autres portions, ou liciter entre eux cette jouissance, ou louer en commun la maison à quelqu'un.

Lorsqu'il y a plusieurs seigneurs de la censive, dont la maison guesvée relève, le guesvement doit être fait à chacun d'eux : s'il était fait à l'un d'eux, tant pour lui que pour les coseigneurs, il ne serait valable que pour la portion de celui à qui il aurait été signifié, et ne libérerait pas le censitaire envers les autres seigneurs.

Le seigneur, à qui le guesvement est fait, doit jouir de la maison en bon père de famille ; il doit l'exploiter comme elle a coutume d'être exploitée. Par exemple, si c'est une maison bourgeoise, il n'en doit pas faire un cabaret : il est tenu, lorsqu'il en jouit, des réparations locatives. Au reste, soit qu'il en jouisse, soit qu'il laisse la maison vacante, le censitaire est libéré envers lui du profit au bout de l'année.

Il est aussi libéré du cens pour cette année ; car ce sens, étant une charge du revenu de cette année, qui est abandonné au seigneur, le seigneur en est tenu ; et doit le confondre sur lui.

ARTICLE III.

## *En quels cas sont dues les relevoisons ? Du chef de qui, et par qui ?*

### § I. En quels cas.

Notre Coutume, *art.* 126, porte : *Sont dues et acquises lesdites relevoisons à plaisir par toutes mutations*, etc.

Les autres espèces de relevoisons, telle qu'est celle du denier six, sont aussi dues à toutes mutations ; *art.* 132.

Cela comprend même les successions, et les donations en ligne directe, sauf néanmoins que les relevoisons, auxquelles les donations en ligne directe donnent ouverture, ne sont dues que lors de la mort du donateur ; *art.* 273. La raison est que, ces donations n'étant que des anticipations de succession, il faut attendre que la succession soit ouverte, pour que la relevoison soit due.

Les donations avec réserve d'usufruit, à quelques personnes qu'elles soient faites, ne donnent pareillement lieu au profit de relevoisons, non plus qu'au profit de rachat, qu'après l'extinction de l'usufruit ; *art.* 285.

Quoique le mariage ne fasse pas proprement une mutation, à l'égard des héritages des femmes qui se marient, néanmoins il donne lieu aux relevoisons, de même qu'au rachat, pourvu qu'il ne soit pas le premier : *voyez* tout ce que nous avons dit au *Traité des fiefs*, à cet égard.

L'échange des maisons en même censive, ne donne pas ouverture aux relevoisons, *art.* 137. Le seigneur ne changeant point de censitaire, il n'y a pas en quelque sorte de vraie mutation.

Néanmoins, si cet échange était fait avec un retour, il serait dû profit de relevoisons pour raison du retour ; *art.* 137. Par exemple, si le retour était le dixième de la valeur de la maison pour laquelle on a donné un retour, il serait dû la dixième partie du revenu de l'année, si la relevoison était à plaisir, ou la dixième partie de ce qui est dû pour une autre espèce de relevoison.

La raison de l'exception du cas auquel il y a un retour, paraît être, que le profit de relevoison est dû aux mutations par celui qui en est tenu, pour raison de ce qu'il devient le nouveau censitaire du seigneur. Lorsque l'échange est fait but à but de maison étant en même censive, chacun des copermutans ne devient pas censitaire plus qu'il ne l'était déjà, et, par conséquent, il ne doit point de relevoison : mais, lorsque l'échange est fait avec retour, celui des copermutans, qui acquiert, à la charge du retour, une maison plus considérable que n'était celle qu'il donne en contre-échange, devient censitaire pour plus qu'il ne l'était ; et, par conséquent, il doit profit de relevoison pour raison de ce plus, lequel plus se mesure sur le retour qu'il donne.

Les partages et licitations ne sont pas proprement des mutations, suivant que nous l'avons vu au *Traité des fiefs*, et par conséquent ne donnent aucune ouverture aux relevoisons, non plus qu'aux autres profits.

Les mutations instantanées, celles dont l'effet est détruit, etc., ne donnent pas ouverture aux relevoisons, non plus qu'au rachat. Tout ce que nous avons dit, à cet égard, au *Traité des fiefs*, en parlant du rachat, reçoit application aux relevoisons.

Enfin, quoiqu'il y ait ouverture aux relevoisons à toutes mutations, néanmoins, s'il en survient plusieurs par mort en une même année, il n'en est dû qu'une seule; *art.* 139. En cela, les relevoisons sont encore semblables au profit de rachat.

### § II. Du chef de qui les relevoisons sont-elles dues?

Notre Coutume, *art.* 126, dit : *Sont dues lesdites relevoisons à plaisir par toutes mutations procédantes du côté de ceux au nom desquels se paie le cens.*

L'*art.* 132 dit la même chose à l'égard des autres espèces de relevoisons.

Il résulte de ces termes, que, si une maison à droit de relevoisons avait été baillée à emphithéose, ou à autre titre de rente foncière, avec la clause que le cens, dont cette maison est chargée, continuerait d'être payé au nom du bailleur, ce seraient les mutations, qui arriveraient du chef du bailleur, c'est-à-dire, les mutations de la rente, qui donneraient ouverture au profit de relevoisons; celles, qui arriveraient du chef des possesseurs de la maison, n'y donneraient pas ouverture. Il n'y aurait aucune ouverture aux relevoisons, par les mutations qui arriveraient de la maison sujette à la rente.

Au contraire, si le bail à rente avait été fait à la charge du cens, ou simplement de manière que le cens se payât au nom du preneur, les relevoisons ne sont dues que par les mutations de la maison : celles de la rente n'y donnent pas ouverture.

En cela, les censives à relevoisons sont très-différentes des censives à droit de vente; car, dans les censives à droit de vente, on ne considère pas au nom de qui se paie le cens; et il y a ouverture au profit de vente, comme nous l'avons vu, tant par la vente de l'héritage pour ce qu'il est vendu, et vaut de plus que les rentes foncières dont il est chargé, que par la vente desdites rentes, lorsqu'elles sont vendues.

Observez que la relevoison à plaisir, qui est due du chef de celui au nom duquel se paie le cens, ne doit pas néanmoins être acquittée en entier par ce nouveau censitaire; il ne doit cette relevoison qu'à proportion du droit qu'il a dans la maison qui y est sujette, chacun des autres, qui y ont quelque droit, y doit contribuer à proportion du droit qu'il y a.

Par exemple, si une maison, sujette à droit de relevoisons, a été donnée par bail emphytéotique, par une communauté à qui elle appartenait, à un particulier, pour une certaine rente, avec la clause que le cens continuerait d'être payé au nom de la communauté, les relevoisons ne seront dues, à la vérité, que par les mutations, qui arriveront de la part des vicaires vivans et mourans de cette communauté, au nom de laquelle se paie le cens; mais cette communauté ne sera tenue de cette relevoison, que jusqu'à concurrence de la rente emphitéotique qu'elle a à prendre sur cette maison : le possesseur de la maison, la mort de ce vicaire arrivant, sera tenu du surplus de ladite relevoison, qui consiste dans le revenu entier de la maison.

*Vice versâ*, lorsque le cens se paie au nom du possesseur de la maison, les relevoisons, qui sont dues par les mutations qui arrivent dans la maison, ne doivent pas être pour cela acquittées en entier par le possesseur de la maison, qui est le nouveau censitaire : tous ceux, qui ont des rentes foncières à prendre sur cette maison, doivent contribuer à la relevoison jusqu'à concurrence d'une année d'arrérages de leur rente, qu'ils ne perçoivent point, en ce cas, du possesseur qui a acquitté toute la relevoison. C'est ce qui est décidé par l'*art.* 130 de notre Coutume, qui porte : *Toutes fois et quantes que relevoisons à plaisir sont deues par les mutations, les rentes foncières, arrière-foncières, surfoncières, ou sortissant nature de rente foncière, encourent, et sont exploitées par lesdites relevoisons; et le seigneur détenteur est seulement tenu des méliorations qui sont outre lesdites rentes, sinon qu'il y ait convention expresse au contraire.*

La Coutume entend ici, par *rentes foncières*, la première pour laquelle bail a été fait de l'héritage sujet au droit de relevoisons; par *arrière-foncières*, la seconde rente, pour laquelle bail a été fait de la maison déjà chargée, outre le cens d'une première rente; par *sur-foncières*, la troisième ou ultérieure rente, pour laquelle bail a été fait de la maison chargée outre le cens. Telle est l'interprétation qu'en donne Delalande, qui est très-plausible.

Il y a plus de difficulté sur l'interprétation de ces termes, *ou sortissant nature de foncières*. Je pense que la Coutume, par ces termes, entend parler des rentes dont elle fait mention en l'*article* 271, qui sont créées sur une maison par don ou legs qu'une personne fait de cette rente; *putà*, à quelque église pour quelque fondation; de manière néanmoins qu'il n'y ait que la maison qui en soit tenue, et que le donateur ou héritier du testateur n'en soient point personnellement débiteurs.

La Coutume n'appelle pas ces rentes, foncières; parce qu'on entend communément, par rentes foncières, celles qui sont créées par l'aliénation de l'héritage, par bail, partage ou licitation; mais elle les appelle sortissant nature de foncières, parce qu'étant dues par l'héritage, plutôt que par la personne, qui n'en est tenue qu'autant qu'elle possède l'héritage, elles ont effectivement la même nature que les rentes foncières : c'est pourquoi ces rentes doivent être exploitées pour la relevoison à plaisir, comme les autres rentes foncières.

Il en est autrement, lorsque le donateur s'est personnellement et principalement obligé à la rente, lorsque le testateur en a principalement chargé ses héritiers, et que la maison n'en a été chargée que par forme d'assignat, *undè solveretur;* ce qui se présume lorsque le testateur a simplement dit : *Je lègue à une telle église, une telle rente, à prendre sur une telle maison :* en ce cas, la rente n'est point sujette à la relevoison à plaisir; et, quoique la relevoison à plaisir absorbe en entier le revenu de la maison sur laquelle elle est à prendre, ceux, qui en sont les débiteurs personnels, ne laissent pas d'être obligés de payer cette rente au créancier, parce qu'ils en sont débiteurs personnels, et indépendamment de la maison. Par la même raison, les rentes constituées pour le prix de la maison, non plus que celles créées par assignat spécial sur la maison, quoique les notaires donnent quelquefois à ces rentes le nom de sur-foncières, ou de sortissant nature de foncières, ne sont point sujettes aux relevoisons à plaisir; car ces rentes sont dettes personnelles, la maison n'y est qu'hypothéquée. Il en est de même d'une rente viagère pour laquelle une maison aurait été donnée.

Cette décision de notre Coutume, que la relevoison due par la mutation procédante du chef du possesseur, au nom duquel se paie le cens, doit être acquittée, non-seulement par lui, mais encore par tous ceux qui ont des rentes foncières à prendre sur la maison, jusqu'à concurrence des rentes qu'ils y ont, et *vice versâ,* a lieu non-seulement lorsque la mutation procède d'un fait involontaire, comme de la mort d'un censitaire, mais encore lorsqu'elle procède d'un fait volontaire du censitaire : c'est pourquoi, lorsque le possesseur, au nom duquel se paie le cens, a aliéné volontairement la maison par vente, ou donation, ou autre contrat, ceux, qui ont des rentes à prendre sur ladite maison, acquittent ladite relevoison jusqu'à concurrence des rentes qu'ils ont à prendre; et l'acquéreur de la maison n'en est tenu que pour ce que le revenu de la maison vaut de plus que les rentes.

Cela paraît contraire à ce principe de droit, *nemo ex alieno facto prægravari debet;* néanmoins, telle est la loi en notre article 130, qui ne fait aucune distinction si les mutations, qui donnent ouverture à la relevoison, procèdent d'une cause volontaire ou d'une cause nécessaire, et on peut dire que les seigneurs de rente foncière ne souffrent en cela aucune injustice, parce qu'ils ont dû s'attendre, en faisant le bail, à la charge du cens, que le preneur et ses successeurs pourraient vendre et disposer à leur gré de la maision donnée à rente, et que ces aliénations donneraient lieu à des profits auxquels les rentes par eux retenues seraient sujettes.

Au reste, on peut convenir par le bail, et même cette convention est assez d'usage par les baux, que la rente foncière sera exempte des relevoisons qui seront dues; c'est pourquoi notre Coutume, *art.* 130, ajoute ces mots : *sinon qu'il y ait convention au contraire.*

Observez aussi que, quoique les seigneurs de rente foncière doivent contribuer de la rente qui leur est due à l'acquittement de la relevoison à plaisir, néanmoins le seigneur censier, à qui elle est due, ne s'adresse qu'au possesseur de la maison, qui est tenu de la lui payer en entier, mais qui s'en récompense sur les seigneurs de rente foncière, en ne leur payant pas la rente pour cette année.

Si ceux, qui ont un droit de rente foncière sur une maison, doivent acquitter, jusqu'à concurrence de l'année de rente qu'ils ont à prendre sur cette maison, les relevoisons qui sont dues par les mutations qui arrivent du chef des propriétaires de la maison, il semble que, selon le principe de notre Coutume, on doit pareillement décider que celui, qui a un droit d'usufruit sur la maison, doit acquitter les relevoisons dues par les mutations qui arrivent du chef des propriétaires, pendant le cours de son usufruit; d'autant que ces relevoisons ne sont autre chose que des charges réelles de l'héritage, et qu'il est de principe que l'usufruitier est tenu d'acquitter toutes les charges réelles de l'héritage, qui surviennent pendant le cours de l'usufruit, et que les relevoisons à plaisir ne sont autre chose qu'une charge réelle de la maison.

Cette règle néanmoins pourrait souffrir quelque difficulté pour un usufruit, qui aurait été légué expressément pour les alimens du légataire. Cette clause doit faire présumer que l'intention du testateur a été que ses héritiers acquittassent les charges qui absorberaient tout le revenu de la chose, et ne laisseraient plus rien, de quoi fournir au légataire les alimens que le testateur a voulu lui laisser.

L'usufruit, que les Coutumes accordent à la veuve, pour son douaire, étant censé accordé pour ses alimens, on pourrait soutenir qu'elle ne serait pas tenue d'acquitter les relevoisons, qui seraient dues pendant le cours de son usufruit.

### § III. Exceptions portées par l'article 138, au principe établi au paragraphe précédent.

Suivant les principes établis au paragraphe précédent, lorsque le cens d'une maison sujette à relevoison à plaisir, se paie au nom d'un seigneur de rente foncière, les relevoisons sont dues par les mutations qui arrivent du chef du seigneur de la rente, qui n'en est néanmoins tenu que jusqu'à concurrence de sa rente, le surplus de cette relevoison, quoique dû par la mutation arrivée du chef du seigneur de rente, doit être acquitté par le propriétaire de la maison.

On a été obligé, lors de la rédaction de notre Coutume en 1509, de faire une exception à cette règle pour les maisons sujettes à relevoisons à plaisir, que des chapelains, ou autres titulaires particuliers de bénéfices, avaient anciennement données à bail à rente, avec la clause que le cens continuerait d'être payé en leur nom.

Il arrivait que les propriétaires de ces maisons étaient accablés de profits, par les fréquentes mutations qui arrivaient du chef de ces bénéficiers, toujours disposés à permuter leur bénéfice, lorsqu'ils en trouvaient un meilleur, d'où il arrivait que plusieurs propriétaires de maisons les laissaient tomber en ruine.

Pour remédier à ce mal, on a fait l'exception portée par l'*art.* 135 de notre Coutume, qui est le 138 de la nouvelle : cet article porte, qu'à l'égard de ces maisons, dont le cens se paie au nom d'un titulaire de bénéfice, seigneur de rente à prendre sur la maison, les relevoisons ne seraient plus dues par les mutations qui arriveraient du chef de ce titulaire, que pour raison de la rente seulement que le titulaire du bénéfice a à prendre sur la maison, lesquelles relevoisons seraient par lui acquittées; et qu'en récompense, il serait dû aussi des relevoisons pour ce que le revenu de la maison vaut de plus que la rente, par les mutations qui arriveraient du chef du propriétaire, lesquelles seraient acquittées par lesdits propriétaires.

## ARTICLE IV.

### *Ce qu'il y a de particulier dans les censives à droit de relevoisons à plaisir, pour la saisie censuelle, et quelles amendes sont dues dans ces censives.*

Les censives à relevoisons à plaisir ont cela de commun avec les autres, que le seigneur peut saisir censuellement, non-seulement pour les cens qui lui sont dûs, mais encore pour les défauts et pour les profits censuels; c'est ce qui résulte de l'*ar-*

*ticle* 125, *pour être payé desquelles relevoisons et arrérages de cens, et d'un défaut.... le seigneur censier peut obstacler....*

Il peut saisir pour les relevoisons, non-seulement lorsqu'il saisit en même temps pour les arrérages de cens, mais même pour les relevoisons seules, s'il ne lui était dû aucuns arrérages de cens. Les termes de l'*art.* 115 de l'ancienne Coutume, d'où celui-ci est tiré, y sont formels : *pour être payé desquelles relevoisons le seigneur peut obstacler....... et aussi pour les cens.* Ce qui est dire, bien formellement, qu'il peut obstacler pour les relevoisons *principaliter et propter se;* et non pas seulement accessoirement à l'obstacle qu'il ferait pour le cens.

En ceci, les censives à relevoisons à plaisir conviennent avec les autres, mais elles diffèrent en deux points:

1°. Par rapport au temps, dans lequel l'obstacle peut être fait; car, au lieu que, dans les censives ordinaires à droit de vente, le seigneur ne peut saisir que quarante jours après la mutation, suivant qu'on le peut inférer de l'*art.* 107, qui donne quarante jours pour payer ou déprier; au contraire, dans les censives à relevoisons à plaisir, le seigneur peut saisir censuellement, et procéder par voie d'obstacle quinze jours après la mutation.

2°. En ce que, dans les censives à relevoisons à plaisir, le seigneur, après qu'il a procédé par obstacle, en faisant mettre des barreaux aux portes, peut encore, huit jours après, si le censitaire n'a pas satisfait, faire enlever les *huis* et fenêtres, c'est-à-dire, dépendre les portes et fenêtres hors de leurs gonds, et les coucher de travers.

Ce droit de dépendre les portes, pour contraindre au paiement les censitaires, était autrefois un droit commun dans le royaume, suivant que nous l'apprenons de l'auteur du grand Coutumier, paragraphe 37. Le chef seigneur, dit-il, pour cause de son fonds non payé, peut mettre l'*huis* des censiers en travers.

Quoique notre Coutume ait expressément conservé ce droit au seigneur de censives à relevoisons à plaisir, néanmoins il ne se pratique plus; et j'apprends d'une Note de M. de Manthelon, que le baron de Saint-Laurent ayant une fois fait dépendre les portes et les fenêtres d'une maison de sa censive, il fut, par sentence du bailliage, condamné à les rétablir à ses dépens. Cette sentence souffre néanmoins de la difficulté, étant contraire au texte formel de la Coutume. Au reste, le seigneur ne pourrait pas, de son autorité privée, obstacler, ni huitaine après, dépendre les portes : il faut que l'obstacle, aussi bien que l'enlèvement des portes, se fasse par le ministère d'un sergent, assisté de deux témoins, qui en dresse un procès-verbal, lequel soit revêtu de toutes les formalités qui doivent être observées dans les exploits.

Tout ce qui a lieu, dans les censives ordinaires, à l'égard de l'opposition à la saisie censuelle, et des cas auxquels on en doit donner ou non mainlevée, par provision, a aussi lieu dans les censives à relevoisons à plaisir.

A l'égard des amendes, on ne connaît dans les censives à relevoisons à plaisir, que l'amende appelée défaut pour défaut de paiement de cens aux jour et lieu nommés; et elle est la même que dans les censives ordinaires. Il n'y a point d'amende, faute d'avoir dépris les relevoisons qui sont dues, comme il y en a dans les censives à droits de vente. C'est une question, si l'amende, pour l'infraction de l'obstacle, a lieu dans les censives à relevoison à plaisir, comme dans les censives à droit de vente. On pourrait soutenir qu'elle a lieu; l'*art.* 103 paraît, dans sa généralité, comprendre toutes les censives.

---

# TRAITÉ

## DES

# CHAMPARTS.

### ARTICLE PRÉLIMINAIRE.

Le champart est une redevance foncière, qui consiste dans une certaine quotité des fruits qui se recueillent sur l'héritage qui en est chargé.

Nous traiterons de la nature de ce droit; des obligations des possesseurs; des terres tenues à champart, et des droits des seigneurs de champart.

## ARTICLE PREMIER.

### *De la nature du droit de champart, et sur quelles terres il se perçoit.*

#### § I. De la nature du droit de champart.

Le champart est quelquefois un droit seigneurial; quelquefois il ne l'est pas. Lorsque l'héritage, qui en est redevable, n'est chargé d'aucun cens, et que le champart est la première redevance dont l'héritage est chargé, il est, en ce cas, censé avoir été retenu sur l'héritage, non-seulement comme un droit utile, mais encore comme un droit recognitif de seigneurie, que s'est retenu celui, qui a donné l'héritage à ce titre; et conséquemment le champart est, en ce cas, un droit seigneurial.

Si l'héritage redevable du champart est aussi chargé d'un droit de cens, soit envers le même seigneur, à qui le champart est dû, soit envers un autre seigneur; en ce cas, le cens est censé être la première redevance et la redevance seigneuriale : car c'est la nature du cens d'être recognitif de la seigneurie, et il ne serait pas proprement cens sans cela; en ce cas, le champart n'est pas seigneurial, mais est une simple redevance foncière : car un même héritage ne peut être tenu de deux redevances seigneuriales, ni relever de plus d'une seigneurie.

Cette distinction du champart seigneurial ou non seigneurial, suivant qu'il est ou non la première redevance dont l'héritage est chargé, est très-ancienne. Elle se trouve dans l'Auteur du grand Coutumier, et forme le droit commun.

Quoique le cens soit présumé être la redevance seigneuriale plutôt que le champart, néanmoins, s'il était justifié par les titres, que le champart est plus ancien que le cens, et que c'est celui, qui tenait l'héritage à droit de champart, qui l'a depuis donné à cens, en ce cas, le champart serait la redevance seigneuriale, et le cens ne serait pas un vrai cens, mais une redevance foncière : celui, qui le tenait roturièrement à droit de champart, n'ayant pu le donner à cens, et se retenir une reconnaissance recognitive d'une seigneurie qui n'était pas pardevers lui.

Lorsque le champart est seigneurial, il a les prérogatives des redevances seigneuriales, en conséquence :

1°. Il est imprescriptible, c'est-à-dire, que les possesseurs des terres tenues à ce droit, ne peuvent en acquérir la libération par quelque laps de temps que le seigneur ait laissé passer sans se faire servir de son droit.

2°. Il ne se purge point par décret.

3°. Il emporte profit de vente aux mutations de l'héritage, dans les Coutumes qui ne s'en expliquent pas.

Par une disposition singulière de la Coutume d'Orléans, les terres tenues à droit de champart ne sont sujettes à aucun profit, lors des mutations. *Orléans*, *art.* 143.

Observez néanmoins que, lorsque les terres sont chargées d'un cens et d'un champart, quoiqu'envers le même seigneur, le champart, dont elles sont chargées, ne les affranchit pas du droit de vente, ni de relevoisons aux mutations, qui est une suite du droit de cens. *Orléans*, *art.* 143.

Lorsque le champart n'est pas seigneurial :

1°. Il est prescriptible comme toutes les autres redevances foncières.

2°. Il se purge par le décret, comme les autres redevances foncières.

La Coutume d'Orléans s'est écartée de ce principe : elle décide, en l'*art.* 480, qu'il n'est pas nécessaire de s'opposer au décret pour le champart, quoiqu'il ne soit pas seigneurial. La raison en peut être, que la perception du champart étant publique, les adjudicataires en peuvent être facilement instruits, et que les décrets ne sont faits que pour purger les droits que les adjudicataires pourraient ignorer.

3o. Il n'emporte aucuns profits aux mutations.

Soit que le champart soit seigneurial, soit qu'il ne le soit pas, ce ne sont que les titres ou la possession qui en déterminent la quotité; elle n'est point déterminée par les Coutumes, si l'on en excepte un petit nombre : celle de Montargis la détermine à la douzième gerbe ; *art.* 3, *chap.* 5.

La Coutume d'Orléans ne l'a point déterminée. Dans cette Coutume, la quotité est différente, suivant les différens titres ou usages : il y a des champarts de la vingtième, de la quinzième, de la douzième, de la neuvième gerbe. Celui du chapitre de Saint-Aignan, sur plusieurs paroisses de la Beauce, est de la seizième.

La dîme se lève avant le champart, qui n'est que de la quotité des gerbes qui restent après la dîme prélevée. *Berri, art.* 25, *tit.* 10.

Le champart est requérable, à moins qu'il n'y ait des titres qui obligent le redevable à le conduire dans la grange champarteresse, ou une longue possession qui équipolle à titre.

Le champart ne s'arrérage point; le seigneur, à qui il est dû, est présumé en avoir été payé tous les ans.

Si le redevable avait contesté le champart, il n'est pas douteux que le champart serait dû de toutes les années pendant lesquelles la contestation aurait duré.

### § II. Sur quelles terres se perçoit le champart.

Le champart se perçoit sur les terres qui ont été baillées à cette charge, ou sur lesquelles quelqu'un a acquis, par prescription, le droit de l'y percevoir; car le droit de champart, comme les autres droits réels, peut s'acquérir par la possession de trente ans, en laquelle quelqu'un justifie avoir été de percevoir le champart sur une terre; laquelle prescription de trente ans ne court point contre les mineurs. Cette longue possession donne le même droit qu'un titre de bail à champart; et elle fait présumer qu'il y en a un, quoiqu'il ne soit pas rapporté.

Lorsqu'un seigneur est en possession d'un champart seigneurial sur un terrain circonscrit, quand même il y aurait quelques-unes des terres enclavées dans ce territoire, sur lesquelles, de mémoire d'homme, le champart n'eût jamais été perçu, le seigneur néanmoins aurait droit de l'y percevoir, si le possesseur ne justifiait que lesdites terres relèvent d'un autre seigneur, ou qu'elles sont en fief. C'est une suite des maximes, qu'il n'y a nulle terre sans seigneur, et que le champart seigneurial est imprescriptible.

Les terres tenues en fief ne sont point sujettes au champart. *Orléans, art.* 142.

Lorsqu'il s'est fait par alluvion, des accrues à une terre tenue à droit de champart, le propriétaire de cette terre, qui l'est aussi des accrues par droit d'alluvion, doit le champart pour les accrues, comme pour le reste de sa terre; car l'alluvion étant une union et accession naturelle, ce qui est uni par alluvion doit suivre la nature de la chose principale à laquelle il est uni, suivant cette règle : *Accessorium sequitur naturam rei principalis et dominium.*

---

# ARTICLE II.

## *Des obligations des détenteurs et propriétaires des terres sujettes à champart, et des actions et droits des seigneurs de champarts.*

§ I. De l'obligation des détenteurs des terres sujettes à champart, par rapport à la perception de ce droit.

Celui, qui fait valoir des terres à champart, soit qu'il en soit le propriétaire, soit qu'il en soit seulement le fermier, est obligé, lorsqu'il les a fait moissonner, d'en donner avis au seigneur de champart, ou à ses préposés, lorsqu'ils sont sur les lieux, avant que de les enlever, afin que ledit seigneur ou ses préposés, puissent les venir compter. Faute de donner cet avis, il encourt une amende de 60 sous tournois. *Ord., art.* 141.

Le détenteur n'est pas obligé d'aller chercher le seigneur ou ses préposés, pour leur donner cet avis ailleurs que dans la paroisse où sont les terres, ou en la grange champartresse, s'il y en a une, quand même elle serait hors de la paroisse. Si le seigneur, ni personne de sa part ne s'y est trouvé, le détenteur n'encourt, en ce cas, aucune amende faute d'avoir averti.

Cet avertissement se fait verbalement; mais, comme le seigneur ou ses préposés pourraient en disconvenir, et que c'est au redevable à justifier, pour éviter l'amende, il doit prendre des témoins lorsqu'il fait cet avertissement. La Coutume de Berri, *tit.* 10, *art.* 26, porte qu'un seul témoin suffit pour le constater.

La Coutume n'oblige d'avertir le seigneur, que pour qu'il puisse venir ou envoyer compter les gerbes; d'où il suit que le redevable, après qu'il l'a averti, doit l'attendre pendant un temps convenable, avant que de pouvoir enlever ses gerbes; car, s'il les enlevait aussitôt que le seigneur a été averti, et avant qu'il eût pu les venir compter, ce serait l'avertir d'une matière illusoire: ce ne serait pas satisfaire à la Coutume; et, par conséquent, le redevable n'éviterait pas plus l'amende, en ce cas, que s'il n'avait point averti du tout. Mais quel est ce temps? La Coutume d'Orléans ne s'en explique pas. Celle de Montargis, *chap.* 3, *art.* 3, dit : *un temps compétent*. Celle de Berri, *tit* 10, *art*. 27, le détermine à vingt-quatre heures : on pourrait suivre cette Coutume comme voisine.

Il y a néanmoins des cas, auxquels une urgente nécessité peut dispenser le redevable d'attendre les préposés du seigneur, pour compter les gerbes, comme lorsque le temps se dispose à un orage prochain.

Lorsque le seigneur ou ses préposés, ayant été avertis et attendus un temps compétent, ne sont pas venus compter les gerbes; ou lorsque le redevable n'a pu les avertir, parce qu'ils n'étaient pas sur les lieux; en l'un et l'autre cas, le redevable doit appeler des témoins, en présence desquels il compte les gerbes du champ sujet au champart; après lequel compte il doit conduire le champart en la grange champarteresse, s'il est rendable : s'il n'est pas rendable, il est quitte du champart, en le laissant sur le champ, et il peut emmener ses gerbes; *Blois, art*. 133.

Si le redevable avait manqué, en l'un ou en l'autre de ces cas ci-dessus, de compter les gerbes en présence de témoins, il ne serait, pour cela, sujet à aucune amende ; car les amendes ne sont dues que dans les cas pour lesquels précisément les Coutumes les prononcent; et elles n'en prononcent pas pour avoir manqué d'appeler des témoins au compte des gerbes ; mais la peine de n'avoir pas pris cette précaution, sera que le seigneur ne sera pas obligé de s'en rapporter au compte des gerbes que le redevable aura fait seul et sans témoins, ni de se contenter de ce qu'il lui aura conduit dans sa grange ou laissé sur le champ; mais il pourra faire ordonner une estimation de ce que le champ aura pu produire de gerbes, pour régler le champart sur cette estimation; et le redevable sera condamné aux frais de cette estimation, auxquels il a donné lieu, en n'appelant pas des témoins; et il doit surtout y être condamné, lorsque l'estimation se trouve plus forte que ce qu'il avait laissé pour le champart.

Au contraire, lorsque, dans l'un ou l'autre des deux cas ci-dessus, le redevable a pris des témoins pour faire compter ses gerbes avant que de les enlever, le seigneur ne peut refuser de s'en rapporter au témoignage de ces témoins, pour la quantité de ces gerbes, à moins qu'il n'eût de grands reproches contre eux ; et il doit s'imputer de n'avoir pas fait trouver quelqu'un de sa part pour les compter.

Si le redevable n'avait point averti les préposés du seigneur, quoiqu'ils fussent sur les lieux, ou, sans aucune juste cause, eût enlevé ses gerbes sans les attendre, le compte, qu'il prétendrait en avoir fait devant les gens à lui affidés, pourrait paraître suspect.

### § II. De l'obligation, en laquelle sont les possesseurs des terres à champart, de les cultiver, et s'ils peuvent en changer la forme.

Les possesseurs de terres sujettes au droit de champart, doivent les cultiver de manière que le seigneur puisse y percevoir son droit de champart.

Le possesseur peut néanmoins laisser reposer ses terres, selon l'usage du pays : le seigneur de champart ne peut pas s'en plaindre, et ne peut rien exiger pendant les années de repos ; il en est dédommagé, parce que les terres étant plus fertiles après le repos, son champart en est après le repos plus considérable.

Si le tenancier laissait ses terres sujettes au champart, incultes et vacantes pendant un temps plus long qu'il n'est d'usage dans le pays, les Coutumes ont, en ce cas, différemment pourvu à la punition du tenancier négligent, et à l'indemnité du seigneur de champart. Il y en a qui vont jusqu'à priver à toujours de ses terres le tenancier négligent (Berri, *tit.* 10, *art.* 23; Blois, *art.* 134). Dans celles qui ne s'en expliquent pas, telle qu'est la Coutume d'Orléans, le droit le plus raisonnable est, qu'après la sommation faite au tenancier de cultiver ses terres, de manière que le champart puisse y être perçu, s'il ne se met en devoir de les cultiver, le seigneur de champart peut obtenir sentence, qui lui permette de s'en mettre en possession, et de les faire valoir à son profit, jusqu'à ce que le tenancier se présente pour les faire valoir.

C'est une question, si les propriétaires de terres à champart peuvent en changer la forme. La Coutume de Blois, *art.* 131, le leur défend absolument. Dans cette Coutume, et autres semblables, le seigneur de champart peut empêcher les tenanciers de changer la forme de leurs héritages; *par exemple,* de faire de terres labourables, un bois, une vigne, un pré, un étang, quand même ils offriraient d'indemniser le seigneur.

Au contraire, la Coutume de Montargis, *chap.* 3, *art.* 1, le permet en indemnisant le seigneur. Je pense que c'est à cette Coutume qu'on doit s'en tenir, comme plus conforme à la liberté naturelle que doivent avoir des propriétaires, de disposer de ce qui leur appartient, et au bien public, qui est intéressé à ce que les particuliers aient la liberté de faire produire à leurs terres ce à quoi ils remarquent qu'elles peuvent être plus propres.

C'est aussi ce qui est observé dans la Coutume d'Orléans, quoiqu'elle ne s'en explique pas : nous en avons plusieurs exemples.

Cette indemnité doit être réglée par des experts nommés par le seigneur et par le tenancier, aux frais du tenancier : elle se règle, ou en une certaine redevance annuelle en argent, dont ces terres doivent être chargées à la place du champart, ou en une certaine quotité des fruits que la terre convertie en sa nouvelle forme produira, et qui réponde à la valeur de ce que pouvait produire le champart, si la terre eût été laissée en son ancienne forme : *voyez l'Introduct. au Tit. 4 de la Coutume d'Orléans.*

Si le tenancier, sans changer entièrement la forme des terres sujettes à champart, y avait fait des plantations considérables d'arbres fruitiers, qui diminuassent beaucoup par leurs racines et par leur ombre, la quantité des grains que ces terres avaient coutume de produire, le seigneur de champart devrait être indemnisé de la diminution qu'en souffre son champart, par une indemnité qu'on lui accorderait sur le revenu de ces arbres fruitiers. Basnage rapporte un arrêt du Parlement de Normandie, qui l'a ainsi jugé.

Mais, pour que le seigneur puisse prétendre cette indemnité, il faut qu'il souffre une diminution considérable dans son champart : une diminution légère ne doit point entrer en considération.

### § III. Des actions qu'a le seigneur de champart.

Le seigneur de champart n'a que la voie d'action pour se faire payer, tant du champart que de l'amende que le redevable a encourue.

Nos Coutumes ont accordé aux seigneurs de censive, pour le paiement de leur cens, la voie de la saisie censuelle; mais elles ne l'ont pas accordée pour le paiement de champart.

Il y a même une raison, pour laquelle les Coutumes n'ont pas dû accorder la voie de la saisie pour le paiement du champart, comme elles l'ont accordée pour le cens : cette raison est, que le seigneur, qui demande le paiement de son champart, qui ne lui a pas été rendu à sa grange, ou n'a pas été laissé sur le champ, n'est point créancier d'une somme ou quantité déterminée, pouvant y avoir contestation entre lui et le redevable, sur la quantité des gerbes que la terre sujette à champart a produite : or, on ne saisit que pour des sommes ou quantités déterminées.

Cette raison doit faire décider que le seigneur de champart ne pourrait agir que par voie d'action pour le paiement de son champart, même dans le cas auquel le redevable se serait obligé, par une reconnaissance devant notaire, à la prestation du champart.

Quoiqu'il ne soit pas d'usage de faire passer des reconnaissances pour le champart, par les nouveaux propriétaires des terres qui y sont sujettes, néanmoins je pense que les seigneurs de champart sont fondés à en demander, comme pour toutes les autres redevances foncières. Lorsque le propriétaire des terres, qu'on prétend sujettes à champart, refuse de le payer, et conteste le droit, le seigneur de champart, qui est en possession annale, peut former la complainte; car c'est une jurisprudence reçue, qui ne fait plus aujourd'hui de difficulté, qu'on peut former la complainte pour la quasi-possession du droit de champart, et de tous les autres droits réels, à l'instar de celle qu'on forme pour la possession des choses corporelles.

Le seigneur, qui prétend le champart, en justifiant la possession annale en laquelle il est de le percevoir, doit être maintenu à le percevoir par provision, pendant tout le temps que durera le procès au petitoire, à la charge de rendre ce qu'il aura perçu, s'il n'établit pas suffisamment, dans le procès au pétitoire, que ce droit lui appartienne.

Au pétitoire, ce droit s'établit non-seulement par le rapport du titre primordial et constitutif du droit de champart, mais, à défaut de ce titre, par des titres qui établissent une possession au moins trentenaire de ce droit, telles que seraient plusieurs reconnaissances, qui en auraient été passées par le possesseur de la terre qu'on prétend en être redevable; les baux, par lesquels le possesseur et ses auteurs en auraient chargé les fermiers, etc.

Lorsque le champart est seigneurial, il suffit au seigneur de justifier que le terrain, sur lequel on lui conteste le champart, est dans l'enclave de sa seigneurie et que toutes les terres, qui environnent le terrain contesté, y sont sujettes; car, comme dans ces provinces, la maxime *nulle terre sans seigneur* a lieu, le possesseur du terrain contesté ne justifiant pas relever d'un autre seigneur, est présumé relever pour ce terrain, de la seigneurie dans l'enclave de laquelle il se trouve, et aux mêmes droits auxquels relèvent toutes les autres terres de cette seigneurie.

FIN DU HUITIÈME VOLUME.

# TABLE

*Des parties, chapitres, titres, articles, sections et paragraphes contenus dans les Traités des Personnes et des Choses, de la Propriété, de la Possession, de la Prescription, de l'Hypothèque, du Contrat de nantissement, des Cens et Champarts.*

## TRAITÉ DES PERSONNES ET DES CHOSES.

### PREMIÈRE PARTIE.

#### TITRE PREMIER.


Division des personnes en ecclésiastiques, en nobles, gens du tiers-état, et serfs, p. 1

SECT. I. Des ecclésiastiques et de leurs priviléges, *ibid.*

SECT. II. De la noblesse et de ses priviléges; comment elle se perd; de quelle manière elle se recouvre, et des usurpateurs de noblesse, 5

ART. I. De la noblesse de race, *ibid.*

ART. II. De la noblesse de concession, 7

ART. III. Des priviléges de la noblesse, 15

ART. IV. Comment se perd la noblesse, 17

ART. V. Comment se peut recouvrer la noblesse, 19

ART. VI. Des usurpateurs de la noblesse, 20

SECT. III. Des gens du tiers-état, *ibid.*

SECT. IV. Des serfs, *ibid.*


#### TITRE II.


Seconde division des personnes en régnicoles et aubains, 22

SECT. I. Quelles personnes sont citoyens ou régnicoles; quelles personnes sont étrangers ou aubains, *ibid.*

SECT. II. En quoi l'état des aubains diffère-t-il de celui des citoyens, 25

SECT. III. Comment les étrangers peuvent acquérir les droits de citoyens, 33

SECT. IV. Comment les Français perdent les droits de régnicoles, 36


#### TITRE III.


Division des personnes par rapport à celles qui ont perdu la vie civile, et celles qui l'ont recouvrée, 38

SECT. I. De ceux qui sont incapables d'effets civils par la profession dans un ordre religieux, *ibid.*

SECT. II. Des morts civilement par la condamnation à une peine qui emporte mort civile, 47
SECT. III. Des infâmes, 51

TITRE IV.

Division des personnes en légitimes et bâtards, 54

TITRE V.

Division des personnes tirée de l'âge et du sexe, et d'autres causes, 55

TITRE VI.

Division des personnes par rapport aux différentes puissances qu'elles ont droit d'exercer sur d'autres, ou qui s'exercent sur elles, 57
SECT. I. De la puissance maritale, *ibid.*
SECT. II. De la puissance paternelle, *ibid.*
SECT. III. De la garde-noble et bourgeoise, 62
SECT. IV. De la tutelle, *ibid.*
ART. I. Combien y a-t-il d'espèces de tutelles, *ibid.*
§ I. De la tutelle légitime, 63
§ II. De la tutelle dative, 64
ART. II. Des causes d'excuses de tutelle, 66
ART. III. Du pouvoir des tuteurs, 68
§ I. Du pouvoir sur la personne, *ibid.*
§ II. Du pouvoir sur les biens, 69
ART. IV. Des obligations du tuteur, 72
ART. V. Des manières par lesquelles finit la tutelle, 76
ART. VI. Du compte de tutelle, 78
SECT. V. De la curatelle, 81
ART. I. Des curateurs aux sourds, muets, fous, prodigues et autres semblables personnes, *ibid.*
ART. II. Des curateurs des mineurs, 82
ART. III. Des curateurs aux ventres, 83

TITRE VII.

Des communautés, 84
ART. I. En quelles choses les corps ont-ils moins de droit que les particuliers, 86
ART. II. Quels sont les avantages des communautés sur les particuliers, 94

## SECONDE PARTIE.

Des choses, 96
§ I. De la division des choses corporelles en meubles et immeubles, *ibid.*
§ II. De la division des choses incorporelles en meubles et immeubles, 102
§ III. Des choses qui ont une situation, et de celles qui n'en ont pas, 109

# TRAITÉ
## DU DROIT DE DOMAINE DE PROPRIÉTÉ.

Chapitre préliminaire, p. 111

### PREMIÈRE PARTIE.

Ce que c'est que le droit de domaine de propriété; des manières dont il s'acquiert et dont il se perd, 113

### CHAPITRE PREMIER.

Ce que c'est que le droit de domaine de propriété, et en quoi il consiste, *ibid.*

### CHAPITRE II.

Comment s'acquiert le domaine de propriété, et comment il se perd, 121

Sect. I. De l'occupation des choses qui n'appartiennent à personne, *ibid.*

Art. I. Quelles sont les choses qui n'appartiennent à personne, dont le domaine de propriété peut être acquis à titre d'occupation, 122

Art. II. De la chasse, 123

§ I. Quels étaient les principes du droit romain sur la chasse, 124

§ II. De l'abrogation du droit qui permettait la chasse à tout le monde. Quelles sont les personnes à qui, par notre droit français, la chasse est permise, et celles à qui elle est défendue, 126

§ III. A qui le droit de chasse appartient-il, 129

§ IV. Comment ceux qui ont droit de chasse en doivent-ils user, 134

§ V. Du droit qu'ont ceux qui ont droit de chasse, d'empêcher de chasser, 136

Art. III. De la pêche et de l'oiselerie, 137

§ I. De la pêche, *ibid.*

§ II. De l'oiselerie, 138

Art. IV. De l'invention; des trésors; des épaves; et de la découverte des pays inhabités, 139

§ I. De l'invention, *ibid.*

§ II. Des trésors, 141

§ III. Des épaves, 142

§ IV. Des essaims d'abeilles, 147

§ V. Du droit de varech et choses gaives, 148

§ VI. De l'occupation des terres inhabitées, *ibid.*

Art. V. De l'occupation simplement dite, 149

Sect. II. De ce qui est pris sur l'ennemi, 151

Art. I. Des conquêtes et du butin, *ibid.*

§ I. Des conquêtes, *ibid.*

§ II. Du butin, *ibid.*

Art. II. Des prises qui se font sur mer, 152

§ I. Qui sont ceux qui ont droit de faire la course sur les vaisseaux ennemis, 153

§ II. Quels sont les vaisseaux et les effets dont la prise est lé-

gitime, 154
§ III. De ce qui doit être observé par les capitaines des vaisseaux armés en guerre, lorsqu'ils ont fait une prise; et comment se distribue le produit de la vente de la prise, 164
§ IV. Des rançons, 168
Art. III. Des prisonniers de guerre, 174
Sect. III. De l'accession, 176
Art. I. De l'accession qui résulte de ce que des choses sont produites de la nôtre, *ibid.*
Art. II. De l'accession qui résulte de l'union d'une chose avec la nôtre, qui se fait naturellement, et sans le fait de l'homme, 179
Premier exemple, *ibid.*
De l'alluvion, *ibid.*
Second exemple, 180
Des îles qui se forment dans les rivières; et du lit que la rivière a abandonné, *ibid.*
Troisième exemple, 182
Quatrième exemple, *ibid.*
Art. III. Du droit d'accession qui résulte de ce que des choses ont été unies à la mienne par le fait de l'homme, 183
§ I. Règles pour discerner quelle est, dans un tout composé de plusieurs choses, celle qui en est la partie principale, et celles qui n'en sont que les accessoires, 184
Première règle, *ibid.*
Seconde règle, 186
Troisième règle, 187
Quatrième règle, *ibid.*
§ II. De la nature du domaine que le droit d'accession me fait acquérir de la chose qui est unie à la mienne; et de l'action *ad exhibendum* qu'a celui à qui elle appartenait, 188
§ III. Quelle est l'espèce d'union qui donne lieu au droit d'accession, 190
Art. IV. De la spécification et de la confusion, 191
§ I. De la spécification, *ibid.*
§ II. De la confusion, 195
Sect. IV. De la tradition, 197
Art. I. Ce que c'est que la tradition; et quelles sont les différentes espèces de tradition, 198
§ I. De la tradition réelle, *ibid.*
§ II. De la tradition symbolique, 199
§ III. De la tradition *longæ manûs*, 200
§ IV. Si la marque qu'un acheteur met, du consentement du vendeur, aux choses qu'il lui a vendues, tient lieu de la tradition, 201
§ V. De la tradition qui est censée intervenir par la fiction *brevis manûs*, 202
§ VI. De la tradition feinte qui résulte de certaines clauses apposées au contrat de vente ou de donation de la chose, ou autres contrats semblables, 203
§ VII. Des traditions qui ont lieu à l'égard des choses incorporelles, 205
Art. II. Des conditions requises pour que la tradition transfère la propriété, 207
§ I. Première condition. Il faut que la tradition se fasse par le propriétaire de la chose, ou de son consentement, *ibid.*
§ II. Seconde condition. Il faut que le propriétaire qui fait la tradition, ou qui y consent, soit capable d'aliéner, 210
§ III. Il faut que la tradition soit faite en vertu d'un titre vrai, ou du moins putatif, qui soit de nature à transférer la propriété, 212
§ IV. Du consentement des parties, nécessaire pour que la tradition transfère la propriété, 213
§ V. D'une autre condition pour que la tradition transfère la pro-

priété, condition particulière à la tradition qui se fait en exécution d'un contrat de vente, 216
Art. III. De l'effet de la tradition, 218
Art. IV. Si la seule convention peut faire passer le domaine de propriété d'une personne à une autre, sans la tradition, 219
Sect. V. Des manières de transmettre le domaine de propriété par le droit civil, 222
Sect. VI. Comment, et par quelles personnes acquérons-nous le domaine de propriété des choses, 224
§ I. Par quelles personnes, *ibid.*
§ II. Comment acquérons-nous le domaine de propriété, 228
Sect. VII. Comment se perd le domaine de propriété, 230
§ I. En quels cas sommes-nous censés perdre, par notre volonté, le domaine de propriété des choses qui nous appartiennent, *ibid.*
§ II. En quels cas perdons-nous, sans notre consentement, le domaine de propriété des choses qui nous appartiennent, 233

## SECONDE PARTIE.

### CHAPITRE PREMIER.

De l'action de revendication, 236
Art. I. Quelles choses peuvent être l'objet de l'action en revendication; par qui, et contre qui peut-elle être donnée, 237
§ I. Quelles choses peuvent être l'objet de l'action en revendication, *ibid.*
§ II. Par qui peut être intentée l'action de revendication, 239
§ III. Contre qui l'action de revendication doit-elle être donnée, 243
Art. II. De ce que doit observer le propriétaire avant que de donner la demande en revendication; de ce qu'il doit pratiquer en la donnant; et quel est l'effet de la demande pendant le procès, 247
Art. III. Quand le demandeur en revendication d'un héritage ou d'une rente est-il censé avoir justifié de son droit de propriété, à l'effet d'obtenir en sa demande, 253
Art. IV. De la délivrance qui doit être faite de la chose revendiquée au demandeur, lorsqu'il a obtenu en sa demande, 255
§ I. Comment, où, et quand se fait la délivrance de la chose revendiquée, au demandeur qui a obtenu en sa demande, *ibid.*
§ II. En quel état doit être rendue la chose revendiquée, 257
Art. V. De la restitution des fruits dont le défendeur doit faire raison au demandeur qui a justifié de son droit de propriété de la chose revendiquée, 258
§ I. A l'égard de quelles choses y a-t-il lieu à la restitution des fruits dans l'action de revendication, *ibid.*
§ II. Depuis quel temps le possesseur de mauvaise foi est-il tenu de faire raison des fruits; et de quels fruits, 259
§ III. De quand le possesseur de bonne foi est-il tenu des fruits; et de quels fruits, 260
§ IV. Quels sont les principes du droit français sur la restitution des fruits, dans les demandes en revendication, 264
Art. VI. Des prestations per-

sonnelles du demandeur, dans l'action de revendication, 266
ART. VII. De l'exécution du jugement qui a condamné le possesseur à délaisser la chose revendiquée; et du cas auquel il s'est mis, par dol ou par sa faute, hors d'état de pouvoir le faire, 275
§ I. Du délaissement que le possesseur doit faire de la chose, *ibid.*
§ II. De la liquidation des fruits que le possesseur a été condamné de restituer, 277
§ III. Du cas auquel le possesseur s'est mis hors d'état de pouvoir rendre la chose revendiquée, 279

## CHAPITRE II.

De la pétition d'hérédité, 281
SECT. I. Par quelles personnes, et contre quelles personnes peut être intentée la pétition d'hérédité, 282
ART. I. Par quelles personnes peut être intentée la pétition d'hérédité, *ibid.*
ART. II. Contre qui peut être intentée la pétition d'hérédité, 284
SECT. II. Que doit établir le demandeur sur l'action en pétition d'hérédité, et ce qui peut lui être opposé; si et comment, pendant ce procès, les créanciers de la succession et les légataires se peuvent faire payer, 287
ART. I. De ce que doit établir le demandeur sur la demande en pétition d'hérédité; et de ce qui peut lui être opposé, *ibid.*
ART. II. De l'effet du procès pendant sur la pétition d'hérédité, 290
§ I. De son effet vis-à-vis des parties plaidantes, *ibid.*
§ II. De l'effet du procès pendant sur la pétition d'hérédité vis-à-vis des tiers, tels que sont les créanciers de la succession et les légataires, 292
SECT. III. De la restitution qui doit être faite au demandeur qui a obtenu sur sa demande en pétition d'hérédité, 294
§ I. Quels sont ceux qui sont possesseurs de bonne foi, quels sont ceux qui sont possesseurs de mauvaise foi, *ibid.*
§ II. Quelles sont les choses que le possesseur doit restituer au demandeur qui a obtenu en son action de pétition d'hérédité, 295
§ III. De la différence entre le possesseur de bonne foi et celui de mauvaise foi, par rapport aux choses qu'ils ont cessé ou manqué de posséder, 298
§ IV. Pour quelle part la restitution doit-elle être faite, lorsque le demandeur en pétition d'hérédité n'est héritier que pour partie, 303
SECT. IV. Des prestations personnelles dont est tenu le possesseur, sur la demande en pétition d'hérédité, 304
Première différence, 307
Seconde différence, 312
Troisième différence, 313
Quatrième différence, 314
SECT. V. Des prestations personnelles auxquelles est tenu le demandeur envers le possesseur qui doit lui rendre les biens de la succession, 316
SECT. VI. Des actions qui sont à l'instar de la pétition d'hérédité, 320

# TRAITÉ DE LA POSSESSION.

Article Préliminaire, 323

## CHAPITRE PREMIER.

De la nature de la possession; de ses différentes espèces; et de ses différens vices, 324
Art. I. De la nature de la possession, *ibid.*
Art. II Des différentes espèces de possession, 326
Art. III. Des différens vices des possessions, 331

## CHAPITRE II.

Si on peut se changer le titre et la qualité de sa possession, 335

## CHAPITRE III.

Quelles choses sont susceptibles, ou non, de la possession et de la quasi-possession, 338

## CHAPITRE IV.

Comment s'acquiert et se retient la possession; et des personnes par lesquelles nous pouvons l'acquérir et la retenir, 340
Sect. I. Comment s'acquiert la possession, *ibid.*
§ I. De la volonté de posséder, *ibid.*
§ II. De la préhension, 341
§ III. Des personnes qui sont capables ou incapables d'acquérir la possession d'une chose, 342
§ IV. Par qui nous pouvons acquérir la possession; 343
Sect. II. Comment se retient et se conserve la possession, 345
Première différence, *ibid.*
Seconde différence, 347

## CHAPITRE V.

Comment se perd la possession, 350
Art. I. Des manières dont nous perdons la possession par notre volonté, 351
§ I. De la perte de la possession par la tradition, *ibid.*
§ II. De la perte de la possession par l'abandon pur et simple, 352
Art. II. Des manières dont nous perdons la possession malgré nous, 354
§ I. Des manières dont nous perdons malgré nous la possession d'un héritage, *ibid.*
§ II. Comment perdons-nous malgré nous la possession des choses mobilières, 355

## CHAPITRE VI.

Des droits qui naissent de la possession; et des actions possessoires, 357
Sect. I. De la complainte en cas de saisine et de nouvelleté, 358
§ I. Des prérogatives de l'action de complainte, 359
§ II. Pour quelles choses peut-on intenter la complainte, *ibid.*
§ III. Par qui la complainte peut être intentée, 362
§ IV. Contre qui peut-on intenter la complainte; et pour quel trouble, *ibid.*
§ V. Quelle procédure on tient sur l'action de complainte; et à quoi elle se termine, 365
Sect. II. De la réintégrande, 366

§ I. A l'égard de quelles choses il y a lieu à l'action de réintégrande, *ibid.*
§ II. En quels cas il y a lieu à l'action de réintégrande, 367
§ III. Par qui l'action de réintégrande peut être intentée, 368
§ IV. Contre qui peut-on intenter l'action de réintégrande, 370
§ V. Dans quel temps doit être intentée l'action de réintégrande, et des fins de non recevoir contre cette action, 371
§ VI. De l'effet de l'action de réintégrande; et de la sentence qui intervient sur cette action, 372
SECT. III. De la complainte en matière de bénéfice, 374
ART. I. A quels juges appartient la connaissance des complaintes en matière de bénéfice, 375
ART. II. De la prise de possession du bénéfice, qui doit précéder la complainte, 376
§ I. De la prise de possession réelle, *ibid.*
§ II. De la prise de possession civile, 378
ART. III. De la possession triennale qui exclut la complainte, *ibid.*
§ I. Quelles choses sont requises pour que le possesseur d'un bénéfice puisse jouir du privilége accordé à la possession triennale, 379
§ II. Ce qu'on doit entendre par *titre coloré*; quels sont les vices que le titre coloré, soutenu de la possession triennale, peut purger, 380
ART. IV. Par qui et contre qui la complainte est-elle formée, 383
ART. V. De la procédure qui se tient sur la complainte, 384
ART. VI. Des jugemens qui interviennent sur la complainte, 386

# TRAITÉ DE LA PRESCRIPTION

## QUI RÉSULTE DE LA POSSESSION.

ARTICLE PRÉLIMINAIRE, 391

## PREMIERE PARTIE.

De la prescription de dix ou vingt ans, qui fait acquérir par la possession, 392

### CHAPITRE PREMIER.

Des choses qui sont susceptibles de la prescription de dix et vingt ans; au profit de quelles personnes, et contre quelles personnes elle peut courir, *ibid.*
ART. I. Des choses qui sont ou ne sont pas susceptibles de la prescription de dix et vingt ans, *ibid.*
ART. II. Au profit de quelles personnes le temps de la prescription peut-il courir; et quelles

personnes peuvent acquérir par cette prescription, 396
ART. III. Contre quelles personnes le temps de la prescription peut courir, 399

## CHAPITRE II.

Des qualités que doit avoir la possession pour opérer la prescription, 401
ART. I. La possession doit être une possession civile et de bonne foi, *ibid.*
ART. II. La possession, pour opérer la prescription, doit être publique, 405
ART. III. La possession doit être paisible, et non interrompue, 406
§ I. De l'interruption naturelle, *ibid.*
§ II. De l'interruption civile, 409

## CHAPITRE III.

Du juste titre requis pour la prescription, 414
ART. I. Des différentes espèces de justes titres, 415
§ I. Du titre *pro emptore*, *ibid.*
§ II. Du titre *pro hœrede*, 416
§ III. Du titre *pro donato*, 417
§ IV. Du titre *pro derelicto*, *ibid.*
§ V. Du titre *pro legato*, 418
§ VI. Du titre *pro dote*, *ibid.*
§ VII. Du titre *pro suo*, 421
§ VIII. Du titre *pro soluto*, 424
ART. II. Des choses requises à l'égard du titre pour la prescription, 425
§ I. Il faut que le titre soit un titre valable, *ibid.*
§ II. Il faut que le titre ne soit pas un titre suspendu par quelque condition, 428
§ III. Il faut que le juste titre d'où procède la possession continue d'être le titre de cette possession pendant tout le temps requis pour l'accomplissement de la prescription, 430
ART. III. Si l'opinion d'un juste titre qui n'a point existé peut donner lieu à la prescription, 431
ART. IV. Comment le possesseur doit justifier du titre d'où procède sa possession, 433

## CHAPITRE IV.

Du temps de la prescription; et de l'union du temps de la possession du successeur à celle de son auteur, 435
ART. I. Du temps de la prescription, *ibid.*
ART. II. De l'union de la possession du successeur avec celle de son auteur, 439
§ I. Des héritiers et autres successeurs universels, *ibid.*
§ II. Des successeurs à titre singulier, 442

## CHAPITRE V.

De l'effet de la prescription de dix ou vingt ans, 445
§ I. Quelles charges sont sujettes à cette prescription, 448
§ II. Au profit de qui, et contre qui peut courir la prescription de l'art. 114, 454
§ III. Des qualités requises dans la possession, pour acquérir par prescription l'affranchissement des rentes, hypothèques et autres droits dont l'héritage est chargé, 455
§ IV. Du temps de la possession pour acquérir l'affranchissement des rentes et hypothèques dont l'héritage est chargé; et de l'union de la possession du possesseur avec celle de ses auteurs, 459

## SECONDE PARTIE.


Des autres espèces de prescriptions qui font acquérir par la possession, 460

ART. I. De la prescription de trente ans, *ibid.*

§ I. Des choses qui sont susceptibles de cette prescription, 461

§ II. Du temps de cette prescription; et de l'union que le possesseur peut faire du temps de la possession de ses auteurs avec la sienne, 463

§ III. Des qualités que doit avoir la possession pour la prescription de trente ans, 464

§ IV. A qui est-ce à prouver la possession trentenaire; et comment elle se prouve, 465

§ V. De l'effet de la prescription de trente ans, 467

ART. II. De la prescription de quarante ans contre l'église et les communautés, 471

ART. III. De la prescription pour acquérir les meubles corporels, 476

ART. IV. Du ténement de cinq ans, qui a lieu dans quelques Coutumes, 479

§ I. Quelles choses peuvent être affranchies de leurs charges par cette espèce de prescription; et de quelles espèces de charges, 481

§ II. Quelles sont les espèces de charges des héritages ou autres immeubles dont le ténement de cinq ans affranchit, 482

§ III. Quels sont ceux qui peuvent acquérir, par le ténement de cinq ans, l'affranchissement des rentes et hypothèques dont leur héritage est chargé, 486

§ IV. Contre quelles personnes court la prescription du ténement de cinq ans, 492

§ V. Quelles qualités doit avoir la possession pour acquérir par le ténement de cinq ans, 495

§ VI. De quand commence à courir la prescription du ténement de cinq ans; et quand elle est censée accomplie, 499

ART. V. Quelle loi doit régler les prescriptions par lesquelles nous acquérons le domaine de propriété des choses, et l'affranchissement de leurs charges, 500

ART. VI. De quelques espèces de prescriptions qui ont lieu dans quelques Coutumes particulières, 507

§ I. Des prescriptions de sept ans, qui ont lieu dans la Coutume de Bayonne, *ibid.*

§ II. De la prescription de vingt ans, sans titre, qui a lieu dans quelques Coutumes, 510

§ III. De la prescription de quarante-un ans, qui a lieu au pays de Sole, 511

ART. VII. De quelques prescriptions particulières, pour l'acquisition de certains droits, *ibid.*

§ I. De la prescription par laquelle un seigneur prescrit, contre un autre seigneur, le domaine de supériorité sur des héritages, *ibid.*

§ II. De la prescription par laquelle les gens de main-morte acquièrent l'affranchissement du droit qu'ont les seigneurs de leur faire vider les mains des héritages qu'ils acquièrent dans leur seigneurie, 516

ART. VIII. De la possession centenaire, ou immémoriale, 517

# TRAITÉ DE L'HYPOTHÈQUE.

ARTICLE PRÉLIMINAIRE, 525
Ce que c'est que l'hypothèque, et ses différentes espèces, *ibid.*

## CHAPITRE PREMIER.

De ce qui concerne la création de l'hypothèque, 527
SECT. I. Quelles sont les causes qui produisent l'hypothèque, *ibid.*
ART. I. De l'hypothèque qui naît des actes devant notaires, *ibid.*
§ I. Observations générales, *ibid.*
§ II. Quels notaires sont compétens, pour que leurs actes puissent produirent hypothèque, 528
§ III. Des formes dont doivent être revêtus les actes des notaires pour produire hypothèque, 530
§ IV. Des actes sous signature privée, reconnus pardevant notaires, et en justice, 531
ART. II. De l'hypothèque des jugemens, *ibid.*
ART. III. De l'hypothèque que produit la loi seule, 533
SECT. II. Quelles choses sont susceptibles d'hypothèque, par qui peuvent-elles être hypothéquées, et pour quelles dettes, 535
§ I. Quelles choses sont susceptibles d'hypothèque, *ibid.*
§ II. Par qui les choses peuvent-elles être hypothéquées, 536
§ III. Pour quelles dettes peut-on hypothéquer, 540

## CHAPITRE II.

Des effets de l'hypothèque, et des actions qui en naissent, 543
SECT. I. De l'action hypothécaire simplement dite, 544
ART. I. De la nature de l'action hypothécaire simplement dite. Par qui, et contre qui s'intente-t-elle, *ibid.*
ART. II. De l'exception de discussion et des autres qui peuvent être opposées contre l'action hypothécaire, 546
§ I. De la nature de cette exception, et en quel temps peut-elle être opposée, *ibid.*
§ II. Par qui, et à l'égard de quelles créances cette exception peut-elle être opposée, 547
§ III. Quels biens le créancier est-il obligé de discuter, et aux frais de qui, 549
§ IV. De l'exception qui peut être opposée contre l'action hypothécaire, pour raison des impenses faites à l'héritage, 550
§ V. De l'exception qui résulte de la garantie, 551
§ VI. De l'exception *cedendarum actionum*, 553
ART. III. De l'effet de l'action hypothécaire, 555
SECT. II. Des autres actions qui naissent de l'hypothèque, 560
§ I. De l'action personnelle hypothécaire, *ibid.*
§ II. De l'action d'interruption, 562
SECT. III. De l'exécution des hypothèques ; de leur subrogation d'une créance à une autre, et de l'ordre entre les créanciers hypothécaires, 563

## APPENDICE.

De ce qu'il y a de particulier touchant l'ordre et le rang des hypothèques sur les offices, 574

CHAPITRE III.

Des manières dont s'éteint l'hypothèque, 575
§ I. De l'extinction de la chose hypothéquée, *ibid.*
§ II. Du cas auquel le créancier hypothécaire acquiert la propriété de la chose hypothéquée, et de la confusion, 577
§ III. De l'extinction de l'hypothèque par la résolution et extinction du droit du propriétaire qui l'a constituée, 579
§ IV. De l'extinction de l'hypothèque par l'extinction de la dette pour laquelle elle a été constituée, 580
§ V. De l'extinction de l'hypothèque, par la remise expresse ou tacite que fait le créancier, de son droit d'hypothèque, 582
§ VI. De la prescription de l'hypothèque, et de quelques autres manières introduites par les lois, pour purger les hypothèques, 586

CHAPITRE IV.

Du nantissement, 589
Art. I. De la substance, de la nature, et de la forme du nantissement; des choses qui en sont susceptibles; des personnes qui peuvent constituer cette espèce de gage, et pour quelles dettes, *ibid.*
§ I. De la substance, de la nature, et de la forme du nantissement, *ibid.*
§ II. Quelles choses sont susceptibles du nantissement; des personnes qui peuvent constituer cette espèce de gage, et pour quelles dettes, 590
Art. II. Des effets du nantissement, *ibid.*
§ I. Du droit du créancier dans la chose qui lui a été donnée en nantissement, 591
§ II. De l'engagement du créancier envers le débiteur, produit par le nantissement, 593
§ III. De l'obligation du débiteur qui a donné une chose en nantissement envers le créancier à qui il l'a donné, 595

CHAPITRE V.

De l'antichrèse et du contrat pignoratif, 596
Art. I. De l'antichrèse, *ibid.*
Art. II. Du contrat pignoratif, 599

# TRAITÉ
## DU CONTRAT DE NANTISSEMENT.

Article préliminaire, 603

CHAPITRE PREMIER.

De ce qui est de l'essence du contrat de nantissement; à quelles classes de contrats il appartient, et des clauses que les lois réprouvent dans ce contrat, 605
Art. I. De ce qui est de l'essence

du contrat de nantissement, *ibid.*
§ I. Des choses qui peuvent être l'objet du contrat de nantissement, *ibid.*
§ II. De la tradition, 607
§ III. Il faut que la fin, pour laquelle la chose est donnée, soit pour que celui à qui elle est donnée, la détienne pour sûreté de la créance, 608
ART. II. A quelles classes de contrats appartient le contrat de nantissement, 609
ART. III. Des clauses que les lois ont réprouvées dans le contrat de nantissement, 610

## CHAPITRE II.

Du droit qu'acquiert le créancier dans les choses qui lui sont données en nantissement; des obligations qu'il contracte par le contrat de nantissement; et de l'action *pigneratitia*, qui en naît, 615
ART. I. Du droit qu'acquiert le créancier dans les choses qui lui sont données en nantissement, *ibid.*
ART. II. Des obligations du créancier à qui la chose a été donnée en nantissement, 615
ART. III. De l'action *pigneratitia directa*, 618
§ I. Quels sont les objets de l'action *pigneratitia directa*, *ibid.*
§ II. Quand y a-t-il ouverture à l'action *pigneratitia directa*, 620
§ III. Si l'action *pigneratitia directa* est sujette à prescription, 624

## CHAPITRE III.

Des obligations que contracte par le contrat de nantissement, celui qui donne la chose en nantissement; et de l'action *contraria pigneratitia*, qui en naît, 625

# TRAITÉ DES CENS.

CHAPITRE PRÉLIMINAIRE, 629

## SECTION PREMIÈRE.

Du cens, et du défaut faute de paiement du cens, 631
ART. I. De la nature du cens, *ibid.*
§ I. De la foncialité du cens, et si les possesseurs en sont tenus personnellement, *ibid.*
§ II. Si le cens est indivisible ou divisible, *ibid.*
§ III. De l'imprescriptibilité du cens, 632
§ IV. Si le cens est sujet à compensation, 633
§ V. Si la saisie-arrêt, faite par les créanciers du seigneur de censive sur les censitaires, de ce qu'ils doivent et devront à leur seigneur, les dispense d'aller porter le cens, 635
ART. II. Des différentes espèces de cens, *ibid.*
§ I. Différentes divisions, *ibid.*

§ II. Du cens portable, 636
§ III. Du cens requérable, *ibid.*
Art. III. Du défaut, 637
§ I. En quoi consiste l'amende, *ibid.*
§ IV. Quant le défaut est-il encouru, *ibid.*
§ III. Est-il dû plusieurs, ou une seule amende, lorsqu'il y a plusieurs héritages possédés par une même personne, ou lorsque le cens est dû par plusieurs possesseurs par indivis, ou à plusieurs co-seigneurs, 640
§ IV. Quand l'amende encourue par défaut est-elle censée remise, 641
§ V. Du défaut dans les censives requérables, *ibid.*

## SECTION II.

Des profits censuels, et de l'amende pour ventes recélées, 643
Art. I. Des profits censuels, *ibid.*
§ I. De la nature des profits censuels, et en quoi ils consistent, *ibid.*
§ II. En quel cas y a-t-il lieu au profit de vente, 644
Art. II. De l'amende pour ventes recélées, 647
§ I. Comment se fait le dépri; dans quel temps doit-il être fait, et quelle est l'amende encourue faute de dépri, *ibid.*
§ II. En quel cas l'amende est-elle encourue, 648
§ III. Contre quelles personnes cette amende peut-elle être demandée, et quand est-elle censée remise, 650

## SECTION III.

De l'action afin d'exhiber les titres, la reconnaissance censuelle, et de la saisie, 652
§ I. De l'action du seigneur de censive, afin d'exhiber des titres, *ibid.*
§ II. Contre quels acquéreurs a-t-elle lieu, *ibid.*
§ III. En quoi consiste l'obligation d'exhiber, 654
§ IV. De la reconnaissance censuelle, *ibid.*
§ V. De la saisine, ou ensaisinement, *ibid.*

## SECTION IV.

Des actions qu'a le seigneur pour être payé de ses cens et droits censuels, et de la saisie censuelle, 656
§ I. Quelles actions a le seigneur, *ibid.*
§ II. Ce que c'est que la saisie censuelle, et de sa nature, *ibid.*
§ III. Pour quelles choses la saisie censuelle peut-elle être faite, 657
§ IV. Quelles personnes peuvent saisir censuellement, 658
§ V. De la forme de la saisie censuelle, *ibid.*
§ VI. De l'infraction de la saisie censuelle, 660
§ VII. De l'opposition à la saisie censuelle, 661

## SECTION V.

De quelques espèces particulières de censives dans la Coutume d'Orléans, 663
Art. I. Des différentes espèces

particulières de censives qui ont lieu dans la Coutume d'Orléans, *ibid.*

Première espèce, *ibid.*

Seconde espèce, *ibid.*

Troisième espèce, 665

Quatrième espèce, *ibid.*

Art. II. En quoi consiste le profit de relevoisons à plaisir, et de la faculté de guesver, *ibid.*

Art. III. En quels cas sont dues les relevoisons; du chef de qui, et par qui, 669

§ I. En quels cas, *ibid.*

§ II. Du chef de qui les relevoisons sont-elles dues, 670

§ III. Exceptions portées par l'article 138, au principe établi au paragraphe précédent, 678

Art. IV. Ce qu'il y a de particulier dans les censives à droit de relevoisons à plaisir, pour la saisie censuelle, et quelles amendes sont dues dans ces censives, *ibid.*

# TRAITÉ DES CHAMPARTS.

Article préliminaire, 681

## ARTICLE PREMIER.

De la nature du droit de champart, et sur quelles terres il se perçoit, *ibid.*

§ I. De la nature du droit de champart, *ibid.*

§ II. Sur quelles terres se perçoit le champart, 683

## ARTICLE II.

Des obligations des détenteurs et propriétaires des terres sujettes à champart, et des octrois et droits des seigneurs de champarts, 685

§ I. De l'obligation des détenteurs des terres sujettes à champart, par rapport à la perception de ce droit, *ibid.*

§ II. De l'obligation en laquelle sont les possesseurs des terres à champart, de les cultiver, et s'ils peuvent en changer la forme, 687

§ III. Des actions qu'a le seigneur de champart, 688

FIN DE LA TABLE DU HUITIÈME VOLUME.

www.ingramcontent.com/pod-product-compliance
Lightning Source LLC
Chambersburg PA
CBHW061938220326
41599CB00016BA/2037
*9782014502329*